全国公共图书馆缩微文献联合目录 古籍编

本书编委会◎编

{ 1 }

国家圖書館出版社
National Library of China Publishing House

图书在版编目（CIP）数据

全国公共图书馆缩微文献联合目录 · 古籍编 / 本书编委会编 . -- 北京：国家图书馆出版社，
2015.12

ISBN 978-7-5013-5706-2

Ⅰ . ①全… Ⅱ . ①本… Ⅲ .①公共图书馆—古籍—缩微文献—联合目录—中国

Ⅳ . ① Z822.0 ② Z838

中国版本图书馆 CIP 数据核字（2015）第 245376 号

书 名	全国公共图书馆缩微文献联合目录 · 古籍编（全六册）	
著 者	本书编委会 编	
责任编辑	赵 嫄	
装帧设计	程 言	

出 版 国家图书馆出版社（100034 北京市西城区文津街 7 号）
（原书目文献出版社 北京图书馆出版社）

发 行 010-66114536 66126153 66151313 66175620
66121706（传真），66126156（门市部）

E-mail nlcpress@nlc.cn（邮购）

Website www.nlcpress.com ⟶ 投稿中心

经 销 新华书店

印 装 河北三河弘翰印务有限公司

版 次 2015 年 12 月第 1 版 2015 年 12 月第 1 次印刷

开 本 787×1092 毫米 1/16

印 张 169.25

字 数 5200 千字

书 号 ISBN 978-7-5013-5706-2

定 价 1800.00 元（全六册）

《全国公共图书馆缩微文献联合目录》

编辑指导委员会

主　任：韩永进（国家图书馆）

委　员（按缩微中心成员馆序号排列）：

张　军（国家图书馆）

高　红（国家图书馆）

方自今（国家图书馆）

吴建中（上海图书馆）

全　勤（南京图书馆）

鲍盛华（吉林省图书馆）

王筱雯（辽宁省图书馆）

李西宁（山东省图书馆）

魏存庆（山西省图书馆）

张　勇（湖南图书馆）

刘洪辉（广东省立中山图书馆）

赵川荣（四川省图书馆）

任　竞（重庆图书馆）

李　培（天津图书馆）

汤旭岩（湖北省图书馆）

徐晓军（浙江图书馆）

郭向东（甘肃省图书馆）

罗青松（贵州省图书馆）

孔德超（河南省图书馆）

易向军（安徽省图书馆）

陈　晟（福建省图书馆）

金德政（苏州图书馆）

周建文（江西省图书馆）

徐欣禄（广西壮族自治区图书馆）

高文华（黑龙江省图书馆）

《全国公共图书馆缩微文献联合目录》

书目编辑委员会

《全国公共图书馆缩微文献联合目录》

序　言

韩永进

　　由全国图书馆文献缩微复制中心各成员馆共同编制的《全国公共图书馆缩微文献联合目录》历经两年终于告竣，即将付梓出版。此套《全国公共图书馆缩微文献联合目录》的出版，不仅将丰富我国图书馆的文献目录体系，更是近年来全国图书馆珍贵文献抢救事业在保护与建设方面并举的成果体现，意义深远。

　　我国有五千年多年的文明史，绵延不断产生了大量的文化典籍。这些文化典籍记录了中国历史的演变过程，也反映了中华民族的荣辱兴衰。它们不仅是中国的文化宝藏，也是属于全人类的共同财富。而这些珍贵典籍能够传承至今、泽及后人，在很大程度上得益于图书馆工作者在文献典籍保护领域所做的大量艰苦细致的工作。1981年，中共中央（81）37号文件中指出："把祖国宝贵的文化遗产继承下来，是一项十分重要的、关系到子孙后代的工作。""现在对有些古籍的孤本、善本要采取保护性的抢救措施。"其后，根据中央领导同志关于抢救祖国文化遗产的重要指示，文化部成立了全国图书馆文献缩微复制中心（以下简称缩微中心），带领全国24家成员单位利用缩微技术对濒于灭绝的珍贵文献予以抢救。自此，大规模有组织的文献缩微抢救工作在全国公共图书馆系统展开。

　　缩微技术是一种利用摄影技术，将记载文字、图表、影像信息的媒介缩小拍摄在感光胶片上，然后通过显影、定影、拷贝等工艺制作成胶卷或胶片的技术，是最早用于文献抢救和保护的方法之一。我国开展缩微技术抢救珍贵文献的时间最早可以追溯到上个世纪30年代。经中美双方协调，分别在美国国会图书馆和国立北平图书馆开展缩微拍摄，由中国向美国提供善本书的缩微胶片，美国向中国提供科技书刊方面的缩微胶片，但由于战乱，这套设备只拍摄了一些医学方面的善本书。1942年前后，我国从美国又购入了一批缩微档案，现在国家图书馆所藏的中美关系档案324卷（1790—1906），便是时任国立北平图书馆馆长的袁同礼先生在美国国家档案局复制并运返回国的。

1985年全国图书馆文献缩微复制中心成立后，其工作得到了国务院有关部委的大力支持，文化部对缩微技术在全国的实施与发展予以有力的指导和协调，财政部每年拨出专项经费，切实保障了全国图书馆缩微工作的顺利开展。30年来，国家图书馆充分发挥了引领示范作用，带领各地文化管理部门和公共图书馆积极参与到文献的缩微抢救中来，形成了覆盖全国的文献缩微资源建设体系。

30年积沙成塔，成绩斐然，截至2013年底，缩微中心各成员馆共抢救各类文献141675种，其中古籍善本30388种、报纸4378种、期刊15230种、民国时期图书90308种。其中唐、宋、元珍贵古籍1000余种，如魏徵《隋书》、李白《分类补注李太白诗》、杜甫《须溪批点选注杜工部诗》、柳宗元《增广注释音辩唐柳先生集》、司马光《资治通鉴》、王安石《临川先生文集》、朱熹《楚辞集注》、《洪武南藏》、陈梦雷《钦定古今图书集成》、《乾隆版大藏经》等传世之作均位列其中。在缩微复制过程中，缩微中心还对各馆收藏的零散馆藏文献进行了系统的补充，其中对各馆1200多种零散报纸补缺约224万版，对1000余种期刊补缺约2万期。一些早期的珍贵文献如《新闻报》《神州日报》《时事新报》等，都是通过汇集众馆的馆藏得以再现其全貌的。

据统计，在已抢救的各类文献中，至少有20%的文献因纸张老化、载体破损等原因，现在已完全无法阅读；至少有70%的原件现在已不再提供一般阅览，取而代之的是以缩微胶片或数据库的形式提供给读者，从而在客观上起到了延长原生文献载体寿命的效果。30年的文献抢救不仅实现了保护与建设并举的战略目标，同时也为揭示和利用这些文献资源打下了坚实基础，从而催生了这套《全国公共图书馆缩微文献联合目录》的出版。

此次出版的联合目录根据缩微品文献特点选题，分为两部分。首先出版的民国编，收录了2013年6月底之前拍摄的民国时期文献，包括民国时期图书85594种、期刊14304种、报纸2172种；随后出版的古籍编，收录了善本古籍和普通古籍共30411种。该目录在信息组织方式上有若干新的特点，一是书目款目集中展示了缩微品信息、原件信息与馆藏信息，与以往书本目录相比有所创新；二是在编制书目款目时对数据内容做了细致比对，信息展示更为科学和简洁。联合目录的出版，标志着全国图书馆文献缩微工作从抢救和保护文献典籍为主的阶段进入了抢救、建设与利用的新阶段。

中华民族要自立于世界民族之林，要始终不渝地保护传承民族的优秀文化资源，但是，对珍贵文献的保护绝不是"封存"，而是要将保护、整理揭示与研究利用有机地结合起来。本着这样的思路，国家图书馆在文献的保存、保护方面，开展了一系列尝试性的探索，编制这套书目也是这些工作的组成部分，希望它能为图书馆工作者和广大社会公众提供打开图书馆知识宝库的又一把钥匙。同时，文献的保存、保护也绝不是国家图书馆一家的事情，这需要政府、各级文献收藏单位、学术界、民间收藏者等各个方面一同努力。我们愿意联合社会各界，共同在文献的保存、保护与研究上展开深入的合作，做出切实的努力，共同保护这笔珍贵的文化遗产。

这部联合目录的编撰团队同时也是我国缩微文献的资源建设者，在此，谨对他们的辛勤劳动表示感谢。当然，由于时间仓促，数据量大，在目录的编纂过程中难免有疏漏之处，欢迎广大读者批评指正。

是为序。

2014年8月

《全国公共图书馆缩微文献联合目录·古籍编》

编辑凡例

一、收录范围

　　本书目收录全国图书馆缩微文献复制中心自成立以来拍摄制作的善本古籍。

二、编排顺序

　　本书目在传统四部分类法的基础上，以经、史、子、集、丛书五部，分类著录各文献信息，编排方式参见《中国古籍总目》。

三、著录项目和格式

　　1.缩微中心片盘代码

　　2.正题名：其他题名信息；同一责任者的其他题名 / 责任说明 .不同责任者的其他题名 / 责任说明

　　3.原件信息：版本项. -- 附注信息

　　4.摄制信息：XX年摄制. -- X盘卷片(XX米XX拍)：缩率 ，画幅方式 ；片盘规格及胶片感光乳剂类型

　　5.收藏馆

四、本书目中的缩微文献收藏馆均为简称，其全称见《缩微中心机构简称对照表·古籍编》。

缩微中心机构简称对照表·古籍编

序号	机构名称	简称
1	全国图书馆文献缩微复制中心	缩微中心
2	国家图书馆	国图
3	南京图书馆	南京
4	吉林省图书馆	吉林
5	辽宁省图书馆	辽宁
6	山东省图书馆	山东
7	山西省图书馆	山西
8	湖南图书馆	湖南
9	广东省立中山图书馆	广东
10	四川省图书馆	四川
11	重庆图书馆	重庆
12	天津图书馆	天津
13	湖北省图书馆	湖北
14	浙江图书馆	浙江
15	甘肃省图书馆	甘肃
16	贵州省图书馆	贵州
17	河南省图书馆	河南
18	安徽省图书馆	安徽
19	福建省图书馆	福建
20	苏州图书馆	苏州
21	广西壮族自治区图书馆	广西二
22	广西壮族自治区桂林图书馆	广西一
23	陕西省图书馆	陕西
24	青海省图书馆	青海
25	安陆市图书馆	安陆
26	安庆市图书馆	安庆
27	北碚图书馆	北碚
28	崇阳县图书馆	崇阳
29	定襄县图书馆	定襄
30	哈尔滨市图书馆	哈尔滨

序号	机构名称	简称
31	衡阳市图书馆	衡阳
32	吉林市图书馆	吉林市
33	即墨市图书馆	即墨
34	稷山县图书馆	稷山
35	介休市图书馆	介休
36	荆州市图书馆	荆州
37	临猗县图书馆	临猗
38	柳州市图书馆	柳州
39	祁县图书馆	祁县
40	泉州市图书馆	泉州
41	芮城县图书馆	芮城
42	厦门图书馆	厦门
43	文登市图书馆	文登
44	无为县图书馆	无为
45	襄阳市图书馆	襄阳
46	溆浦县图书馆	溆浦
47	烟台图书馆	烟台
48	阳泉市图书馆	阳泉
49	运城市图书馆	运城
50	长治市图书馆	长治
51	淄博市图书馆	淄博

总目录

《全国公共图书馆缩微文献联合目录》序言 ························· 韩永进　1

《全国公共图书馆缩微文献联合目录·古籍编》编辑凡例 ·················· 1

缩微中心机构简称对照表·古籍编 ·································· 1

第一卷

经部 ··· 1

　总类 ··· 1

　易类 ··· 5

　书类 ··· 30

　诗类 ··· 41

　礼类 ··· 59

　乐类 ··· 84

　春秋类 ··· 87

　孝经类 ··· 113

　四书类 ··· 115

　尔雅类 ··· 131

　群经总义类 ··· 133

　小学类 ··· 142

史部 ··· 191

　总类 ··· 191

　纪传类 ··· 192

　编年类 ··· 237

纪事本末类 ·· 269

杂史类 ··· 274

史表类 ··· 320

史钞类 ··· 322

史评类 ··· 333

传记类 ··· 345

第二卷

谱牒类 ··· 1

政书类 ·· 25

诏令奏议类 ·· 85

时令类 ··· 111

地理类 ··· 114

方志类 ··· 175

金石考古类 ·· 438

目录类 ··· 475

第三卷

子部 ·· 1

总类 ··· 1

儒家类 ·· 3

兵家类 ··· 39

法家类 ··· 50

农家类 ··· 54

医学类 ··· 58

天文算法类 ··· 86

术数类 ·· 106

艺术类 ·· 126

谱录类 ·· 160

杂家类 ·· 172

类书类 ·· 276

小说类 ·· 316

道家类 ·· 366

释家类 ·· 391

诸教类 ·· 430

新学类 ·· 431

第四卷

集部 ·· 1

楚辞类 ·· 1

别集类 ·· 8

汉魏六朝之属 ··· 8

唐五代之属 ·· 19

宋代之属 ·· 80

金元之属 ··· 181

明代之属 ··· 220

第五卷

清代之属 ·· 1

总集类 ·· 158

诗文评类 ·· 308

词类 ·· 328

曲类 ·· 356

丛书部 ··· 414

杂纂类 ·· 414

辑佚类 ·· 426

郡邑类 ·· 427

氏族类 ··· 427

独撰类 ··· 428

第六卷

书名笔画字头索引·· 1

书名笔画索引··· 1

《全国公共图书馆缩微文献联合目录·古籍编》

第一卷编辑委员会

主编：杨　扬（河南省图书馆）　范志毅

编委：陈明毅　童正伦　杨洪波　白　纯

第一卷目录

经部·· 1

  总类 ·· 1

  易类 ·· 5

  书类 ·· 30

  诗类 ·· 41

  礼类 ·· 59

  乐类 ·· 84

  春秋类 ·· 87

  孝经类 ·· 113

  四书类 ·· 115

  尔雅类 ·· 131

  群经总义类 ·· 133

  小学类 ·· 142

史部·· 191

  总类 ·· 110

  纪传类 ·· 192

  编年类 ·· 237

  纪事本末类 ·· 269

  杂史类 ·· 274

  史表类 ·· 320

  史钞类 ·· 322

  史评类 ·· 333

  传记类 ·· 345

经部

总类

000O003358
蜀石经残字三种：四卷
清(1644-1911)抄本. -- (清)黄丕烈、(清)吴
骞校并跋,(清)陈鳣、(清)朱昌燕跋。
1986年摄制. -- 1盘卷片(4米59拍)：1:10,
2B；35mm银盐
收藏馆：缩微中心,国图

000O000606
石经补考：十二卷 / (清)冯登府撰
清道光二年(1822)刻道光八年(1828)续刻本
. -- 钤"八千卷楼藏书印""钱塘丁氏正修
堂藏书""善本书室"印。
1985年摄制. -- 1盘卷片(12米249拍)：
1:10, 2B；35mm银盐
收藏馆：缩微中心,国图

000O015652
石经补考：十二卷 / (清)冯登府撰
清道光二年(1822)冯登府刻道光八年(1828)续
刻本
1993年摄制. -- 1盘卷片(13米228拍)：
1:10, 2B；35mm银盐
收藏馆：缩微中心,国图

000O005775
五经：五卷
明弘治九年(1496)周木刻本
1987年摄制. -- 2盘卷片(39米845拍)：
1:10, 2B；35mm银盐
收藏馆：缩微中心,国图

000O018762
五经：五卷
明弘治九年(1496)周木刻本. -- 存三卷。
1994年摄制. -- 1盘卷片(18米347拍)：
1:10, 2B；35mm银盐
收藏馆：缩微中心,国图

000O009136
湖广官书五经：五十六卷 / (宋)朱熹[等]注
明嘉靖八年(1529)湖广监察御史张禄刻本. --
存三种五十二卷, 缺易经、尚书。
1988年摄制. -- 4盘卷片(99米2065拍)：
1:10, 2B；35mm银盐
收藏馆：缩微中心,湖南

000O006080
五经正文：不分卷
明嘉靖三十一年(1552)翁溥刻本. -- (清)丁
丙跋。
1987年摄制. -- 2盘卷片(40米863拍)：
1:10, 2B；35mm银盐
收藏馆：缩微中心,南京

000O021282
五经：七卷
明嘉靖三十一年(1552)翁溥刻本
1995年摄制. -- 2盘卷片(40米802拍)：
1:10, 2B；35mm银盐
收藏馆：缩微中心,国图

000O014419
五经正文：七卷
明嘉靖三十一年(1552)翁溥刻本
1992年摄制. -- 2盘卷片(44米802拍)：
1:10, 2B；35mm银盐
收藏馆：缩微中心,国图

000O006147
白文五经：不分卷
明(1368-1644)覆刻本. -- 据宋(960-1279)悦
生堂巾箱本覆刻, 版框高十六厘米宽十厘米。
有朱笔校点。
1987年摄制. -- 1盘卷片(23米492拍)：
1:10, 2B；35mm银盐
收藏馆：缩微中心,广东

000O013979
五经白文：□□卷
明(1368-1644)刻本. -- 存二十卷：易经四
卷, 书经卷一至卷六, 诗经四卷, 春秋二卷,
礼记卷一、卷九、卷二十、卷□。
1992年摄制. -- 1盘卷片(24米479拍)：
1:10, 2B；35mm银盐
收藏馆：缩微中心,国图

000O006153
五经：九十六卷附考证 / (宋)岳珂辑
清乾隆四十八年(1783)武英殿刻本. -- 仿宋
(960-1279)相台本五经刻, 版框高二十厘米宽
十四厘米。
1987年摄制. -- 5盘卷片(142.8米3048拍)：
1:10, 2B；35mm银盐
收藏馆：缩微中心,广东

000O024379
古香斋鉴赏袖珍五经：八卷
清康熙(1662-1722)内府刻本
1996年摄制. -- 1盘卷片(30米604拍)：
1:10, 2B；35mm银盐
收藏馆：缩微中心,国图

000O001469
九经：十卷
明(1368-1644)刻本. -- (清)吴骞、(清)丁丙跋。
1986年摄制. -- 1盘卷片(29米585拍)：
1:10，2B；35mm银盐
收藏馆：缩微中心，南京

000O006116
九经：五十一卷附四卷
明崇祯十三年(1640)秦钾刻本. -- (清)葛正笏批。
1987年摄制. -- 2盘卷片(50米1086拍)：
1:10，2B；35mm银盐
收藏馆：缩微中心，南京

000O019511
十三经：九十卷
明(1368-1644)吴勉学刻本
1994年摄制. -- 4盘卷片(94米1880拍)：
1:10，2B；35mm银盐
收藏馆：缩微中心，国图

000O025049
篆文六经：四十四卷
清康熙(1662-1722)内府刻本
1996年摄制. -- 2盘卷片(57米1172拍)：
1:10，2B；35mm银盐
收藏馆：缩微中心，国图

000O024376
篆文六经四书：六十三卷
清康熙(1662-1722)内府刻本
1996年摄制. -- 3盘卷片(75米1496拍)：
1:10，2B；35mm银盐
收藏馆：缩微中心，国图

000O018172
十三经古注：二百九十卷 / (明)金蟠,(明)葛鼐编
明崇祯十二年(1639)永怀堂刻本
1993年摄制. -- 9盘卷片(252米5280拍)：
1:10，2B；35mm银盐
收藏馆：缩微中心，山东

000O025853
十三经注疏校勘记：二百四十五卷 / (清)阮元撰
清嘉庆(1796-1820)刻本. -- (清)徐时栋跋。
1996年摄制. -- 8盘卷片(251米4296拍)：
1:10，2B；35mm银盐
收藏馆：缩微中心，国图

000O006707
重刊宋本十三经注疏：四百十六卷附校勘记一

卷 / (清)阮元审定
清嘉庆二十一年(1816)江西南昌府学刻本. --
版框高十七厘米宽十三厘米。(清)卢宣旬校,
(清)陈澧朱笔圈点批校。
1987年摄制. -- 21盘卷片(604.2米13133拍)：
1:10，2B；35mm银盐
收藏馆：缩微中心，广东

000O001485
十三经注疏：三百三十五卷
明嘉靖(1522-1566)李元阳刻本. -- (清)丁丙、丁立中跋。
1986年摄制. -- 24盘卷片(636米12768拍)：
1:10，2B；35mm银盐
收藏馆：缩微中心，南京

000O001484
十三经注疏：三百三十五卷
明万历十四年至二十一年(1586-1593)北京国子监刻本. -- (清)丁丙跋。
1986年摄制. -- 24盘卷片(690米12806拍)：
1:10，2B；35mm银盐
收藏馆：缩微中心，南京

000O006850
十三经注疏：三百三十五卷
明万历十四年至二十一年(1586-1593)刻本
1987年摄制. -- 21盘卷片(581米12421拍)：
1:10，2B；35mm银盐
收藏馆：缩微中心，山东

000O010251
十三经注疏：三百三十三卷 / (清)张尔耆过录
明崇祯元年至十二年(1628-1639)毛氏汲古阁刻本. -- (清)惠栋、(清)卢文弨批校。
1989年摄制. -- 19盘卷片(571米12026拍)：
1:10，2B；35mm银盐
收藏馆：缩微中心，湖北

000O009460
十三经注疏：三百三十三卷
明崇祯元年至十二年(1628-1639)毛氏汲古阁刻本
1988年摄制. -- 20盘卷片(565米12444拍)：
1:9，2B；35mm银盐
收藏馆：缩微中心，重庆

000O005150
郑学十八种：七十二卷 / (清)孔广林辑证. 叙录：一卷 / (清)孔广林撰
清(1644-1911)抄本
1986年摄制. -- 1盘卷片(23米491拍)：
1:10，2B；35mm银盐

收藏馆：缩微中心，国图

00O019403
郑学十八种：七十一卷
清(1644-1911)抄本. -- (清)叶志诜、(清)赵
之谦校并跋。
1994年摄制. -- 1盘卷片(30米696拍)：
1:10，2B；35mm银盐
收藏馆：缩微中心，国图

00O019435
郑学五种：五卷
清乾隆四十一年(1776)孔继涵抄本. -- (清)
孔继涵校并跋。
1994年摄制. -- 1盘卷片(5米75拍)：1:10，
2B；35mm银盐
收藏馆：缩微中心，国图

00O000061
高密遗书：十八卷 / (汉)郑玄,(魏)郑小同,(清)孙
星衍撰；(清)黄奭辑
清道光二十三年(1843)黄奭刻本
1985年摄制. -- 2盘卷片(37米783拍)：
1:10，2B；35mm银盐
收藏馆：缩微中心，国图

00O031163
高密遗书：十九卷 / (清)黄奭辑
清道光二十三年(1843)黄奭刻本. -- (清)黄
奭校。
2004年摄制. -- 2盘卷片(43米880拍)：1:7，
2B；35mm银盐
收藏馆：缩微中心，国图

00O019017
五经四书大全：一百七十二卷 / (明)胡广[等]纂
明(1368-1644)刻本. -- 铃"八千卷楼""嘉惠
堂丁氏藏书之记""钱塘丁氏正修堂藏书"印。
1994年摄制. -- 11盘卷片(333米7246拍)：
1:10，2B；35mm银盐
收藏馆：缩微中心，天津

00O001483
五经大全：一百二十一卷 / (明)胡广辑
明(1368-1644)内府刻本
1986年摄制. -- 11盘卷片(276.5米5641拍)：
1:10，2B；35mm银盐
收藏馆：缩微中心，南京

00O005868
泾野先生五经说：二十一卷 / (明)吕柟撰
明嘉靖三十二年(1553)谢少南刻本
1987年摄制. -- 1盘卷片(23.5米523拍)：

1:10，2B；35mm银盐
收藏馆：缩微中心，国图

00O015427
泾野先生五经说：二十一卷 / (明)吕柟撰
明嘉靖(1522-1566)刻本. -- 存二十卷。
1992年摄制. -- 1盘卷片(24米483拍)：
1:10，2B；35mm银盐
收藏馆：缩微中心，国图

00O014315
大树堂说经：七卷 / (明)曹珖撰
明(1368-1644)抄本
1992年摄制. -- 1盘卷片(14米246拍)：
1:10，2B；35mm银盐
收藏馆：缩微中心，国图

00O022646
十三经解诂：不分卷 / (明)陈深撰
明万历二十九年(1601)刻本
1994年摄制. -- 5盘卷片(141米2919拍)：
1:10，2B；35mm银盐
收藏馆：缩微中心，浙江

00O022652
六经三注粹抄：六卷 / (明)许顺义辑
明(1368-1644)建阳余彰德刻本
1994年摄制. -- 1盘卷片(32米667拍)：
1:10，2B；35mm银盐
收藏馆：缩微中心，浙江

00O025908
五经疑问：六十卷 / (明)姚舜牧撰
明万历三十八年(1610)六经堂刻本. -- (清)
丁丙跋。
1996年摄制. -- 5盘卷片(143米2987拍)：
1:10，2B；35mm银盐
收藏馆：缩微中心，南京

00O023930
刻九我李太史十三经纂注：十六卷 / (明)李廷机
纂注
明(1368-1644)余象斗刻本
1996年摄制. -- 2盘卷片(41米912拍)：
1:10，2B；35mm银盐
收藏馆：缩微中心，河南

00O012272
四书六经读本：一百七卷 / (明)毛晋辑
明崇祯十四年(1641)毛氏汲古阁刻本
1989年摄制. -- 6盘卷片(169.8米3829拍)：
1:10，2B；35mm银盐
收藏馆：缩微中心，辽宁

00○012856
石斋先生经传九种：五十六卷 / (明)黄道周辑
清康熙三十二年(1693)郑肇刻本
1990年摄制. -- 4盘卷片(116.8米2523拍)：
1:10, 2B；35mm银盐
收藏馆：缩微中心，浙江

00○025972
来子谈经：五种十八卷 / (清)来集之撰
清顺治(1644-1661)来氏倘湖小筑刻本. --
存四种十六卷：易图亲见一卷、春秋志在卷
一至卷十二、读易隅通卷一至卷二、四传权
衡一卷。
1996年摄制. -- 2盘卷片(42米886拍)：
1:10, 2B；35mm银盐
收藏馆：缩微中心，南京

00○018290
四经稗疏：十四卷 / (清)王夫之撰
清(1644-1911)吴氏拜经楼抄本. -- (清)顾广
圻校并题款。
1993年摄制. -- 1盘卷片(31米675拍)：
1:10, 2B；35mm银盐
收藏馆：缩微中心，天津

00○024362
七经略记：九十四卷 / (明)朱朝瑛撰
清(1644-1911)抄本
1996年摄制. -- 3盘卷片(91米1889拍)：
1:10, 2B；35mm银盐
收藏馆：缩微中心，国图

00○024735
读七经略记：不分卷 / (明)朱朝瑛撰
抄本
1995年摄制. -- 3盘卷片(69米1439拍)：
1:10, 2B；35mm银盐
收藏馆：缩微中心，浙江

00○007106
通志堂经解：一百四十种一千八百六十卷 / (清)
纳兰成德辑
清康熙十九年(1680)通志堂抄本
1987年摄制. -- 76盘卷片(2165米46872拍)：
1:10, 2B；35mm银盐
收藏馆：缩微中心，山东

00○009792
御纂七经：二百九十四卷
清康熙至乾隆(1622-1795)内府刻本
1987年摄制. -- 25盘卷片(731.6米16525拍)：
1:10, 2B；35mm银盐
收藏馆：缩微中心，辽宁

00○006697
经玩五种：二十卷 / (清)沈淑撰
清雍正七年(1729)刻本
1987年摄制. -- 1盘卷片(23米491拍)：
1:10, 2B；35mm银盐
收藏馆：缩微中心，山东

00○024378
经学五种：二十七卷
清(1644-1911)藤花榭刻本
1996年摄制. -- 1盘卷片(33米671拍)：
1:10, 2B；35mm银盐
收藏馆：缩微中心，国图

00○018158
芊绿草堂初集：二十二卷 / (清)沈金鳌撰
清(1644-1911)稿本
1993年摄制. -- 1盘卷片(25米521拍)：
1:10, 2B；35mm银盐
收藏馆：缩微中心，山东

00○025757
拜经堂丛书：十种六十四卷 / (清)臧庸编
清乾隆(1736-1795)臧氏拜经堂刻本. -- 存八
种六十二卷。
1996年摄制. -- 2盘卷片(57米1096拍)：
1:10, 2B；35mm银盐
收藏馆：缩微中心，国图

00○025048
三经音义：四卷
清嘉庆十八年(1813)黄氏刻士礼居丛书本
1996年摄制. -- 1盘卷片(4米49拍)：1:10,
2B；35mm银盐
收藏馆：缩微中心，国图

00○007291
拜经楼杂抄：四卷
清(1644-1911)吴氏拜经楼抄本. -- 褚德彝
跋。
1987年摄制. -- 1盘卷片(3.2米40拍)：
1:10, 2B；35mm银盐
收藏馆：缩微中心，国图

00○017851
皇朝经解：十六卷
清嘉庆十七年(1812)李氏养一斋刻本
1993年摄制. -- 1盘卷片(16米303拍)：
1:10, 2B；35mm银盐
收藏馆：缩微中心，国图

00○004170
钱氏四种：八卷 / (清)钱坫撰

清嘉庆七年(1802)拥万堂刻本
1986年摄制. -- 1盘卷片(10.1米204拍)：
1:10, 2B ; 35mm银盐
收藏馆：缩微中心，国图

000O024377
六艺堂诗礼七编：□□卷 / (清)丁晏撰
清(1644-1911)郑琦枕经阁抄本. -- (清)丁晏
校补。
1996年摄制. -- 1盘卷片(22米404拍)：
1:10, 2B ; 35mm银盐
收藏馆：缩微中心，国图

000O000613
戴静斋先生遗书：二卷 / (清)戴清撰
清咸丰元年(1851)刘文淇[等]刻本
1985年摄制. -- 1盘卷片(5.7米101拍)：
1:10, 2B ; 35mm银盐
收藏馆：缩微中心，国图

000O022651
经学识余：不分卷
清(1644-1911)抄本. -- 存二十七册：易经识
余十一册、春秋识余六册、大学中庸识余三
册、论语识余四册、孟子识余三册。
1994年摄制. -- 4盘卷片(102米2054拍)：
1:10, 2B ; 35mm银盐
收藏馆：缩微中心，浙江

000O012111
玉映楼多识录：四种十七卷 / (清)王维言撰
清(1644-1911)抄本
1990年摄制. -- 1盘卷片(15米321拍)：
1:10, 2B ; 35mm银盐
收藏馆：缩微中心，山东

易类

000O005778
周易：一卷
明(1368-1644)陈儒刻本
1987年摄制. -- 1盘卷片(7.2米131拍)：
1:10, 2B ; 35mm银盐
收藏馆：缩微中心，国图

000O019226
周易：三卷
明(1368-1644)刻蓝印本
1994年摄制. -- 1盘卷片(7米112拍)：1:10,
2B ; 35mm银盐
收藏馆：缩微中心，国图

000O013419
周易：四卷
明(1368-1644)庄襈刻本
1991年摄制. -- 1盘卷片(5米75拍)：1:10,
2B ; 35mm银盐
收藏馆：缩微中心，国图

000O007401
周易：十卷
清康熙(1662-1722)刻本
1987年摄制. -- 1盘卷片(27米608拍)：
1:10, 2B ; 35mm银盐
收藏馆：缩微中心，吉林市

000O008000
周易：十卷 / (明)陈凤梧篆书
明嘉靖(1522-1566)刻篆文六经本
1988年摄制. -- 1盘卷片(9米129拍)：1:10,
2B ; 35mm银盐
收藏馆：缩微中心，山东

000O015609
稽古堂订正子夏易传：十一卷 / [题](周)卜商撰
明末(1621-1644)刻本
1992年摄制. -- 1盘卷片(13米238拍)：
1:10, 2B ; 35mm银盐
收藏馆：缩微中心，国图

000O027717
周易郑康成注：一卷 / (宋)王应麟撰
元(1271-1368)刻明(1368-1644)重修本
1997年摄制. -- 1盘卷片(3米26拍)：1:10,
2B ; 35mm银盐
收藏馆：缩微中心，国图

000O004693
郑氏周易：三卷 / (汉)郑玄撰；(宋)王应麟辑；
(清)惠栋增补
清乾隆二十一年(1756)卢见曾刻雅雨堂丛书
本. -- (清)阮元校注。
1986年摄制. -- 1盘卷片(5米71拍)：1:10,
2B ; 35mm银盐
收藏馆：缩微中心，国图

000O006485
郑氏周易：三卷 / (汉)郑玄撰；(宋)王应麟辑；
(清)惠栋增补
清乾隆二十一年(1756)卢见曾刻雅雨堂丛书
本. -- (清)陈鳢校跋并录(清)卢文弨、(清)
丁杰、(清)孙志祖校跋。
1987年摄制. -- 1盘卷片(5米75拍)：1:10,
2B ; 35mm银盐
收藏馆：缩微中心，国图

000O023507

郑氏周易：三卷 / (汉)郑玄撰；(宋)王应麟辑；
(清)惠栋增补 . 周易乾凿度：二卷 . 郑司农集：
一卷 / (汉)郑玄注
清乾隆二十一年(1756)卢见曾刻雅雨堂丛书
本 . -- (清)李慈铭校并跋 .
1995年摄制 . -- 1盘卷片(6米99拍) ： 1:10,
2B ；35mm银盐
收藏馆：缩微中心，国图

000O013900

马王易义：一卷 / (汉)马融,(魏)王肃撰；(清)臧
庸辑
清(1644-1911)抄本
1992年摄制 . -- 1盘卷片(4米29拍) ： 1:10,
2B ；35mm银盐
收藏馆：缩微中心，国图

000O004100

周易略例：一卷释文一卷 / (魏)王弼撰；(唐)邢
璹注
明永乐二年(1404)刻本
1986年摄制 . -- 1盘卷片(5米67拍) ： 1:10,
2B ；35mm银盐
收藏馆：缩微中心，国图

000O005878

周易注：九卷 / (魏)王弼,(晋)韩康伯撰；(唐)陆
德明释文 . 略例注：一卷 / (唐)邢璹撰
明(1368-1644)味经堂刻本
1987年摄制 . -- 1盘卷片(10米197拍) ：
1:10, 2B ；35mm银盐
收藏馆：缩微中心，国图

000O016537

周易注疏：十三卷附周易略例一卷 / (魏)王弼注；
(唐)孔颖达疏
清乾隆十二年(1747)武英殿刻本 . -- 据十三
经注疏本刻印 .
1993年摄制 . -- 1盘卷片(24米520拍) ：
1:10, 2B ；35mm银盐
收藏馆：缩微中心，山西

000O003539

周易兼义：九卷 / (唐)孔颖达撰 . [周易]略例：
一卷 / (魏)王弼撰；(唐)邢璹注 . [周易]音义：一
卷 / (唐)陆德明撰
元(1271-1368)刻明(1368-1644)重修本
1985年摄制 . -- 1盘卷片(17米372拍) ：
1:10, 2B ；35mm银盐
收藏馆：缩微中心，国图

000O015019

周易正义：十四卷 / (唐)孔颖达撰 . 经典释文：一
卷 / (唐)陆德明撰 . 略例注：一卷 / (唐)邢璹撰
明永乐二年(1404)刻本 . -- 存一卷：卷一 .
1992年摄制 . -- 1盘卷片(6米73拍) ： 1:10,
2B ；35mm银盐
收藏馆：缩微中心，国图

000O003854

周易兼义：九卷 / (唐)孔颖达撰
明崇祯四年(1631)毛氏汲古阁刻十三经注疏
本 . -- 佚名校并录(清)惠栋校注，(清)周星
诒跋 .
1985年摄制 . -- 1盘卷片(20米473拍) ：
1:10, 2B ；35mm银盐
收藏馆：缩微中心，国图

000O007568

周易兼义：九卷 / (魏)王弼注；(唐)孔颖达正义
明崇祯四年(1631)毛氏汲古阁刻十三经注疏
本 . -- (清)张尔耆、(清)韩应陛跋，佚名录
(清)卢文弨校跋 .
1987年摄制 . -- 1盘卷片(21米470拍) ：
1:10, 2B ；35mm银盐
收藏馆：缩微中心，国图

000O009729

李氏易解：十卷 / (唐)李鼎祚撰
明天启元年(1621)鲍山刻本
1989年摄制 . -- 1盘卷片(27米594拍) ：
1:10, 2B ；35mm银盐
收藏馆：缩微中心，山东

000O004336

易传集解：十七卷 / (唐)李鼎祚辑
清乾隆二十一年(1756)卢见曾刻雅雨堂丛书
本 . -- (清)朱邦衡跋并录(清)惠士奇、(清)
惠栋批注 .
1986年摄制 . -- 1盘卷片(22米481拍) ：
1:10, 2B ；35mm银盐
收藏馆：缩微中心，国图

000O004339

易传集解：十七卷 / (唐)李鼎祚辑 . 周易音义：
一卷 / (唐)陆德明撰
清乾隆二十一年(1756)卢见曾刻雅雨堂丛书
本 . -- (清)韩应陛校跋并录(清)孙堂校语 .
1986年摄制 . -- 1盘卷片(24米518拍) ：
1:10, 2B ；35mm银盐
收藏馆：缩微中心，国图

000O023499

易传集解：十七卷 / (唐)李鼎祚辑 . 周易音义：

一卷 / (唐)陆德明辑
清乾隆二十一年(1756)卢见曾刻雅雨堂丛书本. -- (清)李慈铭校。
1995年摄制. -- 1盘卷片(24米480拍)：1:10, 2B；35mm银盐
收藏馆：缩微中心，国图

000O005163
周易集解：十七卷 / (唐)李鼎祚辑. 略例注：一卷 / (魏)王弼撰
明嘉靖三十六年(1557)朱睦㮮聚乐堂刻本
1986年摄制. -- 1盘卷片(31米684拍)：1:10, 2B；35mm银盐
收藏馆：缩微中心，国图

000O023501
安定先生周易口义：十卷；系辞：二卷；说卦序卦杂卦：一卷 / (宋)倪天隐述
清康熙二十六年(1687)李振裕刻本
1995年摄制. -- 1盘卷片(32米677拍)：1:10, 2B；35mm银盐
收藏馆：缩微中心，国图

000O006073
易讲义：二卷 / (宋)陈襄撰
清(1644-1911)张氏诒经堂抄本. -- (清)丁丙跋。
1987年摄制. -- 1盘卷片(3.5米53拍)：1:10, 2B；35mm银盐
收藏馆：缩微中心，南京

000O001883
横渠先生易说：三卷 / (宋)张载撰
明嘉靖十七年(1538)吕柟刻本. -- 存二卷：卷上、卷下。
1986年摄制. -- 1盘卷片(7米125拍)：1:10, 2B；35mm银盐
收藏馆：缩微中心，国图

000O006076
程氏易传：十二卷 / (宋)程颐撰
明嘉靖七年(1528)姜梁刻本
1987年摄制. -- 1盘卷片(20米392拍)：1:10, 2B；35mm银盐
收藏馆：缩微中心，南京

000O003871
易经：八卷 / (宋)程颐传
清同治五年(1866)金陵书局刻本. -- (明)瞿式耜批注并跋, (清)翁同龢录。
1985年摄制. -- 1盘卷片(14米300拍)：1:10, 2B；35mm银盐
收藏馆：缩微中心，国图

000O005639
苏氏易解：八卷 / (宋)苏轼撰
明万历二十二年(1594)陈所蕴冰玉堂刻本
1987年摄制. -- 1盘卷片(17.7米385拍)：1:10, 2B；35mm银盐
收藏馆：缩微中心，国图

000O006117
东坡先生易解：九卷 / (宋)苏轼撰
明(1368-1644)抄本. -- (清)丁丙跋。
1987年摄制. -- 1盘卷片(12米270拍)：1:10, 2B；35mm银盐
收藏馆：缩微中心，南京

000O014247
东坡先生易解：九卷 / (宋)苏轼撰
明(1368-1644)抄本
1991年摄制. -- 1盘卷片(13米240拍)：1:10, 2B；35mm银盐
收藏馆：缩微中心，国图

000O024741
苏长公易解：八卷 / (宋)苏轼撰
明万历二十四年(1596)吴之鲸冯贽刻本. -- 存六卷：卷一至卷六。
1995年摄制. -- 1盘卷片(13米243拍)：1:10, 2B；35mm银盐
收藏馆：缩微中心，浙江

000O006702
周易：八卷；附王辅嗣论易：一卷 / (宋)苏轼传；(魏)王弼撰
明(1368-1644)刻套印本
1987年摄制. -- 1盘卷片(16米336拍)：1:10, 2B；35mm银盐
收藏馆：缩微中心，山东

000O001481
大易疏解：十卷 / (宋)苏轼撰
明崇祯九年(1636)顾宾刻本. -- (清)丁丙跋。
1986年摄制. -- 1盘卷片(16米306拍)：1:10, 2B；35mm银盐
收藏馆：缩微中心，南京

000O010283
易经解：不分卷 / (宋)朱长文撰
明崇祯四年(1631)王文禄刻本
1989年摄制. -- 1盘卷片(12米240拍)：1:10, 2B；35mm银盐
收藏馆：缩微中心，湖北

000O003672
吴园先生周易解：九卷附录一卷 / (宋)张根撰
清(1644-1911)抄本
1985年摄制. -- 1盘卷片(7.2米129拍)：
1:10, 2B ; 35mm银盐
收藏馆：缩微中心，国图

000O007257
了斋易说：一卷 / (宋)陈瓘撰
清道光二十年(1840)蒋氏别下斋抄本. --
(清)许光清校并跋。
1987年摄制. -- 1盘卷片(5米78拍)：1:10,
2B ; 35mm银盐
收藏馆：缩微中心，国图

000O002264
了斋易说：一卷 / (宋)陈瓘撰
清(1644-1911)抄本. -- (清)周星诒跋。
1986年摄制. -- 1盘卷片(5.3米88拍)：
1:10, 2B ; 35mm银盐
收藏馆：缩微中心，国图

000O006124
汉上易集传：十一卷卦图三卷丛说一卷 / (宋)朱
震撰
明(1368-1644)抄本. -- 卦图配清(1644-1911)
抄本。
1987年摄制. -- 1盘卷片(30.5米725拍)：
1:10, 2B ; 35mm银盐
收藏馆：缩微中心，南京

000O003605
读易详说：十卷 / (宋)李光撰
清(1644-1911)抄本
1985年摄制. -- 1盘卷片(19米403拍)：
1:10, 2B ; 35mm银盐
收藏馆：缩微中心，国图

000O014567
易小传：六卷 / (宋)沈该撰
清(1644-1911)抄本. -- 钤"贾印廷琳""马
玉堂印""罗振常氏"印。
1992年摄制. -- 1盘卷片(20米355拍)：
1:10, 2B ; 35mm银盐
收藏馆：缩微中心，国图

000O001472
郭氏传家易说：十一卷 / (宋)郭雍撰
清乾隆四十二年(1777)浙江杭州府刻武英殿聚
珍版丛书本. -- (清)卢文弨校跋，(清)丁丙
跋。
1986年摄制. -- 1盘卷片(30米538拍)：
1:10, 2B ; 35mm银盐

收藏馆：缩微中心，南京

000O019697
周易义海撮要：一卷 / (宋)李衡撰. 诗辑：一卷 /
(宋)严粲撰
明(1368-1644)祁氏淡生堂抄本
1994年摄制. -- 1盘卷片(5米61拍)：1:10,
2B ; 35mm银盐
收藏馆：缩微中心，国图

000O004366
周易义海撮要：十二卷 / (宋)李衡撰
明(1368-1644)抄本
1986年摄制. -- 1盘卷片(30米576拍)：
1:10, 2B ; 35mm银盐
收藏馆：缩微中心，国图

000O003176
周易经传集解：三十六卷 / (宋)林栗撰
清(1644-1911)抄本
1986年摄制. -- 2盘卷片(47米1026拍)：
1:10, 2B ; 35mm银盐
收藏馆：缩微中心，国图

000O006069
诚斋先生易传：二十卷 / (宋)杨万里撰
明嘉靖二十一年(1542)尹耕疗鹤亭刻本. --
(清)丁丙跋。
1987年摄制. -- 1盘卷片(20米460拍)：
1:10, 2B ; 35mm银盐
收藏馆：缩微中心，南京

000O005845
诚斋先生易传：二十卷 / (宋)杨万里撰
明嘉靖二十一年(1542)尹耕疗鹤亭刻本
1987年摄制. -- 1盘卷片(23.1米515拍)：
1:10, 2B ; 35mm银盐
收藏馆：缩微中心，国图

000O021417
大易粹言：七十卷 / (宋)曾穜辑
宋(960-1279)刻本. -- 存八卷：卷六十至卷
六十七。
1995年摄制. -- 1盘卷片(6米93拍)：1:10,
2B ; 35mm银盐
收藏馆：缩微中心，国图

000O006078
周易本义：四卷图说一卷 / (宋)朱熹撰
明嘉靖四十五年(1566)周乐轩书坊刻本
1986年摄制. -- 1盘卷片(13米217拍)：
1:10, 2B ; 35mm银盐
收藏馆：缩微中心，南京

00O001466
周易本义：四卷图说一卷 / (宋)朱熹撰
明崇祯十四年(1641)毛氏汲古阁刻清(1644-1911)
一经楼重修本. -- (清)季锡畴批校。
1986年摄制. -- 1盘卷片(10米203拍)：
1:10, 2B；35mm银盐
收藏馆：缩微中心，南京

00O018607
周易本义：四卷 / (宋)朱熹撰
明万历(1573-1620)吴勉学刻本
1992年摄制. -- 1盘卷片(16.1米338拍)：
1:11, 2B；35mm银盐
收藏馆：缩微中心，重庆

00O007592
周易本义：四卷 / (宋)朱熹撰
明(1368-1644)刻本
1987年摄制. -- 1盘卷片(12米233拍)：
1:10, 2B；35mm银盐
收藏馆：缩微中心，吉林

00O015362
周易本义：四卷 / (宋)朱熹撰
明末(1621-1644)毛氏汲古阁刻本. -- (清)钱
陆灿批注并跋。
1992年摄制. -- 1盘卷片(12米204拍)：
1:10, 2B；35mm银盐
收藏馆：缩微中心，国图

00O018433
**周易本义：四卷筮仪一卷图说一卷卦歌一卷 /
(宋)朱熹撰**
清道光十六年(1836)扬州片善堂惜字公局刻
本. -- (清)丁晏批注。
1993年摄制. -- 1盘卷片(10米177拍)：
1:10, 2B；35mm银盐
收藏馆：缩微中心，国图

00O016665
周易本义：四卷筮仪一卷图说一卷 / (宋)朱熹撰
清(1644-1911)片善堂惜字公局刻本. -- (清)
陈介祺批注并跋。
1993年摄制. -- 1盘卷片(10米174拍)：
1:10, 2B；35mm银盐
收藏馆：缩微中心，国图

00O013337
周易本义：五卷图说一卷五赞一卷 / (宋)朱熹撰
明正德十六年(1521)袁州府仰韩堂刻本
1991年摄制. -- 1盘卷片(12米206拍)：
1:10, 2B；35mm银盐
收藏馆：缩微中心，国图

00O006074
**周易本义：十二卷易图一卷五赞一卷 / (宋)朱熹
撰**
明(1368-1644)刻本. -- (清)朱彝尊、(清)顾
广誉、(清)丁丙跋。
1987年摄制. -- 1盘卷片(20米459拍)：
1:10, 2B；35mm银盐
收藏馆：缩微中心，南京

00O008160
**周易本义：十二卷易图一卷五赞一卷筮仪一卷 /
(宋)朱熹撰**
清康熙五十年(1711)曹寅刻本
1988年摄制. -- 1盘卷片(10米204拍)：
1:10, 2B；35mm银盐
收藏馆：缩微中心，湖北

00O023503
**周易本义：十二卷易图一卷五赞一卷筮仪一卷 /
(宋)朱熹撰**
清康熙(1662-1722)内府刻本
1995年摄制. -- 1盘卷片(14米269拍)：
1:10, 2B；35mm银盐
收藏馆：缩微中心，国图

00O006077
周易本义：十二卷 / (宋)朱熹撰
清(1644-1911)抄本. -- (清)丁丙跋。
1987年摄制. -- 1盘卷片(10米172拍)：
1:10, 2B；35mm银盐
收藏馆：缩微中心，南京

00O024743
易经纂注：四卷 / (明)李廷机辑
明崇祯(1628-1644)刻五经纂注本
1995年摄制. -- 1盘卷片(12米230拍)：
1:10, 2B；35mm银盐
收藏馆：缩微中心，浙江

00O015229
晦庵先生朱文公易说：二十三卷 / (宋)朱熹撰
清(1644-1911)抄本
1992年摄制. -- 1盘卷片(23米473拍)：
1:10, 2B；35mm银盐
收藏馆：缩微中心，国图

00O006072
周易传义：十卷 / (宋)程颐,(宋)朱熹撰
明正统十二年(1447)司礼监刻本. -- (清)丁
丙跋。
1987年摄制. -- 1盘卷片(27米592拍)：
1:10, 2B；35mm银盐
收藏馆：缩微中心，南京

000O008742
周易传义：十六卷上下篇义一卷易图集录一卷五赞一卷筮仪一卷 / (宋)程颐,(宋)朱熹撰
明嘉靖(1522-1566)应榉刻本
1988年摄制. -- 2盘卷片(36.4米777拍)：
1:10, 2B ；35mm银盐
收藏馆：缩微中心，重庆

000O006075
周易程朱先生传义：十九卷 / (宋)程颐,(宋)朱熹撰
明(1368-1644)刻本. --（清)丁丙跋。
1987年摄制. -- 1盘卷片(26米590拍)：
1:10, 2B ；35mm银盐
收藏馆：缩微中心，南京

000O008611
周易程朱先生传义附录：二十卷 / (宋)董楷辑. 筮仪：一卷；周易五赞：一卷 / (宋)朱熹撰；(宋)董楷辑
元至正二年(1342)桃溪居敬书堂刻本. -- 还有合刻著作：程子上下篇义一卷/(宋)程颐撰，朱子易图说一卷/(宋)朱熹撰，(宋)董楷辑。
1988年摄制. -- 1盘卷片(20米486拍)：
1:10, 2B ；35mm银盐
收藏馆：缩微中心，国图

000O024177
周易传义：二十四卷 / (宋)程颐传；(宋)朱熹本义
明嘉靖四十三年(1564)刻本. -- 版框高二十厘米宽十四厘米。
1996年摄制. -- 1盘卷片(28米574拍)：
1:10, 2B ；35mm银盐
收藏馆：缩微中心，广东

000O006152
周易传义：二十四卷 / (宋)程颐传；(宋)朱熹本义
明嘉靖(1522-1566)刻本. -- 版框高二十厘米宽十四厘米。(清)陆陇其圈点批注并题识。
1987年摄制. -- 1盘卷片(28.5米614拍)：
1:10, 2B ；35mm银盐
收藏馆：缩微中心，广东

000O007224
周易经传传义：二十四卷 / (宋)程颐,(宋)朱熹撰
明嘉靖(1522-1566)建宁府书坊刻本
1987年摄制. -- 1盘卷片(20米435拍)：
1:10, 2B ；35mm银盐
收藏馆：缩微中心，国图

000O019397
周易经传传义：二十四卷 / (宋)程颐,(宋)朱熹撰
明嘉靖(1522-1566)建宁府书坊刻本
1994年摄制. -- 1盘卷片(22米408拍)：
1:10, 2B ；35mm银盐
收藏馆：缩微中心，国图

000O001482
周易经传：二十四卷 / (宋)程颐,(宋)朱熹撰
明(1368-1644)刻本. --（清)丁丙跋。
1986年摄制. -- 1盘卷片(20米466拍)：
1:10, 2B ；35mm银盐
收藏馆：缩微中心，南京

000O019825
周易经传：二十四卷 / (宋)程颐,(宋)朱熹撰
明(1368-1644)刻本
1994年摄制. -- 1盘卷片(22米478拍)：
1:10, 2B ；35mm银盐
收藏馆：缩微中心，天津

000O005566
周易：二十四卷 / (宋)程颐传；(宋)朱熹本义
明嘉靖(1522-1566)吉澄刻本. --（清)丁丙跋。
1987年摄制. -- 1盘卷片(28米551拍)：
1:10, 2B ；35mm银盐
收藏馆：缩微中心，南京

000O005864
周易程朱传义：二十四卷 / (宋)程颐,(宋)朱熹撰
明嘉靖(1522-1566)吉澄刻本
1987年摄制. -- 1盘卷片(26.3米588拍)：
1:10, 2B ；35mm银盐
收藏馆：缩微中心，国图

000O021850
周易程朱传义：二十四卷 / (宋)程颐,(宋)朱熹撰
明(1368-1644)杨一鹗建宁重刻本. -- 据吉澄本重刻。
1995年摄制. -- 1盘卷片(25米556拍)：
1:10, 2B ；35mm银盐
收藏馆：缩微中心，安徽

000O005099
周易：二十四卷 / (宋)程颐传；(宋)朱熹本义
明崇祯四年(1631)汪应魁贻经堂刻本. -- （明)瞿式耜批注，(清)瞿昌文、(清)翁同龢跋。
1986年摄制. -- 1盘卷片(24米533拍)：
1:10, 2B ；35mm银盐
收藏馆：缩微中心，国图

00O007797
周易传义：二十四卷上下篇义一卷图说一卷五赞一卷筮仪一卷 / (宋)程颐,(宋)朱熹撰
明崇祯四年(1631)汪应魁贻经堂刻本
1988年摄制. -- 1盘卷片(25.5米558拍)：1:10, 2B；35mm银盐
收藏馆：缩微中心，重庆

00O003477
南轩先生张侍讲易说：五卷 / (宋)张栻撰
明(1368-1644)抄本. -- 四库底本。(清)吴城跋。
1986年摄制. -- 1盘卷片(7米113拍)：1:10, 2B；35mm银盐
收藏馆：缩微中心，国图

00O013841
复斋易说：六卷 / (宋)赵彦肃撰
清(1644-1911)抄本
1991年摄制. -- 1盘卷片(7米98拍)：1:10, 2B；35mm银盐
收藏馆：缩微中心，国图

00O018319
周易杂论精义：一卷 / (宋)吕祖谦编
清(1644-1911)抄本. -- 罗振常题识。
1993年摄制. -- 1盘卷片(4米42拍)：1:10, 2B；35mm银盐
收藏馆：缩微中心，天津

00O001915
杨氏易传：二十卷 / (宋)杨简撰
明万历二十三年(1595)刘日升陈道亨刻本
1986年摄制. -- 1盘卷片(16米342拍)：1:10, 2B；35mm银盐
收藏馆：缩微中心，国图

00O006060
杨氏易传：二十卷 / (宋)杨简撰
明万历二十三年(1595)刘日升陈道亨刻本. -- (清)丁丙跋。
1987年摄制. -- 1盘卷片(17米340拍)：1:10, 2B；35mm银盐
收藏馆：缩微中心，南京

00O014447
杨氏易传：二十卷 / (宋)杨简撰
明万历二十三年(1595)刘日升陈道亨刻本
1992年摄制. -- 1盘卷片(17米327拍)：1:10, 2B；35mm银盐
收藏馆：缩微中心，国图

00O005018
周易玩辞：十六卷 / (宋)项安世撰
明(1368-1644)澹然斋抄本
1986年摄制. -- 1盘卷片(17米336拍)：1:10, 2B；35mm银盐
收藏馆：缩微中心，国图

00O001584
周易玩辞：十六卷 / (宋)项安世撰
清康熙(1662-1722)纳兰成德刻通志堂经解本. -- 四库底本。
1986年摄制. -- 1盘卷片(15.8米375拍)：1:10, 2B；35mm银盐
收藏馆：缩微中心，国图

00O015227
周易玩辞：十六卷 / (宋)项安世撰
清(1644-1911)抄本
1992年摄制. -- 1盘卷片(19米372拍)：1:10, 2B；35mm银盐
收藏馆：缩微中心，国图

00O006118
西溪先生易说：十二卷序说一卷 / (宋)李过撰
清(1644-1911)抄本
1987年摄制. -- 1盘卷片(12米247拍)：1:10, 2B；35mm银盐
收藏馆：缩微中心，南京

00O003592
西溪易说：十二卷序说一卷 / (宋)李过撰
清(1644-1911)抄本
1985年摄制. -- 1盘卷片(15米312拍)：1:10, 2B；35mm银盐
收藏馆：缩微中心，国图

00O006071
周易详解：十六卷 / (宋)李杞撰
清乾隆(1736-1795)翰林院抄本
1987年摄制. -- 1盘卷片(22米420拍)：1:10, 2B；35mm银盐
收藏馆：缩微中心，南京

00O001874
周易总义：二十卷 / (宋)易祓撰
清(1644-1911)抄本
1986年摄制. -- 1盘卷片(21米452拍)：1:10, 2B；35mm银盐
收藏馆：缩微中心，国图

00O021416
读周易：二十一卷 / (宋)方寔孙撰
明(1368-1644)抄本. -- 存四卷：上经卷六至

卷八、下经一卷。
1995年摄制. -- 1盘卷片(6米96拍) : 1:10, 2B ; 35mm银盐
收藏馆：缩微中心，国图

00O013085
周易要义：十卷首一卷 / (宋)魏了翁撰
清光绪十二年(1886)江苏书局刻本. -- 傅增湘校并跋。
1991年摄制. -- 1盘卷片(18米344拍) : 1:10, 2B ; 35mm银盐
收藏馆：缩微中心，国图

00O031999
周易要义：十卷首一卷 / (宋)魏了翁撰
清光绪十二年(1886)江苏书局刻本. -- 九行十八字黑口四周双边。傅增湘校并跋。
2010年摄制. -- 1盘卷片(22米379拍) : 1:11, 2B ; 35mm银盐
收藏馆：缩微中心，国图

00O003825
周易要义：十卷 / (宋)魏了翁撰
清(1644-1911)徐氏传是楼抄本. -- (清)季锡畴校，瞿熙邦校并跋。
1985年摄制. -- 1盘卷片(12米251拍) : 1:10, 2B ; 35mm银盐
收藏馆：缩微中心，国图

00O003832
周易要义：十卷 / (宋)魏了翁撰
清(1644-1911)震无咎斋抄本. -- (清)翁心存校并跋。
1985年摄制. -- 1盘卷片(14.7米352拍) : 1:10, 2B ; 35mm银盐
收藏馆：缩微中心，国图

00O006111
周易要义：十卷 / (宋)魏了翁撰
清(1644-1911)抄本. -- (清)丁丙跋。
1987年摄制. -- 1盘卷片(12米240拍) : 1:10, 2B ; 35mm银盐
收藏馆：缩微中心，南京

00O014294
周易辑闻：六卷 / (宋)赵汝楳撰
明(1368-1644)朱睦㮮聚乐堂刻本. -- 存三卷：卷二至卷三、卷六。
1992年摄制. -- 1盘卷片(10米178拍) : 1:10, 2B ; 35mm银盐
收藏馆：缩微中心，国图

00O001579
周易辑闻：六卷 / (宋)赵汝楳撰
清康熙(1662-1722)纳兰成德刻通志堂经解本. -- 四库底本。
1986年摄制. -- 1盘卷片(19米416拍) : 1:10, 2B ; 35mm银盐
收藏馆：缩微中心，国图

00O022408
周易上经程朱先生传义附录：二十卷 / (宋)董楷撰 . 朱子易图说：一卷 / (宋)朱熹撰；(宋)董楷辑
元至正二年(1342)居敬书堂刻本. -- 存五卷：附录卷一至卷四、图说一卷。
1995年摄制. -- 1盘卷片(8米130拍) : 1:10, 2B ; 35mm银盐
收藏馆：缩微中心，国图

00O022982
周易上经程朱先生传义附录：二十卷 / (宋)董楷撰
元至正九年(1349)竹坪书堂刻本. -- 存十四卷：卷一至卷七、卷九至卷十五。
1995年摄制. -- 1盘卷片(11米195拍) : 1:10, 2B ; 35mm银盐
收藏馆：缩微中心，国图

00O006057
易象义：十六卷；统论：一卷 / (宋)丁易东撰
清(1644-1911)张氏爱日精庐抄本. -- (清)丁丙跋。
1987年摄制. -- 2盘卷片(30米657拍) : 1:10, 2B ; 35mm银盐
收藏馆：缩微中心，南京

00O007061
易纂言：十二卷 / (元)吴澄撰
明万历(1573-1620)刻本
1987年摄制. -- 1盘卷片(17米355拍) : 1:10, 2B ; 35mm银盐
收藏馆：缩微中心，山东

00O001480
易纂言：十卷首一卷 / (元)吴澄撰
清康熙(1662-1722)纳兰成德刻通志堂经解本. -- (清)惠栋、(清)丁丙跋。
1986年摄制. -- 1盘卷片(10米200拍) : 1:10, 2B ; 35mm银盐
收藏馆：缩微中心，南京

00O001476
周易本义通释：十二卷 / (元)胡炳文撰 . 辑录云峰文集易义：一卷 / (明)胡琭辑
明嘉靖元年(1522)潘旦邓杞刻本. -- (清)丁

丙跋。
1986年摄制. -- 1盘卷片（20米405拍）：
1:10，2B；35mm银盐
收藏馆：缩微中心，南京

00O004434
周易本义通释：十二卷易义一卷 / (元)胡炳文撰
明嘉靖元年(1522)潘旦邓杞刻本
1986年摄制. -- 1盘卷片（19米414拍）：
1:10，2B；35mm银盐
收藏馆：缩微中心，国图

00O015273
周易本义通释：十二卷易义一卷 / (元)胡炳文撰
明嘉靖元年(1522)潘旦邓杞刻本
1992年摄制. -- 1盘卷片（20米358拍）：
1:10，2B；35mm银盐
收藏馆：缩微中心，国图

00O003528
**周易本义通释：十二卷 / (元)胡炳文撰．辑录云
峰文集易义：一卷 / (明)胡珙辑**
清(1644-1911)抄本. -- (清)王振声校并录
(清)何焯跋。
1985年摄制. -- 1盘卷片（13米271拍）：
1:10，2B；35mm银盐
收藏馆：缩微中心，国图

00O011458
学易记：九卷 / (元)李简撰
元(1271-1368)刻本. -- 存四卷：卷一至卷
四。
1989年摄制. -- 1盘卷片（12.5米263拍）：
1:10，2B；35mm银盐
收藏馆：缩微中心，辽宁

00O006107
学易记：九卷 / (元)李简撰
明(1368-1644)抄本. -- 钤"倪元璐印""鸿
宝"印。
1987年摄制. -- 1盘卷片（26米560拍）：
1:10，2B；35mm银盐
收藏馆：缩微中心，南京

00O010654
**周易经传集程朱解附录纂注：十四卷；朱子易
图附录纂注：一卷；朱子启蒙五赞附录纂注：
一卷 / (元)董真卿撰**
元(1271-1368)刻本. -- 还有合刻著作：朱子
筮仪附录纂注一卷/(元)董真卿撰。存一卷：
卷一。
1989年摄制. -- 1盘卷片（4米56拍）：1:10，
2B；35mm银盐

收藏馆：缩微中心，吉林

00O020174
周易本义集成：十二卷 / (元)熊良辅撰
元(1271-1368)刻明(1368-1644)重修本
1994年摄制. -- 1盘卷片（15米270拍）：
1:10，2B；35mm银盐
收藏馆：缩微中心，国图

00O027735
周易本义集成：十二卷 / (元)熊良辅撰
元(1271-1368)刻明(1368-1644)重修本
1997年摄制. -- 1盘卷片（18米326拍）：
1:10，2B；35mm银盐
收藏馆：缩微中心，国图

00O018127
周易本义集成：十二卷 / (元)熊良辅撰
元(1271-1368)刻本. -- 存七卷：卷六至卷
十二。
1993年摄制. -- 1盘卷片（7米127拍）：1:10，
2B；35mm银盐
收藏馆：缩微中心，山东

00O006109
周易爻变义蕴：四卷 / (元)陈应润撰
清(1644-1911)抄本. -- (清)丁丙跋。
1987年摄制. -- 1盘卷片（19米371拍）：
1:10，2B；35mm银盐
收藏馆：缩微中心，南京

00O010191
易学变通：六卷 / (元)曾贯撰
清(1644-1911)抄本. -- 存三卷：卷四至卷
六。
1989年摄制. -- 1盘卷片（5米82拍）：1:10，
2B；35mm银盐
收藏馆：缩微中心，湖南

00O018296
大易缉说：十卷 / (元)王申子撰；(元)田泽校
清(1644-1911)抄本
1993年摄制. -- 1盘卷片（19米419拍）：
1:10，2B；35mm银盐
收藏馆：缩微中心，天津

00O005125
周易旁注前图：二卷 / (明)朱升撰
明(1368-1644)刻本. -- (清)吴骞跋。
1986年摄制. -- 1盘卷片（5.9米104拍）：
1:10，2B；35mm银盐
收藏馆：缩微中心，国图

00O020783
周易旁注会通：九卷 / (明)朱升旁注；(明)姚文蔚会通.周易：四卷
明万历四十五年(1617)刻本
1994年摄制. -- 1盘卷片(26米509拍)：1:10，2B；35mm银盐
收藏馆：缩微中心，国图

00O021907
大易钩玄：三卷 / (元)鲍恂撰
清(1644-1911)抄本
1995年摄制. -- 1盘卷片(3米26拍)：1:10，2B；35mm银盐
收藏馆：缩微中心，国图

00O020150
太易钩玄：三卷 / (元)鲍恂撰
清(1644-1911)抄本
1994年摄制. -- 1盘卷片(3米25拍)：1:10，2B；35mm银盐
收藏馆：缩微中心，国图

00O001697
周易参义：十二卷 / (元)梁寅撰
明初(1368-1424)刻本. -- 存三卷：卷一至卷二(上、下经)、卷十二(传十)。
1986年摄制. -- 1盘卷片(7.8米147拍)：1:10，2B；35mm银盐
收藏馆：缩微中心，国图

00O003398
周易参义：十二卷 / (元)梁寅撰
清康熙(1662-1722)纳兰成德刻通志堂经解本. -- (清)翁同书批注并跋。
1986年摄制. -- 1盘卷片(17米356拍)：1:10，2B；35mm银盐
收藏馆：缩微中心，国图

00O032066
周易参义：十二卷 / (元)梁寅撰
清康熙(1662-1722)纳兰成德刻通志堂经解本. -- 十一行二十字白口左右双边。(清)翁同书批注并跋。
2011年摄制. -- 1盘卷片(20米358拍)：1:12，2B；35mm银盐
收藏馆：缩微中心，国图

00O013720
周易传义大全：二十四卷 / (明)胡广[等]辑
明永乐十三年(1415)内府刻本
1991年摄制. -- 2盘卷片(48米969拍)：1:10，2B；35mm银盐
收藏馆：缩微中心，国图

00O016268
周易传义大全：二十四卷朱子图说一卷纲领一卷 / (明)胡广[等]辑
明永乐十三年(1415)内府刻本
1993年摄制. -- 2盘卷片(51米1071拍)：1:10，2B；35mm银盐
收藏馆：缩微中心，国图

00O021185
周易传义大全：二十四卷首一卷 / (明)胡广[等]辑
明永乐十三年(1415)内府刻本
1995年摄制. -- 2盘卷片(52米1065拍)：1:10，2B；35mm银盐
收藏馆：缩微中心，国图

00O001468
周易传义大全：二十四卷纲领一卷朱子图说一卷 / (明)胡广[等]辑
明嘉靖十五年(1536)作德堂刻本
1986年摄制. -- 2盘卷片(60米1077拍)：1:10，2B；35mm银盐
收藏馆：缩微中心，南京

00O005874
周易传义大全：二十四卷纲领一卷朱子图说一卷 / (明)胡广[等]辑
明(1368-1644)刻本
1987年摄制. -- 2盘卷片(51米1134拍)：1:10，2B；35mm银盐
收藏馆：缩微中心，国图

00O021270
周易传义大全：二十四卷纲领一卷朱子图说一卷 / (明)胡广[等]辑
明(1368-1644)刻本
1995年摄制. -- 2盘卷片(50米1013拍)：1:10，2B；35mm银盐
收藏馆：缩微中心，国图

00O007051
周易传义大全：二十四卷纲领一卷朱子图说一卷 / (明)胡广[等]辑
明(1368-1644)刻本
1987年摄制. -- 2盘卷片(55米1114拍)：1:10，2B；35mm银盐
收藏馆：缩微中心，山东

00O028738
周易传义大全：二十四卷 / (明)胡广[等]辑
明嘉靖十五年(1536)建阳刘宗器安正堂刻本
1998年摄制. -- 2盘卷片(50米924拍)：1:10，2B；35mm银盐

收藏馆：缩微中心，苏州

00O026105
周易传义大全：二十四卷朱子图说一卷五赞一卷筮仪一卷易说纲领一卷 / (明)胡广[等]辑
明清(1368-1911)刻本
1996年摄制. -- 2盘卷片(56米1243拍)：1:10，2B；35mm银盐
收藏馆：缩微中心，河南

00O021849
周易传义大全：二十四卷首一卷 / (明)胡广[等]辑．易经汇征：二十四卷 / (明)刘庚纂
明崇祯(1628-1644)刻两节本
1995年摄制. -- 2盘卷片(45米1024拍)：1:10，2B；35mm银盐
收藏馆：缩微中心，安徽

00O014893
周会魁校正易经大全：二十卷首一卷 / (明)胡广[等]辑
明万历三十三年(1605)书林余氏刻本. --(明)周士显校正。
1992年摄制. -- 2盘卷片(52.4米1186拍)：1:10，2B；35mm银盐
收藏馆：缩微中心，辽宁

00O005508
周易通略：一卷 / (明)黄俊撰
明(1368-1644)抄本. -- (清)丁丙跋。
1987年摄制. -- 1盘卷片(4米55拍)：1:10，2B；35mm银盐
收藏馆：缩微中心，南京

00O021847
易学象数举隅：二卷 / (明)汪敬撰
明嘉靖十八年(1539)新安汪氏刻本
1995年摄制. -- 1盘卷片(6米77拍)：1:10，2B；35mm银盐
收藏馆：缩微中心，安徽

00O019823
玩易心得：不分卷
宋嘉定十二年至清末(1219-1911)稿本. -- 本书还装订有：摘抄周易函书诗草、周易眼、周易心法。
1994年摄制. -- 3盘卷片(76米1641拍)：1:10，2B；35mm银盐
收藏馆：缩微中心，天津

00O018262
玩易意见：二卷 / (明)王恕撰
明正德元年(1506)刻本

1993年摄制. -- 1盘卷片(4米53拍)：1:10，2B；35mm银盐
收藏馆：缩微中心，山东

00O001475
易经蒙引：十二卷 / (明)蔡清撰
明万历三十八年(1610)彭氏刻本
1986年摄制. -- 3盘卷片(56米1331拍)：1:10，2B；35mm银盐
收藏馆：缩微中心，南京

00O006145
易经蒙引：十二卷 / (明)蔡清撰
明万历三十八年(1610)刻本
1987年摄制. -- 2盘卷片(60.5米1321拍)：1:10，2B；35mm银盐
收藏馆：缩微中心，南京

00O023694
蔡虚斋先生易经蒙引：二十四卷 / (明)蔡清撰；(明)葛云亮评
明末(1621-1644)刻本
1995年摄制. -- 2盘卷片(59米1197拍)：1:10，2B；35mm银盐
收藏馆：缩微中心，浙江

00O004382
周易古文羽义：十二卷首一卷 / (明)童品撰
明弘治九年至十三年(1496-1500)童品刻本
1986年摄制. -- 1盘卷片(15.6米336拍)：1:10，2B；35mm银盐
收藏馆：缩微中心，国图

00O006121
周易赞义：十七卷 / (明)马理撰
明嘉靖三十五年(1556)郑絅刻本. -- 存七卷：卷一至卷七。(清)丁申、(清)丁丙跋。
1987年摄制. -- 1盘卷片(17米351拍)：1:10，2B；35mm银盐
收藏馆：缩微中心，南京

00O014196
周易赞义：十七卷 / (明)马理撰
明嘉靖三十五年(1556)郑絅刻本. -- 存七卷：卷一至卷六、系辞上。
1992年摄制. -- 1盘卷片(16米323拍)：1:10，2B；35mm银盐
收藏馆：缩微中心，国图

00O010378
陈紫峰先生周易浅说：五卷 / (明)陈琛撰
清乾隆五十四年(1789)刻本
1989年摄制. -- 1盘卷片(27.5米534拍)：

1:10, 2B ; 35mm银盐
收藏馆：缩微中心，湖北

000O006056
读易余言：五卷 / (明)崔铣撰
明嘉靖(1522-1566)崔氏家塾刻本. -- (清)丁
丙跋。
1987年摄制. -- 1盘卷片(10米180拍) :
1:10, 2B ; 35mm银盐
收藏馆：缩微中心，南京

000O014219
读易余言：五卷 / (明)崔铣撰
明(1368-1644)崔氏家塾刻本
1992年摄制. -- 1盘卷片(10米161拍) :
1:10, 2B ; 35mm银盐
收藏馆：缩微中心，国图

000O019351
周易议卦：二卷 / (明)王崇庆撰
清(1644-1911)抄本. -- (清)吴骞跋。
1994年摄制. -- 1盘卷片(4米31拍) : 1:10,
2B ; 35mm银盐
收藏馆：缩微中心，国图

000O012276
莲谷先生读易索隐：六卷 / (明)洪鼐撰
明嘉靖二十六年(1547)顺裕堂刻本
1989年摄制. -- 1盘卷片(9米179拍) : 1:10,
2B ; 35mm银盐
收藏馆：缩微中心，辽宁

000O015788
学易记：五卷 / (明)金贲亨撰
明嘉靖(1522-1566)刻本
1993年摄制. -- 1盘卷片(7米113拍) : 1:10,
2B ; 35mm银盐
收藏馆：缩微中心，国图

000O019535
周易集莹：十二卷 / (明)梅鸷撰
明(1368-1644)刻本
1994年摄制. -- 1盘卷片(11米193拍) :
1:10, 2B ; 35mm银盐
收藏馆：缩微中心，国图

000O005634
新刊增订的稿易经存疑：十二卷 / (明)林希元撰
明万历二年(1574)书林□氏鸣□刻本
1987年摄制. -- 1盘卷片(26米597拍) :
1:10, 2B ; 35mm银盐
收藏馆：缩微中心，国图

000O011321
增订易经存疑的稿：十二卷 / (明)林希元撰
清康熙(1662-1722)刻本. -- (清)仇兆鳌校。
1989年摄制. -- 1盘卷片(29米610拍) :
1:10, 2B ; 35mm银盐
收藏馆：缩微中心，甘肃

000O008027
周易辩录：四卷 / (明)杨爵撰
清(1644-1911)抄本. -- 四库底本。(清)李文
藻批校并跋。
1988年摄制. -- 1盘卷片(20米379拍) :
1:10, 2B ; 35mm银盐
收藏馆：缩微中心，山东

000O017181
周易辩录：四卷 / (明)杨爵撰
清(1644-1911)抄本. -- (清)李文藻批校并
跋。
1993年摄制. -- 1盘卷片(19米383拍) :
1:10, 2B ; 35mm银盐
收藏馆：缩微中心，山东

000O015248
周易义丛：十六卷首一卷 / (明)叶良佩撰
明嘉靖(1522-1566)刻本
1992年摄制. -- 3盘卷片(63米1257拍) :
1:10, 2B ; 35mm银盐
收藏馆：缩微中心，国图

000O006070
读易记：三卷 / (明)王渐逵撰
明(1368-1644)刻本
1987年摄制. -- 1盘卷片(10米199拍) :
1:10, 2B ; 35mm银盐
收藏馆：缩微中心，南京

000O013832
大象义述：一卷 / (明)王畿撰
明万历(1573-1620)刻本
1991年摄制. -- 1盘卷片(4米42拍) : 1:10,
2B ; 35mm银盐
收藏馆：缩微中心，国图

000O005633
周易象旨决录：七卷 / (明)熊过撰. 读周易象旨
私识：一卷
明嘉靖四十一年(1562)熊迥刻本
1987年摄制. -- 1盘卷片(19米416拍) :
1:10, 2B ; 35mm银盐
收藏馆：缩微中心，国图

00O006943
周易传义补疑：十二卷 / (明)姜宝撰
明万历十四年(1586)古之贤新安郡斋刻本
1986年摄制. -- 1盘卷片(27米598拍)：
1:10, 2B；35mm银盐
收藏馆：缩微中心, 国图

00O015120
易象钩解：四卷 / (明)陈士元撰
清(1644-1911)抄本
1992年摄制. -- 1盘卷片(8米128拍)：1:10,
2B；35mm银盐
收藏馆：缩微中心, 国图

00O014826
今文周易演义：十二卷首一卷 / (明)徐师曾撰
明隆庆二年(1568)董汉策刻本
1992年摄制. -- 1盘卷片(28米544拍)：
1:10, 2B；35mm银盐
收藏馆：缩微中心, 国图

00O006059
淮海易谈：四卷 / (明)孙应鳌撰
明隆庆(1567-1572)刻本
1987年摄制. -- 1盘卷片(11米218拍)：
1:10, 2B；35mm银盐
收藏馆：缩微中心, 南京

00O016726
易因：二卷 / (明)焦竑,(明)方时化讲；(明)汪本
钶记
明(1368-1644)陈邦泰刻本
1993年摄制. -- 1盘卷片(16米306拍)：
1:10, 2B；35mm银盐
收藏馆：缩微中心, 国图

00O029767
九正易因：二卷 / (明)李贽撰
明(1368-1644)刻本
1996年摄制. -- 1盘卷片(15米281拍)：
1:10, 2B；35mm银盐
收藏馆：缩微中心, 苏州

00O011339
九正易因：不分卷 / (明)李贽撰
明(1368-1644)毛氏汲古阁刻本
1989年摄制. -- 1盘卷片(21.0米465拍)：
1:10, 2B；35mm银盐
收藏馆：缩微中心, 辽宁

00O004135
周易象义：不分卷；读易杂记：四卷 / (明)章潢
撰
明(1368-1644)抄本
1986年摄制. -- 2盘卷片(34米727拍)：
1:10, 2B；35mm银盐
收藏馆：缩微中心, 国图

00O013117
易大象义：一卷 / (明)章潢撰
清(1644-1911)抄本
1991年摄制. -- 1盘卷片(3.3米78拍)：
1:10, 2B；35mm银盐
收藏馆：缩微中心, 辽宁

00O013921
周易古今文全书：二十一卷 / (明)杨时乔撰
明万历(1573-1620)刻本. -- 存二卷：古文卷
一至卷二。
1991年摄制. -- 1盘卷片(15米286拍)：
1:10, 2B；35mm银盐
收藏馆：缩微中心, 国图

00O015795
新刻易经详解：十卷 / (明)徐元气撰
明万历十年(1582)张一通匡铎[等]刻本. --
存五卷：卷一至卷五。
1993年摄制. -- 1盘卷片(22米444拍)：
1:10, 2B；35mm银盐
收藏馆：缩微中心, 国图

00O003914
读易述：十七卷 / (明)潘士藻撰
明万历三十四年(1606)潘师鲁刻本
1986年摄制. -- 2盘卷片(50米1107拍)：
1:10, 2B；35mm银盐
收藏馆：缩微中心, 国图

00O001470
读易述：十七卷 / (明)潘士藻撰
清(1644-1911)抄本. -- (清)丁丙跋。
1986年摄制. -- 1盘卷片(30.5米624拍)：
1:10, 2B；35mm银盐
收藏馆：缩微中心, 南京

00O018992
周易象义：四卷；读易法：一卷 / (明)唐鹤征撰
明万历三十五年(1607)纯白斋刻本. -- (明)
倪元璐批校。
1993年摄制. -- 1盘卷片(19米395拍)：
1:10, 2B；35mm银盐
收藏馆：缩微中心, 天津

00O018613
周易大全纂：十二卷 / (明)倪晋卿撰
明万历二十年(1592)刻本. -- 存六卷：卷一

至卷六。
1992年摄制. -- 1盘卷片(20.5米441拍) :
1:9, 2B ; 35mm银盐
收藏馆：缩微中心，重庆

00O024760
生生篇：七卷 / (明)苏浚撰
明万历(1573-1620)吴道长刻本
1995年摄制. -- 1盘卷片(18米354拍) :
1:10, 2B ; 35mm银盐
收藏馆：缩微中心，浙江

00O018302
重镌苏紫溪先生易经儿说：八卷 / (明)苏浚撰
清乾隆五十六年(1791)禹航师俭堂活字印本
1993年摄制. -- 2盘卷片(46米984拍) :
1:10, 2B ; 35mm银盐
收藏馆：缩微中心，天津

00O022668
宋明两苏先生易说合删：六卷 / (明)周之谟撰
明万历四十四年(1616)吉赞刻本
1994年摄制. -- 1盘卷片(10米188拍) :
1:10, 2B ; 35mm银盐
收藏馆：缩微中心，浙江

00O008763
易筌：六卷附论一卷 / (明)焦竑撰
明万历四十年(1612)刻本
1988年摄制. -- 1盘卷片(19.6米421拍) :
1:9, 2B ; 35mm银盐
收藏馆：缩微中心，重庆

00O014290
新刊易经就正：□□卷 / (明)胡宥撰
明(1368-1644)刻本. -- 存八卷：卷一至卷八。
1992年摄制. -- 1盘卷片(21米416拍) :
1:10, 2B ; 35mm银盐
收藏馆：缩微中心，国图

00O006211
新刻浙江余姚进士白川诸先生秘传易学讲意：七卷 / (明)诸大伦撰
明万历二年(1574)书林饶仁卿[等]刻本. --
(清)丁丙跋。
1987年摄制. -- 1盘卷片(28米595拍) :
1:10, 2B ; 35mm银盐
收藏馆：缩微中心，南京

00O008949
像象管见：四卷 / (明)钱一本撰
明万历三十五年(1607)刻本

1988年摄制. -- 1盘卷片(17米279拍) :
1:10, 2B ; 35mm银盐
收藏馆：缩微中心，湖北

00O001467
像象管见：九卷 / (明)钱一本撰
明万历(1573-1620)刻本. -- (清)丁丙跋。
1986年摄制. -- 1盘卷片(29米561拍) :
1:10, 2B ; 35mm银盐
收藏馆：缩微中心，南京

00O024995
像续抄：二卷 / (明)钱一本撰
清初(1644-1722)刻本
1996年摄制. -- 1盘卷片(8米154拍) : 1:10,
2B ; 35mm银盐
收藏馆：缩微中心，福建

00O023952
四圣一心录：六卷 / (明)钱一本撰
清(1644-1911)钱济世兰雪堂刻本
1996年摄制. -- 1盘卷片(18米381拍) :
1:10, 2B ; 35mm银盐
收藏馆：缩微中心，福建

00O022677
重订易经疑问：十二卷 / (明)姚舜牧撰
明万历(1573-1620)六经堂刻五经疑问本
1994年摄制. -- 2盘卷片(38米748拍) :
1:10, 2B ; 35mm银盐
收藏馆：缩微中心，浙江

00O025019
锲会元纂著句意句训易经翰林家说：十二卷 / (明)李廷机撰
明万历十三年(1585)建阳余氏克勤堂刻本
1996年摄制. -- 1盘卷片(24米531拍) :
1:10, 2B ; 35mm银盐
收藏馆：缩微中心，安徽

00O006079
新刻易测：十卷 / (明)曾朝节撰
明万历(1573-1620)刻本
1987年摄制. -- 1盘卷片(15米317拍) :
1:10, 2B ; 35mm银盐
收藏馆：缩微中心，南京

00O001479
古易诠：二十九卷 / (明)邓伯羔撰
明万历二十六年(1598)刻本
1987年摄制. -- 1盘卷片(30.5米672拍) :
1:10, 2B ; 35mm银盐
收藏馆：缩微中心，南京

00O022581
易会：八卷 / (明)邹德溥撰
明万历四十一年(1613)刻本
1995年摄制. -- 1盘卷片(30.5米638拍)：
1:10，2B；35mm银盐
收藏馆：缩微中心，荆州

00O006098
易会：八卷 / (明)邹德溥撰
明(1368-1644)周文明刻本. -- 存六卷：卷三
至卷八。
1987年摄制. -- 1盘卷片(17米380拍)：
1:10，2B；35mm银盐
收藏馆：缩微中心，南京

00O022664
易解大旨：一卷二集六卷 / (明)张伯枢撰
明崇祯四年(1631)刻本
1994年摄制. -- 1盘卷片(30米611拍)：
1:10，2B；35mm银盐
收藏馆：缩微中心，浙江

00O021410
易经正解：四卷 / (明)张廷策撰；(明)张廷箴订
明万历四十八年(1620)张氏刻本
1995年摄制. -- 1盘卷片(13米300拍)：
1:10，2B；35mm银盐
收藏馆：缩微中心，安徽

00O021859
周易正解：二十卷读易一卷 / (明)郝敬撰
明万历四十三年(1615)刻郝氏九经解本
1995年摄制. -- 2盘卷片(46米920拍)：
1:10，2B；35mm银盐
收藏馆：缩微中心，湖北

00O024759
周易正解：二十卷读易一卷 / (明)郝敬撰
明万历四十三年至四十七年(1615-1619)刻郝
氏九经解本
1995年摄制. -- 2盘卷片(44米880拍)：
1:10，2B；35mm银盐
收藏馆：缩微中心，浙江

00O022665
周易初谈讲意：六卷 / (明)方应祥撰
清(1644-1911)抄本
1994年摄制. -- 1盘卷片(18米342拍)：
1:10，2B；35mm银盐
收藏馆：缩微中心，浙江

00O008076
新镌方孟旋先生义经鸿宝：十二卷；周易说统：

不分卷 / (明)方应祥撰；(明)张振渊辑；(明)李
克爱补
明末(1621-1644)刻本
1988年摄制. -- 2盘卷片(42米924拍)：
1:10，2B；35mm银盐
收藏馆：缩微中心，湖北

00O006058
新镌缪当时先生周易九鼎：十六卷首一卷 / (明)
缪昌期辑
明(1368-1644)仙源堂刻本
1987年摄制. -- 2盘卷片(35米789拍)：
1:10，2B；35mm银盐
收藏馆：缩微中心，南京

00O006065
周易明洛义：二卷二义二卷三义一卷 / (明)孙慎
行撰
明(1368-1644)止躬斋刻本
1987年摄制. -- 1盘卷片(30.5米637拍)：
1:10，2B；35mm银盐
收藏馆：缩微中心，南京

00O005093
周易象通：八卷 / (明)朱谋㙔撰
明万历(1573-1620)刻本. -- 冯汝玠跋。
1986年摄制. -- 1盘卷片(8米158拍)：1:10，
2B；35mm银盐
收藏馆：缩微中心，国图

00O028874
周易像象述：六卷首一卷 / (明)吴桂森撰
明崇祯(1628-1644)刻本
1998年摄制. -- 1盘卷片(28米606拍)：
1:10，2B；35mm银盐
收藏馆：缩微中心，苏州

00O003461
周易像象述：七卷；像象金针：一卷 / (明)吴桂
森撰
明末(1621-1644)抄本
1985年摄制. -- 1盘卷片(26米569拍)：
1:10，2B；35mm银盐
收藏馆：缩微中心，国图

00O006346
周易像象述：十卷；像象金针题辞总论：一卷 /
(明)吴桂森撰
清(1644-1911)抄本. -- 存七卷：象述卷一至
卷六、总论一卷。
1987年摄制. -- 1盘卷片(15米321拍)：
1:10，2B；35mm银盐
收藏馆：缩微中心，国图

000O006112
周易像象述：四卷 / (明)吴桂森撰
清嘉庆十七年(1812)胡倚抄本. -- (清)胡倚跋。
1987年摄制. -- 1盘卷片(20米401拍) ：
1:10, 2B ；35mm银盐
收藏馆：缩微中心, 南京

000O014288
点石斋周易说约：□□卷 / (明)翁汝进撰
明万历(1573-1620)苗思顺刻本. -- 存六卷：卷一至卷六。
1992年摄制. -- 1盘卷片(21米428拍) ：
1:10, 2B ；35mm银盐
收藏馆：缩微中心, 国图

000O013704
易经澹窝因指：八卷 / (明)张汝霖撰
明万历三十年(1602)史继辰刻本
1991年摄制. -- 1盘卷片(28米568拍) ：
1:10, 2B ；35mm银盐
收藏馆：缩微中心, 国图

000O018878
鼎镌睡庵汤太史易经脉：四卷首一卷 / (明)汤宾尹撰；(明)陶望龄[等]校
明万历四十五年(1617)刻本
1993年摄制. -- 1盘卷片(18米379拍) ：
1:10, 2B ；35mm银盐
收藏馆：缩微中心, 天津

000O015044
大成易旨：不分卷 / (明)崔师训撰
清(1644-1911)抄本
1992年摄制. -- 1盘卷片(17米340拍) ：
1:10, 2B ；35mm银盐
收藏馆：缩微中心, 国图

000O005636
周易宗义：十二卷 / (明)程汝继撰
明万历三十七年(1609)程汝继刻本
1987年摄制. -- 2盘卷片(51米1120拍) ：
1:10, 2B ；35mm银盐
收藏馆：缩微中心, 国图

000O022670
新镌易经玄备：十五卷周易图说一卷 / (明)汪之宝撰
明崇祯(1628-1644)环觉斋刻本
1994年摄制. -- 2盘卷片(63米1311拍) ：
1:10, 2B ；35mm银盐
收藏馆：缩微中心, 浙江

000O022941
周易可说：七卷 / (明)曹学佺撰
明崇祯(1628-1644)刻本
1995年摄制. -- 1盘卷片(27米578拍) ：
1:10, 2B ；35mm银盐
收藏馆：缩微中心, 甘肃

000O001473
易义古象通：八卷 / (明)魏浚撰
明(1368-1644)刻本. -- (清)丁丙跋。
1986年摄制. -- 1盘卷片(17米351拍) ：
1:10, 2B ；35mm银盐
收藏馆：缩微中心, 南京

000O022679
周易揆：十二卷 / (明)钱士升撰
明末(1621-1644)赐余堂刻本
1994年摄制. -- 1盘卷片(29米575拍) ：
1:10, 2B ；35mm银盐
收藏馆：缩微中心, 浙江

000O003282
新镌易经家训：六卷 / (明)王纳谏撰
明(1368-1644)孙承义刻本
1986年摄制. -- 1盘卷片(21米399拍) ：
1:10, 2B ；35mm银盐
收藏馆：缩微中心, 国图

000O022611
易经抉微：四卷附周易本义 / (明)李行志[等]撰
明天启五年(1625)金陵版筑居刻三色套印本
1995年摄制. -- 1盘卷片(14米266拍) ：
1:10, 2B ；35mm银盐
收藏馆：缩微中心, 河南

000O022672
易疏：五卷首一卷 / (明)黄端伯撰
明崇祯(1628-1644)刻本
1994年摄制. -- 1盘卷片(17米335拍) ：
1:10, 2B ；35mm银盐
收藏馆：缩微中心, 浙江

000O018610
周易会通：十二卷 / (明)汪邦柱,(明)江桢辑
明万历四十五年(1617)休宁梅田江氏刻本. -- 存十卷：卷一至卷八、卷十一至卷十二。
1992年摄制. -- 2盘卷片(38.8米831拍) ：
1:9, 2B ；35mm银盐
收藏馆：缩微中心, 重庆

000O008106
易本象：四卷 / (明)黄道周撰；(清)蓝陈略校定
清康熙三十八年(1699)刻本

1988年摄制. -- 1盘卷片(18.5米382拍) :
1:10, 2B ; 35mm银盐
收藏馆：缩微中心，湖北

000○006066
**儿易内仪以：六卷；儿易外仪：十五卷 / (明)倪
元璐撰**
明崇祯(1628-1644)刻本. -- (清)丁丙跋。
1987年摄制. -- 1盘卷片(21米430拍) :
1:10, 2B ; 35mm银盐
收藏馆：缩微中心，南京

000○001477
**儿易内仪以：六卷；儿易外仪：十五卷 / (明)倪
元璐撰**
明崇祯(1628-1644)刻本
1986年摄制. -- 1盘卷片(20米413拍) :
1:10, 2B ; 35mm银盐
收藏馆：缩微中心，南京

000○005032
儿易内仪以：六卷 / (明)倪元璐撰
明崇祯(1628-1644)刻本. -- (清)王雨谦批点
并跋。
1986年摄制. -- 1盘卷片(8米155拍) : 1:10,
2B ; 35mm银盐
收藏馆：缩微中心，国图

000○019467
儿易外仪：十五卷 / (明)倪元璐撰
明崇祯(1628-1644)刻本
1994年摄制. -- 1盘卷片(12米220拍) :
1:10, 2B ; 35mm银盐
收藏馆：缩微中心，国图

000○001731
古周易订诂：十六卷 / (明)何楷撰
明崇祯(1628-1644)刻本
1986年摄制. -- 2盘卷片(35.4米766拍) :
1:10, 2B ; 35mm银盐
收藏馆：缩微中心，国图

000○006064
古周易订诂：十六卷 / (明)何楷撰
明崇祯(1628-1644)刻本
1987年摄制. -- 2盘卷片(33米740拍) :
1:10, 2B ; 35mm银盐
收藏馆：缩微中心，南京

000○024990
古周易订诂：十六卷 / (明)何楷撰
清乾隆十七年(1752)郭文焰刻清末(1851-1911)
荆园余氏重修朱墨套印本

1996年摄制. -- 2盘卷片(36米746拍) :
1:10, 2B ; 35mm银盐
收藏馆：缩微中心，福建

000○024746
尺木堂学易志：三卷 / (明)马权奇撰
明崇祯(1628-1644)尺木堂刻本
1995年摄制. -- 1盘卷片(8米136拍) : 1:10,
2B ; 35mm银盐
收藏馆：缩微中心，浙江

000○018989
**易经注疏大全合纂：六十四卷；周易系辞注疏
大全合纂：四卷；周易略例：一卷 / (明)张溥撰**
明崇祯七年(1634)刻本. -- 本书还装订有：
周易正义论一卷、上下篇义一卷、五赞一卷、
筮仪一卷、易说纲领一卷、图说一卷。
1993年摄制. -- 3盘卷片(79米1747拍) :
1:10, 2B ; 35mm银盐
收藏馆：缩微中心，天津

000○022666
新刻易旨一览：四卷 / (明)蒋时雍撰
明末(1621-1644)刻本
1994年摄制. -- 1盘卷片(9米157拍) : 1:10,
2B ; 35mm银盐
收藏馆：缩微中心，浙江

000○022669
周易露研：四卷首一卷 / (明)潘贞撰
明崇祯九年(1636)俞赞[等]刻本
1994年摄制. -- 1盘卷片(12米225拍) :
1:10, 2B ; 35mm银盐
收藏馆：缩微中心，浙江

000○022674
乔家心易：九卷首一卷 / (明)乔之文撰
清(1644-1911)抄本
1994年摄制. -- 1盘卷片(28米571拍) :
1:10, 2B ; 35mm银盐
收藏馆：缩微中心，浙江

000○024750
读易隅通：二卷 / (明)来集之撰
明崇祯十七年(1644)黄正色刻本
1995年摄制. -- 1盘卷片(9米169拍) : 1:10,
2B ; 35mm银盐
收藏馆：缩微中心，浙江

000○015765
易义提纲：六卷
明(1368-1644)抄本
1993年摄制. -- 1盘卷片(20米386拍) :

1:10, 2B ; 35mm银盐
收藏馆：缩微中心，国图

000011480
易义提纲：□□卷
明(1368-1644)抄本. -- 存二卷：卷□、卷七。
1989年摄制. -- 1盘卷片(7.7米149拍) :
1:10, 2B ; 35mm银盐
收藏馆：缩微中心，辽宁

000012273
读易质疑：二十卷首一卷跋一卷 / (清)汪璲撰
清康熙四十二年(1703)汪氏仪典堂刻本
1989年摄制. -- 1盘卷片(32.8米746拍) :
1:10, 2B ; 35mm银盐
收藏馆：缩微中心，辽宁

000008154
易原：三卷；易或：十卷 / (清)赵振芳,(清)徐在汉撰
清顺治十五年(1658)刻本
1988年摄制. -- 2盘卷片(54.5米1288拍) :
1:10, 2B ; 35mm银盐
收藏馆：缩微中心，湖北

000010374
读易一钞：十卷；易广：四卷 / (明)董守谕编纂
清(1644-1911)稿本
1989年摄制. -- 2盘卷片(56.2米1144拍) :
1:10, 2B ; 35mm银盐
收藏馆：缩微中心，湖北

000022675
易存：一卷 / (清)萧云从撰
清(1644-1911)抄本
1994年摄制. -- 1盘卷片(6米101拍) : 1:10,
2B ; 35mm银盐
收藏馆：缩微中心，浙江

000008103
易酌：十四卷 / (清)刁包撰
清雍正十年(1732)刁承祖刻本
1988年摄制. -- 2盘卷片(36.5米833拍) :
1:10, 2B ; 35mm银盐
收藏馆：缩微中心，湖北

000002227
贞固斋易义：不分卷 / (清)傅以渐撰
清初(1644-1722)抄本
1986年摄制. -- 1盘卷片(9米176拍) : 1:10,
2B ; 35mm银盐
收藏馆：缩微中心，国图

000020912
周易说略：八卷 / (清)张尔岐撰
清康熙五十八年(1719)徐氏真合斋瓷版印本
1994年摄制. -- 1盘卷片(26米519拍) :
1:10, 2B ; 35mm银盐
收藏馆：缩微中心，国图

000023504
易原就正：六卷 / (清)包仪撰
清(1644-1911)抄本
1995年摄制. -- 1盘卷片(24米479拍) :
1:10, 2B ; 35mm银盐
收藏馆：缩微中心，国图

000010387
周易通：十卷 / (清)浦龙渊撰
清康熙十年(1671)敬日堂刻本
1989年摄制. -- 1盘卷片(16.5米329拍) :
1:10, 2B ; 35mm银盐
收藏馆：缩微中心，湖北

000021848
身易实义：五卷 / (清)沈廷劢撰
清康熙二十三年(1684)洗心楼刻本
1995年摄制. -- 1盘卷片(22米470拍) :
1:10, 2B ; 35mm银盐
收藏馆：缩微中心，安徽

000010259
朱氏训蒙易门：七卷首一卷 / (清)朱日浚撰；(清)王泽弘正
清(1644-1911)黄大中抄本
1989年摄制. -- 1盘卷片(30.5米675拍) :
1:10, 2B ; 35mm银盐
收藏馆：缩微中心，湖北

000024178
翁山易外：七十一卷 / (清)屈大均撰
清康熙二十七年(1688)刻本. -- 版框高十九厘米宽十三厘米。
1996年摄制. -- 2盘卷片(41米851拍) :
1:10, 2B ; 35mm银盐
收藏馆：缩微中心，广东

000027164
珍山陈庶子易说：二十四卷 / (清)陈迁鹤撰
清(1644-1911)抄本
1996年摄制. -- 2盘卷片(45.2米937拍) :
1:10, 2B ; 35mm银盐
收藏馆：缩微中心，福建

000028060
牖窥堂读易：一卷 / (清)陈迁鹤撰

清(1644-1911)抄本
1997年摄制. -- 1盘卷片(4.25米61拍) :
1:10, 2B ; 35mm银盐
收藏馆：缩微中心，福建

000O012686
易注：十二卷；洪范传：一卷 / (清)崔致远撰
清乾隆八年(1743)绛云楼刻本
1990年摄制. -- 1盘卷片(16.4米354拍) :
1:10, 2B ; 35mm银盐
收藏馆：缩微中心，辽宁

000O011455
易贯：十四卷 / (清)张叙撰
清乾隆二十一年(1756)宋宗元刻本
1989年摄制. -- 1盘卷片(27.7米624拍) :
1:10, 2B ; 35mm银盐
收藏馆：缩微中心，辽宁

000O023502
周易折中：二十二卷首一卷 / (清)李光地[等]撰
清康熙五十四年(1715)内府刻本
1995年摄制. -- 2盘卷片(50米1000拍) :
1:10, 2B ; 35mm银盐
收藏馆：缩微中心，国图

000O006490
李文贞公易义：不分卷 / (清)李光地撰
清(1644-1911)抄本. -- (清)韩其、(清)钟文
烝跋。
1987年摄制. -- 1盘卷片(17米370拍) :
1:10, 2B ; 35mm银盐
收藏馆：缩微中心，国图

000O008153
乔氏易俟：十八卷图一卷 / (清)乔莱撰
清康熙(1662-1722)竹深荷净堂刻本
1988年摄制. -- 1盘卷片(19米405拍) :
1:10, 2B ; 35mm银盐
收藏馆：缩微中心，湖北

000O009226
日讲易经解义：十八卷 / (清)牛钮[等]编
清康熙二十三年(1684)内府刻本
1988年摄制. -- 2盘卷片(58米1248拍) :
1:10, 2B ; 35mm银盐
收藏馆：缩微中心，湖南

000O022696
周易读本：不分卷 / (清)张奕光撰
清(1644-1911)稿本
1994年摄制. -- 1盘卷片(7米109拍) : 1:10,
2B ; 35mm银盐

收藏馆：缩微中心，浙江

000O010393
周易玩辞集解：十卷卷首一卷 / (清)查慎行撰
清乾隆十九年(1754)刻本
1989年摄制. -- 1盘卷片(24.5米523拍) :
1:10, 2B ; 35mm银盐
收藏馆：缩微中心，湖北

000O008025
周易古本集注：十二卷首一卷末一卷续编一卷 /
(清)姜其垓撰
清(1644-1911)抄本
1988年摄制. -- 2盘卷片(41米863拍) :
1:10, 2B ; 35mm银盐
收藏馆：缩微中心，山东

000O018108
周易古本集注：十二卷首一卷末一卷续编一卷 /
(清)姜其垓撰
清(1644-1911)抄本
1993年摄制. -- 1盘卷片(21米440拍) :
1:10, 2B ; 35mm银盐
收藏馆：缩微中心，山东

000O022676
周易函书约存：十八卷约注十八卷别集二十三
卷 / (清)胡煦撰
清乾隆(1736-1795)胡氏葆璞堂刻本
1994年摄制. -- 3盘卷片(93米1975拍) :
1:10, 2B ; 35mm银盐
收藏馆：缩微中心，浙江

000O006067
周易函书：三十八卷首十二卷别集三卷 / (清)胡
煦撰
清(1644-1911)胡氏葆璞堂抄本. -- 存十六
卷：周易函书卷一卷首十二卷、别集三卷。
1987年摄制. -- 1盘卷片(30.5米690拍) :
1:10, 2B ; 35mm银盐
收藏馆：缩微中心，南京

000O018929
周易本义析疑：不分卷 / (清)刘以贵撰
清(1644-1911)抄本. -- 刘以贵，山东潍县
人。(清)郑时跋。
1993年摄制. -- 3盘卷片(71米1514拍) :
1:10, 2B ; 35mm银盐
收藏馆：缩微中心，山东

000O007998
周易本义析疑：不分卷 / (清)刘以贵撰
清乾隆四年(1739)抄本. -- (清)郑时跋。

1988年摄制. -- 3盘卷片(74米1503拍)：
1:10, 2B ; 35mm银盐
收藏馆：缩微中心，山东

000O021409
周易补义：四卷 / (清)方芬辑补
清康熙十五年(1676)新安时术堂刻本
1995年摄制. -- 1盘卷片(13米287拍)：
1:10, 2B ; 35mm银盐
收藏馆：缩微中心，安徽

000O006099
周易洗心：七卷首二卷 / (清)任启运撰
清(1644-1911)抄本. -- (清)丁丙跋。
1987年摄制. -- 1盘卷片(13米292拍)：
1:10, 2B ; 35mm银盐
收藏馆：缩微中心，南京

000O025695
易经切解：八卷 / (清)杨诜撰
清雍正(1723-1735)问心斋抄本
1996年摄制. -- 1盘卷片(23米486拍)：
1:10, 2B ; 35mm银盐
收藏馆：缩微中心，河南

000O022671
砚北易抄：不分卷 / (清)黄叔琳撰；(清)翁方纲签注
清(1644-1911)抄本. -- (清)文素松、(清)王礼培题识。
1994年摄制. -- 2盘卷片(39米763拍)：
1:10, 2B ; 35mm银盐
收藏馆：缩微中心，浙江

000O006119
周易兼两：七卷 / (清)倪璠撰
清(1644-1911)抄本. -- (清)丁丙跋。
1987年摄制. -- 1盘卷片(10米170拍)：
1:10, 2B ; 35mm银盐
收藏馆：缩微中心，南京

000O022606
周易象说：四卷 / (清)汤豫诚撰
清(1644-1911)抄本
1995年摄制. -- 1盘卷片(13米233拍)：
1:10, 2B ; 35mm银盐
收藏馆：缩微中心，河南

000O010413
易经释义：四卷 / (清)沈昌基,(清)盛曾撰
清雍正八年(1730)鹤琴书屋刻本. -- 钤"吴锦"印。
1989年摄制. -- 1盘卷片(16.5米331拍)：

1:10, 2B ; 35mm银盐
收藏馆：缩微中心，湖北

000O006055
读易质疑：上经四卷下经不分卷 / (清)黄印撰
清(1644-1911)簪兰书屋抄本
1987年摄制. -- 1盘卷片(28米614拍)：
1:10, 2B ; 35mm银盐
收藏馆：缩微中心，南京

000O001478
读易质疑：八卷 / (清)黄印撰
清(1644-1911)抄本
1986年摄制. -- 1盘卷片(30米529拍)：
1:10, 2B ; 35mm银盐
收藏馆：缩微中心，南京

000O010373
读易质疑：八卷 / (清)黄印撰
清(1644-1911)抄本
1989年摄制. -- 1盘卷片(23.5米495拍)：
1:10, 2B ; 35mm银盐
收藏馆：缩微中心，湖北

000O012724
周易补注 / (清)德沛撰
清乾隆六年(1741)刻本
1990年摄制. -- 1盘卷片(23.9米534拍)：
1:10, 2B ; 35mm银盐
收藏馆：缩微中心，辽宁

000O008917
周易孔义集说：二十卷 / (清)沈起元辑
清乾隆十九年(1754)学易堂刻本. -- 佚名批点。
1988年摄制. -- 2盘卷片(39.5米864拍)：
1:10, 2B ; 35mm银盐
收藏馆：缩微中心，湖北

000O007999
读易便解：二卷 / (清)卢见曾撰
清(1644-1911)稿本
1988年摄制. -- 1盘卷片(12米200拍)：
1:10, 2B ; 35mm银盐
收藏馆：缩微中心，山东

000O017163
读易便解：三卷 / (清)卢见曾撰
清(1644-1911)稿本
1990年摄制. -- 1盘卷片(11米201拍)：
1:10, 2B ; 35mm银盐
收藏馆：缩微中心，山东

000O000528
读易管见：一卷 / (清)程廷祚撰
清(1644-1911)三近堂刻本
1985年摄制. -- 1盘卷片(3米33拍) ：1:10,
2B ；35mm银盐
收藏馆：缩微中心，国图

000O013145
理象解原：四卷 / (清)脹图撰
清乾隆十二年(1747)紫竹斋刻本
1991年摄制. -- 1盘卷片(16.5米356拍) ：
1:10, 2B ；35mm银盐
收藏馆：缩微中心，辽宁

000O011447
硕松堂谈易记：十六卷首一卷 / (清)邱仰文撰
清乾隆三十五年(1770)硕松堂刻本
1989年摄制. -- 2盘卷片(37.4米820拍) ：
1:10, 2B ；35mm银盐
收藏馆：缩微中心，辽宁

000O011340
易经贯一：二十卷 / (清)金诚撰
清乾隆十七年(1752)金氏和序堂刻本
1989年摄制. -- 4盘卷片(99米2214拍) ：
1:10, 2B ；35mm银盐
收藏馆：缩微中心，辽宁

000O006102
周易类经：二卷 / (清)吴颖芳撰
清(1644-1911)抄本. -- (清)丁丙跋。
1987年摄制. -- 1盘卷片(11米109拍) ：
1:10, 2B ；35mm银盐
收藏馆：缩微中心，南京

000O001474
周易纂：不分卷 / (清)邹烈撰
清(1644-1911)抄本. -- (清)丁丙跋。
1986年摄制. -- 1盘卷片(25米502拍) ：
1:10, 2B ；35mm银盐
收藏馆：缩微中心，南京

000O026443
易见：十一卷 / (清)贡渭滨辑
清乾隆二十四年(1759)脉望楼刻本
1993年摄制. -- 2盘卷片(40米930拍) ：
1:10, 2B ；35mm银盐
收藏馆：缩微中心，哈尔滨

000O018313
周衣亭谭易：不分卷 / (清)周人麒撰．望溪集：
一卷 / (清)方苞撰；(清)王兆符辑
清(1644-1911)抄本. -- 书名代拟。

1993年摄制. -- 1盘卷片(12米231拍) ：
1:10, 2B ；35mm银盐
收藏馆：缩微中心，天津

000O029302
周易原意：二卷 / (清)张世荦撰
清(1644-1911)稿本
1999年摄制. -- 1盘卷片(18米318拍) ：
1:10, 2B ；35mm银盐
收藏馆：缩微中心，苏州

000O005522
易说存悔：二卷 / (清)汪宪撰
清(1644-1911)抄本. -- (清)丁丙跋。
1987年摄制. -- 1盘卷片(9.5米130拍) ：
1:10, 2B ；35mm银盐
收藏馆：缩微中心，南京

000O013106
易经揆一：十四卷；易学启蒙补：二卷 / (清)梁
锡玙撰
清乾隆十六年(1751)内府刻本
1991年摄制. -- 2盘卷片(38.8米777拍) ：
1:10, 2B ；35mm银盐
收藏馆：缩微中心，辽宁

000O019642
周易观玩篇：十二卷首一卷 / (清)朱宗洛撰
清(1644-1911)抄本. -- 卷十一至卷十二配清
乾隆(1736-1795)刻本。
1994年摄制. -- 1盘卷片(27米537拍) ：
1:10, 2B ；35mm银盐
收藏馆：缩微中心，国图

000O024747
周易观变：二卷；周易观象：一卷 / (清)茅式周
撰
清(1644-1911)稿本
1995年摄制. -- 1盘卷片(15米288拍) ：
1:10, 2B ；35mm银盐
收藏馆：缩微中心，浙江

000O006103
学易慎余录：四卷 / (清)叶佩荪撰
清(1644-1911)抄本. -- (清)钱大昕批，(清)
王鸣盛批并跋。
1987年摄制. -- 1盘卷片(5米89拍) ：1:10,
2B ；35mm银盐
收藏馆：缩微中心，南京

000O022687
易守：八卷 / (清)叶佩荪撰
清(1644-1911)稿本. -- 有朱笔批点。

1995年摄制. -- 2盘卷片(43米866拍)：1:10, 2B；35mm银盐
收藏馆：缩微中心，浙江

000O010380
周易集解：十卷 / (清)孙星衍撰
清嘉庆三年(1798)兰陵孙星衍刻岱南阁丛书本. -- (清)陶方琦批校。
1989年摄制. -- 1盘卷片(27米573拍)：1:10, 2B；35mm银盐
收藏馆：缩微中心，湖北

000O014506
易学别编：不分卷
清(1644-1911)郑氏注韩居抄本
1991年摄制. -- 1盘卷片(4.1米61拍)：1:9, 2B；35mm银盐
收藏馆：缩微中心，重庆

000O018905
易经易解：三卷
清嘉庆二十年(1815)吴锦抄本
1994年摄制. -- 1盘卷片(11米221拍)：1:10, 2B；35mm银盐
收藏馆：缩微中心，天津

000O013133
周易虞氏义：九卷虞氏消息二卷 / (清)张惠言撰
清(1644-1911)稿本. -- 存四卷：卷一至卷四。
1991年摄制. -- 1盘卷片(6.8米126拍)：1:10, 2B；35mm银盐
收藏馆：缩微中心，辽宁

000O005423
周易虞氏义：九卷虞氏消息二卷 / (清)张惠言撰
清嘉庆八年(1803)扬州阮氏琅嬛仙馆刻本. -- (清)张敦仁点校并跋。
1986年摄制. -- 1盘卷片(14米297拍)：1:10, 2B；35mm银盐
收藏馆：缩微中心，国图

000O010273
周易虞氏义：九卷虞氏消息二卷 / (清)张惠言撰
清嘉庆八年(1803)阮氏琅嬛仙馆刻本
1989年摄制. -- 1盘卷片(16米323拍)：1:10, 2B；35mm银盐
收藏馆：缩微中心，湖北

000O006061
周易虞氏消息：二卷 / (清)张惠言撰
清嘉庆(1796-1820)刻张皋文笺易诠全集本. -- (清)徐松录(清)张惠言圈点并跋。

1987年摄制. -- 1盘卷片(5米79拍)：1:10, 2B；35mm银盐
收藏馆：缩微中心，南京

000O000735
虞氏易言：二卷 / (清)张惠言撰
清(1644-1911)稿本. -- (清)俞樾跋。
1985年摄制. -- 1盘卷片(5米79拍)：1:10, 2B；35mm银盐
收藏馆：缩微中心，国图

000O010382
河上易注：八卷图说二卷 / (清)黎世序撰
清道光元年(1821)谦豫斋刻本
1989年摄制. -- 1盘卷片(22.5米477拍)：1:10, 2B；35mm银盐
收藏馆：缩微中心，湖北

000O015161
干常侍易注疏证：一卷集证一卷 / (清)方成珪撰
清(1644-1911)抄本
1992年摄制. -- 1盘卷片(5米65拍)：1:10, 2B；35mm银盐
收藏馆：缩微中心，国图

000O016159
张易参义：一卷 / (清)李沆撰
清(1644-1911)刘履芬抄本
1993年摄制. -- 1盘卷片(4米32拍)：1:10, 2B；35mm银盐
收藏馆：缩微中心，国图

000O006326
易传通解初稿：不分卷 / (清)黄式三撰
清(1644-1911)稿本
1987年摄制. -- 1盘卷片(22米482拍)：1:10, 2B；35mm银盐
收藏馆：缩微中心，国图

000O023513
周易通论月令：二卷 / (清)姚配中撰
清道光十四年(1834)一经庐刻本
1995年摄制. -- 1盘卷片(5米63拍)：1:10, 2B；35mm银盐
收藏馆：缩微中心，国图

000O016396
周易解故：一卷 / (清)丁晏撰
清(1644-1911)丁氏枕经阁抄本
1993年摄制. -- 1盘卷片(5米65拍)：1:10, 2B；35mm银盐
收藏馆：缩微中心，国图

00○010367
周易推：六卷 / (清)狄子奇撰
清(1644-1911)抄本
1989年摄制. -- 1盘卷片(13.5米246拍)：
1:10, 2B；35mm银盐
收藏馆：缩微中心，湖北

00○008602
周易考异：三卷 / (清)徐堂撰
清(1644-1911)稿本
1988年摄制. -- 1盘卷片(10米191拍)：
1:10, 2B；35mm银盐
收藏馆：缩微中心，国图

00○005638
十翼后录：二十四卷 / (清)黄以周撰
清(1644-1911)稿本
1987年摄制. -- 2盘卷片(40米865拍)：
1:10, 2B；35mm银盐
收藏馆：缩微中心，国图

00○009223
易疑：不分卷
清初(1644-1722)抄本. -- 存下经、十翼。
1988年摄制. -- 1盘卷片(9米167拍)：1:10,
2B；35mm银盐
收藏馆：缩微中心，湖南

00○000503
周易繁露：五卷 / (清)庄棫撰
清(1644-1911)稿本
1985年摄制. -- 1盘卷片(7.2米125拍)：
1:10, 2B；35mm银盐
收藏馆：缩微中心，国图

00○009334
周易说：十一卷 / (唐)李鼎祚集解；王闿运说
清(1644-1911)王氏湘绮楼稿本
1988年摄制. -- 1盘卷片(19米395拍)：
1:10, 2B；35mm银盐
收藏馆：缩微中心，湖南

00○006101
周易学统：不分卷 / (清)汪宗沂撰
清(1644-1911)稿本
1987年摄制. -- 1盘卷片(10米98拍)：1:10,
2B；35mm银盐
收藏馆：缩微中心，南京

00○027501
古周易二经十传阐注解 / (清)陈懋侯撰
清(1644-1911)稿本
1996年摄制. -- 1盘卷片(6米102拍)：1:10,
2B；35mm银盐
收藏馆：缩微中心，福建

00○010381
郑易马氏学：一卷 / (清)陶方琦撰
清(1644-1911)姚振宗师石山房抄本
1989年摄制. -- 1盘卷片(4.5米61拍)：
1:10, 2B；35mm银盐
收藏馆：缩微中心，湖北

00○022680
郑易小学：一卷 / (清)陶方琦撰
清(1644-1911)稿本
1994年摄制. -- 1盘卷片(4米45拍)：1:10,
2B；35mm银盐
收藏馆：缩微中心，浙江

00○018970
周易示掌：不分卷 / (清)袁朴撰
清(1644-1911)稿本
1993年摄制. -- 1盘卷片(13米253拍)：
1:10, 2B；35mm银盐
收藏馆：缩微中心，山东

00○005517
读易小得：一卷 / (清)冯李骅撰
清(1644-1911)抄本. -- (清)丁丙跋。
1987年摄制. -- 1盘卷片(4米52拍)：1:10,
2B；35mm银盐
收藏馆：缩微中心，南京

00○024748
周易读本：四卷 / (清)凌棻撰
清(1644-1911)远书楼抄本
1995年摄制. -- 1盘卷片(16米303拍)：
1:10, 2B；35mm银盐
收藏馆：缩微中心，浙江

00○018173
周易札记：四卷 / (清)潘永季撰
清(1644-1911)抄本
1993年摄制. -- 1盘卷片(12米242拍)：
1:10, 2B；35mm银盐
收藏馆：缩微中心，山东

00○022667
易义辑要缀言：八卷 / (清)陆成周撰
清(1644-1911)抄本
1994年摄制. -- 2盘卷片(41米808拍)：
1:10, 2B；35mm银盐
收藏馆：缩微中心，浙江

000O022604
周易守：不分卷
清(1644-1911)抄本
1995年摄制. -- 2盘卷片(37米821拍)：
1:10, 2B；35mm银盐
收藏馆：缩微中心，河南

000O028962
观宇篇天极：前篇六卷后篇六卷续篇六卷别篇
六卷
清(1644-1911)抄本. -- 存十九卷：观宇篇天
极前篇卷二至卷六，后篇卷一至卷三、卷五至
卷六，续篇卷三至卷六，别篇卷一至卷五。
1998年摄制. -- 2盘卷片(45米828拍)：
1:10, 2B；35mm银盐
收藏馆：缩微中心，苏州

000O006062
重锓朱子易学启蒙：四卷 / (宋)朱熹撰
明(1368-1644)刻本. -- (明)余懋衡辑。
1987年摄制. -- 1盘卷片(11米210拍)：
1:10, 2B；35mm银盐
收藏馆：缩微中心，南京

000O003786
易裨传：一卷外篇一卷 / (宋)林至撰
清(1644-1911)抄本
1985年摄制. -- 1盘卷片(3.8米56拍)：
1:10, 2B；35mm银盐
收藏馆：缩微中心，国图

000O022422
易学启蒙：二卷通释附图一卷 / (宋)胡方平撰
元(1271-1368)刻明(1368-1644)重修本
1995年摄制. -- 1盘卷片(8米138拍)：1:10,
2B；35mm银盐
收藏馆：缩微中心，国图

000O001471
朱子易学启蒙：通释二卷图式一卷 / (宋)胡方平
撰；(明)朱谧述解
明(1368-1644)刻本. -- (清)丁丙跋。
1986年摄制. -- 1盘卷片(10米228拍)：
1:10, 2B；35mm银盐
收藏馆：缩微中心，南京

000O006115
朱子易学启蒙：通释二卷图式一卷 / (宋)胡方平
撰；(明)朱谧述解
明(1368-1644)刻本. -- (清)丁丙跋。
1987年摄制. -- 1盘卷片(11米237拍)：
1:10, 2B；35mm银盐
收藏馆：缩微中心，南京

000O002098
勿轩易学启蒙图传通义：七卷 / (宋)熊禾撰
清(1644-1911)抄本
1986年摄制. -- 1盘卷片(5米86拍)：1:10,
2B；35mm银盐
收藏馆：缩微中心，国图

000O014635
大易象数钩深图：不分卷 / (明)李行志撰
明天启(1621-1627)刻套印本
1992年摄制. -- 1盘卷片(5米52拍)：1:10,
2B；35mm银盐
收藏馆：缩微中心，国图

000O031940
大易象数钩深图：不分卷 / (明)李行志撰
明天启(1621-1627)刻套印本
2010年摄制. -- 1盘卷片(6米70拍)：1:13,
2B；35mm银盐
收藏馆：缩微中心，国图

000O021905
大易象数钩深图：三卷周易图三卷 / (元)张理撰
明(1368-1644)抄本
1995年摄制. -- 1盘卷片(13米221拍)：
1:10, 2B；35mm银盐
收藏馆：缩微中心，国图

000O007825
易学本原启蒙意见：四卷 / (明)韩邦奇撰
明正德九年(1514)李沧刻本
1988年摄制. -- 1盘卷片(13.4米276拍)：
1:11, 2B；35mm银盐
收藏馆：缩微中心，重庆

000O010892
周易图说述：四卷首一卷 / (清)王弘撰撰
清康熙二十六年(1687)佟毓秀刻本
1989年摄制. -- 1盘卷片(13米238拍)：
1:10, 2B；35mm银盐
收藏馆：缩微中心，湖北

000O024986
易图明辨：十卷 / (清)胡渭撰
清康熙(1662-1722)耆学斋刻重修本
1996年摄制. -- 1盘卷片(14米272拍)：
1:10, 2B；35mm银盐
收藏馆：缩微中心，福建

000O023893
易图解：一卷 / (清)德沛撰
清乾隆元年(1736)刻本. -- (清)耆龄跋。
1995年摄制. -- 1盘卷片(5米68拍)：1:10,

2B ；35mm银盐
收藏馆：缩微中心，国图

000O027088
易学图说会通：八卷 / (清)杨方达撰
清乾隆(1736-1795)复初堂刻本
1997年摄制. -- 1盘卷片(20米384拍) ：
1:10，2B ；35mm银盐
收藏馆：缩微中心，国图

000O006063
易图略：八卷 / (清)焦循撰
清(1644-1911)稿本. -- (清)焦循跋。
1987年摄制. -- 1盘卷片(9米143拍) ：1:10，
2B ；35mm银盐
收藏馆：缩微中心，南京

000O023515
易图存是：二卷 / (清)辛绍业撰
清嘉庆六年(1801)笃庆堂刻本
1995年摄制. -- 1盘卷片(5米64拍) ：1:10，
2B ；35mm银盐
收藏馆：缩微中心，国图

000O017522
周易大义图说续稿：一卷 / (清)王萱龄撰
稿本
1993年摄制. -- 1盘卷片(3米17拍) ：1:10，
2B ；35mm银盐
收藏馆：缩微中心，国图

000O019447
读易汉学私记：一卷补钞一卷 / (清)陈寿熊撰
缪氏艺风堂抄本. -- 缪荃孙跋。
1994年摄制. -- 1盘卷片(3米28拍) ：1:10，
2B ；35mm银盐
收藏馆：缩微中心，国图

000O013096
雕菰楼易学：四十卷 / (清)焦循撰
清(1644-1911)稿本
1991年摄制. -- 2盘卷片(45米948拍) ：
1:10，2B ；35mm银盐
收藏馆：缩微中心，国图

000O006068
易传：三卷 / (汉)京房撰；(吴)陆绩注
明万历(1573-1620)何允中刻广汉魏丛书本. --
(清)卢文弨校，(清)丁丙跋。
1987年摄制. -- 1盘卷片(5米71拍) ：1:10，
2B ；35mm银盐
收藏馆：缩微中心，南京

000O003118
京氏易传：三卷 / (汉)京房撰
明(1368-1644)刻本. -- 钤"王懿荣印""徐
世昌印"等印。存二卷：卷中、卷下。
1986年摄制. -- 1盘卷片(4米53拍) ：1:10，
2B ；35mm银盐
收藏馆：缩微中心，国图

000O027446
易占经纬：四卷附录一卷 / (明)韩邦奇辑
明嘉靖二十七年(1548)金城闽庠刻本
1996年摄制. -- 1盘卷片(15米294拍) ：
1:10，2B ；35mm银盐
收藏馆：缩微中心，南京

000O021814
易林补遗：十二卷 / (明)张世宝撰
明万历三十四年(1606)刻本
1995年摄制. -- 1盘卷片(10米229拍) ：
1:10，2B ；35mm银盐
收藏馆：缩微中心，南京

000O001190
易学蓍贞：四卷 / (明)赵世对撰
清顺治(1644-1661)刻本
1985年摄制. -- 1盘卷片(5.5米92拍) ：
1:10，2B ；35mm银盐
收藏馆：缩微中心，国图

000O016481
易林释文：二卷 / (清)丁晏撰
清(1644-1911)抄本
1992年摄制. -- 1盘卷片(6米79拍) ：1:10，
2B ；35mm银盐
收藏馆：缩微中心，国图

000O027286
易林：四卷 / [题](汉)焦延寿撰．筮仪：一卷
清嘉庆(1796-1820)照旷阁刻本
1997年摄制. -- 1盘卷片(18米352拍) ：
1:10，2B ；35mm银盐
收藏馆：缩微中心，国图

000O006054
周易乾凿度：二卷 / (汉)郑玄注
清乾隆二十一年(1756)卢见曾刻雅雨堂丛书
本. -- (清)卢文弨校，(清)丁丙跋。
1987年摄制. -- 1盘卷片(3米44拍) ：1:10，
2B ；35mm银盐
收藏馆：缩微中心，南京

000O004341
周易乾凿度：二卷 / (汉)郑玄注

清乾隆二十一年(1756)卢见曾刻雅雨堂丛书本. -- (清)唐仁寿录(清)翁方纲校跋并录(清)惠栋校注。
1986年摄制. -- 1盘卷片(3.5米42拍)：1:10，2B；35mm银盐
收藏馆：缩微中心，国图

00O013756
周易乾凿度：二卷 / (汉)郑玄撰
清(1644-1911)惠氏红豆斋抄本. -- (清)翁方纲、(清)丁晏等校。
1991年摄制. -- 1盘卷片(4.2米64拍)：1:10，2B；35mm银盐
收藏馆：缩微中心，辽宁

00O005512
易纬稽览图：二卷 / (汉)郑玄注
清(1644-1911)何氏梦华馆抄本. -- (清)丁杰批，(清)劳权、(清)丁丙跋。
1987年摄制. -- 1盘卷片(3米49拍)：1:10，2B；35mm银盐
收藏馆：缩微中心，南京

00O019746
易纬通义：八卷 / (清)庄忠棫撰
清(1644-1911)稿本
1994年摄制. -- 1盘卷片(9米162拍)：1:10，2B；35mm银盐
收藏馆：缩微中心，国图

00O023512
易纬通义：八卷 / (清)庄忠棫撰
清同治七年(1868)戴氏长留阁抄本. -- (清)庄忠棫校并跋。
1995年摄制. -- 1盘卷片(10米168拍)：1:10，2B；35mm银盐
收藏馆：缩微中心，国图

00O032062
古三坟：一卷
明万历(1573-1620)程荣刻汉魏丛书本. -- 九行二十字白口左右双边。傅增湘校并跋。
2011年摄制. -- 1盘卷片(4米33拍)：1:12，2B；35mm银盐
收藏馆：缩微中心，国图

00O003186
古三坟书：三卷
清(1644-1911)抄本
1986年摄制. -- 1盘卷片(3米33拍)：1:10，2B；35mm银盐
收藏馆：缩微中心，国图

00O019792
三易备遗：十卷 / (宋)朱元昇撰
明(1368-1644)抄本. -- 存三卷：卷三至卷五。
1994年摄制. -- 1盘卷片(8米137拍)：1:10，2B；35mm银盐
收藏馆：缩微中心，国图

书类

00O023538
尚书隶古定释文：八卷 / (清)李遇孙撰
清嘉庆九年(1804)宁俭堂刻本. -- 王国维跋。
1995年摄制. -- 1盘卷片(6米83拍)：1:10，2B；35mm银盐
收藏馆：缩微中心，国图

00O000525
尚书隶古定释文：八卷 / (清)李遇孙撰
清嘉庆九年(1804)马锦刻本
1985年摄制. -- 1盘卷片(5.7米95拍)：1:10，2B；35mm银盐
收藏馆：缩微中心，国图

00O000666
尚书传：十三卷 / [题](汉)孔安国撰
日本铜活字印本. -- (日)清原秀雄校。
1985年摄制. -- 1盘卷片(11米219拍)：1:10，2B；35mm银盐
收藏馆：缩微中心，国图

00O000700
尚书传：十三卷 / [题](汉)孔安国撰
日本铜活字印本
1985年摄制. -- 1盘卷片(10米204拍)：1:10，2B；35mm银盐
收藏馆：缩微中心，国图

00O000782
尚书传：十三卷 / [题](汉)孔安国撰
日本铜活字印本
1985年摄制. -- 1盘卷片(11米219拍)：1:10，2B；35mm银盐
收藏馆：缩微中心，国图

00O031691
古本尚书孔氏传残卷：七卷 / [题](汉)孔安国撰；王国维校辑
清末至民初(1877-1927)王国维抄本
2005年摄制. -- 1盘卷片(5米55拍)：1:10，2B；35mm银盐
收藏馆：缩微中心，国图

00O028276
古文尚书：十一卷 / (汉)马融,(汉)郑玄注；(宋)王应麟撰集
清乾隆三十九年(1774)抄本
1997年摄制. -- 1盘卷片(7米147拍) : 1:10, 2B；35mm银盐
收藏馆：缩微中心，河南

00O013349
尚书大传注：四卷补一卷 / (汉)郑玄撰；(清)惠栋补
清(1644-1911)惠氏红豆斋抄本. -- (清)翁方纲校.
1991年摄制. -- 1盘卷片(5米57拍) : 1:10, 2B；35mm银盐
收藏馆：缩微中心，国图

00O019784
尚书大传注：四卷补遗一卷 / (汉)郑玄撰
清乾隆二十一年(1756)卢见曾刻雅雨堂丛书本. -- (清)张澍补辑并跋.
1994年摄制. -- 1盘卷片(5米60拍) : 1:10, 2B；35mm银盐
收藏馆：缩微中心，国图

00O007649
尚书大传：四卷 / (汉)郑玄注.补遗：一卷续补遗一卷 / (清)卢文弨辑.考异：一卷 / (清)卢文弨撰
清嘉庆五年(1800)爱日草庐刻本. -- (清)刘恭冕批校并跋。
1988年摄制. -- 1盘卷片(6米96拍) : 1:10, 2B；35mm银盐
收藏馆：缩微中心，南京

00O013617
尚书王氏注：二卷 / (魏)王肃撰；(清)马国翰辑
清同治十年(1871)济南南皇华馆书局刻玉函山房辑佚书本. -- 王国维校。
1991年摄制. -- 1盘卷片(4米36拍) : 1:10, 2B；35mm银盐
收藏馆：缩微中心，国图

00O026409
纂图互注尚书：□□卷 / (汉)孔安国撰
宋(960-1279)刻本. -- 存二卷：卷五至卷六。
1993年摄制. -- 1盘卷片(2米32拍) : 1:10, 2B；35mm银盐
收藏馆：缩微中心，哈尔滨

00O003389
附释音尚书注疏：二十卷 / (汉)孔安国传；(唐)陆德明释文；(唐)孔颖达疏
元(1271-1368)刻明(1368-1644)重修本
1986年摄制. -- 1盘卷片(25米544拍) : 1:10, 2B；35mm银盐
收藏馆：缩微中心，国图

00O004216
附释音尚书注疏：二十卷 / (汉)孔安国传；(唐)陆德明释文；(唐)孔颖达疏
元(1271-1368)刻明(1368-1644)重修本
1986年摄制. -- 1盘卷片(24米522拍) : 1:10, 2B；35mm银盐
收藏馆：缩微中心，国图

00O005410
附释音尚书注疏：二十卷 / (汉)孔安国传；(唐)陆德明释文；(唐)孔颖达疏
元(1271-1368)刻明(1368-1644)重修本
1986年摄制. -- 1盘卷片(25米543拍) : 1:10, 2B；35mm银盐
收藏馆：缩微中心，国图

00O032013
尚书注疏：二十卷 / [题](汉)孔安国,(唐)孔颖达撰；(唐)陆德明释文
明万历十五年(1587)北京国子监刻十三经注疏本. -- 九行二十一字白口左右双边。傅增湘校并跋。
2010年摄制. -- 2盘卷片(41米751拍) : 1:13, 2B；35mm银盐
收藏馆：缩微中心，国图

00O000819
尚书注疏：二十卷 / [题](汉)孔安国,(唐)孔颖达撰；(唐)陆德明释文
明万历十五年(1587)北京国子监刻十三经注疏本
1985年摄制. -- 2盘卷片(34.3米739拍) : 1:10, 2B；35mm银盐
收藏馆：缩微中心，国图

00O011554
尚书注疏：二十卷 / (汉)孔安国,(唐)孔颖达撰
明崇祯五年(1632)毛氏汲古阁刻本
1990年摄制. -- 2盘卷片(36米743拍) : 1:10, 2B；35mm银盐
收藏馆：缩微中心，甘肃

00O019016
尚书注疏：二十卷 / (汉)孔安国,(唐)孔颖达撰
明(1368-1644)刻本. -- 佚名题识。
1994年摄制. -- 1盘卷片(32米667拍) : 1:10, 2B；35mm银盐

收藏馆：缩微中心，天津

000O005488
东坡书传：二十卷 / (宋)苏轼撰
明(1368-1644)凌氏刻朱墨套印本
1987年摄制. -- 1盘卷片(18.2米383拍)：
1:10，2B；35mm银盐
收藏馆：缩微中心，山西

000O021096
东坡书传：二十卷 / (宋)苏轼撰；(明)杨慎[等]注
明(1368-1644)凌濛初刻套印本
1994年摄制. -- 1盘卷片(18米338拍)：
1:10，2B；35mm银盐
收藏馆：缩微中心，国图

000O031981
东坡书传：二十卷 / (宋)苏轼撰；(明)杨慎[等]注
明(1368-1644)凌濛初刻套印本
2010年摄制. -- 1盘卷片(22米390拍)：
1:11，2B；35mm银盐
收藏馆：缩微中心，国图

000O012950
三山拙斋林先生尚书全解：四十卷 / (宋)林之奇撰
清初(1644-1722)毛氏汲古阁抄本. -- 卷三十四清(1644-1911)抄本。(□)□兰颐跋。
1991年摄制. -- 2盘卷片(57米1168拍)：
1:10，2B；35mm银盐
收藏馆：缩微中心，国图

000O010363
敷文郑氏书说：一卷 / (宋)郑伯熊撰
清(1644-1911)赵魏抄本. -- (清)周星诒跋。
1989年摄制. -- 1盘卷片(4.2米47拍)：
1:10，2B；35mm银盐
收藏馆：缩微中心，湖北

000O017411
郑敷文景望书说：一卷 / (宋)郑伯熊撰
清(1644-1911)抄本
1993年摄制. -- 1盘卷片(4米32拍)：1:10，
2B；35mm银盐
收藏馆：缩微中心，国图

000O023517
书古文训：十六卷 / (宋)薛季宣撰
清康熙(1662-1722)纳兰成德刻通志堂经解本
1995年摄制. -- 1盘卷片(16米314拍)：
1:10，2B；35mm银盐
收藏馆：缩微中心，国图

000O003182
书说：七卷 / (宋)黄度撰
清初(1644-1722)抄本
1986年摄制. -- 1盘卷片(19米417拍)：
1:10，2B；35mm银盐
收藏馆：缩微中心，国图

000O000649
书经集注：六卷 / (宋)蔡沈撰
明嘉靖三十五年(1556)广东崇正堂刻本
1985年摄制. -- 1盘卷片(20米439拍)：
1:10，2B；35mm银盐
收藏馆：缩微中心，国图

000O007659
书经集传：六卷 / (宋)蔡沈撰
明万历(1573-1620)吴勉学刻本
1988年摄制. -- 1盘卷片(16米326拍)：
1:10，2B；35mm银盐
收藏馆：缩微中心，南京

000O005854
书集传：六卷 / (宋)蔡沈撰
明崇祯元年(1628)闵齐伋刻本
1987年摄制. -- 1盘卷片(15米320拍)：
1:10，2B；35mm银盐
收藏馆：缩微中心，国图

000O017694
书经集注：六卷 / (宋)蔡沈撰
明(1368-1644)书林余明台克勤斋刻本
1993年摄制. -- 1盘卷片(15米281拍)：
1:10，2B；35mm银盐
收藏馆：缩微中心，国图

000O022681
书经集注：十卷 / (宋)蔡沈撰
明(1368-1644)建阳坊刻本
1994年摄制. -- 1盘卷片(17米320拍)：
1:10，2B；35mm银盐
收藏馆：缩微中心，浙江

000O011553
书集传：六卷 / (宋)蔡沈撰
明(1368-1644)刻本
1989年摄制. -- 1盘卷片(13米252拍)：
1:10，2B；35mm银盐
收藏馆：缩微中心，甘肃

000O009299
书经集传：六卷 / (宋)蔡沈撰
明(1368-1644)刻本
1988年摄制. -- 1盘卷片(21.4米454拍)：

1:10，2B ；35mm银盐
收藏馆：缩微中心，湖南

000O016762
书经集传：六卷 / (宋)蔡沈撰
清(1644-1911)片善堂惜字公局刻本. --（清）陈介祺批并跋。
1993年摄制. -- 1盘卷片(16米296拍) ：1:10，2B ；35mm银盐
收藏馆：缩微中心，国图

000O006775
书经集传：六卷 / (宋)蔡沈撰
明嘉靖(1522-1566)吉澄刻本
1986年摄制. -- 1盘卷片(15.4米328拍) ：1:10，2B ；35mm银盐
收藏馆：缩微中心，国图

000O021091
书集传：六卷 / (宋)蔡沈撰
清乾隆五十五年(1790)芥子园刻本
1994年摄制. -- 1盘卷片(16米295拍) ：1:10，2B ；35mm银盐
收藏馆：缩微中心，国图

000O007692
书经：六卷 / (宋)蔡沈注
清嘉庆五年(1800)扫叶山房刻本. --（清）季锡畴批。
1988年摄制. -- 1盘卷片(18米352拍) ：1:10，2B ；35mm银盐
收藏馆：缩微中心，南京

000O015970
书经集注：十卷 / (宋)蔡沈撰
明万历(1573-1620)熊冲宇刻本
1993年摄制. -- 1盘卷片(15米281拍) ：1:10，2B ；35mm银盐
收藏馆：缩微中心，国图

000O007657
书经集注：十卷 / (宋)蔡沈撰
明嘉靖二年(1523)樟州府刻本. --（清）罗椠、(清)丁丙跋。
1988年摄制. -- 1盘卷片(15米315拍) ：1:10，2B ；35mm银盐
收藏馆：缩微中心，南京

000O010386
书经集注：十卷 / (宋)蔡沈集注
明万历五年(1577)窦文照传芳书屋刻本
1989年摄制. -- 1盘卷片(15米303拍) ：1:10，2B ；35mm银盐

收藏馆：缩微中心，湖北

000O010014
书集传：六卷图一卷朱氏说书纲领一卷书序二卷 / (宋)蔡沈集传
明正统十二年(1447)司礼监刻本. -- 版框高二十三厘米宽十七厘米。
1989年摄制. -- 1盘卷片(30.5米650拍) ：1:10，2B ；35mm银盐
收藏馆：缩微中心，广东

000O009201
书集传：六卷图一卷 / (宋)蔡沈撰 . 朱子说书纲领：一卷 / (宋)朱熹撰
明正统(1436-1449)司礼监刻本. --（清）丁丙跋。
1988年摄制. -- 1盘卷片(24米569拍) ：1:10，2B ；35mm银盐
收藏馆：缩微中心，南京

000O006978
书集传：六卷图一卷 / (宋)蔡沈撰 . 朱子说书纲领：一卷 / (宋)朱熹撰
明(1368-1644)刻本
1986年摄制. -- 1盘卷片(25.2米563拍) ：1:10，2B ；35mm银盐
收藏馆：缩微中心，国图

000O003608
尚书精义：五十卷 / (宋)黄伦撰
清(1644-1911)抄本
1985年摄制. -- 2盘卷片(46.4米1029拍) ：1:10，2B ；35mm银盐
收藏馆：缩微中心，国图

000O003817
尚书要义：二十卷序说一卷 / (宋)魏了翁撰
清(1644-1911)震无咎斋抄本. -- 存十五卷：卷一至卷六、卷十至卷十一、卷十五至卷二十，序说一卷。(清)翁心存校并跋。
1985年摄制. -- 1盘卷片(18.3米397拍) ：1:10，2B ；35mm银盐
收藏馆：缩微中心，国图

000O001898
尚书要义：二十卷序说一卷 / (宋)魏了翁撰
清(1644-1911)抄本
1986年摄制. -- 1盘卷片(24米541拍) ：1:10，2B ；35mm银盐
收藏馆：缩微中心，国图

000O029027
书疑：九卷 / (宋)王柏撰

清初(1644-1722)抄本
1999年摄制. -- 1盘卷片(8米136拍) : 1:10,
2B ; 35mm银盐
收藏馆：缩微中心，湖南

000O003869
书经金氏注：十二卷 / (宋)金履祥撰
清(1644-1911)抄本. -- (清)陆心源、(清)周
星诒跋。
1985年摄制. -- 1盘卷片(23米500拍) :
1:10, 2B ; 35mm银盐
收藏馆：缩微中心，国图

000O013615
金氏尚书注：十二卷 / (宋)金履祥撰
清(1644-1911)抄本
1991年摄制. -- 1盘卷片(14米251拍) :
1:10, 2B ; 35mm银盐
收藏馆：缩微中心，国图

000O022983
书集传辑录纂注：六卷 / (元)董鼎撰
元至正十四年(1354)翠岩精舍刻明(1368-1644)
重修本. -- 存二卷：卷一至卷二。
1995年摄制. -- 1盘卷片(8米143拍) : 1:10,
2B ; 35mm银盐
收藏馆：缩微中心，国图

000O013651
书集传音释：六卷 / (元)邹季友撰
明初(1368-1424)刻本. -- 存四卷：卷三至卷六。
1991年摄制. -- 1盘卷片(9米141拍) : 1:10,
2B ; 35mm银盐
收藏馆：缩微中心，国图

000O018606
书集传：六卷 / (宋)蔡沈撰；(元)邹季友音释
明(1368-1644)刻本
1992年摄制. -- 1盘卷片(13米263拍) : 1:9,
2B ; 35mm银盐
收藏馆：缩微中心，重庆

000O016829
书集传音释：六卷首一卷末一卷 / (元)邹季友撰
清同治五年(1866)吴氏望三益斋刻本. --
(清)丁晏校注。
1993年摄制. -- 1盘卷片(24米480拍) :
1:10, 2B ; 35mm银盐
收藏馆：缩微中心，国图

000O016688
尚书蔡传音释：六卷 / (元)邹季友撰
清(1644-1911)抄本. -- (清)钱泰吉、(清)许

丙鸿校并跋，(清)严大经跋。
1993年摄制. -- 1盘卷片(13米231拍) :
1:10, 2B ; 35mm银盐
收藏馆：缩微中心，国图

000O008224
尚书蔡传音释辨误：六卷 / (元)邹近仁撰
清(1644-1911)抄本. -- (清)丁丙跋。
1988年摄制. -- 1盘卷片(12米224拍) :
1:10, 2B ; 35mm银盐
收藏馆：缩微中心，南京

000O003701
读书丛说：六卷 / (元)许谦撰
清(1644-1911)抄本
1985年摄制. -- 1盘卷片(7.4米138拍) :
1:10, 2B ; 35mm银盐
收藏馆：缩微中心，国图

000O015413
读书丛说：六卷 / (元)许谦撰
清(1644-1911)抄本
1992年摄制. -- 1盘卷片(8米126拍) : 1:10,
2B ; 35mm银盐
收藏馆：缩微中心，国图

000O024159
读书丛说：六卷 / (元)许谦撰
清(1644-1911)抄本
1996年摄制. -- 1盘卷片(9米170拍) : 1:10,
2B ; 35mm银盐
收藏馆：缩微中心，湖北

000O001887
书蔡氏传旁通：六卷 / (元)陈师凯撰
清(1644-1911)抄本
1986年摄制. -- 1盘卷片(13米263拍) :
1:10, 2B ; 35mm银盐
收藏馆：缩微中心，国图

000O019594
尚书通考：十卷 / (元)黄镇成撰
元至正(1341-1368)刻本. -- (清)沈祥龙跋。
1994年摄制. -- 1盘卷片(14米251拍) :
1:10, 2B ; 35mm银盐
收藏馆：缩微中心，国图

000O007658
尚书通考：十卷 / (元)黄镇成撰
清(1644-1911)抄本
1988年摄制. -- 1盘卷片(13米282拍) :
1:10, 2B ; 35mm银盐
收藏馆：缩微中心，南京

00O008226
书义矜式：六卷 / (元)王充耘撰
元(1271-1368)刻本
1988年摄制. -- 1盘卷片(8米168拍) : 1:10,
2B ; 35mm银盐
收藏馆：缩微中心，南京

00O019364
书义矜式：六卷 / (元)王充耘撰
清(1644-1911)抄本. -- 存三卷：卷一至卷三。
1994年摄制. -- 1盘卷片(6米92拍) : 1:10,
2B ; 35mm银盐
收藏馆：缩微中心，国图

00O029330
书经旁训：二卷 / (宋)蔡沈撰
明万历三十七年(1609)程五甫新安刻本
1999年摄制. -- 1盘卷片(8米143拍) : 1:10,
2B ; 35mm银盐
收藏馆：缩微中心，湖南

00O005640
尚书傍注：二卷 / (明)朱升撰
明(1368-1644)刻本
1987年摄制. -- 1盘卷片(9米169拍) : 1:10,
2B ; 35mm银盐
收藏馆：缩微中心，国图

00O020749
尚书：二卷
明(1368-1644)内府刻本
1994年摄制. -- 1盘卷片(9米152拍) : 1:10,
2B ; 35mm银盐
收藏馆：缩微中心，国图

00O015220
尚书：二卷
明(1368-1644)刻本
1992年摄制. -- 1盘卷片(12米218拍) :
1:10, 2B ; 35mm银盐
收藏馆：缩微中心，国图

00O006848
书传会选：六卷 / (明)刘三吾[等]撰
明嘉靖(1522-1566)刻本
1987年摄制. -- 1盘卷片(19米402拍) :
1:10, 2B ; 35mm银盐
收藏馆：缩微中心，山东

00O001733
书传大全：十卷 / (明)胡广[等]撰
明(1368-1644)内府抄本. -- 存一卷：卷九。
1986年摄制. -- 1盘卷片(6米91拍) : 1:10,
2B ; 35mm银盐
收藏馆：缩微中心，国图

00O005876
书传大全：十卷纲领一卷图一卷 / (明)胡广[等]辑
明(1368-1644)刻本
1987年摄制. -- 2盘卷片(39米831拍) :
1:10, 2B ; 35mm银盐
收藏馆：缩微中心，国图

00O024749
申学士校正古本官板书经大全：十卷 / (明)胡广[等]辑
明(1368-1644)闽芝城建邑书林余氏刻本
1995年摄制. -- 2盘卷片(40米780拍) :
1:10, 2B ; 35mm银盐
收藏馆：缩微中心，浙江

00O007690
书经大全：十卷 / (明)胡广[等]辑
明嘉靖十一年(1532)书林刘氏明德堂刻本
1988年摄制. -- 1盘卷片(29米690拍) :
1:10, 2B ; 35mm银盐
收藏馆：缩微中心，南京

00O009096
书传集解：十二卷 / (明)黄谏撰
明(1368-1644)刻本. -- 存九卷：卷二至卷六、卷八至卷十一。(清)丁丙跋。
1988年摄制. -- 2盘卷片(33米754拍) :
1:10, 2B ; 35mm银盐
收藏馆：缩微中心，南京

00O019406
尚书考异：六卷 / (明)梅鷟撰
清道光五年(1825)朱琳立本斋刻本
1994年摄制. -- 1盘卷片(12米215拍) :
1:10, 2B ; 35mm银盐
收藏馆：缩微中心，国图

00O007276
尚书考异：不分卷 / (明)梅鷟撰
明(1368-1644)白崔山房抄本
1987年摄制. -- 1盘卷片(9米164拍) : 1:10,
2B ; 35mm银盐
收藏馆：缩微中心，国图

00O021415
尚书考异：不分卷 / (明)梅鷟撰
明(1368-1644)白崔山房抄本
1995年摄制. -- 1盘卷片(9米147拍) : 1:10,
2B ; 35mm银盐
收藏馆：缩微中心，国图

000O000344
尚书考异：不分卷 / (明)梅鷟撰
清(1644-1911)抄本
1985年摄制. -- 1盘卷片(8.2米158拍)：
1:10, 2B；35mm银盐
收藏馆：缩微中心, 国图

000O022421
尚书考异：不分卷 / (明)梅鷟撰
清(1644-1911)抄本
1995年摄制. -- 1盘卷片(8米130拍)：1:10,
2B；35mm银盐
收藏馆：缩微中心, 国图

000O014262
尚书谱：五卷 / (明)梅鷟撰
清(1644-1911)孔氏藤梧馆抄本
1992年摄制. -- 1盘卷片(7米93拍)：1:10,
2B；35mm银盐
收藏馆：缩微中心, 国图

000O005283
尚书谱：五卷 / (明)梅鷟撰
清(1644-1911)抄本
1986年摄制. -- 1盘卷片(7.6米142拍)：
1:10, 2B；35mm银盐
收藏馆：缩微中心, 国图

000O007676
书经敷言：十卷 / (明)马森撰
明(1368-1644)刻崇祯十一年(1638)马际明重
修本
1988年摄制. -- 1盘卷片(19米386拍)：
1:10, 2B；35mm银盐
收藏馆：缩微中心, 南京

000O018635
尚书日记：十六卷 / (明)王樵撰
明万历十年(1582)于明照刻本. -- 卷二至卷
三卷目不清。
1993年摄制. -- 2盘卷片(33.3米703拍)：
1:9, 2B；35mm银盐
收藏馆：缩微中心, 重庆

000O007792
尚书日记：十六卷 / (明)王樵撰
明崇祯五年(1632)庄继光重刻本
1988年摄制. -- 2盘卷片(37.7米810拍)：
1:9, 2B；35mm银盐
收藏馆：缩微中心, 重庆

000O007675
尚书日记：十六卷 / (明)王樵撰

明万历二十五年(1597)蔡立身刻本
1988年摄制. -- 2盘卷片(35米802拍)：
1:10, 2B；35mm银盐
收藏馆：缩微中心, 南京

000O009345
尚书日记：十六卷 / (明)王樵撰
明万历二十五年(1597)蔡立身刻本
1988年摄制. -- 2盘卷片(32米746拍)：
1:10, 2B；35mm银盐
收藏馆：缩微中心, 南京

000O015808
书帷别记：四卷 / (明)王樵撰
明万历(1573-1620)王启疆王肯堂[等]刻本
1993年摄制. -- 1盘卷片(12米220拍)：
1:10, 2B；35mm银盐
收藏馆：缩微中心, 国图

000O007678
书经直解：十三卷 / (明)张居正[等]撰
明(1368-1644)刻本
1988年摄制. -- 2盘卷片(36米832拍)：
1:10, 2B；35mm银盐
收藏馆：缩微中心, 南京

000O022551
古书世学：六卷 / (明)丰坊撰
明(1368-1644)抄本
1995年摄制. -- 1盘卷片(24.5米506拍)：
1:10, 2B；35mm银盐
收藏馆：缩微中心, 湖北

000O003302
古书世学：六卷 / (明)丰坊撰
清(1644-1911)云在楼抄本. -- (清)冯登府跋。
1986年摄制. -- 1盘卷片(22米484拍)：
1:10, 2B；35mm银盐
收藏馆：缩微中心, 国图

000O014832
尚书会解：六卷 / (明)张治具撰
明万历(1573-1620)刻本
1992年摄制. -- 1盘卷片(29米599拍)：
1:10, 2B；35mm银盐
收藏馆：缩微中心, 国图

000O021529
书经讲义会编：十二卷 / (明)申时行撰
明万历二十五年(1597)刻本
1995年摄制. -- 2盘卷片(45米897拍)：
1:10, 2B；35mm银盐
收藏馆：缩微中心, 国图

000〇013524
新锲书经讲义会编：十二卷 / (明)申时行撰
明万历二十六年(1598)徐铨刻本
1991年摄制. -- 1盘卷片(29米640拍)：
1:10，2B；35mm银盐
收藏馆：缩微中心，重庆

000〇022678
徽郡新刊书经讲义：二卷 / (明)程弘宾撰
明嘉靖四十三年(1564)新安程氏刻本
1994年摄制. -- 1盘卷片(26米526拍)：
1:10，2B；35mm银盐
收藏馆：缩微中心，浙江

000〇024277
重锲初庵方先生书经集解：十卷 / (明)方扬撰
明万历二十四年(1596)张蒲刻本
1996年摄制. -- 1盘卷片(22米461拍)：
1:10，2B；35mm银盐
收藏馆：缩微中心，安徽

000〇006148
刘季子书经讲意：不分卷 / (明)刘雨硕撰
明万历二十一年(1593)桂香馆刻本. -- 版框
高二十一厘米宽十四厘米。
1987年摄制. -- 1盘卷片(28米602拍)：
1:10，2B；35mm银盐
收藏馆：缩微中心，广东

000〇021860
尚书辨解：十卷 / (明)郝敬撰
明万历四十三年(1615)刻郝氏九经解本
1995年摄制. -- 1盘卷片(18.3米271拍)：
1:10，2B；35mm银盐
收藏馆：缩微中心，湖北

000〇008078
尚书说统：四十卷 / (明)张云鸾撰
明崇祯元年(1628)刻本
1988年摄制. -- 2盘卷片(55.5米1221拍)：
1:10，2B；35mm银盐
收藏馆：缩微中心，湖北

000〇012585
书传会衷：十卷 / (明)曹学佺辑
明末(1621-1644)刻本
1990年摄制. -- 1盘卷片(18.5米403拍)：
1:10，2B；35mm银盐
收藏馆：缩微中心，辽宁

000〇022690
尚书注考：一卷 / (明)陈泰交撰
清(1644-1911)抄本

1995年摄制. -- 1盘卷片(4米57拍)：1:10，
2B；35mm银盐
收藏馆：缩微中心，浙江

000〇015964
新镌曾元赞书经发颖集注：六卷 / (明)曾楚卿撰
明万历四十三年(1615)龙田刘氏忠贤堂刻本
1993年摄制. -- 1盘卷片(15米275拍)：
1:10，2B；35mm银盐
收藏馆：缩微中心，国图

000〇022609
书经便蒙补注：六卷 / (明)徐大仪撰
明崇祯五年(1632)金陵聚奎楼刻本
1995年摄制. -- 1盘卷片(17米333拍)：
1:10，2B；35mm银盐
收藏馆：缩微中心，河南

000〇025734
书经便蒙补注：六卷 / (明)徐大仪撰
明崇祯五年(1632)金陵聚奎楼刻本
1996年摄制. -- 1盘卷片(18米389拍)：
1:10，2B；35mm银盐
收藏馆：缩微中心，河南

000〇017934
尚书苇籥：五十八卷 / (明)潘士遴撰
明崇祯(1628-1644)刻本
1993年摄制. -- 3盘卷片(96米1977拍)：
1:10，2B；35mm银盐
收藏馆：缩微中心，国图

000〇019505
尚书癪：八卷 / (明)胡廷忠撰
明崇祯(1628-1644)尺五楼刻本
1994年摄制. -- 1盘卷片(15米280拍)：
1:10，2B；35mm银盐
收藏馆：缩微中心，国图

000〇023506
尚书埤传：十五卷补二卷首一卷；尚书考异补
一卷；书经考异：一卷 / (清)朱鹤龄辑
清康熙(1662-1722)濠上草堂刻本
1995年摄制. -- 1盘卷片(25米519拍)：
1:10，2B；35mm银盐
收藏馆：缩微中心，国图

000〇010260
朱氏训蒙书门：六卷 / (清)朱日浚撰
清康熙(1662-1722)黄大中抄本
1989年摄制. -- 1盘卷片(30.5米650拍)：
1:10，2B；35mm银盐
收藏馆：缩微中心，湖北

00O028483
尚书汇纂必读：十二卷 / (清)陆士楷纂辑
清康熙十三年(1674)刻本
1997年摄制. -- 1盘卷片(16米320拍) :
1:10, 2B ; 35mm银盐
收藏馆：缩微中心，福建

00O005502
尚书古文疏证：八卷；朱子古文书疑：一卷 /
(清)阎若璩撰；(清)阎咏辑
清乾隆十年(1745)朱续晫刻本. -- (清)张穆
校并圈点。
1987年摄制. -- 1盘卷片(32.7米713拍) :
1:10, 2B ; 35mm银盐
收藏馆：缩微中心，山西

00O006704
尚书古文疏证：八卷；朱子古文书疑：一卷 /
(清)阎若璩撰；(清)阎咏辑
清乾隆十年(1745)刻本
1987年摄制. -- 1盘卷片(32米703拍) :
1:10, 2B ; 35mm银盐
收藏馆：缩微中心，山东

00O009274
尚书古文疏证：五卷 / (清)阎若璩撰
清(1644-1911)沈彤抄本
1988年摄制. -- 1盘卷片(15.1米310拍) :
1:10, 2B ; 35mm银盐
收藏馆：缩微中心，湖南

00O003426
尚书古文疏证：八卷 / (清)阎若璩撰
清(1644-1911)抄本. -- 存三卷：卷一、卷四
至卷五。(清)杭世骏、(清)谢宝树校并跋。
1986年摄制. -- 1盘卷片(12米237拍) :
1:10, 2B ; 35mm银盐
收藏馆：缩微中心，国图

00O021418
书经详说：□□卷
刻本. -- 存十四卷。
1995年摄制. -- 1盘卷片(17米331拍) :
1:10, 2B ; 35mm银盐
收藏馆：缩微中心，国图

00O023508
钦定书经传说汇纂：二十一卷首二卷书序一卷 /
(清)王顼龄[等]撰
清雍正八年(1730)内府刻本
1995年摄制. -- 2盘卷片(61米1210拍) :
1:10, 2B ; 35mm银盐
收藏馆：缩微中心，国图

00O010287
尚书约注：五卷 / (清)高重瑛撰
清雍正八年(1730)宝泓堂刻本
1989年摄制. -- 1盘卷片(15米296拍) :
1:10, 2B ; 35mm银盐
收藏馆：缩微中心，湖北

00O008012
尚书评注：六卷附校正尚书评注讹字表一卷 /
(清)牛运震撰
清(1644-1911)稿本. -- 钤"焦循手录""古
香簃珍藏记""南陵徐乃昌校勘经籍记""半
九书塾""因柳阁"等印。
1988年摄制. -- 1盘卷片(11米190拍) :
1:10, 2B ; 35mm银盐
收藏馆：缩微中心，山东

00O016703
尚书私学：四卷 / (清)江昱撰
清(1644-1911)抄本
1993年摄制. -- 1盘卷片(6米79拍) : 1:10,
2B ; 35mm银盐
收藏馆：缩微中心，国图

00O023531
尚书释天：六卷 / (清)盛百二撰
清乾隆三十九年(1774)任城书院刻本
1995年摄制. -- 1盘卷片(11米201拍) :
1:10, 2B ; 35mm银盐
收藏馆：缩微中心，国图

00O023530
尚书释天：六卷 / (清)盛百二撰
清乾隆(1736-1795)刻本
1995年摄制. -- 1盘卷片(12米200拍) :
1:10, 2B ; 35mm银盐
收藏馆：缩微中心，国图

00O004687
尚书义考：□□卷
清(1644-1911)抄本. -- 存二卷：卷一至卷
二。
1987年摄制. -- 1盘卷片(7.2米128拍) :
1:10, 2B ; 35mm银盐
收藏馆：缩微中心，国图

00O023510
古文尚书撰异：三十二卷 / (清)段玉裁撰
清(1644-1911)七叶衍祥堂刻本
1995年摄制. -- 1盘卷片(30米630拍) :
1:10, 2B ; 35mm银盐
收藏馆：缩微中心，国图

000O022496
古文尚书条辨：五卷 / (清)梁上国撰
清(1644-1911)抄本
1995年摄制. -- 1盘卷片(9米160拍) : 1:10,
2B ; 35mm银盐
收藏馆：缩微中心，湖北

000O003910
尚书记：九卷 / (清)庄述祖撰
清(1644-1911)谭仪抄本
1986年摄制. -- 1盘卷片(5米89拍) : 1:10,
2B ; 35mm银盐
收藏馆：缩微中心，国图

000O027091
尚书古文证疑：四卷 / (清)孙乔年撰
清嘉庆十五年(1810)天心阁刻本
1997年摄制. -- 1盘卷片(8米130拍) : 1:10,
2B ; 35mm银盐
收藏馆：缩微中心，国图

000O004342
尚书今古文注疏：三十卷 / (清)孙星衍撰
清嘉庆二十年(1815)孙氏冶城山馆兰陵刻平津
馆丛书本. -- (清)戴望校注。
1986年摄制. -- 1盘卷片(25.5米576拍) :
1:10, 2B ; 35mm银盐
收藏馆：缩微中心，国图

000O004343
书义丛抄：四十卷 / (清)焦循辑
清(1644-1911)稿本. -- 存七卷：卷一至卷
二、卷五、卷三十六至卷三十九。
1986年摄制. -- 1盘卷片(19米419拍) :
1:10, 2B ; 35mm银盐
收藏馆：缩微中心，国图

000O029277
尚书今古文集解：三十卷 / (清)刘逢禄撰
清(1644-1911)抄本
1999年摄制. -- 1盘卷片(15米309拍) :
1:10, 2B ; 35mm银盐
收藏馆：缩微中心，湖南

000O020264
尚书通义残帙：二卷 / (清)邵懿辰撰
清(1644-1911)稿本
1994年摄制. -- 1盘卷片(5米70拍) : 1:10,
2B ; 35mm银盐
收藏馆：缩微中心，国图

000O020261
尚书通义残帙：二卷 / (清)邵懿辰撰
清(1644-1911)抄本
1994年摄制. -- 1盘卷片(11米210拍) :
1:10, 2B ; 35mm银盐
收藏馆：缩微中心，国图

000O017333
虞书笺：二卷 / (明)茅瑞征撰
明崇祯(1628-1644)刻本
1993年摄制. -- 1盘卷片(7米110拍) : 1:10,
2B ; 35mm银盐
收藏馆：缩微中心，国图

000O018395
禹贡：一卷
清(1644-1911)抄本. -- 版框高二十二厘米宽
二十三厘米。(清)陈澧朱笔圈点。
1993年摄制. -- 1盘卷片(3.8米56拍) :
1:10, 2B ; 35mm银盐
收藏馆：缩微中心，广东

000O032020
**程尚书禹贡论：二卷后论一卷山川地理图二卷 /
(宋)程大昌撰**
清康熙(1662-1722)纳兰成德刻通志堂经解本
. -- 十一行二十字白口左右双边。傅增湘校
并跋。
2011年摄制. -- 1盘卷片(11米172拍) :
1:12, 2B ; 35mm银盐
收藏馆：缩微中心，国图

000O005234
禹贡山川地理图：二卷 / (宋)程大昌撰
清(1644-1911)抄本. -- (清)王振声校并跋。
1986年摄制. -- 1盘卷片(7米150拍) : 1:10,
2B ; 35mm银盐
收藏馆：缩微中心，国图

000O008552
禹贡说长笺：一卷 / (明)郑晓撰
明(1368-1644)抄本
1988年摄制. -- 1盘卷片(3米45拍) : 1:10,
2B ; 35mm银盐
收藏馆：缩微中心，国图

000O016834
禹贡备遗：一卷书法一卷 / (明)胡瓒撰
清初(1644-1722)刻本
1993年摄制. -- 1盘卷片(4米41拍) : 1:10,
2B ; 35mm银盐
收藏馆：缩微中心，国图

000O017703
禹贡汇疏：十二卷图一卷考略一卷别录一卷 /

(明)茅瑞征撰
明崇祯(1628-1644)刻本
1993年摄制. -- 1盘卷片(27米563拍) :
1:10, 2B ; 35mm银盐
收藏馆：缩微中心，国图

000O019860
禹贡合图纂注：一卷附录一卷 / (明)钟惺纂注；
(明)艾南英图注；(明)夏允彝合注
明末(1621-1644)舒瀛溪刻本
1994年摄制. -- 1盘卷片(5米71拍) : 1:10,
2B ; 35mm银盐
收藏馆：缩微中心，国图

000O013714
禹贡古今合注：五卷图一卷 / (明)夏允彝撰
明末(1621-1644)刻本
1991年摄制. -- 1盘卷片(16米318拍) :
1:10, 2B ; 35mm银盐
收藏馆：缩微中心，国图

000O009346
禹贡山川郡邑考：四卷 / (明)王鉴撰
清(1644-1911)抄本. -- (清)丁丙跋。
1988年摄制. -- 1盘卷片(6米120拍) : 1:10,
2B ; 35mm银盐
收藏馆：缩微中心，南京

000O014438
禹贡山川郡邑考：四卷 / (明)王鉴撰
清(1644-1911)抄本
1992年摄制. -- 1盘卷片(7米107拍) : 1:10,
2B ; 35mm银盐
收藏馆：缩微中心，国图

000O010258
禹贡锥指：二十卷图一卷 / (清)胡渭撰
清康熙(1662-1722)漱六轩刻本. -- (清)刘传
莹批点。
1989年摄制. -- 2盘卷片(44.5米941拍) :
1:10, 2B ; 35mm银盐
收藏馆：缩微中心，湖北

000O007677
禹贡谱：二卷 / (清)王澍,(清)金询撰
清康熙(1662-1722)刻本
1988年摄制. -- 1盘卷片(5米98拍) : 1:10,
2B ; 35mm银盐
收藏馆：缩微中心，南京

000O027093
禹贡今释：二卷 / (清)芮日松撰
清道光八年(1828)求是斋刻本

1997年摄制. -- 1盘卷片(5米65拍) : 1:10,
2B ; 35mm银盐
收藏馆：缩微中心，国图

000O018081
禹贡郑注释：二卷 / (清)焦循撰
清(1644-1911)稿本
1993年摄制. -- 1盘卷片(7米122拍) : 1:10,
2B ; 35mm银盐
收藏馆：缩微中心，天津

000O027090
禹贡分笺：七卷 / (清)方溶撰
清嘉庆二十四年(1819)银花藤馆刻本
1997年摄制. -- 1盘卷片(10米161拍) :
1:10, 2B ; 35mm银盐
收藏馆：缩微中心，国图

000O024745
禹贡述略：十一卷首一卷 / (清)李臧撰
清(1644-1911)稿本. -- 存七卷：卷一至卷
六、首一卷。
1995年摄制. -- 1盘卷片(12米223拍) :
1:10, 2B ; 35mm银盐
收藏馆：缩微中心，浙江

000O004143
周书金氏注：六卷 / (宋)金履祥撰
清(1644-1911)瞿氏恬裕斋抄本
1986年摄制. -- 1盘卷片(13米272拍) :
1:10, 2B ; 35mm银盐
收藏馆：缩微中心，国图

000O023500
周书年表：一卷；周书年月考：二卷 / (清)马肇
元撰
清道光(1821-1850)刻本. -- (清)马其昶校。
1995年摄制. -- 1盘卷片(6米88拍) : 1:10,
2B ; 35mm银盐
收藏馆：缩微中心，国图

000O007633
洪范统一：一卷 / (宋)赵善湘撰
清(1644-1911)抄本
1988年摄制. -- 1盘卷片(3米39拍) : 1:10,
2B ; 35mm银盐
收藏馆：缩微中心，南京

000O012567
洪范浅解：十一卷 / (明)程宗舜撰
明嘉靖三十六年(1557)杨可教刻本
1990年摄制. -- 1盘卷片(23米511拍) :
1:10, 2B ; 35mm银盐

收藏馆：缩微中心，辽宁

000O014053
洪范正论：五卷 / (清)胡渭撰
清乾隆四年(1739)胡绍芬刻本. -- (清)李遇
孙、(清)钱泰吉跋。
1991年摄制. -- 1盘卷片(8米143拍) ：1:10,
2B ；35mm银盐
收藏馆：缩微中心，国图

000O011459
洪范注补：五卷
清乾隆四年(1739)刻本
1989年摄制. -- 1盘卷片(10.3米211拍) ：
1:10, 2B ；35mm银盐
收藏馆：缩微中心，辽宁

000O009094
书序略考：五卷 / (清)马邦举撰
清(1644-1911)抄本
1988年摄制. -- 1盘卷片(6米105拍) ：1:10,
2B ；35mm银盐
收藏馆：缩微中心，南京

000O001875
尚书音释：一卷 / (元)邹季友撰
明(1368-1644)刻本
1986年摄制. -- 1盘卷片(5米82拍) ：1:10,
2B ；35mm银盐
收藏馆：缩微中心，国图

000O009270
篆文尚书集注音疏：十二卷 / (清)江声撰
清乾隆五十八年(1793)江氏近市居刻本
1988年摄制. -- 2盘卷片(37.3米755拍) ：
1:10, 2B ；35mm银盐
收藏馆：缩微中心，湖南

000O010257
龙冈山人古文尚书：四种二十二卷 / (清)洪良品撰
清(1644-1911)稿本
1989年摄制. -- 1盘卷片(30.5米655拍) ：
1:10, 2B ；35mm银盐
收藏馆：缩微中心，湖北

诗类

000O013628
毛诗：四卷
明(1368-1644)铜活字印本. -- 存二卷：卷三
至卷四。
1991年摄制. -- 1盘卷片(9米145拍) ：1:10,
2B ；35mm银盐

收藏馆：缩微中心，国图

000O021910
魁本大字详音句读毛诗：六卷
元(1271-1368)刻本. -- 存三卷：卷四至卷
六。
1995年摄制. -- 1盘卷片(5米76拍) ： 1:10,
2B ；35mm银盐
收藏馆：缩微中心，国图

000O013886
诗经：不分卷
明崇祯十二年(1639)朱斯达抄本
1992年摄制. -- 1盘卷片(13米238拍) ：
1:10, 2B ；35mm银盐
收藏馆：缩微中心，国图

000O019225
诗经：四卷
明(1368-1644)刻蓝印本
1994年摄制. -- 1盘卷片(12米209拍) ：
1:10, 2B ；35mm银盐
收藏馆：缩微中心，国图

000O007688
诗经：不分卷
清(1644-1911)祁氏藏书楼抄本
1988年摄制. -- 1盘卷片(10米157拍) ：
1:10, 2B ；35mm银盐
收藏馆：缩微中心，南京

000O005641
毛诗传笺：七卷 / (汉)毛苌,(汉)郑玄撰
明(1368-1644)刻本
1987年摄制. -- 1盘卷片(19.8米460拍) ：
1:10, 2B ；35mm银盐
收藏馆：缩微中心，国图

000O017591
诗经：二十卷 / (汉)毛苌传；(汉)郑玄笺 . 诗谱：
一卷 / (汉)郑玄撰
清(1644-1911)永怀堂刻本. -- (清)丁晏校
注。
1993年摄制. -- 1盘卷片(17米328拍) ：
1:10, 2B ；35mm银盐
收藏馆：缩微中心，国图

000O018578
毛诗故训传：不分卷 / (汉)毛苌,(汉)郑玄撰
清(1644-1911)抄本
1993年摄制. -- 1盘卷片(11米191拍) ：
1:10, 2B ；35mm银盐
收藏馆：缩微中心，国图

000O007682
毛诗故训传：三十卷 / (汉)毛苌撰；(汉)郑玄笺．郑氏诗谱：一卷 / (汉)郑玄撰
清嘉庆二十一年(1816)周孝垓枕经楼刻本． -- (清)潘道根批校跋。
1988年摄制． -- 1盘卷片(17米392拍)：1:10, 2B；35mm银盐
收藏馆：缩微中心，南京

000O009350
毛诗故训传：三十卷 / (汉)毛苌撰；(汉)郑玄笺；郑氏诗谱：一卷 / (汉)郑玄撰
清嘉庆二十一年(1816)周孝垓枕经楼刻本． -- (清)潘道根批校。
1988年摄制． -- 1盘卷片(17米394拍)：1:10, 2B；35mm银盐
收藏馆：缩微中心，南京

000O019393
毛诗故训传：三十卷 / (汉)毛苌,(汉)郑玄撰．郑氏诗谱：一卷
清道光(1821-1850)朱琳立本斋刻本
1994年摄制． -- 1盘卷片(19米367拍)：1:10, 2B；35mm银盐
收藏馆：缩微中心，国图

000O016874
草木疏校正：二卷 / (清)赵佑撰
清乾隆(1736-1795)白鹭洲书院刻本
1993年摄制． -- 1盘卷片(6米77拍)：1:10, 2B；35mm银盐
收藏馆：缩微中心，国图

000O004953
草木疏校正：二卷 / (清)赵佑撰
清乾隆四十八年(1783)桂馥抄本． -- (清)桂馥校并跋。
1987年摄制． -- 1盘卷片(5.1米82拍)：1:10, 2B；35mm银盐
收藏馆：缩微中心，国图

000O031882
草木疏校正：一卷 / (清)赵佑撰
清道光二十八年(1848)周学濂抄本． -- (清)周学濂跋。
2010年摄制． -- 1盘卷片(6米73拍)：1:10, 2B；35mm银盐
收藏馆：缩微中心，国图

000O013643
附释音毛诗注疏：二十卷 / (汉)毛苌传；(汉)郑玄笺；(唐)孔颖达疏；(唐)陆德明音义
元(1271-1368)刻明(1368-1644)重修本
1991年摄制． -- 2盘卷片(64米1221拍)：1:10, 2B；35mm银盐
收藏馆：缩微中心，国图

000O013796
毛诗指说：一卷 / (唐)成伯瑜撰
清(1644-1911)冠山堂抄本
1991年摄制． -- 1盘卷片(3米17拍)：1:10, 2B；35mm银盐
收藏馆：缩微中心，国图

000O019339
毛诗指说：一卷 / (唐)成伯瑜撰
清(1644-1911)抄本． -- (清)吴骞校。
1994年摄制． -- 1盘卷片(3米14拍)：1:10, 2B；35mm银盐
收藏馆：缩微中心，国图

000O012720
欧阳文忠公毛诗本义：十六卷 / (宋)欧阳修撰
明万历(1573-1620)陈龙光刻本
1990年摄制． -- 1盘卷片(17米368拍)：1:10, 2B；35mm银盐
收藏馆：缩微中心，辽宁

000O011555
欧阳文忠公毛诗本义：十六卷 / (宋)欧阳修撰
明(1368-1644)南京吏部陈龙光[等]刻本
1990年摄制． -- 1盘卷片(17米348拍)：1:10, 2B；35mm银盐
收藏馆：缩微中心，甘肃

000O008019
欧阳文忠公毛诗本义：十六卷 / (宋)欧阳修撰
明(1368-1644)抄本
1988年摄制． -- 1盘卷片(3米41拍)：1:10, 2B；35mm银盐
收藏馆：缩微中心，山东

000O021590
诗集传：二十卷 / (宋)苏辙撰
宋淳熙七年(1180)筠州公使库苏诩刻本． -- (宋)苏诩校。
1995年摄制． -- 1盘卷片(19米378拍)：1:10, 2B；35mm银盐
收藏馆：缩微中心，国图

000O020741
颖滨先生诗集传：十九卷 / (宋)苏辙撰
明(1368-1644)刻本． -- 存六卷：卷四至卷六、卷十四至卷十六。
1994年摄制． -- 1盘卷片(5米46拍)：1:10, 2B；35mm银盐

收藏馆：缩微中心，国图

000O003355
毛诗名物解：二十卷 / (宋)蔡卞撰
清(1644-1911)抄本. -- (清)朱昌燕跋。
1986年摄制. -- 1盘卷片(7米126拍) : 1:10,
2B ; 35mm银盐
收藏馆：缩微中心，国图

000O020901
李迂仲黄实夫毛诗集解：四十二卷 / (宋)李
樗,(宋)黄櫄撰 ; (宋)李泳校正 ; (宋)吕祖谦释音
清(1644-1911)耕野堂抄本. -- 存十九卷：卷
一至卷十九。
1994年摄制. -- 1盘卷片(29米564拍) :
1:10, 2B ; 35mm银盐
收藏馆：缩微中心，国图

000O003613
诗缉：三十六卷 / (宋)严粲撰
明(1368-1644)味经堂刻本
1985年摄制. -- 2盘卷片(45米1050拍) :
1:10, 2B ; 35mm银盐
收藏馆：缩微中心，国图

000O005642
诗缉：三十六卷 / (宋)严粲撰
明(1368-1644)味经堂刻本
1987年摄制. -- 2盘卷片(48米1062拍) :
1:10, 2B ; 35mm银盐
收藏馆：缩微中心，国图

000O024744
严氏诗辑：三十五卷 / (宋)严粲撰
清(1644-1911)畲经书屋抄本
1995年摄制. -- 2盘卷片(43米896拍) :
1:10, 2B ; 35mm银盐
收藏馆：缩微中心，浙江

000O004387
诗总闻：二十卷 / (宋)王质撰
清(1644-1911)抄本
1985年摄制. -- 1盘卷片(23米514拍) :
1:10, 2B ; 35mm银盐
收藏馆：缩微中心，国图

000O007694
诗集传：二十卷 / (宋)朱熹撰
宋(960-1279)刻本. -- (清)吴寿旸跋，(清)
陈鳣题识。
1988年摄制. -- 1盘卷片(14米285拍) :
1:10, 2B ; 35mm银盐
收藏馆：缩微中心，南京

000O013870
诗经集注：二十卷 / (宋)朱熹撰
明嘉靖三十五年(1556)崇正堂刻本
1992年摄制. -- 1盘卷片(24米497拍) :
1:10, 2B ; 35mm银盐
收藏馆：缩微中心，国图

000O005873
诗经集解：八卷 / (宋)朱熹撰
明嘉靖(1522-1566)吉澄刻本
1987年摄制. -- 1盘卷片(17.7米384拍) :
1:10, 2B ; 35mm银盐
收藏馆：缩微中心，国图

000O010534
诗经集传：八卷 / (宋)朱熹撰
明嘉靖(1522-1566)刻本
1989年摄制. -- 1盘卷片(18米383拍) :
1:10, 2B ; 35mm银盐
收藏馆：缩微中心，吉林

000O018922
诗经集注：八卷 / (宋)朱熹撰
明嘉靖(1522-1566)刻本
1993年摄制. -- 1盘卷片(18米370拍) :
1:10, 2B ; 35mm银盐
收藏馆：缩微中心，山东

000O008225
诗经集传：八卷 / (宋)朱熹撰
明(1368-1644)吴勉学刻本
1988年摄制. -- 1盘卷片(17米368拍) :
1:10, 2B ; 35mm银盐
收藏馆：缩微中心，南京

000O002250
诗集传：不分卷 / (宋)朱熹撰
明(1368-1644)芝兰室抄本. -- 存：大雅、小
雅。(清)翁同龢跋。
1986年摄制. -- 1盘卷片(4米54拍) : 1:10,
2B ; 35mm银盐
收藏馆：缩微中心，国图

000O007693
诗集传：二十卷诗序辨说一卷诗传纲领一卷诗
图一卷 / (宋)朱熹撰
明正统(1436-1449)司礼监刻本. -- (清)丁丙跋。
1988年摄制. -- 1盘卷片(29米646拍) :
1:10, 2B ; 35mm银盐
收藏馆：缩微中心，南京

000O007684
吕氏家塾读诗记：三十二卷 / (宋)吕祖谦撰

明嘉靖十年(1531)傅凤翔刻本. -- (清)丁丙跋。
1988年摄制. -- 2盘卷片(36米778拍) : 1:10, 2B ; 35mm银盐
收藏馆：缩微中心，南京

000O005351
吕氏家塾读诗记：三十二卷 / (宋)吕祖谦撰
明嘉靖十年(1531)傅□刻本. -- 邓邦述跋。
1986年摄制. -- 2盘卷片(35.2米753拍) : 1:10, 2B ; 35mm银盐
收藏馆：缩微中心，国图

000O004271
吕氏家塾读诗记：三十二卷 / (宋)吕祖谦撰
明嘉靖十年(1531)傅□刻本
1986年摄制. -- 2盘卷片(36米775拍) : 1:10, 2B ; 35mm银盐
收藏馆：缩微中心，国图

000O020187
吕氏家塾读诗记：三十二卷 / (宋)吕祖谦撰
明嘉靖十年(1531)傅□刻本
1994年摄制. -- 2盘卷片(37米708拍) : 1:10, 2B ; 35mm银盐
收藏馆：缩微中心，国图

000O018434
吕氏家塾读诗记：三十二卷 / (宋)吕祖谦撰
明嘉靖十年(1531)傅□刻本. -- 卷一至卷四、卷二十至卷二十四配清(1644-1911)抄本。
1993年摄制. -- 2盘卷片(36米707拍) : 1:10, 2B ; 35mm银盐
收藏馆：缩微中心，国图

000O009279
吕氏家塾读诗记：三十二卷 / (宋)吕祖谦撰
明嘉靖十年(1531)刻本. -- 存三卷：卷十七至卷十九。
1988年摄制. -- 1盘卷片(6米94拍) : 1:10, 2B ; 35mm银盐
收藏馆：缩微中心，湖南

000O007685
吕氏家塾读诗记：三十二卷 / (宋)吕祖谦撰
明万历四十一年(1613)陈龙光苏进[等]刻本. -- (清)丁丙跋。
1988年摄制. -- 2盘卷片(45米850拍) : 1:10, 2B ; 35mm银盐
收藏馆：缩微中心，南京

000O021556
吕氏家塾读诗记：三十二卷 / (宋)吕祖谦撰

明万历四十一年(1613)陈龙光[等]刻本
1995年摄制. -- 2盘卷片(42米834拍) : 1:10, 2B ; 35mm银盐
收藏馆：缩微中心，国图

000O019862
吕氏家塾读诗记：三十二卷 / (宋)吕祖谦撰
明(1368-1644)刻本
1994年摄制. -- 2盘卷片(39米707拍) : 1:10, 2B ; 35mm银盐
收藏馆：缩微中心，国图

000O013835
东莱先生吕氏读诗记：三十二卷 / (宋)吕祖谦撰
清康熙(1662-1722)纳兰氏通志堂抄本
1991年摄制. -- 2盘卷片(35米673拍) : 1:10, 2B ; 35mm银盐
收藏馆：缩微中心，国图

000O007683
吕氏家塾读诗记：三十二卷 / (宋)吕祖谦撰
清嘉庆十六年(1811)听彝堂刻本. -- (清)李芝绶跋并录(清)王振声校。
1988年摄制. -- 2盘卷片(45米850拍) : 1:10, 2B ; 35mm银盐
收藏馆：缩微中心，南京

000O027763
洁斋毛诗经筵讲义：四卷 / (宋)袁燮撰
清乾隆(1736-1795)武英殿聚珍版丛书活字印本
1997年摄制. -- 1盘卷片(5米71拍) : 1:10, 2B ; 35mm银盐
收藏馆：缩微中心，国图

000O025892
毛诗讲义：十二卷 / (宋)林岊撰
清(1644-1911)长州顾氏艺海楼抄本
1996年摄制. -- 1盘卷片(24米475拍) : 1:10, 2B ; 35mm银盐
收藏馆：缩微中心，浙江

000O014371
诗童子问：二十卷 / (宋)辅广撰
明(1368-1644)抄本
1992年摄制. -- 1盘卷片(22米425拍) : 1:10, 2B ; 35mm银盐
收藏馆：缩微中心，国图

000O004549
毛诗集解：三十卷；学诗总说：一卷 / (宋)段昌武撰
清(1644-1911)抄本. -- 存二十卷：卷一至卷四、卷六至卷九、卷十一至卷二十、卷二十四

至卷二十五。(清)宋筠校并跋，(清)王振声校。
1987年摄制. -- 2盘卷片(41米830拍)：
1:10, 2B；35mm银盐
收藏馆：缩微中心，国图

000O003874
毛诗要义：二十卷谱序要义一卷 / (宋)魏了翁撰
清道光二十九年(1849)翁心存抄本. -- (清)
翁心存校并跋，(清)翁同龢、(清)翁曾文校。
1985年摄制. -- 3盘卷片(81.2米1620拍)：
1:10, 2B；35mm银盐
收藏馆：缩微中心，国图

000O003611
毛诗要义：二十卷诗序谱一卷 / (宋)魏了翁撰
清(1644-1911)抄本. -- (清)季锡畴校。
1985年摄制. -- 2盘卷片(53米1174拍)：
1:10, 2B；35mm银盐
收藏馆：缩微中心，国图

000O014378
毛诗要义：二十卷谱序要义一卷 / (宋)魏了翁撰
清(1644-1911)抄本. -- (清)沈炳垣校并跋。
1992年摄制. -- 2盘卷片(55米1120拍)：
1:10, 2B；35mm银盐
收藏馆：缩微中心，国图

000O003688
诗说：十二卷总说一卷 / (宋)刘克撰
清(1644-1911)张蓉镜抄本. -- 存九卷：卷
一、卷三至卷八、卷十一至卷十二。(清)孙原
湘、(清)黄丕烈跋。
1985年摄制. -- 1盘卷片(14.5米319拍)：
1:10, 2B；35mm银盐
收藏馆：缩微中心，国图

000O023965
诗说：十二卷总说一卷 / (宋)刘克撰
清(1644-1911)抄本. -- 卷七至卷八配另一清
(1644-1911)抄本。(清)丁丙跋。
1995年摄制. -- 1盘卷片(23米494拍)：
1:10, 2B；35mm银盐
收藏馆：缩微中心，南京

000O007742
诗疑：二卷 / (宋)王柏撰
清初(1644-1722)抄本
1987年摄制. -- 1盘卷片(4.5米68拍)：
1:10, 2B；35mm银盐
收藏馆：缩微中心，湖南

000O015934
诗传注疏：三卷 / (宋)谢枋得撰

清(1644-1911)抄本
1993年摄制. -- 1盘卷片(5米70拍)：1:10,
2B；35mm银盐
收藏馆：缩微中心，国图

000O027714
诗集传附录纂疏：二十卷 / (元)胡一桂撰
元泰定四年(1327)建安刘君优翠岩精舍刻本. --
存八卷：卷一至卷八。
1997年摄制. -- 1盘卷片(8米136拍)：1:10,
2B；35mm银盐
收藏馆：缩微中心，国图

000O001715
诗集传名物钞：八卷 / (元)许谦撰
明(1368-1644)秦氏雁里草堂抄本
1986年摄制. -- 1盘卷片(18米390拍)：
1:10, 2B；35mm银盐
收藏馆：缩微中心，国图

000O007743
诗集传名物钞：八卷 / (元)许谦撰
明(1368-1644)张氏怡颜堂抄本
1987年摄制. -- 1盘卷片(21.5米472拍)：
1:10, 2B；35mm银盐
收藏馆：缩微中心，湖南

000O018630
诗集传：十卷诗传纲领一卷诗图一卷诗序一卷 /
(宋)朱熹集传；(元)许谦音释
明洪武(1368-1398)蜀府刻本
1992年摄制. -- 1盘卷片(27米591拍)：
1:12, 2B；35mm银盐
收藏馆：缩微中心，重庆

000O020087
明经题断诗义矜式：十卷 / (元)林泉生撰
元(1271-1368)刻本
1994年摄制. -- 1盘卷片(8米119拍)：1:10,
2B；35mm银盐
收藏馆：缩微中心，国图

000O002087
诗经疏义会通：二十卷 / (元)朱公迁撰；(明)王
逢辑；(明)何英增释
明嘉靖二年(1523)书林刘氏安正书堂刻本
1986年摄制. -- 2盘卷片(38米812拍)：
1:10, 2B；35mm银盐
收藏馆：缩微中心，国图

000O003615
诗经疏义会通：二十卷 / (元)朱公迁撰；(明)王
逢辑；(明)何英增释

明嘉靖二年(1523)书林刘氏安正书堂刻本
1985年摄制. -- 2盘卷片(37.5米810拍)：
1:10, 2B；35mm银盐
收藏馆：缩微中心，国图

000O002953
诗经疏义会通：二十卷 / (元)朱公迁撰；(明)王逢辑；(明)何英增释
明嘉靖二年(1523)书林刘氏安正书堂刻本
1986年摄制. -- 2盘卷片(39米829拍)：
1:10, 2B；35mm银盐
收藏馆：缩微中心，国图

000O007691
诗经疏义会通：二十卷纲领一卷大全图一卷 / (元)朱公迁撰；(明)王逢辑；(明)何英增释
明嘉靖二年(1523)书林刘氏安正书堂刻本. --卷一至卷三、卷五至卷十、纲领一卷，大全图一卷配清(1644-1911)抄本。(清)丁丙跋。
1988年摄制. -- 2盘卷片(41米757拍)：
1:10, 2B；35mm银盐
收藏馆：缩微中心，南京

000O010271
诗经疑问：七卷附编一卷 / (元)朱倬撰；(元)赵悳附编
清(1644-1911)抄本. -- (清)翁同书题识。
1989年摄制. -- 1盘卷片(4.5米88拍)：
1:10, 2B；35mm银盐
收藏馆：缩微中心，湖北

000O005768
诗经疑问：七卷附编一卷 / (元)朱倬撰；(元)赵悳附编
清(1644-1911)抄本
1987年摄制. -- 1盘卷片(4米80拍)：1:10,
2B；35mm银盐
收藏馆：缩微中心，国图

000O027728
诗传通释大成：二十卷纲领一卷外纲领一卷 / (元)刘瑾撰
元至正十二年(1352)建安刘氏日新书堂刻明(1368-1644)重修本
1997年摄制. -- 1盘卷片(32米654拍)：
1:10, 2B；35mm银盐
收藏馆：缩微中心，国图

000O001079
诗集传通释大成：二十卷纲领一卷外纲领一卷 / (元)刘瑾撰
元至正十二年(1352)建安刘氏日新书堂刻明(1368-1644)重修本

1985年摄制. -- 1盘卷片(30.5米687拍)：
1:10, 2B；35mm银盐
收藏馆：缩微中心，国图

000O001901
新刊类编历举三场文选诗义：八卷 / (元)刘贞辑
元(1271-1368)刻明(1368-1644)重修本
1986年摄制. -- 1盘卷片(5米69拍)：1:10,
2B；35mm银盐
收藏馆：缩微中心，国图

000O015005
诗经解颐：四卷 / (明)朱善撰
清初(1644-1722)毛氏汲古阁抄本
1992年摄制. -- 1盘卷片(8米123拍)：1:10,
2B；35mm银盐
收藏馆：缩微中心，国图

000O006146
诗经大全：二十卷诗序一卷纲领一卷图一卷 / (明)胡广[等]撰
明初(1368-1424)刻本. -- 版框高十九厘米宽十三厘米。
1987年摄制. -- 2盘卷片(41.4米874拍)：
1:10, 2B；35mm银盐
收藏馆：缩微中心，广东

000O005879
诗传大全：二十卷纲领一卷图一卷 / (明)胡广[等]辑 . 诗序辨说：一卷 / (宋)朱熹撰
明永乐十三年(1415)内府刻本
1987年摄制. -- 2盘卷片(43米924拍)：
1:10, 2B；35mm银盐
收藏馆：缩微中心，国图

000O024751
诗经大全：二十卷纲领一卷图一卷 / (明)胡广辑 . 诗序辨说：一卷 / (宋)朱熹撰
明嘉靖元年(1522)建宁书户刘辉刻本
1995年摄制. -- 2盘卷片(43米853拍)：
1:10, 2B；35mm银盐
收藏馆：缩微中心，浙江

000O007660
诗经大全：二十卷纲领一卷图一卷 / (明)胡广[等]辑 . 诗序辨说：一卷 / (宋)朱熹撰
明嘉靖二十七年(1548)书林宗文堂刻本
1988年摄制. -- 2盘卷片(39米865拍)：
1:10, 2B；35mm银盐
收藏馆：缩微中心，南京

000O018151
诗经大全：二十卷纲领一卷 / (明)胡广[等]辑；

诗序辨说：一卷 / (宋)朱熹撰
明(1368-1644)德寿堂刻本
1993年摄制. -- 2盘卷片(42米866拍)：
1:10, 2B；35mm银盐
收藏馆：缩微中心，山东

000O022688
新编诗义集说：四卷 / (明)孙鼎撰
明(1368-1644)抄本
1995年摄制. -- 1盘卷片(16米306拍)：
1:10, 2B；35mm银盐
收藏馆：缩微中心，浙江

000O016690
详增经旨音释毛诗白文：四卷
明(1368-1644)刻本
1993年摄制. -- 1盘卷片(10米173拍)：
1:10, 2B；35mm银盐
收藏馆：缩微中心，国图

000O016691
诗说解颐总论：二卷正释三十卷字义八卷 / (明)
季本撰
明(1368-1644)刻本
1993年摄制. -- 2盘卷片(41米825拍)：
1:10, 2B；35mm银盐
收藏馆：缩微中心，国图

000O020020
多识编：七卷 / (明)林兆珂撰
明(1368-1644)刻本
1994年摄制. -- 1盘卷片(14米271拍)：
1:10, 2B；35mm银盐
收藏馆：缩微中心，国图

000O013821
诗故：十卷 / (明)朱谋㙔撰
清(1644-1911)抄本. -- (清)王宗炎校并跋。
1991年摄制. -- 1盘卷片(7米108拍)：1:10,
2B；35mm银盐
收藏馆：缩微中心，国图

000O007681
诗故：十卷 / (明)朱谋㙔撰
清(1644-1911)抄本. -- (清)丁丙跋。
1988年摄制. -- 1盘卷片(8米157拍)：1:10,
2B；35mm银盐
收藏馆：缩微中心，南京

000O005272
诗外别传：二卷 / (明)袁黄撰
明(1368-1644)刻本
1986年摄制. -- 1盘卷片(5米82拍)：1:10,

2B；35mm银盐
收藏馆：缩微中心，国图

000O021856
毛诗原解：三十六卷读诗一卷 / (明)郝敬撰
明万历四十四年(1616)刻郝氏九经解本
1995年摄制. -- 1盘卷片(29.8米624拍)：
1:10, 2B；35mm银盐
收藏馆：缩微中心，湖北

000O008919
叶太史参补古今大方诗经大全：十五卷小序一
卷图一卷纲领一卷 / (明)叶向高辑
明万历(1573-1620)闽芝城建邑书林余氏刻本
1988年摄制. -- 2盘卷片(48.5米1085拍)：
1:10, 2B；35mm银盐
收藏馆：缩微中心，湖北

000O028399
新刻徐玄扈先生纂辑毛诗六帖讲意：四卷 / (明)
徐光启辑
明万历四十五年(1617)广庆堂刻本. -- 罗振
玉跋。
1997年摄制. -- 1盘卷片(22米493拍)：
1:10, 2B；35mm银盐
收藏馆：缩微中心，辽宁

000O020486
毛诗六帖：不分卷 / (明)徐光启撰
清(1644-1911)抄本
1994年摄制. -- 1盘卷片(9米151拍)：1:10,
2B；35mm银盐
收藏馆：缩微中心，国图

000O008934
尔雅堂家藏诗说：不分卷 / (明)顾起元撰
明万历三十四年(1606)刻本
1988年摄制. -- 1盘卷片(18米367拍)：
1:10, 2B；35mm银盐
收藏馆：缩微中心，湖北

000O007680
诗经说通：十三卷首一卷 / (明)沈守正撰
明万历四十三年(1615)刻本. -- (清)丁丙跋。
1988年摄制. -- 1盘卷片(14米313拍)：
1:10, 2B；35mm银盐
收藏馆：缩微中心，南京

000O027729
诗经说通：十三卷首一卷 / (明)沈守正撰
明万历(1573-1620)刻本
1997年摄制. -- 1盘卷片(16米293拍)：
1:10, 2B；35mm银盐

收藏馆：缩微中心，国图

00O000727
六家诗名物疏：五十五卷 / (明)冯复京撰
明万历(1573-1620)刻本
1985年摄制. -- 2盘卷片(49.8米1111拍) :
1:10, 2B ; 35mm银盐
收藏馆：缩微中心，国图

00O006949
六家诗名物疏：五十五卷提要三卷 / (明)冯复京撰
明万历(1573-1620)刻本
1987年摄制. -- 2盘卷片(53米1152拍) :
1:10, 2B ; 35mm银盐
收藏馆：缩微中心，国图

00O022708
诗经：三卷 / (明)钟惺评点
明末(1621-1644)溪香书屋刻合刻周秦经书十种本
1994年摄制. -- 1盘卷片(9米15拍) : 1:10,
2B ; 35mm银盐
收藏馆：缩微中心，浙江

00O011338
诗经：四卷 / (明)钟惺批点
明(1368-1644)凌杜若刻套印本
1989年摄制. -- 1盘卷片(10.0米239拍) :
1:10, 2B ; 35mm银盐
收藏馆：缩微中心，辽宁

00O011552
诗经：不分卷 / (明)钟惺批点
明(1368-1644)凌杜若刻朱墨套印本
1989年摄制. -- 1盘卷片(12米234拍) :
1:10, 2B ; 35mm银盐
收藏馆：缩微中心，甘肃

00O017332
诗经图史合考：二十卷 / (明)钟惺辑
明末(1621-1644)刻本. -- 存十七卷：卷一至
卷十五、卷十九至卷二十。
1993年摄制. -- 2盘卷片(49米998拍) :
1:10, 2B ; 35mm银盐
收藏馆：缩微中心，国图

00O007867
圣门传诗嫡冢：十六卷 / (明)凌濛初撰 . 申公诗
说：一卷 / (汉)申培撰
明崇祯(1628-1644)刻本
1988年摄制. -- 1盘卷片(27.6米606拍) :
1:9, 2B ; 35mm银盐
收藏馆：缩微中心，重庆

00O008745
诗逆：不分卷；诗考：一卷 / (明)凌濛初撰
明天启二年(1622)刻本
1988年摄制. -- 1盘卷片(12.2米248拍) :
1:9, 2B ; 35mm银盐
收藏馆：缩微中心，重庆

00O009093
读风臆评：一卷 / (明)戴君恩撰
明万历四十八年(1620)闵齐伋刻套印本
1988年摄制. -- 1盘卷片(8米85拍) : 1:10,
2B ; 35mm银盐
收藏馆：缩微中心，南京

00O011336
读风臆评：不分卷 / (明)戴君恩撰
明万历四十八年(1620)闵齐伋刻套印本
1989年摄制. -- 1盘卷片(4.5米77拍) :
1:10, 2B ; 35mm银盐
收藏馆：缩微中心，辽宁

00O000513
诗通：四卷 / (明)陆化熙撰
明(1368-1644)书林李少泉刻本
1985年摄制. -- 1盘卷片(14米299拍) :
1:10, 2B ; 35mm银盐
收藏馆：缩微中心，国图

00O017590
诗传阐：二十三卷余二卷 / (明)邹忠胤撰
明崇祯(1628-1644)刻本
1993年摄制. -- 2盘卷片(40米761拍) :
1:10, 2B ; 35mm银盐
收藏馆：缩微中心，国图

00O014964
毛诗振雅：六卷 / (明)张元芳,(明)魏浣初撰
明(1368-1644)版筑居刻套印本
1992年摄制. -- 1盘卷片(17米322拍) :
1:10, 2B ; 35mm银盐
收藏馆：缩微中心，国图

00O018674
毛诗振雅：六卷 / (明)张元芳,(明)魏浣初撰
明(1368-1644)版筑居刻套印本
1994年摄制. -- 1盘卷片(17米315拍) :
1:10, 2B ; 35mm银盐
收藏馆：缩微中心，国图

00O031925
毛诗振雅：六卷 / (明)张元芳,(明)魏浣初撰
明(1368-1644)版筑居刻套印本
2010年摄制. -- 1盘卷片(21米373拍) :

1:12，2B ；35mm银盐
收藏馆：缩微中心，国图

00O022610
葩经旁意：一卷 / (明)乔中和撰
明万历四十一年(1613)刻本
1995年摄制. -- 1盘卷片(4米31拍) ：1:10，
2B ；35mm银盐
收藏馆：缩微中心，河南

00O020110
桂林诗正：八卷 / (明)顾懋樊撰
明末(1621-1644)刻本
1994年摄制. -- 1盘卷片(33米683拍) ：
1:10，2B ；35mm银盐
收藏馆：缩微中心，国图

00O009221
张氏诗纪：不分卷 / (清)张次仲撰
清康熙十六年(1677)一经堂刻本
1988年摄制. -- 1盘卷片(27米563拍) ：
1:10，2B ；35mm银盐
收藏馆：缩微中心，湖南

00O015183
新刻沈汉阳先生随寓诗经答：七卷 / (明)沈翘楚
撰
明万历四十七年(1619)唐晟刻本
1992年摄制. -- 1盘卷片(22米431拍) ：
1:10，2B ；35mm银盐
收藏馆：缩微中心，国图

00O012521
诗经世本古义：二十八卷首一卷末一卷 / (明)何
楷撰
明崇祯十四年(1641)刻本
1990年摄制. -- 4盘卷片(83.3米1840拍) ：
1:10，2B ；35mm银盐
收藏馆：缩微中心，辽宁

00O017589
诗经考：十八卷 / (明)黄文焕撰
明末(1621-1644)刻本
1993年摄制. -- 1盘卷片(32米683拍) ：
1:10，2B ；35mm银盐
收藏馆：缩微中心，国图

00O016997
诗原：五卷；诗说略：一卷 / (明)张彩撰
明天启元年(1621)陈此心刻本
1993年摄制. -- 2盘卷片(38米744拍) ：
1:10，2B ；35mm银盐
收藏馆：缩微中心，国图

00O021706
帝乡戚氏家传葩经大成心印：五卷 / (明)戚伸撰
明崇祯三年(1630)刻本
1995年摄制. -- 1盘卷片(31米651拍) ：
1:10，2B ；35mm银盐
收藏馆：缩微中心，国图

00O010376
毛诗注疏删翼：二十四卷 / (明)王志长撰
清(1644-1911)抄本. -- 书名据书根题。
1989年摄制. -- 1盘卷片(25.5米531拍) ：
1:10，2B ；35mm银盐
收藏馆：缩微中心，湖北

00O022682
诗经注疏大全合纂：三十四卷 / (明)张溥撰
明崇祯(1628-1644)刻本
1994年摄制. -- 5盘卷片(132米2693拍) ：
1:10，2B ；35mm银盐
收藏馆：缩微中心，浙江

00O013327
诗经秘旨：八卷 / (明)陈遂卿撰
明天启六年(1626)书林郑大经刻朱墨套印本
1990年摄制. -- 1盘卷片(18.1米386拍) ：
1:9，2B ；35mm银盐
收藏馆：缩微中心，重庆

00O022689
诗志：二十六卷 / (明)范王孙撰
明末(1621-1644)刻本
1995年摄制. -- 2盘卷片(61米1264拍) ：
1:10，2B ；35mm银盐
收藏馆：缩微中心，浙江

00O019196
诗经主意默雷：八卷 / (明)何大抡撰
明末(1621-1644)友石居刻本
1994年摄制. -- 2盘卷片(40米782拍) ：
1:10，2B ；35mm银盐
收藏馆：缩微中心，国图

00O016843
诗经人物考：三十四卷 / (明)林世陞撰
明(1368-1644)刻本. -- 存二十一卷：卷一至
卷十一、卷十七至卷二十六。
1993年摄制. -- 1盘卷片(17米328拍) ：
1:10，2B ；35mm银盐
收藏馆：缩微中心，国图

00O028061
诗传纂义：一卷 / (明)倪复撰
清(1644-1911)抄本

1997年摄制. -- 1盘卷片(4.2米60拍) :
1:10, 2B ; 35mm银盐
收藏馆：缩微中心，福建

000O015588
诗经类考：三十卷 / (明)沈万钶撰
明万历(1573-1620)刻本
1993年摄制. -- 3盘卷片(80米1854拍) :
1:10, 2B ; 35mm银盐
收藏馆：缩微中心，国图

000O008223
诗经类考：三十卷 / (明)沈万钶撰
明崇祯(1628-1644)陈氏刻本
1988年摄制. -- 3盘卷片(74米1659拍) :
1:10, 2B ; 35mm银盐
收藏馆：缩微中心，南京

000O009730
毛诗郑笺纂疏补协：二十卷附诗谱一卷 / (明)屠本畯撰
明万历二十二年(1594)玄鉴室刻本
1989年摄制. -- 2盘卷片(37米718拍) :
1:10, 2B ; 35mm银盐
收藏馆：缩微中心，山东

000O018299
韦氏诗经考定：二十四卷诗经传授源流一卷总论一卷 / (明)韦调鼎撰
明崇祯十三年(1640)刻本. -- (明)潘璁等校。
1993年摄制. -- 2盘卷片(40米811拍) :
1:10, 2B ; 35mm银盐
收藏馆：缩微中心，天津

000O020490
诗问：一卷 / (明)吴肃公撰
清(1644-1911)抄本
1994年摄制. -- 1盘卷片(4米34拍) : 1:10,
2B ; 35mm银盐
收藏馆：缩微中心，国图

000O026436
诗述：不分卷 / (明)姚应仁撰
明(1368-1644)刻本
1993年摄制. -- 1盘卷片(10米225拍) :
1:10, 2B ; 35mm银盐
收藏馆：缩微中心，哈尔滨

000O015195
新刻占魁高头提章诗经正文：四卷首一卷
明万历四十年(1612)书林敦睦堂张斐刻本
1992年摄制. -- 1盘卷片(10米174拍) :

1:10, 2B ; 35mm银盐
收藏馆：缩微中心，国图

000O021407
诗经三注粹抄：不分卷
明(1368-1644)刻本
1995年摄制. -- 1盘卷片(6米128拍) : 1:10,
2B ; 35mm银盐
收藏馆：缩微中心，安徽

000O007957
诗广传：五卷 / (清)王夫之撰
清初(1644-1722)抄本
1988年摄制. -- 1盘卷片(11米222拍) :
1:10, 2B ; 35mm银盐
收藏馆：缩微中心，湖南

000O010254
朱氏训蒙诗门：三十六卷首一卷附录一卷 / (清)朱日浚[等]撰
清康熙(1662-1722)抄本. -- 撰者还有：(清)王泽弘、(清)黄之奇。
1989年摄制. -- 4盘卷片(122米2560拍) :
1:10, 2B ; 35mm银盐
收藏馆：缩微中心，湖北

000O007667
白云学诗：六卷 / (清)张怡辑
清(1644-1911)抄本
1988年摄制. -- 1盘卷片(20米448拍) :
1:10, 2B ; 35mm银盐
收藏馆：缩微中心，南京

000O023948
诗辩坻：四卷 / (清)毛先舒撰
清(1644-1911)思古堂刻本
1996年摄制. -- 1盘卷片(7米153拍) : 1:10,
2B ; 35mm银盐
收藏馆：缩微中心，河南

000O018928
毛诗稽古编：三十卷 / (清)陈启源撰
清康熙四十年(1701)赵嘉稷抄本. -- (清)赵嘉稷跋。
1993年摄制. -- 1盘卷片(24米510拍) :
1:10, 2B ; 35mm银盐
收藏馆：缩微中心，山东

000O008016
毛诗稽古编：三十卷 / (清)陈启源撰
清康熙四十年(1701)赵嘉稷抄本. -- (清)赵嘉稷跋。
1988年摄制. -- 1盘卷片(25米506拍) :

1:10，2B ；35mm银盐
收藏馆：缩微中心，山东

000O023514
毛诗稽古编：三十卷 / (清)陈启源撰
清(1644-1911)抄本. -- (清)钱坫校。
1995年摄制. -- 1盘卷片（27米574拍）：
1:10，2B ；35mm银盐
收藏馆：缩微中心，国图

000O003413
毛诗稽古编：三十卷 / (清)陈启源撰
清(1644-1911)抄本. -- (清)张敦仁校。
1986年摄制. -- 1盘卷片（27米596拍）：
1:10，2B ；35mm银盐
收藏馆：缩微中心，国图

000O023505
毛诗日笺：六卷 / (清)秦松龄撰
清康熙(1662-1722)挺秀堂刻本
1995年摄制. -- 1盘卷片（8米137拍）：1:10，
2B ；35mm银盐
收藏馆：缩微中心，国图

000O017947
毛诗日笺：六卷 / (清)秦松龄撰
清康熙(1662-1722)刻本
1993年摄制. -- 1盘卷片（8米132拍）：1:10，
2B ；35mm银盐
收藏馆：缩微中心，国图

000O016418
毛诗日笺：六卷 / (清)秦松龄撰
清(1644-1911)抄本
1993年摄制. -- 1盘卷片（7米114拍）：1:10，
2B ；35mm银盐
收藏馆：缩微中心，国图

000O011165
诗经大题：不分卷 / (清)田雯辑
清(1644-1911)稿本
1989年摄制. -- 1盘卷片（23米501拍）：
1:10，2B ；35mm银盐
收藏馆：缩微中心，山东

000O023511
诗经传说汇纂：二十一卷首二卷诗序二卷 / (清)王鸿绪[等]撰
清雍正五年(1727)内府刻本
1995年摄制. -- 3盘卷片（82米1655拍）：
1:10，2B ；35mm银盐
收藏馆：缩微中心，国图

000O016753
诗经传说汇纂：二十一卷首二卷诗序二卷 / (清)王鸿绪[等]辑
清(1644-1911)刻本. -- 辑者还有：(清)揆叙等。(清)陈介祺批注并跋。
1993年摄制. -- 3盘卷片（80米1615拍）：
1:10，2B ；35mm银盐
收藏馆：缩微中心，国图

000O012650
诗说：三卷 / (清)惠周惕撰
清康熙(1662-1722)惠氏红豆斋刻本
1990年摄制. -- 1盘卷片（3.9米58拍）：
1:10，2B ；35mm银盐
收藏馆：缩微中心，辽宁

000O007668
诗说：三卷 / (清)惠周惕撰
清(1644-1911)王薛岐抄本. -- (清)丁丙跋。
1988年摄制. -- 1盘卷片（4米59拍）：1:10，
2B ；35mm银盐
收藏馆：缩微中心，南京

000O016146
诗说：三卷 / (清)惠周惕撰
清(1644-1911)抄本. -- (清)翁方纲批点。
1993年摄制. -- 1盘卷片（4米34拍）：1:10，
2B ；35mm银盐
收藏馆：缩微中心，国图

000O023516
读诗质疑：三十一卷首十五卷末一卷 / (清)严虞惇撰；(清)严有禧辑
清乾隆(1736-1795)严有禧刻本
1995年摄制. -- 2盘卷片（48米964拍）：
1:10，2B ；35mm银盐
收藏馆：缩微中心，国图

000O027089
陆堂诗学：十二卷读诗总论一卷花奁诗一卷 / (清)陆奎勋撰
清康熙五十三年(1714)陆氏小瀛山阁刻本. -- 存八卷：卷一至卷八。
1997年摄制. -- 1盘卷片（11米190拍）：
1:10，2B ；35mm银盐
收藏馆：缩微中心，国图

000O000726
陆堂诗学：十二卷读诗总论一卷 / (清)陆奎勋撰
清康熙(1662-1722)小瀛山阁刻本
1985年摄制. -- 1盘卷片（14.7米316拍）：
1:10，2B ；35mm银盐
收藏馆：缩微中心，国图

00O011456
朱子诗义补正：八卷 / (清)方苞撰；(清)单作哲编
清乾隆三十二年(1767)刻本
1989年摄制. -- 1盘卷片(11.5米252拍) ：
1:10, 2B ；35mm银盐
收藏馆：缩微中心，辽宁

00O023541
多识录：九卷 / (清)石韫玉辑
清道光(1821-1850)石氏刻本
1995年摄制. -- 1盘卷片(5米76拍) ：1:10,
2B ；35mm银盐
收藏馆：缩微中心，国图

00O007686
诗疑辩证：六卷 / (清)黄中松撰
清(1644-1911)抄本
1988年摄制. -- 1盘卷片(7米129拍) ：1:10,
2B ；35mm银盐
收藏馆：缩微中心，南京

00O017942
毛诗说：二卷首一卷 / (清)诸锦撰
清乾隆二十一年(1756)诸氏降跗阁刻本
1993年摄制. -- 1盘卷片(6米92拍) ：1:10,
2B ；35mm银盐
收藏馆：缩微中心，国图

00O008143
毛诗明辨录：十卷 / (清)沈青崖撰
清乾隆十四年(1749)毛德基刻本
1988年摄制. -- 1盘卷片(12.5米270拍) ：
1:10, 2B ；35mm银盐
收藏馆：缩微中心，湖北

00O020813
诗绩：二卷 / (清)尹嘉铨撰
清乾隆三十四年(1769)刻本
1994年摄制. -- 1盘卷片(6米76拍) ：1:10,
2B ；35mm银盐
收藏馆：缩微中心，国图

00O026437
诗深：二十六卷首二卷 / (清)许伯政撰
清乾隆(1736-1795)刻本
1993年摄制. -- 1盘卷片(25米596拍) ：
1:10, 2B ；35mm银盐
收藏馆：缩微中心，哈尔滨

00O007666
治斋读诗蒙说：一卷首一卷 / (清)顾成志撰
清(1644-1911)抄本. -- (清)丁丙跋。

1988年摄制. -- 1盘卷片(3米60拍) ：1:10,
2B ；35mm银盐
收藏馆：缩微中心，南京

00O024752
毛郑异同考：十卷 / (清)程晋芳撰
清(1644-1911)抄本
1995年摄制. -- 1盘卷片(20.5米404拍) ：
1:10, 2B ；35mm银盐
收藏馆：缩微中心，浙江

00O007661
虞东学诗：十二卷首一卷 / (清)顾镇撰
清乾隆三十二年(1767)诵芬堂刻道光(1821-1850)重修本
1988年摄制. -- 1盘卷片(27米576拍) ：
1:10, 2B ；35mm银盐
收藏馆：缩微中心，南京

00O015775
毛朱诗说：三卷 / (清)阮芝生撰
清(1644-1911)抄本. -- (清)翁方纲批注。
1992年摄制. -- 1盘卷片(5米76拍) ：1:10,
2B ；35mm银盐
收藏馆：缩微中心，国图

00O023518
诗沈：二十卷 / (清)范家相撰
清乾隆三十九年(1774)古趣亭刻本. -- (清)李慈铭批注。
1995年摄制. -- 1盘卷片(14米259拍) ：
1:10, 2B ；35mm银盐
收藏馆：缩微中心，国图

00O008157
诗沈：二十卷 / (清)范家相撰
清乾隆三十九年(1774)古趣亭刻本
1988年摄制. -- 1盘卷片(13.5米268拍) ：
1:10, 2B ；35mm银盐
收藏馆：缩微中心，湖北

00O018078
删录纂序诗经说约讲旨：二卷 / [题](清)贤贤道人辑
清(1644-1911)稿本
1993年摄制. -- 1盘卷片(11米212拍) ：
1:10, 2B ；35mm银盐
收藏馆：缩微中心，天津

00O010365
毛诗通说：二十卷首二卷补遗一卷 / (清)任兆麟撰
清乾隆四十九年(1784)映雪草堂刻本. --

(清)徐恕批校。
1989年摄制. -- 1盘卷片(17.5米368拍)：
1:10, 2B；35mm银盐
收藏馆：缩微中心，湖北

000O008101
诗识名解：十五卷 / (清)姚炳撰
清康熙四十七年(1708)听秋楼刻本
1988年摄制. -- 1盘卷片(19.5米473拍)：
1:10, 2B；35mm银盐
收藏馆：缩微中心，湖北

000O007687
诗识名解：十五卷 / (清)姚炳撰
清(1644-1911)丁氏八千卷楼抄本
1988年摄制. -- 1盘卷片(20米446拍)：
1:10, 2B；35mm银盐
收藏馆：缩微中心，南京

000O013418
毛郑诗考正：四卷首一卷 / (清)戴震撰
清(1644-1911)抄本. -- (清)吴骞批校。
1991年摄制. -- 1盘卷片(7米103拍)：1:10,
2B；35mm银盐
收藏馆：缩微中心，国图

000O013170
诗附记：□□卷 / (清)翁方纲撰
清(1644-1911)稿本. -- 存四卷：卷四至卷
七。
1991年摄制. -- 1盘卷片(5.7米99拍)：
1:10, 2B；35mm银盐
收藏馆：缩微中心，辽宁

000O007367
蜀石经毛诗考异：二卷 / (清)吴骞撰
清(1644-1911)吴氏拜经楼抄本. -- (清)朱昌
燕跋。
1987年摄制. -- 1盘卷片(3米35拍)：1:10,
2B；35mm银盐
收藏馆：缩微中心，国图

000O023523
毛诗故训传定本：三十卷 / (清)段玉裁撰
清嘉庆二十一年(1816)段氏七叶衍祥堂刻本. --
(清)顾凤藻跋并录(清)黄丕烈校跋。
1995年摄制. -- 1盘卷片(14米256拍)：
1:10, 2B；35mm银盐
收藏馆：缩微中心，国图

000O023519
毛诗故训传定本：三十卷 / (清)段玉裁撰
清嘉庆二十一年(1816)段氏七叶衍祥堂刻本

1995年摄制. -- 1盘卷片(13米250拍)：
1:10, 2B；35mm银盐
收藏馆：缩微中心，国图

000O023520
诗疑义释：二卷 / (清)胡文英撰
清乾隆(1736-1795)留芝堂刻本
1995年摄制. -- 1盘卷片(5米66拍)：1:10,
2B；35mm银盐
收藏馆：缩微中心，国图

000O014642
诗古训：十二卷 / (清)钱大昭撰
清(1644-1911)抄本. -- (清)赵烈文校并跋。
1992年摄制. -- 1盘卷片(15米290拍)：
1:10, 2B；35mm银盐
收藏馆：缩微中心，国图

000O023527
读诗传讹：三十卷 / (清)韩怡撰
清嘉庆二十年(1815)木存堂刻本
1995年摄制. -- 2盘卷片(44米893拍)：
1:10, 2B；35mm银盐
收藏馆：缩微中心，国图

000O014233
周人诗说：四卷 / (清)王绍兰辑
清(1644-1911)王氏知足知不足馆抄本. -- 存
二卷：卷二至卷三。
1992年摄制. -- 1盘卷片(8米117拍)：1:10,
2B；35mm银盐
收藏馆：缩微中心，国图

000O016193
毛诗草木鸟兽虫鱼释：十二卷 / (清)焦循撰
清(1644-1911)抄本. -- 存六卷：卷二至卷
三、卷八至卷十一。
1993年摄制. -- 1盘卷片(11米180拍)：
1:10, 2B；35mm银盐
收藏馆：缩微中心，国图

000O009092
陆玑疏考证：二卷 / (清)焦循撰
清(1644-1911)稿本
1988年摄制. -- 1盘卷片(4米54拍)：1:10,
2B；35mm银盐
收藏馆：缩微中心，南京

000O016742
毛诗地理释：□□卷 / (清)焦循撰
清(1644-1911)抄本. -- 存二卷：卷四、卷
□。
1993年摄制. -- 1盘卷片(5米57拍)：1:10,

2B ；35mm银盐
收藏馆：缩微中心，国图

000O026438
毛诗马王微：四卷 / (清)臧庸撰
清嘉庆二十一年(1816)孙冯翼问经堂刻本
1993年摄制. -- 1盘卷片(4米80拍) ：1:10,
2B ；35mm银盐
收藏馆：缩微中心，哈尔滨

000O023529
诗故考异：三十二卷 / (清)徐华岳辑
清道光十二年(1832)恩闻斋刻本
1995年摄制. -- 2盘卷片(42米834拍) ：
1:10, 2B ；35mm银盐
收藏馆：缩微中心，国图

000O013514
毛诗后笺：三十卷 / (清)胡承珙撰
清光绪七年(1881)方氏淯园刻本. -- (清)李
慈铭校并跋。
1991年摄制. -- 3盘卷片(82米1581拍) ：
1:10, 2B ；35mm银盐
收藏馆：缩微中心，国图

000O024304
诗经广诂：三十卷 / (清)徐璈辑
清道光(1821-1850)刻本
1996年摄制. -- 1盘卷片(29米593拍) ：
1:10, 2B ；35mm银盐
收藏馆：缩微中心，国图

000O023525
毛诗礼征：十卷 / (清)包世荣撰
清道光七年(1827)小倦游阁刻本
1995年摄制. -- 1盘卷片(24米473拍) ：
1:10, 2B ；35mm银盐
收藏馆：缩微中心，国图

000O025033
陈氏毛诗：五种三十七卷 / (清)陈奂撰
清道光二十七年至咸丰九年(1847-1859)吴门
南园陈氏扫叶山庄刻本. -- (清)谢章铤校
跋。
1996年摄制. -- 2盘卷片(55米1168拍) ：
1:10, 2B ；35mm银盐
收藏馆：缩微中心，福建

000O013082
诗毛氏传疏：三十卷 / (清)陈奂撰
清道光二十六年(1846)陈氏扫叶山庄刻本
1991年摄制. -- 2盘卷片(44米890拍) ：
1:10, 2B ；35mm银盐

收藏馆：缩微中心，国图

000O027096
诗考异补：二卷 / (清)严蔚撰
清乾隆(1736-1795)二酉斋刻本
1997年摄制. -- 1盘卷片(4米44拍) ：1:10,
2B ；35mm银盐
收藏馆：缩微中心，国图

000O024574
读诗记：不分卷 / (清)董耀撰
清(1644-1911)稿本
1996年摄制. -- 1盘卷片(4米47拍) ：1:10,
2B ；35mm银盐
收藏馆：缩微中心，浙江

000O013735
毛诗名物图说：九卷 / (清)徐鼎撰
清(1644-1911)稿本
1991年摄制. -- 1盘卷片(11米189拍) ：
1:10, 2B ；35mm银盐
收藏馆：缩微中心，国图

000O022571
毛诗多识：六卷 / (清)多隆阿撰；(清)程械林修改
清(1644-1911)抄本
1995年摄制. -- 1盘卷片(8.5米154拍) ：
1:10, 2B ；35mm银盐
收藏馆：缩微中心，湖北

000O023528
毛诗说：三十卷 / (清)孙焘撰
清嘉庆二十年(1815)孙氏世德堂刻本
1995年摄制. -- 1盘卷片(18米350拍) ：
1:10, 2B ；35mm银盐
收藏馆：缩微中心，国图

000O007664
诗圆：不分卷 / (清)龚橙撰
清(1644-1911)稿本
1988年摄制. -- 1盘卷片(4米38拍) ：1:10,
2B ；35mm银盐
收藏馆：缩微中心，南京

000O010723
诗异文考证：□□卷 / (清)郭庆藩撰
清(1644-1911)稿本
1989年摄制. -- 1盘卷片(4米64拍) ：1:10,
2B ；35mm银盐
收藏馆：缩微中心，湖南

000O001242
毛诗笺疏辨异：三十卷毛诗总辨不分卷 / (清)李

兆晶撰
清(1644-1911)稿本
1985年摄制. -- 2盘卷片(51.5米1184拍)：
1:10，2B；35mm银盐
收藏馆：缩微中心，国图

000O007689
毛诗鸟兽草木本旨：十三卷 / (清)陆以诚撰
清(1644-1911)稿本. -- 存十一卷：卷一至卷
七、卷十至卷十三。张元济跋。
1988年摄制. -- 1盘卷片(14米318拍)：
1:10，2B；35mm银盐
收藏馆：缩微中心，南京

000O007671
推小雅十月辛卯详疏：一卷 / (清)焦循撰
清(1644-1911)李氏半亩园抄本
1988年摄制. -- 1盘卷片(4米54拍)：1:10，
2B；35mm银盐
收藏馆：缩微中心，南京

000O010398
推小雅十月辛卯详疏：二卷 / (清)焦循撰
清(1644-1911)江都李氏半亩园抄本
1989年摄制. -- 1盘卷片(4.5米53拍)：
1:10，2B；35mm银盐
收藏馆：缩微中心，湖北

000O027535
齐诗翼氏学：四卷 / (清)迮鹤寿撰
清嘉庆十七年(1812)蓬莱山房刻本
1997年摄制. -- 1盘卷片(5米73拍)：1:10，
2B；35mm银盐
收藏馆：缩微中心，国图

000O008089
韩诗内传征：四卷补遗一卷叙录二卷 / (汉)韩婴
撰；(清)宋绵初辑
清乾隆六十年(1795)志学堂刻本
1988年摄制. -- 1盘卷片(6米94拍)：1:10，
2B；35mm银盐
收藏馆：缩微中心，湖北

000O000451
韩诗内传征：四卷 / (汉)韩婴撰；(清)宋绵初辑
清(1644-1911)志学堂刻本. -- (清)孙冯翼校
并跋。
1985年摄制. -- 1盘卷片(5.4米90拍)：
1:10，2B；35mm银盐
收藏馆：缩微中心，国图

000O023542
韩诗内传征：四卷 / (汉)韩婴撰；(清)宋绵初

清(1644-1911)志学堂刻本
1995年摄制. -- 1盘卷片(5米73拍)：1:10，
2B；35mm银盐
收藏馆：缩微中心，国图

000O024812
韩诗内传考：不分卷 / (清)邵晋涵撰
清(1644-1911)沈氏鸣野山房抄本
1995年摄制. -- 1盘卷片(3米32拍)：1:10，
2B；35mm银盐
收藏馆：缩微中心，浙江

000O022701
韩诗内传并薛君章句考：四卷附录一卷二雨堂
笔谈一卷附编一卷 / (清)钱玫撰；(清)钱世叙
编
清(1644-1911)抄本
1994年摄制. -- 1盘卷片(9米165拍)：1:10，
2B；35mm银盐
收藏馆：缩微中心，浙江

000O018772
韩诗外传：十卷 / (汉)韩婴撰
明天启六年(1626)唐琳唐瑜刻本
1994年摄制. -- 1盘卷片(10米165拍)：
1:10，2B；35mm银盐
收藏馆：缩微中心，国图

000O007669
诗外传：十卷 / (汉)韩婴撰
明嘉靖十四年(1535)苏献可通津草堂刻本. --
(清)丁丙跋。
1988年摄制. -- 1盘卷片(11米210拍)：
1:10，2B；35mm银盐
收藏馆：缩微中心，南京

000O013831
韩诗外传：十卷 / (汉)韩婴撰
明嘉靖十四年(1535)苏献可通津草堂刻本
1991年摄制. -- 1盘卷片(11米183拍)：
1:10，2B；35mm银盐
收藏馆：缩微中心，国图

000O016692
诗外传：十卷 / (汉)韩婴撰
明嘉靖十四年(1535)苏献可通津草堂刻本
1993年摄制. -- 1盘卷片(11米183拍)：
1:10，2B；35mm银盐
收藏馆：缩微中心，国图

000O007009
诗外传：十卷 / (汉)韩婴撰
明嘉靖十四年(1535)苏献可通津草堂刻本. --

存四卷：卷一至卷四。
1987年摄制. -- 1盘卷片(6米96拍) ： 1:10, 2B ； 35mm银盐
收藏馆：缩微中心，国图

00O005774
诗外传：十卷 / (汉)韩婴撰
明嘉靖十四年(1535)苏献可通津草堂刻嘉靖十七年(1538)林应麒重修本
1987年摄制. -- 1盘卷片(11米216拍) ： 1:10, 2B ； 35mm银盐
收藏馆：缩微中心，国图

00O016339
诗外传：十卷 / (汉)韩婴撰
明嘉靖十四年(1535)苏献可通津草堂刻嘉靖十七年(1538)林应麒重修本
1992年摄制. -- 1盘卷片(10米179拍) ： 1:10, 2B ； 35mm银盐
收藏馆：缩微中心，国图

00O004688
韩诗外传：十卷 / (汉)韩婴撰
明嘉靖十八年(1539)薛来芙蓉泉书屋刻本
1987年摄制. -- 1盘卷片(10.3米208拍) ： 1:10, 2B ； 35mm银盐
收藏馆：缩微中心，国图

00O019592
诗外传：十卷 / (汉)韩婴撰
明嘉靖二十五年(1546)舒良材刻本. -- 卷三至卷四配另一明(1368-1644)刻本。
1994年摄制. -- 1盘卷片(11米181拍) ： 1:10, 2B ； 35mm银盐
收藏馆：缩微中心，国图

00O004858
诗外传：十卷 / (汉)韩婴撰
明(1368-1644)吴郡沈辨之野竹斋刻本. -- (清)黄丕烈校跋并题诗，(清)陆损之、(清)顾广圻、(清)钮树玉、(清)陈鳢校，(清)黄美鎏、周叔弢校并跋，(清)王大隆跋并录(清)张绍仁校识。
1986年摄制. -- 1盘卷片(10.5米213拍) ： 1:10, 2B ； 35mm银盐
收藏馆：缩微中心，国图

00O006995
诗外传：十卷 / (汉)韩婴撰
明(1368-1644)沈辨之野竹斋刻本
1987年摄制. -- 1盘卷片(11米214拍) ： 1:10, 2B ； 35mm银盐
收藏馆：缩微中心，国图

00O017741
诗外传：十卷 / (汉)韩婴撰
明(1368-1644)沈氏野竹斋刻本
1993年摄制. -- 1盘卷片(10米181拍) ： 1:10, 2B ； 35mm银盐
收藏馆：缩微中心，国图

00O018198
韩诗外传：十卷 / (汉)韩婴撰
明(1368-1644)程荣刻汉魏丛书本. -- (清)王钺跋。
1993年摄制. -- 1盘卷片(10米184拍) ： 1:10, 2B ； 35mm银盐
收藏馆：缩微中心，山东

00O014072
韩诗外传：十卷 / (汉)韩婴撰
明末(1621-1644)刻汉魏丛书本. -- (清)卢文弨校并跋。
1992年摄制. -- 1盘卷片(10米169拍) ： 1:10, 2B ； 35mm银盐
收藏馆：缩微中心，国图

00O007791
韩诗外传：十卷 / (汉)韩婴撰
明末(1621-1644)薛汝修刻本
1988年摄制. -- 1盘卷片(8.3米156拍) ： 1:9, 2B ； 35mm银盐
收藏馆：缩微中心，重庆

00O007733
诗外传：十卷 / (汉)韩婴撰
明(1368-1644)刻本
1987年摄制. -- 1盘卷片(13米230拍) ： 1:10, 2B ； 35mm银盐
收藏馆：缩微中心，湖南

00O004440
鹿门茅先生批评韩诗外传：十卷 / (汉)韩婴撰；(明)茅坤评
明(1368-1644)刻本
1986年摄制. -- 1盘卷片(9米170拍) ： 1:10, 2B ； 35mm银盐
收藏馆：缩微中心，国图

00O016795
韩诗外传旁注评林：十卷 / (明)黄从诚撰
明(1368-1644)翁见冈书堂刻本
1993年摄制. -- 1盘卷片(11米185拍) ： 1:10, 2B ； 35mm银盐
收藏馆：缩微中心，国图

00O003171
韩诗外传：十卷序说一卷补逸一卷 / (汉)韩婴撰；(清)赵怀玉辑
清乾隆五十五年(1790)赵氏亦有生斋刻本. -- (清)许瀚校注。
1986年摄制. -- 1盘卷片(9米181拍) ：1:10, 2B ；35mm银盐
收藏馆：缩微中心，国图

00O007670
韩诗外传：十卷校补一卷补逸一卷 / (汉)韩婴撰；(清)赵怀玉辑
清乾隆五十五年(1790)亦有生斋刻本. -- (清)杨沂孙批跋。
1988年摄制. -- 1盘卷片(10米191拍) ：1:10, 2B ；35mm银盐
收藏馆：缩微中心，南京

00O013600
韩诗外传校正：十卷校补一卷序说一卷补逸一卷 / (清)赵怀玉撰
清乾隆五十五年(1790)赵氏亦有生斋刻本
1991年摄制. -- 1盘卷片(8米177拍) ：1:10, 2B ；35mm银盐
收藏馆：缩微中心，国图

00O024327
韩诗外传校正：十卷序说一卷校补一卷补逸一卷 / (清)赵怀玉撰
清乾隆五十五年(1790)赵氏亦有生斋刻本
1996年摄制. -- 1盘卷片(10米180拍) ：1:10, 2B ；35mm银盐
收藏馆：缩微中心，国图

00O023490
韩诗外传校正：十卷序说一卷补逸一卷 / (清)赵怀玉撰
清乾隆五十五年(1790)赵氏亦有生斋刻本
1995年摄制. -- 1盘卷片(10米177拍) ：1:10, 2B ；35mm银盐
收藏馆：缩微中心，国图

00O004296
韩诗外传校注：十卷 / (清)周廷寀撰 . 拾遗一卷 / (清)周宗杭撰
清乾隆五十六年(1791)周氏营道堂刻本
1986年摄制. -- 1盘卷片(9.7米195拍) ：1:10, 2B ；35mm银盐
收藏馆：缩微中心，国图

00O013616
韩诗外传疏证：十卷 / (清)陈士珂撰
清嘉庆二十三年(1818)陈士珂刻本
1991年摄制. -- 1盘卷片(23米466拍) ：1:10, 2B ；35mm银盐
收藏馆：缩微中心，国图

00O031702
韩诗外传疏证：十卷 / (清)陈士珂撰
清嘉庆二十三年(1818)陈士珂刻本
2005年摄制. -- 1盘卷片(24米500拍) ：1:10, 2B ；35mm银盐
收藏馆：缩微中心，国图

00O008370
韩诗述：六卷 / (清)徐堂撰
清(1644-1911)稿本
1988年摄制. -- 1盘卷片(6米111拍) ：1:10, 2B ；35mm银盐
收藏馆：缩微中心，国图

00O008593
韩诗述：六卷 / (清)徐堂撰
清(1644-1911)稿本
1988年摄制. -- 1盘卷片(8米145拍) ：1:10, 2B ；35mm银盐
收藏馆：缩微中心，国图

00O027845
诗考：一卷 / (宋)王应麟撰
元至元(1335-1340)刻本
1997年摄制. -- 1盘卷片(5米56拍) ：1:10, 2B ；35mm银盐
收藏馆：缩微中心，国图

00O004595
诗考补注：二卷 / (清)丁晏撰
清(1644-1911)稿本. -- 存一卷：卷上。
1986年摄制. -- 1盘卷片(4米59拍) ：1:10, 2B ；35mm银盐
收藏馆：缩微中心，国图

00O027095
诗考异字笺余：十四卷 / (清)周邵莲撰
清嘉庆(1796-1820)刻本
1997年摄制. -- 1盘卷片(11米195拍) ：1:10, 2B ；35mm银盐
收藏馆：缩微中心，国图

00O000634
诗考补：二卷 / (宋)王应麟辑；(清)胡文英增订
清(1644-1911)刻本
1985年摄制. -- 1盘卷片(5.5米94拍) ：1:10, 2B ；35mm银盐
收藏馆：缩微中心，国图

000O004668

三家诗拾遗：六卷 / (清)范家相辑

清(1644-1911)抄本

1987年摄制. -- 1盘卷片(8米152拍) : 1:10, 2B；35mm银盐

收藏馆：缩微中心，国图

000O008141

三家诗拾遗：十卷 / (清)范家相辑

清嘉庆十五年(1810)古趣亭刻本

1988年摄制. -- 1盘卷片(9米172拍) : 1:10, 2B；35mm银盐

收藏馆：缩微中心，湖北

000O003415

三家诗拾遗：十卷源流一卷 / (清)范家相辑

清(1644-1911)抄本

1986年摄制. -- 1盘卷片(8米158拍) : 1:10, 2B；35mm银盐

收藏馆：缩微中心，国图

000O000722

重订三家诗拾遗：十卷源流一卷 / (清)范家相辑；(清)叶钧重订

清嘉庆十五年(1810)叶氏诒谷堂刻领海楼丛书本

1985年摄制. -- 1盘卷片(9.1米177拍) : 1:10, 2B；35mm银盐

收藏馆：缩微中心，国图

000O025610

三家诗异文释：三卷补遗三卷 / (宋)王应麟集考；(清)冯登府疏证

清(1644-1911)稿本. -- (清)李富孙校跋。

1996年摄制. -- 1盘卷片(6米100拍) : 1:10, 2B；35mm银盐

收藏馆：缩微中心，浙江

000O023544

三家诗异文疏证：六卷补遗三卷 / (清)冯登府撰

清道光十年(1830)四明学舍刻本

1995年摄制. -- 1盘卷片(8米119拍) : 1:10, 2B；35mm银盐

收藏馆：缩微中心，国图

000O018316

三家诗遗说：八卷补一卷 / (清)冯登府撰

清(1644-1911)抄本

1993年摄制. -- 1盘卷片(7米117拍) : 1:10, 2B；35mm银盐

收藏馆：缩微中心，天津

000O023526

三家诗遗说：不分卷 / (清)冯登府撰

清(1644-1911)稿本

1995年摄制. -- 1盘卷片(9米138拍) : 1:10, 2B；35mm银盐

收藏馆：缩微中心，国图

000O009277

诗古微：十五卷首一卷 / (清)魏源辑

清道光二十年(1840)刻本

1988年摄制. -- 2盘卷片(40米813拍) : 1:10, 2B；35mm银盐

收藏馆：缩微中心，湖南

000O016987

齐鲁韩三家诗释：十六卷 / (清)朱士端撰

清(1644-1911)吉金乐石山房抄本. -- 郑振铎跋。

1993年摄制. -- 1盘卷片(15米290拍) : 1:10, 2B；35mm银盐

收藏馆：缩微中心，国图

000O020287

诗序辨说：一卷 / (宋)朱熹撰

明(1368-1644)刻本

1994年摄制. -- 1盘卷片(6米80拍) : 1:10, 2B；35mm银盐

收藏馆：缩微中心，国图

000O023521

诗经读序私记：二十四卷 / (清)姜炳璋撰

清(1644-1911)抄本

1995年摄制. -- 1盘卷片(33米654拍) : 1:10, 2B；35mm银盐

收藏馆：缩微中心，国图

000O018317

毛诗古音考：四卷读诗拙言一卷 / (明)陈第编；(明)焦竑订正

明万历三十四年(1606)刻本

1993年摄制. -- 1盘卷片(11米207拍) : 1:10, 2B；35mm银盐

收藏馆：缩微中心，天津

000O009347

诗经小学：四卷 / (清)段玉裁撰

清乾隆嘉庆(1736-1820)臧庸刻拜经楼丛书本. -- (清)焦循校跋。

1988年摄制. -- 1盘卷片(6米117拍) : 1:10, 2B；35mm银盐

收藏馆：缩微中心，南京

000O023522
诗经小学：三十卷 / (清)段玉裁撰
清道光五年(1825)抱经堂刻本
1995年摄制. -- 1盘卷片(15米285拍)：
1:10, 2B；35mm银盐
收藏馆：缩微中心，国图

000O016833
三百篇原声：七卷 / (清)夏味堂撰
清嘉庆十二年(1807)楳华书屋刻本
1993年摄制. -- 1盘卷片(5米63拍)：1:10,
2B；35mm银盐
收藏馆：缩微中心，国图

000O023524
毛诗考证：四卷 / (清)庄述祖撰
清道光十六年(1836)刻本. -- (清)李慈铭批
校.
1995年摄制. -- 1盘卷片(5米54拍)：1:10,
2B；35mm银盐
收藏馆：缩微中心，国图

000O027094
毛诗周韵诵法：十卷 / (清)汪灼撰
清嘉庆(1796-1820)不疎园刻本
1997年摄制. -- 1盘卷片(15米283拍)：
1:10, 2B；35mm银盐
收藏馆：缩微中心，国图

000O009579
诗经古韵：四卷 / (清)孔继堂撰
清(1644-1911)稿本
1988年摄制. -- 1盘卷片(16米318拍)：
1:10, 2B；35mm银盐
收藏馆：缩微中心，山东

000O017168
诗经古韵：四卷 / (清)孔继堂撰
清(1644-1911)稿本
1993年摄制. -- 1盘卷片(16米330拍)：
1:10, 2B；35mm银盐
收藏馆：缩微中心，山东

000O023696
韩鲁齐三家诗异字诂：三卷 / (清)冯登府撰
清(1644-1911)稿本. -- (清)李贻德校并跋.
1995年摄制. -- 1盘卷片(6米106拍)：1:10,
2B；35mm银盐
收藏馆：缩微中心，浙江

000O013526
古名儒毛诗解：十六种三十四卷 / (明)钟惺辑
明(1368-1644)拥万堂刻本. -- 存十一种十六

卷：新刻诗谱一卷、新刻诗传纲领一卷、新刻
胡氏诗识三卷、新刻读诗录一卷、新刻逸诗一
卷、新刻读诗一得一卷、新刻印古诗语一卷、
新刻玉海纪诗一卷、新刻诗考一卷、新刻困学
纪诗一卷、新刻诗地理考四卷.
1991年摄制. -- 1盘卷片(24.3米531拍)：
1:10, 2B；35mm银盐
收藏馆：缩微中心，重庆

000O007639
三家诗述：八卷 / (清)徐堂撰
清(1644-1911)稿本. -- 存四卷：三家总义一
卷、鲁诗述二卷、齐诗述一卷.
1988年摄制. -- 1盘卷片(4米83拍)：1:10,
2B；35mm银盐
收藏馆：缩微中心，南京

礼类

000O023532
周礼：六卷
日本宽永五年至二十年(1629-1644)日本刻本
1995年摄制. -- 1盘卷片(12米213拍)：
1:10, 2B；35mm银盐
收藏馆：缩微中心，国图

000O008011
周官经：六卷
清乾隆三十七年(1772)孔广林抄本. -- (清)
姚朋图等跋.
1988年摄制. -- 1盘卷片(7米102拍)：1:10,
2B；35mm银盐
收藏馆：缩微中心，山东

000O005771
周礼：十二卷 / (汉)郑玄注
明(1368-1644)刻本
1987年摄制. -- 1盘卷片(21米466拍)：
1:10, 2B；35mm银盐
收藏馆：缩微中心，国图

000O006808
周礼注：十二卷 / (汉)郑玄撰
明(1368-1644)刻本
1987年摄制. -- 1盘卷片(21米453拍)：
1:10, 2B；35mm银盐
收藏馆：缩微中心，国图

000O014049
周礼注：十二卷 / (汉)郑玄撰
明(1368-1644)刻本
1991年摄制. -- 1盘卷片(24米464拍)：
1:10, 2B；35mm银盐

收藏馆：缩微中心，国图

00O021602
周礼注：十二卷 / (汉)郑玄撰
明(1368-1644)刻本
1995年摄制. -- 1盘卷片(22米421拍)：
1:10，2B；35mm银盐
收藏馆：缩微中心，国图

00O017160
周礼：十二卷 / (汉)郑玄注
明(1368-1644)刻本. -- 存六卷：卷一至卷六。(□)剑叟批校并跋。
1990年摄制. -- 1盘卷片(12米224拍)：
1:10，2B；35mm银盐
收藏馆：缩微中心，山东

00O023697
周礼：六卷
明嘉靖(1522-1566)刻本
1995年摄制. -- 1盘卷片(9米161拍)：1:10，
2B；35mm银盐
收藏馆：缩微中心，浙江

00O013730
周礼注：十二卷 / (汉)郑玄撰. 札记：一卷 / (清)黄丕烈撰
清光绪十三年(1887)上海蜚英馆石印士礼居丛书本. -- 王国维校并跋。
1991年摄制. -- 1盘卷片(22米443拍)：
1:10，2B；35mm银盐
收藏馆：缩微中心，国图

00O019400
周礼注：六卷 / (汉)郑玄撰；(唐)陆德明音义
清乾隆五十二年(1787)福礼堂刻本. -- (清)翁方纲校。
1994年摄制. -- 1盘卷片(23米448拍)：
1:10，2B；35mm银盐
收藏馆：缩微中心，国图

00O002954
周礼：六卷 / (汉)郑玄注；(唐)陆德明音义
清乾隆五十二年(1787)福礼堂刻本
1986年摄制. -- 1盘卷片(21米461拍)：
1:10，2B；35mm银盐
收藏馆：缩微中心，国图

00O022685
周礼：六卷 / (汉)郑玄注；(唐)陆德明音义
清嘉庆十一年(1806)清芬阁刻本
1994年摄制. -- 1盘卷片(23米467拍)：
1:10，2B；35mm银盐

收藏馆：缩微中心，浙江

00O014331
周礼注释：十二卷 / (汉)郑玄撰；(唐)陆德明释文
明(1368-1644)刻本
1992年摄制. -- 1盘卷片(21米385拍)：
1:10，2B；35mm银盐
收藏馆：缩微中心，国图

00O028649
周礼：六卷；考工记：一卷 / (明)陈凤梧辑注
明嘉靖六年(1527)何鳌刻本
1996年摄制. -- 1盘卷片(18米381拍)：
1:10，2B；35mm银盐
收藏馆：缩微中心，南京

00O019673
周礼疏：五十卷 / (唐)贾公彦撰
宋(960-1279)两浙东路茶盐司刻宋元(960-1368)递修本. -- 存零叶一卷：卷四十七。
1994年摄制. -- 1盘卷片(3米14拍)：1:10，
2B；35mm银盐
收藏馆：缩微中心，国图

00O005420
附释音周礼注疏：四十二卷 / (唐)贾公彦撰；(唐)陆德明释文
元(1271-1368)刻明正德(1506-1521)补刻本
1986年摄制. -- 2盘卷片(50米1094拍)：
1:10，2B；35mm银盐
收藏馆：缩微中心，国图

00O009451
周礼注疏：四十二卷 / (汉)郑玄注；(唐)贾公彦疏；(唐)陆德明释文
明嘉靖(1522-1566)应槚刻本
1987年摄制. -- 3盘卷片(67.5米1468拍)：
1:9，2B；35mm银盐
收藏馆：缩微中心，重庆

00O003391
周礼注疏：四十二卷 / (汉)郑玄注；(唐)贾公彦疏；(唐)陆德明释文
明崇祯元年(1628)毛氏汲古阁刻本. -- 佚名批点。
1986年摄制. -- 3盘卷片(66米1441拍)：
1:10，2B；35mm银盐
收藏馆：缩微中心，国图

00O010372
周礼注疏：四十二卷 / (汉)郑玄注；(唐)贾公彦疏；(唐)陆德明释文

明崇祯元年(1628)毛氏汲古阁刻本
1989年摄制. -- 3盘卷片(68米1472拍)：
1:10, 2B；35mm银盐
收藏馆：缩微中心，湖北

000O023535
附释音周礼注疏：四十二卷 / (汉)郑玄[等]撰；
(唐)陆德明释文．校勘记：四十二卷 / (清)阮元
撰
清嘉庆二十年(1815)南昌府学刻十三经注疏本. --
撰者还有：(唐)贾公彦等。王国维校。
1995年摄制. -- 2盘卷片(64米1309拍)：
1:10, 2B；35mm银盐
收藏馆：缩微中心，国图

000O005347
礼经会元：四卷 / (宋)叶时撰
明嘉靖五年(1526)萧梅林刻本. -- 丁祖荫
跋。
1986年摄制. -- 1盘卷片(12米249拍)：
1:10, 2B；35mm银盐
收藏馆：缩微中心，国图

000O017568
礼经会元：四卷 / (宋)叶时撰
明嘉靖五年(1526)萧梅林刻本
1993年摄制. -- 1盘卷片(13米233拍)：
1:10, 2B；35mm银盐
收藏馆：缩微中心，国图

000O001967
礼经会元：四卷 / (宋)叶时撰
明(1368-1644)刻本
1986年摄制. -- 1盘卷片(13米262拍)：
1:10, 2B；35mm银盐
收藏馆：缩微中心，国图

000O004669
礼经会元：四卷 / (宋)叶时撰
明(1368-1644)刻本. -- 本书为周礼传零种。
1987年摄制. -- 1盘卷片(12米252拍)：
1:10, 2B；35mm银盐
收藏馆：缩微中心，国图

000O002100
新刊京本礼经会元：四卷 / (宋)叶时撰
明(1368-1644)刻本
1986年摄制. -- 1盘卷片(13米271拍)：
1:10, 2B；35mm银盐
收藏馆：缩微中心，国图

000O019013
太平经国之书：十一卷首一卷 / (宋)郑伯谦撰

明嘉靖十五年(1536)山西布政司刻本
1994年摄制. -- 1盘卷片(8米133拍)：1:10,
2B；35mm银盐
收藏馆：缩微中心，天津

000O007711
太平经国之书：十一卷 / (宋)郑伯谦撰
明(1368-1644)樊川别业蓝格抄本. -- 版框高
十九厘米宽十三厘米。存三卷：卷三至卷五。
1987年摄制. -- 1盘卷片(4米43拍)：1:10,
2B；35mm银盐
收藏馆：缩微中心，广东

000O002088
太平经国之书：十一卷首一卷 / (宋)郑伯谦撰
明(1368-1644)刻本
1986年摄制. -- 1盘卷片(7.2米130拍)：
1:10, 2B；35mm银盐
收藏馆：缩微中心，国图

000O014615
太平经国之书：十一卷首一卷 / (宋)郑伯谦撰
明(1368-1644)刻本
1992年摄制. -- 1盘卷片(8米114拍)：1:10,
2B；35mm银盐
收藏馆：缩微中心，国图

000O015700
太平经国之书：十一卷首一卷 / (宋)郑伯谦撰
明(1368-1644)刻本
1993年摄制. -- 1盘卷片(8米116拍)：1:10,
2B；35mm银盐
收藏馆：缩微中心，国图

000O015672
新刻翰林汇选周礼三注：六卷 / (宋)郑伯谦[等]
撰；(明)何天宠辑
明万历二十四年(1596)书林怡庆堂刻本. --
撰者还有：(明)何乔新等。
1993年摄制. -- 1盘卷片(14米264拍)：
1:10, 2B；35mm银盐
收藏馆：缩微中心，国图

000O023980
周礼句解：十二卷 / (元)朱申撰
明嘉靖三十五年(1556)蔡扬金刻本. -- (清)
丁丙跋。
1993年摄制. -- 1盘卷片(18米371拍)：
1:10, 2B；35mm银盐
收藏馆：缩微中心，南京

000O008014
周礼句解：十二卷 / (元)朱申撰

明嘉靖三十五年(1556)蔡扬金刻本
1988年摄制. -- 1盘卷片(18米369拍) :
1:10, 2B ; 35mm银盐
收藏馆：缩微中心，山东

000○001964
周礼句解：十二卷 / (元)朱申撰
明(1368-1644)刻本
1986年摄制. -- 1盘卷片(10米201拍) :
1:10, 2B ; 35mm银盐
收藏馆：缩微中心，国图

000○007484
周礼句解：十二卷 / (元)朱申撰
明(1368-1644)刻本
1987年摄制. -- 1盘卷片(19米398拍) :
1:10, 2B ; 35mm银盐
收藏馆：缩微中心，国图

000○015818
周礼句解：十二卷 / (元)朱申撰
明(1368-1644)刻本
1993年摄制. -- 1盘卷片(11米190拍) :
1:10, 2B ; 35mm银盐
收藏馆：缩微中心，国图

000○006812
校正详增音训周礼句解：十二卷 / (元)朱申撰
明成化四年(1468)孙世荣刻本. -- (清)陈鳣
跋。
1987年摄制. -- 1盘卷片(9米184拍) : 1:10,
2B ; 35mm银盐
收藏馆：缩微中心，国图

000○008362
校正详增音训周礼句解：十二卷 / (元)朱申撰
清道光二十一年(1841)蒋氏别下斋抄本. --
(清)许光清校并跋。
1988年摄制. -- 1盘卷片(9米180拍) : 1:10,
2B ; 35mm银盐
收藏馆：缩微中心，国图

000○001294
周礼集说：十一卷纲领一卷复古编一卷 / (元)陈友仁辑
明(1368-1644)刻本
1985年摄制. -- 2盘卷片(39.5米855拍) :
1:10, 2B ; 35mm银盐
收藏馆：缩微中心，国图

000○014950
周礼集说：十一卷纲领一卷复古编一卷 / (元)陈友仁辑

000○003169
周礼集说：十一卷纲领一卷复古编一卷编补二卷 / (元)陈友仁辑 ; (明)刘储秀补编
明(1368-1644)刻本
1986年摄制. -- 2盘卷片(46米993拍) :
1:10, 2B ; 35mm银盐
收藏馆：缩微中心，国图

000○019385
周礼补亡：六卷 / (元)丘葵撰
明(1368-1644)李缉刻本. -- 存二卷：天官、
地官。
1994年摄制. -- 1盘卷片(9米144拍) : 1:10,
2B ; 35mm银盐
收藏馆：缩微中心，国图

000○003622
周礼补亡：六卷 / (元)丘葵撰
明(1368-1644)葛钦刻本. -- (清)叶万跋。
1985年摄制. -- 1盘卷片(15米353拍) :
1:10, 2B ; 35mm银盐
收藏馆：缩微中心，国图

000○006695
周礼补亡：六卷 / (元)丘葵撰
明(1368-1644)刻本
1987年摄制. -- 1盘卷片(8米136拍) : 1:10,
2B ; 35mm银盐
收藏馆：缩微中心，山东

000○019518
周礼集注：七卷 / (明)何乔新撰
明正德十三年(1518)安正堂刻本. -- 存二
卷：卷六至卷七。
1994年摄制. -- 1盘卷片(8米125拍) : 1:10,
2B ; 35mm银盐
收藏馆：缩微中心，国图

000○005856
读礼疑图：六卷 / (明)季本撰
明(1368-1644)刻本. -- 存五卷：卷一至卷
五。
1987年摄制. -- 1盘卷片(17米331拍) :
1:10, 2B ; 35mm银盐
收藏馆：缩微中心，国图

000○029325
周礼训隽：二十卷 / (明)陈深撰

明万历十七年(1589)刻本
1999年摄制. -- 1盘卷片(19米404拍)：
1:10, 2B ; 35mm银盐
收藏馆：缩微中心，湖南

000O006320
周礼：十八卷 / (明)陈深注
明万历(1573-1620)刻朱墨套印本
1987年摄制. -- 1盘卷片(11米220拍)：
1:10, 2B ; 35mm银盐
收藏馆：缩微中心，吉林

000O021431
周礼会注：十五卷 / (明)李如玉撰
明(1368-1644)抄本. -- 存七卷：卷七至卷
十三。
1995年摄制. -- 1盘卷片(11米202拍)：
1:10, 2B ; 35mm银盐
收藏馆：缩微中心，国图

000O019026
非周礼辨：一卷经传正讹一卷 / (明)王应电撰
明(1368-1644)刻本
1994年摄制. -- 1盘卷片(5米73拍)：1:10,
2B ; 35mm银盐
收藏馆：缩微中心，天津

000O005644
周礼传：五卷翼传二卷图说二卷 / (明)王应电撰
明嘉靖四十二年(1563)吴凤瑞刻本
1987年摄制. -- 2盘卷片(42米909拍)：
1:10, 2B ; 35mm银盐
收藏馆：缩微中心，国图

000O014780
周礼全经集：十三卷；周礼传叙论：一卷 / (明)柯尚迁撰
明隆庆四年(1570)傅宠张大忠刻本
1992年摄制. -- 2盘卷片(47米936拍)：
1:10, 2B ; 35mm银盐
收藏馆：缩微中心，国图

000O019507
周礼笔记：六卷 / (明)冯时可撰
明万历(1573-1620)周宗邠刻本
1994年摄制. -- 1盘卷片(7米116拍)：1:10,
2B ; 35mm银盐
收藏馆：缩微中心，国图

000O021547
周礼通义：二卷 / (明)施天麟撰
明崇祯(1628-1644)刻本
1995年摄制. -- 1盘卷片(11米184拍)：

1:10, 2B ; 35mm银盐
收藏馆：缩微中心，国图

000O024514
周礼说：十二卷 / (明)徐即登撰
明万历(1573-1620)刻本
1996年摄制. -- 1盘卷片(28米560拍)：
1:10, 2B ; 35mm银盐
收藏馆：缩微中心，浙江

000O028501
周礼古本订注：五卷考工记一卷 / (明)郭良翰辑
明万历(1573-1620)刻本
1997年摄制. -- 1盘卷片(18.1米373拍)：
1:10, 2B ; 35mm银盐
收藏馆：缩微中心，福建

000O021858
周礼完解：十二卷读周礼一卷 / (明)郝敬撰
明万历四十五年(1617)刻郝氏九经解本
1995年摄制. -- 1盘卷片(29.5米618拍)：
1:10, 2B ; 35mm银盐
收藏馆：缩微中心，湖北

000O022692
重校古周礼：六卷 / (明)陈仁锡注释
明末(1621-1644)刻本
1995年摄制. -- 1盘卷片(17米336拍)：
1:10, 2B ; 35mm银盐
收藏馆：缩微中心，浙江

000O019515
周礼句解：六卷集注句解一卷 / (明)陈仁锡集. 考工记：一卷
明(1368-1644)问龙馆刻本
1994年摄制. -- 1盘卷片(10米177拍)：
1:10, 2B ; 35mm银盐
收藏馆：缩微中心，国图

000O005984
注释考工记：一卷；注释古周礼：五卷 / (明)郎兆玉撰
明(1368-1644)郎氏堂策槛刻本
1986年摄制. -- 1盘卷片(19.3米422拍)：
1:10, 2B ; 35mm银盐
收藏馆：缩微中心，国图

000O007787
周礼注疏删翼：三十卷 / (明)王志长辑
明崇祯十二年(1639)叶培恕刻本
1988年摄制. -- 2盘卷片(58.8米1300拍)：
1:9, 2B ; 35mm银盐
收藏馆：缩微中心，重庆

00O014132
周礼文物大全图：不分卷
明(1368-1644)刻套印本
1992年摄制. -- 1盘卷片(4米36拍) ：1:10,
2B ；35mm银盐
收藏馆：缩微中心，国图

00O031935
周礼文物大全图：不分卷
明(1368-1644)刻套印本
2010年摄制. -- 1盘卷片(5米55拍) ：1:14,
2B ；35mm银盐
收藏馆：缩微中心，国图

00O018300
周礼三注粹抄：不分卷
明万历十八年(1590)余泗泉萃庆堂刻本
1993年摄制. -- 1盘卷片(7米135拍) ：1:10,
2B ；35mm银盐
收藏馆：缩微中心，天津

00O019003
周礼瀹义：三十二卷 / (清)刘谦撰；(清)刘自洁校
清(1644-1911)抄本
1993年摄制. -- 2盘卷片(39米844拍) ：
1:10, 2B ；35mm银盐
收藏馆：缩微中心，天津

00O024331
礼说：十四卷 / (清)惠士奇撰
清(1644-1911)红豆斋刻本
1996年摄制. -- 1盘卷片(20米389拍) ：
1:10, 2B ；35mm银盐
收藏馆：缩微中心，国图

00O023537
周礼疑义举要：七卷 / (清)江永撰
清乾隆(1736-1795)刻本
1995年摄制. -- 1盘卷片(7米113拍) ：1:10,
2B ；35mm银盐
收藏馆：缩微中心，国图

00O025659
周礼疑义：四十四卷 / (清)周廷华撰
清(1644-1911)抄本. -- 存十八卷：卷三至
卷六、卷二十三至卷三十、卷三十三至卷
三十六、卷四十一至卷四十二。(清)丁丙跋。
1996年摄制. -- 1盘卷片(32米695拍) ：
1:10, 2B ；35mm银盐
收藏馆：缩微中心，南京

00O026517
周官图：四卷 / (清)王文清,(清)吴廷华纂修
清(1644-1911)稿本
1997年摄制. -- 1盘卷片(16米302拍) ：
1:10, 2B ；35mm银盐
收藏馆：缩微中心，国图

00O029850
周官禄田考：三卷附释骨一卷 / (清)沈彤撰
清(1644-1911)抄本. -- (清)孔继涵校，邓邦
述跋。
2001年摄制. -- 1盘卷片(6米98拍) ：1:10,
2B ；35mm银盐
收藏馆：缩微中心，国图

00O013785
周官禄田考：三卷 / (清)沈彤撰
清乾隆十五年(1750)沈彤刻本
1992年摄制. -- 1盘卷片(6米72拍) ：1:10,
2B ；35mm银盐
收藏馆：缩微中心，国图

00O030429
周官禄田考：三卷 / (清)沈彤撰
清乾隆十五年(1750)沈彤刻本
2002年摄制. -- 1盘卷片(6米94拍) ：1:10,
2B ；35mm银盐
收藏馆：缩微中心，国图

00O017131
周官禄田考：三卷附释骨一卷 / (清)沈彤撰
清乾隆十六年(1751)果堂刻本
1993年摄制. -- 1盘卷片(5.8米102拍) ：
1:10, 2B ；35mm银盐
收藏馆：缩微中心，辽宁

00O023543
周礼注疏述注：十卷 / (清)吕心忠撰
清(1644-1911)抄本
1995年摄制. -- 1盘卷片(21米406拍) ：
1:10, 2B ；35mm银盐
收藏馆：缩微中心，国图

00O012590
周礼军赋说：四卷 / (清)王鸣盛撰
清乾隆(1736-1795)颐志堂刻本
1990年摄制. -- 1盘卷片(9.3米185拍) ：
1:10, 2B ；35mm银盐
收藏馆：缩微中心，辽宁

00O018152
周礼俗说：六卷 / (清)阎莘庐撰
清(1644-1911)稿本. -- (清)张之洞跋。

1993年摄制. -- 1盘卷片（12米241拍）：
1:10, 2B；35mm银盐
收藏馆：缩微中心，山东

000O008090
周礼会通：六卷 / (汉)郑玄注；(清)胡翘元纂辑
清乾隆五十二年(1787)刻本
1988年摄制. -- 1盘卷片（14米297拍）：
1:10, 2B；35mm银盐
收藏馆：缩微中心，湖北

000O010285
周礼提纲辑注：六卷 / (清)姜炳璋撰；(清)林组注
清乾隆四十三年(1778)善成堂刻本
1989年摄制. -- 1盘卷片（5米101拍）：1:10,
2B；35mm银盐
收藏馆：缩微中心，湖北

000O023539
周礼补注：六卷 / (清)吕飞鹏撰
清道光二十九年(1849)吕氏立诚轩刻本
1995年摄制. -- 1盘卷片（17米326拍）：
1:10, 2B；35mm银盐
收藏馆：缩微中心，国图

000O022510
周礼注疏：四卷 / (清)陈廷焕辑
清(1644-1911)稿本. -- (清)杨用霖题识。
1995年摄制. -- 1盘卷片（11.7米257拍）：
1:10, 2B；35mm银盐
收藏馆：缩微中心，湖北

000O000611
周礼经注节钞：七卷 / (清)许珩辑
清(1644-1911)刻本
1985年摄制. -- 1盘卷片（12米247拍）：
1:10, 2B；35mm银盐
收藏馆：缩微中心，国图

000O023534
周礼注疏献疑：七卷 / (清)许珩撰
清嘉庆(1796-1820)刻本
1995年摄制. -- 1盘卷片（10米167拍）：
1:10, 2B；35mm银盐
收藏馆：缩微中心，国图

000O032029
鬳斋考工记解：二卷释音二卷 / (宋)林希逸撰
清康熙(1662-1722)纳兰成德刻通志堂经解本
. -- 十行二十字白口左右双边。傅增湘校跋
并录(清)查慎行题识。
2011年摄制. -- 1盘卷片（11米193拍）：

1:12, 2B；35mm银盐
收藏馆：缩微中心，国图

000O014344
鬳斋考工记解：二卷 / (宋)林希逸撰
清(1644-1911)抄本
1992年摄制. -- 1盘卷片（10米184拍）：
1:10, 2B；35mm银盐
收藏馆：缩微中心，国图

000O022736
考工记图解：二卷 / (宋)林希逸撰；(明)张鼎思补图；(明)屠本畯补释
明万历(1573-1620)四明屠氏刻本
1994年摄制. -- 1盘卷片（12米214拍）：
1:10, 2B；35mm银盐
收藏馆：缩微中心，浙江

000O022729
批点考工记：二卷 / (明)郭正域撰；(明)周梦旸评注
明万历(1573-1620)赵标刻本
1994年摄制. -- 1盘卷片（5米78拍）：1:10,
2B；35mm银盐
收藏馆：缩微中心，浙江

000O007865
批点考工记：二卷 / (明)郭正域撰；(明)周梦旸评注
明万历(1573-1620)刻本
1988年摄制. -- 1盘卷片（5.8米101拍）：
1:10, 2B；35mm银盐
收藏馆：缩微中心，重庆

000O011516
考工记：二卷 / (明)郭正域评
明万历四十四年(1616)闵齐伋刻套印本
1990年摄制. -- 1盘卷片（5米71拍）：1:10,
2B；35mm银盐
收藏馆：缩微中心，甘肃

000O028745
考工记辑注：一卷 / (明)朱大成撰
明崇祯十五年(1642)刻本
1998年摄制. -- 1盘卷片（6米79拍）：1:10,
2B；35mm银盐
收藏馆：缩微中心，苏州

000O020076
考工记纂注：二卷 / (明)程明哲撰
明万历(1573-1620)刻本
1994年摄制. -- 1盘卷片（7米115拍）：1:10,
2B；35mm银盐

收藏馆：缩微中心，国图

000O020079
考工记通：二卷集诸家论一卷 / (明)徐昭庆撰
明(1368-1644)刻本
1994年摄制. -- 1盘卷片(10米172拍)：
1:10, 2B；35mm银盐
收藏馆：缩微中心，国图

000O004319
考工记图：二卷 / (清)戴震撰
清乾隆(1736-1795)河间纪氏阅微草堂刻本
. -- (清)姚鼐批注。
1986年摄制. -- 1盘卷片(7.2米135拍)：
1:10, 2B；35mm银盐
收藏馆：缩微中心，国图

000O023564
周礼汉读考：六卷；仪礼汉读考：一卷 / (清)段
玉裁撰
清嘉庆(1796-1820)经韵楼刻本
1995年摄制. -- 1盘卷片(12米222拍)：
1:10, 2B；35mm银盐
收藏馆：缩微中心，国图

000O023545
周礼释文问答：一卷 / (清)辛绍业撰
清嘉庆(1796-1820)刻本
1995年摄制. -- 1盘卷片(4米49拍)：1:10,
2B；35mm银盐
收藏馆：缩微中心，国图

000O015829
篆文仪礼：二十卷
明嘉靖六年(1527)陈凤梧刻六经古文本. --
存十四卷：卷一至卷七、卷十四至卷二十。
1993年摄制. -- 1盘卷片(11米184拍)：
1:10, 2B；35mm银盐
收藏馆：缩微中心，国图

000O007297
仪礼注：十七卷 / (汉)郑玄撰；(唐)陆德明释文
明正德十六年(1521)陈凤梧刻本
1987年摄制. -- 1盘卷片(14米294拍)：
1:10, 2B；35mm银盐
收藏馆：缩微中心，国图

000O005884
仪礼注：十七卷 / (汉)郑玄撰
明(1368-1644)刻本. -- (清)张敦仁校并录
(清)顾广圻、(清)段玉裁校。
1987年摄制. -- 1盘卷片(19.3米425拍)：
1:10, 2B；35mm银盐

收藏馆：缩微中心，国图

000O032039
仪礼：十七卷 / (汉)郑玄注
明(1368-1644)刻本. -- 八行十七字小字双行
同白口四周双边。吴庠跋并录(清)顾广圻校。
2011年摄制. -- 1盘卷片(22米400拍)：
1:10, 2B；35mm银盐
收藏馆：缩微中心，国图

000O005164
仪礼：十七卷 / (汉)郑玄注
明(1368-1644)刻本. -- 吴庠跋并录(清)顾广
圻校。
1986年摄制. -- 1盘卷片(18米392拍)：
1:10, 2B；35mm银盐
收藏馆：缩微中心，国图

000O029856
仪礼：十七卷 / (汉)郑玄注
明(1368-1644)刻本
2001年摄制. -- 1盘卷片(20米429拍)：
1:10, 2B；35mm银盐
收藏馆：缩微中心，国图

000O029154
仪礼注：十七卷 / (汉)郑玄撰
明(1368-1644)刻本
1999年摄制. -- 1盘卷片(22米460拍)：
1:10, 2B；35mm银盐
收藏馆：缩微中心，国图

000O006335
仪礼注：十七卷 / (汉)郑玄撰
明(1368-1644)刻本
1987年摄制. -- 1盘卷片(19米403拍)：
1:10, 2B；35mm银盐
收藏馆：缩微中心，国图

000O023536
仪礼注：十七卷 / (汉)郑玄撰
清(1644-1911)立本斋刻本
1995年摄制. -- 1盘卷片(17米331拍)：
1:10, 2B；35mm银盐
收藏馆：缩微中心，国图

000O023558
仪礼注：十七卷 / (汉)郑玄撰 . 严本仪礼郑氏注
校录：一卷 / (清)黄丕烈撰
清光绪十三年(1887)上海蜚英馆石印士礼居丛
书本. -- 王国维校。
1995年摄制. -- 1盘卷片(9米159拍)：1:10,
2B；35mm银盐

收藏馆：缩微中心，国图

00○001401
仪礼疏：五十卷 / (唐)贾公彦[等]撰
清(1644-1911)黄氏士礼居影宋抄本. -- 存四十四卷：卷一至卷三十一、卷三十八至卷五十。
1985年摄制. -- 1盘卷片(26.3米588拍)：1:10, 2B ; 35mm银盐
收藏馆：缩微中心，国图

00○002110
仪礼疏：五十卷 / (唐)贾公彦[等]撰
清(1644-1911)抄本. -- 存七卷：卷一至卷三、卷二十八至卷三十一。
1986年摄制. -- 1盘卷片(6米105拍)：1:10, 2B ; 35mm银盐
收藏馆：缩微中心，国图

00○017294
仪礼疏：五十卷 / (唐)贾公彦[等]撰
清道光十年(1830)汪氏艺芸书舍影宋刻本. -- 存四十四卷：卷一至卷三十一、卷三十八至卷五十。
1993年摄制. -- 1盘卷片(26米544拍)：1:10, 2B ; 35mm银盐
收藏馆：缩微中心，国图

00○023548
仪礼疏：五十卷 / (唐)贾公彦[等]撰
清道光十年(1830)汪氏艺芸书舍影宋刻本. -- 存四十四卷：卷一至卷三十一、卷三十八至卷五十。
1995年摄制. -- 1盘卷片(27米540拍)：1:10, 2B ; 35mm银盐
收藏馆：缩微中心，国图

00○024313
仪礼疏：五十卷 / (唐)贾公彦[等]撰
清道光十年(1830)汪氏艺芸书舍影宋刻本. -- 存四十四卷：卷一至卷三十一、卷三十八至卷五十。
1996年摄制. -- 1盘卷片(27米540拍)：1:10, 2B ; 35mm银盐
收藏馆：缩微中心，国图

00○026940
仪礼注疏：十七卷 / (汉)郑玄注；(唐)贾公彦疏；(唐)陆德明释文
明嘉靖(1522-1566)汪文盛刻本. -- (清)丁丙跋。
1996年摄制. -- 2盘卷片(45米906拍)：1:10, 2B ; 35mm银盐

收藏馆：缩微中心，南京

00○020855
仪礼注疏：十七卷 / (汉)郑玄注；(唐)贾公彦疏；(唐)陆德明释文
明嘉靖(1522-1566)应槚刻本. -- 存一卷：卷十五。
1994年摄制. -- 1盘卷片(5米63拍)：1:10, 2B ; 35mm银盐
收藏馆：缩微中心，国图

00○006155
仪礼注疏：十七卷 / (汉)郑玄注；(唐)贾公彦疏
明万历二十一年(1593)刻本. -- 版框高二十三厘米宽十五厘米。
1987年摄制. -- 2盘卷片(52.6米1134拍)：1:10, 2B ; 35mm银盐
收藏馆：缩微中心，广东

00○003877
仪礼注疏：十七卷 / (汉)郑玄注；(唐)贾公彦疏；(唐)陆德明释文
明崇祯九年(1636)毛氏汲古阁刻十三经注疏本. -- (清)翁方纲批校并跋又录(清)戴震、(清)凌廷堪校。
1985年摄制. -- 2盘卷片(52米1136拍)：1:10, 2B ; 35mm银盐
收藏馆：缩微中心，国图

00○029831
仪礼注疏：十七卷 / (汉)郑玄注；(唐)贾公彦疏；(唐)陆德明释文
明崇祯九年(1636)毛氏汲古阁刻十三经注疏本. -- (清)周锡瓒校并跋又录(清)顾广圻、(清)段玉裁校，(清)□世溦跋。
2001年摄制. -- 2盘卷片(54米1163拍)：1:10, 2B ; 35mm银盐
收藏馆：缩微中心，国图

00○003172
仪礼注疏：十七卷 / (汉)郑玄注；(唐)贾公彦疏；(唐)陆德明释文
明(1368-1644)刻本
1986年摄制. -- 2盘卷片(41米895拍)：1:10, 2B ; 35mm银盐
收藏馆：缩微中心，国图

00○024306
仪礼注疏：五十卷 / (汉)郑玄注；(唐)贾公彦疏；(唐)陆德明释文
清嘉庆十一年(1806)张敦仁刻本
1996年摄制. -- 2盘卷片(44米830拍)：1:10, 2B ; 35mm银盐

收藏馆：缩微中心，国图

000O024311
仪礼注疏：五十卷 / (汉)郑玄注；(唐)贾公彦疏；
(唐)陆德明释文 . 校勘记：五十卷 / (清)阮元撰
清嘉庆二十年(1815)南昌府学刻十三经注疏
本. -- 钤"旧山楼"印。王国维点校并跋。
1996年摄制. -- 2盘卷片(59米1202拍) :
1:10, 2B ; 35mm银盐
收藏馆：缩微中心，国图

000O001127
仪礼要义：五十卷 / (宋)魏了翁撰
清嘉庆十一年(1806)张敦仁抄本. -- (清)张
敦仁校跋并录(清)严元照、(清)顾广圻题识。
1985年摄制. -- 2盘卷片(50.3米1117拍) :
1:10, 2B ; 35mm银盐
收藏馆：缩微中心，国图

000O003618
仪礼要义：五十卷 / (宋)魏了翁撰
清(1644-1911)抄本. -- (清)顾广圻校并跋。
1985年摄制. -- 2盘卷片(51米1113拍) :
1:10, 2B ; 35mm银盐
收藏馆：缩微中心，国图

000O014976
仪礼集说：十七卷 / (元)敖继公撰
元大德(1297-1307)刻明(1368-1644)重修本
1992年摄制. -- 2盘卷片(44米821拍) :
1:10, 2B ; 35mm银盐
收藏馆：缩微中心，国图

000O016338
仪礼集说：十七卷 / (元)敖继公撰
元大德(1297-1307)刻明(1368-1644)重修本
1992年摄制. -- 2盘卷片(45米841拍) :
1:10, 2B ; 35mm银盐
收藏馆：缩微中心，国图

000O022423
仪礼集说：十七卷 / (元)敖继公撰
元(1271-1368)刻明(1368-1644)重修本. --
存一卷：卷十七。
1995年摄制. -- 1盘卷片(4米48拍) : 1:10,
2B ; 35mm银盐
收藏馆：缩微中心，国图

000O003940
仪礼集说：十七卷 / (元)敖继公撰
清(1644-1911)抄本
1985年摄制. -- 2盘卷片(45.2米1006拍) :
1:10, 2B ; 35mm银盐

收藏馆：缩微中心，国图

000O012601
重刊仪礼考注：十七卷 / (元)吴澄撰
明嘉靖元年(1522)宗文书堂刻本
1990年摄制. -- 1盘卷片(14.6米313拍) :
1:10, 2B ; 35mm银盐
收藏馆：缩微中心，辽宁

000O003159
重刊仪礼考注：十七卷 / (元)吴澄撰
明(1368-1644)书林郑伯刚刻本
1986年摄制. -- 1盘卷片(15米324拍) :
1:10, 2B ; 35mm银盐
收藏馆：缩微中心，国图

000O018301
重刊仪礼考注：十七卷 / (元)吴澄考订；(元)罗
伦,(元)周华校点
明(1368-1644)刻本
1993年摄制. -- 1盘卷片(16米341拍) :
1:10, 2B ; 35mm银盐
收藏馆：缩微中心，天津

000O021862
仪礼节解：十七卷读仪礼一卷 / (明)郝敬撰
明万历四十五年(1617)郝千秋郝千石刻郝氏九
经解本
1995年摄制. -- 1盘卷片(28米585拍) :
1:10, 2B ; 35mm银盐
收藏馆：缩微中心，湖北

000O029323
仪礼郑注句读：十七卷附监本正误一卷石本误
字一卷 / (汉)郑玄注；(清)张尔岐句读并撰附录；
(清)顾炎武订正
清乾隆八年(1743)刻本. -- (清)曾国藩校圈
点。
1999年摄制. -- 1盘卷片(21米438拍) :
1:10, 2B ; 35mm银盐
收藏馆：缩微中心，湖南

000O010394
仪礼商：二卷附录一卷；周官辨非：一卷 / (清)
万斯大撰
清乾隆二十六年(1761)阮福刻本. -- (清)徐
时栋批校并跋。
1989年摄制. -- 1盘卷片(6.5米119拍) :
1:10, 2B ; 35mm银盐
收藏馆：缩微中心，湖北

000O022530
仪礼经传：内编二十三卷外编五卷首一卷 / (清)

姜兆锡撰
清乾隆元年(1736)寅清楼刻本. -- 存二卷：
外编卷一至卷二。
1995年摄制. -- 2盘卷片(55.5米1130拍)：
1:10, 2B；35mm银盐
收藏馆：缩微中心，湖北

000O027351
仪礼注疏考证：不分卷 / (清)周学健撰
清(1644-1911)抄本
1996年摄制. -- 1盘卷片(6米99拍)：1:10,
2B；35mm银盐
收藏馆：缩微中心，福建

000O010389
仪礼汇说：十七卷 / (清)焦以恕撰
清乾隆三十七年(1772)研雨斋刻本
1989年摄制. -- 1盘卷片(20.5米419拍)：
1:10, 2B；35mm银盐
收藏馆：缩微中心，湖北

000O023546
仪礼集编：十七卷首一卷附录一卷 / (清)盛世佐
撰
清嘉庆九年(1804)贮云居刻本
1995年摄制. -- 3盘卷片(79米1633拍)：
1:10, 2B；35mm银盐
收藏馆：缩微中心，国图

000O000609
仪礼管见：三卷附一卷 / (清)褚寅亮撰
清乾隆(1736-1795)刻本
1985年摄制. -- 1盘卷片(12.2米253拍)：
1:10, 2B；35mm银盐
收藏馆：缩微中心，国图

000O010390
仪礼蠡测：十七卷 / (清)韦协梦撰
清乾隆五十年(1785)带草轩刻本
1989年摄制. -- 1盘卷片(10.5米220拍)：
1:10, 2B；35mm银盐
收藏馆：缩微中心，湖北

000O024309
礼经释例：十三卷 / (清)凌廷堪撰
清嘉庆十四年(1809)阮氏文选楼刻本. --
(清)吕贤基校，(清)李慈铭跋。
1996年摄制. -- 1盘卷片(27米556拍)：
1:10, 2B；35mm银盐
收藏馆：缩微中心，国图

000O013613
仪礼正义：四十卷 / (清)胡培翚撰；(清)杨大堉

补
清咸丰(1851-1861)木犀香馆刻本
1991年摄制. -- 3盘卷片(82米1607拍)：
1:10, 2B；35mm银盐
收藏馆：缩微中心，国图

000O024846
仪礼正义：四十卷 / (清)胡培翚撰
清咸丰二年(1852)刻同治七年(1868)重修本
1996年摄制. -- 3盘卷片(82.5米1738拍)：
1:10, 2B；35mm银盐
收藏馆：缩微中心，福建

000O016147
仪礼私笺：八卷 / (清)郑珍撰
清同治十二年(1873)刘履芬抄本. -- (清)刘
履芬跋。
1993年摄制. -- 1盘卷片(10米165拍)：
1:10, 2B；35mm银盐
收藏馆：缩微中心，国图

000O013916
仪礼丧服马王注：一卷 / (汉)马融,(魏)王肃撰；
(清)臧庸辑
清(1644-1911)抄本
1992年摄制. -- 1盘卷片(3米16拍)：1:10,
2B；35mm银盐
收藏馆：缩微中心，国图

000O009267
双峰先生内外服制通释：七卷 / (宋)车垓撰
清(1644-1911)抄本
1988年摄制. -- 1盘卷片(8米150拍)：1:10,
2B；35mm银盐
收藏馆：缩微中心，湖南

000O019205
五服异同汇考：三卷 / (清)崔述撰
清道光四年(1824)陈履和东阳县署刻本
1994年摄制. -- 1盘卷片(7米114拍)：1:10,
2B；35mm银盐
收藏馆：缩微中心，国图

000O018869
仪礼丧服表：不分卷 / (清)蒋彤撰
清(1644-1911)养一斋抄本
1993年摄制. -- 1盘卷片(32米736拍)：
1:10, 2B；35mm银盐
收藏馆：缩微中心，天津

000O011166
乡射礼仪节：一卷 / (明)林烈撰
明万历十七年(1589)陈梦斗[等]刻本

1989年摄制. -- 1盘卷片（5米80拍） ： 1:10,
2B ；35mm银盐
收藏馆：缩微中心，山东

000O003867
仪礼图：十七卷；旁通图：一卷 / (宋)杨复撰
元(1271-1368)刻本
1985年摄制. -- 1盘卷片（26米567拍）：
1:10, 2B ；35mm银盐
收藏馆：缩微中心，国图

000O025658
仪礼图：十七卷 / (宋)杨复撰
元(1271-1368)刻明(1368-1644)重修本. --
(清)丁丙跋。
1996年摄制. -- 1盘卷片（26米563拍）：
1:10, 2B ；35mm银盐
收藏馆：缩微中心，南京

000O003161
仪礼图：十七卷；旁通图：一卷 / (宋)杨复撰.
仪礼：十七卷
元(1271-1368)刻明(1368-1644)重修本
1986年摄制. -- 2盘卷片（35米747拍）：
1:10, 2B ；35mm银盐
收藏馆：缩微中心，国图

000O003879
仪礼图：十七卷 / (宋)杨复撰
元(1271-1368)刻明(1368-1644)重修本
1985年摄制. -- 1盘卷片（25米543拍）：
1:10, 2B ；35mm银盐
收藏馆：缩微中心，国图

000O006986
仪礼图：十七卷 / (宋)杨复撰
元(1271-1368)刻明(1368-1644)重修本. --
本书据书口和页码应为七卷四十九篇。
1986年摄制. -- 1盘卷片（25米567拍）：
1:10, 2B ；35mm银盐
收藏馆：缩微中心，国图

000O004671
仪礼图：十七卷；旁通图：一卷 / (宋)杨复撰
明(1368-1644)刻本
1987年摄制. -- 1盘卷片（27米610拍）：
1:10, 2B ；35mm银盐
收藏馆：缩微中心，国图

000O000660
仪礼图：十七卷 / (宋)杨复撰
日本抄本
1987年摄制. -- 2盘卷片（37米787拍）

1:10, 2B ；35mm银盐
收藏馆：缩微中心，国图

000O013614
仪礼图：六卷 / (清)张惠言撰
清嘉庆十年(1805)刻本
1991年摄制. -- 1盘卷片（11米246拍）：
1:10, 2B ；35mm银盐
收藏馆：缩微中心，国图

000O020920
仪礼图：六卷 / (清)张惠言撰
清(1644-1911)精抄本
1994年摄制. -- 1盘卷片（14米269拍）：
1:10, 2B ；35mm银盐
收藏馆：缩微中心，天津

000O022820
仪礼识误：三卷 / (宋)张淳撰
清乾隆(1736-1795)刻武英殿聚珍版丛书本
. -- (清)卢文弨校，(清)丁丙跋。
1995年摄制. -- 1盘卷片（4米63拍） ： 1:10,
2B ；35mm银盐
收藏馆：缩微中心，南京

000O032021
仪礼识误：三卷 / (宋)张淳撰
清乾隆(1736-1795)武英殿聚珍版丛书木活字
印本. -- 十一行二十一字四周双边。傅增湘
跋并录(清)卢文弨校记。
2011年摄制. -- 1盘卷片（5米64拍）： 1:12,
2B ；35mm银盐
收藏馆：缩微中心，国图

000O023549
仪礼古今文疏证：二卷 / (清)宋世荦撰
清(1644-1911)刻确山所著书本. -- (清)李慈
铭校。
1995年摄制. -- 1盘卷片（5米76拍）： 1:10,
2B ；35mm银盐
收藏馆：缩微中心，国图

000O019540
经礼补逸：九卷附录一卷 / (元)汪克宽撰
明弘治十年(1497)汪璋汪琪[等]刻本
1994年摄制. -- 1盘卷片（7米93拍）： 1:10,
2B ；35mm银盐
收藏馆：缩微中心，国图

000O004121
仪礼逸经：一卷传一卷 / (元)吴澄撰
明弘治十年(1497)程敏政刻本
1986年摄制. -- 1盘卷片（4米53拍）： 1:10,

2B ；35mm银盐
收藏馆：缩微中心，国图

000O024328
佚礼扶微：二卷附录一卷 / (清)丁晏撰
清(1644-1911)稿本
1996年摄制. -- 1盘卷片(8米126拍) ： 1:10,
2B ；35mm银盐
收藏馆：缩微中心，国图

000O014682
佚礼扶微：二卷附录一卷 / (清)丁晏撰
清(1644-1911)抄本
1992年摄制. -- 1盘卷片(5米68拍) ： 1:10,
2B ；35mm银盐
收藏馆：缩微中心，国图

000O008980
礼记：不分卷
明嘉靖(1522-1566)朱廷立刻五经本
1988年摄制. -- 1盘卷片(17米320拍) ：
1:10, 2B ；35mm银盐
收藏馆：缩微中心，湖北

000O013330
礼记：三卷
明嘉靖三十一年(1552)翁溥刻五经正文本
1991年摄制. -- 1盘卷片(16米314拍) ：
1:10, 2B ；35mm银盐
收藏馆：缩微中心，国图

000O012868
礼记：二十卷 / (汉)郑玄注
宋(960-1279)刻大字本. -- 宋(960-1279)版
蜀刻。存五卷：卷一至卷五。
1990年摄制. -- 1盘卷片(8.6米185拍) ：
1:10, 2B ；35mm银盐
收藏馆：缩微中心，辽宁

000O022821
礼记：二十卷 / (汉)郑玄注
明嘉靖(1522-1566)刻本. -- (清)丁丙跋。
1995年摄制. -- 1盘卷片(31.5米693拍) ：
1:10, 2B ；35mm银盐
收藏馆：缩微中心，南京

000O004702
礼记：二十卷 / (汉)郑玄注
明(1368-1644)刻本
1986年摄制. -- 1盘卷片(29米654拍) ：
1:10, 2B ；35mm银盐
收藏馆：缩微中心，国图

000O005885
礼记注：二十卷 / (汉)郑玄撰
明(1368-1644)刻本
1987年摄制. -- 1盘卷片(28.6米642拍) ：
1:10, 2B ；35mm银盐
收藏馆：缩微中心，国图

000O006484
礼记注：二十卷 / (汉)郑玄撰
明(1368-1644)刻本
1987年摄制. -- 1盘卷片(28米627拍) ：
1:10, 2B ；35mm银盐
收藏馆：缩微中心，国图

000O000709
礼记注：二十卷 / (汉)郑玄撰
日本铜活字印本
1985年摄制. -- 1盘卷片(26米588拍) ：
1:10, 2B ；35mm银盐
收藏馆：缩微中心，国图

000O019396
**礼记注：二十卷 / (汉)郑玄撰．考异：二卷 /
(清)张敦仁撰．释文：四卷 / (唐)陆德明撰**
清嘉庆十一年(1806)张敦仁影刻本. -- 据宋
淳熙四年(1177)抚州公使库本影刻。
1994年摄制. -- 1盘卷片(30米612拍) ：
1:10, 2B ；35mm银盐
收藏馆：缩微中心，国图

000O023553
**礼记注：二十卷 / (汉)郑玄撰．抚本礼记郑注考
异：二卷 / (清)张敦仁撰**
清同治九年(1870)楚北崇文书局刻本. -- 王
国维校并跋。
1995年摄制. -- 1盘卷片(29米584拍) ：
1:10, 2B ；35mm银盐
收藏馆：缩微中心，国图

000O020297
礼记注：二十卷 / (汉)郑玄撰；(唐)陆德明音义
宋(960-1279)余仁仲万卷堂塾刻本. -- 存二
卷：卷十二至卷十三。
1994年摄制. -- 1盘卷片(4米37拍) ： 1:10,
2B ；35mm银盐
收藏馆：缩微中心，国图

000O026917
**监本纂图重言重意互注礼记：二十卷 / (汉)郑玄
注；(唐)陆德明音义**
宋(960-1279)刻本. -- 存二卷：卷九至卷
十。(清)丁丙跋。
1996年摄制. -- 1盘卷片(4米59拍) ： 1:10,

2B ；35mm银盐
收藏馆：缩微中心，南京

000O022711
礼记：四十九卷 / (汉)郑玄注
明万历(1573-1620)李登刻本
1994年摄制. -- 1盘卷片(26米522拍) ：
1:10, 2B ；35mm银盐
收藏馆：缩微中心，浙江

000O018832
附释音礼记注疏：六十三卷 / (汉)郑玄,(唐)孔颖达撰；(唐)陆德明释文
清乾隆六十年(1795)和珅影宋刻本
1994年摄制. -- 3盘卷片(74米1461拍) ：
1:10, 2B ；35mm银盐
收藏馆：缩微中心，国图

000O023550
附释音礼记注疏：六十三卷 / (汉)郑玄,(唐)孔颖达撰；(唐)陆德明释文
清乾隆六十年(1795)和珅影宋刻本
1995年摄制. -- 3盘卷片(74米1463拍) ：
1:10, 2B ；35mm银盐
收藏馆：缩微中心，国图

000O023552
附释音礼记注疏：六十三卷 / (汉)郑玄,(唐)孔颖达撰；(唐)陆德明释文．校勘记：六十三卷 / (清)阮元撰
清嘉庆二十年(1815)南昌府学刻十三经注疏本. -- 王国维校并跋。
1995年摄制. -- 4盘卷片(102米2031拍) ：
1:10, 2B ；35mm银盐
收藏馆：缩微中心，国图

000O023985
礼记集说：一百六十卷 / (宋)卫湜撰
明(1368-1644)抄本. -- (清)丁丙跋。
1995年摄制. -- 6盘卷片(170米3618拍) ：
1:10, 2B ；35mm银盐
收藏馆：缩微中心，南京

000O003156
礼记纂言：三十六卷 / (元)吴澄撰
明正德十五年(1520)胡东皋刻本
1986年摄制. -- 2盘卷片(45.2米987拍) ：
1:10, 2B ；35mm银盐
收藏馆：缩微中心，国图

000O024920
新刊京本礼记纂言：三十六卷 / (元)吴澄撰
明嘉靖九年(1530)安正书堂刻本

1996年摄制. -- 2盘卷片(60米1263拍) ：
1:10, 2B ；35mm银盐
收藏馆：缩微中心，南京

000O021419
礼记集说：十六卷 / (元)陈澔撰
元天历元年(1328)郑明德宅刻本. -- 存八卷：卷一至卷八。
1995年摄制. -- 1盘卷片(12米224拍) ：
1:10, 2B ；35mm银盐
收藏馆：缩微中心，国图

000O004389
礼记集说：十六卷 / (元)陈澔撰
明初(1368-1424)刻本. -- 钤"小李山房图籍""道成之印""会稽积学斋藏书印""育万"印。
1986年摄制. -- 1盘卷片(23米498拍) ：
1:10, 2B ；35mm银盐
收藏馆：缩微中心，国图

000O029264
礼记集说：十六卷 / (元)陈澔撰
明正统十二年(1447)司礼监刻本
1999年摄制. -- 2盘卷片(55米1173拍) ：
1:10, 2B ；35mm银盐
收藏馆：缩微中心，湖南

000O006769
礼记集说：十六卷 / (元)陈澔撰
明(1368-1644)刻本
1986年摄制. -- 2盘卷片(49.8米1113拍) ：
1:10, 2B ；35mm银盐
收藏馆：缩微中心，国图

000O021807
礼记集说：三十卷 / (元)陈澔撰
明嘉靖十一年(1532)福建建阳县刻本. -- (清)丁丙跋。
1994年摄制. -- 2盘卷片(37米778拍) ：
1:10, 2B ；35mm银盐
收藏馆：缩微中心，南京

000O006481
礼记集说：三十卷 / (元)陈澔撰
明嘉靖(1522-1566)应槚刻本
1987年摄制. -- 2盘卷片(35米736拍) ：
1:10, 2B ；35mm银盐
收藏馆：缩微中心，国图

000O023997
礼记集说：三十卷 / (元)陈澔撰
明(1368-1644)刻本. -- (清)丁丙跋。

1996年摄制. -- 2盘卷片(46米983拍) :
1:10, 2B ; 35mm银盐
收藏馆：缩微中心，南京

000O008018
礼记集说：三十卷 / (元)陈澔撰
明末(1621-1644)二酉堂刻本. -- (清)王由敦
批校并跋。
1988年摄制. -- 2盘卷片(39米798拍) :
1:10, 2B ; 35mm银盐
收藏馆：缩微中心，山东

000O022726
礼记集说：十卷 / (元)陈澔撰
明嘉靖九年(1530)湖广官书刻本
1994年摄制. -- 2盘卷片(50米1000拍) :
1:10, 2B ; 35mm银盐
收藏馆：缩微中心，浙江

000O005989
礼记集说：十卷 / (元)陈澔撰
明崇祯六年(1633)闵齐伋刻本
1987年摄制. -- 2盘卷片(40.8米902拍) :
1:10, 2B ; 35mm银盐
收藏馆：缩微中心，国图

000O014654
礼记集说：十卷 / (元)陈澔撰
明(1368-1644)刻本
1987年摄制. -- 2盘卷片(52米1100拍) :
1:10, 2B ; 35mm银盐
收藏馆：缩微中心，国图

000O005329
礼记集注：十卷 / (元)陈澔撰
明万历二十五年(1597)唐氏富春堂刻本
1986年摄制. -- 2盘卷片(40米883拍) :
1:10, 2B ; 35mm银盐
收藏馆：缩微中心，国图

000O019038
礼记集注：十卷 / (元)陈澔撰
明(1368-1644)书林张闽岳新贤堂刻本
1993年摄制. -- 2盘卷片(43米874拍) :
1:10, 2B ; 35mm银盐
收藏馆：缩微中心，国图

000O005648
礼记集说大全：三十卷 / (明)胡广[等]辑
明永乐十三年(1415)内府刻本
1987年摄制. -- 2盘卷片(56.7米1277拍) :
1:10, 2B ; 35mm银盐
收藏馆：缩微中心，国图

000O013748
礼记集说大全：三十卷 / (明)胡广[等]辑
明嘉靖九年(1530)安正堂刻本
1991年摄制. -- 2盘卷片(55.9米1260拍) :
1:10, 2B ; 35mm银盐
收藏馆：缩微中心，辽宁

000O005649
礼记集说大全：三十卷 / (明)胡广[等]辑
明(1368-1644)刻本
1987年摄制. -- 2盘卷片(57米1227拍) :
1:10, 2B ; 35mm银盐
收藏馆：缩微中心，国图

000O023963
张翰林校正礼记大全：三十卷 / (明)胡广辑；
(明)张瑞图,(明)沈正宗校正
明(1368-1644)刻本
1995年摄制. -- 3盘卷片(72米1524拍) :
1:10, 2B ; 35mm银盐
收藏馆：缩微中心，南京

000O024919
新刊礼记正蒙讲意：三十八卷 / (明)陈襃撰
明嘉靖十六年(1537)左序刻本
1996年摄制. -- 2盘卷片(38米850拍) :
1:10, 2B ; 35mm银盐
收藏馆：缩微中心，南京

000O019410
礼记集注：三十卷 / (明)徐师曾撰
明万历三年(1575)宋仪望刻本
1994年摄制. -- 2盘卷片(47米977拍) :
1:10, 2B ; 35mm银盐
收藏馆：缩微中心，国图

000O020500
礼记日录：三十卷图解一卷 / (清)黄乾行撰
明嘉靖三十四年(1555)钟一元刻本
1994年摄制. -- 2盘卷片(51米1018拍) :
1:10, 2B ; 35mm银盐
收藏馆：缩微中心，国图

000O028884
礼记日录：三十卷图解一卷 / (清)黄乾行撰
明嘉靖三十四年(1555)钟一元刻本
1995年摄制. -- 2盘卷片(54米1019拍) :
1:10, 2B ; 35mm银盐
收藏馆：缩微中心，苏州

000O017316
新刻月林丘先生家传礼记摘训：十卷 / (明)丘橓
撰

明万历三年(1575)刘应节刻本
1993年摄制. -- 1盘卷片(26米515拍) :
1:10, 2B ; 35mm银盐
收藏馆：缩微中心, 国图

000O018927
礼记辑览：八卷 / (明)徐养相撰
明隆庆五年(1571)刻本
1993年摄制. -- 2盘卷片(36米735拍) :
1:10, 2B ; 35mm银盐
收藏馆：缩微中心, 山东

000O008671
孙月峰先生批评礼记：六卷 / (明)孙鑛撰
明末(1621-1644)冯元仲刻本
1987年摄制. -- 1盘卷片(14.3米298拍) :
1:10, 2B ; 35mm银盐
收藏馆：缩微中心, 重庆

000O005626
重订礼记疑问：十二卷 / (明)姚舜牧撰
明万历(1573-1620)刻本
1987年摄制. -- 1盘卷片(24.4米542拍) :
1:10, 2B ; 35mm银盐
收藏馆：缩微中心, 国图

000O022495
礼记通解：二十二卷读礼记一卷 / (明)郝敬撰
明万历四十四年(1616)刻郝氏九经解本
1995年摄制. -- 2盘卷片(54.7米1094拍) :
1:10, 2B ; 35mm银盐
收藏馆：缩微中心, 湖北

000O008010
礼记集中：八卷 / (明)樊玉衡撰
明(1368-1644)抄本. -- (清)双清草庐主人
跋。
1988年摄制. -- 2盘卷片(47米962拍) :
1:10, 2B ; 35mm银盐
收藏馆：缩微中心, 山东

000O017162
礼记集中：八卷 / (明)樊玉衡撰
明(1368-1644)抄本. -- (清)双清草庐主人
跋。
1990年摄制. -- 2盘卷片(47米966拍) :
1:10, 2B ; 35mm银盐
收藏馆：缩微中心, 山东

000O019009
礼记讲录：不分卷 / (清)沈昌时撰；(清)沈道成
补订
清(1644-1911)稿本

1994年摄制. -- 2盘卷片(48米1026拍) :
1:10, 2B ; 35mm银盐
收藏馆：缩微中心, 天津

000O020903
礼记说义纂订：二十四卷 / (明)杨梧撰
清康熙十四年(1675)杨昌龄[等]刻本
1994年摄制. -- 2盘卷片(58米1203拍) :
1:10, 2B ; 35mm银盐
收藏馆：缩微中心, 国图

000O024322
礼记说义纂订：二十四卷 / (明)杨梧撰
清康熙十四年(1675)杨昌龄[等]刻本
1996年摄制. -- 2盘卷片(58米1199拍) :
1:10, 2B ; 35mm银盐
收藏馆：缩微中心, 国图

000O024324
礼记说义纂订：二十四卷 / (明)杨梧撰
清康熙十四年(1675)杨昌龄[等]刻本. -- 存
十八卷：卷三至卷五、卷十至卷二十四。
1996年摄制. -- 2盘卷片(49米984拍) :
1:10, 2B ; 35mm银盐
收藏馆：缩微中心, 国图

000O022683
说礼约：十七卷 / (明)许兆金撰
明天启七年(1627)郎九龄刻本
1994年摄制. -- 1盘卷片(20米401拍) :
1:10, 2B ; 35mm银盐
收藏馆：缩微中心, 浙江

000O023547
读礼记略记：四十九卷 / (明)朱朝瑛撰
清(1644-1911)抄本. -- 存十九卷：曾子问、
文王世子、礼运、礼器、郊特牲、内则、玉
藻、明堂位、丧服小记、大传、少义、学记、
乐记、杂记上、杂记下、丧大记、祭法、祭
义、祭统。
1995年摄制. -- 1盘卷片(13米233拍) :
1:10, 2B ; 35mm银盐
收藏馆：缩微中心, 国图

000O022721
礼经贯：四卷 / (明)堵景濂撰
明崇祯(1628-1644)刻本
1994年摄制. -- 1盘卷片(28米569拍) :
1:10, 2B ; 35mm银盐
收藏馆：缩微中心, 浙江

000O023557
礼记集意：不分卷 / (清)张养撰

清(1644-1911)抄本
1995年摄制. -- 2盘卷片(52米1021拍) :
1:10, 2B ; 35mm银盐
收藏馆：缩微中心，国图

000O023556
礼记集说：不分卷 / (清)张养撰
清(1644-1911)抄本
1995年摄制. -- 1盘卷片(32米619拍) :
1:10, 2B ; 35mm银盐
收藏馆：缩微中心，国图

000O024811
礼记说统：三十五卷 / (清)张之绚撰
清(1644-1911)稿本
1995年摄制. -- 1盘卷片(29米590拍) :
1:10, 2B ; 35mm银盐
收藏馆：缩微中心，浙江

000O007492
古学经辑注：八卷 / (清)刘士林撰
清初(1644-1722)正气堂抄本. -- 存五卷：卷
一至卷五。
1987年摄制. -- 1盘卷片(15米286拍) :
1:10, 2B ; 35mm银盐
收藏馆：缩微中心，国图

000O025097
礼记讲章：不分卷附录二卷 / (清)张英撰
清(1644-1911)抄本
1996年摄制. -- 1盘卷片(3米34拍) : 1:10,
2B ; 35mm银盐
收藏馆：缩微中心，国图

000O024318
礼记经筵讲章：不分卷 / (清)张英撰
清(1644-1911)抄本
1996年摄制. -- 3盘卷片(83米1668拍) :
1:10, 2B ; 35mm银盐
收藏馆：缩微中心，国图

000O010247
礼记省度：四卷 / (清)彭颐撰
清康熙十一年(1672)刻朱墨套印本
1989年摄制. -- 1盘卷片(16.5米288拍) :
1:10, 2B ; 35mm银盐
收藏馆：缩微中心，崇阳

000O024320
志学堂礼记拟言：十卷 / (清)王者佐撰
清(1644-1911)抄本
1996年摄制. -- 2盘卷片(58米1190拍) :
1:10, 2B ; 35mm银盐

收藏馆：缩微中心，国图

000O009578
全本礼记体注：十卷 / (清)范紫登订；(清)徐瑄
补辑
清乾隆(1736-1795)聚锦堂刻本. -- (清)王筠
批校并跋，(清)姚朋图跋。
1988年摄制. -- 2盘卷片(41米846拍) :
1:10, 2B ; 35mm银盐
收藏馆：缩微中心，山东

000O010555
日讲礼记解义：六十四卷 / (清)张廷玉[等]纂
清乾隆十四年(1749)武英殿刻本
1989年摄制. -- 3盘卷片(72.8米1624拍) :
1:10, 2B ; 35mm银盐
收藏馆：缩微中心，辽宁

000O023554
日讲礼记解义：六十四卷
清(1644-1911)抄本
1995年摄制. -- 3盘卷片(85米1726拍) :
1:10, 2B ; 35mm银盐
收藏馆：缩微中心，国图

000O024315
日讲礼记解义：六十四卷
清(1644-1911)抄本
1996年摄制. -- 3盘卷片(75米1511拍) :
1:10, 2B ; 35mm银盐
收藏馆：缩微中心，国图

000O010278
礼记训义择言：八卷 / (清)江永撰
清乾隆五十七年(1792)刻本
1989年摄制. -- 1盘卷片(9米171拍) : 1:10,
2B ; 35mm银盐
收藏馆：缩微中心，湖北

000O022605
礼记类诠：三十卷 / (清)胡具庆撰
清乾隆十年(1745)稿本. -- 蒋藩跋。
1995年摄制. -- 1盘卷片(24米500拍) :
1:10, 2B ; 35mm银盐
收藏馆：缩微中心，河南

000O013874
礼记附记：□□卷 / (清)翁方纲撰
清(1644-1911)稿本. -- 存四卷：卷七至卷
十。
1992年摄制. -- 1盘卷片(7米106拍) : 1:10,
2B ; 35mm银盐
收藏馆：缩微中心，国图

000O015232

礼记训纂：四十九卷 / (清)朱彬撰
清(1644-1911)稿本. -- (清)王念孙笺识并跋，(清)王引之笺识。
1992年摄制. -- 2盘卷片(50米1025拍)：1:10, 2B ; 35mm银盐
收藏馆：缩微中心，国图

000O013047

礼记训纂：四十九卷 / (清)朱彬撰
清咸丰元年(1851)朱士达宜禄堂刻本. -- (清)丁晏校注。
1991年摄制. -- 2盘卷片(41米823拍)：1:10, 2B ; 35mm银盐
收藏馆：缩微中心，国图

000O022684

礼记衍脱错考：一卷 / (清)吴瀛撰
清(1644-1911)稿本
1994年摄制. -- 1盘卷片(4米57拍)：1:10, 2B ; 35mm银盐
收藏馆：缩微中心，浙江

000O027232

十四经通考礼记类：六卷 / (清)汪椿撰
清(1644-1911)刻本
1997年摄制. -- 1盘卷片(8米132拍)：1:10, 2B ; 35mm银盐
收藏馆：缩微中心，国图

000O008625

乐记补疏：一卷 / (清)丁晏撰
清(1644-1911)稿本
1988年摄制. -- 1盘卷片(2米22拍)：1:10, 2B ; 35mm银盐
收藏馆：缩微中心，国图

000O022906

礼记学思稿：不分卷 / (清)陈澧撰
清(1644-1911)稿本. -- 版框高十三厘米宽九厘米。
1995年摄制. -- 1盘卷片(26米565拍)：1:10, 2B ; 35mm银盐
收藏馆：缩微中心，广东

000O026137

礼记集说补义：一卷 / (清)方宗诚撰
清(1644-1911)稿本
1997年摄制. -- 1盘卷片(4米48拍)：1:10, 2B ; 35mm银盐
收藏馆：缩微中心，安庆

000O023559

礼记详说：六十二卷
清(1644-1911)抄本. -- 存五十七卷：卷三至卷四、卷六至卷四十一、卷四十四至卷六十二。
1995年摄制. -- 7盘卷片(218米4475拍)：1:10, 2B ; 35mm银盐
收藏馆：缩微中心，国图

000O011517

檀弓：二卷 / (宋)谢枋得批点；(明)杨慎注；(明)闵齐伋辑评
明万历四十四年(1616)闵氏刻套印本
1990年摄制. -- 1盘卷片(4米60拍)：1:10, 2B ; 35mm银盐
收藏馆：缩微中心，甘肃

000O020155

檀弓：二卷 / (宋)谢枋得批点；(明)杨慎注
明万历四十四年(1616)闵齐伋刻套印本
1994年摄制. -- 1盘卷片(4米46拍)：1:10, 2B ; 35mm银盐
收藏馆：缩微中心，国图

000O021555

檀弓：二卷 / (宋)谢枋得批点；(明)杨慎注
明万历四十四年(1616)闵齐伋刻套印本
1995年摄制. -- 1盘卷片(4米46拍)：1:10, 2B ; 35mm银盐
收藏馆：缩微中心，国图

000O031970

檀弓：二卷 / (宋)谢枋得批点；(明)杨慎注
明万历四十四年(1616)闵齐伋刻套印本
2010年摄制. -- 1盘卷片(5米67拍)：1:12, 2B ; 35mm银盐
收藏馆：缩微中心，国图

000O008962

檀弓记：二卷 / (宋)谢枋得评点；(明)杨慎注
明末(1621-1644)溪香书屋刻合刻周秦经书十种本
1988年摄制. -- 1盘卷片(5米82拍)：1:10, 2B ; 35mm银盐
收藏馆：缩微中心，湖北

000O022694

檀弓辑注：二卷；考工记辑注：二卷 / (明)陈与郊撰
明万历三十二年(1604)刻本. -- (清)惠定宇批校。
1994年摄制. -- 1盘卷片(20米389拍)：1:10, 2B ; 35mm银盐

收藏馆：缩微中心，浙江

000O005883
考工记通：二卷 / (明)徐昭庆撰
明(1368-1644)刻本
1987年摄制. -- 1盘卷片(9.5米189拍) :
1:10, 2B ; 35mm银盐
收藏馆：缩微中心，国图

000O024843
檀弓述注：二卷 / (明)林兆珂撰
明万历(1573-1620)刻本
1996年摄制. -- 1盘卷片(9米174拍) : 1:10,
2B ; 35mm银盐
收藏馆：缩微中心，福建

000O022686
檀弓论文：二卷 / (清)孙濩孙评订
清康熙六十一年(1722)天心阁刻本
1994年摄制. -- 1盘卷片(10米187拍) :
1:10, 2B ; 35mm银盐
收藏馆：缩微中心，浙江

000O000072
蔡氏明堂月令章句：一卷；明堂月令论：一卷；
月令问答：一卷 / (汉)蔡邕撰；(清)陆尧春辑
清嘉庆三年(1798)陆氏小蓬山馆刻本
1985年摄制. -- 1盘卷片(5米74拍) : 1:10,
2B ; 35mm银盐
收藏馆：缩微中心，国图

000O023555
蔡氏月令：二卷 / (汉)蔡邕撰；(清)蔡云辑
清道光四年(1824)王氏刻本
1995年摄制. -- 1盘卷片(10米157拍) :
1:10, 2B ; 35mm银盐
收藏馆：缩微中心，国图

000O020922
南海先生礼运注稿：一卷 / 康有为撰
清(1644-1911)稿本
1994年摄制. -- 1盘卷片(3米30拍) : 1:10,
2B ; 35mm银盐
收藏馆：缩微中心，天津

000O013884
深衣解：一卷 / (清)戴震撰
清(1644-1911)稿本. -- (清)姚鼐批注。
1992年摄制. -- 1盘卷片(3米12拍) : 1:10,
2B ; 35mm银盐
收藏馆：缩微中心，国图

000O022693
儒行集传：二卷 / (明)黄道周辑
明崇祯十五年(1642)王继廉刻本. -- (清)曹
序批注并跋。
1995年摄制. -- 1盘卷片(14米260拍) :
1:10, 2B ; 35mm银盐
收藏馆：缩微中心，浙江

000O005166
礼记释文：四卷 / (唐)陆德明撰
清(1644-1911)刻本
1986年摄制. -- 1盘卷片(8米144拍) : 1:10,
2B ; 35mm银盐
收藏馆：缩微中心，国图

000O013086
大戴礼记：十三卷 / (汉)戴德撰；(北周)卢辩注
元至正十四年(1354)嘉兴路儒学刻本. --
(清)嵇承谦校并跋，(清)俞樾跋。
1991年摄制. -- 1盘卷片(8米135拍) : 1:10,
2B ; 35mm银盐
收藏馆：缩微中心，国图

000O004670
大戴礼记：十三卷 / (汉)戴德撰；(北周)卢辩注
明嘉靖十二年(1533)吴郡袁氏嘉趣堂刻本. --
(清)高不骞校。
1987年摄制. -- 1盘卷片(8米155拍) : 1:10,
2B ; 35mm银盐
收藏馆：缩微中心，国图

000O013838
大戴礼记：十三卷 / (汉)戴德撰；(北周)卢辩注
明嘉靖十二年(1533)袁氏嘉趣堂刻本. --
(清)黄丕烈跋。
1991年摄制. -- 1盘卷片(9米140拍) : 1:10,
2B ; 35mm银盐
收藏馆：缩微中心，国图

000O001949
大戴礼记：十三卷 / (汉)戴德撰；(北周)卢辩注
明嘉靖十二年(1533)吴郡袁氏嘉趣堂刻本
1986年摄制. -- 1盘卷片(9米167拍) : 1:10,
2B ; 35mm银盐
收藏馆：缩微中心，国图

000O016346
大戴礼记注：十三卷 / (汉)戴德撰；(北周)卢辩注
明嘉靖十二年(1533)袁氏嘉趣堂刻本
1992年摄制. -- 1盘卷片(9米144拍) : 1:10,
2B ; 35mm银盐
收藏馆：缩微中心，国图

000O005886
大戴礼记：十三卷 / (汉)戴德撰；(北周)卢辩注
明万历二十年(1592)程荣刻汉魏丛书本
1987年摄制. -- 1盘卷片(9米173拍) ： 1:10,
2B ； 35mm银盐
收藏馆：缩微中心，国图

000O027410
大戴礼记：十三卷 / (汉)戴德撰；(北周)卢辩注
明万历(1573-1620)何允中刻广汉魏丛书本
. -- (清)丁丙跋，(清)卢文弨校。
1996年摄制. -- 1盘卷片(8米145拍) ： 1:10,
2B ； 35mm银盐
收藏馆：缩微中心，南京

000O013331
大戴礼记：十三卷 / (汉)戴德撰；(北周)卢辩注
明(1368-1644)蔡文范刻本
1991年摄制. -- 1盘卷片(8米133拍) ： 1:10,
2B ； 35mm银盐
收藏馆：缩微中心，国图

000O004695
大戴礼记：十三卷 / (汉)戴德撰；(北周)卢辩注
清乾隆二十三年(1758)卢见曾刻雅雨堂丛书
本. -- (清)戴震校。
1987年摄制. -- 1盘卷片(9米168拍) ： 1:10,
2B ； 35mm银盐
收藏馆：缩微中心，国图

000O023561
大戴礼记注：十三卷 / (北周)卢辩撰
清乾隆二十三年(1758)卢见曾刻雅雨堂丛书
本. -- (清)朱彬校并录(清)朱筠、(清)王念
孙、(清)王引之、(清)汪中、(清)刘台拱等
校。
1995年摄制. -- 1盘卷片(9米152拍) ： 1:10,
2B ； 35mm银盐
收藏馆：缩微中心，国图

000O008418
大戴礼记：十三卷 / (汉)戴德撰；(北周)卢辩注
清(1644-1911)刻本. -- (清)李章典、(清)沈
厚埈、(清)丁传经录(清)朱筠、(清)王念孙、
(清)汪中、(清)卢文弨校，(清)张文虎校并
跋，(清)戴望跋。
1988年摄制. -- 1盘卷片(9米166拍) ： 1:10,
2B ； 35mm银盐
收藏馆：缩微中心，国图

000O023891
大戴礼记注：十三卷 / (北周)卢辩撰
清(1644-1911)刻本. -- (清)胡培系校并跋又

临前人校。
1995年摄制. -- 1盘卷片(9米150拍) ： 1:10,
2B ； 35mm银盐
收藏馆：缩微中心，国图

000O013077
大戴礼记补注：十三卷 / (清)孔广森撰
清乾隆五十九年(1794)孔广廉刻本. -- (清)
龚橙校并跋。
1991年摄制. -- 1盘卷片(12米218拍) ：
1:10, 2B ； 35mm银盐
收藏馆：缩微中心，国图

000O027854
大戴礼记补注：十三卷序录一卷 / (清)孔广森撰
清乾隆五十九年(1794)孔广森刻本. -- (清)
赵春沂校并跋又录(清)卢文弨校，(清)丁丙跋。
1996年摄制. -- 1盘卷片(13米248拍) ：
1:10, 2B ； 35mm银盐
收藏馆：缩微中心，南京

000O027449
大戴礼记补注：十三卷序录一卷 / (清)孔广森撰；
(清)姚椿批校
清(1644-1911)刻本. -- 据黗轩孔氏所著书本
刻。
1996年摄制. -- 1盘卷片(13米261拍) ：
1:10, 2B ； 35mm银盐
收藏馆：缩微中心，南京

000O013378
大戴礼记补注：十三卷 / (清)孔广森撰
清嘉庆五年(1800)刻本. -- (清)龚橙校并
跋。
1991年摄制. -- 1盘卷片(12米219拍) ：
1:10, 2B ； 35mm银盐
收藏馆：缩微中心，国图

000O024335
孔子三朝记：七卷 / (清)洪颐煊注释
清(1644-1911)刻本
1996年摄制. -- 1盘卷片(5米62拍) ： 1:10,
2B ； 35mm银盐
收藏馆：缩微中心，国图

000O018864
夏小正传注：一卷 / (宋)金履祥撰；(清)张尔岐
辑定；(清)黄叔琳增订
清乾隆十年(1745)黄氏养素堂刻本
1994年摄制. -- 1盘卷片(4米49拍) ： 1:10,
2B ； 35mm银盐
收藏馆：缩微中心，国图

00O003179
夏小正戴氏传：四卷 / (宋)傅崧卿注
明嘉靖二十五年(1546)袁袠刻本. -- (清)吴志忠校并跋。
1986年摄制. -- 1盘卷片(3米31拍) : 1:10, 2B ; 35mm银盐
收藏馆：缩微中心，国图

00O013359
夏小正解：一卷 / (宋)王应麟,(宋)金履祥,(明)杨慎撰
明(1368-1644)刻本
1991年摄制. -- 1盘卷片(4米36拍) : 1:10, 2B ; 35mm银盐
收藏馆：缩微中心，国图

00O004692
夏小正诂：一卷 / (清)诸锦撰
清(1644-1911)稿本
1986年摄制. -- 1盘卷片(3米28拍) : 1:10, 2B ; 35mm银盐
收藏馆：缩微中心，国图

00O022529
夏小正考注：一卷 / (清)毕沅撰
清(1644-1911)抄本
1995年摄制. -- 1盘卷片(3.5米46拍) : 1:10, 2B ; 35mm银盐
收藏馆：缩微中心，湖北

00O024382
夏时考：六卷 / (清)安吉撰；(清)朱棠,(清)倪维铨[等]音释
清嘉庆十年(1805)刻嘉庆十九年(1814)续刻本
1996年摄制. -- 1盘卷片(10米175拍) : 1:10, 2B ; 35mm银盐
收藏馆：缩微中心，国图

00O023566
明堂阴阳夏小正经传考释：十卷 / (清)庄述祖撰
清嘉庆道光(1796-1850)刻珍艺宧遗书本. -- 存七卷：卷一至卷七。
1995年摄制. -- 1盘卷片(9米160拍) : 1:10, 2B ; 35mm银盐
收藏馆：缩微中心，国图

00O028105
三礼考注：十卷序录一卷纲领一卷 / (元)吴澄撰
明(1368-1644)刻本
1996年摄制. -- 2盘卷片(40米833拍) : 1:10, 2B ; 35mm银盐
收藏馆：缩微中心，南京

00O005254
三礼考注：六十四卷序录一卷纲领一卷 / (元)吴澄撰
明成化九年(1473)谢士元刻本
1986年摄制. -- 2盘卷片(44米980拍) : 1:10, 2B ; 35mm银盐
收藏馆：缩微中心，国图

00O014308
三礼考注：六十四卷 / (元)吴澄撰
明成化九年(1473)谢士元刻本
1992年摄制. -- 2盘卷片(48米927拍) : 1:10, 2B ; 35mm银盐
收藏馆：缩微中心，国图

00O014293
二礼经传测：六十八卷纂议一卷 / (明)湛若水撰
明(1368-1644)刻本
1992年摄制. -- 2盘卷片(48米970拍) : 1:10, 2B ; 35mm银盐
收藏馆：缩微中心，国图

00O022819
三礼编绎：二十六卷 / (明)邓元锡撰
明万历三十三年(1605)史继辰刻本
1995年摄制. -- 2盘卷片(53米1164拍) : 1:10, 2B ; 35mm银盐
收藏馆：缩微中心，南京

00O021421
三礼编绎：二十六卷 / (明)邓元锡撰
明万历三十三年(1605)史继辰饶景曜[等]刻本. -- 存二十卷：卷一至卷三、卷六至卷八、卷十至卷十四、卷十八至卷二十六。
1995年摄制. -- 2盘卷片(41米813拍) : 1:10, 2B ; 35mm银盐
收藏馆：缩微中心，国图

00O011454
读礼日知：二卷 / (明)金浙撰
明万历二年(1574)海阳冯氏刻本
1989年摄制. -- 1盘卷片(7.8米151拍) : 1:10, 2B ; 35mm银盐
收藏馆：缩微中心，辽宁

00O020915
读礼偶见：二卷 / (清)许三礼撰
清康熙(1662-1722)刻本
1994年摄制. -- 1盘卷片(6米74拍) : 1:10, 2B ; 35mm银盐
收藏馆：缩微中心，国图

00O012591
参读礼志疑：二卷 / (清)汪绂撰
清乾隆三十六年(1771)栖碧山房刻本
1990年摄制. -- 1盘卷片(6.8米127拍)：
1:10，2B；35mm银盐
收藏馆：缩微中心，辽宁

00O004354
礼注汇辨：二卷 / (清)吴鼎撰
清(1644-1911)抄本. -- (清)王鸣盛批校。
1986年摄制. -- 1盘卷片(7米126拍)：1:10，
2B；35mm银盐
收藏馆：缩微中心，国图

00O013742
礼笺：三卷 / (清)金榜撰
清乾隆五十九年(1794)游文斋刻本
1991年摄制. -- 1盘卷片(9米160拍)：1:10，
2B；35mm银盐
收藏馆：缩微中心，国图

00O000112
礼笺：三卷 / (清)金榜撰
清乾隆五十九年(1794)方起泰胡国辅刻本
1985年摄制. -- 1盘卷片(9.1米175拍)：
1:10，2B；35mm银盐
收藏馆：缩微中心，国图

00O024326
三礼陈数求义：三十卷 / (清)林乔荫撰
清嘉庆八年(1803)诵芬堂刻本
1996年摄制. -- 2盘卷片(45米897拍)：
1:10，2B；35mm银盐
收藏馆：缩微中心，国图

00O028747
三礼今古文疏证：三卷 / (清)潘道根撰
清(1644-1911)稿本
1998年摄制. -- 1盘卷片(6米76拍)：1:10，
2B；35mm银盐
收藏馆：缩微中心，苏州

00O027350
三礼备览：四卷 / (清)林枫撰
清(1644-1911)稿本
1996年摄制. -- 1盘卷片(9.2米172拍)：
1:10，2B；35mm银盐
收藏馆：缩微中心，福建

00O022559
三礼备览：三卷 / (清)林枫辑
清(1644-1911)赌棋山庄抄本
1995年摄制. -- 1盘卷片(5.8米95拍)：

1:10，2B；35mm银盐
收藏馆：缩微中心，湖北

00O022505
复堂类集三礼说：不分卷 / (清)谭献辑
清(1644-1911)抄本
1995年摄制. -- 2盘卷片(53.5米1070拍)：
1:10，2B；35mm银盐
收藏馆：缩微中心，湖北

00O013009
求古录礼说：十六卷 / (清)金鹗撰
清道光三十年(1850)木犀香馆刻本
1991年摄制. -- 1盘卷片(28米563拍)：
1:10，2B；35mm银盐
收藏馆：缩微中心，国图

00O027229
四禘通释：三卷 / (清)崔适撰
清光绪(1875-1908)刻本
1997年摄制. -- 1盘卷片(6米80拍)：1:10，
2B；35mm银盐
收藏馆：缩微中心，国图

00O010265
明堂大道录：八卷附禘说二卷 / (清)惠栋撰
清乾隆(1736-1795)经训堂刻本
1989年摄制. -- 1盘卷片(11.5米218拍)：
1:10，2B；35mm银盐
收藏馆：缩微中心，湖北

00O028739
说裸：一卷 / (清)龚景瀚撰
清(1644-1911)稿本
1998年摄制. -- 1盘卷片(4米38拍)：1:10，
2B；35mm银盐
收藏馆：缩微中心，苏州

00O020908
仪礼释宫：一卷 / (宋)李如圭撰
清(1644-1911)抄本
1994年摄制. -- 1盘卷片(3米24拍)：1:10，
2B；35mm银盐
收藏馆：缩微中心，国图

00O025043
群经宫室图：二卷 / (清)焦循撰
清(1644-1911)半九书塾刻本. -- (清)吴鼎、
(清)李慈铭跋。
1996年摄制. -- 1盘卷片(9米160拍)：1:10，
2B；35mm银盐
收藏馆：缩微中心，国图

00O023895
五服释例：二十卷 / (清)夏燮撰
清同治(1862-1874)刻本
1995年摄制. -- 1盘卷片(21米405拍)：
1:10, 2B；35mm银盐
收藏馆：缩微中心，国图

00O008017
祭器乐器记：不分卷
清(1644-1911)抄本
1988年摄制. -- 1盘卷片(6米80拍)：1:10,
2B；35mm银盐
收藏馆：缩微中心，山东

00O005643
释车：三卷 / (清)萧抡撰
清(1644-1911)抄本. -- 存二卷：上经、下
经。(清)钱东垣、(清)孙原湘题款。
1987年摄制. -- 1盘卷片(9.7米192拍)：
1:10, 2B；35mm银盐
收藏馆：缩微中心，国图

00O015178
群经冠服图考：三卷 / (清)黄世发撰
清(1644-1911)抄本
1992年摄制. -- 1盘卷片(9米141拍)：1:10,
2B；35mm银盐
收藏馆：缩微中心，国图

00O000437
礼书：一百五十卷 / (宋)陈祥道撰
元至正七年(1347)福州路儒学刻明(1368-1644)
重修本. -- 卷三十七至卷四十三配清(1644-1911)
抄本。
1985年摄制. -- 2盘卷片(48米1053拍)：
1:10, 2B；35mm银盐
收藏馆：缩微中心，国图

00O002951
礼书：一百五十卷 / (宋)陈祥道撰
元至正七年(1347)福州路儒学刻明(1368-1644)
重修本
1986年摄制. -- 2盘卷片(48米1080拍)：
1:10, 2B；35mm银盐
收藏馆：缩微中心，国图

00O003546
礼书：一百五十卷 / (宋)陈祥道撰
元至正七年(1347)福州路儒学刻明(1368-1644)
重修本
1985年摄制. -- 2盘卷片(50米1100拍)：
1:10, 2B；35mm银盐
收藏馆：缩微中心，国图

00O005417
礼书：一百五十卷 / (宋)陈祥道撰
元至正七年(1347)福州路儒学刻明(1368-1644)
重修本
1986年摄制. -- 2盘卷片(52米1152拍)：
1:10, 2B；35mm银盐
收藏馆：缩微中心，国图

00O021264
礼书：一百五十卷 / (宋)陈祥道撰
元至正七年(1347)福州路儒学刻明(1368-1644)
重修本
1995年摄制. -- 2盘卷片(48米976拍)：
1:10, 2B；35mm银盐
收藏馆：缩微中心，国图

00O022826
礼书：一百五十卷 / (宋)陈祥道撰
元至正七年(1347)福州路儒学刻明(1368-1644)
重修本
1995年摄制. -- 2盘卷片(49米1125拍)：
1:10, 2B；35mm银盐
收藏馆：缩微中心，南京

00O023023
礼书：一百五十卷 / (宋)陈祥道撰
元至正七年(1347)福州路儒学刻明(1368-1644)
重修本. -- 存四十三卷：卷三十六、卷六十、
卷六十二、卷六十五至卷六十七、卷七十至卷
七十一、卷七十七、卷七十九、卷八十一、
卷八十五至卷九十二、卷九十四、卷九十六
至卷一百五、卷一百九、卷一百十八至卷
一百二十四、卷一百二十六至卷一百二十九、
卷一百四十四。
1995年摄制. -- 1盘卷片(12米211拍)：
1:10, 2B；35mm银盐
收藏馆：缩微中心，国图

00O012840
礼书：一百五十卷图一百四十七卷 / (宋)陈祥道撰
明末(1621-1644)张溥刻本. -- 存图卷
一百四十三卷：卷一至卷二十、卷二十二至卷
六十四、卷六十七至卷六十八、卷七十至卷
一百四十七。
1990年摄制. -- 3盘卷片(69米1537拍)：
1:10, 2B；35mm银盐
收藏馆：缩微中心，辽宁

00O004103
仪礼经传通解：三十七卷 / (宋)朱熹撰
宋嘉定十年(1217)南康道院刻元明(1271-1644)
递修本

1986年摄制. -- 2盘卷片(34米734拍)：
1:10, 2B；35mm银盐
收藏馆：缩微中心，国图

00○002948
仪礼经传通解：三十七卷 / (宋)朱熹撰
宋嘉定十年(1217)南康道院刻元明(1271-1644)
递修本. -- 存二卷：王朝礼卷四至卷五。
1986年摄制. -- 1盘卷片(6米99拍)：1:10,
2B；35mm银盐
收藏馆：缩微中心，国图

00○028895
仪礼经传通解：三十七卷 / (宋)朱熹撰
宋(960-1279)刻元明(1271-1644)递修本. --
卷八至卷十、卷二十三配明(1368-1644)抄
本。存三十六卷：卷一至卷十四、卷十六至卷
三十七。
1990年摄制. -- 3盘卷片(90米2039拍)：
1:10, 2B；35mm银盐
收藏馆：缩微中心，南京

00○014245
仪礼经传通解：三十七卷 / (宋)朱熹撰
明正德十六年(1521)刘瑞曹山刻本
1992年摄制. -- 2盘卷片(44米885拍)：
1:10, 2B；35mm银盐
收藏馆：缩微中心，国图

00○015699
**仪礼经传通解：三十七卷 / (宋)朱熹撰. 续：
二十九卷 / (宋)黄干,(宋)杨复撰**
明正德十六年(1521)刘瑞曹山刻本
1993年摄制. -- 2盘卷片(44米880拍)：
1:10, 2B；35mm银盐
收藏馆：缩微中心，国图

00○020666
仪礼经传通解：三十七卷 / (宋)朱熹撰
明正德十六年(1521)刘瑞曹山刻本. -- 存
十九卷：卷九至卷十八、卷二十二至卷
二十六、卷三十至卷三十三。
1994年摄制. -- 1盘卷片(13米216拍)：
1:10, 2B；35mm银盐
收藏馆：缩微中心，国图

00○002949
仪礼经传通解续：十五卷 / (宋)黄榦,(宋)杨复撰
宋嘉定十五年(1222)南康军刻元明(1271-1644)
递修本. -- 存一卷：卷九。
1986年摄制. -- 1盘卷片(6米99拍)：1:10,
2B；35mm银盐
收藏馆：缩微中心，国图

00○020638
**仪礼经传通解续：二十九卷 / (宋)黄榦,(宋)杨复
撰**
明正德十六年(1521)刘瑞曹山刻本. -- 存二
卷：卷十二至卷十三。
1994年摄制. -- 1盘卷片(4米33拍)：1:10,
2B；35mm银盐
收藏馆：缩微中心，国图

00○008938
**仪礼经传通解续：二十九卷 / (宋)黄榦,(宋)杨复
撰**
明(1368-1644)刻本
1988年摄制. -- 1盘卷片(25米472拍)：
1:10, 2B；35mm银盐
收藏馆：缩微中心，湖北

00○014000
礼乐合编：三十卷 / (明)黄广撰
明崇祯六年(1633)玉磬斋刻本
1991年摄制. -- 3盘卷片(79米1645拍)：
1:10, 2B；35mm银盐
收藏馆：缩微中心，国图

00○020550
礼乐合编：三十卷 / (明)黄广撰
明崇祯六年(1633)玉磬斋刻本. -- 存二十九
卷：卷一至卷二十九。
1994年摄制. -- 2盘卷片(43米884拍)：
1:10, 2B；35mm银盐
收藏馆：缩微中心，烟台

00○027433
礼学汇编：六十四卷 / (清)应㧑谦撰
清(1644-1911)丁氏八千卷楼抄本
1996年摄制. -- 2盘卷片(43米1006拍)：
1:10, 2B；35mm银盐
收藏馆：缩微中心，南京

00○023894
读礼通考：一百二十卷 / (清)徐乾学撰
清(1644-1911)稿本
1995年摄制. -- 5盘卷片(136米2771拍)：
1:10, 2B；35mm银盐
收藏馆：缩微中心，国图

00○024513
五礼备考：一百八十卷 / (清)徐乾学撰
清(1644-1911)抄本. -- 存一百七十三卷：
卷一至卷二十五、卷二十七至卷三十三、卷
三十五至卷五十四、卷五十六至卷七十五、
卷七十七至卷八十二、卷八十五至卷
一百二十二、卷一百二十四至卷一百八十。佚

名批校。
1996年摄制. -- 10盘卷片(289米6047拍)：
1:10, 2B；35mm银盐
收藏馆：缩微中心，浙江

000O032023
司马氏书仪：十卷 / (宋)司马光撰
清雍正元年(1723)汪亮采刻本. -- 十一行
十九字小字双行二十四字下细黑口。佚名校。
2011年摄制. -- 1盘卷片(9米131拍)：1:12,
2B；35mm银盐
收藏馆：缩微中心，国图

000O005284
家礼：五卷 / [题](宋)朱熹撰 . 附录：一卷 / (宋)
杨复撰
明(1368-1644)刻本
1986年摄制. -- 1盘卷片(9.3米182拍)：
1:10, 2B；35mm银盐
收藏馆：缩微中心，国图

000O003261
家礼笺补：八卷 / (宋)杨复撰
清(1644-1911)抄本
1986年摄制. -- 1盘卷片(7.8米149拍)：
1:10, 2B；35mm银盐
收藏馆：缩微中心，国图

000O001940
家礼：五卷图一卷 / (宋)杨复[等]注 . 深衣考：
一卷
明(1368-1644)刻本. -- 注者还有：(宋)刘垓
孙、(宋)刘璋等。
1986年摄制. -- 1盘卷片(9米166拍)：1:10,
2B；35mm银盐
收藏馆：缩微中心，国图

000O011521
文公家礼仪节：八卷 / (明)丘濬辑
明正德十二年(1517)太平府刻本
1989年摄制. -- 1盘卷片(21米439拍)：
1:10, 2B；35mm银盐
收藏馆：缩微中心，甘肃

000O018669
文公家礼仪节：八卷 / (明)丘濬撰
明万历三十六年(1608)钱时刻本
1994年摄制. -- 1盘卷片(22米435拍)：
1:10, 2B；35mm银盐
收藏馆：缩微中心，国图

000O008409
文公家礼仪节：八卷 / (明)丘濬撰

明万历四十六年(1618)何士晋刻本
1988年摄制. -- 1盘卷片(20.1米445拍)：
1:10, 2B；35mm银盐
收藏馆：缩微中心，国图

000O014137
文公家礼仪节：八卷 / (明)丘濬撰
明(1368-1644)刻本
1992年摄制. -- 1盘卷片(21米404拍)：
1:10, 2B；35mm银盐
收藏馆：缩微中心，国图

000O015243
文公家礼会通：十卷 / (明)汤铎撰
明景泰元年(1450)汤氏执中堂刻本
1992年摄制. -- 1盘卷片(13米238拍)：
1:10, 2B；35mm银盐
收藏馆：缩微中心，国图

000O002956
家礼集说：五卷 / (明)冯善撰
明(1368-1644)刻本
1986年摄制. -- 1盘卷片(7米120拍)：1:10,
2B；35mm银盐
收藏馆：缩微中心，国图

000O021435
家礼要节：一卷 / (明)王叔杲撰
明隆庆五年(1571)王叔杲刻本
1995年摄制. -- 1盘卷片(4米49拍)：1:10,
2B；35mm银盐
收藏馆：缩微中心，国图

000O021413
乡校礼辑：十一卷 / (明)方可立[等]辑
明隆庆元年(1567)刻本. -- 存十卷：卷一至
卷三、卷六至卷十一，卷首。
1995年摄制. -- 1盘卷片(12米269拍)：
1:10, 2B；35mm银盐
收藏馆：缩微中心，安徽

000O011453
重刊申阁老校正朱文公家礼正衡：八卷
明万历二十七年(1599)余明吾自新斋刻本
1989年摄制. -- 1盘卷片(10.2米206拍)：
1:10, 2B；35mm银盐
收藏馆：缩微中心，辽宁

000O021412
重镌徽郡官板翁太史补选文公家礼：八卷 / (宋)
朱熹撰；(明)翁正春补选
明(1368-1644)建邑书林刘雅夫刻本
1995年摄制. -- 1盘卷片(10米226拍)：

1:10，2B；35mm银盐
收藏馆：缩微中心，安徽

000O010290
家礼维风：八卷 / (明)桑拱阳撰
明崇祯十五年(1642)刻本
1989年摄制. -- 1盘卷片(4米76拍)：1:10，2B；35mm银盐
收藏馆：缩微中心，湖北

000O000114
释拜：一卷 / (清)段玉裁撰
清嘉庆十二年(1807)张敦仁刻本
1985年摄制. -- 1盘卷片(2.8米26拍)：1:10，2B；35mm银盐
收藏馆：缩微中心，国图

000O023695
四礼汇编：□□卷
明(1368-1644)抄本. -- 存十三卷：四礼纂要一卷、丧礼备纂二卷、谕俗礼要一卷、四礼略四卷、祠堂事宜一卷、士相见礼仪节三卷、四礼图考一卷。
1995年摄制. -- 1盘卷片(18米344拍)：1:10，2B；35mm银盐
收藏馆：缩微中心，浙江

000O023560
三礼义疏：一百八十二卷 / (清)任启运[等]纂修
清乾隆(1736-1795)抄本. -- 纂修者还有：(清)吴绂等。
1995年摄制. -- 17盘卷片(520米10445拍)：1:10，2B；35mm银盐
收藏馆：缩微中心，国图

000O031107
三礼义疏：一百八十二卷 / (清)任启运[等]纂修
清乾隆(1736-1795)抄本. -- 纂修者还有：(清)吴绂等。
2004年摄制. -- 18盘卷片(551米11830拍)：1:11，2B；35mm银盐
收藏馆：缩微中心，国图

000O023890
三礼义疏：不分卷 / (清)任启运[等]纂修
清(1644-1911)稿本. -- 纂修者还有：(清)吴绂等。
1995年摄制. -- 52盘卷片(1588米31964拍)：1:10，2B；35mm银盐
收藏馆：缩微中心，国图

000O004672
三礼疑义：一百六十六卷 / (清)吴廷华撰

清(1644-1911)昭文张金吾诒经堂抄本. -- 存一百三十九卷：周礼卷一至卷三、卷二十九至卷四十四，仪礼卷一至卷三十七、卷四十至卷五十，礼记七十二卷。
1987年摄制. -- 8盘卷片(220米4811拍)：1:10，2B；35mm银盐
收藏馆：缩微中心，国图

乐类

000O019326
乐记补说：二卷 / (明)李文察撰
明(1368-1644)刻本. -- 存一卷：卷一。
1994年摄制. -- 1盘卷片(5米68拍)：1:10，2B；35mm银盐
收藏馆：缩微中心，国图

000O016497
圣宋皇祐新乐图记：三卷 / (宋)阮逸,(宋)胡瑗撰
清(1644-1911)抄本. -- (清)吴骞跋。
1993年摄制. -- 1盘卷片(4米47拍)：1:10，2B；35mm银盐
收藏馆：缩微中心，国图

000O027429
乐书：二百卷目录二十卷 / (宋)陈旸撰
元至正七年(1347)福州路儒学刻明(1368-1644)重修本. -- (清)丁丙跋。
1996年摄制. -- 2盘卷片(56米1312拍)：1:10，2B；35mm银盐
收藏馆：缩微中心，南京

000O003850
乐书：二百卷 / (宋)陈旸撰
元至正七年(1347)福州路儒学刻明(1368-1644)重修本
1985年摄制. -- 2盘卷片(55米1228拍)：1:10，2B；35mm银盐
收藏馆：缩微中心，国图

000O021620
乐书：二百卷目录二十卷 / (宋)陈旸撰
元至正七年(1347)福州路儒学刻明(1368-1644)重修本
1995年摄制. -- 2盘卷片(55米1149拍)：1:10，2B；35mm银盐
收藏馆：缩微中心，国图

000O031126
乐书：二百卷目录二十卷 / (宋)陈旸撰
元至正七年(1347)福州路儒学刻明(1368-1644)重修本
2004年摄制. -- 2盘卷片(61米1250拍)：

1:10, 2B ；35mm银盐
收藏馆：缩微中心，国图

000O023026
乐书：二百卷 / (宋)陈旸撰
元至正七年(1347)福州路儒学刻明(1368-1644)
重修本. -- 存六十六卷：卷九、卷二十三至卷
二十四、卷二十九、卷三十六至卷三十七、卷
四十八至卷六十一、卷七十六至卷一百一十、卷
一百二十、卷一百二十五至卷一百二十九、卷
一百五十一、卷一百六十八至卷一百六十九、
卷一百七十一、卷一百八十三。
1995年摄制. -- 1盘卷片(15米263拍) :
1:10, 2B ；35mm银盐
收藏馆：缩微中心，国图

000O024179
雅乐发微：八卷 / (明)张敔撰
明嘉靖十七年(1538)刻本. -- 版框高二十厘
米宽十六厘米。
1996年摄制. -- 1盘卷片(7米117拍) : 1:10,
2B ；35mm银盐
收藏馆：缩微中心，广东

000O022828
乐典：三十六卷 / (明)黄佐撰
明嘉靖二十六年(1547)孙学古刻本
1995年摄制. -- 1盘卷片(30米660拍) :
1:10, 2B ；35mm银盐
收藏馆：缩微中心，南京

000O006720
乐典：三十六卷 / (明)黄佐撰
清康熙二十一年(1682)刻本. -- 版框高十九
厘米宽十四厘米。
1987年摄制. -- 2盘卷片(33.2米692拍) :
1:10, 2B ；35mm银盐
收藏馆：缩微中心，广东

000O002051
乐经元义：八卷 / (明)刘濂撰
明嘉靖(1522-1566)刻本
1986年摄制. -- 1盘卷片(10米192拍) :
1:10, 2B ；35mm银盐
收藏馆：缩微中心，国图

000O022873
乐经元义：八卷 / (明)刘濂撰
明(1368-1644)刻本. -- (清)丁丙跋。
1995年摄制. -- 1盘卷片(10米199拍) :
1:10, 2B ；35mm银盐
收藏馆：缩微中心，南京

000O020905
古乐义：十二卷 / (明)邵储撰
清(1644-1911)抄本
1994年摄制. -- 2盘卷片(40米783拍) :
1:10, 2B ；35mm银盐
收藏馆：缩微中心，国图

000O013842
乐述：三卷 / (清)毛乾乾撰
清(1644-1911)抄本
1991年摄制. -- 1盘卷片(15米291拍) :
1:10, 2B ；35mm银盐
收藏馆：缩微中心，国图

000O019318
乐述可知：七卷 / (清)陈本撰
清(1644-1911)抄本
1994年摄制. -- 1盘卷片(14米239拍) :
1:10, 2B ；35mm银盐
收藏馆：缩微中心，国图

000O020906
**律吕新书：二卷八音考略一卷 / (宋)蔡元定撰；
(清)罗登选笺义**
清乾隆(1736-1795)刻本
1994年摄制. -- 1盘卷片(12米220拍) :
1:10, 2B ；35mm银盐
收藏馆：缩微中心，国图

000O024940
**大乐律吕元声：六卷；大乐律吕考注：四卷 /
(明)李文利撰；(明)李元校补**
明嘉靖三年(1524)范辂刻本. -- (清)丁丙
跋。
1996年摄制. -- 1盘卷片(8米141拍) : 1:10,
2B ；35mm银盐
收藏馆：缩微中心，南京

000O005129
大乐律吕元声：六卷 / (明)李文利撰；李元校补
明嘉靖十四年(1535)浙江布政司刻本
1986年摄制. -- 1盘卷片(5米78拍) : 1:10,
2B ；35mm银盐
收藏馆：缩微中心，国图

000O022619
**大乐律吕元声：六卷；大乐律吕考注：四卷 /
(明)李文利撰**
明嘉靖十四年(1535)浙江布政司刻本. -- 大
乐律吕元声卷三第八页装订在律吕考注卷三第
七页后。(明)李元校补，(明)范辂校正。
1994年摄制. -- 1盘卷片(9米158拍) : 1:11,
2B ；35mm银盐

收藏馆：缩微中心，浙江

000O014258
大乐律吕考注：四卷 / (明)李文利撰
明(1368-1644)刻本. -- 存二卷：卷三至卷
四。
1992年摄制. -- 1盘卷片(4米35拍) ： 1:10,
2B ；35mm银盐
收藏馆：缩微中心，国图

000O027434
钟律通考：三卷 / (明)倪复撰
清(1644-1911)丁氏八千卷楼抄本
1996年摄制. -- 1盘卷片(12米227拍) ：
1:10, 2B ；35mm银盐
收藏馆：缩微中心，南京

000O015389
古乐经传全书：二卷 / (明)湛若水,(明)吕怀撰
明嘉靖三十四年(1555)祝廷滂刻本
1992年摄制. -- 1盘卷片(8米128拍) ： 1:10,
2B ；35mm银盐
收藏馆：缩微中心，国图

000O014195
苑洛志乐：二十卷 / (明)韩邦奇撰
明嘉靖二十七年(1548)王宏[等]刻本
1992年摄制. -- 2盘卷片(36米711拍) ：
1:10, 2B ；35mm银盐
收藏馆：缩微中心，国图

000O029265
苑洛志乐：十三卷 / (明)韩邦奇撰
明(1368-1644)吴谦庵刻清康熙二十二年
(1683)重刻本
1999年摄制. -- 1盘卷片(29米634拍) ：
1:10, 2B ；35mm银盐
收藏馆：缩微中心，湖南

000O026904
乐律纂要：一卷 / (明)季本撰
明嘉靖十八年(1539)刻本. -- (清)丁丙跋。
1996年摄制. -- 1盘卷片(4米55拍) ： 1:10,
2B ；35mm银盐
收藏馆：缩微中心，南京

000O013634
律吕解注：二卷 / (明)邓文宪撰
明嘉靖二年(1523)詹璹丘瑷[等]刻本
1991年摄制. -- 1盘卷片(10米171拍) ：
1:10, 2B ；35mm银盐
收藏馆：缩微中心，国图

000O014657
律吕古义：三卷 / (明)吕怀撰
明嘉靖二十九年(1550)俞廷翀刻本
1992年摄制. -- 1盘卷片(8米124拍) ： 1:10,
2B ；35mm银盐
收藏馆：缩微中心，国图

000O022620
律吕古义：三卷 / (明)吕怀撰
明(1368-1644)刻本
1995年摄制. -- 1盘卷片(8米144拍) ： 1:10,
2B ；35mm银盐
收藏馆：缩微中心，浙江

000O022622
青宫乐调：三卷 / (明)李文察撰
清(1644-1911)怡素堂抄本
1995年摄制. -- 1盘卷片(5米75拍) ： 1:10,
2B ；35mm银盐
收藏馆：缩微中心，浙江

000O011334
律吕正声：六十卷 / (明)王邦直撰
明万历三十六年(1608)黄作孚刻本
1989年摄制. -- 2盘卷片(36.5米799拍) ：
1:10, 2B ；35mm银盐
收藏馆：缩微中心，辽宁

000O021433
瑟谱：一卷 / (明)朱厚烷撰
明嘉靖四十年(1561)朱载堉刻本
1995年摄制. -- 1盘卷片(4米34拍) ： 1:10,
2B ；35mm银盐
收藏馆：缩微中心，国图

000O025046
御制律吕正义：五卷 / (清)圣祖玄烨撰
清康熙(1662-1722)内府刻本
1996年摄制. -- 1盘卷片(20米375拍) ：
1:10, 2B ；35mm银盐
收藏馆：缩微中心，国图

000O022879
律吕阐微：十卷首一卷 / (清)江永撰
清(1644-1911)抄本. -- (清)丁丙跋。
1995年摄制. -- 1盘卷片(11米228拍) ：
1:10, 2B ；35mm银盐
收藏馆：缩微中心，南京

000O012594
律吕正义：五卷 / (清)允禄[等]纂
清康熙(1662-1722)铜活字印本
1990年摄制. -- 1盘卷片(20.3米471拍) ：

1:10，2B ；35mm银盐
收藏馆：缩微中心，辽宁

000O024841
御制律吕正义后编：一百二十卷上谕奏议二卷 /
(清)允禄[等]纂修
清乾隆(1736-1795)武英殿刻套印本. -- 纂修
者还有：(清)张照等。
1989年摄制. -- 7盘卷片(197米4476拍) :
1:10，2B ；35mm银盐
收藏馆：缩微中心，辽宁

000O024381
御制律吕正义后编：八卷 / (清)德保[等]纂修
清乾隆(1736-1795)武英殿刻套印本
1996年摄制. -- 1盘卷片(18米314拍) :
1:10，2B ；35mm银盐
收藏馆：缩微中心，国图

000O023577
御制律吕正义后编：一百二十八卷 / (清)允禄
[等]纂修；(清)德保[等]续修
清乾隆(1736-1795)武英殿刻套印本. -- 纂修
者还有：(清)张照等。
1995年摄制. -- 7盘卷片(220米4510拍) :
1:10，2B ；35mm银盐
收藏馆：缩微中心，国图

000O023877
律吕元音：二卷 / (清)永恩撰
清(1644-1911)抄本. -- (清)丁丙跋。
1995年摄制. -- 1盘卷片(9米179拍) : 1:10,
2B ；35mm银盐
收藏馆：缩微中心，南京

000O027126
燕乐考原：六卷 / (清)凌廷堪撰
清嘉庆十六年(1811)张其锦刻本. -- (清)陈
澧批校并跋。
1996年摄制. -- 1盘卷片(11米172拍) :
1:10，2B ；35mm银盐
收藏馆：缩微中心，国图

000O024380
律吕考：一卷；九歌解：一卷 / (清)辛绍业撰
清嘉庆(1796-1820)刻敬堂遗书本
1996年摄制. -- 1盘卷片(4米46拍) : 1:10,
2B ；35mm银盐
收藏馆：缩微中心，国图

000O019194
律话：三卷 / (清)戴长庚撰
清道光十三年(1833)吾爱书屋刻本

1994年摄制. -- 1盘卷片(23米416拍) :
1:10，2B ；35mm银盐
收藏馆：缩微中心，国图

000O008633
吹豳录：五十卷 / (清)吴颖芳撰
清(1644-1911)抄本
1988年摄制. -- 2盘卷片(55米1188拍) :
1:10，2B ；35mm银盐
收藏馆：缩微中心，国图

000O028521
李氏乐书：六种十九卷 / (明)李文察撰
明嘉靖(1522-1566)刻本
1997年摄制. -- 1盘卷片(31.4米665拍) :
1:10，2B ；35mm银盐
收藏馆：缩微中心，福建

000O006282
乐律全书：四十八卷 / (明)朱载堉撰
明万历(1573-1620)刻本
1987年摄制. -- 4盘卷片(97米2126拍) :
1:10，2B ；35mm银盐
收藏馆：缩微中心，吉林

000O008312
乐律全书：十五种四十八卷 / (明)朱载堉撰
明万历(1573-1620)郑藩刻本
1988年摄制. -- 4盘卷片(114米2172拍) :
1:10，2B ；35mm银盐
收藏馆：缩微中心，山东

000O008400
乐律全书：十五种四十八卷 / (明)朱载堉撰
明万历(1573-1620)郑藩刻本
1988年摄制. -- 4盘卷片(95米2107拍) :
1:10，2B ；35mm银盐
收藏馆：缩微中心，国图

000O025860
乐律全书：十六种四十八卷附录二卷 / (明)朱载
堉撰
明万历(1573-1620)郑藩刻本
1996年摄制. -- 4盘卷片(121米2424拍) :
1:10，2B ；35mm银盐
收藏馆：缩微中心，国图

春秋类

000O023990
春秋左氏全传白文：十二卷
明万历十六年(1588)贺邦泰刻本
1995年摄制. -- 1盘卷片(30米609拍) :

1:10, 2B ; 35mm银盐
收藏馆：缩微中心，南京

00O023987
音点春秋左传：十六卷
明弘治十五年(1502)徽州府陈理刻本
1993年摄制. -- 1盘卷片(25米545拍) :
1:10, 2B ; 35mm银盐
收藏馆：缩微中心，南京

00O019432
新刊校正音释春秋：二卷
明(1368-1644)刻本
1994年摄制. -- 1盘卷片(5米72拍) : 1:10,
2B ; 35mm银盐
收藏馆：缩微中心，国图

00O003792
古文春秋左传：十二卷 / (汉)贾逵[等]撰；[题](宋)王应麟辑
清(1644-1911)抄本. -- 撰者还有：(汉)服虔
等。(清)王大隆跋。
1985年摄制. -- 1盘卷片(7.6米142拍) :
1:10, 2B ; 35mm银盐
收藏馆：缩微中心，国图

00O006820
古文春秋左传：十二卷 / (汉)贾逵[等]撰；(清)惠栋辑
清(1644-1911)抄本. -- 撰者还有：(汉)服虔
等。(清)陈鳢、(清)吴骞、(清)吴昂驹校补。
1987年摄制. -- 1盘卷片(12米236拍) :
1:10, 2B ; 35mm银盐
收藏馆：缩微中心，国图

00O022635
春秋左传郑贾服注参考：一卷 / (清)陶思曾撰
清(1644-1911)抄本. -- 本书还装订有：论语
郑注。
1994年摄制. -- 1盘卷片(3米39拍) : 1:10,
2B ; 35mm银盐
收藏馆：缩微中心，浙江

00O006299
春秋经传集解：三十卷 / (晋)杜预撰
明嘉靖(1522-1566)刻本
1987年摄制. -- 2盘卷片(55米1228拍) :
1:10, 2B ; 35mm银盐
收藏馆：缩微中心，吉林

00O011333
春秋经传集解：三十卷 / (晋)杜预撰
明嘉靖(1522-1566)刻本

1989年摄制. -- 2盘卷片(54.2米1217拍) :
1:10, 2B ; 35mm银盐
收藏馆：缩微中心，辽宁

00O019624
春秋经传集解：三十卷 / (晋)杜预撰
明(1368-1644)天放庵刻本
1994年摄制. -- 2盘卷片(55米1104拍) :
1:10, 2B ; 35mm银盐
收藏馆：缩微中心，国图

00O000711
春秋经传集解：三十卷 / (晋)杜预撰
日本刻本. -- 杨守敬校并跋。
1985年摄制. -- 2盘卷片(49米1111拍) :
1:10, 2B ; 35mm银盐
收藏馆：缩微中心，国图

00O029172
春秋经传集解：三十卷 / (晋)杜预撰
日本刻本. -- 杨守敬跋。
1999年摄制. -- 2盘卷片(52米1242拍) :
1:10, 2B ; 35mm银盐
收藏馆：缩微中心，国图

00O001056
春秋经传集解：三十卷 / (晋)杜预撰；(唐)陆德明释文
明(1368-1644)刻本. -- 卷六、卷二十六配清
(1644-1911)抄本。(清)许瀚跋。
1985年摄制. -- 2盘卷片(42.7米939拍) :
1:10, 2B ; 35mm银盐
收藏馆：缩微中心，国图

00O004837
春秋经传集解：三十卷 / (晋)杜预撰；(唐)陆德明释文
明(1368-1644)刻本. -- (清)钱陆灿批，(清)
李葆恂跋并录(清)李兆洛题识。
1986年摄制. -- 2盘卷片(51米1144拍) :
1:10, 2B ; 35mm银盐
收藏馆：缩微中心，国图

00O003943
春秋经传集解：三十卷 / (晋)杜预撰；(唐)陆德明释文
明(1368-1644)刻本. -- (清)朱邦衡校并跋又
录(清)惠栋校。
1985年摄制. -- 2盘卷片(52.1米1167拍) :
1:10, 2B ; 35mm银盐
收藏馆：缩微中心，国图

000O006479
春秋经传集解：三十卷 / (晋)杜预撰；(唐)陆德明释文
明(1368-1644)刻本
1987年摄制. -- 2盘卷片(54米1176拍)：
1:10, 2B；35mm银盐
收藏馆：缩微中心，国图

000O006154
春秋经传集解：三十卷 / (晋)杜预撰
明嘉靖(1522-1566)覆刻本. -- 据宋(960-1279)
相台岳氏荆溪家塾本覆刻，版框高二十厘米宽
十四厘米。
1987年摄制. -- 2盘卷片(59.4米1290拍)：
1:10, 2B；35mm银盐
收藏馆：缩微中心，广东

000O010255
春秋经传集解：三十卷 / (晋)杜预撰；(唐)陆德
明释文
明(1368-1644)覆刻本. -- 据宋(960-1279)相
台岳氏本覆刻。
1989年摄制. -- 2盘卷片(54.5米1120拍)：
1:10, 2B；35mm银盐
收藏馆：缩微中心，湖北

000O028688
京本点校重言重意春秋经传集解：三十卷 / (晋)
杜预撰；(唐)陆德明释文
宋(960-1279)刻本. -- 存十五卷：卷十六至
卷三十。
1998年摄制. -- 1盘卷片(21米438拍)：
1:10, 2B；35mm银盐
收藏馆：缩微中心，湖南

000O003549
春秋经传集解：三十卷 / (晋)杜预撰；(唐)陆德
明释文 . 春秋名号归一图：二卷 / (五代)冯继先
撰
明(1368-1644)刻本. -- (清)黄廷鉴跋。
1985年摄制. -- 2盘卷片(45米986拍)：
1:10, 2B；35mm银盐
收藏馆：缩微中心，国图

000O006477
春秋左氏经传集解：三十卷 / (晋)杜预撰；(唐)
陆德明释文 . 春秋名号归一图：二卷 / (五代)冯
继先撰 . 春秋提要：一卷
明万历八年(1580)金陵亲仁堂刻本
1987年摄制. -- 2盘卷片(46.4米1023拍)：
1:10, 2B；35mm银盐
收藏馆：缩微中心，国图

000O013759
春秋左传：三十卷 / (晋)杜预注
明初(1368-1424)刻本
1991年摄制. -- 2盘卷片(51米1144拍)：
1:10, 2B；35mm银盐
收藏馆：缩微中心，辽宁

000O001498
春秋左传：三十卷 / (晋)杜预注；(宋)林尧叟音
注
明嘉靖二十四年(1545)书林宗文堂刻本
1986年摄制. -- 2盘卷片(54.2米1155拍)：
1:10, 2B；35mm银盐
收藏馆：缩微中心，吉林

000O016835
春秋左传集解：三十卷 / (晋)杜预撰
清(1644-1911)永怀堂刻本. -- (清)丁晏校
注。
1993年摄制. -- 2盘卷片(42米852拍)：
1:10, 2B；35mm银盐
收藏馆：缩微中心，国图

000O022632
春秋左传：五十卷 / (晋)杜预注；(宋)林尧叟补
注；(唐)陆德明音义；(明)孙鑛(明)钟惺评
清康熙(1662-1722)刻本. -- (清)唐仁寿批
校。
1994年摄制. -- 2盘卷片(62米1241拍)：
1:10, 2B；35mm银盐
收藏馆：缩微中心，浙江

000O012854
春秋左传杜林合注：五十卷 / (晋)杜预撰；(宋)
林尧叟补注；(唐)陆德明音义；(明)闵梦德,(明)
闵光德辑
明万历(1573-1620)刻本
1990年摄制. -- 2盘卷片(51米1085拍)：
1:10, 2B；35mm银盐
收藏馆：缩微中心，浙江

000O006852
春秋左传：三十卷 / (晋)杜预注；(明)钟惺评
明崇祯四年(1631)刻本
1987年摄制. -- 2盘卷片(53米1125拍)：
1:10, 2B；35mm银盐
收藏馆：缩微中心，山东

000O003551
附释音春秋左传注疏：六十卷 / (晋)杜预注；
(唐)孔颖达疏；(唐)陆德明释文
元(1271-1368)刻明(1368-1644)重修本
1985年摄制. -- 3盘卷片(76米1520拍)：

1:10, 2B ; 35mm银盐
收藏馆：缩微中心，国图

000O013304
春秋左传注疏：六十卷 / (晋)杜预注；(唐)孔颖达疏；(唐)陆德明释文
明嘉靖(1522-1566)李元阳刻十三经注疏本. -- (清)孙志祖批校。
1991年摄制. -- 5盘卷片(124.7米2725拍) :
1:10, 2B ; 35mm银盐
收藏馆：缩微中心，重庆

000O022630
春秋左传注疏：六十卷 / (晋)杜预注；(唐)孔颖达疏；(唐)陆德明释文
明崇祯十一年(1638)毛氏汲古阁刻十三经注疏本. -- (清)谢章铤校并跋。
1994年摄制. -- 4盘卷片(111米2247拍) :
1:10, 2B ; 35mm银盐
收藏馆：缩微中心，浙江

000O026870
春秋名号归一图：二卷 / (五代)冯继先撰
清康熙五十八年(1719)汪由敦抄本. -- （清)汪由敦、(清)丁丙跋。
1996年摄制. -- 1盘卷片(5米69拍) : 1:10,
2B ; 35mm银盐
收藏馆：缩微中心，南京

000O003338
详注东莱先生左氏博议：二十五卷 / (宋)吕祖谦撰
明(1368-1644)刻本. -- (清)翁同龢抄补。
1986年摄制. -- 1盘卷片(22米483拍) :
1:10, 2B ; 35mm银盐
收藏馆：缩微中心，国图

000O001092
详注东莱先生左氏博议：二十五卷 / (宋)吕祖谦撰
明(1368-1644)刻本
1985年摄制. -- 1盘卷片(22.5米497拍) :
1:10, 2B ; 35mm银盐
收藏馆：缩微中心，国图

000O031232
增注东莱先生左氏博议：二十五卷 / (宋)吕祖谦撰
元(1271-1368)刻本. -- 存十卷：卷一至卷十。
2004年摄制. -- 1盘卷片(9米160拍) : 1:8,
2B ; 35mm银盐
收藏馆：缩微中心，国图

000O004127
新刊详增补注东莱先生左氏博议：二十五卷 / (宋)吕祖谦撰
明正德六年(1511)刘氏安正堂刻本. -- (清)季锡畴校并跋。
1986年摄制. -- 1盘卷片(18.1米392拍) :
1:10, 2B ; 35mm银盐
收藏馆：缩微中心，国图

000O015410
新刊详增补注东莱先生左氏博议：二十五卷 / (宋)吕祖谦撰
明正德六年(1511)刘氏安正堂刻本
1992年摄制. -- 1盘卷片(18米348拍) :
1:10, 2B ; 35mm银盐
收藏馆：缩微中心，国图

000O017696
精选东莱先生左氏博议：八卷 / (宋)吕祖谦撰
明(1368-1644)刻本
1993年摄制. -- 1盘卷片(8米134拍) : 1:10,
2B ; 35mm银盐
收藏馆：缩微中心，国图

000O021432
精选东莱先生左氏博议句解：十六卷 / (宋)吕祖谦撰
元(1271-1368)刻本. -- 存八卷：卷一至卷八。
1995年摄制. -- 1盘卷片(7米92拍) : 1:10,
2B ; 35mm银盐
收藏馆：缩微中心，国图

000O004022
精选东莱先生左氏博议句解：十六卷 / (宋)吕祖谦撰
元(1271-1368)刻明(1368-1644)重修本
1985年摄制. -- 1盘卷片(10米203拍) :
1:10, 2B ; 35mm银盐
收藏馆：缩微中心，国图

000O008007
精选东莱吕先生左氏博议句解：六卷 / (宋)吕祖谦撰；(宋)瞿景淳选
明(1368-1644)刻本
1988年摄制. -- 1盘卷片(13米250拍) :
1:10, 2B ; 35mm银盐
收藏馆：缩微中心，山东

000O017371
新刻翰林批选东莱吕先生左氏博议句解：十二卷 / (宋)吕祖谦撰
明万历九年(1581)书林源泰堂刻本

1993年摄制. -- 1盘卷片（14米271拍）：
1:10，2B；35mm银盐
收藏馆：缩微中心，国图

00O004133
东莱吕太史春秋左传类编：不分卷 / (宋)吕祖谦撰
清(1644-1911)抄本
1986年摄制. -- 1盘卷片（11米223拍）：
1:10，2B；35mm银盐
收藏馆：缩微中心，国图

00O004392
左氏传续说：十二卷纲领一卷 / (宋)吕祖谦撰
清(1644-1911)抄本. -- 各卷附音义。(清)翁同龢校。
1986年摄制. -- 1盘卷片（15米317拍）：
1:10，2B；35mm银盐
收藏馆：缩微中心，国图

00O020595
春秋左传详节句解：三十五卷 / (元)朱申撰
明万历十年(1582)顾梧芳刻本
1994年摄制. -- 1盘卷片（27米566拍）：
1:10，2B；35mm银盐
收藏馆：缩微中心，国图

00O026934
春秋左传详节句解：三十五卷 / (元)朱申撰
明万历十三年(1585)周曰校刻本. -- (清)丁丙跋。
1996年摄制. -- 1盘卷片（30米619拍）：
1:10，2B；35mm银盐
收藏馆：缩微中心，南京

00O022460
春秋左传详节句解：三十五卷 / (元)朱申撰
明(1368-1644)刻本
1995年摄制. -- 1盘卷片（30米659拍）：
1:10，2B；35mm银盐
收藏馆：缩微中心，南京

00O020164
音点春秋左传详节句解：三十五卷 / (元)朱申撰
明初(1368-1424)刻本
1994年摄制. -- 1盘卷片（21米383拍）：
1:10，2B；35mm银盐
收藏馆：缩微中心，国图

00O021442
音点春秋左传详节句解：三十五卷 / (元)朱申撰
明初(1368-1424)刻本. -- 存十九卷：卷一至卷九、卷二十六至卷三十五。

1995年摄制. -- 1盘卷片（13米237拍）：
1:10，2B；35mm银盐
收藏馆：缩微中心，国图

00O027404
重订批点春秋左传详节句解：三十五卷 / (元)朱申撰
明(1368-1644)刻本
1997年摄制. -- 1盘卷片（28米608拍）：
1:10，2B；35mm银盐
收藏馆：缩微中心，河南

00O003553
音注全文春秋括例始末左传句读直解：七十卷 / (宋)林尧叟撰
元(1271-1368)刻明(1368-1644)重修本
1985年摄制. -- 2盘卷片（36米788拍）：
1:10，2B；35mm银盐
收藏馆：缩微中心，国图

00O000734
音注全文春秋括例始末左传句读直解：七十卷
朝鲜世宗三十六年(1453)金连枝刻本. -- 存六十五卷：卷六至卷七十。
1985年摄制. -- 3盘卷片（74米1650拍）：
1:10，2B；35mm银盐
收藏馆：缩微中心，国图

00O014480
春秋经左氏传句解：七十卷 / (宋)林尧叟注
明(1368-1644)刻本
1992年摄制. -- 2盘卷片（49.8米1087拍）：
1:12，2B；35mm银盐
收藏馆：缩微中心，重庆

00O003509
春秋左氏传补注：十卷 / (元)赵汸撰
元至正二十四年(1364)休宁商山义塾刻明弘治六年(1493)高忠重修本
1985年摄制. -- 1盘卷片(6米104拍)：1:10，2B；35mm银盐
收藏馆：缩微中心，国图

00O001495
春秋左氏传补注：十卷 / (元)赵汸撰
元至正二十四年(1364)休宁商山义塾刻明弘治六年(1493)重修本
1987年摄制. -- 1盘卷片（6.5米115拍）：
1:10，2B；35mm银盐
收藏馆：缩微中心，吉林

00O026854
春秋左氏传补注：十卷 / (元)赵汸撰

元至正二十四年(1364)休宁商山义塾刻明
(1368-1644)重修本. -- (清)丁丙跋。
1996年摄制. -- 1盘卷片(8米125拍) : 1:10,
2B ; 35mm银盐
收藏馆：缩微中心，南京

000O001888
春秋左氏传补注：十卷 / (元)赵汸撰
元至正二十四年(1364)休宁商山义塾刻明
(1368-1644)重修本
1986年摄制. -- 1盘卷片(6米110拍) : 1:10,
2B ; 35mm银盐
收藏馆：缩微中心，国图

000O002947
春秋左氏传补注：十卷 / (元)赵汸撰
元至正二十四年(1364)休宁商山义塾刻明
(1368-1644)重修本
1986年摄制. -- 1盘卷片(6米110拍) : 1:10,
2B ; 35mm银盐
收藏馆：缩微中心，国图

000O020328
春秋左氏传补注：十卷 / (元)赵汸撰
元至正二十四年(1364)休宁商山义塾刻明
(1368-1644)重修本
1994年摄制. -- 1盘卷片(7米98拍) : 1:10,
2B ; 35mm银盐
收藏馆：缩微中心，国图

000O016113
**左氏蒙求：一卷 / (元)吴化龙撰 . 文馆词林：
一千卷 / (唐)许敬宗[等]辑**
清同治三年(1864)刘履芬抄本. -- 文馆词林
存四卷：卷六百六十二、卷六百六十四、卷
六百六十八、卷六百九十五。(清)刘履芬跋。
1993年摄制. -- 1盘卷片(3米20拍) : 1:10,
2B ; 35mm银盐
收藏馆：缩微中心，国图

000O014218
**春秋左传类解：二十卷地谱世系一卷 / (明)刘绩
撰**
明嘉靖七年(1528)崇藩刻本
1992年摄制. -- 2盘卷片(48米1000拍) :
1:10, 2B ; 35mm银盐
收藏馆：缩微中心，国图

000O009514
春秋词命：三卷 / (明)王鏊辑 ; (明)王彻注
明正德(1506-1521)刻本
1988年摄制. -- 1盘卷片(5.2米87拍) :
1:11, 2B ; 35mm银盐

收藏馆：缩微中心，重庆

000O023750
春秋词命：三卷 / (明)王鏊辑 ; (明)王彻注
明(1368-1644)刻本
1995年摄制. -- 1盘卷片(6米97拍) : 1:10,
2B ; 35mm银盐
收藏馆：缩微中心，浙江

000O023993
春秋词命：三卷 / (明)王鏊辑 ; (清)周明玙注
清康熙三十三年(1694)周金然刻本. -- (清)
丁丙跋。
1993年摄制. -- 1盘卷片(9米165拍) : 1:10,
2B ; 35mm银盐
收藏馆：缩微中心，南京

000O018125
春秋左翼：三十四卷首一卷 / (明)王震辑
明万历三十一年(1603)刻本
1993年摄制. -- 2盘卷片(48米1011拍) :
1:10, 2B ; 35mm银盐
收藏馆：缩微中心，山东

000O018875
春秋左传节文：十五卷 / (明)汪道昆撰
明(1368-1644)刻本
1993年摄制. -- 1盘卷片(30米531拍) :
1:10, 2B ; 35mm银盐
收藏馆：缩微中心，天津

000O023896
左传钞评：十二卷 / (明)穆文熙撰
明万历十年(1582)刘怀恕刻本
1995年摄制. -- 1盘卷片(22米492拍) :
1:10, 2B ; 35mm银盐
收藏馆：缩微中心，河南

000O020551
春秋左传评林：三十卷 / (明)穆文熙撰
明(1368-1644)刻本
1994年摄制. -- 2盘卷片(47米976拍) :
1:10, 2B ; 35mm银盐
收藏馆：缩微中心，烟台

000O008080
春秋左传释义评苑：二十卷 / (明)王锡爵辑
明万历十八年(1590)嘉宾堂刻本
1988年摄制. -- 2盘卷片(48米1056拍) :
1:10, 2B ; 35mm银盐
收藏馆：缩微中心，湖北

00O010632
左纪：十一卷 / (明)钱应奎撰
明万历三年(1575)华叔阳刻本
1989年摄制. -- 1盘卷片(26米587拍)：
1:10, 2B；35mm银盐
收藏馆：缩微中心，浙江

00O020307
春秋左传：十五卷 / (明)孙鑛批点
明万历四十四年(1616)闵齐伋刻套印本
1994年摄制. -- 2盘卷片(37米718拍)：
1:10, 2B；35mm银盐
收藏馆：缩微中心，国图

00O020609
春秋左传：十五卷 / (明)孙鑛批点
明万历四十四年(1616)闵齐伋[等]刻套印本
1994年摄制. -- 2盘卷片(37米719拍)：
1:10, 2B；35mm银盐
收藏馆：缩微中心，国图

00O021411
合诸名家评注左传文定：十二卷 / (明)孙鑛评选
明(1368-1644)钟惺刻本
1995年摄制. -- 1盘卷片(28米635拍)：
1:10, 2B；35mm银盐
收藏馆：缩微中心，安徽

00O022628
左传评苑：八卷 / (明)孙鑛辑；(明)钟惺注
明(1368-1644)刻朱墨套印本
1994年摄制. -- 1盘卷片(24米489拍)：
1:10, 2B；35mm银盐
收藏馆：缩微中心，浙江

00O022631
新锓李阁老评注左胡纂要：四卷 / (明)李廷机撰
明(1368-1644)书林刘莲台刻本
1994年摄制. -- 1盘卷片(15米280拍)：
1:10, 2B；35mm银盐
收藏馆：缩微中心，浙江

00O008925
春秋左传属事：二十卷；古字奇字音释：一卷；
春秋左传注解辨误：二卷补遗一卷 / (明)傅逊撰
明万历十三年(1585)日殖斋刻本. -- 还有合
刻著作：古器图一卷/(明)傅逊撰。明万历
二十六年(1598)补遗。
1988年摄制. -- 2盘卷片(45.5米933拍)：
1:10, 2B；35mm银盐
收藏馆：缩微中心，湖北

00O014478
春秋左传属事：二十卷；古字奇字音释：一卷；
春秋左传注解辨误：二卷补遗一卷 / (明)傅逊撰
明万历十三年(1585)日殖斋刻本. -- 存十二
卷：卷一至卷十二。
1992年摄制. -- 1盘卷片(22.1米471拍)：
1:11, 2B；35mm银盐
收藏馆：缩微中心，重庆

00O005650
春秋左传属事：二十卷 / (明)傅逊撰
明万历十三年(1585)傅逊日殖斋刻万历十七年
(1589)重修本
1987年摄制. -- 2盘卷片(36米786拍)：
1:10, 2B；35mm银盐
收藏馆：缩微中心，国图

00O009222
春秋左传属事：二十卷；古字奇字音释：一卷；
春秋左传注解辨误：二卷补遗一卷 / (明)傅逊撰
明万历十三年(1585)日殖斋刻万历十七年
(1589)重修本. -- 还有合刻著作：古器图一
卷/(明)傅逊撰。
1988年摄制. -- 2盘卷片(45米928拍)：
1:10, 2B；35mm银盐
收藏馆：缩微中心，湖南

00O027444
春秋左传属事：二十卷 / (明)傅逊撰
明万历十三年(1585)日殖斋刻万历二十六年
(1598)增修本. -- (清)丁丙跋。
1996年摄制. -- 2盘卷片(38米798拍)：
1:10, 2B；35mm银盐
收藏馆：缩微中心，南京

00O027851
左概：六卷 / (明)李事道辑
明万历十五年(1587)刻本
1996年摄制. -- 1盘卷片(13米245拍)：
1:10, 2B；35mm银盐
收藏馆：缩微中心，南京

00O026938
春秋左传注评测义：七十卷世系谱一卷名号异
称便览一卷地名配古籍一卷总评一卷引用书
目一卷注评测义姓氏一卷测言一卷凡例一卷 /
(明)凌稚隆撰
明万历十六年(1588)刻本. -- (清)丁丙跋。
1996年摄制. -- 2盘卷片(52米1173拍)：
1:10, 2B；35mm银盐
收藏馆：缩微中心，南京

000O006705
春秋左传注评测义：七十卷世系谱一卷名号异称便览一卷地名配古籍一卷总评一卷图说一卷 / (明)凌稚隆撰
明万历十六年(1588)刻本
1987年摄制. -- 2盘卷片(54米1166拍) : 1:10, 2B ; 35mm银盐
收藏馆：缩微中心, 山东

000O024869
春秋左传注评测义：七十卷 / (明)凌稚隆撰
明万历十六年(1588)刻本. -- (清)丁丙跋。
1996年摄制. -- 2盘卷片(55米1174拍) : 1:10, 2B ; 35mm银盐
收藏馆：缩微中心, 南京

000O021186
新锲郑孩如先生精选左传旁训便读：四卷 / (明)郑维岳撰
明万历二十八年(1600)杨氏同仁斋刻本
1995年摄制. -- 1盘卷片(13米231拍) : 1:10, 2B ; 35mm银盐
收藏馆：缩微中心, 国图

000O007181
春秋左传典略：十二卷 / (明)陈许延撰
明崇祯(1628-1644)刻本
1987年摄制. -- 1盘卷片(8米155拍) : 1:10, 2B ; 35mm银盐
收藏馆：缩微中心, 山东

000O021567
左传文苑：八卷 / (明)张鼐辑评 ; (明)陈继儒注
明(1368-1644)庆云馆刻三色套印本
1995年摄制. -- 1盘卷片(22米417拍) : 1:10, 2B ; 35mm银盐
收藏馆：缩微中心, 国图

000O031990
左传文苑：八卷 / (明)张鼐辑评 ; (明)陈继儒注
明(1368-1644)庆云馆刻三色套印本. -- 九行二十二字小字双行同白口四周单边。
2011年摄制. -- 1盘卷片(26米487拍) : 1:12, 2B ; 35mm银盐
收藏馆：缩微中心, 国图

000O011362
左传隽：四卷 / (明)张鼐撰
明万历(1573-1620)刻本
1989年摄制. -- 1盘卷片(15米315拍) : 1:10, 2B ; 35mm银盐
收藏馆：缩微中心, 吉林

000O006295
镌侗初张先生评选左传隽：四卷 / (明)张鼐选
明末(1621-1644)师俭堂刻本
1987年摄制. -- 1盘卷片(15米311拍) : 1:10, 2B ; 35mm银盐
收藏馆：缩微中心, 吉林

000O005655
春秋左传标释：三十卷 / (明)戴文光撰
明天启五年(1625)戴文光必有斋刻本
1987年摄制. -- 2盘卷片(37米804拍) : 1:10, 2B ; 35mm银盐
收藏馆：缩微中心, 国图

000O008939
左记：十二卷 / (明)章大吉撰 ; (明)俞维燕注
明崇祯元年(1628)刻本
1988年摄制. -- 1盘卷片(30.5米661拍) : 1:10, 2B ; 35mm银盐
收藏馆：缩微中心, 湖北

000O008081
读左日钞：十二卷补二卷 / (清)朱鹤龄撰 ; (清)黄宗羲,(清)顾炎武订
清康熙二十年(1681)刻本
1988年摄制. -- 1盘卷片(23米466拍) : 1:10, 2B ; 35mm银盐
收藏馆：缩微中心, 湖北

000O006718
春秋地理志：十六卷 / (清)吴伟业纂
清(1644-1911)抄本. -- 版框高二十八厘米宽十五厘米。
1987年摄制. -- 2盘卷片(41.7米882拍) : 1:10, 2B ; 35mm银盐
收藏馆：缩微中心, 广东

000O022579
左传事纬：十二卷 / (清)马骕撰
清康熙(1662-1722)刻本
1995年摄制. -- 2盘卷片(52米1040拍) : 1:10, 2B ; 35mm银盐
收藏馆：缩微中心, 襄阳

000O023573
春秋地名考略：十四卷 / (清)高士奇撰
清康熙(1662-1722)刻本. -- (清)李慈铭跋。
1995年摄制. -- 1盘卷片(18米354拍) : 1:10, 2B ; 35mm银盐
收藏馆：缩微中心, 国图

000O008094
春秋地名考略：十四卷 / (清)高士奇撰

清康熙二十六年(1687)高氏清吟堂刻本
1988年摄制. -- 1盘卷片(20米382拍)：
1:10，2B；35mm银盐
收藏馆：缩微中心，湖北

00O008102
春秋左传姓名同异考：四卷 / (清)高士奇辑注
清康熙(1662-1722)刻本
1988年摄制. -- 1盘卷片(5米84拍)：1:10，
2B；35mm银盐
收藏馆：缩微中心，湖北

00O030173
文章练要左传评：十卷 / (清)王源评订；(清)吕世宜评点
清雍正(1723-1735)刻本
2001年摄制. -- 1盘卷片(22.6米453拍)：
1:10，2B；35mm银盐
收藏馆：缩微中心，厦门

00O008133
左氏条贯：十八卷 / (清)曹基撰
清康熙五十一年(1712)刻本
1988年摄制. -- 1盘卷片(21米465拍)：
1:10，2B；35mm银盐
收藏馆：缩微中心，湖北

00O014303
左氏条贯：十八卷 / (清)曹基撰
清(1644-1911)刻本. -- (清)丁晏批注并跋。
1992年摄制. -- 1盘卷片(22米439拍)：
1:10，2B；35mm银盐
收藏馆：缩微中心，国图

00O027099
春秋列国卿大夫世系表：二卷 / (清)顾栋高撰
清(1644-1911)刻本
1997年摄制. -- 1盘卷片(5米74拍)：1:10，
2B；35mm银盐
收藏馆：缩微中心，国图

00O019416
春秋左传杜注：三十卷首一卷 / (清)姚培谦撰
清乾隆十一年(1746)小郁林陆氏刻本
1994年摄制. -- 2盘卷片(45米902拍)：
1:10，2B；35mm银盐
收藏馆：缩微中心，国图

00O019139
春秋左传补注：六卷 / (清)惠栋撰
清乾隆三十七年(1772)胡亦常刻乾隆三十八年(1773)张锦芳续刻本. -- (清)王萱龄录春秋内传古注辑存并跋。

1994年摄制. -- 1盘卷片(9米159拍)：1:10，
2B；35mm银盐
收藏馆：缩微中心，国图

00O026939
春秋左传补注：六卷 / (清)惠栋撰
清乾隆三十九年(1774)刻贷园丛书本. -- (清)卢文弨校并跋，(清)丁丙跋。
1996年摄制. -- 1盘卷片(10米177拍)：
1:10，2B；35mm银盐
收藏馆：缩微中心，南京

00O027408
春秋左传补注：六卷 / (清)惠栋撰
清乾隆三十九年(1774)刻贷园丛书本. -- (清)卢文弨校并跋，(清)丁丙跋。
1996年摄制. -- 1盘卷片(10米187拍)：
1:10，2B；35mm银盐
收藏馆：缩微中心，南京

00O002937
春秋经传集解考正：三十卷 / (清)陈树华撰
清(1644-1911)卢文弨抄本. -- (清)卢文弨校。
1986年摄制. -- 2盘卷片(33米704拍)：
1:10，2B；35mm银盐
收藏馆：缩微中心，国图

00O028217
春秋经传集解考正：三十卷外传考正二十一卷 / (清)陈树华撰
清(1644-1911)魏氏绩语堂抄本
1997年摄制. -- 2盘卷片(48米910拍)：
1:10，2B；35mm银盐
收藏馆：缩微中心，苏州

00O023571
左鉴：十卷附录一卷 / (清)杨潮观撰
清乾隆(1736-1795)刻本
1995年摄制. -- 1盘卷片(13米236拍)：
1:10，2B；35mm银盐
收藏馆：缩微中心，国图

00O005895
春秋分年系传表：一卷 / (清)翁方纲撰
清(1644-1911)稿本
1986年摄制. -- 1盘卷片(3米22拍)：1:10，
2B；35mm银盐
收藏馆：缩微中心，国图

00O013115
左传杜注拾遗：三卷 / (清)阮芝生撰
清(1644-1911)抄本. -- (清)翁方纲批校。

1991年摄制. -- 1盘卷片（5.1米87拍）：
1:10，2B；35mm银盐
收藏馆：缩微中心，辽宁

000O024341
春秋地名考：一卷 / (清)孔继涵撰 . 春秋地名同名录：一卷 / (清)孔广栻辑 . 春秋人名同名录：一卷
清(1644-1911)抄本
1996年摄制. -- 1盘卷片（5米62拍）：1:10，
2B；35mm银盐
收藏馆：缩微中心，国图

000O008156
左国类典详注：六卷 / (清)吴模辑
清乾隆五十三年(1788)余庆堂刻本
1988年摄制. -- 1盘卷片（17米369拍）：
1:10，2B；35mm银盐
收藏馆：缩微中心，湖北

000O024332
刘炫规杜持平：六卷 / (清)邵瑛撰
清嘉庆二十二年(1817)桂隐书屋刻本. --
(清)李慈铭批校。
1996年摄制. -- 1盘卷片（8米128拍）：1:10，
2B；35mm银盐
收藏馆：缩微中心，国图

000O024460
春秋世族谱：一卷考一卷人名同名录一卷 / (清)孔广栻撰
清(1644-1911)抄本
1995年摄制. -- 1盘卷片（6米85拍）：1:10，
2B；35mm银盐
收藏馆：缩微中心，国图

000O024440
春秋世族谱：一卷 / (清)孔广栻撰
清(1644-1911)抄本
1995年摄制. -- 1盘卷片（5米54拍）：1:10，
2B；35mm银盐
收藏馆：缩微中心，国图

000O024303
春秋土地名考：一卷补遗一卷；[春秋]疏引土地名：一卷；[春秋]土地名考异：一卷 / (清)孔广栻撰
清(1644-1911)抄本
1996年摄制. -- 1盘卷片（5米58拍）：1:10，
2B；35mm银盐
收藏馆：缩微中心，国图

000O024342
春秋地名同名录：一卷补遗一卷 / (清)孔广栻撰
清(1644-1911)抄本
1996年摄制. -- 1盘卷片（5米62拍）：1:10，
2B；35mm银盐
收藏馆：缩微中心，国图

000O024305
春秋人名同名录：一卷 / (清)孔广栻撰
清(1644-1911)抄本
1996年摄制. -- 1盘卷片（3米9拍）：1:10，
2B；35mm银盐
收藏馆：缩微中心，国图

000O024343
春秋人名同名录：一卷 / (清)孔广栻撰
清(1644-1911)抄本
1996年摄制. -- 1盘卷片（3米9拍）：1:10，
2B；35mm银盐
收藏馆：缩微中心，国图

000O023563
钦定春秋左传读本：三十卷 / (清)英和[等]辑 .
春秋三传异文考：一卷 / (清)张之万撰
清同治八年至九年(1869-1870)张之万刻本
. -- (清)李慈铭校。
1995年摄制. -- 2盘卷片（55米1051拍）：
1:10，2B；35mm银盐
收藏馆：缩微中心，国图

000O023489
春秋左氏传补注：十二卷 / (清)沈钦韩撰
清(1644-1911)稿本
1995年摄制. -- 1盘卷片（17米315拍）：
1:10，2B；35mm银盐
收藏馆：缩微中心，国图

000O016144
春秋左氏传补注：十二卷 / (清)沈钦韩撰
清同治十二年(1873)刘履芬抄本. -- (清)刘
履芬跋。
1993年摄制. -- 1盘卷片（16米302拍）：
1:10，2B；35mm银盐
收藏馆：缩微中心，国图

000O016140
春秋左氏传补注：十二卷 / (清)沈钦韩撰
清同治十二年(1873)刘履芬抄本
1993年摄制. -- 1盘卷片（9米160拍）：1:10，
2B；35mm银盐
收藏馆：缩微中心，国图

000O013839
左氏古义：六卷 / (清)臧寿恭撰
清(1644-1911)劳氏丹铅精舍抄本. -- (清)劳
格校并跋。
1991年摄制. -- 1盘卷片(7米104拍) : 1:10,
2B ; 35mm银盐
收藏馆：缩微中心，国图

000O024337
左传旧疏考正：八卷 / (清)刘文淇撰
清道光十八年(1838)刘氏青溪旧屋刻本
1996年摄制. -- 1盘卷片(13米242拍) :
1:10, 2B ; 35mm银盐
收藏馆：缩微中心，国图

000O008378
左传杜解集正：八卷 / (清)丁晏撰
清(1644-1911)稿本
1988年摄制. -- 1盘卷片(9米178拍) : 1:10,
2B ; 35mm银盐
收藏馆：缩微中心，国图

000O000637
左传札记：七卷石经札补遗一卷 / (清)钱绮撰
清咸丰七年(1857)钱氏钝研庐刻本
1985年摄制. -- 1盘卷片(12米248拍) :
1:10, 2B ; 35mm银盐
收藏馆：缩微中心，国图

000O011130
春秋左氏传古注：□□卷 / (清)王先谦辑
清康熙至清末(1662-1911)王氏抄本
1989年摄制. -- 1盘卷片(13米257拍) :
1:10, 2B ; 35mm银盐
收藏馆：缩微中心，湖南

000O019810
春秋左传键：二十四卷 / (清)葛维镛撰
清(1644-1911)味经斋抄本
1994年摄制. -- 1盘卷片(34米698拍) :
1:10, 2B ; 35mm银盐
收藏馆：缩微中心，国图

000O000479
左氏春秋经传义疏：不分卷 / 王树枏撰
清(1644-1911)稿本
1985年摄制. -- 8盘卷片(228米4555拍) :
1:10, 2B ; 35mm银盐
收藏馆：缩微中心，国图

000O000299
左传附注：不分卷 / 王树枏撰
抄本

1985年摄制. -- 1盘卷片(10.3米209拍) :
1:10, 2B ; 35mm银盐
收藏馆：缩微中心，国图

000O013727
春秋释例：不分卷 / (晋)杜预撰
清(1644-1911)抄本. -- (清)孔继涵校并跋，
(清)孔广栻校，(清)钱坫跋。
1991年摄制. -- 1盘卷片(19米370拍) :
1:10, 2B ; 35mm银盐
收藏馆：缩微中心，国图

000O024439
**春秋释例世族谱补缺：一卷释例补遗一卷长历
考一卷 / (清)孔广栻撰**
清(1644-1911)稿本
1995年摄制. -- 1盘卷片(6米95拍) : 1:10,
2B ; 35mm银盐
收藏馆：缩微中心，国图

000O023509
春秋释例世族谱补缺：一卷 / (清)孔广栻撰
清(1644-1911)抄本
1995年摄制. -- 1盘卷片(4米32拍) : 1:10,
2B ; 35mm银盐
收藏馆：缩微中心，国图

000O008530
春秋类例：一卷 / (清)江永撰
清(1644-1911)抄本
1988年摄制. -- 1盘卷片(3米45拍) : 1:10,
2B ; 35mm银盐
收藏馆：缩微中心，国图

000O021715
春秋公羊传：二十卷 / (汉)公羊寿撰
明(1368-1644)刻本
1995年摄制. -- 1盘卷片(12米205拍) :
1:10, 2B ; 35mm银盐
收藏馆：缩微中心，国图

000O027442
**监本附音春秋公羊注疏：二十八卷 / (汉)何休注 ;
(唐)徐彦疏 ; (唐)陆德明音义**
元(1271-1368)刻明(1368-1644)重修本. --
(清)丁丙跋。
1996年摄制. -- 1盘卷片(30米609拍) :
1:10, 2B ; 35mm银盐
收藏馆：缩微中心，南京

000O001833
**监本附音春秋公羊注疏：二十八卷 / (汉)何休注 ;
(唐)徐彦疏 ; (唐)陆德明音义**

元(1271-1368)刻明(1368-1644)重修本
1985年摄制. -- 1盘卷片(27米567拍)：
1:10，2B；35mm银盐
收藏馆：缩微中心，国图

00O024330
监本附音春秋公羊注疏：二十八卷校勘记二十八卷 / (汉)何休注；(唐)徐彦疏；(唐)陆德明音义；(清)阮元校勘
清嘉庆二十年(1815)南昌府学刻十三经注疏本. -- 王国维校并跋。
1996年摄制. -- 2盘卷片(36米708拍)：
1:10，2B；35mm银盐
收藏馆：缩微中心，国图

00O027424
春秋公羊注疏：二十八卷 / (汉)何休注；(唐)徐彦疏；(唐)陆德明音义
明嘉靖(1522-1566)李元阳刻十三经注疏本. -- (清)汪声校，(清)丁丙跋。
1996年摄制. -- 2盘卷片(40米869拍)：
1:10，2B；35mm银盐
收藏馆：缩微中心，南京

00O003621
春秋公羊注疏：二十八卷 / (汉)何休注；(唐)徐彦疏；(唐)陆德明音义
明嘉靖(1522-1566)李元阳刻十三经注疏本. -- (清)王振声校。
1985年摄制. -- 2盘卷片(39米841拍)：
1:10，2B；35mm银盐
收藏馆：缩微中心，国图

00O004839
春秋公羊注疏：二十八卷 / (汉)何休注；(唐)徐彦疏；(唐)陆德明音义
明崇祯七年(1634)毛氏汲古阁刻十三经注疏本. -- 叶德辉跋，(清)何煌、(清)惠栋、(清)朱邦衡、(清)陈奂批校题识。
1986年摄制. -- 2盘卷片(38米840拍)：
1:10，2B；35mm银盐
收藏馆：缩微中心，国图

00O011319
春秋公羊注疏：二十八卷 / (汉)何休注；(唐)徐彦疏；(唐)陆德明音义
明崇祯七年(1634)毛氏汲古阁刻本
1989年摄制. -- 2盘卷片(41米850拍)：
1:10，2B；35mm银盐
收藏馆：缩微中心，甘肃

00O003362
春秋公羊传：十二卷 / (明)闵齐伋注. 考：一卷 /

(明)闵齐伋撰
明天启元年(1621)闵齐伋刻朱墨套印本
1986年摄制. -- 1盘卷片(13米260拍)：
1:10，2B；35mm银盐
收藏馆：缩微中心，国图

00O031876
春秋公羊传：十二卷 / (明)闵齐伋注. 考：一卷 / (明)闵齐伋撰
明天启元年(1621)闵齐伋刻朱墨套印本
2010年摄制. -- 1盘卷片(16米277拍)：
1:10，2B；35mm银盐
收藏馆：缩微中心，国图

00O016540
春秋公羊传：十二卷 / (明)闵齐伋注
明天启元年(1621)闵氏刻本
1993年摄制. -- 1盘卷片(13米256拍)：
1:10，2B；35mm银盐
收藏馆：缩微中心，山西

00O006699
春秋公羊传：十三卷；春秋谷梁传：十三卷 / (明)闵齐伋注
明天启元年(1621)刻三色套印本
1987年摄制. -- 1盘卷片(25米515拍)：
1:10，2B；35mm银盐
收藏馆：缩微中心，山东

00O013598
春秋公羊经何氏释例：十卷 / (清)刘逢禄撰
清嘉庆十七年(1812)李氏养一斋刻皇朝经解本
1991年摄制. -- 1盘卷片(9米212拍)：1:10，2B；35mm银盐
收藏馆：缩微中心，国图

00O000489
公羊经传异文集解：二卷 / (清)吴寿旸撰
清(1644-1911)稿本. -- 存一卷：卷上。
1985年摄制. -- 1盘卷片(5.7米99拍)：
1:10，2B；35mm银盐
收藏馆：缩微中心，国图

00O015816
公羊经传异文集解：二卷 / (清)吴寿旸撰
清(1644-1911)抄本. -- 存一卷：卷上。(清)吴寿旸订补。
1993年摄制. -- 1盘卷片(7米113拍)：1:10，2B；35mm银盐
收藏馆：缩微中心，国图

00O013035
公羊义疏：十一卷 / (清)陈立撰

清(1644-1911)抄本
1991年摄制. -- 3盘卷片(85米1725拍) :
1:10, 2B ; 35mm银盐
收藏馆: 缩微中心, 国图

000O028390
春秋谷梁传: 十二卷考一卷 / (明)闵齐伋注
明天启元年(1621)闵齐伋刻三色套印本
1997年摄制. -- 1盘卷片(13米271拍) :
1:10, 2B ; 35mm银盐
收藏馆: 缩微中心, 辽宁

000O016541
春秋谷梁传: 十二卷 / (明)闵齐伋注
明天启元年(1621)乌程闵氏刻本
1993年摄制. -- 1盘卷片(13米254拍) :
1:10, 2B ; 35mm银盐
收藏馆: 缩微中心, 山西

000O004390
春秋谷梁疏: 十二卷 / (唐)杨士勋撰
清咸丰七年(1857)瞿氏恬裕斋抄本. -- (清)
季锡畴跋。
1986年摄制. -- 1盘卷片(7米116拍) : 1:10,
2B ; 35mm银盐
收藏馆: 缩微中心, 国图

000O027719
监本附音春秋谷梁注疏: 二十卷 / (晋)范宁集解;
(唐)杨士勋疏
宋(960-1279)刻元(1271-1368)重修本. -- 存
十卷: 卷十一至卷二十。
1997年摄制. -- 1盘卷片(9米152拍) : 1:10,
2B ; 35mm银盐
收藏馆: 缩微中心, 国图

000O028012
监本附音春秋谷梁注疏: 二十卷 / (晋)范宁集解;
(唐)杨士勋疏; (唐)陆德明释文
元(1271-1368)刻明(1368-1644)重修本. --
(清)丁丙跋。
1996年摄制. -- 1盘卷片(18米375拍) :
1:10, 2B ; 35mm银盐
收藏馆: 缩微中心, 南京

000O000936
监本附音春秋谷梁注疏: 二十卷 / (晋)范宁集解;
(唐)杨士勋疏; (唐)陆德明释文
元(1271-1368)刻明(1368-1644)重修本
1985年摄制. -- 1盘卷片(16米347拍) :
1:10, 2B ; 35mm银盐
收藏馆: 缩微中心, 国图

000O001080
监本附音春秋谷梁注疏: 二十卷 / (晋)范宁集解;
(唐)杨士勋疏; (唐)陆德明释文
元(1271-1368)刻明(1368-1644)重修本
1985年摄制. -- 1盘卷片(17米358拍) :
1:10, 2B ; 35mm银盐
收藏馆: 缩微中心, 国图

000O003545
监本附音春秋谷梁注疏: 二十卷 / (晋)范宁集解;
(唐)杨士勋疏; (唐)陆德明释文
元(1271-1368)刻明(1368-1644)重修本
1985年摄制. -- 1盘卷片(17米364拍) :
1:10, 2B ; 35mm银盐
收藏馆: 缩微中心, 国图

000O002950
监本附音春秋谷梁注疏: 二十卷 / (晋)范宁集解;
(唐)杨士勋疏; (唐)陆德明释文
元(1271-1368)刻明(1368-1644)重修本
1986年摄制. -- 1盘卷片(17米364拍) :
1:10, 2B ; 35mm银盐
收藏馆: 缩微中心, 国图

000O023575
春秋谷梁传时月日书法释例: 一卷 / (清)许桂林
撰
清道光二十五年(1845)刻本. -- (清)李慈铭
批。
1995年摄制. -- 1盘卷片(5米67拍) : 1:10,
2B ; 35mm银盐
收藏馆: 缩微中心, 国图

000O024338
春秋折衷论: 一卷 / (唐)陈岳撰; (清)孔广栻辑
清(1644-1911)抄本
1996年摄制. -- 1盘卷片(6米97拍) : 1:10,
2B ; 35mm银盐
收藏馆: 缩微中心, 国图

000O023567
春秋摘微: 一卷 / (唐)卢仝撰; (清)孔广栻辑
清(1644-1911)抄本
1995年摄制. -- 1盘卷片(3米10拍) : 1:10,
2B ; 35mm银盐
收藏馆: 缩微中心, 国图

000O027368
春秋啖赵二先生集传纂例: 十卷 / (唐)陆淳撰
清(1644-1911)抄本. -- (清)吴志忠校, (清)
丁丙跋。
1996年摄制. -- 1盘卷片(13米272拍) :
1:10, 2B ; 35mm银盐

收藏馆：缩微中心，南京

000O000237
春秋集传纂例：十卷 / (唐)陆淳撰
明(1368-1644)刻本
1985年摄制. -- 1盘卷片(12.4米256拍)：
1:10, 2B ; 35mm银盐
收藏馆：缩微中心，国图

000O003164
春秋集传纂例：十卷 / (唐)陆淳撰
清(1644-1911)抄本. -- (清)陈揆校。
1986年摄制. -- 1盘卷片(16.2米347拍)：
1:10, 2B ; 35mm银盐
收藏馆：缩微中心，国图

000O013883
春秋集传纂例：十卷 / (唐)陆淳撰
清(1644-1911)抄本
1992年摄制. -- 1盘卷片(12米209拍)：
1:10, 2B ; 35mm银盐
收藏馆：缩微中心，国图

000O006464
春秋意林：二卷 / (宋)刘敞撰
明(1368-1644)抄本. -- 存一卷：卷上。
1987年摄制. -- 1盘卷片(4米54拍)：1:10,
2B ; 35mm银盐
收藏馆：缩微中心，国图

000O006427
春秋权衡：十七卷 / (宋)刘敞撰
明(1368-1644)抄本
1987年摄制. -- 1盘卷片(15米307拍)：
1:10, 2B ; 35mm银盐
收藏馆：缩微中心，国图

000O001871
春秋经解：十五卷 / (宋)孙觉撰
清(1644-1911)抄本. -- (清)王端履校。
1986年摄制. -- 1盘卷片(21米450拍)：
1:10, 2B ; 35mm银盐
收藏馆：缩微中心，国图

000O012987
春秋经解：十五卷 / (宋)孙觉撰
清(1644-1911)抄本. -- (清)王端履校。
1991年摄制. -- 1盘卷片(21米405拍)：
1:10, 2B ; 35mm银盐
收藏馆：缩微中心，国图

000O026869
春秋尊王发微：十二卷 / (宋)孙复撰

清(1644-1911)卢氏抱经堂刻本. -- (清)卢文
弨校并跋, (清)丁丙跋。
1996年摄制. -- 1盘卷片(12米224拍)：
1:10, 2B ; 35mm银盐
收藏馆：缩微中心，南京

000O006429
木讷先生春秋经筌：十六卷 / (宋)赵鹏飞撰
明(1368-1644)抄本. -- 存十二卷：卷一至卷
二、卷七至卷十六。
1987年摄制. -- 1盘卷片(30米659拍)：
1:10, 2B ; 35mm银盐
收藏馆：缩微中心，国图

000O016744
木讷先生春秋经筌：十六卷 / (宋)赵鹏飞撰
明(1368-1644)抄本. -- 存七卷：卷十至卷
十六。
1993年摄制. -- 1盘卷片(16米308拍)：
1:10, 2B ; 35mm银盐
收藏馆：缩微中心，国图

000O007235
春秋五礼例宗：十卷 / (宋)张大亨撰
清(1644-1911)抄本. -- 存七卷：卷一至卷
三、卷七至卷十。(清)吴骞跋。
1987年摄制. -- 1盘卷片(6米109拍)：1:10,
2B ; 35mm银盐
收藏馆：缩微中心，国图

000O000491
春秋五礼例宗：十卷 / (宋)张大亨撰
清(1644-1911)孔氏藤梧馆抄本. -- 存七卷：
卷一至卷三、卷七至卷十。
1985年摄制. -- 1盘卷片(7米123拍)：1:10,
2B ; 35mm银盐
收藏馆：缩微中心，国图

000O001923
春秋五礼例宗：十卷 / (宋)张大亨撰
清(1644-1911)抄本. -- 存七卷：卷一至卷
三、卷七至卷十。
1986年摄制. -- 1盘卷片(7米121拍)：1:10,
2B ; 35mm银盐
收藏馆：缩微中心，国图

000O014544
春秋五礼例宗：十卷 / (宋)张大亨撰
清(1644-1911)抄本. -- 存七卷：卷一至卷
三、卷七至卷十。
1992年摄制. -- 1盘卷片(8米128拍)：1:10,
2B ; 35mm银盐
收藏馆：缩微中心，国图

000O001433
春秋传：三十卷 / (宋)胡安国撰
明(1368-1644)内府刻本
1985年摄制. -- 1盘卷片(21.2米468拍) :
1:10, 2B ; 35mm银盐
收藏馆：缩微中心，国图

000O021324
监本春秋：三十卷纲领一卷列国图一卷诸国兴
庭说一卷提要一卷 / (宋)胡安国撰
明末(1621-1644)金陵奎壁斋刻本
1994年摄制. 1盘卷片(24米516拍) :
1:10, 2B ; 35mm银盐
收藏馆：缩微中心，青海

000O026046
春秋胡传：三十卷诸国兴废说一卷纲领一卷图
说一卷提要一卷正经音训一卷 / (宋)胡安国撰；
(宋)林尧叟音注
明万历(1573-1620)黄氏兴正堂秀宇堂刻本
1990年摄制. -- 1盘卷片(25米547拍) :
1:10, 2B ; 35mm银盐
收藏馆：缩微中心，南京

000O018156
春秋胡传：三十卷纲领一卷提要一卷诸国兴废
说一卷图说一卷正经音训一卷 / (宋)胡安国撰；
(宋)林尧叟音注
明万历二十五年(1597)金陵唐对溪富春堂刻本
1993年摄制. -- 2盘卷片(48米996拍) :
1:10, 2B ; 35mm银盐
收藏馆：缩微中心，山东

000O019627
春秋胡传：三十卷诸国兴废说一卷图说一卷提
要一卷纲领一卷正经音训一卷 / (宋)胡安国撰；
(宋)林尧叟音注
明(1368-1644)刻本
1994年摄制. -- 1盘卷片(25米495拍) :
1:10, 2B ; 35mm银盐
收藏馆：缩微中心，国图

000O001916
春秋胡氏传：三十卷诸国兴废说一卷年表一卷 /
(宋)胡安国撰. 春秋名号归一图：一卷 / (五代)
冯继先撰
明永乐四年(1406)广勤书堂刻本. -- 存三
卷：卷一至卷三。
1986年摄制. -- 1盘卷片(5米74拍) : 1:10,
2B ; 35mm银盐
收藏馆：缩微中心，国图

000O024717
春秋传：三十卷纲领一卷提要一卷诸国兴废说
一卷列国图说一卷 / (宋)胡安国撰；(宋)林尧叟
音注
明崇祯(1628-1644)闵齐伋刻本
1996年摄制. -- 1盘卷片(25米504拍) :
1:10, 2B ; 35mm银盐
收藏馆：缩微中心，浙江

000O007180
春秋胡传：三十卷纲领一卷图说一卷诸国兴废
说一卷提要一卷 / (宋)胡安国撰
明崇祯六年(1633)刻本
1987年摄制. -- 1盘卷片(23米496拍) :
1:10, 2B ; 35mm银盐
收藏馆：缩微中心，山东

000O013536
春秋胡传：三十卷首一卷 / (宋)胡安国撰；(宋)
林尧叟音注
明万历元年(1573)金陵唐廷仁刻本
1991年摄制. -- 1盘卷片(26米520拍) :
1:10, 2B ; 35mm银盐
收藏馆：缩微中心，浙江

000O013919
春秋胡传：三十卷首一卷 / (宋)胡安国撰；(宋)
林尧叟音注
明(1368-1644)书林詹霖宇刻本
1991年摄制. -- 1盘卷片(24米496拍) :
1:10, 2B ; 35mm银盐
收藏馆：缩微中心，国图

000O011450
春秋胡传：三十卷 / (宋)胡安国撰
明(1368-1644)刻本
1989年摄制. -- 1盘卷片(24.5米546拍) :
1:10, 2B ; 35mm银盐
收藏馆：缩微中心，辽宁

000O007039
春秋胡传：三十卷 / (宋)胡安国撰
明(1368-1644)刻本. -- 存二卷：卷七至卷
八。
1987年摄制. -- 1盘卷片(4米46拍) : 1:10,
2B ; 35mm银盐
收藏馆：缩微中心，国图

000O007405
春秋胡传：三十卷 / (宋)胡安国撰
清(1644-1911)刻本
1987年摄制. -- 1盘卷片(27米591拍) :
1:10, 2B ; 35mm银盐

收藏馆：缩微中心，吉林市

000O014468
高明大字春秋胡传：三十卷首一卷 / (宋)胡安国撰
明(1368-1644)刻本
1992年摄制. -- 1盘卷片(23.5米518拍)：1:9, 2B ; 35mm银盐
收藏馆：缩微中心，重庆

000O001350
沈先生春秋比事：二十卷 / [题](宋)沈棐撰
明(1368-1644)祁氏淡生堂抄本
1985年摄制. -- 1盘卷片(20.8米457拍)：1:10, 2B ; 35mm银盐
收藏馆：缩微中心，国图

000O018998
春秋集注：十一卷 / (宋)张洽撰
明(1368-1644)聚乐堂刻本
1994年摄制. -- 1盘卷片(17米366拍)：1:10, 2B ; 35mm银盐
收藏馆：缩微中心，天津

000O001820
春秋集注：十一卷纲领一卷 / (宋)张洽撰
明(1368-1644)抄本
1985年摄制. -- 1盘卷片(16米344拍)：1:10, 2B ; 35mm银盐
收藏馆：缩微中心，国图

000O022623
春秋集传：二十六卷纲领一卷 / (宋)张洽撰
清(1644-1911)抄本. -- 存二十卷：卷一至卷十七、卷二十一至卷二十二，纲领一卷。
1994年摄制. -- 1盘卷片(28.15米567拍)：1:10, 2B ; 35mm银盐
收藏馆：缩微中心，浙江

000O001974
春秋集传：二十六卷纲领一卷 / (宋)张洽撰
清(1644-1911)抄本. -- 存二十卷：卷一至卷十七、卷二十一至卷二十二，纲领一卷。
1986年摄制. -- 1盘卷片(27米589拍)：1:10, 2B ; 35mm银盐
收藏馆：缩微中心，国图

000O004321
春秋集传：二十六卷纲领一卷 / (宋)张洽撰
清(1644-1911)抄本. -- 存二十卷：卷一至卷十七、卷二十一至卷二十二，纲领一卷。
1986年摄制. -- 1盘卷片(28米621拍)：1:10, 2B ; 35mm银盐

收藏馆：缩微中心，国图

000O024333
春秋分记：九十卷 / (宋)程公说撰
清(1644-1911)抄本
1996年摄制. -- 4盘卷片(103米2050拍)：1:10, 2B ; 35mm银盐
收藏馆：缩微中心，国图

000O003207
春秋分记：九十卷 / (宋)程公说撰
清(1644-1911)抄本. -- 存四十卷：卷一至卷四十。(清)翁方纲校，(清)罗士琳校注。
1986年摄制. -- 2盘卷片(34.4米742拍)：1:10, 2B ; 35mm银盐
收藏馆：缩微中心，国图

000O004842
春秋分记：九十卷 / (宋)程公说撰
清(1644-1911)抄本. -- 存四卷：卷十九至卷二十二。(清)罗士琳校并跋又录(清)翁方纲校识。
1986年摄制. -- 1盘卷片(6米108拍)：1:10, 2B ; 35mm银盐
收藏馆：缩微中心，国图

000O023021
春秋会义：十二卷 / (宋)杜谔撰
清(1644-1911)抄本. -- (清)孔继涵校并跋，(清)孔广栻校。
1995年摄制. -- 1盘卷片(32米658拍)：1:10, 2B ; 35mm银盐
收藏馆：缩微中心，国图

000O006482
春秋通说：四卷 / (宋)黄仲炎撰
明(1368-1644)抄本
1987年摄制. -- 1盘卷片(20米433拍)：1:10, 2B ; 35mm银盐
收藏馆：缩微中心，国图

000O032024
春秋五论：一卷 / (宋)吕大圭撰
清康熙四年(1665)纳兰成德刻通志堂经解本. -- 十行十八字白口左右双边。傅增湘校并跋。
2011年摄制. -- 1盘卷片(4米41拍)：1:12, 2B ; 35mm银盐
收藏馆：缩微中心，国图

000O011452
春秋诸国统纪：六卷 / (元)齐履谦撰
元延祐(1314-1320)刻本

1989年摄制. -- 1盘卷片(7.7米148拍)：
1:10, 2B；35mm银盐
收藏馆：缩微中心，辽宁

000O001311
春秋诸国统纪：六卷 / (元)齐履谦撰
明(1368-1644)抄本
1985年摄制. -- 1盘卷片(7米115拍)：1:10,
2B；35mm银盐
收藏馆：缩微中心，国图

000O002945
春秋诸国统纪：六卷目录一卷 / (元)齐履谦撰
清(1644-1911)抄本
1986年摄制. -- 1盘卷片(6米108拍)：1:10,
2B；35mm银盐
收藏馆：缩微中心，国图

000O003906
三传辨疑：二十卷 / (元)程端学撰
明(1368-1644)抄本
1986年摄制. -- 1盘卷片(27米606拍)：
1:10, 2B；35mm银盐
收藏馆：缩微中心，国图

000O024921
春秋三传辨疑：二十卷 / (元)程端学撰
清(1644-1911)杜氏知圣教斋抄本. -- (清)丁
丙跋。
1996年摄制. -- 2盘卷片(41米864拍)：
1:10, 2B；35mm银盐
收藏馆：缩微中心，南京

000O003789
春秋经传阙疑：四十五卷 / (元)郑玉撰
明(1368-1644)师山书院抄本
1985年摄制. -- 2盘卷片(49.1米1105拍)：
1:10, 2B；35mm银盐
收藏馆：缩微中心，国图

000O023565
春秋经传阙疑：四十五卷 / (元)郑玉撰
清(1644-1911)刻本
1995年摄制. -- 2盘卷片(52米1063拍)：
1:10, 2B；35mm银盐
收藏馆：缩微中心，国图

000O023022
春秋胡氏传纂疏：三十卷 / (元)汪克宽撰
元至正八年(1348)刘叔简日新堂刻本. -- 存
十八卷：卷一至卷六、卷九至卷十四、卷十九
至卷二十四。
1995年摄制. -- 2盘卷片(36米703拍)：

1:10, 2B；35mm银盐
收藏馆：缩微中心，国图

000O007262
春秋提纲：十卷 / (元)陈则通撰
明(1368-1644)抄本
1987年摄制. -- 1盘卷片(9米182拍)：1:10,
2B；35mm银盐
收藏馆：缩微中心，国图

000O012100
春秋谳义：五卷 / (元)王元杰撰
明末(1621-1644)抄本
1990年摄制. -- 1盘卷片(15米306拍)：
1:10, 2B；35mm银盐
收藏馆：缩微中心，山东

000O023034
春秋诸传会通：二十四卷 / (元)李廉撰
元至正十一年(1351)虞氏明复斋刻本. -- 存
二十一卷：卷一至卷七、卷十一至卷二十四。
1995年摄制. -- 1盘卷片(21米407拍)：
1:10, 2B；35mm银盐
收藏馆：缩微中心，国图

000O023035
春秋诸传会通：二十四卷 / (元)李廉撰
元至正十一年(1351)虞氏明复斋刻本. -- 存
六卷：卷一至卷五、卷十五。
1995年摄制. -- 1盘卷片(7米113拍)：1:10,
2B；35mm银盐
收藏馆：缩微中心，国图

000O010540
春秋属辞：□□卷 / (元)赵汸撰
元至正(1341-1367)刻本
1989年摄制. -- 1盘卷片(17米364拍)：
1:10, 2B；35mm银盐
收藏馆：缩微中心，吉林

000O003696
春秋属辞：十五卷附录二卷 / (元)赵汸撰
元至正二十年至二十四年(1360-1364)休宁商
山义塾刻明弘治六年(1493)高忠重修本
1985年摄制. -- 1盘卷片(16米332拍)：
1:10, 2B；35mm银盐
收藏馆：缩微中心，国图

000O002229
春秋属辞：十五卷 / (元)赵汸撰
元至正二十年至二十四年(1360-1364)休宁商
山义塾刻明(1368-1644)重修本
1986年摄制. -- 1盘卷片(16米345拍)：

1:10, 2B ; 35mm银盐
收藏馆：缩微中心，国图

000O002946
春秋属辞：十五卷 / (元)赵汸撰
元至正二十年至二十四年(1360-1364)休宁商
山义塾刻明(1368-1644)重修本
1986年摄制. -- 1盘卷片(16米344拍) :
1:10, 2B ; 35mm银盐
收藏馆：缩微中心，国图

000O020162
春秋属辞：十五卷 / (元)赵汸撰
元至正二十年至二十四年(1360-1364)休宁商
山义塾刻明(1368-1644)重修本
1994年摄制. -- 1盘卷片(17米331拍) :
1:10, 2B ; 35mm银盐
收藏馆：缩微中心，国图

000O001067
春秋属辞：十五卷 / (元)赵汸撰
元至正二十年至二十四年(1360-1364)休宁商
山义塾刻明(1368-1644)重修本
1985年摄制. -- 1盘卷片(29米694拍) :
1:10, 2B ; 35mm银盐
收藏馆：缩微中心，国图

000O003846
春秋师说：三卷附录二卷 / (元)赵汸撰
元至正二十四年(1364)休宁商山义塾刻明弘治
六年(1493)高忠重修本
1985年摄制. -- 1盘卷片(5米84拍) : 1:10,
2B ; 35mm银盐
收藏馆：缩微中心，国图

000O002943
春秋师说：三卷附录二卷 / (元)赵汸撰
元至正二十四年(1364)休宁商山义塾刻明
(1368-1644)重修本
1986年摄制. -- 1盘卷片(5米84拍) : 1:10,
2B ; 35mm银盐
收藏馆：缩微中心，国图

000O003168
春秋师说：三卷附录二卷 / (元)赵汸撰
元至正二十四年(1364)休宁商山义塾刻明
(1368-1644)重修本
1986年摄制. -- 1盘卷片(5米84拍) : 1:10,
2B ; 35mm银盐
收藏馆：缩微中心，国图

000O020315
春秋师说：三卷附录二卷 / (元)赵汸撰

元至正二十四年(1364)休宁商山义塾刻明
(1368-1644)重修本
1994年摄制. -- 1盘卷片(5米73拍) : 1:10,
2B ; 35mm银盐
收藏馆：缩微中心，国图

000O025903
春秋集传：十五卷 / (元)赵汸撰
明嘉靖三十四年(1555)金日鿿刻蓝印本
1996年摄制. -- 1盘卷片(22米461拍) :
1:10, 2B ; 35mm银盐
收藏馆：缩微中心，南京

000O005087
春秋集传：十五卷 / (元)赵汸撰
清(1644-1911)抄本
1986年摄制. -- 1盘卷片(17米375拍) :
1:10, 2B ; 35mm银盐
收藏馆：缩微中心，国图

000O020394
春秋金锁匙：一卷 / (元)赵汸撰
清乾隆(1736-1795)孔继汾抄本
1994年摄制. -- 1盘卷片(4米36拍) : 1:10,
2B ; 35mm银盐
收藏馆：缩微中心，国图

000O022629
春秋旁训：四卷
明(1368-1644)刻本. -- (清)丁晏批注，(清)
丁寿昌题识。
1994年摄制. -- 1盘卷片(9米161拍) : 1:10,
2B ; 35mm银盐
收藏馆：缩微中心，浙江

000O012853
春秋三传：三十八卷
明(1368-1644)吴勉学刻本
1990年摄制. -- 1盘卷片(32米691拍) :
1:10, 2B ; 35mm银盐
收藏馆：缩微中心，浙江

000O024879
春秋三传：三十八卷
明(1368-1644)吴勉学刻本
1996年摄制. -- 1盘卷片(30米707拍) :
1:10, 2B ; 35mm银盐
收藏馆：缩微中心，南京

000O006851
**春秋四传：三十八卷纲领一卷提要一卷年表一
卷诸国兴废说一卷**
明嘉靖(1522-1566)樊献科刻重修本

1987年摄制. -- 2盘卷片(50米955拍)：
1:10, 2B；35mm银盐
收藏馆：缩微中心，山东

00〇005784
春秋四传：三十八卷提要一卷诸国兴废说一卷年表一卷
明嘉靖(1522-1566)吉澄刻杨一鹗重修本
1987年摄制. -- 2盘卷片(44米957拍)：
1:10, 2B；35mm银盐
收藏馆：缩微中心，国图

00〇013530
春秋四传：三十八卷纲领一卷提要一卷图说一卷年表一卷诸国兴废说一卷
明嘉靖(1522-1566)建宁府刻本
1991年摄制. -- 2盘卷片(49米988拍)：
1:10, 2B；35mm银盐
收藏馆：缩微中心，浙江

00〇013550
春秋四传：三十八卷纲领一卷提要一卷图说一卷年表一卷诸国兴废说一卷
明(1368-1644)刻本
1991年摄制. -- 2盘卷片(48米942拍)：
1:10, 2B；35mm银盐
收藏馆：缩微中心，浙江

00〇024205
春秋四传：三十八卷首一卷
明末(1621-1644)汪应魁贻经堂刻本
1995年摄制. -- 2盘卷片(46米1015拍)：
1:10, 2B；35mm银盐
收藏馆：缩微中心，安徽

00〇014476
春秋四传：三十八卷 / (明)钟天墀辑；(明)钟惺评
明崇祯(1628-1644)刻本
1992年摄制. -- 3盘卷片(78.8米1725拍)：
1:9, 2B；35mm银盐
收藏馆：缩微中心，重庆

00〇019048
春秋书法钩玄：四卷 / (明)石光霁撰
明初(1368-1424)刻本
1994年摄制. -- 1盘卷片(7米89拍)：1:10,
2B；35mm银盐
收藏馆：缩微中心，国图

00〇022626
春秋集传大全：三十七卷序论一卷诸国兴废说一卷年表一卷 / (明)胡广[等]辑

明(1368-1644)刻本
1994年摄制. -- 3盘卷片(79米1573拍)：
1:10, 2B；35mm银盐
收藏馆：缩微中心，浙江

00〇005888
春秋集传大全：三十七卷序论一卷诸国兴废说一卷年表一卷 / (明)胡广[等]辑
明(1368-1644)刻本
1987年摄制. -- 3盘卷片(68米1486拍)：
1:10, 2B；35mm银盐
收藏馆：缩微中心，国图

00〇007326
春秋集传大全：三十七卷序论一卷诸国兴废说一卷年表一卷 / (明)胡广[等]辑
明(1368-1644)刻本. -- 存三十三卷：卷四至卷二十八、卷三十一至卷三十五，序论一卷，诸国兴废说一卷，年表一卷。
1987年摄制. -- 2盘卷片(50.4米1090拍)：
1:10, 2B；35mm银盐
收藏馆：缩微中心，国图

00〇024876
春秋集传大全：三十七卷诸国兴废说一卷年表一卷 / (明)胡广[等]辑
明(1368-1644)刻本. -- (清)丁丙跋。
1996年摄制. -- 3盘卷片(64米1366拍)：
1:10, 2B；35mm银盐
收藏馆：缩微中心，南京

00〇009130
春秋集传大全：三十七卷序论一卷诸国兴废说一卷图说一卷年表一卷 / (明)胡广[等]辑
明末(1621-1644)刻本
1988年摄制. -- 3盘卷片(77米1622拍)：
1:10, 2B；35mm银盐
收藏馆：缩微中心，湖南

00〇002940
春秋集传大全：三十七卷序论一卷诸国兴废说一卷 / (明)胡广[等]辑
明(1368-1644)刻本. -- 存十九卷：卷一至卷二、卷五至卷六、卷十、卷十四至卷十五、卷十七至卷十九、卷二十二至卷二十八，序论一卷，诸国兴废说一卷。
1986年摄制. -- 1盘卷片(29米639拍)：
1:10, 2B；35mm银盐
收藏馆：缩微中心，国图

00〇002941
春秋集传大全：三十七卷序论一卷 / (明)胡广[等]辑

明(1368-1644)刻本. -- 存二十四卷：卷一至卷十一、卷二十二至卷二十四、卷二十九至卷三十七，序论一卷。
1986年摄制. -- 2盘卷片(38米826拍)：1:10, 2B；35mm银盐
收藏馆：缩微中心，国图

000O005411
春秋集传大全：七十卷 / (明)胡广[等]辑
明永乐(1403-1424)内府刻本. -- 存三十七卷：卷一至卷三十七。
1986年摄制. -- 3盘卷片(67米1468拍)：1:10, 2B；35mm银盐
收藏馆：缩微中心，国图

000O001798
春秋集传大全：三十七卷 / (明)胡广[等]辑
明(1368-1644)内府抄本. -- 存三卷：卷三十二至卷三十四。
1985年摄制. -- 1盘卷片(6米101拍)：1:10, 2B；35mm银盐
收藏馆：缩微中心，国图

000O006920
春秋集传大全：三十七卷 / (明)胡广[等]辑
明(1368-1644)刻本. -- 存十九卷：卷二、卷八至卷九、卷十一至卷十八、卷二十一、卷二十七至卷三十三。
1986年摄制. -- 2盘卷片(35米744拍)：1:10, 2B；35mm银盐
收藏馆：缩微中心，国图

000O014596
春秋断义：不分卷 / (明)王崇庆撰
明万历二十四年(1596)黄汉儒刻五经心义本
1992年摄制. -- 1盘卷片(7米114拍)：1:10, 2B；35mm银盐
收藏馆：缩微中心，国图

000O026433
春秋经世：不分卷 / (明)魏校撰
明(1368-1644)抄本
1992年摄制. -- 2盘卷片(42米910拍)：1:10, 2B；35mm银盐
收藏馆：缩微中心，重庆

000O010242
春秋私考：三十六卷 / (明)季本考义
明嘉靖(1522-1566)刻本
1989年摄制. -- 2盘卷片(43.8米971拍)：1:10, 2B；35mm银盐
收藏馆：缩微中心，辽宁

000O013128
春秋地考：一卷 / (明)季本撰
清初(1644-1722)抄本
1991年摄制. -- 1盘卷片(5.2米89拍)：1:10, 2B；35mm银盐
收藏馆：缩微中心，辽宁

000O008534
春秋地考：一卷 / (明)季本撰
清(1644-1911)抄本
1988年摄制. -- 1盘卷片(6米93拍)：1:10, 2B；35mm银盐
收藏馆：缩微中心，国图

000O006980
春秋集传：三十卷 / (明)杨时秀撰
明嘉靖二十六年(1547)汪秋卿刻本
1987年摄制. -- 2盘卷片(35米722拍)：1:10, 2B；35mm银盐
收藏馆：缩微中心，国图

000O015423
春秋录疑：十六卷 / (明)赵恒撰
清(1644-1911)抄本
1992年摄制. -- 1盘卷片(19米379拍)：1:10, 2B；35mm银盐
收藏馆：缩微中心，国图

000O007254
春秋正旨：一卷 / (明)高拱撰
明万历(1573-1620)刻本
1987年摄制. -- 1盘卷片(3米33拍)：1:10, 2B；35mm银盐
收藏馆：缩微中心，国图

000O019543
春秋正旨：一卷 / (明)高拱撰
明万历(1573-1620)刻本
1994年摄制. -- 1盘卷片(3米20拍)：1:10, 2B；35mm银盐
收藏馆：缩微中心，国图

000O017164
春秋贯玉：四卷 / (明)颜鲸撰
明嘉靖(1522-1566)刻本
1990年摄制. -- 2盘卷片(40米807拍)：1:10, 2B；35mm银盐
收藏馆：缩微中心，山东

000O019041
春秋贯玉：四卷 / (明)颜鲸撰
明万历三十三年(1605)刻本
1994年摄制. -- 1盘卷片(34米709拍)：

1:10，2B；35mm银盐
收藏馆：缩微中心，国图

000O026392
春秋事义全考：十六卷 / (明)姜宝撰
明万历十三年(1585)李一阳刻本. -- (清)丁
丙跋。
1993年摄制. -- 1盘卷片（30米668拍）：
1:10，2B；35mm银盐
收藏馆：缩微中心，南京

000O012062
**春秋辑传：十三卷春秋凡例二卷春秋宗旨一卷 /
(明)王樵辑**
明万历(1573-1620)刻本
1989年摄制. -- 2盘卷片（53米1193拍）：
1:10，2B；35mm银盐
收藏馆：缩微中心，浙江

000O010370
春秋世学：三十三卷 / (明)丰坊撰
明(1368-1644)抄本
1989年摄制. -- 3盘卷片（75.5米1500拍）：
1:10，2B；35mm银盐
收藏馆：缩微中心，湖北

000O019523
春秋会异：六卷 / (明)冯时可撰
明万历二十五年(1597)刘芳誉刻本
1994年摄制. -- 1盘卷片（9米152拍）：1:10，
2B；35mm银盐
收藏馆：缩微中心，国图

000O026907
春秋翼附：二十卷 / (明)黄正宪撰
明(1368-1644)刻本
1996年摄制. -- 1盘卷片（30米696拍）：
1:10，2B；35mm银盐
收藏馆：缩微中心，南京

000O003575
春秋疑问：十二卷 / (明)姚舜牧撰
明万历(1573-1620)刻本
1985年摄制. -- 1盘卷片（21.7米477拍）：
1:10，2B；35mm银盐
收藏馆：缩微中心，国图

000O022514
春秋直解：十五卷 / (明)郝敬撰
明万历四十四年(1616)郝千秋郝千石刻郝氏九
经解本
1995年摄制. -- 1盘卷片（12米220拍）：
1:10，2B；35mm银盐

收藏馆：缩微中心，湖北

000O021909
春秋孔义：十二卷 / (明)高攀龙撰
明崇祯十三年(1640)秦堉刻本
1995年摄制. -- 1盘卷片（15米284拍）：
1:10，2B；35mm银盐
收藏馆：缩微中心，国图

000O006701
春秋胡传翼：三十卷 / (明)钱时俊撰
明万历(1573-1620)刻本
1987年摄制. -- 2盘卷片（51米1005拍）：
1:10，2B；35mm银盐
收藏馆：缩微中心，山东

000O015289
春秋辩义：四十卷 / (明)卓尔康撰
明崇祯(1628-1644)刻本
1992年摄制. -- 3盘卷片（79米1640拍）：
1:10，2B；35mm银盐
收藏馆：缩微中心，国图

000O018295
春秋传注汇约：二十三卷 / (明)吴一栻辑
明万历三十年(1602)刻本
1993年摄制. -- 2盘卷片（39米847拍）：
1:10，2B；35mm银盐
收藏馆：缩微中心，天津

000O013542
**春秋衡库：三十卷附录三卷备录一卷 / (明)冯梦
龙撰**
明天启五年(1625)刻本
1991年摄制. -- 2盘卷片（52米1032拍）：
1:10，2B；35mm银盐
收藏馆：缩微中心，浙江

000O001527
麟经指月：十二卷 / (明)冯梦龙撰
明泰昌元年(1620)开美堂刻本
1986年摄制. -- 1盘卷片（31.6米715拍）：
1:10，2B；35mm银盐
收藏馆：缩微中心，吉林

000O010391
春秋归义：十二卷 / (明)贺仲轼撰
清顺治十五年(1658)刻本
1989年摄制. -- 1盘卷片（27.5米560拍）：
1:10，2B；35mm银盐
收藏馆：缩微中心，湖北

000O022627
公羊谷梁春秋合编附注疏纂：十二卷 / (明)朱泰祯撰
明末(1621-1644)刻本
1994年摄制. -- 1盘卷片(18米355拍)：
1:10，2B；35mm银盐
收藏馆：缩微中心，浙江

000O005890
春秋简秀集：三十四卷又六卷 / (明)董守谕撰
清(1644-1911)抄本
1987年摄制. -- 1盘卷片(10米190拍)：
1:10，2B；35mm银盐
收藏馆：缩微中心，国图

000O026042
麟旨定：十二卷 / (清)陈于鼎撰
明崇祯(1628-1644)刻本
1990年摄制. -- 2盘卷片(43米887拍)：
1:10，2B；35mm银盐
收藏馆：缩微中心，南京

000O012141
春秋四家五传平文：四十一卷 / (明)张岐然辑
明崇祯十四年(1641)君山堂刻本
1989年摄制. -- 5盘卷片(131米2704拍)：
1:10，2B；35mm银盐
收藏馆：缩微中心，甘肃

000O012729
麟旨明微：十二卷 / (明)吴希哲撰
明崇祯十四年(1641)刻本
1990年摄制. -- 2盘卷片(37.7米826拍)：
1:10，2B；35mm银盐
收藏馆：缩微中心，辽宁

000O013269
春秋四传通辞：十二卷 / (明)陈士芳辑
明(1368-1644)奏星堂刻本
1991年摄制. -- 1盘卷片(24.5米520拍)：
1:10，2B；35mm银盐
收藏馆：缩微中心，湖北

000O022603
松鳞轩新锲春秋愍渡：十五卷 / (明)耿汝忞撰
明天启四年(1624)曼山馆刻本
1995年摄制. -- 1盘卷片(23米456拍)：
1:10，2B；35mm银盐
收藏馆：缩微中心，河南

000O021408
春秋手抄：不分卷 / (明)毛一鹭撰
明(1368-1644)刻本

1995年摄制. -- 1盘卷片(4米79拍)：1:10，
2B；35mm银盐
收藏馆：缩微中心，安徽

000O028891
春秋会解：十二卷 / (明)沈云辑
明(1368-1644)刻本
1998年摄制. -- 2盘卷片(36米656拍)：
1:10，2B；35mm银盐
收藏馆：缩微中心，苏州

000O013172
春秋年考：一卷 / [题](明)天畸人撰
明崇祯四年(1631)抄本
1991年摄制. -- 1盘卷片(3.9米57拍)：
1:10，2B；35mm银盐
收藏馆：缩微中心，辽宁

000O014543
麟宝：六十三卷首一卷 / (明)余敷中辑
明万历(1573-1620)刻本
1992年摄制. -- 2盘卷片(47米931拍)：
1:10，2B；35mm银盐
收藏馆：缩微中心，国图

000O005779
新刻麟经统一编：十二卷 / (明)张杞撰
明万历三十三年(1605)张杞刻本
1987年摄制. -- 2盘卷片(39米843拍)：
1:10，2B；35mm银盐
收藏馆：缩微中心，国图

000O009271
春秋人物谱：十三卷 / (明)张事心撰
清初(1644-1722)抄本
1988年摄制. -- 1盘卷片(10米185拍)：
1:10，2B；35mm银盐
收藏馆：缩微中心，湖南

000O008149
春秋志在：十二卷 / (清)来集之撰
清顺治九年(1652)倘湖小筑刻本
1988年摄制. -- 1盘卷片(19.5米431拍)：
1:10，2B；35mm银盐
收藏馆：缩微中心，湖北

000O006475
麟题备览：十二卷
明(1368-1644)抄本. -- 存六卷：卷三至卷
五、卷十至卷十二。
1987年摄制. -- 1盘卷片(14米288拍)：
1:10，2B；35mm银盐
收藏馆：缩微中心，国图

000O019839
春秋传议：六卷 / (清)张尔岐撰
清(1644-1911)抄本
1994年摄制． -- 1盘卷片(12米231拍)：
1:10, 2B ；35mm银盐
收藏馆：缩微中心，天津

000O003315
春秋传注：三十六卷提纲一卷 / (明)严启隆撰
清康熙四十七年(1708)朱彝尊抄本． -- (清)
朱彝尊跋。
1986年摄制． -- 2盘卷片(34米720拍)：
1:10, 2B ；35mm银盐
收藏馆：缩微中心，国图

000O013531
春秋本义：十卷 / (清)顾朱撰
清康熙四十九年(1710)顾氏家塾刻本
1991年摄制． -- 1盘卷片(10米190拍)：
1:10, 2B ；35mm银盐
收藏馆：缩微中心，浙江

000O020909
**春秋集解：十二卷 / (清)应㧑谦撰．较补春秋集
解绪余：一卷 / (清)凌嘉印撰**
清(1644-1911)抄本
1994年摄制． -- 1盘卷片(33米679拍)：
1:10, 2B ；35mm银盐
收藏馆：缩微中心，国图

000O024203
**春秋大成：三十一卷 / (清)冯京如纂．春秋大成
讲义：三十一卷 / (清)冯云骧撰**
清顺治(1644-1661)刻两节本
1995年摄制． -- 2盘卷片(47米1034拍)：
1:10, 2B ；35mm银盐
收藏馆：缩微中心，安徽

000O008158
**春秋指掌：三十卷首二卷附录二卷 / (清)储
欣,(清)蒋景祁撰**
清康熙二十七年(1688)天藜阁刻本
1988年摄制． -- 1盘卷片(30.5米695拍)：
1:10, 2B ；35mm银盐
收藏馆：缩微中心，湖北

000O024163
春秋不传：十二卷 / (清)汤启祚撰
清嘉庆二十四年(1819)循陔堂刻本
1996年摄制． -- 1盘卷片(16米310拍)：
1:10, 2B ；35mm银盐
收藏馆：缩微中心，湖北

000O027097
春秋不传：十二卷 / (清)汤启祚撰
清嘉庆二十四年(1819)循陔堂刻本
1997年摄制． -- 1盘卷片(15米284拍)：
1:10, 2B ；35mm银盐
收藏馆：缩微中心，国图

000O012274
**日讲春秋解义：六十四卷 / (清)李光地[等]讲稿；
(清)张廷玉[等]奉敕撰**
清乾隆二年(1737)内府刻本． -- 存六十卷：
卷一至卷三十、卷三十五至卷六十四。
1989年摄制． -- 3盘卷片(78.6米1785拍)：
1:10, 2B ；35mm银盐
收藏馆：缩微中心，辽宁

000O023568
**钦定春秋传说汇纂：三十八卷首二卷 / (清)王掞
[等]撰**
清康熙六十年(1721)内府刻本
1995年摄制． -- 3盘卷片(93米1902拍)：
1:10, 2B ；35mm银盐
收藏馆：缩微中心，国图

000O010274
春秋阐微：三十卷 / (清)卢绛撰
清康熙四十三年(1704)会芳园刻本
1989年摄制． -- 2盘卷片(35.5米750拍)：
1:10, 2B ；35mm银盐
收藏馆：缩微中心，湖北

000O000127
**春秋通论：十五卷论旨一卷春秋无例详考一卷 /
(清)姚际恒撰**
清(1644-1911)抄本． -- 存十二卷：卷一至卷
十、卷十四至卷十五。
1985年摄制． -- 1盘卷片(14米300拍)：
1:10, 2B ；35mm银盐
收藏馆：缩微中心，国图

000O026066
春秋长历：十卷 / (清)陈厚耀撰
清同治十二年(1873)周懋琦抄本
1993年摄制． -- 1盘卷片(22米470拍)：
1:10, 2B ；35mm银盐
收藏馆：缩微中心，南京

000O024334
春秋长历：十卷 / (清)陈厚耀撰
清(1644-1911)抄本
1996年摄制． -- 1盘卷片(24米433拍)：
1:10, 2B ；35mm银盐
收藏馆：缩微中心，国图

000O020144
春秋世族谱：一卷 / (清)陈厚耀撰
清雍正三年(1725)陈厚耀刻本. -- (清)钱绮校。
1994年摄制. -- 1盘卷片(6米79拍) : 1:10, 2B ; 35mm银盐
收藏馆：缩微中心，国图

000O008088
春秋世族谱：一卷 / (清)陈厚耀撰
清雍正三年(1725)刻本
1988年摄制. -- 1盘卷片(6米93拍) : 1:10, 2B ; 35mm银盐
收藏馆：缩微中心，湖北

000O021533
春秋世族谱：不分卷 / (清)陈厚耀撰
清雍正三年(1725)刻本
1995年摄制. -- 1盘卷片(6米76拍) : 1:10, 2B ; 35mm银盐
收藏馆：缩微中心，国图

000O017966
春秋世族谱：不分卷 / (清)陈厚耀撰
清道光二十年(1840)宝翰楼刻本. -- (清)丁晏校注。
1993年摄制. -- 1盘卷片(5米67拍) : 1:10, 2B ; 35mm银盐
收藏馆：缩微中心，国图

000O023569
春秋世本图谱：一卷 / (清)陈厚耀撰
清乾隆五十七年(1792)蓬瀛一经刻本. -- (清)李慈铭校。
1995年摄制. -- 1盘卷片(5米67拍) : 1:10, 2B ; 35mm银盐
收藏馆：缩微中心，国图

000O010901
文章练要：五种二十三卷 / (清)王源评订
清雍正(1723-1735)刻本. -- 存三种十三卷。
1989年摄制. -- 1盘卷片(27米604拍) : 1:10, 2B ; 35mm银盐
收藏馆：缩微中心，湖北

000O025735
春秋订误：十五卷首二卷 / (清)汤豫诚撰
清(1644-1911)稿本
1996年摄制. -- 2盘卷片(49米1088拍) : 1:10, 2B ; 35mm银盐
收藏馆：缩微中心，河南

000O019414
半农先生春秋说：十五卷 / (清)惠士奇撰
清乾隆十四年(1749)吴氏璜川书屋刻本. -- (清)翁方纲跋。
1994年摄制. -- 1盘卷片(30米625拍) : 1:10, 2B ; 35mm银盐
收藏馆：缩微中心，国图

000O016538
春秋义：十五卷 / (清)孙嘉淦撰
清雍正三年(1725)刻本
1993年摄制. -- 1盘卷片(20米422拍) : 1:10, 2B ; 35mm银盐
收藏馆：缩微中心，山西

000O008918
春秋经传类求：十二卷 / (清)孙从添,(清)过临汾纂
清乾隆二十四年(1759)旧名堂刻本
1988年摄制. -- 2盘卷片(51.5米1163拍) : 1:10, 2B ; 35mm银盐
收藏馆：缩微中心，湖北

000O005669
春秋集传：十六卷义例一卷 / (清)孟煜撰
清(1644-1911)抄本
1987年摄制. -- 2盘卷片(40米858拍) : 1:10, 2B ; 35mm银盐
收藏馆：缩微中心，国图

000O022625
春秋三传定说：十二卷首一卷 / (清)张甄陶撰
清(1644-1911)稿本
1994年摄制. -- 2盘卷片(61米1239拍) : 1:10, 2B ; 35mm银盐
收藏馆：缩微中心，浙江

000O022624
春秋补传：二卷 / (清)周维械撰
清乾隆十六年(1751)余兆灏抄本
1994年摄制. -- 1盘卷片(6米99拍) : 1:10, 2B ; 35mm银盐
收藏馆：缩微中心，浙江

000O024336
春秋取义测：十二卷 / (清)法坤宏撰
清乾隆五十九年(1794)迁斋刻本
1996年摄制. -- 1盘卷片(14米236拍) : 1:10, 2B ; 35mm银盐
收藏馆：缩微中心，国图

000O005570
御纂春秋直解：十二卷 / (清)傅恒撰

清乾隆(1736-1795)武英殿木活字印本
1987年摄制. -- 1盘卷片(28米631拍) :
1:10, 2B ; 35mm银盐
收藏馆：缩微中心, 吉林

00O013535
春秋辨义：十二卷 / (清)郑文兰撰
清乾隆(1736-1795)活字印本
1991年摄制. -- 1盘卷片(18米348拍) :
1:10, 2B ; 35mm银盐
收藏馆：缩微中心, 浙江

00O022644
春秋附记：□□卷 / (清)翁方纲撰
清(1644-1911)稿本. -- 存一卷：卷九。
1994年摄制. -- 1盘卷片(4米43拍) : 1:10,
2B ; 35mm银盐
收藏馆：缩微中心, 浙江

00O019672
春秋校记：不分卷 / (清)翁方纲撰
清(1644-1911)稿本
1994年摄制. -- 1盘卷片(5米36拍) : 1:10,
2B ; 35mm银盐
收藏馆：缩微中心, 国图

00O022640
春秋慎行义：二卷；春秋刑法义：一卷；春秋使帅义：一卷 / (清)庄有可撰
清(1644-1911)抄本
1994年摄制. -- 1盘卷片(9米149拍) : 1:10,
2B ; 35mm银盐
收藏馆：缩微中心, 浙江

00O022636
春秋上律表：不分卷 / (清)范景福撰
清(1644-1911)稿本. -- (清)丁丙跋。
1994年摄制. -- 1盘卷片(17米334拍) :
1:10, 2B ; 35mm银盐
收藏馆：缩微中心, 浙江

00O010149
春秋增订旁训：四卷 / (清)徐立纲撰
清(1644-1911)匠门书屋刻五经旁训本. -- (清)李文藻批校。
1989年摄制. -- 1盘卷片(8米135拍) : 1:10,
2B ; 35mm银盐
收藏馆：缩微中心, 山东

00O028079
春秋三传释地：一卷 / (清)龚景瀚撰
清(1644-1911)稿本
1997年摄制. -- 1盘卷片(3.1米35拍) :

1:10, 2B ; 35mm银盐
收藏馆：缩微中心, 福建

00O001106
春秋内传古注辑存：三卷 / (清)严蔚撰
清乾隆五十二年(1787)严氏二酉斋刻本
1985年摄制. -- 1盘卷片(10.3米207拍) :
1:10, 2B ; 35mm银盐
收藏馆：缩微中心, 国图

00O022643
春秋说：不分卷 / (清)王绍兰撰
清(1644-1911)稿本
1994年摄制. -- 1盘卷片(7米121拍) : 1:10,
2B ; 35mm银盐
收藏馆：缩微中心, 浙江

00O023574
三统历春秋朔闰表：二卷 / (清)孙义鉥撰
清(1644-1911)稿本. -- (清)陶澍、(清)张井跋。
1995年摄制. -- 1盘卷片(8米129拍) : 1:10,
2B ; 35mm银盐
收藏馆：缩微中心, 国图

00O008629
春秋三传释地：不分卷 / (清)戴清撰
清(1644-1911)抄本. -- (清)阮亨跋。
1988年摄制. -- 1盘卷片(5米74拍) : 1:10,
2B ; 35mm银盐
收藏馆：缩微中心, 国图

00O028763
春秋集传：十三卷 / (清)葛祚增撰
清嘉庆十二年(1807)抄本
1998年摄制. -- 1盘卷片(30米556拍) :
1:10, 2B ; 35mm银盐
收藏馆：缩微中心, 苏州

00O023572
春秋胡传考正：四卷续录二卷 / (清)丁晏撰
清(1644-1911)稿本
1995年摄制. -- 1盘卷片(8米133拍) : 1:10,
2B ; 35mm银盐
收藏馆：缩微中心, 国图

00O026107
春秋集义：十二卷 / (清)方宗诚撰
清(1644-1911)稿本. -- 存八卷：卷一至卷五、卷八至卷九、卷十二。
1996年摄制. -- 1盘卷片(18米373拍) :
1:10, 2B ; 35mm银盐
收藏馆：缩微中心, 安庆

000O026136
春秋传正谊：四卷 / (清)方宗诚撰
清(1644-1911)稿本. -- 存二卷：卷三至卷四。
1997年摄制. -- 1盘卷片(5米71拍) ： 1:10,2B ； 35mm银盐
收藏馆：缩微中心，安庆

000O010118
春秋管见：八十五卷 / (清)杨天禄撰
清(1644-1911)稿本
1989年摄制. -- 6盘卷片(170米3400拍) ：1:10, 2B ； 35mm银盐
收藏馆：缩微中心，山东

000O022612
春秋大意：十二卷 / (清)赵宗猷撰
清(1644-1911)抄本. -- 钤"文元发印""三楚精神""蒋香生氏秦汉十印斋考藏记"印。
1995年摄制. -- 1盘卷片(26米521拍) ：1:10, 2B ； 35mm银盐
收藏馆：缩微中心，河南

000O000098
春秋鲁十二公年谱：不分卷
清(1644-1911)抄本
1985年摄制. -- 1盘卷片(5.7米96拍) ：1:10, 2B ； 35mm银盐
收藏馆：缩微中心，国图

000O028607
春秋笔削大义微言考：十一卷 / 康有为撰
清(1644-1911)稿本. -- 存六卷：卷一至卷六。
1998年摄制. -- 1盘卷片(16米313拍) ：1:10, 2B ； 35mm银盐
收藏馆：缩微中心，广东

000O016343
春秋公羊传：二十卷；春秋谷梁传：十二卷
明(1368-1644)刻本
1992年摄制. -- 1盘卷片(20米403拍) ：1:10, 2B ； 35mm银盐
收藏馆：缩微中心，国图

000O026041
钟伯敬评公羊谷梁二传合刻：二十四卷 / (明)钟惺评
明崇祯九年(1636)陶珽刻本. -- (清)祁理孙圈点并跋。
1990年摄制. -- 1盘卷片(23米495拍) ：1:10, 2B ； 35mm银盐
收藏馆：缩微中心，南京

000O023570
春秋三书：三十一卷 / (明)张溥撰
清初(1644-1722)刻本
1995年摄制. -- 2盘卷片(43米857拍) ：1:10, 2B ； 35mm银盐
收藏馆：缩微中心，国图

000O024339
郝氏春秋二种：十四卷 / (清)郝懿行撰
清道光七年(1827)赵铭彝刻本
1996年摄制. -- 1盘卷片(15米274拍) ：1:10, 2B ； 35mm银盐
收藏馆：缩微中心，国图

000O031993
春秋繁露：十七卷 / (汉)董仲舒撰
明嘉靖三十三年(1554)赵维垣刻本. -- 九行十七字黑口四周双边。张元济跋，傅增湘校跋并录(清)黄丕烈题识又录张元济校。
2010年摄制. -- 1盘卷片(15米258拍) ：1:13, 2B ； 35mm银盐
收藏馆：缩微中心，国图

000O002215
春秋繁露：十七卷 / (汉)董仲舒撰
明(1368-1644)刻本. -- (清)孔继涵校并跋。
1986年摄制. -- 1盘卷片(12米250拍) ：1:10, 2B ； 35mm银盐
收藏馆：缩微中心，国图

000O032019
春秋繁露：十七卷 / (汉)董仲舒撰
明(1368-1644)刻本. -- 九行十七字黑口四周双边。傅增湘校。
2011年摄制. -- 1盘卷片(15米264拍) ：1:12, 2B ； 35mm银盐
收藏馆：缩微中心，国图

000O000380
春秋繁露：十七卷 / (汉)董仲舒撰
明万历十年(1582)胡维新刻两京遗编本
1985年摄制. -- 1盘卷片(11.8米244拍) ：1:10, 2B ； 35mm银盐
收藏馆：缩微中心，国图

000O003429
春秋繁露：十七卷 / (汉)董仲舒撰
明万历十年(1582)胡维新刻两京遗编本
1986年摄制. -- 1盘卷片(8米130拍) ： 1:10,2B ； 35mm银盐
收藏馆：缩微中心，国图

00O004589
春秋繁露：十七卷 / (汉)董仲舒撰
明万历十年(1582)胡维新刻两京遗编本
1987年摄制. -- 1盘卷片(12米246拍)：
1:10, 2B ; 35mm银盐
收藏馆：缩微中心，国图

00O007604
春秋繁露：十七卷附录一卷 / (汉)董仲舒撰；(明)孙镰评
明天启五年(1625)沈鼎新花斋刻本
1987年摄制. -- 1盘卷片(12米241拍)：
1:10, 2B ; 35mm银盐
收藏馆：缩微中心，山东

00O024213
春秋繁露：十七卷 / (汉)董仲舒撰；(明)孙镰评
明天启(1621-1627)西山书会刻本
1995年摄制. -- 1盘卷片(10米228拍)：
1:10, 2B ; 35mm银盐
收藏馆：缩微中心，安徽

00O022574
春秋繁露：十七卷 / (汉)董仲舒撰；(清)卢文弨校
清(1644-1911)抄本. -- (清)卢文弨校。
1995年摄制. -- 1盘卷片(10.6米200拍)：
1:10, 2B ; 35mm银盐
收藏馆：缩微中心，湖北

00O024987
诸大名家合订春秋繁露注释大全：十七卷首一卷附录一卷 / (汉)董仲舒著；(明)孙镰评释
明末(1621-1644)刻本
1996年摄制. -- 1盘卷片(15米306拍)：
1:10, 2B ; 35mm银盐
收藏馆：缩微中心，福建

00O010371
春秋繁露义证：十七卷 / (汉)董仲舒撰；(清)苏舆注
清(1644-1911)稿本
1989年摄制. -- 1盘卷片(16.5米345拍)：
1:10, 2B ; 35mm银盐
收藏馆：缩微中心，湖北

孝经类

00O000650
古文孝经：一卷 / [题](汉)孔安国传
日本享保六年(1721)刻本
1985年摄制. -- 1盘卷片(4米50拍)：1:10, 2B ; 35mm银盐

收藏馆：缩微中心，国图

00O000664
古文孝经：一卷 / [题](汉)孔安国传
日本宽政十二年(1800)东京书肆嵩山房刻本
1985年摄制. -- 1盘卷片(4米47拍)：1:10, 2B ; 35mm银盐
收藏馆：缩微中心，国图

00O000783
古文孝经：一卷 / [题](汉)孔安国传
日本文政六年(1823)阿部正精刻本
1985年摄制. -- 1盘卷片(4米56拍)：1:10, 2B ; 35mm银盐
收藏馆：缩微中心，国图

00O029060
古文孝经：一卷 / [题](汉)孔安国撰
日本文政六年(1823)阿部正精刻本
1999年摄制. -- 1盘卷片(7米98拍)：1:10, 2B ; 35mm银盐
收藏馆：缩微中心，国图

00O029128
古文孝经：一卷 / [题](汉)孔安国撰
日本文政六年(1823)阿部正精刻本
1999年摄制. -- 1盘卷片(4米95拍)：1:10, 2B ; 35mm银盐
收藏馆：缩微中心，国图

00O000714
古文孝经：一卷 / [题](汉)孔安国传. 活字版孝经附录：一卷 / (日)山田文静撰
日本天保五年(1834)信浓宝善堂刻本
1985年摄制. -- 1盘卷片(4米53拍)：1:10, 2B ; 35mm银盐
收藏馆：缩微中心，国图

00O018329
孝经：一卷 / [题](汉)孔安国传
明万历三年(1575)文元发抄本. -- (清)姚孟起、(清)傅以礼题识。
1993年摄制. -- 1盘卷片(3米25拍)：1:10, 2B ; 35mm银盐
收藏馆：缩微中心，天津

00O010023
孝经郑氏解：一卷 / (汉)郑玄撰；(清)臧庸辑；(清)桂文灿校
清(1644-1911)抄本. -- (清)陈澧朱笔批校。
1989年摄制. -- 1盘卷片(4米69拍)：1:10, 2B ; 35mm银盐
收藏馆：缩微中心，广东

00O006392
孝经：一卷 / (唐)玄宗李隆基注；(唐)陆德明音
清初(1644-1722)影元抄本
1987年摄制. -- 1盘卷片(3米29拍) ：1:10,
2B ；35mm银盐
收藏馆：缩微中心，国图

00O003702
孝经注：一卷 / (唐)玄宗李隆基撰
清(1644-1911)影元抄本. -- (清)季锡畴、
(清)王振声跋。
1985年摄制. -- 1盘卷片(2.8米29拍) ：
1:10, 2B ；35mm银盐
收藏馆：缩微中心，国图

00O007029
孝经注疏：九卷 / (唐)玄宗李隆基,(宋)邢昺撰
明嘉靖(1522-1566)李元阳刻十三经注疏本
1987年摄制. -- 1盘卷片(7米99拍) ：1:10,
2B ；35mm银盐
收藏馆：缩微中心，国图

00O029819
孝经注疏：九卷 / (唐)玄宗李隆基,(宋)邢昺撰
明嘉靖(1522-1566)李元阳刻十三经注疏本
2001年摄制. -- 1盘卷片(6米100拍) ：1:10,
2B ；35mm银盐
收藏馆：缩微中心，国图

00O009246
孝经注疏：九卷；孝经正义：一卷 / (宋)邢昺撰
明末(1621-1644)毛氏汲古阁刻本
1988年摄制. -- 1盘卷片(6米94拍) ：1:10,
2B ；35mm银盐
收藏馆：缩微中心，湖南

00O000536
**孝经刊误：一卷 / (宋)朱熹撰；(元)董鼎注 . 引
证：一卷 / (明)杨起元辑 . 宗旨：一卷 / (明)罗
汝芳撰**
明崇祯四年(1631)程一础闲拙斋刻本
1985年摄制. -- 1盘卷片(4.2米61拍) ：
1:10, 2B ；35mm银盐
收藏馆：缩微中心，国图

00O007580
孝经本义：一卷列传七卷 / (明)胡时化撰
明(1368-1644)刻本. -- 存二卷：本义一卷、
列传卷七。
1987年摄制. -- 1盘卷片(12米249拍) ：
1:10, 2B ；35mm银盐
收藏馆：缩微中心，国图

00O024989
孝经集传：四卷 / (明)黄道周辑
明崇祯十六年(1643)刻本
1996年摄制. -- 1盘卷片(11米210拍) ：
1:10, 2B ；35mm银盐
收藏馆：缩微中心，福建

00O000155
孝经赞义：一卷 / (明)黄道周撰
清(1644-1911)劳氏丹铅精舍抄本
1985年摄制. -- 1盘卷片(2.3米18拍) ：
1:10, 2B ；35mm银盐
收藏馆：缩微中心，国图

00O008057
**孝经大全：二十八卷首一卷孝经或问三卷孝经
翼一卷 / (明)吕维祺辑**
明崇祯(1628-1644)刻本
1988年摄制. -- 1盘卷片(24米497拍) ：
1:10, 2B ；35mm银盐
收藏馆：缩微中心，湖南

00O025852
孝经丛书：十四卷 / (明)朱鸿编
明万历(1573-1620)刻本
1996年摄制. -- 1盘卷片(17米303拍) ：
1:10, 2B ；35mm银盐
收藏馆：缩微中心，国图

00O028262
御注孝经：一卷 / (清)世祖福临撰
清顺治十三年(1656)刻本
1997年摄制. -- 1盘卷片(4米55拍) ：1:10,
2B ；35mm银盐
收藏馆：缩微中心，辽宁

00O013599
御注孝经：一卷 / (清)世祖福临撰
清顺治(1644-1661)内府刻本
1991年摄制. -- 1盘卷片(3米61拍) ：1:10,
2B ；35mm银盐
收藏馆：缩微中心，国图

00O021057
**孝经衍义：二十二卷附今文孝经一卷 / (清)张能
鳞撰**
清(1644-1911)抄本
1994年摄制. -- 1盘卷片(18米347拍) ：
1:10, 2B ；35mm银盐
收藏馆：缩微中心，国图

00O024357
孝经精义：一卷后录一卷或问一卷原孝一卷余

论一卷 / (清)张叙撰
清乾隆(1736-1795)潞河书院刻本
1996年摄制. -- 1盘卷片(8米123拍)：1:10,
2B；35mm银盐
收藏馆：缩微中心，国图

000O011337
御注孝经集注：一卷 / (清)世宗胤禛撰
清雍正五年(1727)内府刻本
1989年摄制. -- 1盘卷片(3.1米37拍)：
1:10, 2B；35mm银盐
收藏馆：缩微中心，辽宁

000O024358
孝经集注：一卷 / (清)丁晏辑
清咸丰七年(1857)刻本
1996年摄制. -- 1盘卷片(4米33拍)：1:10,
2B；35mm银盐
收藏馆：缩微中心，国图

000O002265
古文孝经朱子订定刊误集讲：一卷 / (清)熊兆撰
清(1644-1911)抄本. -- (清)翁同书跋。
1986年摄制. -- 1盘卷片(5米71拍)：1:10,
2B；35mm银盐
收藏馆：缩微中心，国图

000O005892
孝经总类：二十卷 / (明)朱鸿编
明(1368-1644)抄本
1987年摄制. -- 1盘卷片(28.8米651拍)：
1:10, 2B；35mm银盐
收藏馆：缩微中心，国图

000O019172
孝经古注：五卷
明崇祯四年(1631)程一础闲拙斋刻本
1994年摄制. -- 1盘卷片(7米119拍)：1:10,
2B；35mm银盐
收藏馆：缩微中心，国图

四书类

000O009339
戴记旧本大学：不分卷 / (汉)郑玄注；(唐)孔颖
达疏
明万历四十一年(1613)刻本
1988年摄制. -- 1盘卷片(5.1米113拍)：
1:10, 2B；35mm银盐
收藏馆：缩微中心，湖南

000O022638
大学正说：一卷；中庸正说：二卷；孝经注：一

卷 / (明)赵南星撰
明(1368-1644)李世劭刻本
1994年摄制. -- 1盘卷片(9米165拍)：1:10,
2B；35mm银盐
收藏馆：缩微中心，浙江

000O013515
大学辨：一卷 / (清)陈确撰
清(1644-1911)抄本
1991年摄制. -- 1盘卷片(2米15拍)：1:10,
2B；35mm银盐
收藏馆：缩微中心，国图

000O025091
大学辨：一卷 / (清)陈确撰
清(1644-1911)抄本
1996年摄制. -- 1盘卷片(3米15拍)：1:10,
2B；35mm银盐
收藏馆：缩微中心，国图

000O001270
郑本大学中庸说：一卷 / (清)包汝翼撰
清道光(1821-1850)刻本. -- (清)丁晏批注并
跋。
1985年摄制. -- 1盘卷片(3米39拍)：1:10,
2B；35mm银盐
收藏馆：缩微中心，国图

000O022637
中庸辑略：二卷 / (宋)石憝辑；(宋)朱熹删定；
(明)石佩玉重订
明(1368-1644)刻本
1994年摄制. -- 1盘卷片(7米107拍)：1:10,
2B；35mm银盐
收藏馆：缩微中心，浙江

000O000731
中庸集略：二卷 / (宋)石憝辑；(宋)朱熹删定
日本铜活字印本
1985年摄制. -- 1盘卷片(7米140拍)：1:10,
2B；35mm银盐
收藏馆：缩微中心，国图

000O024996
大学亿：二卷；释疑：一卷 / (明)王道撰
明嘉靖二十三年(1544)刻本
1996年摄制. -- 1盘卷片(5米74拍)：1:10,
2B；35mm银盐
收藏馆：缩微中心，福建

000O029879
中庸补注：一卷 / (清)戴震撰
清(1644-1911)戴氏长留阁抄本. -- 钤"仲鱼

过目"印。
2001年摄制. -- 1盘卷片(3米39拍) ： 1:10,
2B ； 35mm银盐
收藏馆：缩微中心，国图

000O018157
中庸瞽谈：一卷 / (清)张士保撰
清(1644-1911)稿本
1993年摄制. -- 1盘卷片(4米55拍) ： 1:10,
2B ； 35mm银盐
收藏馆：缩微中心，山东

000O004014
中庸合注定本：一卷
清(1644-1911)卧月楼抄本. -- (清)翁同书、
(清)莫友芝跋。
1985年摄制. -- 1盘卷片(7米115拍) ： 1:10,
2B ； 35mm银盐
收藏馆：缩微中心，国图

000O003535
论语：一卷
明(1368-1644)刻本. -- (明)张栋跋。
1985年摄制. -- 1盘卷片(4米51拍) ： 1:10,
2B ； 35mm银盐
收藏馆：缩微中心，国图

000O013662
**古文论语注：二卷附录一卷 / (汉)郑玄撰；
[题](宋)王应麟辑**
清乾隆(1736-1795)鲍氏知不足斋刻本. --
(清)陈鳣、(清)吴骞校补并跋，(清)陈鳣录
(清)丁杰校补题识，莫棠跋。
1991年摄制. -- 1盘卷片(5米49拍) ： 1:10,
2B ； 35mm银盐
收藏馆：缩微中心，国图

000O028277
古文论语：二卷 / (汉)郑玄撰；(宋)王应麟辑
清(1644-1911)抄本
1997年摄制. -- 1盘卷片(4米87拍) ： 1:10,
2B ； 35mm银盐
收藏馆：缩微中心，河南

000O003811
**古文论语注：二卷 / (汉)郑玄撰；[题](宋)王应麟
辑**
清(1644-1911)抄本
1985年摄制. -- 1盘卷片(3.2米37拍) ：
1:10, 2B ； 35mm银盐
收藏馆：缩微中心，国图

000O022641
论语郑氏注：二卷 / (汉)郑玄撰；(清)宋翔凤辑
清嘉庆道光(1796-1850)刻浮溪精舍丛书本. --
(清)戴穗孙批注。
1994年摄制. -- 1盘卷片(5米65拍) ： 1:10,
2B ； 35mm银盐
收藏馆：缩微中心，浙江

000O014236
**论语集解：十卷 / (魏)何晏撰. 札记：一卷 /
(日)市野光彦撰**
日本文化十三年(1816)市野光彦青归书屋刻
本
1992年摄制. -- 1盘卷片(24米484拍) ：
1:10, 2B ； 35mm银盐
收藏馆：缩微中心，国图

000O005899
论语笔解：二卷 / (唐)韩愈,(唐)李翱撰
清乾隆四十二年(1777)吴翌凤抄本. -- (清)
吴翌凤跋。
1987年摄制. -- 1盘卷片(4米51拍) ： 1:10,
2B ； 35mm银盐
收藏馆：缩微中心，国图

000O014479
**论语注疏解经：二十卷 / (魏)何晏集解；(宋)邢
昺疏**
宋(960-1279)刻元(1271-1368)递修本. -- 存
十卷：卷十一至卷二十。
1992年摄制. -- 1盘卷片(8.2米156拍) ：
1:12, 2B ； 35mm银盐
收藏馆：缩微中心，重庆

000O006983
**论语注疏解经：二十卷 / (魏)何晏集解；(宋)邢
昺疏**
元(1271-1368)刻明(1368-1644)重修本
1986年摄制. -- 1盘卷片(13米267拍) ：
1:10, 2B ； 35mm银盐
收藏馆：缩微中心，国图

000O018969
**重广陈用之学士真本入经论语全解义：十卷 /
(宋)陈祥道撰**
清(1644-1911)抄本. -- (清)朱筠批校。
1993年摄制. -- 1盘卷片(15米292拍) ：
1:10, 2B ； 35mm银盐
收藏馆：缩微中心，山东

000O026395
**重广陈用之真本入经论语全解义：十卷 / (宋)陈
祥道撰**

清(1644-1911)抄本. -- 四库底本。(清)丁丙跋。
1996年摄制. -- 1盘卷片(17米364拍) : 1:10, 2B ; 35mm银盐
收藏馆：缩微中心，南京

000O005256
重广陈用之真本入经论语全解义：十卷 / (宋)陈祥道撰
清(1644-1911)抄本
1986年摄制. -- 1盘卷片(12米234拍) : 1:10, 2B ; 35mm银盐
收藏馆：缩微中心，国图

000O004355
论语解：不分卷 / (宋)尹焞撰
明末(1621-1644)祁氏淡生堂抄本. -- (清)韩应陛跋。
1986年摄制. -- 1盘卷片(7米132拍) : 1:10, 2B ; 35mm银盐
收藏馆：缩微中心，国图

000O001985
读论语丛说：三卷 / (元)许谦撰
清(1644-1911)抄本. -- (清)黄丕烈跋。
1986年摄制. -- 1盘卷片(7米117拍) : 1:10, 2B ; 35mm银盐
收藏馆：缩微中心，国图

000O013528
附音傍训句解论语：二卷 / (元)李公凯撰
元(1271-1368)刻本
1991年摄制. -- 1盘卷片(5.2米86拍) : 1:11, 2B ; 35mm银盐
收藏馆：缩微中心，重庆

000O013261
论语外篇：十八卷 / (明)李栻辑
明万历十二年(1584)刻本
1991年摄制. -- 1盘卷片(19米387拍) : 1:10, 2B ; 35mm银盐
收藏馆：缩微中心，湖北

000O020549
论语讲义：一卷 / (明)周如砥撰
明(1368-1644)抄本
1994年摄制. -- 1盘卷片(3米44拍) : 1:10, 2B ; 35mm银盐
收藏馆：缩微中心，即墨

000O021857
论语详解：二十卷首二卷 / (明)郝敬撰
明万历四十六年(1618)刻郝氏九经解本

1995年摄制. -- 1盘卷片(33米695拍) : 1:10, 2B ; 35mm银盐
收藏馆：缩微中心，湖北

000O013539
论语商：二卷 / (明)周宗建撰
明万历四十五年(1617)刻本
1991年摄制. -- 1盘卷片(10米178拍) : 1:10, 2B ; 35mm银盐
收藏馆：缩微中心，浙江

000O008099
论语温知录：一卷 / (清)崔纪撰
清乾隆五年(1740)刻本
1988年摄制. -- 1盘卷片(6米97拍) : 1:10, 2B ; 35mm银盐
收藏馆：缩微中心，湖北

000O003944
论语竢质：三卷 / (清)江声撰
清(1644-1911)抄本. -- (清)徐立方校。
1985年摄制. -- 1盘卷片(4.2米64拍) : 1:10, 2B ; 35mm银盐
收藏馆：缩微中心，国图

000O022634
论语古注集笺：十卷 / (清)潘维城撰
清(1644-1911)稿本. -- (清)潘锡爵校。
1994年摄制. -- 1盘卷片(19米367拍) : 1:10, 2B ; 35mm银盐
收藏馆：缩微中心，浙江

000O024345
论语古训：十卷 / (清)陈鳣撰
清乾隆六十年(1795)简庄刻本. -- (清)李慈铭注。
1996年摄制. -- 1盘卷片(11米197拍) : 1:10, 2B ; 35mm银盐
收藏馆：缩微中心，国图

000O024349
论语广注：二卷 / (清)毕宪曾撰
清嘉庆八年(1803)培远堂刻本
1996年摄制. -- 1盘卷片(7米105拍) : 1:10, 2B ; 35mm银盐
收藏馆：缩微中心，国图

000O024354
读论质疑：一卷 / (清)石韫玉撰
清(1644-1911)刻本
1996年摄制. -- 1盘卷片(4米39拍) : 1:10, 2B ; 35mm银盐
收藏馆：缩微中心，国图

000O024346
论语孔注辨伪：二卷 / (清)沈涛撰
清道光(1821-1850)刻本
1996年摄制. -- 1盘卷片(4米46拍) ： 1:10,
2B ； 35mm银盐
收藏馆：缩微中心，国图

000O000615
论语异文考证：十卷 / (清)冯登府撰
清道光十四年(1834)粤东学海堂刻本
1985年摄制. -- 1盘卷片(8米153拍) ： 1:10,
2B ； 35mm银盐
收藏馆：缩微中心，国图

000O016311
论语孔注证伪：二卷 / (清)丁晏撰
清(1644-1911)稿本
1993年摄制. -- 1盘卷片(5米56拍) ： 1:10,
2B ； 35mm银盐
收藏馆：缩微中心，国图

000O016349
论语孔注证伪：二卷 / (清)丁晏撰
清(1644-1911)抄本
1992年摄制. -- 1盘卷片(7米106拍) ： 1:10,
2B ； 35mm银盐
收藏馆：缩微中心，国图

000O022387
论语集注：十卷 / (宋)朱熹撰
元(1271-1368)刻本. -- 存五卷：卷六至卷
十。
1995年摄制. -- 1盘卷片(7米97拍) ： 1:10,
2B ； 35mm银盐
收藏馆：缩微中心，国图

000O019735
论语集注：十卷序说一卷 / (宋)朱熹撰
明嘉靖四十三年(1564)益藩乐善堂刻四书集注
本
1994年摄制. -- 1盘卷片(14米259拍) ：
1:10, 2B ； 35mm银盐
收藏馆：缩微中心，国图

000O019659
论语翼注骈枝：二卷 / (清)史梦兰撰
清(1644-1911)抄本. -- (清)史梦兰订补。
1994年摄制. -- 1盘卷片(8米120拍) ： 1:10,
2B ； 35mm银盐
收藏馆：缩微中心，国图

000O026402
论语训：二卷 / (清)王闿运撰

稿本
1992年摄制. -- 1盘卷片(6米103拍) ： 1:10,
2B ； 35mm银盐
收藏馆：缩微中心，重庆

000O020921
南海先生论语注稿：二卷 / 康有为撰
清(1644-1911)稿本
1994年摄制. -- 1盘卷片(6米88拍) ： 1:10,
2B ； 35mm银盐
收藏馆：缩微中心，天津

000O022639
乡党图考：十卷订讹一卷 / (清)江永撰
清乾隆三十八年(1773)潜德堂刻本. -- 订
讹，清(1644-1911)抄本，七页。(清)郑文焯
校并跋。
1994年摄制. -- 1盘卷片(20米385拍) ：
1:10, 2B ； 35mm银盐
收藏馆：缩微中心，浙江

000O024344
乡党图考：十卷 / (清)江永撰
清乾隆三十八年(1773)潜德堂刻本
1996年摄制. -- 1盘卷片(18米339拍) ：
1:10, 2B ； 35mm银盐
收藏馆：缩微中心，国图

000O005354
孟子：二卷 / [题](宋)苏洵批点
明万历四十五年(1617)闵齐伋刻朱墨蓝三色套
印本
1986年摄制. -- 1盘卷片(8米156拍) ： 1:10,
2B ； 35mm银盐
收藏馆：缩微中心，国图

000O031908
孟子：二卷 / [题](宋)苏洵批点
明万历四十五年(1617)闵齐伋刻朱墨蓝三色套
印本
2010年摄制. -- 1盘卷片(11米173拍) ：
1:12, 2B ； 35mm银盐
收藏馆：缩微中心，国图

000O009091
孟子：二卷 / (宋)苏洵批点
明(1368-1644)刻本
1988年摄制. -- 1盘卷片(8.3米155拍) ：
1:10, 2B ； 35mm银盐
收藏馆：缩微中心，湖南

000O000672
孟子注：十四卷 / (汉)赵岐撰

日本活字印本
1985年摄制. -- 1盘卷片(15米314拍) :
1:10, 2B ; 35mm银盐
收藏馆：缩微中心，国图

00O024204
孟子：七卷 / [题](宋)苏洵批点
明嘉靖(1522-1566)朱得之刻本
1995年摄制. -- 1盘卷片(6.3米142拍) :
1:10, 2B ; 35mm银盐
收藏馆：缩微中心，安徽

00O006982
孟子注疏解经：十四卷 / [题](汉)赵岐注；(宋)孙
奭疏
元(1271-1368)刻明(1368-1644)重修本
1986年摄制. -- 1盘卷片(20米426拍) :
1:10, 2B ; 35mm银盐
收藏馆：缩微中心，国图

00O002084
孟子注疏解经：十四卷 / [题](汉)赵岐注；(宋)孙
奭疏
明嘉靖(1522-1566)李元阳刻十三经注疏本
1986年摄制. -- 1盘卷片(19米412拍) :
1:10, 2B ; 35mm银盐
收藏馆：缩微中心，国图

00O013596
孟子赵氏注：十四卷 / (汉)赵岐撰 . 孟子音义：
二卷 / (宋)孙奭撰
清乾隆四十六年(1781)周嘉猷韩岱云[等]刻本
1991年摄制. -- 1盘卷片(18米309拍) :
1:10, 2B ; 35mm银盐
收藏馆：缩微中心，国图

00O014853
苏老泉批点孟子：二卷 / (宋)苏洵批点
明万历四十一年(1613)程开祐刻本
1992年摄制. -- 1盘卷片(10.4米196拍) :
1:10, 2B ; 35mm银盐
收藏馆：缩微中心，贵州

00O012127
批点孟子书：二卷 / (宋)苏洵批点
明(1368-1644)纪五常刻本
1990年摄制. -- 1盘卷片(8米140拍) : 1:10,
2B ; 35mm银盐
收藏馆：缩微中心，山东

00O025334
孟子外书：一卷 / (宋)刘攽注
清嘉庆二十三年(1818)星带草堂刻本

1996年摄制. -- 1盘卷片(3米28拍) : 1:10,
2B ; 35mm银盐
收藏馆：缩微中心，国图

00O025330
孟子外书四篇：四卷 / (宋)刘攽注
清乾隆(1736-1795)吴氏拜经楼刻本. -- (清)
吴骞校跋。
1996年摄制. -- 1盘卷片(3米19拍) : 1:10,
2B ; 35mm银盐
收藏馆：缩微中心，国图

00O016800
孟子外书四篇：四卷 / (宋)刘攽注 . 附订：四卷 /
(清)吴骞撰
清(1644-1911)抄本. -- (清)吴骞校注。
1993年摄制. -- 1盘卷片(4米49拍) : 1:10,
2B ; 35mm银盐
收藏馆：缩微中心，国图

00O022416
孟子：七卷 / (宋)朱熹集注
元(1271-1368)刻本. -- 存四卷：卷四至卷
七。
1995年摄制. -- 1盘卷片(6米90拍) : 1:10,
2B ; 35mm银盐
收藏馆：缩微中心，国图

00O022409
孟子集注：十四卷 / (宋)朱熹集注
元(1271-1368)刻本. -- 存八卷：卷七至卷
十四。
1995年摄制. -- 1盘卷片(8米128拍) : 1:10,
2B ; 35mm银盐
收藏馆：缩微中心，国图

00O019836
孟子集注辑释：十四卷 / (宋)朱熹集注
元(1271-1368)刻本. -- 存七卷：卷一至卷
七。
1994年摄制. -- 1盘卷片(15米320拍) :
1:10, 2B ; 35mm银盐
收藏馆：缩微中心，天津

00O006316
孟子集注：十四卷 / (宋)朱熹集注
元(1271-1368)刻本. -- 存一卷：卷七。
1987年摄制. -- 1盘卷片(4米46拍) : 1:10,
2B ; 35mm银盐
收藏馆：缩微中心，吉林

00O020924
孟子集注：十四卷 / (宋)朱熹集注

元(1271-1368)刻本. -- 存一卷：卷六。
1994年摄制. -- 1盘卷片（4米48拍）： 1:10,
2B ；35mm银盐
收藏馆：缩微中心，天津

00O010145
孟子：十四卷 / (宋)朱熹集注
明(1368-1644)刻本
1989年摄制. -- 1盘卷片（20米439拍）：
1:10, 2B ；35mm银盐
收藏馆：缩微中心，山东

000O021429
孟子节文：七卷 / (宋)朱熹集注；(明)刘三吾辑
明初(1368-1424)刻本
1995年摄制. -- 1盘卷片（6米98拍）： 1:10,
2B ；35mm银盐
收藏馆：缩微中心，国图

000O007354
孟子节文：七卷 / (明)刘三吾辑
明初(1368-1424)刻本
1987年摄制. -- 1盘卷片（8米139拍）： 1:10,
2B ；35mm银盐
收藏馆：缩微中心，国图

000O021428
孟子节文：七卷 / (明)刘三吾辑
明初(1368-1424)刻本
1995年摄制. -- 1盘卷片（8米122拍）： 1:10,
2B ；35mm银盐
收藏馆：缩微中心，国图

000O022191
孟子节文：七卷 / (明)刘三吾辑
明初(1368-1424)刻本
1995年摄制. -- 1盘卷片（6米82拍）： 1:10,
2B ；35mm银盐
收藏馆：缩微中心，国图

000O012855
孟子杂记：四卷 / (明)陈士元撰
明隆庆(1567-1572)浩然堂刻本
1990年摄制. -- 1盘卷片（8米148拍）： 1:10,
2B ；35mm银盐
收藏馆：缩微中心，浙江

000O021861
孟子说解：十四卷孟子遗事一卷 / (明)郝敬撰
明万历四十七年(1619)刻郝氏九经解本
1995年摄制. -- 2盘卷片（43.5米870拍）：
1:10, 2B ；35mm银盐
收藏馆：缩微中心，湖北

00O019831
绘孟：七卷 / (明)戴君恩撰；(明)龚惟敬编
明天启六年(1626)刻本
1994年摄制. -- 1盘卷片（10米191拍）：
1:10, 2B ；35mm银盐
收藏馆：缩微中心，天津

00O014886
绘孟：七卷 / (明)戴君恩撰
明天启(1621-1627)闵齐伋刻朱墨套印本
1992年摄制. -- 1盘卷片（9.7米186拍）：
1:10, 2B ；35mm银盐
收藏馆：缩微中心，辽宁

00O010146
七篇指略：七卷 / (清)王训撰
清康熙十二年(1673)刻本
1989年摄制. -- 1盘卷片（11米217拍）：
1:10, 2B ；35mm银盐
收藏馆：缩微中心，山东

00O031136
孟子四考：四卷 / (清)周广业撰
清(1644-1911)稿本. -- (清)翁方纲校。
2004年摄制. -- 1盘卷片（11米200拍）：
1:11, 2B ；35mm银盐
收藏馆：缩微中心，国图

00O027209
孟子四考：四卷 / (清)周广业撰
清(1644-1911)稿本. -- 存三卷：卷二至卷四。
1997年摄制. -- 1盘卷片（9米142拍）： 1:10,
2B ；35mm银盐
收藏馆：缩微中心，国图

00O000842
孟子四考：四卷 / (清)周广业撰
清乾隆六十年(1795)周氏省吾庐刻本
1985年摄制. -- 1盘卷片（9.7米192拍）：
1:10, 2B ；35mm银盐
收藏馆：缩微中心，国图

00O027098
孟子篇叙：七卷年表一卷 / (清)姜兆翀撰
清嘉庆(1796-1820)刻本
1997年摄制. -- 1盘卷片（10米166拍）：
1:10, 2B ；35mm银盐
收藏馆：缩微中心，国图

00O026043
孟子正义：三十卷 / (清)焦循撰
清(1644-1911)稿本

1990年摄制. -- 2盘卷片(51米958拍)：
1:10, 2B；35mm银盐
收藏馆：缩微中心，南京

000O024845
孟子正义：三十卷 / (清)焦循撰；(清)谢章铤校
清道光(1821-1850)刻本
1996年摄制. -- 2盘卷片(47米962拍)：
1:10, 2B；35mm银盐
收藏馆：缩微中心，福建

000O009224
孟子考义发：十三卷 / (清)吴敏树抄订
清(1644-1911)抄本
1988年摄制. -- 1盘卷片(24米506拍)：
1:10, 2B；35mm银盐
收藏馆：缩微中心，湖南

000O019842
南海先生孟子微稿：二卷 / 康有为撰
清光绪(1875-1908)稿本
1994年摄制. -- 1盘卷片(8米132拍)：1:10,
2B；35mm银盐
收藏馆：缩微中心，天津

000O006300
四书合刻：六卷
明初(1368-1424)经厂刻本
1987年摄制. -- 1盘卷片(16米336拍)：
1:10, 2B；35mm银盐
收藏馆：缩微中心，吉林

000O024352
古香斋鉴赏袖珍四书：十九卷
清康熙(1662-1722)内府刻本
1996年摄制. -- 1盘卷片(10米169拍)：
1:10, 2B；35mm银盐
收藏馆：缩微中心，国图

000O021767
朱子经筵讲义：一卷 / (宋)朱熹撰 . 真西山经筵
讲义：一卷 / (宋)真德秀撰
朝鲜活字印本
1995年摄制. -- 1盘卷片(5米61拍)：1:10,
2B；35mm银盐
收藏馆：缩微中心，国图

000O008392
论孟集注附考：二卷 / (清)丁晏撰
清(1644-1911)潘祖荫抄本
1988年摄制. -- 1盘卷片(4米43拍)：1:10,
2B；35mm银盐
收藏馆：缩微中心，国图

000O026048
四书集注：十九卷 / (宋)朱熹撰
明隆庆四年(1570)衡府刻本
1990年摄制. -- 1盘卷片(24米520拍)：
1:10, 2B；35mm银盐
收藏馆：缩微中心，南京

000O006149
四书集注：十九卷 / (宋)朱熹撰
明(1368-1644)新安吴勉学校刻本. -- 版框高
二十一厘米宽十四厘米。
1987年摄制. -- 1盘卷片(22.3米474拍)：
1:10, 2B；35mm银盐
收藏馆：缩微中心，广东

000O017517
四书集注：十九卷 / (宋)朱熹撰
明(1368-1644)种德书堂刻本
1993年摄制. -- 1盘卷片(25米455拍)：
1:10, 2B；35mm银盐
收藏馆：缩微中心，国图

000O009330
监本四书集注：十九卷 / (宋)朱熹撰
清嘉庆十年(1805)刻本
1988年摄制. -- 1盘卷片(15米310拍)：
1:10, 2B；35mm银盐
收藏馆：缩微中心，湖南

000O020403
四书集注：二十一卷 / (宋)朱熹撰
明(1368-1644)刻本
1994年摄制. -- 1盘卷片(24米451拍)：
1:10, 2B；35mm银盐
收藏馆：缩微中心，国图

000O006313
大学章句或问中庸章句或问论语集注孟子集注：
十二册 / (宋)朱熹撰
明嘉靖(1522-1566)刻本. -- (明)吉澄校刊。
1987年摄制. -- 1盘卷片(26米587拍)：
1:10, 2B；35mm银盐
收藏馆：缩微中心，吉林

000O024878
四书章句集注：二十八卷 / (宋)朱熹撰
元(1271-1368)刻本. -- 孟子集注卷三至卷四
配清咸丰九年(1859)抄本。(清)蒋培泽、(清)
高望曾、(清)丁丙跋。
1996年摄制. -- 2盘卷片(38米797拍)：
1:10, 2B；35mm银盐
收藏馆：缩微中心，南京

00O008402
四书集注：二十八卷 / (宋)朱熹撰
明正统十二年(1447)司礼监刻本
1988年摄制. -- 2盘卷片(36米769拍) :
1:10, 2B ; 35mm银盐
收藏馆：缩微中心，国图

00O021280
四书集注：二十八卷 / (宋)朱熹撰
清(1644-1911)内府刻本
1995年摄制. -- 2盘卷片(49米980拍) :
1:10, 2B ; 35mm银盐
收藏馆：缩微中心，国图

00O006815
四书集注：四十卷 / (宋)朱熹撰
明嘉靖(1522-1566)应樆刻本
1987年摄制. -- 1盘卷片(25米594拍) :
1:10, 2B ; 35mm银盐
收藏馆：缩微中心，国图

00O018915
四书章句集注：二十一卷 / (宋)朱熹撰
明末(1621-1644)刻朱墨套印本
1993年摄制. -- 1盘卷片(23米487拍) :
1:10, 2B ; 35mm银盐
收藏馆：缩微中心，山东

00O011551
四书章句集注：二十六卷 / (宋)朱熹注
清(1644-1911)内府刻本
1990年摄制. -- 2盘卷片(51米1082拍) :
1:10, 2B ; 35mm银盐
收藏馆：缩微中心，甘肃

00O021214
四书便抄：十九卷 / (宋)朱熹撰
清乾隆五年(1740)芥子园刻本
1995年摄制. -- 1盘卷片(22米438拍) :
1:10, 2B ; 35mm银盐
收藏馆：缩微中心，国图

00O002052
融堂四书管见：十三卷 / (宋)钱时撰
明(1368-1644)抄本
1986年摄制. -- 1盘卷片(14米306拍) :
1:10, 2B ; 35mm银盐
收藏馆：缩微中心，国图

00O026342
黄四如先生六经四书讲稿：六卷 / (宋)黄仲元撰
清(1644-1911)抄本. -- 罗振常跋，徐行可校点。

1997年摄制. -- 1盘卷片(8米150拍) : 1:10,
2B ; 35mm银盐
收藏馆：缩微中心，湖北

00O024347
读四书丛说：八卷 / (元)许谦撰
瞿氏铁琴铜剑楼影元抄本
1996年摄制. -- 1盘卷片(12米203拍) :
1:10, 2B ; 35mm银盐
收藏馆：缩微中心，国图

00O023027
四书通证：□□卷
元(1271-1368)刻本. -- 存七卷：孟子卷二至
卷三、卷六、卷十一至卷十四。
1995年摄制. -- 1盘卷片(8米138拍) : 1:10,
2B ; 35mm银盐
收藏馆：缩微中心，国图

00O023025
四书通证：六卷 / (元)张存中撰
元(1271-1368)刻本. -- 存四卷：论语卷下，
孟子卷上、卷下，中庸一卷。
1995年摄制. -- 1盘卷片(5米55拍) : 1:10,
2B ; 35mm银盐
收藏馆：缩微中心，国图

00O007722
四书管窥：八卷 / (元)史伯璇撰
清(1644-1911)抄本
1987年摄制. -- 1盘卷片(30米621拍) :
1:10, 2B ; 35mm银盐
收藏馆：缩微中心，湖南

00O025682
重订四书辑释：四十一卷 / (元)倪士毅撰；(元)程复心章图；(元)王元善通考
明初(1368-1424)刻本
1996年摄制. -- 3盘卷片(84米1895拍) :
1:10, 2B ; 35mm银盐
收藏馆：缩微中心，南京

00O001078
四书辑释：四十三卷 / (元)倪士毅撰；(元)程复心章图；(元)王元善通考
明初(1368-1424)刻本
1985年摄制. -- 2盘卷片(56.5米1269拍) :
1:10, 2B ; 35mm银盐
收藏馆：缩微中心，国图

00O003506
四书待问：二十二卷 / (元)萧镒撰
清(1644-1911)抄本

1985年摄制. -- 1盘卷片(13米268拍)：
1:10, 2B ; 35mm银盐
收藏馆：缩微中心，国图

000O024351
四书待问：二十二卷 / (元)萧镒撰
瞿氏铁琴铜剑楼抄本
1996年摄制. -- 1盘卷片(14米254拍)：
1:10, 2B ; 35mm银盐
收藏馆：缩微中心，国图

000O022642
四书集注大全：四十三卷 / (明)胡广[等]辑
明天顺二年(1458)黄氏仁和堂刻本. -- 存三
卷：大学章句一卷、或问一卷，中庸或问一
卷。
1994年摄制. -- 1盘卷片(13米252拍)：
1:10, 2B ; 35mm银盐
收藏馆：缩微中心，浙江

000O027481
四书集注大全：四十二卷 / (明)胡广[等]辑
明弘治十四年(1501)刘氏庆源书堂刻本
1996年摄制. -- 2盘卷片(60米1398拍)：
1:10, 2B ; 35mm银盐
收藏馆：缩微中心，南京

000O020521
四书集注大全：四十三卷 / (明)胡广[等]辑
明嘉靖十一年(1532)刻本
1991年摄制. -- 3盘卷片(74米1517拍)：
1:10, 2B ; 35mm银盐
收藏馆：缩微中心，广西二

000O007433
四书集注大全：四十二卷 / (明)胡广[等]辑
明(1368-1644)刻本
1987年摄制. -- 3盘卷片(74米1627拍)：
1:10, 2B ; 35mm银盐
收藏馆：缩微中心，国图

000O006772
四书集注大全：四十二卷 / (明)胡广[等]辑
明(1368-1644)内府抄本. -- 存二十卷：论语
卷一至卷七、卷十一至卷十二，孟子卷三至卷
十三。
1987年摄制. -- 1盘卷片(18米389拍)：
1:10, 2B ; 35mm银盐
收藏馆：缩微中心，国图

000O006324
四书集注大全：三十六卷 / (明)胡广[等]辑
明(1368-1644)刻本

1987年摄制. -- 3盘卷片(76米1664拍)：
1:10, 2B ; 35mm银盐
收藏馆：缩微中心，吉林

000O021293
周会魁校正四书大全：十八卷序二卷
明永乐十三年(1415)刻本. -- 存十一卷：卷
一至卷十一。
1994年摄制. -- 2盘卷片(55米1271拍)：
1:10, 2B ; 35mm银盐
收藏馆：缩微中心，柳州

000O021851
**李太史参补古今大方四书大全：十八卷 / (明)李
廷机撰**
明(1368-1644)建邑书林余氏刻本
1995年摄制. -- 3盘卷片(83米1887拍)：
1:10, 2B ; 35mm银盐
收藏馆：缩微中心，安徽

000O024992
增订四书集注大全：三十八卷 / (清)汪份辑
清康熙(1662-1722)遄喜斋刻本
1996年摄制. -- 5盘卷片(126米2616拍)：
1:10, 2B ; 35mm银盐
收藏馆：缩微中心，福建

000O015425
重刊蔡虚斋先生四书蒙引：十五卷 / (明)蔡清撰
明万历十五年(1587)吴同春刻本
1992年摄制. -- 3盘卷片(68米1338拍)：
1:10, 2B ; 35mm银盐
收藏馆：缩微中心，国图

000O009574
**重刊增订虚斋旧续四书蒙引：十五卷 / (明)蔡清
撰**
明万历(1573-1620)刻本
1988年摄制. -- 3盘卷片(82米1746拍)：
1:10, 2B ; 35mm银盐
收藏馆：缩微中心，山东

000O013541
四书图史合考：二十四卷 / (明)蔡清辑
明(1368-1644)金闿拥万堂刻本
1991年摄制. -- 2盘卷片(60米1219拍)：
1:10, 2B ; 35mm银盐
收藏馆：缩微中心，浙江

000O017376
重刊补订四书浅说：十三卷 / (明)陈琛撰
明万历三十七年(1609)李三才刻本. -- 存七
卷：论语卷一至卷二、孟子卷一至卷三、大学

卷一、中庸卷二。
1993年摄制. -- 1盘卷片(17米344拍) :
1:10, 2B ; 35mm银盐
收藏馆：缩微中心，国图

000O019140
新刊启蒙分章句解四书宝鉴：十六卷 / (明)陈文珑撰
明嘉靖(1522-1566)刻本
1994年摄制. -- 2盘卷片(45米884拍) :
1:10, 2B ; 35mm银盐
收藏馆：缩微中心，国图

000O014756
四书私存：三十八卷 / (明)季本撰
明(1368-1644)刻本
1992年摄制. -- 1盘卷片(29米529拍) :
1:10, 2B ; 35mm银盐
收藏馆：缩微中心，国图

000O013268
连理堂重订四书存疑：十四卷 / (明)林希元撰
明崇祯八年(1635)方文刻本. -- (明)陶望龄阅。
1991年摄制. -- 2盘卷片(36.5米771拍) :
1:10, 2B ; 35mm银盐
收藏馆：缩微中心，湖北

000O007299
四书人物考：四十卷 / (明)薛应旂撰
明嘉靖(1522-1566)刻本
1987年摄制. -- 1盘卷片(25米457拍) :
1:10, 2B ; 35mm银盐
收藏馆：缩微中心，国图

000O018759
四书人物考：四十卷 / (明)薛应旂撰
明(1368-1644)刻本
1994年摄制. -- 1盘卷片(23米433拍) :
1:10, 2B ; 35mm银盐
收藏馆：缩微中心，国图

000O006714
四书七十二朝人物考：四十卷 / (明)薛应旂撰
明(1368-1644)刻本. -- 版框高二十厘米宽十四厘米。
1987年摄制. -- 1盘卷片(28.2米610拍) :
1:10, 2B ; 35mm银盐
收藏馆：缩微中心，广东

000O008298
新刻七十二朝四书人物考注释：四十卷 / (明)薛应旂撰；(明)焦竑注

明万历三十六年(1608)三衢舒承溪刻本
1987年摄制. -- 1盘卷片(23米505拍) :
1:10, 2B ; 35mm银盐
收藏馆：缩微中心，山东

000O001533
新刻七十二朝四书人物考注释：四十卷 / (明)薛应旂撰
明万历(1573-1620)刻本
1986年摄制. -- 1盘卷片(23.8米530拍) :
1:10, 2B ; 35mm银盐
收藏馆：缩微中心，吉林

000O013148
新锓评林旁训薛郑二先生家藏酉阳捃古人物奇编：十八卷 / (明)薛应旂纂辑
明万历三十七年(1609)书林余应虬南京刻本
1991年摄制. -- 1盘卷片(28.5米643拍) :
1:10, 2B ; 35mm银盐
收藏馆：缩微中心，辽宁

000O017172
新锓评林旁训薛汤二先生家藏酉阳捃古人物奇编：十八卷首一卷 / (明)薛应旂辑；(明)汤宾尹注评
明万历四十四年(1616)郑名相刻本
1993年摄制. -- 1盘卷片(29米615拍) :
1:10, 2B ; 35mm银盐
收藏馆：缩微中心，山东

000O013544
新锓评林旁训薛汤二先生家藏酉阳捃古人物奇编：十八卷首一卷 / (明)薛应旂辑；(明)汤宾尹注评
明万历四十四年(1616)郑名相刻本. -- 存十七卷：卷一至卷三、卷五至卷十八。
1991年摄制. -- 1盘卷片(26米517拍) :
1:10, 2B ; 35mm银盐
收藏馆：缩微中心，浙江

000O024206
陈明卿先生订正四书人物备考：四十八卷 / (明)薛应旂辑；(明)薛采增补
明末(1621-1644)刻本
1995年摄制. -- 2盘卷片(32.4米736拍) :
1:10, 2B ; 35mm银盐
收藏馆：缩微中心，安徽

000O020516
陈明卿先生订正四书人物备考：四十八卷
清康熙五十四年(1715)刻本
1994年摄制. -- 2盘卷片(36米842拍) :
1:10, 2B ; 35mm银盐

收藏馆：缩微中心，广西二

000O008922
**新镌四书七十二朝人物经籍备考：二十四卷 /
(明)薛应旂辑；(明)钟惺合订**
明(1368-1644)舒濂溪刻本
1988年摄制. -- 3盘卷片(70米1415拍) :
1:10, 2B ; 35mm银盐
收藏馆：缩微中心，湖北

000O012110
四书摘训：二十卷 / (明)丘橓辑
明万历十年(1582)周裔先刻本
1990年摄制. -- 2盘卷片(39米837拍) :
1:10, 2B ; 35mm银盐
收藏馆：缩微中心，山东

000O027806
**李翰林批点四书初问讲义：八卷补一卷 / (明)徐
爌撰**
明(1368-1644)书林徐宪成刻本
1996年摄制. -- 1盘卷片(19米410拍) :
1:10, 2B ; 35mm银盐
收藏馆：缩微中心，南京

000O006717
**新订四书直解正字全编：二十六卷 / (明)张居正
直解；(明)沈鲤正字**
明崇祯七年(1634)新安方奇峋刻本. -- 版框
高二十厘米宽十五厘米.
1987年摄制. -- 3盘卷片(69.6米1486拍) :
1:10, 2B ; 35mm银盐
收藏馆：缩微中心，广东

000O013584
**重刻内府原板张阁老经筵四书直解指南：二十七
卷 / (明)张居正撰；(明)焦竑增补**
明万历(1573-1620)书林易斋詹亮刻本
1991年摄制. -- 2盘卷片(45米921拍) :
1:10, 2B ; 35mm银盐
收藏馆：缩微中心，浙江

000O028894
**四书直解四书讲义合参：二十七卷 / (明)张居
正,(明)顾宗孟撰**
明崇祯九年(1636)刻本
1997年摄制. -- 3盘卷片(63米1196拍) :
1:10, 2B ; 35mm银盐
收藏馆：缩微中心，苏州

000O020280
四书参：十九卷 / (明)李贽撰；(明)杨起元[等]评
明(1368-1644)刻套印本

1994年摄制. -- 1盘卷片(20米381拍) :
1:10, 2B ; 35mm银盐
收藏馆：缩微中心，国图

000O029026
李氏说书：九卷 / (明)李载贽辑
明(1368-1644)刻本
1999年摄制. -- 1盘卷片(22米475拍) :
1:10, 2B ; 35mm银盐
收藏馆：缩微中心，湖南

000O013568
四书翼传三义：七卷 / (明)王守诚撰
明万历十六年(1588)于天经刻本
1991年摄制. -- 2盘卷片(56米1136拍) :
1:10, 2B ; 35mm银盐
收藏馆：缩微中心，浙江

000O018298
质言：三卷 / (明)牛应元辑；(明)李嘉言[等]校
明万历(1573-1620)刻本
1993年摄制. -- 1盘卷片(12米225拍) :
1:10, 2B ; 35mm银盐
收藏馆：缩微中心，天津

000O024281
新锲四书七进士讲意折衷：六卷 / (明)邹泉撰
明万历十年(1582)书林翁见川刻本
1996年摄制. -- 1盘卷片(26米536拍) :
1:10, 2B ; 35mm银盐
收藏馆：缩微中心，安徽

000O024844
四书说剩：六卷 / (明)林散撰
明万历(1573-1620)刻本
1996年摄制. -- 1盘卷片(19米390拍) :
1:10, 2B ; 35mm银盐
收藏馆：缩微中心，福建

000O020536
**四书传习心谭：不分卷 / (明)刘必绍撰；(明)刘
濡恩辑**
明万历(1573-1620)崔承祀刻清(1644-1911)重
修本
1994年摄制. -- 3盘卷片(83米1784拍) :
1:10, 2B ; 35mm银盐
收藏馆：缩微中心，文登

000O024209
刻四书便蒙讲述：十一卷 / (明)卢一诚撰
明万历(1573-1620)刻本
1995年摄制. -- 2盘卷片(34米781拍) :
1:10, 2B ; 35mm银盐

收藏馆：缩微中心，安徽

000O025909
古今道脉：四十五卷 / (明)徐奋鹏撰
明万历四十六年(1618)金陵书林郑大经刻本
1996年摄制. -- 6盘卷片(154米3078拍)：
1:10，2B；35mm银盐
收藏馆：缩微中心，南京

000O013286
四书眼：十九卷 / (明)梁知撰
明万历三十九年(1611)大来山房刻本
1991年摄制. -- 1盘卷片(21米442拍)：
1:10，2B；35mm银盐
收藏馆：缩微中心，湖北

000O011716
谈经苑：三十九卷 / (明)陈禹谟辑
明万历(1573-1620)张之厚刻本
1989年摄制. -- 3盘卷片(78.5米1691拍)：
1:10，2B；35mm银盐
收藏馆：缩微中心，湖北

000O014482
名物考：二十卷 / (明)陈禹谟辑
明(1368-1644)刻本
1992年摄制. -- 1盘卷片(24.1米524拍)：
1:11，2B；35mm银盐
收藏馆：缩微中心，重庆

000O013558
四书名物考：二十四卷 / (明)陈万撰；(明)钱受益,(明)牛斗星补
明末(1621-1644)牛斗星刻本
1991年摄制. -- 2盘卷片(38米750拍)：
1:10，2B；35mm银盐
收藏馆：缩微中心，浙江

000O016560
四书名物考：二十四卷 / (明)陈禹谟辑；(明)钱受益,(明)牛斗星补
明末(1621-1644)读书坊刻本
1992年摄制. -- 2盘卷片(34米750拍)：
1:10，2B；35mm银盐
收藏馆：缩微中心，辽宁

000O017941
新刻四书图要：二卷 / (明)黄耳鼎,(明)金寿祖撰
明万历二十六年(1598)游一川刻本
1993年摄制. -- 1盘卷片(7米98拍)：1:10，
2B；35mm银盐
收藏馆：缩微中心，国图

000O014486
皇明百方家问答：十五卷 / (明)郭伟撰
明万历四十五年(1617)金陵李潮刻本
1992年摄制. -- 2盘卷片(40米858拍)：
1:10，2B；35mm银盐
收藏馆：缩微中心，重庆

000O022633
新锲皇明百大家总意四书正新录：六卷 / (明)郭伟撰
明万历二十四年(1596)杨发吾守仁斋刻本
1994年摄制. -- 2盘卷片(42米837拍)：
1:10，2B；35mm银盐
收藏馆：缩微中心，浙江

000O013300
玄晏斋困思抄：三卷；玄晏斋诗：三卷 / (明)孙慎行撰
明万历四十三年(1615)刻本
1991年摄制. -- 1盘卷片(12米235拍)：
1:10，2B；35mm银盐
收藏馆：缩微中心，湖北

000O021157
新刻顾邻初先生批点四书大文：五卷 / (明)顾起元批点
明天启(1621-1627)王凤翔光启堂刻朱墨套印本
1992年摄制. -- 1盘卷片(19米380拍)：
1:10，2B；35mm银盐
收藏馆：缩微中心，辽宁

000O028957
荷珠录：不分卷 / (明)张汝霖撰
明(1368-1644)刻本. -- (明)兰陵素心批校
1998年摄制. -- 1盘卷片(12米187拍)：
1:10，2B；35mm银盐
收藏馆：缩微中心，苏州

000O020514
新镌汤霍林先生秘笥四书金绳：不分卷
明(1368-1644)刻本
1994年摄制. -- 1盘卷片(15米312拍)：
1:10，2B；35mm银盐
收藏馆：缩微中心，柳州

000O022645
鼎镌徐笔洞增补睡庵四书脉讲意：六卷 / (明)汤宾尹撰；(明)徐奋鹏增补
明万历四十七年(1619)书林余应虬刻本
1994年摄制. -- 2盘卷片(36米705拍)：
1:10，2B；35mm银盐
收藏馆：缩微中心，浙江

00O011567
四书考 / (明)张位辑
明万历三十年(1602)金陵周氏大业堂刻本
1990年摄制. -- 1盘卷片(7米117拍)：1:10,
2B ；35mm银盐
收藏馆：缩微中心，甘肃

00O008948
四书湖南讲：九卷 / (明)葛寅亮撰
明崇祯(1628-1644)刻本
1988年摄制. -- 2盘卷片(45.5米955拍)：
1:10, 2B ；35mm银盐
收藏馆：缩微中心，湖北

00O013580
四书说丛：十七卷 / (明)沈守正撰
明万历四十三年(1615)刻本
1991年摄制. -- 1盘卷片(31米627拍)：
1:10, 2B ；35mm银盐
收藏馆：缩微中心，浙江

00O024880
重订四书说丛：十七卷 / (明)沈守正辑
明天启七年(1627)章炫然沈尤含刻本. --
(清)丁丙跋。
1996年摄制. -- 2盘卷片(34米701拍)：
1:10, 2B ；35mm银盐
收藏馆：缩微中心，南京

00O008955
重订四书说丛：十七卷 / (明)沈守正辑
明天启七年(1627)章炫然刻本
1988年摄制. -- 1盘卷片(30.5米671拍)：
1:10, 2B ；35mm银盐
收藏馆：缩微中心，湖北

00O014850
四书指月：十三卷 / (明)冯梦龙撰
明末(1621-1644)刻本
1992年摄制. -- 1盘卷片(30米638拍)：
1:10, 2B ；35mm银盐
收藏馆：缩微中心，国图

00O021086
四书说约：三十三卷 / (明)鹿善继撰
清(1644-1911)刻本
1994年摄制. -- 1盘卷片(20米387拍)：
1:10, 2B ；35mm银盐
收藏馆：缩微中心，国图

00O021852
**四书引经节解图考：十七卷 / (明)吴继仕撰；
(明)吴应箕点定**

明崇祯九年(1636)刻本
1995年摄制. -- 2盘卷片(42米940拍)：
1:10, 2B ；35mm银盐
收藏馆：缩微中心，安徽

00O010147
四书大全纂：十三卷 / (明)陈一经撰
明万历四十四年(1616)陈于廷刻本
1989年摄制. -- 1盘卷片(31米638拍)：
1:10, 2B ；35mm银盐
收藏馆：缩微中心，山东

00O006151
章子留书：六卷 / (明)章世纯撰
明末(1621-1644)李士奇刻本. -- 版框高
二十二厘米宽十四厘米。
1987年摄制. -- 1盘卷片(10.1米198拍)：
1:10, 2B ；35mm银盐
收藏馆：缩微中心，广东

00O025931
章子留书：六卷 / (明)章世纯撰
清(1644-1911)抄本. -- (清)丁丙跋。
1996年摄制. -- 1盘卷片(9米183拍)：1:10,
2B ；35mm银盐
收藏馆：缩微中心，南京

00O012485
新镌顾九畴四书详说：十卷 / (明)顾锡畴撰
明天启二年(1622)刻本
1990年摄制. -- 2盘卷片(38米778拍)：
1:10, 2B ；35mm银盐
收藏馆：缩微中心，山东

00O025693
公余存见：六卷 / (明)胡允聘撰
明天启(1621-1627)刻本
1996年摄制. -- 1盘卷片(27米571拍)：
1:10, 2B ；35mm银盐
收藏馆：缩微中心，河南

00O025694
四书大全：三十九卷 / (明)胡广[等]辑
明(1368-1644)德寿堂刻本
1995年摄制. -- 3盘卷片(79米1754拍)：
1:10, 2B ；35mm银盐
收藏馆：缩微中心，河南

00O006716
**四书考：二十八卷考异一卷 / (明)陈仁锡撰；
(明)陈义锡[等]订**
明崇祯七年(1634)陈氏刻本. -- 版框高
二十一厘米宽十四厘米。

1987年摄制. -- 3盘卷片(77.7米1669拍)：
1:10, 2B ; 35mm银盐
收藏馆：缩微中心，广东

000O021202
群龙馆手授四书主意鞭影：二十卷 / (清)刘凤翔撰
清康熙(1662-1722)金陵张氏瑞云馆刻套印本
1995年摄制. -- 1盘卷片(30米594拍)：
1:10, 2B ; 35mm银盐
收藏馆：缩微中心，国图

000O028496
慧眼山房说书：二十卷 / (清)陈天定撰
明末(1621-1644)刻本. -- 存四卷：卷七至卷
八、卷十九至卷二十。
1997年摄制. -- 1盘卷片(11.9米236拍)：
1:10, 2B ; 35mm银盐
收藏馆：缩微中心，福建

000O011556
四书征：十二卷 / (明)王梦简辑
明(1368-1644)王大年刻本
1990年摄制. -- 1盘卷片(36米765拍)：
1:10, 2B ; 35mm银盐
收藏馆：缩微中心，甘肃

000O022650
合参四书蒙引存疑定解：二十卷 / (明)吴当辑
明崇祯(1628-1644)刻本
1994年摄制. -- 2盘卷片(52米1034拍)：
1:10, 2B ; 35mm银盐
收藏馆：缩微中心，浙江

000O012847
四书经学考：十卷补遗一卷 / (明)徐邦佐撰
明崇祯(1628-1644)刻本
1990年摄制. -- 1盘卷片(14米281拍)：
1:10, 2B ; 35mm银盐
收藏馆：缩微中心，浙江

000O007283
四书经学考：十卷 / (明)徐邦佐撰. 续考：六卷 / (明)陈鹏霄撰
明崇祯(1628-1644)刻本. -- (清)祁理孙题款。
1987年摄制. -- 1盘卷片(21米450拍)：
1:10, 2B ; 35mm银盐
收藏馆：缩微中心，国图

000O006454
四朋居硃订四书圣贤心诀：十九卷字画辨疑一卷句辨一卷 / (明)周文德撰

明(1368-1644)万卷堂刻朱墨蓝三色套印本
1987年摄制. -- 1盘卷片(25米556拍)：
1:10, 2B ; 35mm银盐
收藏馆：缩微中心，国图

000O031937
四朋居硃订四书圣贤心诀：十九卷字画辨疑一卷句辨一卷 / (明)周文德撰
明(1368-1644)万卷堂刻朱墨蓝三色套印本
2010年摄制. -- 1盘卷片(30米591拍)：
1:13, 2B ; 35mm银盐
收藏馆：缩微中心，国图

000O024210
四书经正录：三十二卷 / (明)张云鸾辑
明崇祯四年(1631)刻本
1996年摄制. -- 2盘卷片(37米836拍)：
1:10, 2B ; 35mm银盐
收藏馆：缩微中心，安徽

000O009001
四书注疏大全合纂：三十七卷 / (明)张溥撰
明崇祯九年(1636)刻本
1988年摄制. -- 4盘卷片(97.5米2052拍)：
1:10, 2B ; 35mm银盐
收藏馆：缩微中心，湖北

000O013559
张天如先生汇订四书人物名物经文合考：十二卷 / (明)张溥撰
明崇祯(1628-1644)刻本
1991年摄制. -- 1盘卷片(26米519拍)：
1:10, 2B ; 35mm银盐
收藏馆：缩微中心，浙江

000O013525
四书若解编：六卷 / (明)王应乾撰
明(1368-1644)刻本
1991年摄制. -- 1盘卷片(5.5米93拍)：
1:10, 2B ; 35mm银盐
收藏馆：缩微中心，重庆

000O021425
新增会讲分节四书活套刊误：□□卷
明(1368-1644)刻本. -- 存三卷：论语卷八至卷十。
1995年摄制. -- 1盘卷片(5米62拍)：1:10, 2B ; 35mm银盐
收藏馆：缩微中心，国图

000O026412
四书大全辨：六十二卷附录六卷 / (明)张自烈撰
清顺治(1644-1661)刻本

1997年摄制. -- 4盘卷片(117米2598拍)：
1:10, 2B；35mm银盐
收藏馆：缩微中心，河南

1995年摄制. -- 1盘卷片(22米490拍)：
1:10, 2B；35mm银盐
收藏馆：缩微中心，安徽

000O024725
四书遇：不分卷 / (明)张岱撰
清(1644-1911)稿本
1996年摄制. -- 1盘卷片(22米443拍)：
1:10, 2B；35mm银盐
收藏馆：缩微中心，浙江

000O030023
四书讲义困勉录：三十七卷续录六卷 / (清)陆陇其撰
清康熙三十八年(1699)陆公镠刻本
2001年摄制. -- 3盘卷片(73.7米1498拍)：
1:10, 2B；35mm银盐
收藏馆：缩微中心，厦门

000O014501
浙江杭州新刊重校补订四书集说：二十卷 / (明)周华辑
明(1368-1644)高儒刻本
1991年摄制. -- 2盘卷片(53.5米1176拍)：
1:9, 2B；35mm银盐
收藏馆：缩微中心，重庆

000O024215
四书大成：□□卷 / (清)沈磊,(清)陆垲撰
清(1644-1911)刻本. -- 存四卷：大学一卷、中庸一卷、孟子卷四至卷五。(清)程瑶田手批。
1996年摄制. -- 1盘卷片(8米173拍)：1:10, 2B；35mm银盐
收藏馆：缩微中心，安徽

000O008085
四书说约：二十卷 / (明)顾梦麟辑
明崇祯十三年(1640)张叔籁刻本
1988年摄制. -- 3盘卷片(72.5米1595拍)：
1:10, 2B；35mm银盐
收藏馆：缩微中心，湖北

000O008142
四书明儒大全精义：三十八卷 / (清)汤传榘辑
清康熙四十四年(1705)刻本
1988年摄制. -- 3盘卷片(79米1740拍)：
1:10, 2B；35mm银盐
收藏馆：缩微中心，湖北

000O023576
日讲四书解义：二十六卷 / (清)喇沙里,(清)陈廷敬[等]撰
清康熙十六年(1677)内府刻本
1995年摄制. -- 2盘卷片(65米1300拍)：
1:10, 2B；35mm银盐
收藏馆：缩微中心，国图

000O016535
四书余说：二十卷 / (清)孙嬇撰
清康熙五十七年(1718)惇裕堂刻本
1992年摄制. -- 2盘卷片(53.1米1191拍)：
1:10, 2B；35mm银盐
收藏馆：缩微中心，辽宁

000O001912
贞固斋书义：四卷 / (清)傅以渐撰
清初(1644-1722)抄本. -- (清)刘凤诰跋。
1986年摄制. -- 1盘卷片(29.2米659拍)：
1:10, 2B；35mm银盐
收藏馆：缩微中心，国图

000O026100
四书困学编：三十八卷 / (清)汤豫诚撰
清(1644-1911)稿本
1995年摄制. -- 5盘卷片(133米2954拍)：
1:10, 2B；35mm银盐
收藏馆：缩微中心，河南

000O021255
四书朱子语类摘钞：三十八卷 / (清)张履祥,(清)吕留良辑
清康熙四十年(1701)南阳讲习堂刻本
1995年摄制. -- 1盘卷片(30米621拍)：
1:10, 2B；35mm银盐
收藏馆：缩微中心，国图

000O020556
四书会要录：三十卷 / (清)黄瑞辑
清康熙五十九年(1720)述善堂刻本
1994年摄制. -- 3盘卷片(86米1845拍)：
1:10, 2B；35mm银盐
收藏馆：缩微中心，山东

000O024208
四书改错：二十二卷 / (清)毛奇龄撰
清嘉庆十六年(1811)学圃刻西河合集本. -- (清)焦循、(清)阮恩海题识

000O010335
天赏楼四书绎义：十九卷 / (清)王铸撰
清乾隆十九年(1754)天赏楼刻本
1989年摄制. -- 1盘卷片(24米519拍)：
1:10, 2B；35mm银盐

收藏馆：缩微中心，湖北

000○024355
四书考异：七十二卷 / (清)翟灏撰
清乾隆(1736-1795)刻本. -- 钤"曾在周叔弢
处"印。(清)卢文弨校，(清)谢家禾跋。
1996年摄制. -- 2盘卷片(41米804拍) :
1:10，2B；35mm银盐
收藏馆：缩微中心，国图

000○029844
四书博征：□□卷 / (清)陶及申撰
清(1644-1911)陶介亭贤奕书楼抄本. -- 存
四十三卷。
2001年摄制. -- 2盘卷片(43米909拍) :
1:10，2B；35mm银盐
收藏馆：缩微中心，国图

000○022649
四书疏记：四卷 / (清)陈鳢撰
清(1644-1911)稿本
1994年摄制. -- 1盘卷片(3米31拍) : 1:10，
2B；35mm银盐
收藏馆：缩微中心，浙江

000○000532
四书释地辨证：二卷 / (清)宋翔凤撰
清(1644-1911)刻本
1985年摄制. -- 1盘卷片(3.8米52拍) :
1:10，2B；35mm银盐
收藏馆：缩微中心，国图

000○025041
四书地理考：十五卷 / (清)王鎏撰
清道光(1821-1850)刻本
1996年摄制. -- 1盘卷片(14米245拍) :
1:10，2B；35mm银盐
收藏馆：缩微中心，国图

000○025045
四书拾义：六卷 / (清)胡绍勋撰
清道光十四年(1834)吟经楼刻本
1996年摄制. -- 1盘卷片(9米147拍) : 1:10，
2B；35mm银盐
收藏馆：缩微中心，国图

000○031167
四书拾义：五卷 / (清)胡绍勋撰
清道光十四年(1834)吟经楼刻本
2004年摄制. -- 1盘卷片(8米134拍) : 1:10，
2B；35mm银盐
收藏馆：缩微中心，国图

000○000110
**古微堂四书：□□卷；四书后编：□□卷 / (清)
魏源辑**
清(1644-1911)何绍基抄本. -- 存六卷：古微
堂四书卷二、卷五至卷六，后编小学古经卷
上、卷中、卷下。
1985年摄制. -- 1盘卷片(14.5米308拍) :
1:10，2B；35mm银盐
收藏馆：缩微中心，国图

000○022647
四书述言：不分卷 / (清)李福臧撰
清(1644-1911)稿本
1994年摄制. -- 1盘卷片(15米281拍) :
1:10，2B；35mm银盐
收藏馆：缩微中心，浙江

000○022648
四书所见录：不分卷 / (清)王锡命撰
清(1644-1911)稿本
1994年摄制. -- 2盘卷片(62米1266拍) :
1:10，2B；35mm银盐
收藏馆：缩微中心，浙江

000○028755
四书辨释备考：不分卷 / (清)叶廷琯辑
抄本
1998年摄制. -- 1盘卷片(5米57拍) : 1:10，
2B；35mm银盐
收藏馆：缩微中心，苏州

000○014508
四书考略：二卷 / (清)郑兆元撰
清(1644-1911)抄本
1991年摄制. -- 1盘卷片(4.3米96拍) : 1:9，
2B；35mm银盐
收藏馆：缩微中心，重庆

000○026401
四书识小录：一卷 / 杨守敬撰
清(1644-1911)稿本
1992年摄制. -- 1盘卷片(2米38拍) : 1:10，
2B；35mm银盐
收藏馆：缩微中心，重庆

000○024363
孟子音义：二卷 / (宋)孙奭撰
清道光二十三年(1843)许瀚刻本. -- 王国维
校并跋。
1996年摄制. -- 1盘卷片(3米21拍) : 1:10，
2B；35mm银盐
收藏馆：缩微中心，国图

00O002189
孟子音义：二卷 / (宋)孙奭撰
清初(1644-1722)影宋抄本
1986年摄制. -- 1盘卷片(3米32拍) ： 1:10,
2B ； 35mm银盐
收藏馆：缩微中心，国图

000024212
四书正字汇：十九卷 / (清)沈渭撰；(清)方易村批校
清康熙二十五年(1686)沈氏崇正堂刻本
1996年摄制. -- 1盘卷片(23米523拍) ：
1:10, 2B ； 35mm银盐
收藏馆：缩微中心，安徽

尔雅类

000026930
尔雅：二卷 / (晋)郭璞注．小尔雅：一卷 / [题](汉)孔鲋撰；(宋)宋咸注
明末(1621-1644)刻本. -- (清)徐鲲校并跋，(清)丁丙跋。
1996年摄制. -- 1盘卷片(8米120拍) ： 1:10,
2B ； 35mm银盐
收藏馆：缩微中心，南京

000004699
尔雅：三卷 / (晋)郭璞注
明嘉靖四年(1525)张景华黄卿刻本
1986年摄制. -- 1盘卷片(6米95拍) ： 1:10,
2B ； 35mm银盐
收藏馆：缩微中心，国图

000019550
尔雅注：三卷 / (晋)郭璞撰
明嘉靖四年(1525)张景华黄卿刻本
1994年摄制. -- 1盘卷片(6米77拍) ： 1:10,
2B ； 35mm银盐
收藏馆：缩微中心，国图

000004340
尔雅：三卷 / (晋)郭璞注
明嘉靖十七年(1538)吴元恭刻本
1986年摄制. -- 1盘卷片(6米96拍) ： 1:10,
2B ； 35mm银盐
收藏馆：缩微中心，国图

000014492
尔雅注：八卷 / (晋)郭璞撰
明(1368-1644)刻本
1992年摄制. -- 1盘卷片(11.5米232拍) ：
1:10, 2B ； 35mm银盐
收藏馆：缩微中心，重庆

000018294
尔雅：三卷音释三卷 / (晋)郭璞注
明景泰七年(1456)刻本. -- 周叔弢校并跋。
1993年摄制. -- 1盘卷片(5米75拍) ： 1:10,
2B ； 35mm银盐
收藏馆：缩微中心，天津

000020003
尔雅注：三卷音释三卷 / (晋)郭璞撰
明(1368-1644)刻本. -- (清)姚畹真跋。
1994年摄制. -- 1盘卷片(7米115拍) ： 1:10,
2B ； 35mm银盐
收藏馆：缩微中心，国图

000013384
尔雅注：三卷音释三卷 / (晋)郭璞撰
明(1368-1644)刻本
1991年摄制. -- 1盘卷片(5米69拍) ： 1:10,
2B ； 35mm银盐
收藏馆：缩微中心，国图

000013385
尔雅注：三卷音释三卷 / (晋)郭璞撰
明(1368-1644)刻本
1991年摄制. -- 1盘卷片(5米69拍) ： 1:10,
2B ； 35mm银盐
收藏馆：缩微中心，国图

000015734
尔雅注：三卷音释三卷 / (晋)郭璞撰
明(1368-1644)刻本
1993年摄制. -- 1盘卷片(5米69拍) ： 1:10,
2B ； 35mm银盐
收藏馆：缩微中心，国图

000010900
尔雅：三卷 / (晋)郭璞注；(唐)陆德明音释
清乾隆二十九年(1764)孔继汾刻本. -- (清)徐恕录(清)严元照校。
1989年摄制. -- 1盘卷片(6米93拍) ： 1:10,
2B ； 35mm银盐
收藏馆：缩微中心，湖北

000024369
尔雅：三卷 / (晋)郭璞注；(唐)陆德明音释
清乾隆(1736-1795)孔继汾刻本
1996年摄制. -- 1盘卷片(6米81拍) ： 1:10,
2B ； 35mm银盐
收藏馆：缩微中心，国图

000027125
尔雅：三卷 / (晋)郭璞注；(唐)陆德明音释
清光绪十二年(1886)湖北官书处刻本. -- 王

国维校并跋。
1996年摄制. -- 1盘卷片(16米308拍)：
1:10, 2B；35mm银盐
收藏馆：缩微中心, 国图

000○025040
尔雅疏：十卷 / (宋)邢昺撰
清光绪四年(1878)陆氏十万卷楼刻本. -- 王
国维校并跋。
1996年摄制. -- 1盘卷片(9米155拍)：1:10,
2B；35mm银盐
收藏馆：缩微中心, 国图

000○000698
尔雅注疏：十一卷 / (晋)郭璞注；(宋)邢昺疏
元(1271-1368)刻明(1368-1644)重修本
1985年摄制. -- 1盘卷片(15米308拍)：
1:10, 2B；35mm银盐
收藏馆：缩微中心, 国图

000○000807
尔雅注疏：十一卷 / (晋)郭璞注；(宋)邢昺疏
明崇祯(1628-1644)毛氏汲古阁刻十三经注疏
本. -- (清)许瀚跋, (清)王筠批识。
1985年摄制. -- 1盘卷片(17.5米394拍)：
1:10, 2B；35mm银盐
收藏馆：缩微中心, 国图

000○026398
尔雅注疏：十一卷 / (晋)郭璞注；(宋)邢昺疏
清乾隆五十一年(1786)金阊书业堂刻本. --
(清)华世芳跋并录(清)惠栋批校。
1996年摄制. -- 1盘卷片(16米339拍)：
1:10, 2B；35mm银盐
收藏馆：缩微中心, 南京

000○028389
尔雅注疏：十一卷 / (晋)郭璞注；(宋)邢昺疏
清(1644-1911)崇德书院刻本. -- (清)王仁俊
批校。
1997年摄制. -- 1盘卷片(16米338拍)：
1:10, 2B；35mm银盐
收藏馆：缩微中心, 辽宁

000○024383
尔雅注疏：十卷 / (晋)郭璞注；(宋)邢昺疏. 校勘
记：十卷 / (清)阮元撰
清嘉庆二十年(1815)南昌府学刻十三经注疏
本. -- (清)韩泰华临(清)许瀚校。
1996年摄制. -- 1盘卷片(21米406拍)：
1:10, 2B；35mm银盐
收藏馆：缩微中心, 国图

000○024386
尔雅注疏：十卷 / (晋)郭璞注；(宋)邢昺疏. 校勘
记：十卷 / (清)阮元撰
清嘉庆二十年(1815)南昌府学刻十三经注疏
本. -- 王国维校并跋。
1996年摄制. -- 1盘卷片(21米406拍)：
1:10, 2B；35mm银盐
收藏馆：缩微中心, 国图

000○007258
尔雅新义：二十卷 / (宋)陆佃撰；(清)宋大樽校.
叙录：一卷 / (清)宋大樽辑
清嘉庆十三年(1808)陆氏三间草堂刻本
1987年摄制. -- 1盘卷片(15米314拍)：
1:10, 2B；35mm银盐
收藏馆：缩微中心, 国图

000○001909
尔雅：三卷 / (宋)郑樵注
清初(1644-1722)抄本
1986年摄制. -- 1盘卷片(4米66拍)：1:10,
2B；35mm银盐
收藏馆：缩微中心, 国图

000○008096
尔雅：三卷 / (宋)郑樵注
清康熙四十年(1701)郑定远刻本
1988年摄制. -- 1盘卷片(15米352拍)：
1:10, 2B；35mm银盐
收藏馆：缩微中心, 湖北

000○008145
尔雅注疏参义：六卷 / (清)姜兆锡撰
清雍正十年(1732)寅清楼刻本
1988年摄制. -- 1盘卷片(8.5米151拍)：
1:10, 2B；35mm银盐
收藏馆：缩微中心, 湖北

000○018320
尔雅补郭：二卷 / (清)翟灏撰
清(1644-1911)刻本. -- (清)陈鳣批校。
1993年摄制. -- 1盘卷片(4米51拍)：1:10,
2B；35mm银盐
收藏馆：缩微中心, 天津

000○028512
尔雅正义：二十卷 / (清)邵晋涵撰. 释文：三卷 /
(唐)陆德明撰
清乾隆五十三年(1788)邵氏面水层轩刻本. --
(清)谢章铤校点并题识。
1997年摄制. -- 2盘卷片(35米774拍)：
1:10, 2B；35mm银盐
收藏馆：缩微中心, 福建

00O010279
尔雅正义：二十卷 / (清)邵晋涵撰．释文：三卷 / (唐)陆德明撰
清乾隆五十三年(1788)邵氏面水层轩刻本
1989年摄制． -- 1盘卷片(30.5米687拍)：1:10，2B；35mm银盐
收藏馆：缩微中心，湖北

00O013214
尔雅正义：二十卷 / (清)邵晋涵撰．释文：三卷 / (唐)陆德明撰
清乾隆五十三年(1788)面水层轩刻本
1991年摄制． -- 1盘卷片(31米648拍)：1:10，2B；35mm银盐
收藏馆：缩微中心，国图

00O022656
尔雅注疏旁训：四卷附释名一卷 / (清)周樽辑；(清)马俊良增订
清嘉庆元年(1796)刻本． -- (清)骆士奎校。
1994年摄制． -- 1盘卷片(7米110拍)：1:10，2B；35mm银盐
收藏馆：缩微中心，浙江

00O010902
读雅笔记：三卷 / (清)李雾撰
清嘉庆九年(1804)赐锦堂刻本
1989年摄制． -- 1盘卷片(4米52拍)：1:10，2B；35mm银盐
收藏馆：缩微中心，湖北

00O013728
尔雅郭注义疏：二十卷 / (清)郝懿行撰
清道光三十年(1850)陆建瀛木犀香馆刻本． -- (清)李慈铭批校并跋。
1991年摄制． -- 1盘卷片(26米536拍)：1:10，2B；35mm银盐
收藏馆：缩微中心，国图

00O023953
尔雅郭注义疏：二十卷 / (清)郝懿行撰
清同治四年(1865)刻本． -- (清)谢章铤校点并题识。
1996年摄制． -- 2盘卷片(35米735拍)：1:10，2B；35mm银盐
收藏馆：缩微中心，福建

00O025050
尔雅古注斟：三卷；兰如诗钞：一卷 / (清)叶蕙心撰
清光绪二年(1876)李氏半亩园刻本． -- (清)李慈铭校。
1996年摄制． -- 1盘卷片(10米166拍)：

1:10，2B；35mm银盐
收藏馆：缩微中心，国图

00O019974
尔雅注：二卷音释二卷 / (晋)郭璞撰
明嘉靖四年(1525)许宗鲁宜静书堂刻本
1994年摄制． -- 1盘卷片(5米69拍)：1:10，2B；35mm银盐
收藏馆：缩微中心，国图

00O007878
尔雅：二卷音释二卷 / (晋)郭璞注；(宋)邢昺疏
明(1368-1644)刻本． -- 版框高二十三厘米宽十五厘米。
1988年摄制． -- 1盘卷片(6米91拍)：1:10，2B；35mm银盐
收藏馆：缩微中心，广东

00O014802
尔雅注：二卷音释二卷 / (晋)郭璞撰
明(1368-1644)刻本
1992年摄制． -- 1盘卷片(6米69拍)：1:10，2B；35mm银盐
收藏馆：缩微中心，国图

00O006471
尔雅释文补：三卷 / (清)钱大昭撰
清(1644-1911)抄本
1987年摄制． -- 1盘卷片(15米319拍)：1:10，2B；35mm银盐
收藏馆：缩微中心，国图

00O000059
尔雅古义：十一卷 / (汉)樊光,(汉)李巡[等]撰；(清)黄奭辑
清道光(1821-1850)刻本． -- (清)黄奭校补。
1985年摄制． -- 1盘卷片(19米407拍)：1:10，2B；35mm银盐
收藏馆：缩微中心，国图

群经总义类

00O002122
石经考：一卷 / (清)顾炎武撰
清(1644-1911)抄本
1986年摄制． -- 1盘卷片(3.2米40拍)：1:10，2B；35mm银盐
收藏馆：缩微中心，国图

00O019537
石经考：一卷 / (清)顾炎武撰
清(1644-1911)抄本． -- 还有合抄著作：九经误字，未拍摄。

1994年摄制. -- 1盘卷片(3米21拍) ： 1:10,
2B ； 35mm银盐
收藏馆：缩微中心，国图

00O019536
九经误字：一卷 / (清)顾炎武撰
清(1644-1911)抄本. -- 还有合抄著作：石经
考，未拍摄.
1994年摄制. -- 1盘卷片(2米5拍) ： 1:10,
2B ； 35mm银盐
收藏馆：缩微中心，国图

00O001906
唐石经考异：十三卷 / (清)钱大昕撰
清(1644-1911)次欧山馆抄本
1986年摄制. -- 1盘卷片(7米121拍) ： 1:10,
2B ； 35mm银盐
收藏馆：缩微中心，国图

00O028900
汉熹平石经残字：一卷
清乾隆四十三年(1778)张燕昌刻本. -- (清)
罗以智录(清)翁方纲、(清)黄易、(清)钱泳等
考证并跋。
1990年摄制. -- 1盘卷片(3米30拍) ： 1:10,
2B ； 35mm银盐
收藏馆：缩微中心，南京

00O025108
石经残字考：一卷 / (清)翁方纲撰
清(1644-1911)刻本. -- (清)冯登府跋。
1996年摄制. -- 1盘卷片(3米20拍) ： 1:10,
2B ； 35mm银盐
收藏馆：缩微中心，国图

00O016649
石经考：一卷备考七卷 / (清)徐镆庆撰
清(1644-1911)抄本
1993年摄制. -- 1盘卷片(4米35拍) ： 1:10,
2B ； 35mm银盐
收藏馆：缩微中心，国图

00O007539
唐开成石经考：二卷 / (清)吴骞撰
清(1644-1911)稿本
1987年摄制. -- 1盘卷片(5米85拍) ： 1:10,
2B ； 35mm银盐
收藏馆：缩微中心，国图

00O016182
续石经考：三卷 / (清)冯登府撰
清(1644-1911)稿本
1993年摄制. -- 1盘卷片(3米26拍) ： 1:10,

2B ； 35mm银盐
收藏馆：缩微中心，国图

00O009231
宋开封石经：不分卷；宋绍兴石经：不分卷 /
(清)翁方纲辑
清(1644-1911)稿本
1988年摄制. -- 1盘卷片(4米56拍) ： 1:10,
2B ； 35mm银盐
收藏馆：缩微中心，湖南

00O014186
石经残字：一卷 / (清)陈宗彝辑
清道光三年(1823)陈氏石经精舍刻本
1992年摄制. -- 1盘卷片(3米9拍) ： 1:10,
2B ； 35mm银盐
收藏馆：缩微中心，国图

00O010333
石经考：三卷 / (清)刘传莹撰
清光绪十二年(1886)黄氏试馆刻本. -- 杨守
敬朱墨批并跋。
1989年摄制. -- 1盘卷片(4.5米67拍) ：
1:10, 2B ； 35mm银盐
收藏馆：缩微中心，湖北

00O027366
郑志：三卷附录一卷 / (魏)郑小同撰
清(1644-1911)抄本. -- (清)辛绍业校，(清)
丁丙跋。
1996年摄制. -- 1盘卷片(4米48拍) ： 1:10,
2B ； 35mm银盐
收藏馆：缩微中心，南京

00O009324
郑志疏证：三卷补遗疏证一卷 / (清)雷雨人撰
清(1644-1911)稿本
1988年摄制. -- 1盘卷片(14米283拍) ：
1:10, 2B ； 35mm银盐
收藏馆：缩微中心，湖南

00O032030
公是先生七经小传：三卷 / (宋)刘敞撰
清康熙(1662-1722)纳兰成德刻通志堂经解本
. -- 十一行二十字白口左右双边。朱文钧
校并跋。
2011年摄制. -- 1盘卷片(6米75拍) ： 1:12,
2B ； 35mm银盐
收藏馆：缩微中心，国图

00O022653
宋学士夹漈先生六经奥论：六卷总论一卷 /
[题](宋)郑樵撰

清(1644-1911)抄本
1994年摄制. -- 1盘卷片(17米328拍) :
1:10, 2B ; 35mm银盐
收藏馆：缩微中心，浙江

000〇006794
豫章熊先生家集：七卷 / (元)熊朋来撰
明(1368-1644)刻本
1987年摄制. -- 1盘卷片(7米120拍) : 1:10,
2B ; 35mm银盐
收藏馆：缩微中心，国图

000〇027686
豫章熊先生家集：七卷 / (元)熊朋来撰
清(1644-1911)抄本. -- (清)彭元瑞校并跋。
1997年摄制. -- 1盘卷片(9米161拍) : 1:10,
2B ; 35mm银盐
收藏馆：缩微中心，国图

000〇020149
方舟经说：六卷 / (宋)李石撰
清道光(1821-1850)蒋氏别下斋刻别下斋丛书
初集本
1994年摄制. -- 1盘卷片(9米138拍) : 1:10,
2B ; 35mm银盐
收藏馆：缩微中心，国图

000〇021314
檀孟批点：二卷 / (宋)谢枋得批点；(明)杨慎注
明万历二十二年(1594)赵标刻三代遗书本
1994年摄制. -- 1盘卷片(6米104拍) : 1:10,
2B ; 35mm银盐
收藏馆：缩微中心，甘肃

000〇003514
九经疑难：十卷 / (宋)张文伯撰
明末(1621-1644)淡生堂抄本. -- 存四卷：卷
一至卷四。(清)钱东垣、(清)严元照跋。
1985年摄制. -- 1盘卷片(13米270拍) :
1:10, 2B ; 35mm银盐
收藏馆：缩微中心，国图

000〇026704
熊先生经说：七卷 / (元)熊朋来撰
清康熙(1662-1722)纳兰成德刻通志堂经解本
. -- (清)惠栋批,(清)陆沅、(清)丁丙跋。
1996年摄制. -- 1盘卷片(9米161拍) : 1:10,
2B ; 35mm银盐
收藏馆：缩微中心，南京

000〇032032
十一经问对：五卷 / (元)何异孙撰
清康熙(1662-1722)纳兰成德刻通志堂经解本

. -- 十一行二十字白口左右双边。傅增湘录
(清)卢文弨、(清)严元照校跋。
2011年摄制. -- 1盘卷片(11米150拍) :
1:11, 2B ; 35mm银盐
收藏馆：缩微中心，国图

000〇022955
皇元大科三场文选四书疑：一卷；周易疑：一
卷；易义：二卷 / (元)周勇辑
元至正四年(1344)刻本
1995年摄制. -- 1盘卷片(4米45拍) : 1:10,
2B ; 35mm银盐
收藏馆：缩微中心，国图

000〇015372
五经蠡测：六卷 / (明)蒋悌生撰
明嘉靖(1522-1566)刻本. -- (清)朱琰跋。
1992年摄制. -- 1盘卷片(10米171拍) :
1:10, 2B ; 35mm银盐
收藏馆：缩微中心，国图

000〇003381
五经蠡测：六卷 / (明)蒋悌生撰
清康熙(1662-1722)纳兰成德刻通志堂经解本
1986年摄制. -- 1盘卷片(8米152拍) : 1:10,
2B ; 35mm银盐
收藏馆：缩微中心，国图

000〇021422
群经讲贯：不分卷 / (明)丁孚潜撰
明初(1368-1424)抄本. -- 存四种：书经、春
秋、论语、孟子。
1995年摄制. -- 1盘卷片(20米379拍) :
1:10, 2B ; 35mm银盐
收藏馆：缩微中心，国图

000〇000617
经书补注：一卷 / (明)黄润玉撰
明(1368-1644)刻本
1985年摄制. -- 1盘卷片(5米77拍) : 1:10,
2B ; 35mm银盐
收藏馆：缩微中心，国图

000〇001286
经书补注：一卷 / (明)黄润玉撰
明(1368-1644)抄本
1985年摄制. -- 1盘卷片(5.9米104拍) :
1:10, 2B ; 35mm银盐
收藏馆：缩微中心，国图

000〇001650
疑辨录：三卷 / (明)周洪谟撰
明成化(1465-1487)刻本

1986年摄制. -- 1盘卷片(8米145拍) : 1:10, 2B ; 35mm银盐
收藏馆：缩微中心，国图

000O003926
疑辨录：三卷 / (明)周洪谟撰
清(1644-1911)吴氏绣谷亭抄本
1986年摄制. -- 1盘卷片(8米147拍) : 1:10, 2B ; 35mm银盐
收藏馆：缩微中心，国图

000O014891
泉斋简端录：十二卷 / (明)邵宝撰；(明)王宗元编
明正德十年(1515)华云刻本
1992年摄制. -- 1盘卷片(10.5米236拍) : 1:10, 2B ; 35mm银盐
收藏馆：缩微中心，辽宁

000O013547
泉斋简端录：十二卷 / (明)邵宝撰
明(1368-1644)秦榛刻本
1991年摄制. -- 1盘卷片(12米234拍) : 1:10, 2B ; 35mm银盐
收藏馆：缩微中心，浙江

000O000365
泉斋简端录：十二卷 / (明)邵宝撰
清(1644-1911)抄本. -- 王思范跋。
1985年摄制. -- 1盘卷片(11.4米231拍) : 1:10, 2B ; 35mm银盐
收藏馆：缩微中心，国图

000O013538
说经札记：十卷 / (明)蔡汝楠撰
明天启三年(1623)蔡武刻本
1991年摄制. -- 1盘卷片(22米427拍) : 1:10, 2B ; 35mm银盐
收藏馆：缩微中心，浙江

000O002836
说经札记：八卷 / (明)蔡汝楠撰
明(1368-1644)抄本. — 存七卷：卷二至卷八。
1986年摄制. -- 1盘卷片(12米251拍) : 1:10, 2B ; 35mm银盐
收藏馆：缩微中心，国图

000O020525
经书后语：□□卷 / (明)任瀛编
明万历三十七年(1609)任彦棻刻本. -- 存一卷：卷上。
1994年摄制. -- 1盘卷片(5米70拍) : 1:10, 2B ; 35mm银盐

收藏馆：缩微中心，即墨

000O021618
十三经绎：九卷 / (明)梁斗辉撰
明天启七年(1627)刻本. -- 梁启超跋。
1995年摄制. -- 1盘卷片(28米554拍) : 1:10, 2B ; 35mm银盐
收藏馆：缩微中心，国图

000O019242
五经疑义：二卷 / (明)严天麟撰
明(1368-1644)刻本
1994年摄制. -- 1盘卷片(5米54拍) : 1:10, 2B ; 35mm银盐
收藏馆：缩微中心，国图

000O016879
五经注选：五卷 / (明)俞指南辑
明万历元年(1573)俞指南刻本
1993年摄制. -- 1盘卷片(11米193拍) : 1:10, 2B ; 35mm银盐
收藏馆：缩微中心，国图

000O018079
五经摘注：五卷 / (明)俞指南辑
明万历十九年(1591)刻本
1993年摄制. -- 1盘卷片(14米299拍) : 1:10, 2B ; 35mm银盐
收藏馆：缩微中心，天津

000O016271
九经考异：十二卷 / (明)周应宾撰
明万历(1573-1620)刻本
1993年摄制. -- 1盘卷片(14米271拍) : 1:10, 2B ; 35mm银盐
收藏馆：缩微中心，国图

000O007528
引经释：五卷 / (明)陈禹谟辑
明(1368-1644)刻本
1987年摄制. -- 1盘卷片(6米108拍) : 1:10, 2B ; 35mm银盐
收藏馆：缩微中心，国图

000O013532
新镌六经纂要：不分卷 / (明)颜茂猷撰
明末(1621-1644)刻本
1991年摄制. -- 1盘卷片(13米235拍) : 1:10, 2B ; 35mm银盐
收藏馆：缩微中心，浙江

000O022565
五经读：五卷 / (明)陈际泰撰

明崇祯六年(1633)刻本
1995年摄制. -- 1盘卷片(17米341拍)：
1:10，2B；35mm银盐
收藏馆：缩微中心，湖北

____00O018327____
研朱集五经总类：二十二卷 / (明)张瑄撰
明崇祯(1628-1644)虹化堂刻本
1993年摄制. -- 1盘卷片(31米646拍)：
1:10，2B；35mm银盐
收藏馆：缩微中心，天津

____00O007063____
十三经类语：十四卷序论选一卷 / (明)罗万藻辑；
(明)鲁重民注
明崇祯十三年(1640)刻本
1987年摄制. -- 2盘卷片(40米868拍)：
1:10，2B；35mm银盐
收藏馆：缩微中心，山东

____00O003316____
敬修堂讲录：不分卷 / (清)查继佐撰
清(1644-1911)抄本
1986年摄制. -- 1盘卷片(6米94拍)：1:10，
2B；35mm银盐
收藏馆：缩微中心，国图

____00O024356____
经义考异：七卷杂考一卷 / (清)方迈撰
清(1644-1911)稿本. -- (清)黄世发跋，(清)
陈寿祺批。
1996年摄制. -- 1盘卷片(12米221拍)：
1:10，2B；35mm银盐
收藏馆：缩微中心，国图

____00O024364____
经义考异：七卷杂考一卷 / (清)方迈撰
清(1644-1911)抄本. -- (清)陈寿祺批。
1996年摄制. -- 1盘卷片(14米261拍)：
1:10，2B；35mm银盐
收藏馆：缩微中心，国图

____00O003525____
经学要义：不分卷
清(1644-1911)抄本. -- (清)王鸣盛、(清)吴
阊生跋。
1985年摄制. -- 9盘卷片(245.8米5503拍)：
1:10，2B；35mm银盐
收藏馆：缩微中心，国图

____00O026063____
九经古义：十六卷 / (清)惠栋撰
清(1644-1911)蒋光弼刻省吾堂四种本. --

(清)叶名澧校。
1990年摄制. -- 1盘卷片(13米261拍)：
1:10，2B；35mm银盐
收藏馆：缩微中心，南京

____00O000099____
九经古义：十六卷 / (清)惠栋撰
清(1644-1911)抄本
1985年摄制. -- 1盘卷片(12.6米261拍)：
1:10，2B；35mm银盐
收藏馆：缩微中心，国图

____00O000761____
九经古义：十六卷 / (清)惠栋撰
清(1644-1911)刻本. -- (清)朱锡庚批识并跋。
1985年摄制. -- 1盘卷片(10.5米213拍)：
1:10，2B；35mm银盐
收藏馆：缩微中心，国图

____00O015756____
惠氏经说：五卷 / (清)惠栋撰
清(1644-1911)抄本
1993年摄制. -- 1盘卷片(6米88拍)：1:10，
2B；35mm银盐
收藏馆：缩微中心，国图

____00O013048____
经考：五卷 / (清)戴震撰
清(1644-1911)李文藻抄本. -- (清)邵晋涵点
校，(清)李文藻跋。
1991年摄制. -- 1盘卷片(10米173拍)：
1:10，2B；35mm银盐
收藏馆：缩微中心，国图

____00O027226____
十四经通考四书类亚圣年谱：一卷 / (清)汪椿撰
清(1644-1911)刻本
1997年摄制. -- 1盘卷片(4米34拍)：1:10，
2B；35mm银盐
收藏馆：缩微中心，国图

____00O024372____
读相台五经随笔：四卷续笔一卷 / (清)周广业撰
清(1644-1911)稿本. -- (清)孙志祖、(清)钱
馥、(清)陈振墀批校。
1996年摄制. -- 1盘卷片(15米287拍)：
1:10，2B；35mm银盐
收藏馆：缩微中心，国图

____00O024353____
读相台五经随笔：四卷 / (清)周广业撰
清(1644-1911)稿本. -- 存二卷：卷三至卷
四。

1996年摄制. -- 1盘卷片(5米60拍)：1:10,
2B ; 35mm银盐
收藏馆：缩微中心，国图

00O024366
群经义证：八卷 / (清)武亿撰
清嘉庆二年(1797)授堂刻本. -- (清)朱锡庚
题款，(清)李慈铭跋。
1996年摄制. -- 1盘卷片(7米98拍)：1:10,
2B ; 35mm银盐
收藏馆：缩微中心，国图

00O000870
吴氏遗著：五卷附录一卷 / (清)吴崶云撰
清道光二十五年(1845)陈其干五百卷阁刻本
1985年摄制. -- 1盘卷片(11.2米228拍)：
1:10, 2B ; 35mm银盐
收藏馆：缩微中心，国图

00O031109
吴氏遗著：五卷附录一卷 / (清)吴崶云撰
清道光(1821-1850)陈其干五百卷阁刻本
2004年摄制. -- 1盘卷片(12米230拍)：
1:10, 2B ; 35mm银盐
收藏馆：缩微中心，国图

00O015896
简庄疏记：不分卷 / (清)陈鳣撰
清(1644-1911)稿本
1993年摄制. -- 1盘卷片(6米98拍)：1:10,
2B ; 35mm银盐
收藏馆：缩微中心，国图

00O024737
经传考证：八卷 / (清)朱彬撰
清(1644-1911)稿本. -- (清)王念孙批校。
1995年摄制. -- 1盘卷片(10米174拍)：
1:10, 2B ; 35mm银盐
收藏馆：缩微中心，浙江

00O000087
群经释地：十卷 / (清)戴清撰
清(1644-1911)稿本. -- 钤"吴雯"印。(清)
顾广圻、(清)郑捷三跋。
1985年摄制. -- 1盘卷片(21米463拍)：
1:10, 2B ; 35mm银盐
收藏馆：缩微中心，国图

00O016151
九经古义参证：一卷 / (清)钮树玉撰
清(1644-1911)刘履芬抄本
1993年摄制. -- 1盘卷片(3米12拍)：1:10,
2B ; 35mm银盐

収藏馆：缩微中心，国图

00O025044
诗书古训：六卷 / (清)阮元撰
清道光二十一年(1841)刻本
1996年摄制. -- 1盘卷片(24米494拍)：
1:10, 2B ; 35mm银盐
收藏馆：缩微中心，国图

00O025042
抱一堂经疑：一卷 / (清)钱彝撰
清(1644-1911)刻本
1996年摄制. -- 1盘卷片(9米166拍)：1:10,
2B ; 35mm银盐
收藏馆：缩微中心，国图

00O003911
经义述闻：三十二卷 / (清)王引之撰
清(1644-1911)稿本. -- 存二十卷：卷一至卷
十一、卷二十五至卷二十八、卷三十一至卷
三十二，又尔雅卷一至卷二、卷五附杂稿。
1986年摄制. -- 3盘卷片(70.3米1552拍)：
1:10, 2B ; 35mm银盐
收藏馆：缩微中心，国图

00O024367
经义述闻：不分卷 / (清)王引之撰
清嘉庆(1796-1820)刻本. -- (清)王念孙、
(清)王引之校补。
1996年摄制. -- 1盘卷片(33米690拍)：
1:10, 2B ; 35mm银盐
收藏馆：缩微中心，国图

00O000488
经义述闻：不分卷 / (清)王引之撰
清嘉庆(1796-1820)刻本
1985年摄制. -- 1盘卷片(20.4米447拍)：
1:10, 2B ; 35mm银盐
收藏馆：缩微中心，国图

00O024365
经义述闻：不分卷 / (清)王引之撰
清嘉庆(1796-1820)刻本. -- 存：尔雅卷一至
卷五，太岁考上、太岁考下。(清)王念孙、
(清)王引之校补。
1996年摄制. -- 1盘卷片(12米204拍)：
1:10, 2B ; 35mm银盐
收藏馆：缩微中心，国图

00O006530
十七史经说：十二卷 / (清)张金吾辑
清(1644-1911)照旷阁抄本
1987年摄制. -- 3盘卷片(90米1764拍)：

1:10, 2B ; 35mm银盐
收藏馆：缩微中心，国图

00O022843
十七史经说：十二卷 / (清)张金吾辑
清(1644-1911)述郑斋抄本. -- (清)丁丙跋。
1995年摄制. -- 3盘卷片(78米1620拍)：
1:10, 2B ; 35mm银盐
收藏馆：缩微中心，南京

00O004852
温经日记：六卷 / (清)林昌彝撰
清(1644-1911)稿本
1987年摄制. -- 1盘卷片(19米404拍)：
1:10, 2B ; 35mm银盐
收藏馆：缩微中心，国图

00O024370
质疑：一卷 / (清)任泰撰
清道光(1821-1850)活字印本. -- (清)任泰校
补，(清)李慈铭跋。
1996年摄制. -- 1盘卷片(4米31拍) : 1:10,
2B ; 35mm银盐
收藏馆：缩微中心，国图

00O001249
鼗经笔记：不分卷 / (清)陈倬撰
清(1644-1911)稿本
1985年摄制. -- 1盘卷片(4.2米66拍)：
1:10, 2B ; 35mm银盐
收藏馆：缩微中心，国图

00O024373
通介堂经说：十二卷 / (清)徐灝撰
清咸丰(1851-1861)刻本. -- (清)李慈铭校
注。
1996年摄制. -- 1盘卷片(15米276拍) :
1:10, 2B ; 35mm银盐
收藏馆：缩微中心，国图

00O024350
朱氏逸经补正：不分卷 / (清)徐时栋撰
清(1644-1911)稿本
1996年摄制. -- 1盘卷片(3米15拍) : 1:10,
2B ; 35mm银盐
收藏馆：缩微中心，国图

00O022554
群经大义录：一卷 / (清)刘传莹撰
清(1644-1911)稿本
1995年摄制. -- 1盘卷片(3.5米44拍)：
1:10, 2B ; 35mm银盐
收藏馆：缩微中心，湖北

00O013102
经学博采录：十二卷 / (清)桂文灿撰
清(1644-1911)广雅书局校刻稿本
1991年摄制. -- 1盘卷片(14.0米286拍)：
1:10, 2B ; 35mm银盐
收藏馆：缩微中心，辽宁

00O027499
诂经丛话：四卷 / (清)叶大庄撰
清(1644-1911)稿本
1996年摄制. -- 1盘卷片(5.3米86拍)：
1:10, 2B ; 35mm银盐
收藏馆：缩微中心，福建

00O022940
六经图 / (宋)杨甲撰；(宋)毛邦翰补
明万历四十三年(1615)熙春楼刻本
1995年摄制. -- 1盘卷片(14米273拍)：
1:10, 2B ; 35mm银盐
收藏馆：缩微中心，甘肃

00O020775
六经图：六卷 / (清)王皜纂
清乾隆五年(1740)向山堂刻本
1994年摄制. -- 1盘卷片(24米465拍)：
1:10, 2B ; 35mm银盐
收藏馆：缩微中心，国图

00O031269
六经图：六卷 / (清)王皜纂
清乾隆五年(1740)向山堂刻本
2004年摄制. -- 1盘卷片(23米500拍)：
1:10, 2B ; 35mm银盐
收藏馆：缩微中心，国图

00O018593
五经图：十二卷
清雍正二年(1724)卢云英刻本
1993年摄制. -- 1盘卷片(17米311拍)：
1:10, 2B ; 35mm银盐
收藏馆：缩微中心，国图

00O025031
九经图：不分卷 / (清)杨魁植辑；(清)杨文源增
订
清乾隆三十七年(1772)信芳书房刻本
1996年摄制. -- 2盘卷片(35米700拍)：
1:10, 2B ; 35mm银盐
收藏馆：缩微中心，福建

00O010894
传经表：二卷通经表二卷 / (清)毕沅撰
清乾隆四十八年(1783)毕氏灵岩山馆刻本

1989年摄制. -- 1盘卷片(7米131拍)：1:10,
2B；35mm银盐
收藏馆：缩微中心，湖北

000O020581
传经表：二卷通经表二卷 / (清)毕沅撰
清乾隆四十八年(1783)毕氏灵岩山馆刻本
1994年摄制. -- 1盘卷片(7米114拍)：1:10,
2B；35mm银盐
收藏馆：缩微中心，国图

000O008617
传经表：二卷通经表二卷 / (清)毕沅撰
清(1644-1911)抄本
1988年摄制. -- 1盘卷片(7米126拍)：1:10,
2B；35mm银盐
收藏馆：缩微中心，国图

000O018314
总集十三经注疏略：十三卷 / (清)吴雯辑
清(1644-1911)稿本. -- 书名据目录题。
1993年摄制. -- 1盘卷片(9米151拍)：1:10,
2B；35mm银盐
收藏馆：缩微中心，天津

000O014311
经典释文：三十卷 / (唐)陆德明撰
清康熙(1662-1722)纳兰成德刻通志堂经解
本. -- (清)王筠校跋并录(清)叶万、(清)臧
庸、(清)段玉裁题识。
1992年摄制. -- 2盘卷片(41米838拍)：
1:10, 2B；35mm银盐
收藏馆：缩微中心，国图

000O004847
经典释文：三十卷 / (唐)陆德明撰
清康熙(1662-1722)纳兰成德刻通志堂经解
本. -- (清)唐翰题跋，佚名录(清)段玉裁、
(清)顾之逵、(清)臧庸、(清)王筠、(清)江沅
等校跋。
1987年摄制. -- 2盘卷片(42米913拍)：
1:10, 2B；35mm银盐
收藏馆：缩微中心，国图

000O003433
经典释文：三十卷 / (唐)陆德明撰
清康熙(1662-1722)纳兰成德刻通志堂经解本
. -- (清)马钊、(清)马铭校并跋。
1986年摄制. -- 2盘卷片(40.9米902拍)：
1:10, 2B；35mm银盐
收藏馆：缩微中心，国图

000O002879
经典释文：三十卷 / (唐)陆德明撰
清康熙(1662-1722)刻通志堂经解本. -- (清)
刘履芬跋并录(清)管庆祺校。
1986年摄制. -- 2盘卷片(42米905拍)：
1:10, 2B；35mm银盐
收藏馆：缩微中心，国图

000O005337
经典释文：三十卷 / (唐)陆德明撰
清康熙(1662-1722)刻通志堂经解本. -- (清)
刘履芬跋并录(清)潘锡爵校。
1986年摄制. -- 2盘卷片(42米909拍)：
1:10, 2B；35mm银盐
收藏馆：缩微中心，国图

000O009147
经典释文：三十卷 / (唐)陆德明撰
清康熙(1662-1722)纳兰成德刻通志堂经解本
. -- 存二十八卷：卷一至卷二十八。
1988年摄制. -- 2盘卷片(41米871拍)：
1:10, 2B；35mm银盐
收藏馆：缩微中心，湖南

000O002935
经典释文：三十卷 / (唐)陆德明撰
清(1644-1911)刻本. -- 佚名录(清)潘锡爵转
录(清)何煌、(清)惠栋、(清)段玉裁、(清)孙
星衍、(清)臧庸、(清)顾广圻、(清)黄丕烈等
校跋。
1986年摄制. -- 2盘卷片(45米989拍)：
1:10, 2B；35mm银盐
收藏馆：缩微中心，国图

000O004265
经典释文校勘记：二十五卷 / (清)阮元撰
清嘉庆十三年(1808)阮氏文选楼刻本. --
(清)翁方纲、(清)陈寿祺校注。
1986年摄制. -- 1盘卷片(14米299拍)：
1:10, 2B；35mm银盐
收藏馆：缩微中心，国图

000O014920
六经正误：六卷 / (宋)毛居正撰
明嘉靖二年(1523)郝梁刻本
1992年摄制. -- 1盘卷片(11米193拍)：
1:10, 2B；35mm银盐
收藏馆：缩微中心，国图

000O016148
九经直音：十五卷 / (宋)孙奕撰
清同治九年(1870)刘履芬抄本
1993年摄制. -- 1盘卷片(7米102拍)：1:10,

2B ； 35mm银盐
收藏馆：缩微中心，国图

00O017008
相台书塾刊正九经三传沿革例：一卷
清乾隆五十二年(1787)任大椿刻本. -- (清)
焦循校并跋，(清)焦廷琥校。
1993年摄制. -- 1盘卷片(4米37拍) ： 1:10,
2B ； 35mm银盐
收藏馆：缩微中心，国图

00O007879
相台书塾刊正九经三传沿革例 / (宋)岳珂纂
清乾隆(1736-1795)抄本. -- 版框高二十五厘
米宽十六厘米。(清)孔继涵朱笔批校。
1988年摄制. -- 1盘卷片(5米51拍) ： 1:10,
2B ； 35mm银盐
收藏馆：缩微中心，广东

00O005090
五经四书明音：八卷 / (明)王觉撰
明嘉靖三十二年(1553)黄氏刻本. -- 存四
卷：四书二卷、易一卷、书一卷。
1986年摄制. -- 1盘卷片(9米175拍) ： 1:10,
2B ； 35mm银盐
收藏馆：缩微中心，国图

00O001956
明音：四卷 / (明)王觉,(明)胡一愚撰
明万历四十六年(1618)吕纯如刻本. -- 存二
卷：卷一至卷二。
1986年摄制. -- 1盘卷片(10米189拍) ：
1:10, 2B ； 35mm银盐
收藏馆：缩微中心，国图

00O014491
十三经辑训：不分卷 / (明)郑圭辑
明崇祯十二年(1639)刻本
1992年摄制. -- 2盘卷片(34.8米740拍) ：
1:9, 2B ； 35mm银盐
收藏馆：缩微中心，重庆

00O004851
五经同异：三卷 / (清)顾炎武辑
清(1644-1911)抄本. -- (清)朱锡庚跋。
1987年摄制. -- 1盘卷片(11米215拍) ：
1:10, 2B ； 35mm银盐
收藏馆：缩微中心，国图

00O024359
七经孟子考文：一百九十九卷 / (日)山井鼎撰；
(日)物观补遗
日本享保十六年(1731)刻本

1996年摄制. -- 3盘卷片(82米1622拍) ：
1:10, 2B ； 35mm银盐
收藏馆：缩微中心，国图

00O015392
七经孟子考文：二百卷 / (日)山井鼎撰；(日)物
观补遗
清(1644-1911)抄本
1992年摄制. -- 3盘卷片(76米1475拍) ：
1:10, 2B ； 35mm银盐
收藏馆：缩微中心，国图

00O004171
十经文字通正书：十四卷 / (清)钱坫撰
清嘉庆二年(1797)文章大吉楼刻本
1986年摄制. -- 1盘卷片(9.3米185拍) ：
1:10, 2B ； 35mm银盐
收藏馆：缩微中心，国图

00O003317
经典通用考：十四卷；五音类聚：十卷 / (清)严
章福撰
清(1644-1911)抄本. -- 吴昌绶题款。
1986年摄制. -- 1盘卷片(19米406拍) ：
1:10, 2B ； 35mm银盐
收藏馆：缩微中心，国图

00O000427
群经读为读若音义：不分卷
清(1644-1911)抄本
1985年摄制. -- 1盘卷片(5米66拍) ： 1:10,
2B ； 35mm银盐
收藏馆：缩微中心，国图

00O003683
纬谶候图校辑：不分卷 / (清)殷元正辑；(清)陆
明睿增订
清(1644-1911)抄本. -- (清)陈寿祺、(清)陈
乔枞校补，(清)周星诒跋。
1985年摄制. -- 1盘卷片(16米346拍) ：
1:10, 2B ； 35mm银盐
收藏馆：缩微中心，国图

00O025047
纬候佚文：不分卷 / (清)毕裕曾辑
清(1644-1911)毕裕曾抄本
1996年摄制. -- 1盘卷片(8米142拍) ： 1:10,
2B ； 35mm银盐
收藏馆：缩微中心，国图

小学类

000O007770

说文解字：十五卷 / (汉)许慎撰

宋(960-1279)刻元(1271-1368)重修本. -- (宋)徐铉校定。

1987年摄制. -- 1盘卷片(15.5米318拍)： 1:10，2B ；35mm银盐

收藏馆：缩微中心，湖南

000O006710

说文解字：十五卷 / (汉)许慎记；(宋)徐铉[等]校

明初(1368-1424)毛氏汲古阁校刻本. -- 据北宋(960-1127)本校刻。版框高二十一厘米宽十五厘米。(明)徐子远手批朱笔圈点。

1987年摄制. -- 1盘卷片(28.3米612拍)： 1:10，2B ；35mm银盐

收藏馆：缩微中心，广东

000O019235

说文解字：十二卷 / (汉)许慎撰

明万历二十六年(1598)陈大科刻本. -- (清)江声录(清)惠士奇、(清)惠栋批校，(清)朱邦衡题识。

1994年摄制. -- 1盘卷片(30米592拍)： 1:10，2B ；35mm银盐

收藏馆：缩微中心，国图

000O008006

说文解字：十二卷 / (汉)许慎撰

明万历二十六年(1598)陈大科刻本

1988年摄制. -- 1盘卷片(31米623拍)： 1:10，2B ；35mm银盐

收藏馆：缩微中心，山东

000O014203

说文解字：十五卷 / (汉)许慎撰

明末(1621-1644)毛氏汲古阁刻本. -- (清)严蔚校并跋。

1992年摄制. -- 1盘卷片(26米546拍)： 1:10，2B ；35mm银盐

收藏馆：缩微中心，国图

000O010116

说文解字：十五卷 / (汉)许慎撰

清初(1644-1722)毛氏汲古阁刻本. -- (清)夏子猷跋。

1989年摄制. -- 1盘卷片(26米587拍)： 1:10，2B ；35mm银盐

收藏馆：缩微中心，山东

000O024010

说文解字：十五卷 / (汉)许慎撰

清初(1644-1722)毛氏汲古阁刻本. -- (清)毛扆校并跋，顾葆和跋。

1996年摄制. -- 1盘卷片(29米620拍)： 1:10，2B ；35mm银盐

收藏馆：缩微中心，南京

000O016695

说文解字：十五卷 / (汉)许慎撰

清初(1644-1722)毛氏汲古阁刻本. -- 佚名录(清)惠士奇、(清)惠栋校注。

1993年摄制. -- 1盘卷片(27米546拍)： 1:10，2B ；35mm银盐

收藏馆：缩微中心，国图

000O010119

说文解字：十五卷 / (汉)许慎撰

清初(1644-1722)毛氏汲古阁刻本. -- (清)汪灏跋并录(清)何焯、(清)翁方纲批校。

1989年摄制. -- 1盘卷片(28米593拍)： 1:10，2B ；35mm银盐

收藏馆：缩微中心，山东

000O017180

说文解字：十五卷 / (汉)许慎撰

清初(1644-1722)毛氏汲古阁刻本. -- (清)汪灏跋。

1993年摄制. -- 1盘卷片(28米588拍)： 1:10，2B ；35mm银盐

收藏馆：缩微中心，山东

000O019783

说文解字：十五卷 / (汉)许慎撰

清初(1644-1722)毛氏汲古阁刻本. -- (清)纪昀跋。

1994年摄制. -- 1盘卷片(27米565拍)： 1:10，2B ；35mm银盐

收藏馆：缩微中心，国图

000O006765

说文解字：十五卷 / (汉)许慎撰

清初(1644-1722)毛氏汲古阁刻本. -- (清)吴骞校。

1986年摄制. -- 1盘卷片(26.3米587拍)： 1:10，2B ；35mm银盐

收藏馆：缩微中心，国图

000O023582

说文解字：十五卷 / (汉)许慎撰

清初(1644-1722)毛氏汲古阁刻本. -- (清)桂馥笺注，(清)孟广均跋。

1995年摄制. -- 2盘卷片(39米725拍)： 1:10，2B ；35mm银盐

收藏馆：缩微中心，国图

00O002931
说文解字:十五卷 / (汉)许慎撰
清初(1644-1722)毛氏汲古阁刻本. -- 佚名
校, (清)袁廷梼跋。
1986年摄制. -- 1盘卷片(26米572拍) :
1:10, 2B ; 35mm银盐
收藏馆:缩微中心, 国图

00O013627
说文解字:十五卷 / (汉)许慎撰
清初(1644-1722)毛氏汲古阁刻本. -- (清)王
筠校并跋。
1991年摄制. -- 2盘卷片(41米762拍) :
1:10, 2B ; 35mm银盐
收藏馆:缩微中心, 国图

00O032100
说文解字:十五卷 / (汉)许慎撰
清初(1644-1722)毛氏汲古阁刻本. -- 七行白
口左右双边。佚名校注。
2011年摄制. -- 2盘卷片(34米612拍) :
1:13, 2B ; 35mm银盐
收藏馆:缩微中心, 国图

00O004273
说文解字:十五卷 / (汉)许慎撰
清初(1644-1722)毛氏汲古阁刻本
1986年摄制. -- 1盘卷片(26米573拍) :
1:10, 2B ; 35mm银盐
收藏馆:缩微中心, 国图

00O007717
说文解字:十五卷 / (汉)许慎撰
清初(1644-1722)毛氏汲古阁刻本
1987年摄制. -- 1盘卷片(30米640拍) :
1:10, 2B ; 35mm银盐
收藏馆:缩微中心, 湖南

00O010062
说文解字:十五卷 / (汉)许慎撰
清初(1644-1722)毛氏汲古阁刻本
1989年摄制. -- 1盘卷片(26.2米589拍) :
1:10, 2B ; 35mm银盐
收藏馆:缩微中心, 辽宁

00O004436
**说文解字:十五卷 / (汉)许慎撰;(宋)徐铉[等]校
定**
清乾隆三十八年(1773)朱氏椒华吟舫刻本. --
(清)惠栋批校。
1986年摄制. -- 1盘卷片(27米591拍) :
1:10, 2B ; 35mm银盐
收藏馆:缩微中心, 国图

00O004701
说文解字:十五卷 / (汉)许慎撰
清嘉庆九年(1804)孙氏五松书屋刻平津馆丛书
本. -- (清)吴育校并录(清)惠栋批校。
1987年摄制. -- 1盘卷片(14米293拍) :
1:10, 2B ; 35mm银盐
收藏馆:缩微中心, 国图

00O024915
说文解字:十五卷 / (汉)许慎记
清嘉庆九年(1804)孙氏五松书屋刻平津馆丛书
本. -- (清)孙星海校并跋。
1996年摄制. -- 1盘卷片(15米303拍) :
1:10, 2B ; 35mm银盐
收藏馆:缩微中心, 南京

00O026050
说文解字:十五卷 / (汉)许慎撰;(清)王振声校
清嘉庆十二年(1807)额勒布藤花榭刻本
1990年摄制. -- 1盘卷片(15米301拍) :
1:10, 2B ; 35mm银盐
收藏馆:缩微中心, 南京

00O002857
说文解字:十五卷 / (汉)许慎撰
清同治十三年(1874)东吴浦氏刻本. -- (清)
吴广霈校注并跋。
1986年摄制. -- 1盘卷片(14米299拍) :
1:10, 2B ; 35mm银盐
收藏馆:缩微中心, 国图

00O023579
说文解字:十五卷 / (汉)许慎撰
清同治十三年(1874)刻本. -- 王国维校。
1995年摄制. -- 1盘卷片(15米279拍) :
1:10, 2B ; 35mm银盐
收藏馆:缩微中心, 国图

00O004345
说文解字:十五卷 / (汉)许慎撰
清光绪元年(1875)洪氏刻本. -- (清)高鸿裁
录(清)许瀚校。
1986年摄制. -- 1盘卷片(14米298拍) :
1:10, 2B ; 35mm银盐
收藏馆:缩微中心, 国图

00O010291
说文解字:十五卷 / (汉)许慎撰;(宋)徐铉[等]校定
清(1644-1911)毛氏汲古阁刻本. -- (清)陈嘉
录(清)惠士奇等批校。
1989年摄制. -- 1盘卷片(29米586拍) :
1:10, 2B ; 35mm银盐
收藏馆:缩微中心, 湖北

000O010297
说文解字：十五卷 / (汉)许慎撰；(宋)徐铉[等]校定
清(1644-1911)毛氏汲古阁刻本. -- (清)汪南士校，(清)莫友芝跋。
1989年摄制. -- 1盘卷片(30.5米598拍)：1:10，2B；35mm银盐
收藏馆：缩微中心，湖北

000O010397
说文解字：十五卷 / (汉)许慎撰；(宋)徐铉[等]校定
清(1644-1911)毛氏汲古阁刻本. -- (清)陈其荣、(清)许镐录(清)惠士奇校。
1989年摄制. -- 1盘卷片(27.5米589拍)：1:10，2B；35mm银盐
收藏馆：缩微中心，湖北

000O023585
说文检字：一卷 / (清)毛谟撰
清嘉庆二十一年(1816)四川督学使署刻本
1995年摄制. -- 1盘卷片(6米98拍)：1:10，2B；35mm银盐
收藏馆：缩微中心，国图

000O023593
汲古阁说文订：一卷 / (清)段玉裁撰
清嘉庆二年(1797)五砚楼刻本
1995年摄制. -- 1盘卷片(5米74拍)：1:10，2B；35mm银盐
收藏馆：缩微中心，国图

000O013101
说文解字校勘记：一卷 / (清)王念孙撰
清(1644-1911)马瑞辰种松书屋抄本
1991年摄制. -- 1盘卷片(2.8米33拍)：1:10，2B；35mm银盐
收藏馆：缩微中心，辽宁

000O015969
说文订订：一卷 / (清)丁授经撰
清(1644-1911)抄本. -- (清)陈鳢批注。
1993年摄制. -- 1盘卷片(3米11拍)：1:10，2B；35mm银盐
收藏馆：缩微中心，国图

000O024394
说文解字考异：十五卷 / (清)姚文田撰
清(1644-1911)稿本
1996年摄制. -- 2盘卷片(46米851拍)：1:10，2B；35mm银盐
收藏馆：缩微中心，国图

000O024397
说文解字考异：十五卷 / (清)姚文田撰

清(1644-1911)稿本
1996年摄制. -- 2盘卷片(45米843拍)：1:10，2B；35mm银盐
收藏馆：缩微中心，国图

000O022655
说文解字考异：十五卷 / (清)姚文田,(清)严可均撰
清(1644-1911)稿本. -- 存四卷：卷一至卷四。(清)姚觐元批校。
1994年摄制. -- 1盘卷片(26米528拍)：1:10，2B；35mm银盐
收藏馆：缩微中心，浙江

000O012126
说文校议：十五卷 / (清)姚文田,(清)严可均撰
清道光十九年(1839)王筠抄本. -- (清)王筠批校并跋。
1990年摄制. -- 1盘卷片(19米400拍)：1:10，2B；35mm银盐
收藏馆：缩微中心，山东

000O024400
说文校议：十五卷 / (清)姚文田,(清)严可均撰
清(1644-1911)抄本. -- (清)张穆校。
1996年摄制. -- 1盘卷片(20米403拍)：1:10，2B；35mm银盐
收藏馆：缩微中心，国图

000O020930
说文校议：三十卷 / (清)姚文田,(清)严可均撰
清嘉庆二十三年(1818)冶城山馆刻本. -- (清)张穆批点。
1994年摄制. -- 1盘卷片(16.3米339拍)：1:10，2B；35mm银盐
收藏馆：缩微中心，山西

000O015146
说文解字考异：十五卷 / (清)钮树玉撰
清(1644-1911)稿本. -- (清)李锐跋。
1992年摄制. -- 2盘卷片(53米1074拍)：1:10，2B；35mm银盐
收藏馆：缩微中心，国图

000O008582
说文考异：□□卷 / (清)张行孚撰
清(1644-1911)稿本. -- 存二卷：卷一至卷二。
1988年摄制. -- 1盘卷片(4米64拍)：1:10，2B；35mm银盐
收藏馆：缩微中心，国图

000O004840
说文校本录存：一卷；五音韵谱校本录存：一卷
清道光十四年(1834)许瀚抄本. -- (清)许瀚、(清)王筠校注并跋。
1986年摄制. -- 1盘卷片(3.8米54拍)：1:10, 2B ；35mm银盐
收藏馆：缩微中心，国图

000O019996
说文大小徐本录异：一卷 / (清)谢章铤撰
清(1644-1911)稿本
1994年摄制. -- 1盘卷片(4米36拍)：1:10, 2B ；35mm银盐
收藏馆：缩微中心，国图

000O022657
说文解字系传：四十卷附录一卷 / (南唐)徐锴撰
清嘉庆二年(1797)大酉山房刻本. -- (清)梅植之批校。
1994年摄制. -- 1盘卷片(30米598拍)：1:10, 2B ；35mm银盐
收藏馆：缩微中心，浙江

000O001722
说文解字通释：四十卷校勘记三卷 / (南唐)徐锴撰；(清)承培元[等]校勘
清道光十九年(1839)祁寯藻刻本. -- (清)王筠校注并跋，(清)陈庆镛跋。
1986年摄制. -- 2盘卷片(37.2米798拍)：1:10, 2B ；35mm银盐
收藏馆：缩微中心，国图

000O010295
说文解字通释：四十卷系传校勘记三卷 / (南唐)徐锴撰；(清)祁寯藻校勘
清同治十二年(1873)粤东书局刻小学汇函本. -- (清)王念孙批校。
1989年摄制. -- 1盘卷片(30.5米613拍)：1:10, 2B ；35mm银盐
收藏馆：缩微中心，湖北

000O017592
说文解字系传：四十卷 / (南唐)徐锴撰
清(1644-1911)抄本. -- 存六卷：卷一至卷六。(清)段玉裁校，(清)沈树镛跋。
1993年摄制. -- 1盘卷片(8米137拍)：1:10, 2B ；35mm银盐
收藏馆：缩微中心，国图

000O008060
说文系传考异：四卷 / (清)汪宪撰
清(1644-1911)抄本

1988年摄制. -- 1盘卷片(6米90拍)：1:10, 2B ；35mm银盐
收藏馆：缩微中心，湖南

000O012949
说文系传校录：三十卷 / (清)王筠撰
清(1644-1911)稿本
1990年摄制. -- 1盘卷片(16米325拍)：1:10, 2B ；35mm银盐
收藏馆：缩微中心，山东

000O002928
说文解字系传：四十卷附录一卷 / (南唐)徐锴撰
清乾隆四十七年(1782)汪启淑刻本. -- (清)陈鳣校注并跋，(清)阮元题款，(清)吴起潜跋。
1986年摄制. -- 2盘卷片(36米792拍)：1:10, 2B ；35mm银盐
收藏馆：缩微中心，国图

000O032104
说文解字系传：四十卷附录一卷 / (南唐)徐锴撰
清乾隆四十七年(1782)汪启淑刻本. -- 七行小注双行二十一字黑口四周双边. (清)陈鳣校注并跋，(清)阮元题款，(清)吴起潜跋。
2011年摄制. -- 2盘卷片(44米805拍)：1:13, 2B ；35mm银盐
收藏馆：缩微中心，国图

000O010153
说文解字系传：四十卷附录一卷 / (南唐)徐锴撰
清乾隆四十七年(1782)汪启淑刻本. -- (清)王筠批校并录(清)朱文藻跋。
1996年摄制. -- 2盘卷片(38米797拍)：1:10, 2B ；35mm银盐
收藏馆：缩微中心，山东

000O019957
说文解字木部唐写本校异：一卷 / (清)莫友芝撰
清(1644-1911)稿本
1994年摄制. -- 1盘卷片(4米40拍)：1:10, 2B ；35mm银盐
收藏馆：缩微中心，国图

000O003625
说文解字补义：十二卷 / (元)包希鲁撰
明(1368-1644)刻本
1985年摄制. -- 1盘卷片(24米524拍)：1:10, 2B ；35mm银盐
收藏馆：缩微中心，国图

000O017363
说文长笺：一百卷首二卷解题一卷六书长笺七卷 / (明)赵宦光撰

明崇祯四年(1631)刘应遇刻本
1993年摄制. -- 6盘卷片(166米3409拍) :
1:10, 2B；35mm银盐
收藏馆：缩微中心，国图

00O023589
说文古本考：十四卷 / (清)沈涛撰
清光绪十年(1884)潘氏滂喜斋刻本. --（清）
李慈铭跋。
1995年摄制. -- 1盘卷片(30米621拍) :
1:10, 2B；35mm银盐
收藏馆：缩微中心，国图

00O004238
说文解字读：十五卷 / (清)段玉裁撰
清(1644-1911)抄本. -- 存七卷：卷一至卷
六、卷八。(清)龚丽正、(清)王萱龄跋。
1985年摄制. -- 2盘卷片(39.5米788拍) :
1:10, 2B；35mm银盐
收藏馆：缩微中心，国图

00O010915
说文解字：三十卷六书音韵表二卷汲古阁说文
订一卷 / (清)段玉裁撰
清同治十一年(1872)湖北崇文书局刻本
1989年摄制. -- 2盘卷片(53.5米1152拍) :
1:10, 2B；35mm银盐
收藏馆：缩微中心，湖北

00O010280
说文解字：三十卷部目分韵一卷六书音韵表五
卷 / (清)段玉裁撰
清嘉庆二十年(1815)经韵楼刻本. --（清)薛
传均批校。
1989年摄制. -- 3盘卷片(82米1721拍) :
1:10, 2B；35mm银盐
收藏馆：缩微中心，湖北

00O001246
说文解字注：三十二卷六书音韵表五卷 / (清)段
玉裁撰
清乾隆(1736-1795)段氏经韵楼刻本. --（清)
张文虎、(清)唐仁寿批注。
1985年摄制. -- 4盘卷片(96.7米2159拍) :
1:10, 2B；35mm银盐
收藏馆：缩微中心，国图

00O023586
说文解字注：三十二卷 / (清)段玉裁撰 . 说文部
目分韵：一卷 / (清)陈焕撰
清乾隆(1736-1795)段氏经韵楼刻本. --（清)
李慈铭批校并跋。
1995年摄制. -- 3盘卷片(85米1756拍) :

1:10, 2B；35mm银盐
收藏馆：缩微中心，国图

00O011196
说文解字注：三十卷六书音韵表五卷 / (清)段玉
裁撰
清乾隆(1736-1795)段氏经韵楼刻本
1989年摄制. -- 3盘卷片(88米1891拍) :
1:10, 2B；35mm银盐
收藏馆：缩微中心，山东

00O007754
说文解字注：三十卷六书音韵表五卷 / (清)段玉
裁撰
清乾隆嘉庆(1736-1820)段氏经韵楼刻本
1987年摄制. -- 4盘卷片(95米2015拍) :
1:10, 2B；35mm银盐
收藏馆：缩微中心，湖南

00O007718
说文解字注：三十卷六书音韵表 / (清)段玉裁
撰
清乾隆嘉庆(1736-1820)段氏经韵楼刻本
1987年摄制. -- 4盘卷片(97米1963拍) :
1:10, 2B；35mm银盐
收藏馆：缩微中心，湖南

00O024391
说文解字注：三十二卷 / (清)段玉裁撰 . 说文部
目分韵：一卷 / (清)陈焕撰
清同治六年至十一年(1867-1872)苏州刻本. --
王国维校。
1996年摄制. -- 3盘卷片(85米1741拍) :
1:10, 2B；35mm银盐
收藏馆：缩微中心，国图

00O010558
说文解字注：三十卷六书音韵表五卷 / (清)段玉
裁撰
清同治六年至十一年(1867-1872)苏州保息局
刻本
1989年摄制. -- 3盘卷片(82米1763拍) :
1:10, 2B；35mm银盐
收藏馆：缩微中心，辽宁

00O010281
说文解字：十五卷 / (汉)许慎撰 . 说文校字记：
一卷 / (汉)陈昌治撰 . 说文通检：十五卷 / (清)
黎永椿辑
清同治十二年(1873)陈昌治羊城富文斋刻本
1989年摄制. -- 2盘卷片(40.5米879拍) :
1:10, 2B；35mm银盐
收藏馆：缩微中心，湖北

000O026403
说文段注订补：不分卷 / (清)王绍兰撰
清(1644-1911)王氏知足知不足馆抄本
1992年摄制. -- 1盘卷片(14米294拍)：
1:10，2B ；35mm银盐
收藏馆：缩微中心，重庆

000O026874
段氏说文注订：八卷；说文新附考：六卷；说文
续考：一卷 / (清)钮树玉撰
清嘉庆道光(1796-1850)钮氏非石居刻本. --
(清)翁同书批。
1996年摄制. -- 1盘卷片(17米341拍)：
1:10，2B ；35mm银盐
收藏馆：缩微中心，南京

000O015258
段氏说文注订：八卷 / (清)钮树玉撰
清道光三年(1823)钮树玉刻本. -- (清)王筠
批校。
1992年摄制. -- 1盘卷片(12米214拍)：
1:10，2B ；35mm银盐
收藏馆：缩微中心，国图

000O023580
段氏说文注订：八卷 / (清)钮树玉撰
清道光(1821-1850)碧螺山馆刻同治五年
(1866)重修本. -- (清)李慈铭校。
1995年摄制. -- 1盘卷片(10米176拍)：
1:10，2B ；35mm银盐
收藏馆：缩微中心，国图

000O028750
说文解字段注考正：十五卷 / (清)冯桂芬撰
清(1644-1911)稿本
1998年摄制. -- 1盘卷片(27米602拍)：
1:10，2B ；35mm银盐
收藏馆：缩微中心，苏州

000O005091
说文解字义证：五十卷 / (清)桂馥撰
清道光三十年至咸丰二年(1850-1852)杨墨林
刻连筠簃丛书本. -- (清)陈介祺校订。
1986年摄制. -- 5盘卷片(126.6米2806拍)：
1:10，2B ；35mm银盐
收藏馆：缩微中心，国图

000O015630
说文解字义证：五十卷 / (清)桂馥撰
清(1644-1911)抄本. -- (清)王筠、(清)许瀚
校注并跋，(清)许楗、(清)陈东之、(清)陈宗
彝、(□)□铎校注。
1993年摄制. -- 7盘卷片(186米3824拍)：

1:10，2B ；35mm银盐
收藏馆：缩微中心，国图

000O024389
说文解字义证：五十卷 / (清)桂馥撰
清(1644-1911)抄本. -- 存四十九卷：卷一至
卷十三、卷十五至卷五十。(清)冯志沂校。
1996年摄制. -- 9盘卷片(266米5714拍)：
1:10，2B ；35mm银盐
收藏馆：缩微中心，国图

000O022658
说文解字签注：一卷 / (清)桂馥撰
清(1644-1911)姚氏咫进斋抄本. -- (清)孟广
均跋。
1994年摄制. -- 1盘卷片(4米53拍)：1:10，
2B ；35mm银盐
收藏馆：缩微中心，浙江

000O023587
说文蟸笺：十四卷 / (清)潘奕隽撰
清道光二十年(1840)潘氏三松堂刻本. --
(清)陈寿祺跋，(清)李慈铭校并跋。
1995年摄制. -- 1盘卷片(9米144拍)：1:10，
2B ；35mm银盐
收藏馆：缩微中心，国图

000O014557
说文解字斠诠：十四卷 / (清)钱坫撰
清嘉庆十二年(1807)钱氏吉金乐石斋刻本. --
卷十一至卷十二配清(1644-1911)抄本。(清)
薛寿校并题款。
1992年摄制. -- 2盘卷片(41米815拍)：
1:10，2B ；35mm银盐
收藏馆：缩微中心，国图

000O010319
说文解字斠诠：十四卷 / (清)钱坫撰
清嘉庆十二年(1807)钱氏吉金乐石斋刻本
1989年摄制. -- 2盘卷片(40.5米862拍)：
1:10，2B ；35mm银盐
收藏馆：缩微中心，湖北

000O029770
说文统释序：不分卷；音同义异辨：不分卷 /
(清)毕沅撰
清光绪八年(1882)金峨山馆刻本. -- (清)郑
文焯跋校。
1996年摄制. -- 1盘卷片(4米69拍)：1:10，
2B ；35mm银盐
收藏馆：缩微中心，苏州

000O008374
说文分类榷失：六卷 / (清)钱大昭撰
清(1644-1911)抄本
1988年摄制. -- 1盘卷片(8米160拍) ： 1:10,
2B ；35mm银盐
收藏馆：缩微中心，国图

000O004042
**说文略例：四卷段本刊误一卷段义刊补一卷 /
(清)钱世叙撰**
清(1644-1911)抄本. -- (清)魏锡曾、(清)□
炳翔校并跋，(清)杨希闵批注并序。
1985年摄制. -- 1盘卷片(5米76拍) ： 1:10,
2B ；35mm银盐
收藏馆：缩微中心，国图

000O023583
**说文疑疑：二卷 / (清)孔广居撰．附：一卷 /
(清)孔昭孔撰**
清嘉庆七年(1802)诗礼堂刻本. -- 本书为清
道光十三年至十七年(1833-1837)五改原稿。
1995年摄制. -- 1盘卷片(12米222拍) ：
1:10, 2B ；35mm银盐
收藏馆：缩微中心，国图

000O031110
说文疑疑：二卷 / (清)孔广居撰
清嘉庆七年(1802)诗礼堂刻本
2004年摄制. -- 1盘卷片(12米230拍) ： 1:9,
2B ；35mm银盐
收藏馆：缩微中心，国图

000O000892
说文引经考：十九卷 / (清)程际盛撰
清嘉庆十年(1805)程世勋[等]刻本
1985年摄制. -- 1盘卷片(15.4米328拍) ：
1:10, 2B ；35mm银盐
收藏馆：缩微中心，国图

000O003383
说文广诂：十二卷 / (清)郝懿行撰
清(1644-1911)抄本
1986年摄制. -- 1盘卷片(30米688拍) ：
1:10, 2B ；35mm银盐
收藏馆：缩微中心，国图

000O016212
说文解字翼：十四卷 / (清)严可均撰
清(1644-1911)稿本. -- 存七卷：卷一至卷
七。
1993年摄制. -- 1盘卷片(6米95拍) ： 1:10,
2B ；35mm银盐
收藏馆：缩微中心，国图

000O015364
说文新附考：六卷续考一卷 / (清)钮树玉撰
清嘉庆六年(1801)钮氏非石居刻本. -- (清)
王筠批注并跋。
1992年摄制. -- 1盘卷片(8米139拍) ： 1:10,
2B ；35mm银盐
收藏馆：缩微中心，国图

000O026908
说文新附考：六卷续考一卷 / (清)钮树玉撰
清嘉庆六年(1801)钮氏非石居刻本. -- (清)
冯桂芬批校并跋。
1996年摄制. -- 1盘卷片(9米165拍) ： 1:10,
2B ；35mm银盐
收藏馆：缩微中心，南京

000O010898
说文新附考：六卷续考一卷 / (清)钮树玉撰
清嘉庆六年(1801)非石居刻本. -- (清)刘传
莹校。
1989年摄制. -- 1盘卷片(8米152拍) ： 1:10,
2B ；35mm银盐
收藏馆：缩微中心，湖北

000O028792
说文经字正谊 / (清)郭庆藩撰
清(1644-1911)稿本
1998年摄制. -- 1盘卷片(4米64拍) ： 1:10,
2B ；35mm银盐
收藏馆：缩微中心，湖南

000O016685
说文拈字：七卷补遗一卷 / (清)王玉树撰
清嘉庆八年(1803)芳梫堂刻本
1993年摄制. -- 1盘卷片(15米289拍) ：
1:10, 2B ；35mm银盐
收藏馆：缩微中心，国图

000O027214
**说文字通：十四卷说文经典异字释一卷 / (清)高
翔麟撰**
清道光十八年(1838)查元偶刻本
1997年摄制. -- 1盘卷片(18米354拍) ：
1:10, 2B ；35mm银盐
收藏馆：缩微中心，国图

000O021277
说文解字句读：十五卷 / (清)王筠撰
清(1644-1911)稿本. -- 存二卷：卷五、卷
十二。
1995年摄制. -- 1盘卷片(11米188拍) ：
1:10, 2B ；35mm银盐
收藏馆：缩微中心，国图

00O008052
说文释例：八卷 / (清)王筠撰
清(1644-1911)稿本. -- (清)何绍基、(清)张穆批校圈点，叶启勋、叶启发题跋。
1988年摄制. -- 2盘卷片(43米905拍) : 1:10, 2B ; 35mm银盐
收藏馆：缩微中心，湖南

00O018916
释例补正：二十卷 / (清)王筠撰
清(1644-1911)稿本
1993年摄制. -- 1盘卷片(5米82拍) : 1:10, 2B ; 35mm银盐
收藏馆：缩微中心，山东

00O024443
说文引经异字：三卷 / (清)吴云蒸撰
清道光(1821-1850)刻本. -- (清)李慈铭校补。
1996年摄制. -- 1盘卷片(6米78拍) : 1:10, 2B ; 35mm银盐
收藏馆：缩微中心，国图

00O024411
说文逸字：二卷附录一卷 / (清)郑珍撰；(清)郑知同撰
清咸丰八年(1858)郑知同刻本. -- (清)李慈铭校。
1996年摄制. -- 1盘卷片(7米109拍) : 1:10, 2B ; 35mm银盐
收藏馆：缩微中心，国图

00O010310
说文便检：不分卷；说文重文：不分卷 / (清)丁源撰
清道光七年(1827)刻本. -- (清)李祖望校。
1989年摄制. -- 1盘卷片(14米242拍) : 1:10, 2B ; 35mm银盐
收藏馆：缩微中心，湖北

00O008636
说文徐氏未详说：一卷 / (清)许溎祥辑
清(1644-1911)稿本
1988年摄制. -- 1盘卷片(5米67拍) : 1:10, 2B ; 35mm银盐
收藏馆：缩微中心，国图

00O008635
说文徐氏未详说：一卷 / (清)许溎祥辑
清(1644-1911)许氏古均阁抄本
1988年摄制. -- 1盘卷片(4米51拍) : 1:10, 2B ; 35mm银盐
收藏馆：缩微中心，国图

00O008361
说文补徐集释：不分卷 / (清)许溎祥辑
清(1644-1911)稿本
1988年摄制. -- 1盘卷片(4米55拍) : 1:10, 2B ; 35mm银盐
收藏馆：缩微中心，国图

00O004788
说文佚字考：不分卷 / (清)张鸣珂撰
清(1644-1911)稿本. -- (清)胡钦、(清)李慈铭跋。
1986年摄制. -- 1盘卷片(5米80拍) : 1:10, 2B ; 35mm银盐
收藏馆：缩微中心，国图

00O024392
说文古籀补：十四卷补遗一卷附录一卷 / (清)吴大澂撰
清光绪十二年(1886)点石斋石印本. -- 王国维校。
1996年摄制. -- 1盘卷片(9米143拍) : 1:10, 2B ; 35mm银盐
收藏馆：缩微中心，国图

00O024736
说文经字录：三卷 / (清)李宗莲撰
清(1644-1911)稿本
1995年摄制. -- 1盘卷片(22米434拍) : 1:10, 2B ; 35mm银盐
收藏馆：缩微中心，浙江

00O008592
说文解字假借证：一卷证信录一卷许书正文重文对证编二卷 / (清)姚莹俊撰
清(1644-1911)稿本
1988年摄制. -- 1盘卷片(8米144拍) : 1:10, 2B ; 35mm银盐
收藏馆：缩微中心，国图

00O014018
说文解字韵谱：十卷 / (南唐)徐锴撰
明(1368-1644)抄本
1991年摄制. -- 1盘卷片(10米156拍) : 1:10, 2B ; 35mm银盐
收藏馆：缩微中心，国图

00O013291
说文解字篆韵谱：五卷 / (南唐)徐锴撰
明(1368-1644)李显刻公文纸印本
1991年摄制. -- 1盘卷片(11米214拍) : 1:10, 2B ; 35mm银盐
收藏馆：缩微中心，湖北

000O020780

说文解字篆韵谱：五卷附录一卷 / (南唐)徐锴撰

清同治十二年(1873)粤东书局刻古经解汇函本. -- (清)李文田校注。

1994年摄制. -- 1盘卷片(8米138拍) : 1:10, 2B ; 35mm银盐

收藏馆：缩微中心，国图

000O028339

说文韵谱校：五卷 / (清)王筠撰

清(1644-1911)稿本. -- 存四卷：卷一、卷三至卷五。

1998年摄制. -- 1盘卷片(9米157拍) : 1:10, 2B ; 35mm银盐

收藏馆：缩微中心，广东

000O009076

说文韵谱校：五卷 / (清)王筠撰

清(1644-1911)抄本

1988年摄制. -- 1盘卷片(8.4米159拍) : 1:10, 2B ; 35mm银盐

收藏馆：缩微中心，湖南

000O011322

重刊许氏说文解字五音韵谱：十二卷 / (宋)李焘撰

宋(960-1279)刻元明(1271-1644)递修本

1989年摄制. -- 1盘卷片(30米631拍) : 1:10, 2B ; 35mm银盐

收藏馆：缩微中心，甘肃

000O013540

重刊许氏说文解字五音韵谱：十二卷 / (宋)李焘撰

明弘治十四年(1501)车玉刻本

1991年摄制. -- 1盘卷片(30米598拍) : 1:12, 2B ; 35mm银盐

收藏馆：缩微中心，浙江

000O008087

重刊许氏说文解字五音韵谱：十二卷 / (宋)李焘撰

明万历四十七年(1619)刻本

1988年摄制. -- 1盘卷片(30.5米655拍) : 1:10, 2B ; 35mm银盐

收藏馆：缩微中心，湖北

000O001462

重刊许氏说文解字五音韵谱：十二卷 / (宋)李焘撰

明(1368-1644)刻本

1995年摄制. -- 1盘卷片(27.7米622拍) : 1:10, 2B ; 35mm银盐

收藏馆：缩微中心，国图

000O017300

重刊许氏说文解字五音韵谱：十二卷 / (宋)李焘撰

明(1368-1644)刻本

1992年摄制. -- 1盘卷片(28米577拍) : 1:10, 2B ; 35mm银盐

收藏馆：缩微中心，国图

000O011604

许氏说文解字五音韵谱：四卷 / (宋)李焘撰

明嘉靖(1522-1566)刻本

1989年摄制. -- 1盘卷片(26米576拍) : 1:10, 2B ; 35mm银盐

收藏馆：缩微中心，吉林

000O023954

说文分均再稿：五卷 / (清)刘家镇编

清(1644-1911)稿本

1996年摄制. -- 1盘卷片(26米551拍) : 1:10, 2B ; 35mm银盐

收藏馆：缩微中心，福建

000O022897

说文声类谱：十七卷首一卷 / (清)陈澧编

清(1644-1911)稿本. -- 版框高十九厘米宽十三厘米。

1995年摄制. -- 3盘卷片(68.4米1477拍) : 1:10, 2B ; 35mm银盐

收藏馆：缩微中心，广东

000O019528

说文声表：□□卷标目十七卷 / (清)陈澧撰

清(1644-1911)稿本. -- 存十八卷：卷五、标目十七卷。

1994年摄制. -- 1盘卷片(8米129拍) : 1:10, 2B ; 35mm银盐

收藏馆：缩微中心，国图

000O027997

说文闽音通：一卷附录一卷 / (清)谢章铤撰

清(1644-1911)稿本

1996年摄制. -- 1盘卷片(4.6米72拍) : 1:10, 2B ; 35mm银盐

收藏馆：缩微中心，福建

000O017586

钞郑樵通志六书略平议：十卷 / (清)宦懋庸撰

清(1644-1911)稿本

1993年摄制. -- 1盘卷片(31米636拍) : 1:10, 2B ; 35mm银盐

收藏馆：缩微中心，国图

00O018202
六书正讹：五卷 / (元)周伯琦撰
明(1368-1644)傅鉴影元抄本
1993年摄制. -- 1盘卷片（12米224拍）：
1:10，2B；35mm银盐
收藏馆：缩微中心，山东

00O029829
六书正讹：五卷 / (元)周伯琦撰
明嘉靖元年(1522)于鳌刻本. 一（□）□蔗林跋
2001年摄制. -- 1盘卷片（12米230拍）：
1:10，2B；35mm银盐
收藏馆：缩微中心，国图

00O006988
六书正讹：五卷 / (元)周伯琦撰
明嘉靖元年(1522)于鳌刻本
1987年摄制. -- 1盘卷片（11米227拍）：
1:10，2B；35mm银盐
收藏馆：缩微中心，国图

00O004584
六书正讹：五卷 / (元)周伯琦撰
明嘉靖元年(1522)于鳌刻本
1986年摄制. -- 1盘卷片（11米220拍）：
1:10，2B；35mm银盐
收藏馆：缩微中心，国图

00O005353
六书正讹：五卷 / (元)周伯琦撰
明嘉靖元年(1522)于鳌刻本
1986年摄制. -- 1盘卷片（11米216拍）：
1:10，2B；35mm银盐
收藏馆：缩微中心，国图

00O000003
六书正讹：五卷 / (元)周伯琦撰；(明)胡正言订篆
明崇祯七年(1634)胡正言十竹斋刻本
1985年摄制. -- 1盘卷片（15.7米327拍）：
1:10，2B；35mm银盐
收藏馆：缩微中心，山西

00O021298
六书正讹：五卷 / (元)周伯琦撰
明崇祯七年(1634)胡正言十竹斋刻本
1994年摄制. -- 1盘卷片（12米241拍）：
1:10，2B；35mm银盐
收藏馆：缩微中心，甘肃

00O023880
六书正讹：五卷 / (元)周伯琦撰
明(1368-1644)刻本. -- (清)孙星衍、(清)丁

丙跋。
1995年摄制. -- 1盘卷片（11米232拍）：
1:10，2B；35mm银盐
收藏馆：缩微中心，南京

00O004101
六书正讹：五卷 / (元)周伯琦撰
明(1368-1644)刻本
1986年摄制. -- 1盘卷片（10.3米210拍）：
1:10，2B；35mm银盐
收藏馆：缩微中心，国图

00O008958
六书正讹：五卷 / (元)周伯琦撰
明(1368-1644)刻本
1988年摄制. -- 1盘卷片（14米240拍）：
1:10，2B；35mm银盐
收藏馆：缩微中心，湖北

00O000469
六书本义：十二卷 / (明)赵㧑谦撰
明正德十二年(1517)邵賁刻本
1985年摄制. -- 1盘卷片（7米119拍）：1:10，
2B；35mm银盐
收藏馆：缩微中心，国图

00O008559
六书本义：十二卷图一卷 / (明)赵㧑谦撰
明正德十五年(1520)胡东皋刻本
1988年摄制. -- 1盘卷片（7米116拍）：1:10，
2B；35mm银盐
收藏馆：缩微中心，国图

00O006486
六书本义：十二卷图一卷 / (明)赵㧑谦撰
明万历三十八年(1610)杨君觌刻本. -- 存六
卷：卷一至卷五、图一卷。
1987年摄制. -- 1盘卷片（5米81拍）：1:10，
2B；35mm银盐
收藏馆：缩微中心，国图

00O000732
六书精蕴：六卷 / (明)魏校撰. 音释举要：一卷 / (明)徐官撰
明嘉靖十九年(1540)魏希明刻本
1985年摄制. -- 1盘卷片（24.6米551拍）：
1:10，2B；35mm银盐
收藏馆：缩微中心，国图

00O016443
六书精蕴：六卷 / (明)魏校撰. 音释举要：一卷 / (明)徐官撰
明嘉靖十九年(1540)魏希明刻本

1993年摄制. -- 1盘卷片(26米525拍) :
1:10, 2B；35mm银盐
收藏馆：缩微中心，国图

00O021437
六书精蕴：六卷 / (明)魏校撰．音释举要：一卷 /
(明)徐官撰
明嘉靖十九年(1540)魏希明刻本
1995年摄制. -- 1盘卷片(27米517拍) :
1:10, 2B；35mm银盐
收藏馆：缩微中心，国图

00O012848
六书赋音义：二十卷赋一卷 / (明)张士佩撰
明万历三十三年(1605)刻本
1990年摄制. -- 2盘卷片(36米745拍) :
1:10, 2B；35mm银盐
收藏馆：缩微中心，浙江

00O006307
六书赋音义：二十卷赋一卷 / (明)张士佩撰
明万历(1573-1620)刻本
1987年摄制. -- 2盘卷片(37米775拍) :
1:10, 2B；35mm银盐
收藏馆：缩微中心，吉林

00O017578
六书赋音义：二十卷 / (明)张士佩撰
明天启三年(1623)冯嘉会刻本
1993年摄制. -- 2盘卷片(36米697拍) :
1:10, 2B；35mm银盐
收藏馆：缩微中心，国图

00O002797
六书总要：五卷；谐声指南：四卷；正小篆之讹：
一卷 / (明)吴元满撰
明万历(1573-1620)刻本
1986年摄制. -- 1盘卷片(14.5米308拍) :
1:10, 2B；35mm银盐
收藏馆：缩微中心，国图

00O008358
六书正义：十二卷 / (明)吴元满撰
明万历三十三年(1605)刻本
1988年摄制. -- 2盘卷片(40米888拍) :
1:10, 2B；35mm银盐
收藏馆：缩微中心，浙江

00O020776
六书溯原直音：二卷分部备考一卷 / (明)吴元满
撰
明万历(1573-1620)刻本
1994年摄制. -- 1盘卷片(9米150拍) : 1:10,

2B；35mm银盐
收藏馆：缩微中心，国图

00O008350
六书准：不分卷 / (清)冯调鼎撰
清康熙(1662-1722)刻本
1988年摄制. -- 1盘卷片(8米159拍) : 1:10,
2B；35mm银盐
收藏馆：缩微中心，浙江

00O006317
六书通：十二册 / (明)闵齐伋撰
清康熙(1662-1722)刻本
1987年摄制. -- 1盘卷片(27米593拍) :
1:10, 2B；35mm银盐
收藏馆：缩微中心，吉林

00O026932
谐声补逸：十四卷 / (清)宋保撰
清(1644-1911)稿本. -- (清)王念孙校。
1996年摄制. -- 1盘卷片(9米164拍) : 1:10,
2B；35mm银盐
收藏馆：缩微中心，南京

00O027538
谐声补逸：十四卷 / (清)宋保撰
清嘉庆(1796-1820)志学堂刻本
1997年摄制. -- 1盘卷片(9米149拍) : 1:10,
2B；35mm银盐
收藏馆：缩微中心，国图

00O014959
谐声谱：五十卷 / (清)张成孙撰
清(1644-1911)稿本
1992年摄制. -- 2盘卷片(35米683拍) :
1:10, 2B；35mm银盐
收藏馆：缩微中心，国图

00O012124
说文谐声后案：二卷 / (清)翟云升撰
明(1368-1644)稿本. -- (清)周乐清跋。
1990年摄制. -- 1盘卷片(7米130拍) : 1:10,
2B；35mm银盐
收藏馆：缩微中心，山东

00O028312
象形文释：一卷 / (清)徐灏撰
清(1644-1911)稿本. -- (清)陈澧批校。
1998年摄制. -- 1盘卷片(5米83拍) : 1:10,
2B；35mm银盐
收藏馆：缩微中心，广东

000O019982
象形文释：四卷 / (清)徐灏撰 . 韵目：一卷 /
(清)王绍墉撰
清(1644-1911)稿本
1994年摄制. -- 1盘卷片(10米175拍) :
1:10, 2B ; 35mm银盐
收藏馆：缩微中心，国图

000O022659
说文谐声表：十七卷 / (清)梁纪恩,(清)梁承恩编
清(1644-1911)抄本
1994年摄制. -- 2盘卷片(44米860拍) :
1:10, 2B ; 35mm银盐
收藏馆：缩微中心，浙江

000O019835
说文字原：一卷 / (元)周伯琦编注
元(1271-1368)刻本
1994年摄制. -- 1盘卷片(5米86拍) : 1:10,
2B ; 35mm银盐
收藏馆：缩微中心，天津

000O004585
说文字原：一卷 / (元)周伯琦撰
明嘉靖元年(1522)于鳌刻本
1986年摄制. -- 1盘卷片(5米78拍) : 1:10,
2B ; 35mm银盐
收藏馆：缩微中心，国图

000O005148
说文字原：一卷 / (元)周伯琦撰
明嘉靖元年(1522)于鳌刻本
1986年摄制. -- 1盘卷片(5米80拍) : 1:10,
2B ; 35mm银盐
收藏馆：缩微中心，国图

000O012592
说文字原：一卷 / (元)周伯琦撰
明崇祯七年(1634)胡正言十竹斋刻本
1990年摄制. -- 1盘卷片(5.8米103拍) :
1:10, 2B ; 35mm银盐
收藏馆：缩微中心，辽宁

000O018475
说文字原：一卷六书正讹五卷 / (元)周伯琦撰
明崇祯七年(1634)胡日从十竹斋刻本
1993年摄制. -- 1盘卷片(16米295拍) :
1:10, 2B ; 35mm银盐
收藏馆：缩微中心，国图

000O029062
说文字原：一卷六书正讹五卷 / (元)周伯琦撰
明崇祯七年(1634)胡日从十竹斋刻本

1999年摄制. -- 1盘卷片(15米351拍) :
1:10, 2B ; 35mm银盐
收藏馆：缩微中心，国图

000O022660
说文字原集注：十六卷附表一卷表说一卷 / (清)
蒋和撰
清乾隆五十三年(1788)刻本. -- (清)王咏霓
校。
1994年摄制. -- 1盘卷片(19米381拍) :
1:10, 2B ; 35mm银盐
收藏馆：缩微中心，浙江

000O008056
说文部次便览：一卷 / (清)顾元熙撰
清嘉庆二十一年(1816)顾元熙稿本
1988年摄制. -- 1盘卷片(4米50拍) : 1:10,
2B ; 35mm银盐
收藏馆：缩微中心，湖南

000O020145
说文部首韵语：一卷释一卷 / (清)黄寿凤撰
清道光(1821-1850)刻本
1994年摄制. -- 1盘卷片(4米41拍) : 1:10,
2B ; 35mm银盐
收藏馆：缩微中心，国图

000O024740
说文揭原：二卷 / (清)张行孚辑
清(1644-1911)稿本
1995年摄制. -- 1盘卷片(6米103拍) : 1:10,
2B ; 35mm银盐
收藏馆：缩微中心，浙江

000O024402
学福斋说文温知录：一卷 / (清)沈大成撰
清(1644-1911)稿本
1996年摄制. -- 1盘卷片(4米44拍) : 1:10,
2B ; 35mm银盐
收藏馆：缩微中心，国图

000O023588
说文凝锦录：一卷 / (清)万光泰撰
清嘉庆二年(1797)泽经堂刻本. -- 钤"海宁
陈氏向册阁图书""鳣读""仲鱼简庄收文"
等印。
1995年摄制. -- 1盘卷片(4米39拍) : 1:10,
2B ; 35mm银盐
收藏馆：缩微中心，国图

000O023584
说文解字述谊：二卷 / (清)毛际盛撰
清道光二十四年(1844)王宗涑刻本

1995年摄制. -- 1盘卷片(7米116拍) ：1:10,
2B ；35mm银盐
收藏馆：缩微中心，国图

000○008385
说文类考：不分卷 / (清)严可均撰
清(1644-1911)稿本
1988年摄制. -- 1盘卷片(7米115拍) ：1:10,
2B ；35mm银盐
收藏馆：缩微中心，国图

000○029878
读说文证疑：一卷 / (清)陈诗庭撰
清(1644-1911)许氏古均阁抄本
2001年摄制. -- 1盘卷片(4米49拍) ：1:10,
2B ；35mm银盐
收藏馆：缩微中心，国图

000○000169
**许学札记：不分卷；说文汇字：不分卷；杂抄：
不分卷 / (清)王筠撰**
清(1644-1911)稿本
1985年摄制. -- 1盘卷片(15米316拍) ：
1:10, 2B ；35mm银盐
收藏馆：缩微中心，国图

000○008620
古均阁读说文记：一卷遗著一卷 / (清)许槤撰
清(1644-1911)许氏古均阁抄本. -- (清)谭献
批注。
1988年摄制. -- 1盘卷片(4米64拍) ：1:10,
2B ；35mm银盐
收藏馆：缩微中心，国图

000○008621
说文胜语：一卷 / (清)丁晏撰
清(1644-1911)稿本
1988年摄制. -- 1盘卷片(2米20拍) ：1:10,
2B ；35mm银盐
收藏馆：缩微中心，国图

000○007463
说文举隅：一卷 / (清)丁晏撰
清(1644-1911)稿本
1987年摄制. -- 1盘卷片(3米28拍) ：1:10,
2B ；35mm银盐
收藏馆：缩微中心，国图

000○016711
说文举隅：一卷 / (清)丁晏撰
清同治二年(1863)丁赐福抄本
1993年摄制. -- 1盘卷片(3米16拍) ：1:10,
2B ；35mm银盐

收藏馆：缩微中心，国图

000○016194
顾氏说文学：二种八卷 / (清)顾广圻撰
清(1644-1911)刘履芬抄本
1993年摄制. -- 1盘卷片(8米136拍) ：1:10,
2B ；35mm银盐
收藏馆：缩微中心，国图

000○004347
许学三书：十四卷 / (清)翟云升撰
清光绪十七年(1891)高氏辨蟫居抄本. --
(清)高鸿裁校。
1986年摄制. -- 1盘卷片(28米629拍) ：
1:10, 2B ；35mm银盐
收藏馆：缩微中心，国图

000○000450
许学三书：十四卷 / (清)翟云升撰
清(1644-1911)郭氏松南书庐抄本
1985年摄制. -- 2盘卷片(39.1米855拍) ：
1:10, 2B ；35mm银盐
收藏馆：缩微中心，国图

000○018312
六吉斋字书：四种 / (清)单秋岩编
清(1644-1911)稿本. -- 书名代拟。
1993年摄制. -- 1盘卷片(15米316拍) ：
1:10, 2B ；35mm银盐
收藏馆：缩微中心，天津

000○024948
字林考逸：八卷 / (晋)吕忱撰 ；(清)任大椿辑
清乾隆(1736-1795)刻本. -- (清)陈寿祺校并
跋。
1996年摄制. -- 1盘卷片(11米198拍) ：
1:10, 2B ；35mm银盐
收藏馆：缩微中心，南京

000○031395
字林考逸：八卷 / (晋)吕忱撰 ；(清)任大椿辑
清乾隆(1736-1795)刻本
2004年摄制. -- 1盘卷片(11米208拍) ：
1:10, 2B ；35mm银盐
收藏馆：缩微中心，国图

000○031731
字林考逸：八卷 / (晋)吕忱撰 ；(清)任大椿辑
清乾隆(1736-1795)刻本
2005年摄制. -- 1盘卷片(11米200拍) ：
1:10, 2B ；35mm银盐
收藏馆：缩微中心，国图

00O000820
字林考逸：六卷 / (晋)吕忱撰；(清)任大椿辑
清(1644-1911)抄本
1985年摄制. -- 1盘卷片(7.6米142拍) :
1:10, 2B ; 35mm银盐
收藏馆：缩微中心, 国图

00O006046
大广益会玉篇：三十卷玉篇广韵指南一卷 /
(梁)顾野王撰；(唐)孙强增字；(宋)陈彭年[等]
重修
明初(1368-1424)刻本
1987年摄制. -- 1盘卷片(12米259拍) :
1:10, 2B ; 35mm银盐
收藏馆：缩微中心, 国图

00O006923
大广益会玉篇：三十卷玉篇广韵指南一卷 /
(梁)顾野王撰；(唐)孙强增字；(宋)陈彭年[等]
重修
明初(1368-1424)刻本. -- 卷十九至卷二十二
配清(1644-1911)抄本。
1986年摄制. -- 1盘卷片(12.2米255拍) :
1:10, 2B ; 35mm银盐
收藏馆：缩微中心, 国图

00O004841
大广益会玉篇：三十卷玉篇广韵指南一卷 /
(梁)顾野王撰；(唐)孙强增字；(宋)陈彭年[等]
重修
明弘治五年(1492)詹氏进德书堂刻本
1986年摄制. -- 1盘卷片(10.4米248拍) :
1:10, 2B ; 35mm银盐
收藏馆：缩微中心, 国图

00O004865
大广益会玉篇：三十卷玉篇广韵指南一卷 /
(梁)顾野王撰；(唐)孙强增字；(宋)陈彭年[等]
重修
明弘治十七年(1504)黄氏集义书堂刻本
1986年摄制. -- 1盘卷片(13米243拍) :
1:10, 2B ; 35mm银盐
收藏馆：缩微中心, 国图

00O003974
大广益会玉篇：三十卷玉篇广韵指南一卷 /
(梁)顾野王撰；(唐)孙强增字；(宋)陈彭年[等]
重修
明(1368-1644)刻本
1985年摄制. -- 1盘卷片(12.2米251拍) :
1:10, 2B ; 35mm银盐
收藏馆：缩微中心, 国图

00O005590
大广益会玉篇：三十卷玉篇广韵指南一卷 /
(梁)顾野王撰；(唐)孙强增字；(宋)陈彭年[等]
重修
明(1368-1644)刻本
1987年摄制. -- 1盘卷片(16米328拍) :
1:10, 2B ; 35mm银盐
收藏馆：缩微中心, 国图

00O014277
大广益会玉篇：三十卷玉篇广韵指南一卷 /
(梁)顾野王撰；(唐)孙强增字；(宋)陈彭年[等]
重修
日本刻本
1992年摄制. -- 1盘卷片(10米229拍) :
1:10, 2B ; 35mm银盐
收藏馆：缩微中心, 国图

00O006935
新刊大广益会玉篇：三十卷玉篇广韵指南一卷 /
(梁)顾野王撰；(唐)孙强增字；(宋)陈彭年[等]重
修
明(1368-1644)刻本
1986年摄制. -- 1盘卷片(22米489拍) :
1:10, 2B ; 35mm银盐
收藏馆：缩微中心, 国图

00O026072
新刊大广益会玉篇：三十卷玉篇广韵指南一卷 /
(梁)顾野王撰；(唐)孙强增字；(宋)陈彭年[等]重
修
明万历元年(1573)益藩刻本. -- (清)丁丙
跋。
1993年摄制. -- 1盘卷片(22米483拍) :
1:10, 2B ; 35mm银盐
收藏馆：缩微中心, 南京

00O015807
大广益会玉篇：三十卷 / (梁)顾野王撰；(唐)孙
强增字；(宋)陈彭年[等]重修
清康熙四十二年至四十三年(1703-1704)张士
俊泽存堂影宋刻本. -- 佚名校。
1993年摄制. -- 1盘卷片(19米277拍) :
1:10, 2B ; 35mm银盐
收藏馆：缩微中心, 国图

00O010345
大广益会玉篇：三十卷 / (梁)顾野王撰；(唐)孙
强增字；(宋)陈彭年[等]重修
清康熙四十三年(1704)张士俊泽存堂刻本
1989年摄制. -- 1盘卷片(14.5米296拍) :
1:10, 2B ; 35mm银盐
收藏馆：缩微中心, 湖北

000○018080
类篇：四十五卷 / (宋)司马光撰
清康熙四十五年(1706)扬州诗局刻本. --
(清)陈鳣批校。
1993年摄制. -- 2盘卷片(54米1211拍) :
1:10, 2B ; 35mm银盐
收藏馆：缩微中心，天津

000○024403
龙龛手鉴：四卷 / (辽)释行均撰
清(1644-1911)刻本. -- (清)李慈铭跋。
1996年摄制. -- 1盘卷片(23米448拍) :
1:10, 2B ; 35mm银盐
收藏馆：缩微中心，国图

000○004853
龙龛手鉴：四卷 / (辽)释行均撰
明(1368-1644)影宋抄本.
1987年摄制. -- 1盘卷片(11米231拍) :
1:10, 2B ; 35mm银盐
收藏馆：缩微中心，国图

000○027721
六书故：三十三卷六书通释一卷 / (元)戴侗撰
元(1271-1368)戴圣刻本. -- 存十二卷：卷
一至卷三、卷六、卷十六、卷二十一、卷
二十四、卷二十七至卷二十八、卷三十一至卷
三十三。
1997年摄制. -- 1盘卷片(31米629拍) :
1:10, 2B ; 35mm银盐
收藏馆：缩微中心，国图

000○007135
六书故：三十三卷六书通释一卷 / (宋)戴侗撰；(明)张萱订
明万历三十六年(1608)张萱悬尘斋刻本. --
版框高二十二厘米宽十五厘米。
1987年摄制. -- 3盘卷片(77.1米1661拍) :
1:10, 2B ; 35mm银盐
收藏馆：缩微中心，广东

000○008055
六书故：三十三卷六书通释一卷 / (宋)戴侗撰；(明)张弘德订
明(1368-1644)刻本
1988年摄制. -- 3盘卷片(81米1720拍) :
1:10, 2B ; 35mm银盐
收藏馆：缩微中心，湖南

000○024008
六书统：二十卷 / (元)杨桓撰
元至大元年(1308)江浙行省儒学刻元明(1271-1644)

递修本. -- (清)丁丙跋。
1996年摄制. -- 2盘卷片(42米891拍) :
1:10, 2B ; 35mm银盐
收藏馆：缩微中心，南京

000○003555
六书统：二十卷 / (元)杨桓撰
元至大元年(1308)江浙行省儒学刻元明(1271-1644)
递修本
1985年摄制. -- 2盘卷片(37.5米817拍) :
1:10, 2B ; 35mm银盐
收藏馆：缩微中心，国图

000○004675
六书统：二十卷 / (元)杨桓撰
元至大元年(1308)江浙行省儒学刻元明(1271-1644)
递修本
1987年摄制. -- 2盘卷片(38米822拍) :
1:10, 2B ; 35mm银盐
收藏馆：缩微中心，国图

000○001917
六书统溯原：十三卷 / (元)杨桓撰
元至大元年(1308)江浙行省儒学刻元明(1271-1644)
递修本
1986年摄制. -- 1盘卷片(25米551拍) :
1:10, 2B ; 35mm银盐
收藏馆：缩微中心，国图

000○004678
六书统溯原：十三卷 / (元)杨桓撰
元至大元年(1308)江浙行省儒学刻元明(1271-1644)
递修本
1987年摄制. -- 1盘卷片(26米561拍) :
1:10, 2B ; 35mm银盐
收藏馆：缩微中心，国图

000○014488
篇海类编：二十卷 / (明)宋濂撰；(明)屠隆订正.
附录：一卷 / (明)张嘉和撰
明(1368-1644)翁少麓刻本
1992年摄制. -- 2盘卷片(44.9米947拍) :
1:9, 2B ; 35mm银盐
收藏馆：缩微中心，重庆

000○021103
篇海类编：二十卷 / (明)宋濂撰；(明)屠隆订正.
附录：一卷 / (明)张嘉和撰
明(1368-1644)刻本
1994年摄制. -- 2盘卷片(47米930拍) :
1:10, 2B ; 35mm银盐
收藏馆：缩微中心，国图

000O005891
题韵直音篇：七卷 / (明)章黼撰
明万历六年(1578)资政左室刻本
1987年摄制. -- 1盘卷片(27.7米626拍)：
1:10, 2B；35mm银盐
收藏馆：缩微中心，国图

000O019308
重订直音篇：七卷 / (明)章黼撰；(明)吴道长重订
明万历三十四年(1606)练川明德书院刻本
1994年摄制. -- 1盘卷片(31米646拍)：
1:10, 2B；35mm银盐
收藏馆：缩微中心，国图

000O020757
重订直音篇：七卷 / (明)章黼撰；(明)吴道长重订
明万历三十四年(1606)练川明德书院刻本
1994年摄制. -- 1盘卷片(31米646拍)：
1:10, 2B；35mm银盐
收藏馆：缩微中心，国图

000O022924
金石韵府：五卷 / (明)朱云撰
明嘉靖十年(1531)俞显谟刻本. -- 康有为跋。
1994年摄制. -- 1盘卷片(14米288拍)：
1:10, 2B；35mm银盐
收藏馆：缩微中心，甘肃

000O008314
金石韵府：五卷 / (明)朱云撰
明嘉靖十年(1531)俞显谟刻朱印本
1988年摄制. -- 1盘卷片(15米286拍)：
1:10, 2B；35mm银盐
收藏馆：缩微中心，山东

000O022654
金石韵府：五卷 / (明)朱云撰
清初(1644-1722)朱墨抄本
1994年摄制. -- 1盘卷片(15米292拍)：
1:10, 2B；35mm银盐
收藏馆：缩微中心，浙江

000O005422
金石韵府：五卷 / (明)朱云撰
清(1644-1911)抄本
1986年摄制. -- 1盘卷片(16米333拍)：
1:10, 2B；35mm银盐
收藏馆：缩微中心，国图

000O000933
金石韵府：四卷 / (明)朱云撰
清(1644-1911)抄本
1985年摄制. -- 1盘卷片(11米220拍)：
1:10, 2B；35mm银盐
收藏馆：缩微中心，国图

000O008924
字学大全：三十二卷 / (明)王三聘编
明嘉靖四十三年(1564)刻本
1988年摄制. -- 2盘卷片(56米1232拍)：
1:10, 2B；35mm银盐
收藏馆：缩微中心，湖北

000O002071
字考启蒙：十六卷 / (明)周宇撰
明万历十一年(1583)周传诵刻本
1986年摄制. -- 1盘卷片(20米433拍)：
1:10, 2B；35mm银盐
收藏馆：缩微中心，国图

000O004941
重刊详校篇海：五卷
明(1368-1644)刻清初(1644-1722)重修本
1987年摄制. -- 2盘卷片(41米883拍)：
1:10, 2B；35mm银盐
收藏馆：缩微中心，国图

000O012061
重校经史海篇直音：十卷
明(1368-1644)刻本
1989年摄制. -- 1盘卷片(30米686拍)：
1:10, 2B；35mm银盐
收藏馆：缩微中心，浙江

000O014272
新校经史海篇直音：五卷
明(1368-1644)刻蓝印本
1992年摄制. -- 1盘卷片(24米495拍)：
1:10, 2B；35mm银盐
收藏馆：缩微中心，国图

000O009986
新校经史海篇直音：五卷
明(1368-1644)刻本
1988年摄制. -- 1盘卷片(22米499拍)：
1:10, 2B；35mm银盐
收藏馆：缩微中心，浙江

000O022939
重校全补海篇直音：十二卷首一卷 / (明)蔡烒辑
明万历二十三年(1595)郑世豪刻本
1995年摄制. -- 2盘卷片(52米1102拍)：

1:10，2B ；35mm银盐
收藏馆：缩微中心，甘肃

000O025000
转注古音略：五卷；古音余：五卷；古音拾遗：五卷 / (明)杨慎撰；(明)杨宗吾辑
明万历三十三年(1605)杨宗吾刻本. -- 本书还装订有：古音略例一卷、古音骈字五卷、古音复字五卷。
1996年摄制. -- 1盘卷片(17米328拍) ：
1:10，2B ；35mm银盐
收藏馆：缩微中心，福建

000O025032
经子难字：二卷；杂字韵宝：五卷 / (明)杨慎撰
明(1368-1644)刻本
1996年摄制. -- 1盘卷片(7.2米127拍) ：
1:10，2B ；35mm银盐
收藏馆：缩微中心，福建

000O021331
翰林笔削字义韵律鳌头海篇心镜：二十卷 / (明)萧良有撰；(明)余应奎订
明万历十一年(1583)书林吴氏三友堂刻本
1994年摄制. -- 1盘卷片(33米705拍) ：
1:10，2B ；35mm银盐
收藏馆：缩微中心，甘肃

000O013959
翰林重考字义韵律大板海篇心镜：二十卷首一卷 / (明)刘孔当撰
明万历二十四年(1596)书林叶会廷刻本
1991年摄制. -- 2盘卷片(37米730拍) ：
1:10，2B ；35mm银盐
收藏馆：缩微中心，国图

000O015403
精刻海若汤先生校订音释五侯鲭字海：二十卷五经难字一卷首一卷
明(1368-1644)刻本
1992年摄制. -- 2盘卷片(44米878拍) ：
1:10，2B ；35mm银盐
收藏馆：缩微中心，国图

000O014495
鼎刻台阁考正遵古韵律海篇大成：二十卷 / (明)曾六德辑考
明万历三十二年(1604)刘龙田乔山堂刻本
1992年摄制. -- 2盘卷片(34.4米728拍) ：
1:9，2B ；35mm银盐
收藏馆：缩微中心，重庆

000O008345
字汇：十二卷首一卷末一卷附韵法直图一卷韵法横图一卷 / (明)梅应祚撰
明万历四十三年(1615)梅士倩梅士杰刻本
1988年摄制. -- 2盘卷片(61米1393拍) ：
1:10，2B ；35mm银盐
收藏馆：缩微中心，浙江

000O013533
字汇数求声：十二卷 / (明)梅膺祚撰；(清)虞德升系声
清康熙十六年(1677)刻本
1991年摄制. -- 1盘卷片(19米372拍) ：
1:10，2B ；35mm银盐
收藏馆：缩微中心，浙江

000O028879
广金石韵府：五卷字略一卷 / (清)林尚葵辑
清康熙九年(1670)周亮工赖古堂刻朱墨套印本
1995年摄制. -- 1盘卷片(15米259拍) ：
1:10，2B ；35mm银盐
收藏馆：缩微中心，苏州

000O024207
谐声品字笺：十集 / (清)虞德升撰
清康熙十六年(1677)敦本堂刻本
1995年摄制. -- 3盘卷片(64米1420拍) ：
1:10，2B ；35mm银盐
收藏馆：缩微中心，安徽

000O025880
略汇集类：十二集
清(1644-1911)抄本
1996年摄制. -- 2盘卷片(59米1185拍) ：
1:10，2B ；35mm银盐
收藏馆：缩微中心，浙江

000O024405
康熙字典十二集：三十六卷检字辨似一卷等韵一卷补遗一卷备考一卷 / (清)张玉书,(清)凌绍雯[等]纂修
清康熙(1662-1722)内府刻本
1996年摄制. -- 6盘卷片(175米3589拍) ：
1:10，2B ；35mm银盐
收藏馆：缩微中心，国图

000O000413
字书八法：不分卷 / [题](清)何焯撰
清(1644-1911)抄本
1985年摄制. -- 1盘卷片(5米78拍) ： 1:10，2B ；35mm银盐
收藏馆：缩微中心，国图

00O027157
千字文通释：四卷 / (清)吕世宜撰
清(1644-1911)抄本. -- (清)杨浚校。
1996年摄制. -- 1盘卷片(8.9米163拍)：
1:10，2B；35mm银盐
收藏馆：缩微中心，福建

00O008630
新撰字镜：不分卷 / (日)释昌住撰
日本抄本
1988年摄制. -- 1盘卷片(6米106拍)：1:10,
2B；35mm银盐
收藏馆：缩微中心，国图

00O002932
干禄字书：一卷 / (唐)颜元孙撰
明嘉靖六年(1527)孙沐万玉堂刻本
1986年摄制. -- 1盘卷片(3米35拍)：1:10,
2B；35mm银盐
收藏馆：缩微中心，国图

00O019690
干禄字书：一卷 / (唐)颜元孙撰
明万历二十五年(1597)荆山书林刻夷门广牍
本. -- (清)袁芳瑛校，周叔弢跋。
1994年摄制. -- 1盘卷片(3米16拍)：1:10,
2B；35mm银盐
收藏馆：缩微中心，国图

00O021603
干禄字书：一卷 / (唐)颜元孙撰
明(1368-1644)端始堂刻本. -- 还有合刻著
作：佩觽，未拍摄。
1995年摄制. -- 1盘卷片(3米18拍)：1:10,
2B；35mm银盐
收藏馆：缩微中心，国图

00O021424
佩觿：三卷 / (宋)郭忠恕撰
明(1368-1644)端始堂刻本. -- 还有合刻著
作：干禄字书，未拍摄。
1995年摄制. -- 1盘卷片(6米79拍)：1:10,
2B；35mm银盐
收藏馆：缩微中心，国图

00O016313
干禄字书：一卷 / (唐)颜元孙撰
清(1644-1911)抄本
1993年摄制. -- 1盘卷片(4米52拍)：1:10,
2B；35mm银盐
收藏馆：缩微中心，国图

00O019409
五经文字：三卷 / (唐)张参撰．新加九经字样：
一卷 / (唐)唐玄度撰
清康熙五十四年(1715)项纲刻本
1994年摄制. -- 1盘卷片(6米95拍)：1:10,
2B；35mm银盐
收藏馆：缩微中心，国图

00O004338
佩觿：三卷 / (宋)郭忠恕撰
明嘉靖六年(1527)孙沐万玉堂刻本
1986年摄制. -- 1盘卷片(5米72拍)：1:10,
2B；35mm银盐
收藏馆：缩微中心，国图

00O020006
佩觿：□□卷 / (宋)郭忠恕撰
明嘉靖六年(1527)孙沐万玉堂刻本
1994年摄制. -- 1盘卷片(5米55拍)：1:10,
2B；35mm银盐
收藏馆：缩微中心，国图

00O014397
佩觿：三卷辩证一卷附一卷 / (宋)郭忠恕撰
明万历十二年(1584)李齐芳刻本
1992年摄制. -- 1盘卷片(5米62拍)：1:10,
2B；35mm银盐
收藏馆：缩微中心，国图

00O003325
佩觿：三卷 / (宋)郭忠恕撰
清康熙四十九年(1710)张士俊刻泽存堂五种
本. -- (清)吴骞校并跋，(清)吴寿照录(清)
翁方纲、(清)罗有高、(清)桂馥校，(清)朱昌
燕跋。
1986年摄制. -- 1盘卷片(5米72拍)：1:10,
2B；35mm银盐
收藏馆：缩微中心，国图

00O032067
佩觿：三卷 / (宋)郭忠恕撰
清康熙四十九年(1710)张士俊刻泽存堂五种
本. -- 八行十七字小字双行二十六字白口左
右双边。(清)吴骞校并跋，(清)吴寿照录(清)
翁方纲、(清)罗有高、(清)桂馥校，(清)朱昌
燕跋。
2011年摄制. -- 1盘卷片(6米75拍)：1:13,
2B；35mm银盐
收藏馆：缩微中心，国图

00O006420
佩觿：三卷 / (宋)郭忠恕撰
清康熙四十九年(1710)张士俊刻泽存堂五种

本. -- 佚名录(清)吴骞、(清)翁方纲、(清)
桂馥、(清)罗有高校跋。
1987年摄制. -- 1盘卷片(5米73拍)：1:10,
2B；35mm银盐
收藏馆：缩微中心，国图

00O010316
佩觿：三卷 / (宋)郭忠恕撰
清康熙四十九年(1710)张士俊刻泽存堂五种
本. -- (清)唐仁寿转录(清)钱泰吉录(清)吴
骞校。
1989年摄制. -- 1盘卷片(4米71拍)：1:10,
2B；35mm银盐
收藏馆：缩微中心，湖北

00O010354
佩觿：三卷 / (宋)郭忠恕撰
清康熙四十九年(1710)张士俊刻泽存堂五种
本. -- (清)谢章铤点校。
1989年摄制. -- 1盘卷片(5米70拍)：1:10,
2B；35mm银盐
收藏馆：缩微中心，湖北

00O031204
佩觿：三卷 / (宋)郭忠恕撰
清康熙四十九年(1710)张士俊刻泽存堂五种
本. -- 王国维校。
2004年摄制. -- 1盘卷片(5米70拍)：1:10,
2B；35mm银盐
收藏馆：缩微中心，国图

00O032085
群经音辨：七卷 / (宋)贾昌朝撰
清康熙五十三年(1714)张士俊刻泽存堂五种
本. -- 十行二十字小字双行同白口左右双
边。傅增湘跋，徐鸿宝校并录(清)陆贻典、
(清)冯彦渊题识。
2011年摄制. -- 1盘卷片(8米115拍)：1:12,
2B；35mm银盐
收藏馆：缩微中心，国图

00O019521
群经音辨：七卷 / (宋)贾昌朝撰
清(1644-1911)抄本
1994年摄制. -- 1盘卷片(9米149拍)：1:10,
2B；35mm银盐
收藏馆：缩微中心，国图

00O003588
复古编：二卷 / (宋)张有撰
明崇祯四年(1631)冯舒抄本. -- (清)冯舒跋。
1985年摄制. -- 1盘卷片(7.6米143拍)：
1:10, 2B；35mm银盐

收藏馆：缩微中心，国图

00O002936
复古编：二卷 / (宋)张有撰
清(1644-1911)抄本
1986年摄制. -- 1盘卷片(12米231拍)：
1:10, 2B；35mm银盐
收藏馆：缩微中心，国图

00O007327
复古编：二卷 / (宋)张有撰
清(1644-1911)抄本
1987年摄制. -- 1盘卷片(7.4米136拍)：
1:10, 2B；35mm银盐
收藏馆：缩微中心，国图

00O020570
**复古编：二卷附录一卷校正一卷 / (宋)张有撰；
(清)葛鸣阳校 . 曾乐轩稿：一卷 / (宋)张维撰；
安陆集：一卷 / (宋)张先撰**
清乾隆四十六年(1781)葛鸣阳刻本
1994年摄制. -- 1盘卷片(16米319拍)：
1:10, 2B；35mm银盐
收藏馆：缩微中心，国图

00O008162
**复古编：二卷附录一卷校正一卷 / (宋)张有撰；
(清)葛鸣阳校 . 曾乐轩稿：一卷 / (宋)张维撰；
安陆集：一卷 / (宋)张先撰**
清乾隆四十六年(1781)葛鸣阳刻本
1988年摄制. -- 1盘卷片(16.5米335拍)：
1:10, 2B；35mm银盐
收藏馆：缩微中心，湖北

00O018585
**复古编：二卷附录一卷校正一卷 / (宋)张有撰；
(清)葛鸣阳校**
清乾隆四十六年(1781)葛鸣阳刻本
1993年摄制. -- 1盘卷片(14米263拍)：
1:10, 2B；35mm银盐
收藏馆：缩微中心，国图

00O026796
**复古编：二卷附录一卷校正一卷 / (宋)张有撰；
(清)葛鸣阳校**
清同治十三年(1874)桂中行抄本. -- (清)桂
中行跋并录(清)莫友芝校跋。
1996年摄制. -- 1盘卷片(15米296拍)：
1:10, 2B；35mm银盐
收藏馆：缩微中心，南京

00O002926
增修复古编：四卷 / (宋)张有撰；(元)吴均增补

明初(1368-1424)刻本. -- 缪荃孙跋。
1986年摄制. -- 1盘卷片(6米88拍) : 1:10,
2B ; 35mm银盐
收藏馆：缩微中心，国图

000O002927
增修复古编：四卷 / (宋)张有撰；(元)吴均增补
明初(1368-1424)刻本
1986年摄制. -- 1盘卷片(6米89拍) : 1:10,
2B ; 35mm银盐
收藏馆：缩微中心，国图

000O004348
续复古编：四卷 / (元)曹本撰
明(1368-1644)抄本
1986年摄制. -- 1盘卷片(14米297拍) :
1:10, 2B ; 35mm银盐
收藏馆：缩微中心，国图

000O024398
续复古编：四卷 / (元)曹本撰
清(1644-1911)抄本. -- (清)姚觐元校。
1996年摄制. -- 1盘卷片(14米265拍) :
1:10, 2B ; 35mm银盐
收藏馆：缩微中心，国图

000O001891
续复古编：四卷 / (元)曹本撰
清(1644-1911)抄本
1986年摄制. -- 1盘卷片(13米278拍) :
1:10, 2B ; 35mm银盐
收藏馆：缩微中心，国图

000O019620
班马字类：五卷 / (宋)娄机撰
清初(1644-1722)抄本. -- 存四卷：卷二至卷五。
1994年摄制. -- 1盘卷片(10米173拍) :
1:10, 2B ; 35mm银盐
收藏馆：缩微中心，国图

000O003529
班马字类：五卷 / (宋)娄机撰
清(1644-1911)抄本. -- (清)钮树玉、(清)顾广圻跋。
1985年摄制. -- 1盘卷片(8米145拍) : 1:10,
2B ; 35mm银盐
收藏馆：缩微中心，国图

000O002939
班马字类：二卷 / (宋)娄机撰
明(1368-1644)抄本
1986年摄制. -- 1盘卷片(7米130拍) : 1:10,
2B ; 35mm银盐

收藏馆：缩微中心，国图

000O003651
班马字类：二卷 / (宋)娄机撰
清(1644-1911)马氏丛书楼刻本. -- (清)褚南崖录(清)顾广圻校录(宋)李曾伯补遗，(清)袁廷梼跋。
1985年摄制. -- 1盘卷片(8米155拍) : 1:10,
2B ; 35mm银盐
收藏馆：缩微中心，国图

000O004789
班马字类补遗：五卷 / (宋)李曾伯撰
清(1644-1911)铁如意斋抄本. -- (清)王振声校并跋。
1986年摄制. -- 1盘卷片(12米246拍) :
1:10, 2B ; 35mm银盐
收藏馆：缩微中心，国图

000O002113
班马字类补遗：五卷 / (宋)李曾伯撰
清(1644-1911)抄本
1986年摄制. -- 1盘卷片(10米193拍) :
1:10, 2B ; 35mm银盐
收藏馆：缩微中心，国图

000O003759
字通：一卷 / (宋)李从周撰
清初(1644-1722)抄本
1985年摄制. -- 1盘卷片(5.1米85拍) :
1:10, 2B ; 35mm银盐
收藏馆：缩微中心，国图

000O026736
字通：一卷 / (宋)李从周撰
清(1644-1911)抄本. -- (清)丁丙跋。
1996年摄制. -- 1盘卷片(5米81拍) : 1:10,
2B ; 35mm银盐
收藏馆：缩微中心，南京

000O010315
字鉴：五卷 / (元)李文仲撰
清康熙四十八年(1709)张士俊刻泽存堂五种本. -- (清)王颂蔚校并录(清)顾广圻批校。
1989年摄制. -- 1盘卷片(7米117拍) : 1:10,
2B ; 35mm银盐
收藏馆：缩微中心，湖北

000O000506
字鉴：五卷 / (元)李文仲撰
清康熙(1662-1722)张士俊刻泽存堂五种本. --
(清)吴骞跋并录(清)钱馥校注。
1985年摄制. -- 1盘卷片(7米115拍) : 1:10,

2B ；35mm银盐
收藏馆：缩微中心，国图

000O014393
字鉴：五卷 / (元)李文仲撰
清道光五年(1825)许楗研经书塾刻本
1992年摄制. -- 1盘卷片(8米132拍) : 1:10,
2B ；35mm银盐
收藏馆：缩微中心，国图

000O020907
从古正文：五卷字原释义一卷 / (明)黄谏撰
明嘉靖十五年(1536)李宗枢石叠山房刻本
1994年摄制. -- 1盘卷片(9米139拍) : 1:10,
2B ；35mm银盐
收藏馆：缩微中心，国图

000O028051
诸书字略：二卷 / (明)林茂槐撰
明万历十八年(1590)刻本
1997年摄制. -- 1盘卷片(5.5米88拍) :
1:10, 2B ；35mm银盐
收藏馆：缩微中心，福建

000O025997
问奇集：二卷 / (明)张位撰
明万历十八年(1590)刻本
1996年摄制. -- 1盘卷片(6米112拍) : 1:10,
2B ；35mm银盐
收藏馆：缩微中心，福建

000O019981
古文奇字：十二卷 / (明)朱谋㙔撰
清(1644-1911)抄本
1994年摄制. -- 1盘卷片(10米181拍) :
1:10, 2B ；35mm银盐
收藏馆：缩微中心，国图

000O023592
字孪：二卷 / (明)叶秉敬撰
清(1644-1911)蕉雨轩刻小石山房递修本. --
(清)李慈铭校注并跋。
1995年摄制. -- 1盘卷片(8米128拍) : 1:10,
2B ；35mm银盐
收藏馆：缩微中心，国图

000O028108
字孪：四卷 / (明)叶秉敬撰
清(1644-1911)张氏花影轩抄本. -- (清)丁丙
跋。
1996年摄制. -- 1盘卷片(9米168拍) : 1:10,
2B ；35mm银盐
收藏馆：缩微中心，南京

000O028263
古今字正：二卷 / (清)蒋焜辑
清康熙十九年(1680)刻本
1997年摄制. -- 1盘卷片(7米119拍) : 1:10,
2B ；35mm银盐
收藏馆：缩微中心，辽宁

000O028129
经典文字考异：一卷 / (清)钱大昕撰
清(1644-1911)抄本
1996年摄制. -- 1盘卷片(6米93拍) : 1:10,
2B ；35mm银盐
收藏馆：缩微中心，南京

000O024738
说文解字群经正字：二十八卷 / (清)邵瑛撰
清(1644-1911)稿本. -- (清)邵启贤跋。
1995年摄制. -- 1盘卷片(20米388拍) :
1:10, 2B ；35mm银盐
收藏馆：缩微中心，浙江

000O024310
正字略定本：一卷 / (清)王筠撰
清(1644-1911)稿本
1996年摄制. -- 1盘卷片(5米73拍) : 1:10,
2B ；35mm银盐
收藏馆：缩微中心，国图

000O025070
芸香馆重刊正字略：一卷 / (清)王筠撰；(清)钟
文校定
清道光二十九年(1849)钟文刻本
1996年摄制. -- 1盘卷片(7米118拍) : 1:10,
2B ；35mm银盐
收藏馆：缩微中心，国图

000O014982
六朝别字记：不分卷 / (清)赵之谦撰
清(1644-1911)稿本
1992年摄制. -- 1盘卷片(4米35拍) : 1:10,
2B ；35mm银盐
收藏馆：缩微中心，国图

000O027372
汗简：七卷 / (宋)郭忠恕撰
清康熙四十二年(1703)汪立名一隅草堂刻本
. -- (清)江声校并跋，(清)江飌跋。
1996年摄制. -- 1盘卷片(7米116拍) : 1:10,
2B ；35mm银盐
收藏馆：缩微中心，南京

000O019394
汗简：七卷 / (宋)郭忠恕撰

清康熙四十二年(1703)汪氏一隅草堂刻本. -- 朱文钧跋。
1994年摄制. -- 1盘卷片(6米99拍) ： 1:10, 2B ； 35mm银盐
收藏馆：缩微中心，国图

00O031121
新集古文四声韵：五卷 / (宋)夏竦撰
清乾隆四十四年(1779)汪启淑刻本. -- (清)翁方纲校并跋，(清)叶志诜跋。
2004年摄制. -- 1盘卷片(11米195拍) ： 1:10, 2B ； 35mm银盐
收藏馆：缩微中心，国图

00O004353
集篆古文韵海：五卷 / (宋)杜从古撰
清嘉庆元年(1796)项世英抄本
1986年摄制. -- 1盘卷片(10米201拍) ： 1:10, 2B ； 35mm银盐
收藏馆：缩微中心，国图

00O011477
汉隶字源：五卷 / (宋)娄机撰
明(1368-1644)毛氏汲古阁刻本
1989年摄制. -- 1盘卷片(18.0米398拍) ： 1:10, 2B ； 35mm银盐
收藏馆：缩微中心，辽宁

00O012490
汉隶字源：五卷碑目一卷附字一卷 / (宋)娄机撰
明末(1621-1644)毛氏汲古阁刻本. -- (明)袁裳跋。
1990年摄制. -- 1盘卷片(20米399拍) ： 1:10, 2B ； 35mm银盐
收藏馆：缩微中心，山东

00O015430
汉隶字源：五卷碑目一卷附字一卷 / (宋)娄机撰
明末(1621-1644)毛氏汲古阁刻本. -- 佚名录(清)翁方纲批校题识。
1992年摄制. -- 1盘卷片(20米372拍) ： 1:10, 2B ； 35mm银盐
收藏馆：缩微中心，国图

00O003466
汉隶字源：五卷碑目一卷附字一卷 / (宋)娄机撰
明末(1621-1644)毛氏汲古阁刻本. -- (清)龚橙校订并跋。
1986年摄制. -- 1盘卷片(18米390拍) ： 1:10, 2B ； 35mm银盐
收藏馆：缩微中心，国图

00O001506
汉隶字源：五卷碑目一卷附字一卷 / (宋)娄机撰
明末(1621-1644)毛氏汲古阁刻本
1986年摄制. -- 1盘卷片(19.8米419拍) ： 1:10, 2B ； 35mm银盐
收藏馆：缩微中心，山西

00O016789
汉隶字源：五卷碑目一卷附字一卷 / (宋)娄机撰
明末(1621-1644)毛氏汲古阁刻本
1993年摄制. -- 1盘卷片(19米363拍) ： 1:10, 2B ； 35mm银盐
收藏馆：缩微中心，国图

00O020319
汉隶字源：五卷碑目一卷附字一卷 / (宋)娄机撰
明末(1621-1644)毛氏汲古阁刻本
1994年摄制. -- 1盘卷片(19米364拍) ： 1:10, 2B ； 35mm银盐
收藏馆：缩微中心，国图

00O016275
汉隶字源：五卷碑目一卷附字一卷 / (宋)娄机撰
清初(1644-1722)抄本
1993年摄制. -- 1盘卷片(18米360拍) ： 1:10, 2B ； 35mm银盐
收藏馆：缩微中心，国图

00O002938
汉隶字源：五卷碑目一卷附字一卷 / (宋)娄机撰
清(1644-1911)抄本
1986年摄制. -- 1盘卷片(18米381拍) ： 1:10, 2B ； 35mm银盐
收藏馆：缩微中心，国图

00O019806
隶韵：十卷碑目一卷考证一卷 / (宋)刘球撰
清嘉庆十四年(1809)秦恩复刻本
1994年摄制. -- 1盘卷片(24米466拍) ： 1:10, 2B ； 35mm银盐
收藏馆：缩微中心，国图

00O026735
汉隶分韵：七卷
明嘉靖九年(1530)李宗枢刻本
1996年摄制. -- 1盘卷片(10米192拍) ： 1:10, 2B ； 35mm银盐
收藏馆：缩微中心，南京

00O013836
汉隶分韵：七卷
清(1644-1911)抄本. -- (清)吴骞校。
1991年摄制. -- 1盘卷片(10米181拍) ：

1:10, 2B ; 35mm银盐
收藏馆：缩微中心，国图

00O003813

增广钟鼎篆韵：七卷 / (元)杨鉤撰
清(1644-1911)抄本
1985年摄制. -- 1盘卷片(12米236拍) :
1:10, 2B ; 35mm银盐
收藏馆：缩微中心，国图

00O003165

师古篆韵：六卷 / [题](元)李墉辑；(明)陶渔校删
清(1644-1911)抄本
1986年摄制. -- 2盘卷片(41米896拍) :
1:10, 2B ; 35mm银盐
收藏馆：缩微中心，国图

00O001308

汉隶韵要：五卷 / (明)文征明撰
明(1368-1644)潘振刻本
1985年摄制. -- 1盘卷片(10米198拍) :
1:10, 2B ; 35mm银盐
收藏馆：缩微中心，国图

00O006150

撼古遗文：二卷附再增撼古遗文一卷 / (明)李登辑
明万历二十二年(1594)文蔚堂刻本. -- 版框高十八厘米宽十五厘米。
1987年摄制. -- 1盘卷片(10米124拍) :
1:10, 2B ; 35mm银盐
收藏馆：缩微中心，广东

00O008351

撼古遗文：二卷附再增撼古遗文一卷 / (明)李登重辑；(明)姚履旋增补
明万历三十一年(1603)李恩谦刻本
1988年摄制. -- 1盘卷片(6米118拍) : 1:10,
2B ; 35mm银盐
收藏馆：缩微中心，浙江

00O024211

篆诀辩释：一卷 / (明)许令典撰
明崇祯元年(1628)陈氏赐绯堂刻本
1995年摄制. -- 1盘卷片(3米61拍) : 1:10,
2B ; 35mm银盐
收藏馆：缩微中心，安徽

00O005704

三鳣堂篆韵正义：五卷 / (明)杨昌文撰
明崇祯十三年(1640)杨昌文刻本
1987年摄制. -- 1盘卷片(16米351拍) :
1:10, 2B ; 35mm银盐

收藏馆：缩微中心，国图

00O000930

三鳣堂篆韵正义：五卷 / (明)杨昌文撰
明崇祯十三年(1640)杨昌文刻本. -- 存四卷：卷一至卷四。(清)伍铨萃跋。
1985年摄制. -- 1盘卷片(14米292拍) :
1:10, 2B ; 35mm银盐
收藏馆：缩微中心，国图

00O024947

三鳣堂篆韵正义：五卷 / (明)杨昌文撰
明崇祯十三年(1640)刻本. -- (清)丁丙跋。
1996年摄制. -- 1盘卷片(18米382拍) :
1:10, 2B ; 35mm银盐
收藏馆：缩微中心，南京

00O001489

篆林肆考：十五卷 / (明)郑大郁辑
明崇祯十五年(1642)黎光堂刻本
1986年摄制. -- 1盘卷片(17米322拍) :
1:10, 2B ; 35mm银盐
收藏馆：缩微中心，吉林

00O018479

篆林肆考：十五卷 / (明)郑大郁辑
明崇祯(1628-1644)黎光堂刻本. -- 存九卷：卷一至卷九。
1993年摄制. -- 1盘卷片(12米211拍) :
1:10, 2B ; 35mm银盐
收藏馆：缩微中心，国图

00O015081

篆林肆考：十五卷 / (明)郑大郁辑
明末(1621-1644)文萃堂刻本
1992年摄制. -- 1盘卷片(16米298拍) :
1:10, 2B ; 35mm银盐
收藏馆：缩微中心，国图

00O021038

篆文纂要全宗：二卷提纲四卷篆体须知一卷 / (清)陈策辑
清康熙十一年(1672)刻本
1994年摄制. -- 1盘卷片(16米308拍) :
1:10, 2B ; 35mm银盐
收藏馆：缩微中心，国图

00O022661

篆文纂要全宗：四卷 / (清)陈策撰
清康熙十一年(1672)刻本
1994年摄制. -- 1盘卷片(15米297拍) :
1:10, 2B ; 35mm银盐
收藏馆：缩微中心，浙江

00○020567
六书分类：十二卷首一卷 / (清)傅世垚撰
清乾隆五十四年(1789)傅应奎刻本
1994年摄制. -- 2盘卷片(48米963拍) :
1:10, 2B ; 35mm银盐
收藏馆：缩微中心, 国图

00○011568
隶辨：八卷 / (清)顾蔼吉撰
清康熙五十七年(1718)项氏玉渊堂刻本
1989年摄制. -- 1盘卷片(33米696拍) :
1:10, 2B ; 35mm银盐
收藏馆：缩微中心, 甘肃

00○020660
隶辨：八卷 / (清)顾蔼吉撰
清康熙五十七年(1718)项氏玉渊堂刻本
1994年摄制. -- 1盘卷片(32米653拍) :
1:10, 2B ; 35mm银盐
收藏馆：缩微中心, 国图

00○012852
篆字喙：十二卷 / (清)佟世男辑
清康熙三十年(1691)多山堂刻本
1990年摄制. -- 1盘卷片(31米693拍) :
1:10, 2B ; 35mm银盐
收藏馆：缩微中心, 浙江

00○008906
钟鼎字源：五卷附录一卷 / (清)汪立名撰
清康熙五十五年(1716)汪氏一隅草堂刻本
1988年摄制. -- 1盘卷片(8米140拍) : 1:10,
2B ; 35mm银盐
收藏馆：缩微中心, 浙江

00○031892
隶样：八卷 / (清)翟云升撰
清(1644-1911)稿本
2010年摄制. -- 1盘卷片(31米579拍) :
1:10, 2B ; 35mm银盐
收藏馆：缩微中心, 国图

00○026320
古文审：不分卷 / (清)刘心源撰
清光绪(1875-1908)刘心源稿本
1996年摄制. -- 1盘卷片(10米184拍) :
1:10, 2B ; 35mm银盐
收藏馆：缩微中心, 湖北

00○012702
金石字样：八卷 / (清)载源集录
清(1644-1911)抄本
1990年摄制. -- 1盘卷片(17.2米373拍) :
1:10, 2B ; 35mm银盐
收藏馆：缩微中心, 辽宁

00○024388
仓颉篇：三卷 / (清)孙星衍辑
清道光十年(1830)毕裕曾抄本. -- (清)毕裕
曾校并跋, (□)□虞跋。
1996年摄制. -- 1盘卷片(5米58拍) : 1:10,
2B ; 35mm银盐
收藏馆：缩微中心, 国图

00○025265
仓颉篇：三卷 / (清)孙星衍辑 . 续本：一卷 /
(清)任大椿辑 . 补本：二卷 / (清)陶方琦辑
清光绪十六年(1890)江苏书局刻本. -- 王国
维校。
1996年摄制. -- 1盘卷片(7米112拍) : 1:10,
2B ; 35mm银盐
收藏馆：缩微中心, 国图

00○023460
皇象本急就章：一卷王氏音略一卷 / (汉)史游撰 ;
(清)钮树玉校
清光绪(1875-1908)江氏湖南使院刻灵鹣阁丛
书本. -- 王国维校并跋。
1995年摄制. -- 1盘卷片(3米17拍) : 1:10,
2B ; 35mm银盐
收藏馆：缩微中心, 国图

00○003781
急就篇注：四卷 / (唐)颜师古撰
明(1368-1644)抄本
1985年摄制. -- 1盘卷片(5.1米86拍) :
1:10, 2B ; 35mm银盐
收藏馆：缩微中心, 国图

00○014184
急就篇注：二卷 / (唐)颜师古撰
清初(1644-1722)抄本. -- (清)冯煦跋。
1992年摄制. -- 1盘卷片(7米99拍) : 1:10,
2B ; 35mm银盐
收藏馆：缩微中心, 国图

00○024966
新刊急就篇：四卷 / (汉)史游撰 ; (唐)颜师古注 ;
(宋)王应麟音译
明(1368-1644)胡文焕刻格致丛书本. -- (清)
卢文弨校并跋, (清)丁丙跋。
1996年摄制. -- 1盘卷片(7米118拍) : 1:10,
2B ; 35mm银盐
收藏馆：缩微中心, 南京

000O013275
新刻急就篇：四卷 / (汉)史游撰；(唐)颜师古注；
(宋)王应麟音释
明(1368-1644)胡文焕刻格致丛书本. --(清)
钟文烝批校。
1991年摄制. -- 1盘卷片(6.5米114拍)：
1:10, 2B；35mm银盐
收藏馆：缩微中心，湖北

000O003367
坤仓：一卷 / (魏)张揖撰；(清)陈鱣辑
清(1644-1911)稿本
1986年摄制. -- 1盘卷片(3米28拍)：1:10,
2B；35mm银盐
收藏馆：缩微中心，国图

000O003371
坤仓：一卷 / (魏)张揖撰；(清)陈鱣辑
清(1644-1911)稿本
1986年摄制. -- 1盘卷片(3米35拍)：1:10,
2B；35mm银盐
收藏馆：缩微中心，国图

000O015726
千字文：一卷 / (梁)周兴嗣撰
日本抄本
1993年摄制. -- 1盘卷片(4米32拍)：1:10,
2B；35mm银盐
收藏馆：缩微中心，国图

000O021658
千字文汇体：二卷 / (明)倪锦编
明天启(1621-1627)刻本
1995年摄制. -- 1盘卷片(12米206拍)：
1:10, 2B；35mm银盐
收藏馆：缩微中心，国图

000O005454
千字文释义：一卷 / (明)娄芳撰
明(1368-1644)娄国安刻本
1986年摄制. -- 1盘卷片(5.2米86拍)：
1:10, 2B；35mm银盐
收藏馆：缩微中心，国图

000O025020
新刻照千字文集音辨义：不分卷
明天启三年(1623)休邑屯溪高昇铺刻本
1996年摄制. -- 1盘卷片(5米70拍)：1:10,
2B；35mm银盐
收藏馆：缩微中心，安徽

000O022663
正谷堂千字文：二卷 / (明)洪朱祉释篆

清雍正(1723-1735)刻朱墨套印本
1994年摄制. -- 1盘卷片(8米137拍)：1:10,
2B；35mm银盐
收藏馆：缩微中心，浙江

000O003183
致堂先生叙古千文：一卷 / (宋)胡寅撰；(明)姚
福集解
清(1644-1911)抄本
1986年摄制. -- 1盘卷片(4米59拍)：1:10,
2B；35mm银盐
收藏馆：缩微中心，国图

000O003607
续千文：一卷 / (宋)侍其良器撰
清(1644-1911)抄本
1985年摄制. -- 1盘卷片(3米20拍)：1:10,
2B；35mm银盐
收藏馆：缩微中心，国图

000O007771
重续千字文：二卷 / (宋)葛刚正撰
明(1368-1644)汲古阁影宋抄本
1987年摄制. -- 1盘卷片(7米95拍)：1:10,
2B；35mm银盐
收藏馆：缩微中心，湖南

000O003564
重续千字文：二卷 / (宋)葛刚正撰
清(1644-1911)影宋抄本
1985年摄制. -- 1盘卷片(7米120拍)：1:10,
2B；35mm银盐
收藏馆：缩微中心，国图

000O021765
重续千字文：二卷 / (宋)葛刚正撰并篆注
清(1644-1911)影宋抄本
1995年摄制. -- 1盘卷片(4米69拍)：1:10,
2B；35mm银盐
收藏馆：缩微中心，国图

000O002093
重续千字文：二卷 / (宋)葛刚正撰并篆注
清(1644-1911)影宋抄本
1986年摄制. -- 1盘卷片(5米80拍)：1:10,
2B；35mm银盐
收藏馆：缩微中心，国图

000O027367
重续千字文：二卷 / (宋)葛刚正撰并篆注
清(1644-1911)抄本. -- (清)丁丙跋。
1996年摄制. -- 1盘卷片(6米80拍)：1:10,
2B；35mm银盐

收藏馆：缩微中心，南京

000O012598
同文千字文：二卷 / (明)汪以成辑
明万历十年(1582)汪氏经义斋刻本
1990年摄制. -- 1盘卷片(8.9米176拍) ：
1:10, 2B ；35mm银盐
收藏馆：缩微中心，辽宁

000O021329
同声千字文：十集 / (清)朱紫集
清康熙四十年(1701)朱氏永慕堂刻本
1994年摄制. -- 1盘卷片(22米474拍) ：
1:10, 2B ；35mm银盐
收藏馆：缩微中心，青海

000O010186
千字文义：一卷 / (明)周邦寓辑
明(1368-1644)抄本
1989年摄制. -- 1盘卷片(5米74拍) ： 1:10,
2B ；35mm银盐
收藏馆：缩微中心，湖南

000O010962
朱枫林先生小学名数：十五卷 / (明)朱升撰
明崇祯十二年(1639)刻本
1989年摄制. -- 1盘卷片(6米88拍) ： 1:10,
2B ；35mm银盐
收藏馆：缩微中心，湖北

000O006703
千文六书统要：二卷；千字文：二卷；篆法偏旁
正讹歌：一卷 / (明)胡正言撰
清康熙(1662-1722)刻本
1987年摄制. -- 1盘卷片(12米234拍) ：
1:10, 2B ；35mm银盐
收藏馆：缩微中心，山东

000O017275
新刻增订释义经书便用通考杂字：二卷外一卷 /
(清)徐三省辑；(清)黄惟质增订
清康熙(1662-1722)黄惟质刻本
1992年摄制. -- 1盘卷片(6米96拍) ： 1:10,
2B ；35mm银盐
收藏馆：缩微中心，国图

000O010140
文字蒙求：四卷 / (清)王筠撰
清(1644-1911)稿本. -- (清)陈山嵋跋。
1989年摄制. -- 1盘卷片(7米109拍) ： 1:10,
2B ；35mm银盐
收藏馆：缩微中心，山东

000O019587
蒙雅：一卷 / (清)魏源撰
清(1644-1911)抄本. -- (清)龚橙跋。
1994年摄制. -- 1盘卷片(3米22拍) ： 1:10,
2B ；35mm银盐
收藏馆：缩微中心，国图

000O019562
蒙雅：一卷 / (清)魏源撰
清(1644-1911)抄本
1994年摄制. -- 1盘卷片(4米46拍) ： 1:10,
2B ；35mm银盐
收藏馆：缩微中心，国图

000O010375
识字琐言：四卷；辨字杂说：一卷 / (清)易本烺
撰
清(1644-1911)抄本
1989年摄制. -- 1盘卷片(4.5米57拍) ：
1:10, 2B ；35mm银盐
收藏馆：缩微中心，湖北

000O026362
字串：不分卷 / (清)刘心源撰
清(1644-1911)刘氏奇觚室稿本
1997年摄制. -- 1盘卷片(23米470拍) ：
1:10, 2B ；35mm银盐
收藏馆：缩微中心，湖北

000O026413
字串：二篇 / (清)刘心源撰
清(1644-1911)稿本
1996年摄制. -- 1盘卷片(4米70拍) ： 1:10,
2B ；35mm银盐
收藏馆：缩微中心，湖北

000O000669
悉昙字记闻书：六卷
日本刻本
1985年摄制. -- 1盘卷片(9米165拍) ： 1:10,
2B ；35mm银盐
收藏馆：缩微中心，国图

000O020308
删微：三十六卷 / (明)孙毂辑
明崇祯(1628-1644)刻本. -- 包括：说文偏旁
解字、隶辨摘抄、复古编、辨似。
1994年摄制. -- 1盘卷片(27米569拍) ：
1:10, 2B ；35mm银盐
收藏馆：缩微中心，国图

000O020747
篆学三书：三卷 / (清)杨锡观撰

清(1644-1911)兰祕斋刻本. -- 杨守敬跋。
1994年摄制. -- 1盘卷片(6米97拍) ： 1:10,
2B ；35mm银盐
收藏馆：缩微中心，国图

000O020882
石鼓读：七卷 / (清)吴东发撰
清嘉庆(1796-1820)刻本
1994年摄制. -- 1盘卷片(5米64拍) ： 1:10,
2B ；35mm银盐
收藏馆：缩微中心，国图

000O003372
声类：一卷 / (魏)李登撰；(清)陈鳣辑
清(1644-1911)稿本
1986年摄制. -- 1盘卷片(3米37拍) ： 1:10,
2B ；35mm银盐
收藏馆：缩微中心，国图

000O024321
唐写本唐韵残卷：□□卷
影印本. -- 据唐(618-907)写本影印。王国维
跋。
1996年摄制. -- 1盘卷片(4米49拍) ： 1:10,
2B ；35mm银盐
收藏馆：缩微中心，国图

000O019833
广韵：五卷 / (唐)陆法言撰
元(1271-1368)刻本. -- 存一卷：卷三。
1994年摄制. -- 1盘卷片(4米60拍) ： 1:10,
2B ；35mm银盐
收藏馆：缩微中心，天津

000O011574
广韵：五卷 / (宋)陈彭年[等]撰
元(1271-1368)刻本
1989年摄制. -- 1盘卷片(12.5米217拍) ：
1:10, 2B ；35mm银盐
收藏馆：缩微中心，湖北

000O022418
广韵：五卷
元(1271-1368)刻本. -- 存三卷：卷三至卷
五。
1995年摄制. -- 1盘卷片(5米59拍) ： 1:10,
2B ；35mm银盐
收藏馆：缩微中心，国图

000O027725
广韵：五卷 / (宋)陈彭年[等]撰
元(1271-1368)刻本. -- 存二卷：卷四至卷
五。

1997年摄制. -- 1盘卷片(5米72拍) ： 1:10,
2B ；35mm银盐
收藏馆：缩微中心，国图

000O001700
广韵：五卷 / (宋)陈彭年[等]撰
明初(1368-1424)刻本
1986年摄制. -- 1盘卷片(10.3米209拍) ：
1:10, 2B ；35mm银盐
收藏馆：缩微中心，国图

000O003958
广韵：五卷 / (宋)陈彭年[等]撰
明初(1368-1424)刻本
1985年摄制. -- 1盘卷片(10米174拍) ：
1:10, 2B ；35mm银盐
收藏馆：缩微中心，国图

000O004857
广韵：五卷 / (宋)陈彭年[等]撰
明宣德六年(1431)清江书堂刻本
1986年摄制. -- 1盘卷片(10.3米210拍) ：
1:10, 2B ；35mm银盐
收藏馆：缩微中心，国图

000O029860
广韵：五卷 / (宋)陈彭年[等]撰
明(1368-1644)刻本
2001年摄制. -- 1盘卷片(14米278拍) ：
1:10, 2B ；35mm银盐
收藏馆：缩微中心，国图

000O019514
广韵：五卷 / (宋)陈彭年[等]撰
清康熙六年(1667)陈上年张弘刻本. -- (清)
傅山批注, (清)祁寯藻跋。
1994年摄制. -- 1盘卷片(22米427拍) ：
1:10, 2B ；35mm银盐
收藏馆：缩微中心，国图

000O008098
**广韵：五卷；干禄字书：二卷；音论：一卷 /
(宋)陈彭年[等]撰**
清康熙六年(1667)陈上年张弘刻本
1988年摄制. -- 1盘卷片(24米539拍) ：
1:10, 2B ；35mm银盐
收藏馆：缩微中心，湖北

000O024316
广韵：五卷 / (宋)陈彭年[等]撰
清康熙四十三年(1704)张士俊泽存堂五种影宋
刻本. -- (清)吴玉墀校并跋。
1996年摄制. -- 1盘卷片(14米278拍) ：

1:10, 2B ; 35mm银盐
收藏馆：缩微中心，国图

00O024325
广韵：五卷 / (宋)陈彭年[等]撰
清康熙四十三年(1704)张士俊泽存堂五种影
宋刻本. -- 王国维校并跋又录(清)段玉裁校
跋。
1996年摄制. -- 1盘卷片(15米279拍) :
1:10, 2B ; 35mm银盐
收藏馆：缩微中心，国图

00O020074
广韵：五卷 / (宋)陈彭年[等]撰
清康熙四十三年(1704)张士俊泽存堂五种影宋
刻本. -- 佚名录王国维校跋。
1994年摄制. -- 1盘卷片(14米279拍) :
1:10, 2B ; 35mm银盐
收藏馆：缩微中心，国图

00O015810
广韵：五卷 / (宋)陈彭年[等]撰
清康熙四十二年至四十三年(1703-1704)张士
俊泽存堂五种影宋刻本. -- 佚名校。
1993年摄制. -- 1盘卷片(18米345拍) :
1:10, 2B ; 35mm银盐
收藏馆：缩微中心，国图

00O008180
广韵：五卷 / (宋)陈彭年[等]撰
清康熙四十三年(1704)张士俊泽存堂翻刻
本. -- 据宋(960-1279)刻本翻刻；版框高
二十一厘米宽十四厘米。(清)曾钊朱笔校注。
1988年摄制. -- 1盘卷片(15米301拍) :
1:10, 2B ; 35mm银盐
收藏馆：缩微中心，广东

00O003400
广韵：五卷 / (宋)陈彭年[等]撰
清康熙四十二年至四十三年(1703-1704)张士
俊泽存堂刻本. -- 佚名录(清)惠栋校注。
1986年摄制. -- 1盘卷片(14米294拍) :
1:10, 2B ; 35mm银盐
收藏馆：缩微中心，国图

00O010302
广韵：五卷 / (宋)陈彭年[等]撰
清康熙四十三年(1704)张士俊刻泽存堂五种
本. -- (清)潘锡爵录(清)段玉裁、(清)顾广
圻批校。
1989年摄制. -- 1盘卷片(15.5米310拍) :
1:10, 2B ; 35mm银盐
收藏馆：缩微中心，湖北

00O010304
广韵：五卷 / (宋)陈彭年[等]撰
清康熙四十三年(1704)张士俊刻泽存堂五种
本. -- (清)翰臣校并跋。
1989年摄制. -- 1盘卷片(15米306拍) :
1:10, 2B ; 35mm银盐
收藏馆：缩微中心，湖北

00O018862
广韵母位转切：五卷 / (清)汪灼撰
清(1644-1911)抄本
1994年摄制. -- 1盘卷片(15米287拍) :
1:10, 2B ; 35mm银盐
收藏馆：缩微中心，国图

00O016715
集韵：十卷 / (宋)丁度[等]撰
清(1644-1911)影宋抄本
1993年摄制. -- 1盘卷片(20米398拍) :
1:10, 2B ; 35mm银盐
收藏馆：缩微中心，国图

00O004856
集韵：十卷 / (宋)丁度[等]撰
清康熙四十五年(1706)曹寅扬州使院刻本. --
(清)陈鳣录(清)段玉裁校跋。
1987年摄制. -- 2盘卷片(39米853拍) :
1:10, 2B ; 35mm银盐
收藏馆：缩微中心，国图

00O010288
集韵：十卷 / (宋)丁度[等]撰
清康熙四十五年(1706)曹寅扬州使院刻本. --
(清)徐氏转录(清)郑文焯跋并录(清)段玉裁等
校本。
1989年摄制. -- 2盘卷片(43.5米917拍) :
1:10, 2B ; 35mm银盐
收藏馆：缩微中心，湖北

00O008613
集韵：十卷 / (宋)丁度[等]撰
清康熙四十五年(1706)曹寅扬州使院刻本. --
佚名跋并录(清)段玉裁校跋。
1988年摄制. -- 2盘卷片(42米876拍) :
1:10, 2B ; 35mm银盐
收藏馆：缩微中心，国图

00O015898
集韵：十卷 / (宋)丁度[等]撰
清康熙四十五年(1706)曹寅扬州使院刻嘉庆
十九年(1814)重修本. -- (清)韩泰华校跋并
录(清)段玉裁题识，(清)周寿昌校跋并录(清)
桂馥题识。

1993年摄制. -- 2盘卷片(42米823拍)：
1:10, 2B ; 35mm银盐
收藏馆：缩微中心，国图

00O003945
集韵：十卷 / (宋)丁度[等]撰
清康熙四十五年(1706)曹寅扬州使院刻嘉庆
十九年(1814)重修本. -- (清)董文焕校并
跋。
1985年摄制. -- 2盘卷片(40.1米881拍)：
1:10, 2B ; 35mm银盐
收藏馆：缩微中心，国图

00O023973
集韵：十卷 / (宋)丁度[等]撰
清康熙四十五年(1706)曹寅扬州使院刻嘉庆
十九年(1814)重修本. -- (清)潘锡爵跋并录
(清)段玉裁、(清)顾广圻校跋。
1995年摄制. -- 2盘卷片(41米893拍)：
1:10, 2B ; 35mm银盐
收藏馆：缩微中心，南京

00O025051
集韵：十卷 / (宋)丁度[等]撰
清康熙四十五年(1706)曹寅扬州使院刻嘉庆
十九年(1814)重修本. -- (清)汤裕校跋并录
(清)马钊校。
1996年摄制. -- 2盘卷片(40米820拍)：
1:10, 2B ; 35mm银盐
收藏馆：缩微中心，国图

00O023591
集韵校正会编：四卷 / (清)姚觐元撰
清(1644-1911)姚氏咫进斋抄本. -- (清)姚觐
元校。
1995年摄制. -- 1盘卷片(8米123拍)：1:10,
2B ; 35mm银盐
收藏馆：缩微中心，国图

00O012563
韵补：五卷 / (宋)吴棫撰
宋乾道(1165-1173)刻本
1990年摄制. -- 1盘卷片(13.6米290拍)：
1:10, 2B ; 35mm银盐
收藏馆：缩微中心，辽宁

00O008953
韵补：五卷 / (宋)吴棫撰
明嘉靖(1522-1566)许宗鲁刻本
1988年摄制. -- 1盘卷片(11.5米199拍)：
1:10, 2B ; 35mm银盐
收藏馆：缩微中心，湖北

00O024874
韵补：五卷 / (宋)吴棫撰
明(1368-1644)许宗鲁刻本. -- (清)沈潮校并
跋，(清)丁丙跋。
1996年摄制. -- 1盘卷片(11米204拍)：
1:10, 2B ; 35mm银盐
收藏馆：缩微中心，南京

00O006798
韵补：五卷 / (宋)吴棫撰
明(1368-1644)刻本
1987年摄制. -- 1盘卷片(10米202拍)：
1:10, 2B ; 35mm银盐
收藏馆：缩微中心，国图

00O001124
韵补：五卷 / (宋)吴棫撰
清(1644-1911)影元抄本
1985年摄制. -- 1盘卷片(8.2米138拍)：
1:10, 2B ; 35mm银盐
收藏馆：缩微中心，国图

00O001950
韵补：五卷 / (宋)吴棫撰
清(1644-1911)抄本. -- (清)王振声校并跋。
1986年摄制. -- 1盘卷片(9米179拍)：1:10,
2B ; 35mm银盐
收藏馆：缩微中心，国图

00O004344
韵补：五卷 / (宋)吴棫撰
清(1644-1911)抄本. -- (清)蔡赓年、(清)盛
昱跋。
1986年摄制. -- 1盘卷片(10米196拍)：
1:10, 2B ; 35mm银盐
收藏馆：缩微中心，国图

00O017580
韵补：五卷 / (宋)吴棫撰
清(1644-1911)抄本. -- (清)孔广栻校并跋。
1993年摄制. -- 1盘卷片(10米171拍)：
1:10, 2B ; 35mm银盐
收藏馆：缩微中心，国图

00O002369
**韵补：五卷 / (宋)吴棫撰. 韵补正：一卷附录一
卷 / (清)顾炎武撰**
清道光二十八年(1848)灵石杨氏刻连筠簃丛书
本. -- (清)翁同龢校并跋。
1986年摄制. -- 1盘卷片(7.4米171拍)：
1:10, 2B ; 35mm银盐
收藏馆：缩微中心，国图

00O019287
续韵补：五卷 / (清)凌万才撰
清乾隆三十年(1765)正音阁刻本
1994年摄制. -- 1盘卷片(25米504拍) ：
1:10，2B ；35mm银盐
收藏馆：缩微中心，国图

00O004346
附释文互注礼部韵略：五卷 . 淳熙重修文书式：
一卷
清康熙四十五年(1706)曹寅扬州使院刻本. --
(清)陈鳣校并录(清)周锡瓒跋。
1986年摄制. -- 1盘卷片(15米317拍) ：
1:10，2B ；35mm银盐
收藏馆：缩微中心，国图

00O014805
增修互注礼部韵略：五卷 / (宋)毛晃增注；(宋)
毛居正重增
明(1368-1644)刻本
1992年摄制. -- 1盘卷片(17米321拍) ：
1:10，2B ；35mm银盐
收藏馆：缩微中心，国图

00O002934
增修互注礼部韵略：五卷 / (宋)毛晃增注；(宋)
毛居正重增
明(1368-1644)刻本. -- 存一卷：卷三。
1986年摄制. -- 1盘卷片(5米74拍) ：1:10，
2B ；35mm银盐
收藏馆：缩微中心，国图

00O022980
文场备用排字礼部韵注：五卷 / (宋)毛晃增注
元(1271-1368)刻本
1995年摄制. -- 1盘卷片(7米105拍) ：1:10，
2B ；35mm银盐
收藏馆：缩微中心，国图

00O023028
魁本排字通并礼部韵注：五卷
元(1271-1368)刻本. -- 存四卷：卷一至卷
四。
1995年摄制. -- 1盘卷片(5米83拍) ：1:10，
2B ；35mm银盐
收藏馆：缩微中心，国图

00O013333
紫云增修校正礼部韵略释疑：五卷 / (宋)郭守正
撰
清(1644-1911)抄本. -- (清)桂馥、叶昌炽、
钱恂跋。
1991年摄制. -- 1盘卷片(14米250拍) ：

1:10，2B ；35mm银盐
收藏馆：缩微中心，国图

00O024991
增修校正押韵释疑：五卷 / (宋)欧阳德隆撰；
(宋)郭守正增校
清(1644-1911)抄本
1996年摄制. -- 1盘卷片(19米381拍) ：
1:10，2B ；35mm银盐
收藏馆：缩微中心，福建

00O004351
大明成化庚寅重刊改并五音集韵：十五卷 / (金)
韩道昭撰
明成化六年至七年(1470-1471)刻本
1986年摄制. -- 1盘卷片(23米514拍) ：
1:10，2B ；35mm银盐
收藏馆：缩微中心，国图

00O007439
大明成化庚寅重刊改并五音集韵：十五卷 / (金)
韩道昭撰
明成化六年至七年(1470-1471)刻本
1987年摄制. -- 1盘卷片(24米524拍) ：
1:10，2B ；35mm银盐
收藏馆：缩微中心，国图

00O020721
重刊改并五音集韵：十五卷 / (金)韩道昭撰
明正德十年至十一年(1515-1516)刻本
1994年摄制. -- 1盘卷片(23米473拍) ：
1:10，2B ；35mm银盐
收藏馆：缩微中心，国图

00O021906
泰和五音新改并类聚四声篇：十五卷 / (金)韩道
昭撰
金(1115-1234)刻元(1271-1368)重修本. --
存十卷：卷一至卷十。
1995年摄制. -- 1盘卷片(12米231拍) ：
1:10，2B ；35mm银盐
收藏馆：缩微中心，国图

00O020644
重刊改并五音类聚四声篇：十五卷 / (金)韩道昭
撰
明(1368-1644)刻本. -- 存一卷：卷四。
1994年摄制. -- 1盘卷片(4米34拍) ：1:10，
2B ；35mm银盐
收藏馆：缩微中心，国图

00O020944
大明成化丁亥重刊改并五音类聚四声篇海：

十五卷 / (金)韩孝彦撰．篇韵拾遗并藏经守义：一卷 / (金)韩道昭考并新增．新编经史正音切韵指南：一卷 / (元)刘鉴撰
明成化三年至七年(1467-1471)刻本
1994年摄制． -- 2盘卷片(32.4米676拍)：1:10, 2B；35mm银盐
收藏馆：缩微中心，山西

000O021573
成化丁亥重刊改并五音类聚四声篇：十五卷 / (金)韩孝彦,(金)韩道昭撰；(明)释文儒,(明)释思远删补
明成化三年至七年(1467-1471)释文儒募刻本
1995年摄制． -- 1盘卷片(28米573拍)：1:10, 2B；35mm银盐
收藏馆：缩微中心，国图

000O019001
成化丁亥重刊改并五音类聚四声篇海：十五卷 / (金)韩孝彦,(金)韩道昭撰．大明成化庚寅重刊改并五音集韵：十五卷 / (金)韩道昭撰
明成化(1465-1487)金台大隆福寺刻嘉靖二十六年(1547)补刻本
1994年摄制． -- 2盘卷片(46米994拍)：1:10, 2B；35mm银盐
收藏馆：缩微中心，天津

000O001907
大明正德乙亥重刊改并五音集韵：十五卷；四声篇：十五卷 / (金)韩道昭撰
明正德十年(1515)金台衍法寺释觉恒募刻本． -- 存二十九卷：五音集韵十五卷、四声篇卷二至卷十五。
1986年摄制． -- 2盘卷片(51米1127拍)：1:10, 2B；35mm银盐
收藏馆：缩微中心，国图

000O012679
大明正德乙亥重刊改并五音类聚四声篇：十五卷 / (金)韩道昭撰；经史正音切韵指南：一卷 / (元)刘鉴撰；新编篇韵贯珠集：一卷 / (明)释真空撰
明正德十一年(1516)刻本． -- 还有合刻著作：直指玉钥匙门法一卷/(明)释真空撰。
1990年摄制． -- 1盘卷片(32米723拍)：1:10, 2B；35mm银盐
收藏馆：缩微中心，辽宁

000O022553
大明正德乙亥重刊改并五音类聚四声篇：十五卷；五音集韵：十五卷 / (金)韩道昭撰
明正德十年至十五年(1515-1520)刻嘉靖十四年(1535)递修本

1995年摄制． -- 2盘卷片(52.5米1110拍)：1:10, 2B；35mm银盐
收藏馆：缩微中心，湖北

000O020945
大明正德乙亥重刊改并五音集韵：十五卷 / (金)韩道昭撰．经史正音切韵指南：一卷 / (元)刘鉴撰．新编篇韵贯珠集：一卷 / (明)释真空撰
明正德(1506-1521)刻本
1994年摄制． -- 1盘卷片(29米620拍)：1:10, 2B；35mm银盐
收藏馆：缩微中心，山西

000O027436
大明万历己丑重刊改并五音集韵：十五卷 / (金)韩道昭撰．新编经史正音切韵指南：一卷 / (元)刘鉴撰．新编篇韵贯珠集：八卷 / (明)释真空撰
明万历(1573-1620)释如彩刻本． -- 还有合刻著作：直指玉钥匙门法一卷/(明)释真空撰。
1996年摄制． -- 1盘卷片(30米673拍)：1:10, 2B；35mm银盐
收藏馆：缩微中心，南京

000O021206
大明万历己丑重刊改并五音集韵：十五卷 / (金)韩道昭撰．新编篇韵贯珠集：八卷 / (明)释真空撰．经史正音切韵指南：一卷 / (元)刘鉴撰
明崇祯二年至十年(1629-1637)金陵圆觉庵释新仁募刻本． -- 存十三卷：卷一至卷八、卷十一至卷十五。
1995年摄制． -- 1盘卷片(24米484拍)：1:10, 2B；35mm银盐
收藏馆：缩微中心，国图

000O018576
新刊韵略：五卷
清(1644-1911)影金抄本
1993年摄制． -- 1盘卷片(4米39拍)：1:10, 2B；35mm银盐
收藏馆：缩微中心，国图

000O001934
新刊韵略：五卷
清(1644-1911)抄本
1986年摄制． -- 1盘卷片(6米105拍)：1:10, 2B；35mm银盐
收藏馆：缩微中心，国图

000O027523
古今韵会举要：三十卷；礼部韵略七音三十六母通考：一卷 / (元)熊忠撰
元(1271-1368)刻本
1997年摄制． -- 2盘卷片(51米967拍)：

1:10，2B；35mm银盐
收藏馆：缩微中心，国图

00O005356
古今韵会举要：三十卷；礼部韵略七音三十六
母通考：一卷 / (元)熊忠撰
明嘉靖十五年(1536)秦钺李舜臣刻嘉靖十七年
(1538)刘储秀补刻本
1986年摄制. -- 2盘卷片(46米1012拍)：
1:10，2B；35mm银盐
收藏馆：缩微中心，国图

00O014134
古今韵会举要：三十卷；礼部韵略七音三十六
母通考：一卷 / (元)熊忠撰
明嘉靖十五年(1536)秦钺李舜臣刻嘉靖十七年
(1538)刘储秀补刻本
1992年摄制. -- 2盘卷片(47米962拍)：
1:10，2B；35mm银盐
收藏馆：缩微中心，国图

00O032033
古今韵会举要：三十卷；礼部韵略七音三十六
母通考：一卷 / (元)熊忠撰
明嘉靖十五年(1536)秦钺李舜臣刻嘉靖十七年
(1538)刘储秀补刻本. -- 八行大小字不等小
字双行二十三字白口左右双边。
2011年摄制. -- 2盘卷片(55米1024拍)：
1:13，2B；35mm银盐
收藏馆：缩微中心，国图

00O003557
古今韵会举要：三十卷；礼部韵略七音三十六
母通考：一卷 / (元)熊忠撰
明(1368-1644)刻本
1985年摄制. -- 2盘卷片(48米1046拍)：
1:10，2B；35mm银盐
收藏馆：缩微中心，国图

00O002925
古今韵会举要：三十卷；礼部韵略七音三十六
母通考：一卷 / (元)熊忠撰
朝鲜刻本. -- 卷十九至卷二十一配日本刻
本。
1986年摄制. -- 2盘卷片(48米1056拍)：
1:10，2B；35mm银盐
收藏馆：缩微中心，国图

00O000715
古今韵会举要：三十卷 / (元)熊忠撰
日本铜活字印本
1985年摄制. -- 2盘卷片(44米986拍)：
1:10，2B；35mm银盐

收藏馆：缩微中心，国图

00O014494
古今韵会举要：三十卷 / (元)熊忠撰
明万历(1573-1620)许国诚刻本
1992年摄制. -- 2盘卷片(47.2米1027拍)：
1:10，2B；35mm银盐
收藏馆：缩微中心，重庆

00O009575
古今韵会举要小补：三十卷 / (明)方日升撰
明万历三十四年(1606)周士显建阳刻本
1988年摄制. -- 4盘卷片(94米2044拍)：
1:10，2B；35mm银盐
收藏馆：缩微中心，山东

00O022822
古今韵会举要小补：三十卷 / (明)方日升撰
明万历三十四年(1606)周士显建阳刻本. --
(清)丁丙跋。
1995年摄制. -- 4盘卷片(99米2003拍)：
1:10，2B；35mm银盐
收藏馆：缩微中心，南京

00O024360
韵会举要引说文系传抄：不分卷 / (清)严可均辑.
说文字句异同录：不分卷 / (清)姚文田撰
清(1644-1911)稿本
1996年摄制. -- 1盘卷片(12米216拍)：
1:10，2B；35mm银盐
收藏馆：缩微中心，国图

00O000466
洪武正韵：十六卷 / (明)乐韶凤[等]撰
明初(1368-1424)刻本. -- 撰者还有：(明)宋
濂等. 存三卷：卷一至卷三。
1985年摄制. -- 1盘卷片(5.9米103拍)：
1:10，2B；35mm银盐
收藏馆：缩微中心，国图

00O020598
洪武正韵：十六卷 / (明)乐韶凤[等]撰
明正德六年(1511)商飚刻本. -- 撰者还有：
(明)宋濂等。
1994年摄制. -- 1盘卷片(25米474拍)：
1:10，2B；35mm银盐
收藏馆：缩微中心，国图

00O004582
洪武正韵：十六卷 / (明)乐韶凤[等]辑
明正德十年(1515)张淮刻本. -- 撰者还有：
(明)宋濂等。
1986年摄制. -- 1盘卷片(23米516拍)：

1:10, 2B ; 35mm银盐
收藏馆：缩微中心，国图

000O014098

洪武正韵：十六卷 / (明)乐韶凤[等]撰
明嘉靖二十七年(1548)衡藩刻蓝印本. -- 撰者还有：(明)宋濂等。
1992年摄制. -- 1盘卷片(24米480拍) :
1:10, 2B ; 35mm银盐
收藏馆：缩微中心，国图

000O006693

洪武正韵：十六卷 / (明)乐韶凤[等]撰
明万历三年(1575)刻本. -- 撰者还有：(明)宋濂等。
1987年摄制. -- 1盘卷片(25米505拍) :
1:10, 2B ; 35mm银盐
收藏馆：缩微中心，山东

000O025716

洪武正韵：十六卷；洪武正韵玉键：一卷 / (明)乐韶凤[等]撰
明万历十一年(1583)衡王刻本. -- 撰者还有：(明)宋濂等。
1996年摄制. -- 2盘卷片(33米732拍) :
1:10, 2B ; 35mm银盐
收藏馆：缩微中心，河南

000O010117

洪武正韵：十六卷 / (明)乐韶凤[等]撰
明崇祯十三年(1640)陆凤台刻陆孝标重修本. -- 撰者还有：(明)宋濂等。
1989年摄制. -- 1盘卷片(24米508拍) :
1:10, 2B ; 35mm银盐
收藏馆：缩微中心，山东

000O016492

洪武正韵：十六卷 / (明)乐韶凤[等]撰
明(1368-1644)肃府刻本. -- 撰者还有：(明)宋濂等。
1993年摄制. -- 1盘卷片(23米483拍) :
1:10, 2B ; 35mm银盐
收藏馆：缩微中心，国图

000O008957

洪武正韵：十六卷 / (明)乐韶凤[等]撰
明(1368-1644)刻本. -- 撰者还有：(明)宋濂等。
1988年摄制. -- 1盘卷片(25米507拍) :
1:10, 2B ; 35mm银盐
收藏馆：缩微中心，湖北

000O006694

洪武正韵：十六卷 / (明)乐韶凤[等]撰
明(1368-1644)刻本. -- 撰者还有：(明)宋濂等。
1987年摄制. -- 1盘卷片(25米507拍) :
1:10, 2B ; 35mm银盐
收藏馆：缩微中心，山东

000O005490

洪武正韵：十六卷 / (明)乐韶凤[等]撰
明(1368-1644)刻本. -- 撰者还有：(明)宋濂等。
1987年摄制. -- 1盘卷片(24.3米521拍) :
1:10, 2B ; 35mm银盐
收藏馆：缩微中心，山西

000O002026

洪武正韵：十六卷 / (明)乐韶凤[等]撰
明(1368-1644)刻本. -- 撰者还有：(明)宋濂等。
1986年摄制. -- 1盘卷片(23米503拍) :
1:10, 2B ; 35mm银盐
收藏馆：缩微中心，国图

000O021054

洪武正韵：十六卷 / (明)乐韶凤[等]撰
明(1368-1644)刻本. -- 撰者还有：(明)宋濂等。
1994年摄制. -- 1盘卷片(24米478拍) :
1:10, 2B ; 35mm银盐
收藏馆：缩微中心，国图

000O016515

洪武正韵高唐王篆书：五卷 / (明)乐韵凤[等]撰；(明)朱厚煐篆书
明万历十二年(1584)沈大忠刻本. -- 撰者还有：(明)宋濂等。
1993年摄制. -- 1盘卷片(12米204拍) :
1:10, 2B ; 35mm银盐
收藏馆：缩微中心，国图

000O001672

洪武正韵补笺：十卷 / (明)杨时伟撰
明崇祯(1628-1644)刻本
1986年摄制. -- 2盘卷片(34米705拍) :
1:10, 2B ; 35mm银盐
收藏馆：缩微中心，国图

000O013557

洪武正韵汇编：四卷 / (明)周家栋辑
明万历(1573-1620)刻本
1991年摄制. -- 1盘卷片(18米345拍) :
1:10, 2B ; 35mm银盐

收藏馆：缩微中心，浙江

00O002117
洪武正韵傍音释义：二卷
明(1368-1644)刻本
1986年摄制. -- 1盘卷片(11米222拍)：
1:10, 2B；35mm银盐
收藏馆：缩微中心，国图

00O024214
正韵翼：九卷 / (明)吴士琳辑
明天启六年(1626)新安刻本
1996年摄制. -- 1盘卷片(17米390拍)：
1:10, 2B；35mm银盐
收藏馆：缩微中心，安徽

00O004359
正韵篆：二卷 / (明)沈延铨撰
明天启二年(1622)沈延铨刻本
1986年摄制. -- 1盘卷片(10米182拍)：
1:10, 2B；35mm银盐
收藏馆：缩微中心，国图

00O025577
正韵篆：不分卷 / (明)沈延铨撰
清康熙四十一年(1702)抄本
1996年摄制. -- 1盘卷片(12米224拍)：
1:10, 2B；35mm银盐
收藏馆：缩微中心，浙江

00O018873
正韵篆字校：六卷 / (明)沈延铨撰；(清)张元辂
校订
清(1644-1911)稿本. -- (清)张世卿跋。
1993年摄制. -- 1盘卷片(14米296拍)：
1:10, 2B；35mm银盐
收藏馆：缩微中心，天津

00O018981
重订并音连声韵学集成：十三卷 / (明)章黼集
明万历三十四年(1606)明德书院练川刻本
1993年摄制. -- 2盘卷片(58米1303拍)：
1:10, 2B；35mm银盐
收藏馆：缩微中心，天津

00O026942
重刊并音连声韵学集成：十三卷 / (明)章黼撰
明万历六年(1578)维扬资政左室刻本. --
(清)丁丙跋。
1996年摄制. -- 2盘卷片(60米1299拍)：
1:10, 2B；35mm银盐
收藏馆：缩微中心，南京

00O018930
韵略汇通：二卷 / (明)兰茂撰
明崇祯十五年(1642)毕拱辰刻本
1993年摄制. -- 1盘卷片(8米142拍)：1:10,
2B；35mm银盐
收藏馆：缩微中心，山东

00O001389
诗韵释义：不分卷 / [题](□)关西修髯子撰
明正德十五年(1520)郭勋刻本
1985年摄制. -- 1盘卷片(5.9米101拍)：
1:10, 2B；35mm银盐
收藏馆：缩微中心，国图

00O014052
诗韵捷径：五卷
明(1368-1644)刻本
1991年摄制. -- 1盘卷片(8米128拍)：1:10,
2B；35mm银盐
收藏馆：缩微中心，国图

00O022946
韵经：五卷 / (宋)吴棫撰；(明)杨慎转注
明万历二十七年(1599)郭正域刻本
1995年摄制. -- 1盘卷片(10.5米198拍)：
1:10, 2B；35mm银盐
收藏馆：缩微中心，襄阳

00O028743
沈氏韵经：五卷 / (梁)沈约撰
清(1644-1911)张纯修刻本
1998年摄制. -- 1盘卷片(9米145拍)：1:10,
2B；35mm银盐
收藏馆：缩微中心，苏州

00O015214
诗韵辑略：五卷 / (明)潘恩撰
明隆庆(1567-1572)刻本
1992年摄制. -- 1盘卷片(18米333拍)：
1:10, 2B；35mm银盐
收藏馆：缩微中心，国图

00O019284
韵经：五卷 / (明)张之象撰
明嘉靖十八年(1539)长水书院刻本
1994年摄制. -- 1盘卷片(7米98拍)：1:10,
2B；35mm银盐
收藏馆：缩微中心，国图

00O011153
篆韵：不分卷
明嘉靖八年(1529)刻本
1989年摄制. -- 1盘卷片(15米289拍)：

1:10，2B；35mm银盐
收藏馆：缩微中心，山东

000O010639
元声韵学大成：四卷 / (明)濮阳涞撰
明万历二十六年(1598)书林郑云竹刻本
1989年摄制. -- 1盘卷片(20米420拍)：
1:10，2B；35mm银盐
收藏馆：缩微中心，浙江

000O009582
新刊增补古今名家韵学渊海大成：十二卷 / (明)
李攀龙撰
明(1368-1644)刻本
1988年摄制. -- 1盘卷片(16米338拍)：
1:10，2B；35mm银盐
收藏馆：缩微中心，重庆

000O012948
新刊增补古今名家韵学渊海大成：十二卷 / (明)
李攀龙撰
明(1368-1644)刻本
1990年摄制. -- 1盘卷片(15米304拍)：
1:10，2B；35mm银盐
收藏馆：缩微中心，山东

000O018460
古今诗韵释义：五卷 / (明)龚大器撰
明万历九年(1581)书肆周前山刻本
1993年摄制. -- 1盘卷片(12米221拍)：
1:10，2B；35mm银盐
收藏馆：缩微中心，国图

000O021174
诗对押韵前集：一卷后集一卷 / (明)耿纯撰
明万历十七年(1589)黄应元刻本
1995年摄制. -- 1盘卷片(6米73拍)：1:10，
2B；35mm银盐
收藏馆：缩微中心，国图

000O014504
镌玉堂厘正龙头字林备考韵海全书：十六卷首
一卷 / (明)李廷机辑
明万历(1573-1620)书林周曰校刻本
1992年摄制. -- 2盘卷片(34.6米734拍)：
1:9，2B；35mm银盐
收藏馆：缩微中心，重庆

000O010630
韵谱本义：十卷 / (明)茅溱辑
明万历三十二年(1604)刻本
1989年摄制. -- 1盘卷片(30米690拍)：
1:10，2B；35mm银盐

收藏馆：缩微中心，浙江

000O016934
韵谱本义：十卷 / (明)茅溱辑
明万历三十三年(1605)刻本. -- 郑振铎跋。
1993年摄制. -- 1盘卷片(33米673拍)：
1:10，2B；35mm银盐
收藏馆：缩微中心，国图

000O022578
诗韵释义：二卷
明天启四年(1624)华阳王府刻本
1995年摄制. -- 1盘卷片(8.5米154拍)：
1:10，2B；35mm银盐
收藏馆：缩微中心，襄阳

000O020406
律谐：二卷 / (明)熊人霖撰
明崇祯(1628-1644)刻本
1994年摄制. -- 1盘卷片(6米91拍)：1:10，
2B；35mm银盐
收藏馆：缩微中心，国图

000O024308
韵通：一卷 / (清)萧云从撰
清(1644-1911)抄本
1996年摄制. -- 1盘卷片(4米32拍)：1:10，
2B；35mm银盐
收藏馆：缩微中心，国图

000O025052
古今韵略：五卷 / (清)邵长蘅撰
清康熙三十五年(1696)宋荦刻本. -- (清)王
鸣盛校注并跋，(清)宝珣题款。
1996年摄制. -- 1盘卷片(17米317拍)：
1:10，2B；35mm银盐
收藏馆：缩微中心，国图

000O010063
音韵阐微：十八卷 / (清)李光地[等]撰
清雍正六年(1728)内府刻本
1989年摄制. -- 1盘卷片(31.3米709拍)：
1:10，2B；35mm银盐
收藏馆：缩微中心，辽宁

000O015110
韵玉函书：不分卷 / (清)胡煦撰
清(1644-1911)稿本
1992年摄制. -- 1盘卷片(10米171拍)：
1:10，2B；35mm银盐
收藏馆：缩微中心，国图

00O010057
同文韵统：六卷 / (清)允禄[等]撰
清乾隆十五年(1750)内府刻本
1989年摄制. -- 1盘卷片(12.2米197拍)：
1:10, 2B ; 35mm银盐
收藏馆：缩微中心，辽宁

00O018297
韵府便考：不分卷 / (清)丁有曾撰
清(1644-1911)抄本
1993年摄制. -- 1盘卷片(7米124拍)：1:10,
2B ; 35mm银盐
收藏馆：缩微中心，天津

00O010340
歧疑韵辨：五卷；口音辨讹：一卷；韵字旁通：
一卷 / (清)杜蕙撰
清乾隆五十七年(1792)省过堂刻本. -- 还有
合刻著作：转音撮要一卷/(清)杜蕙撰，字形
汇考一卷/(清)杜蕙撰。
1989年摄制. -- 1盘卷片(21.5米455拍)：
1:10, 2B ; 35mm银盐
收藏馆：缩微中心，湖北

00O015483
韵字略：二卷 / (清)毛谟撰
明嘉靖二十一年(1542)毛谟刻本. -- (清)震
钧注。
1993年摄制. -- 1盘卷片(7米138拍)：1:10,
2B ; 35mm银盐
收藏馆：缩微中心，国图

00O028504
新镌汇音妙悟：不分卷 / (清)黄谦撰
清嘉庆五年(1800)刻本. -- 自拟书名：增补
汇音妙悟。
1997年摄制. -- 1盘卷片(7.04米123拍)：
1:10, 2B ; 35mm银盐
收藏馆：缩微中心，泉州

00O018215
韵汇校：一卷 / (清)王筠撰
清(1644-1911)稿本
1993年摄制. -- 1盘卷片(4米40拍)：1:10,
2B ; 35mm银盐
收藏馆：缩微中心，山东

00O006501
三音均部略：四卷 / (清)黄以愚撰
清(1644-1911)稿本
1987年摄制. -- 1盘卷片(10米190拍)：
1:10, 2B ; 35mm银盐
收藏馆：缩微中心，国图

00O010154
音韵启蒙：四卷 / (清)戴锡瑞辑
清(1644-1911)稿本
1989年摄制. -- 1盘卷片(20米417拍)：
1:10, 2B ; 35mm银盐
收藏馆：缩微中心，山东

00O022673
音韵校正：四卷首一卷 / (清)来景风撰
清(1644-1911)稿本
1994年摄制. -- 1盘卷片(7米112拍)：1:10,
2B ; 35mm银盐
收藏馆：缩微中心，浙江

00O020904
黄钟通韵：二卷 / (清)都四德撰
清乾隆(1736-1795)刻本
1994年摄制. -- 1盘卷片(6米82拍)：1:10,
2B ; 35mm银盐
收藏馆：缩微中心，国图

00O000269
吉金韵录：五卷 / 秦宝瓒撰
清(1644-1911)稿本
1985年摄制. -- 1盘卷片(15.6米332拍)：
1:10, 2B ; 35mm银盐
收藏馆：缩微中心，国图

00O024408
三音正讹：二卷 / (日)释文雄僧谿撰
日本天明八年(1788)浪华书林柏原屋清右卫门
日本刻本
1996年摄制. -- 1盘卷片(4米46拍)：1:10,
2B ; 35mm银盐
收藏馆：缩微中心，国图

00O011920
古音猎要：五卷略例一卷附录一卷；古音丛目：
五卷；辑注古音略：五卷 / (明)杨慎撰
明嘉靖(1522-1566)李元阳刻本. -- 还有合刻著
作：古音余五卷/(明)杨慎，奇字韵四卷/(明)杨
慎撰。
1990年摄制. -- 1盘卷片(16米375拍)：
1:10, 2B ; 35mm银盐
收藏馆：缩微中心，山东

00O026909
古音猎要：五卷略例一卷；古音余：五卷 / (明)
杨慎撰
明嘉靖(1522-1566)李元阳刻本. -- (清)丁丙
跋。
1996年摄制. -- 1盘卷片(8米122拍)：1:10,
2B ; 35mm银盐

收藏馆：缩微中心，南京

000O005155
古音猎要：五卷附录一卷略例一卷；古音余：
五卷 / (明)杨慎撰
明嘉靖(1522-1566)李元阳刻本
1986年摄制. -- 1盘卷片(8米139拍) : 1:10，
2B ; 35mm银盐
收藏馆：缩微中心，国图

000O024216
屈宋古音义：三卷 / (明)陈第撰
明万历四十二年(1614)一斋集刻本
1996年摄制. -- 1盘卷片(6米140拍) : 1:10，
2B ; 35mm银盐
收藏馆：缩微中心，安徽

000O013325
韵叶考：五卷 / (明)余信撰
明(1368-1644)潘侃刻本
1991年摄制. -- 1盘卷片(7.3米135拍) :
1:9，2B ; 35mm银盐
收藏馆：缩微中心，重庆

000O021289
韵叶考：五卷 / (明)潘纬撰
明嘉靖四十二年(1563)刻本
1995年摄制. -- 1盘卷片(7米119拍) : 1:10，
2B ; 35mm银盐
收藏馆：缩微中心，国图

000O020916
诗音辩略：二卷 / (明)杨贞一撰
明万历四十七年(1619)凌一心刻本
1994年摄制. -- 1盘卷片(5米62拍) : 1:10，
2B ; 35mm银盐
收藏馆：缩微中心，国图

000O022984
诗音辩略：二卷 / (明)杨贞一撰
明万历四十七年(1619)凌一心刻本
1995年摄制. -- 1盘卷片(5米58拍) : 1:10，
2B ; 35mm银盐
收藏馆：缩微中心，国图

000O027160
柴氏古韵通：八卷 / (清)柴绍炳撰
清(1644-1911)抄本
1996年摄制. -- 2盘卷片(40.7米842拍) :
1:10，2B ; 35mm银盐
收藏馆：缩微中心，福建

000O010058
康熙甲子史馆新刊古今通韵：十二卷 / (清)毛奇
龄撰
清康熙二十四年(1685)学聚堂刻本
1989年摄制. -- 1盘卷片(27.7米624拍) :
1:10，2B ; 35mm银盐
收藏馆：缩微中心，辽宁

000O022662
读书正音：四卷 / (清)吴震方辑
清康熙四十四年(1705)学古堂刻本
1994年摄制. -- 1盘卷片(9米163拍) : 1:10，
2B ; 35mm银盐
收藏馆：缩微中心，浙江

000O013125
声类辨：八卷 / (清)谭宗公撰
清(1644-1911)抄本
1991年摄制. -- 1盘卷片(16.2米351拍) :
1:10，2B ; 35mm银盐
收藏馆：缩微中心，辽宁

000O008097
唐律诗韵：二卷首一卷末一卷 / (清)蒋国祥,(清)
蒋国祚撰
清康熙三十四年(1695)刻本
1988年摄制. -- 1盘卷片(6.5米111拍) :
1:10，2B ; 35mm银盐
收藏馆：缩微中心，湖北

000O024317
古韵标准：四卷诗韵举例一卷 / (清)江永撰
清咸丰元年(1851)陆氏木犀香馆刻江氏韵书三
种本
1996年摄制. -- 1盘卷片(9米166拍) : 1:10，
2B ; 35mm银盐
收藏馆：缩微中心，国图

000O028383
柳堂订讹略：二卷 / (清)董儒龙撰
清雍正四年(1726)荆溪柳堂刻本
1997年摄制. -- 1盘卷片(6.2米106拍) :
1:10，2B ; 35mm银盐
收藏馆：缩微中心，福建

000O026303
声韵考：四卷 / (清)戴震撰
清(1644-1911)潮阳县署刻本. -- (清)纪昀批
并跋。
1996年摄制. -- 1盘卷片(4米61拍) : 1:10，
2B ; 35mm银盐
收藏馆：缩微中心，福建

000O024390
声韵考：四卷声类表九卷首一卷 / (清)戴震撰
清乾隆(1736-1795)孔继涵刻微波榭丛书本
. -- (清)李慈铭跋并录(清)段玉裁序。
1996年摄制. -- 1盘卷片(9米147拍) ： 1:10,
2B ； 35mm银盐
收藏馆：缩微中心，国图

000O028517
官韵考异：一卷 / (清)吴省钦撰
清(1644-1911)刘氏靫均厄抄本
1997年摄制. -- 1盘卷片(7.2米116拍) ：
1:10, 2B ； 35mm银盐
收藏馆：缩微中心，福建

000O010916
杜诗双声叠韵括略：八卷 / (清)周春撰
清乾隆五十四年(1789)刻本. -- 疑刻二卷。
1989年摄制. -- 1盘卷片(7.5米143拍) ：
1:10, 2B ； 35mm银盐
收藏馆：缩微中心，湖北

000O022621
六书音均表：五卷 / (清)段玉裁撰
清乾隆四十一年(1776)富顺官廨刻本. --
(清)许瀚批校，(清)费念慈跋。
1995年摄制. -- 1盘卷片(9米164拍) ： 1:10,
2B ； 35mm银盐
收藏馆：缩微中心，浙江

000O024107
古今指南：五卷 / (清)王见龙辑
清(1644-1911)来青阁抄本
1996年摄制. -- 1盘卷片(7米120拍) ： 1:10,
2B ； 35mm银盐
收藏馆：缩微中心，湖北

000O003375
声系：三卷 / (清)陈鳣撰
清(1644-1911)稿本
1986年摄制. -- 1盘卷片(5米82拍) ： 1:10,
2B ； 35mm银盐
收藏馆：缩微中心，国图

000O025738
乡音正误：二十四卷剩稿一卷 / (清)范照藜撰
清(1644-1911)稿本
1996年摄制. -- 2盘卷片(42米933拍) ：
1:10, 2B ； 35mm银盐
收藏馆：缩微中心，河南

000O010017
切韵考：一卷 / (清)陈澧撰

清(1644-1911)稿本
1989年摄制. -- 1盘卷片(3米46拍) ： 1:10,
2B ； 35mm银盐
收藏馆：缩微中心，广东

000O028328
二十一部古韵：二卷 / (清)曾钊著
清(1644-1911)稿本. -- 存一卷：卷一。
1998年摄制. -- 1盘卷片(5米75拍) ： 1:10,
2B ； 35mm银盐
收藏馆：缩微中心，广东

000O018993
正音咀华：三卷续编一卷 / (清)莎彝尊撰；(清)莎弼良校
清咸丰三年(1853)聚文堂刻套印本
1993年摄制. -- 1盘卷片(9米179拍) ： 1:10,
2B ； 35mm银盐
收藏馆：缩微中心，天津

000O025662
今韵正义：十卷 / (清)陈倬撰
清(1644-1911)稿本
1996年摄制. -- 2盘卷片(36米751拍) ：
1:10, 2B ； 35mm银盐
收藏馆：缩微中心，南京

000O011921
古韵分部谐声：二十一卷
清(1644-1911)杨氏海源阁抄本
1990年摄制. -- 1盘卷片(11米200拍) ：
1:10, 2B ； 35mm银盐
收藏馆：缩微中心，山东

000O027861
切韵指掌图：一卷 / [题](宋)司马光撰
清(1644-1911)影印本. -- 据宋(960-1279)抄本影印。
1996年摄制. -- 1盘卷片(5米70拍) ： 1:10,
2B ； 35mm银盐
收藏馆：缩微中心，南京

000O001885
切韵指掌图：一卷 / [题](宋)司马光撰
清(1644-1911)抄本
1986年摄制. -- 1盘卷片(5米85拍) ： 1:10,
2B ； 35mm银盐
收藏馆：缩微中心，国图

000O003180
司马温公切韵指掌图：一卷 / (宋)司马光撰
清(1644-1911)抄本
1986年摄制. -- 1盘卷片(5米67拍) ： 1:10,

2B ； 35mm银盐
收藏馆：缩微中心，国图

000O024964
切韵指掌图：二卷 / [题](宋)司马光撰 . 检例：一卷 / (明)邵光祖撰
清(1644-1911)抄本. -- (清)陈虬校并跋，(清)丁丙跋。
1996年摄制. -- 1盘卷片(8米121拍) ： 1:10，2B ； 35mm银盐
收藏馆：缩微中心，南京

000O004859
新编经史正音切韵指南：一卷 / (元)刘鉴撰
明弘治九年(1496)释思宜刻本
1986年摄制. -- 1盘卷片(4米56拍) ： 1:10，2B ； 35mm银盐
收藏馆：缩微中心，国图

000O013537
新编经史正音切韵指南：一卷 / (元)刘鉴撰
明弘治九年(1496)释思宜刻本
1991年摄制. -- 1盘卷片(5米84拍) ： 1:10，2B ； 35mm银盐
收藏馆：缩微中心，浙江

000O024970
新编经史正音切韵指南：一卷 / (元)刘鉴撰
明万历五年(1577)释如彩刻本. -- (清)丁丙跋。
1996年摄制. -- 1盘卷片(4米60拍) ： 1:10，2B ； 35mm银盐
收藏馆：缩微中心，南京

000O023889
经史正音切韵指南：一卷 / (元)刘鉴撰
清咸丰(1851-1861)赵同钧抄本. -- (清)赵同钧、(清)赵宗德校，(清)王振声校并跋。
1995年摄制. -- 1盘卷片(4米58拍) ： 1:10，2B ； 35mm银盐
收藏馆：缩微中心，南京

000O020947
新刊篇韵贯珠集：一卷 / (明)释真空撰
明弘治十一年(1498)刻本
1994年摄制. -- 1盘卷片(5米75拍) ： 1:10，2B ； 35mm银盐
收藏馆：缩微中心，山西

000O004553
新编篇韵贯珠集：八卷；直指玉钥匙门法：一卷 / (明)释真空撰
明正德十一年(1516)金台衍法寺释觉恒刻本

1987年摄制. -- 1盘卷片(6米91拍) ： 1:10，2B ； 35mm银盐
收藏馆：缩微中心，国图

000O011566
五先堂字学元元：十卷 / (明)袁子让撰
明万历三十一年(1603)刻本
1990年摄制. -- 1盘卷片(17米338拍) ： 1:10，2B ； 35mm银盐
收藏馆：缩微中心，甘肃

000O020911
音声纪元：六卷 / (明)吴继仕撰
明万历(1573-1620)刻本
1994年摄制. -- 1盘卷片(10米162拍) ： 1:10，2B ； 35mm银盐
收藏馆：缩微中心，国图

000O023037
音声纪元：六卷 / (明)吴继仕撰
明万历(1573-1620)刻本
1995年摄制. -- 1盘卷片(10米150拍) ： 1:10，2B ； 35mm银盐
收藏馆：缩微中心，国图

000O024742
切法正指：二卷 / (明)吕维祺,(明)吕维祮撰
清(1644-1911)抄本
1995年摄制. -- 1盘卷片(7米109拍) ： 1:10，2B ； 35mm银盐
收藏馆：缩微中心，浙江

000O025741
皇极图韵：不分卷 / (明)陈荩谟撰
明崇祯五年(1632)石经草堂刻本
1996年摄制. -- 1盘卷片(5米112拍) ： 1:10，2B ； 35mm银盐
收藏馆：缩微中心，河南

000O010634
韵切指归：二卷 / (清)吴遐龄撰
清康熙四十九年(1710)吴之玠刻本
1989年摄制. -- 1盘卷片(14米300拍) ： 1:10，2B ； 35mm银盐
收藏馆：缩微中心，浙江

000O010392
等切元声：十卷 / (清)熊士伯撰
清康熙四十五年(1706)庆善堂刻本
1989年摄制. -- 1盘卷片(4.8米82拍) ： 1:10，2B ； 35mm银盐
收藏馆：缩微中心，湖北

000O024393
音学辨微：一卷校正一卷 / (清)江永撰；(清)夏燮校正
清咸丰元年(1851)木犀香馆刻江氏韵书三种本
1996年摄制. -- 1盘卷片(4米49拍) : 1:10, 2B ; 35mm银盐
收藏馆：缩微中心，国图

000O015118
四声切韵表：三卷首一卷末一卷 / (清)江永撰；(清)汪曰桢补正
清同治七年(1868)陈镛抄本
1992年摄制. -- 1盘卷片(12米209拍) : 1:10, 2B ; 35mm银盐
收藏馆：缩微中心，国图

000O024307
音纬：二卷 / (清)罗士琳撰
清(1644-1911)稿本. -- (清)王念孙校。
1996年摄制. -- 1盘卷片(17米343拍) : 1:10, 2B ; 35mm银盐
收藏馆：缩微中心，国图

000O015813
今拟四声表：一卷
清(1644-1911)抄本
1993年摄制. -- 1盘卷片(3米23拍) : 1:10, 2B ; 35mm银盐
收藏馆：缩微中心，国图

000O002923
西儒耳目资：三卷释疑一卷 / (法)金尼阁撰；(明)王征释疑
明天启六年(1626)王征张问达刻本
1986年摄制. -- 1盘卷片(22米483拍) : 1:10, 2B ; 35mm银盐
收藏馆：缩微中心，国图

000O004062
御定奎章全韵：二卷
清康熙二十九年(1690)半泉朝鲜刻本
1985年摄制. -- 1盘卷片(6米103拍) : 1:10, 2B ; 35mm银盐
收藏馆：缩微中心，国图

000O009733
元音统韵：二十八卷 / (明)陈荩谟撰；(清)吴任臣辑
清康熙五十三年(1714)范廷瑚慎思堂刻本
1989年摄制. -- 4盘卷片(119米2558拍) : 1:10, 2B ; 35mm银盐
收藏馆：缩微中心，山东

000O025740
皇极统韵：二十四卷 / (明)陈荩谟撰；(清)张九锡疏
清顺治(1644-1661)刻本. -- 存三卷：卷一、卷三、卷十八。
1996年摄制. -- 1盘卷片(8米170拍) : 1:10, 2B ; 35mm银盐
收藏馆：缩微中心，河南

000O020914
类音：八卷 / (清)潘耒撰
清康熙(1662-1722)遂初堂刻本
1994年摄制. -- 1盘卷片(21米410拍) : 1:10, 2B ; 35mm银盐
收藏馆：缩微中心，国图

000O028608
东塾初学编音学：一卷 / (清)陈澧撰
清(1644-1911)稿本
1998年摄制. -- 1盘卷片(3米30拍) : 1:10, 2B ; 35mm银盐
收藏馆：缩微中心，广东

000O022562
音韵学稽古录：一卷 / (清)刘传莹撰
清(1644-1911)稿本
1995年摄制. -- 1盘卷片(2.6米24拍) : 1:10, 2B ; 35mm银盐
收藏馆：缩微中心，湖北

000O008075
音韵日月灯：六十卷 / (明)吕维祺撰
明崇祯七年(1634)石渠阁刻本
1988年摄制. -- 3盘卷片(70米1540拍) : 1:10, 2B ; 35mm银盐
收藏馆：缩微中心，湖北

000O027427
音韵日月灯：六十卷 / (明)吕维祺撰；(明)吕维祮诠
明崇祯(1628-1644)杨文骢刻本. -- (清)丁丙跋。
1996年摄制. -- 3盘卷片(69米1498拍) : 1:10, 2B ; 35mm银盐
收藏馆：缩微中心，南京

000O015221
顾氏音学五书：十三卷 / (清)顾炎武撰
清(1644-1911)林春祺福田书海铜活字印本
1992年摄制. -- 1盘卷片(21米435拍) : 1:10, 2B ; 35mm银盐
收藏馆：缩微中心，国图

000O011327
**音学五书：一卷；音论：三卷；诗本音：十卷 /
(清)顾炎武撰**
清康熙六年(1667)符山堂刻本. -- 还有合刻著
作：易音三卷/(清)顾炎武撰，唐韵二十卷/(清)
顾炎武撰，古音表二卷/(清)顾炎武撰。
1989年摄制. -- 2盘卷片(53.5米1201拍)：
1:10，2B；35mm银盐
收藏馆：缩微中心，辽宁

000O028871
顾氏音学五书：三十八卷 / (清)顾炎武撰
清康熙六年(1667)张弨符山堂刻本
1995年摄制. -- 3盘卷片(59米1106拍)：
1:10，2B；35mm银盐
收藏馆：缩微中心，苏州

000O024406
江氏音学十书：十二卷 / (清)江有诰撰
清嘉庆(1796-1820)江氏刻本. -- 群经韵读通
卷有抄配。王国维校并跋。
1996年摄制. -- 1盘卷片(31米626拍)：
1:10，2B；35mm银盐
收藏馆：缩微中心，国图

000O009273
江氏音学十书：十二卷 / (清)江有诰撰
清嘉庆道光(1796-1850)刻本
1988年摄制. -- 1盘卷片(31米649拍)：
1:10，2B；35mm银盐
收藏馆：缩微中心，湖南

000O024396
小尔雅广注：不分卷 / (清)莫栻撰
清(1644-1911)抄本
1996年摄制. -- 1盘卷片(5米64拍)：1:10，
2B；35mm银盐
收藏馆：缩微中心，国图

000O024444
小尔雅广注：四卷 / (清)莫栻撰
高氏辨蟫居抄本
1996年摄制. -- 1盘卷片(6米90拍)：1:10，
2B；35mm银盐
收藏馆：缩微中心，国图

000O023581
小尔雅疏：八卷 / (清)王煦撰
清嘉庆五年(1800)凿翠山庄刻本. -- (清)李
慈铭跋。
1995年摄制. -- 1盘卷片(8米141拍)：1:10，
2B；35mm银盐
收藏馆：缩微中心，国图

000O024445
小尔雅训纂：六卷 / (清)宋翔凤撰
清嘉庆(1796-1820)刻浮溪精舍丛书本
1996年摄制. -- 1盘卷片(6米85拍)：1:10，
2B；35mm银盐
收藏馆：缩微中心，国图

000O019296
小尔雅疏证：五卷 / (清)葛其仁撰
清道光十九年(1839)葛其仁刻本
1994年摄制. -- 1盘卷片(7米108拍)：1:10，
2B；35mm银盐
收藏馆：缩微中心，国图

000O006922
释名：八卷 / (汉)刘熙撰
明嘉靖三年(1524)储良材程鸿刻本. -- (清)
黄丕烈校，(清)蒋凤藻跋。
1986年摄制. -- 1盘卷片(5.3米88拍)：
1:10，2B；35mm银盐
收藏馆：缩微中心，国图

000O026905
释名：八卷 / (汉)刘熙撰
明嘉靖三年(1524)储良材程鸿刻本. -- (清)
丁丙跋。
1996年摄制. -- 1盘卷片(5米86拍)：1:10，
2B；35mm银盐
收藏馆：缩微中心，南京

000O006430
释名：八卷 / (汉)刘熙撰
明嘉靖三年(1524)储良材程鸿刻本. -- (清)
刘元简跋。
1987年摄制. -- 1盘卷片(6米97拍)：1:10，
2B；35mm银盐
收藏馆：缩微中心，国图

000O004697
释名：八卷 / (汉)刘熙撰
明嘉靖三年(1524)储良材程鸿刻本
1987年摄制. -- 1盘卷片(6米100拍)：1:10，
2B；35mm银盐
收藏馆：缩微中心，国图

000O014016
释名：八卷 / (汉)刘熙撰
明嘉靖三年(1524)储良材程鸿刻本
1992年摄制. -- 1盘卷片(6米79拍)：1:10，
2B；35mm银盐
收藏馆：缩微中心，国图

00O005772
释名：八卷 / (汉)刘熙撰
明嘉靖四十二年(1563)范惟一玉雪堂刻本
1987年摄制. -- 1盘卷片(7米134拍) : 1:10,
2B ; 35mm银盐
收藏馆：缩微中心，国图

00O005156
释名：八卷 / (汉)刘熙撰
明嘉靖(1522-1566)刻本
1986年摄制. -- 1盘卷片(5米81拍) : 1:10,
2B ; 35mm银盐
收藏馆：缩微中心，国图

00O013822
释名：八卷 / (汉)刘熙撰
明(1368-1644)华效钦刻本
1991年摄制. -- 1盘卷片(7米100拍) : 1:10,
2B ; 35mm银盐
收藏馆：缩微中心，国图

00O003536
释名：八卷 / (汉)刘熙撰
明(1368-1644)刻本
1985年摄制. -- 1盘卷片(6米80拍) : 1:10,
2B ; 35mm银盐
收藏馆：缩微中心，国图

00O004590
释名：八卷 / (汉)刘熙撰
明(1368-1644)刻本
1987年摄制. -- 1盘卷片(5米81拍) : 1:10,
2B ; 35mm银盐
收藏馆：缩微中心，国图

00O007719
释名：八卷 / (汉)刘熙撰
明(1368-1644)刻本
1987年摄制. -- 1盘卷片(6米103拍) : 1:10,
2B ; 35mm银盐
收藏馆：缩微中心，湖南

00O027216
释名：八卷 / (汉)刘熙撰；(清)吴志忠校
清道光(1821-1850)吴氏璜川书义刻本
1997年摄制. -- 1盘卷片(6米84拍) : 1:10,
2B ; 35mm银盐
收藏馆：缩微中心，国图

00O027869
新刻释名：八卷 / (汉)刘熙撰
明(1368-1644)胡文焕刻格致丛书本. -- (清)
孙星衍校。

1996年摄制. -- 1盘卷片(7米112拍) : 1:10,
2B ; 35mm银盐
收藏馆：缩微中心，南京

00O027864
新刻释名：八卷 / (汉)刘熙撰
明(1368-1644)胡文焕刻格致丛书本. -- (清)
王宗炎校，(清)丁丙跋。
1996年摄制. -- 1盘卷片(7米108拍) : 1:10,
2B ; 35mm银盐
收藏馆：缩微中心，南京

00O011320
明刊释名：八卷 / (汉)刘熙撰
明万历三十一年(1603)胡文焕刻本
1989年摄制. -- 1盘卷片(7米114拍) : 1:10,
2B ; 35mm银盐
收藏馆：缩微中心，甘肃

00O026933
释名：四卷 / (汉)刘熙撰
明万历(1573-1620)何允中刻广汉魏丛书本
. -- (清)朱林跋并录(清)卢文弨校。
1996年摄制. -- 1盘卷片(8米118拍) : 1:10,
2B ; 35mm银盐
收藏馆：缩微中心，南京

00O011565
释名：四卷 / (汉)刘熙撰
明万历二十年(1592)何允中刻本
1990年摄制. -- 1盘卷片(7米125拍) : 1:10,
2B ; 35mm银盐
收藏馆：缩微中心，甘肃

00O009014
释名：四卷 / (汉)刘熙撰
明(1368-1644)施惟诚刻本
1988年摄制. -- 1盘卷片(8米130拍) : 1:10,
2B ; 35mm银盐
收藏馆：缩微中心，湖北

00O001353
释名疏证：八卷补遗一卷续释名一卷 / (清)毕沅
撰
清乾隆三十年(1765)毕氏灵岩山馆刻本. --
佚名临(清)顾广圻校，(清)沈维骥跋。
1985年摄制. -- 1盘卷片(9米169拍) : 1:10,
2B ; 35mm银盐
收藏馆：缩微中心，国图

00O024404
释名疏证：八卷补遗一卷续释名一卷 / (清)毕沅撰
清乾隆五十四年(1789)毕氏灵岩山馆刻本. --

王国维校并跋。
1996年摄制. -- 1盘卷片(10米160拍)：
1:10, 2B；35mm银盐
收藏馆：缩微中心，国图

00O009573
释名疏证：八卷补遗一卷续释名一卷 / (清)毕沅撰
清乾隆五十五年(1790)镇洋毕沅刻经训堂丛书本. -- 灵岩山馆藏版。(清)许瀚、(清)王筠批校并跋。
1988年摄制. -- 1盘卷片(10米161拍)：
1:10, 2B；35mm银盐
收藏馆：缩微中心，山东

00O024323
广释名：二卷 / (清)张金吾撰
清嘉庆二十一年(1816)张氏爱日精庐刻本
1996年摄制. -- 1盘卷片(6米83拍)：1:10,
2B；35mm银盐
收藏馆：缩微中心，国图

00O015507
通俗文：一卷 / (晋)李虔撰；(清)陈鱣辑
清(1644-1911)稿本
1993年摄制. -- 1盘卷片(4米31拍)：1:10,
2B；35mm银盐
收藏馆：缩微中心，国图

00O003725
博雅：十卷 / (魏)张揖撰；(隋)曹宪音解
明(1368-1644)刻本. -- (清)黄丕烈跋，(清)黄廷鉴校并跋。
1985年摄制. -- 1盘卷片(7.2米131拍)：
1:10, 2B；35mm银盐
收藏馆：缩微中心，国图

00O027816
博雅：十卷 / (魏)张揖撰；(隋)曹宪音释 . 小尔雅：一卷 / [题](汉)孔鲋撰
明万历(1573-1620)何允中刻广汉魏丛书本
. -- (清)卢文弨校，(清)丁丙跋。
1996年摄制. -- 1盘卷片(7米106拍)：1:10,
2B；35mm银盐
收藏馆：缩微中心，南京

00O018452
二雅：十三卷
明(1368-1644)刻本
1993年摄制. -- 1盘卷片(10米165拍)：
1:10, 2B；35mm银盐
收藏馆：缩微中心，国图

00O007170
五雅：四十一卷 / (明)郎奎金辑
明天启六年(1626)郎氏堂策槛刻本
1987年摄制. -- 1盘卷片(29米641拍)：
1:10, 2B；35mm银盐
收藏馆：缩微中心，山东

00O028718
新刊五雅：七十三卷 / (明)毕效钦撰
明嘉靖(1522-1566)刻本
1997年摄制. -- 2盘卷片(36米855拍)：
1:10, 2B；35mm银盐
收藏馆：缩微中心，吉林

00O024399
广雅：十卷 / (魏)张揖撰；(隋)曹宪音解
明(1368-1644)毕效钦刻五雅本. -- 王国维校并跋。
1996年摄制. -- 1盘卷片(5米59拍)：1:10,
2B；35mm银盐
收藏馆：缩微中心，国图

00O027461
新刻广雅：十卷 / (魏)张揖撰；(隋)曹宪音释
明(1368-1644)胡文焕刻格致丛书本. -- (清)顾广圻校并跋，(清)王宗炎、(清)丁丙跋。
1996年摄制. -- 1盘卷片(6米87拍)：1:10,
2B；35mm银盐
收藏馆：缩微中心，南京

00O032018
新刻广雅：十卷 / (魏)张揖撰；(隋)曹宪音释
明(1368-1644)胡文焕刻格致丛书本. -- 十行二十字白口左右双边。傅增湘校跋并录(清)黄丕烈题识。
2010年摄制. -- 1盘卷片(6米88拍)：1:12,
2B；35mm银盐
收藏馆：缩微中心，国图

00O018444
博雅音：十卷 / (隋)曹宪撰
清(1644-1911)抄本
1993年摄制. -- 1盘卷片(4米45拍)：1:10,
2B；35mm银盐
收藏馆：缩微中心，国图

00O008152
广雅疏证：十卷 / (清)王念孙撰 . 博雅音：十卷 / (隋)曹宪撰
清嘉庆元年(1796)王氏刻本
1988年摄制. -- 2盘卷片(41.5米913拍)：
1:10, 2B；35mm银盐
收藏馆：缩微中心，湖北

00O023590
广雅疏证：十卷 / (清)王念孙撰．博雅音：十卷 / (隋)曹宪撰
清嘉庆(1796-1820)刻本. -- (清)李慈铭校。
1995年摄制. -- 2盘卷片(42米826拍) : 1:10, 2B ; 35mm银盐
收藏馆：缩微中心，国图

00O001244
广雅疏证：十卷 / (清)王念孙撰
清嘉庆(1796-1820)刻本. -- (清)洪亮吉点读并跋。
1985年摄制. -- 2盘卷片(37.7米822拍) : 1:10, 2B ; 35mm银盐
收藏馆：缩微中心，国图

00O017132
广雅疏证：十卷 / (清)王念孙撰；(清)王引之述
清(1644-1911)稿本. -- (清)黄海长题识。
1993年摄制. -- 2盘卷片(44.5米986拍) : 1:10, 2B ; 35mm银盐
收藏馆：缩微中心，辽宁

00O004310
广雅笺疏：十卷
清(1644-1911)抄本. -- 存二卷：卷九至卷十中。
1986年摄制. -- 1盘卷片(12米250拍) : 1:10, 2B ; 35mm银盐
收藏馆：缩微中心，国图

00O013334
埤雅：二十卷 / (宋)陆佃撰
明建文二年(1400)林瑜陈大本刻本. -- 存十二卷：卷一至卷六、卷十五至卷二十。
1991年摄制. -- 1盘卷片(9米148拍) : 1:10, 2B ; 35mm银盐
收藏馆：缩微中心，国图

00O006156
埤雅：二十卷 / (宋)陆佃撰
明成化十五年(1479)刘廷吉刻嘉靖二年(1523)王俸重修本. -- 版框高二十一厘米宽十五厘米。
1987年摄制. -- 1盘卷片(16米332拍) : 1:10, 2B ; 35mm银盐
收藏馆：缩微中心，广东

00O003826
埤雅：二十卷 / (宋)陆佃撰
明成化十五年(1479)刘廷吉刻嘉靖二年(1523)王俸重修本
1985年摄制. -- 1盘卷片(13.1米278拍) : 1:10, 2B ; 35mm银盐

收藏馆：缩微中心，国图

00O005167
埤雅：二十卷 / (宋)陆佃撰
明成化十五年(1479)刘廷吉刻嘉靖二年(1523)王俸重修本
1986年摄制. -- 1盘卷片(14米285拍) : 1:10, 2B ; 35mm银盐
收藏馆：缩微中心，国图

00O006996
埤雅：二十卷 / (宋)陆佃撰
明成化十五年(1479)刘廷吉刻嘉靖二年(1523)王俸重修本
1986年摄制. -- 1盘卷片(14米284拍) : 1:10, 2B ; 35mm银盐
收藏馆：缩微中心，国图

00O015094
埤雅：二十卷 / (宋)陆佃撰
明成化十五年(1479)刘廷吉刻嘉靖二年(1523)王俸重修本
1992年摄制. -- 1盘卷片(14米255拍) : 1:10, 2B ; 35mm银盐
收藏馆：缩微中心，国图

00O019231
埤雅：二十卷 / (宋)陆佃撰
明成化十五年(1479)刘廷吉刻嘉靖二年(1523)王俸重修本
1994年摄制. -- 1盘卷片(13米255拍) : 1:10, 2B ; 35mm银盐
收藏馆：缩微中心，国图

00O003517
埤雅：二十卷 / (宋)陆佃撰
明嘉靖元年(1522)赣州府刻本
1985年摄制. -- 1盘卷片(16米333拍) : 1:10, 2B ; 35mm银盐
收藏馆：缩微中心，国图

00O015109
埤雅：二十卷 / (宋)陆佃撰
明嘉靖元年(1522)赣州府刻本
1992年摄制. -- 1盘卷片(17米316拍) : 1:10, 2B ; 35mm银盐
收藏馆：缩微中心，国图

00O007734
埤雅：二十卷 / (宋)陆佃撰
明(1368-1644)刻本
1987年摄制. -- 1盘卷片(17米385拍) : 1:10, 2B ; 35mm银盐

收藏馆：缩微中心，湖南

000O010646

坤雅：二十卷 / (宋)陆佃撰
明(1368-1644)刻本
1989年摄制. -- 1盘卷片（17米364拍）：
1:10，2B ；35mm银盐
收藏馆：缩微中心，吉林

000O017322

坤雅：二十卷 / (宋)陆佃撰
明(1368-1644)刻本
1992年摄制. -- 1盘卷片（16米304拍）：
1:10，2B ；35mm银盐
收藏馆：缩微中心，国图

000O002933

重刊坤雅：二十卷 / (宋)陆佃撰
明初(1368-1424)刻本
1986年摄制. -- 1盘卷片（14米296拍）：
1:10，2B ；35mm银盐
收藏馆：缩微中心，国图

000O007220

新刊坤雅：二十卷 / (宋)陆佃撰
明(1368-1644)刻本
1987年摄制. -- 1盘卷片（14米305拍）：
1:10，2B ；35mm银盐
收藏馆：缩微中心，国图

000O015429

增修坤雅广要：四十二卷 / (明)牛衷撰；(明)殷仲春,(明)孙成名重订
明万历三十八年(1610)孙弘范刻本
1992年摄制. -- 2盘卷片（36米694拍）：
1:10，2B ；35mm银盐
收藏馆：缩微中心，国图

000O005131

尔雅翼：三十二卷 / (宋)罗愿撰
明正德十四年(1519)罗文殊刻本
1986年摄制. -- 1盘卷片（20.6米453拍）：
1:10，2B ；35mm银盐
收藏馆：缩微中心，国图

000O006967

尔雅翼：三十二卷 / (宋)罗愿撰
明正德十四年(1519)罗文殊刻本
1987年摄制. -- 1盘卷片（21米461拍）：
1:10，2B ；35mm银盐
收藏馆：缩微中心，国图

000O013844

尔雅翼：三十二卷 / (宋)罗愿撰
明正德十四年(1519)罗文殊刻本
1991年摄制. -- 1盘卷片（21米416拍）：
1:10，2B ；35mm银盐
收藏馆：缩微中心，国图

000O029833

尔雅翼：三十二卷 / (宋)罗愿撰
明正德十四年(1519)罗文殊刻本
2001年摄制. -- 1盘卷片（21米444拍）：
1:10，2B ；35mm银盐
收藏馆：缩微中心，国图

000O004137

尔雅翼：三十二卷 / (宋)罗愿撰
明正德十四年(1519)罗文殊刻本. -- 卷二十七至卷三十二配清(1644-1911)抄本。
1986年摄制. -- 1盘卷片（20米435拍）：
1:10，2B ；35mm银盐
收藏馆：缩微中心，国图

000O020897

尔雅翼：三十二卷 / (宋)罗愿撰；(元)洪焱祖音释
明万历三十三年(1605)罗文瑞刻本
1994年摄制. -- 1盘卷片（27米549拍）：
1:10，2B ；35mm银盐
收藏馆：缩微中心，国图

000O005786

尔雅翼：三十二卷 / (宋)罗愿撰；(元)洪焱祖音释
明天启(1621-1627)刻本
1987年摄制. -- 1盘卷片（26.5米595拍）：
1:10，2B ；35mm银盐
收藏馆：缩微中心，国图

000O017512

尔雅翼：三十二卷 / (宋)罗愿撰；(元)洪焱祖音释
明天启(1621-1627)刻崇祯六年(1633)重修本
1993年摄制. -- 1盘卷片（27米549拍）：
1:10，2B ；35mm银盐
收藏馆：缩微中心，国图

000O020146

尔雅翼：三十二卷 / (宋)罗愿撰；(元)洪焱祖音释
明天启(1621-1627)刻崇祯六年(1633)重修本
1994年摄制. -- 1盘卷片（27米549拍）：
1:10，2B ；35mm银盐
收藏馆：缩微中心，国图

00O006494

重校尔雅翼：三十二卷 / (宋)罗愿撰；(明)姚大受校补

明万历(1573-1620)姚大受刻本

1987年摄制. -- 1盘卷片(20.4米448拍)：1:10, 2B ; 35mm银盐

收藏馆：缩微中心，国图

00O015862

骈雅：七卷 / (明)朱谋㙇撰

明万历十五年(1587)朱统䥅玄湛堂刻本

1993年摄制. -- 1盘卷片(6米76拍)：1:10, 2B ; 35mm银盐

收藏馆：缩微中心，国图

00O019995

骈雅：七卷 / (明)朱谋㙇撰

明万历(1573-1620)刻本

1994年摄制. -- 1盘卷片(5米73拍)：1:10, 2B ; 35mm银盐

收藏馆：缩微中心，国图

00O004843

骈雅：七卷 / (明)朱谋㙇撰

清(1644-1911)抄本. -- (清)魏笛生校并跋。

1986年摄制. -- 1盘卷片(6米101拍)：1:10, 2B ; 35mm银盐

收藏馆：缩微中心，国图

00O024739

骈雅：七卷音释一卷 / (明)朱谋㙇撰

明万历(1573-1620)刻本

1995年摄制. -- 1盘卷片(7.5米128拍)：1:10, 2B ; 35mm银盐

收藏馆：缩微中心，浙江

00O017368

汇雅前集：二十卷 / (明)张萱撰

明万历三十四年(1606)区大相沈朝焕［等］刻本. -- 存十卷：卷一至卷二、卷五至卷六、卷十至卷十五。

1993年摄制. -- 1盘卷片(21米411拍)：1:10, 2B ; 35mm银盐

收藏馆：缩微中心，国图

00O017323

别雅：五卷 / (清)吴玉搢撰

清乾隆七年(1742)程氏督经堂刻本. -- (清)丁寿昌批注并跋。

1992年摄制. -- 1盘卷片(15米283拍)：1:10, 2B ; 35mm银盐

收藏馆：缩微中心，国图

00O018997

别雅：五卷 / (清)吴玉搢撰

清乾隆(1736-1795)刻本

1994年摄制. -- 1盘卷片(15米315拍)：1:10, 2B ; 35mm银盐

收藏馆：缩微中心，天津

00O024950

别雅：五卷 / (清)吴玉搢撰

清(1644-1911)卢文弨抄本. -- (清)卢文弨校，(清)丁丙跋。

1996年摄制. -- 1盘卷片(15米317拍)：1:10, 2B ; 35mm银盐

收藏馆：缩微中心，南京

00O017985

释缯：一卷 / (清)任大椿撰

清(1644-1911)刻本. -- (清)王萱龄跋。

1993年摄制. -- 1盘卷片(5米63拍)：1:10, 2B ; 35mm银盐

收藏馆：缩微中心，国图

00O026339

经雅：不分卷 / (清)戴震撰

清(1644-1911)稿本

1997年摄制. -- 1盘卷片(4米50拍)：1:10, 2B ; 35mm银盐

收藏馆：缩微中心，湖北

00O011343

拾雅：六卷 / (清)夏味堂撰

清嘉庆二十四年(1819)夏味堂遂园刻本

1989年摄制. -- 1盘卷片(8.2米160拍)：1:10, 2B ; 35mm银盐

收藏馆：缩微中心，辽宁

00O017825

韵雅：五卷 / (清)施何牧撰

清(1644-1911)刻本

1993年摄制. -- 1盘卷片(18米352拍)：1:10, 2B ; 35mm银盐

收藏馆：缩微中心，国图

00O005785

汉诂篹：十九卷 / (明)陈禹谟辑

清(1644-1911)抄本

1987年摄制. -- 1盘卷片(14米288拍)：1:10, 2B ; 35mm银盐

收藏馆：缩微中心，国图

00O014364

刊谬正俗：八卷 / (唐)颜师古撰

明(1368-1644)刻本

1992年摄制. -- 1盘卷片(6米82拍)：1:10,
2B；35mm银盐
收藏馆：缩微中心，国图

000O015428
刊谬正俗：八卷 / (唐)颜师古撰
明(1368-1644)刻本
1992年摄制. -- 1盘卷片(6米83拍)：1:10,
2B；35mm银盐
收藏馆：缩微中心，国图

000O027817
刊谬正俗：八卷 / (唐)颜师古撰
清(1644-1911)抄本. -- (清)惠栋校。
1996年摄制. -- 1盘卷片(6米94拍)：1:10,
2B；35mm银盐
收藏馆：缩微中心，南京

000O002035
匡谬正俗：八卷 / (唐)颜师古撰
清乾隆二十一年(1756)卢见曾刻雅雨堂丛书
本. -- (清)吴省兰注，(清)吴志忠校注并
跋。
1986年摄制. -- 1盘卷片(5米86拍)：1:10,
2B；35mm银盐
收藏馆：缩微中心，国图

000O031165
匡谬正俗：八卷 / (唐)颜师古撰
清乾隆二十一年(1756)卢见曾刻雅雨堂丛书
本. -- 王国维校。
2004年摄制. -- 1盘卷片(6米85拍)：1:10,
2B；35mm银盐
收藏馆：缩微中心，国图

000O021044
**增订金壶字考：十九卷 / (宋)释适之撰；(清)田
朝恒增订**
清乾隆二十七年(1762)贻安堂刻本. -- (清)
王庆麟跋。
1994年摄制. -- 1盘卷片(10米165拍)：
1:10, 2B；35mm银盐
收藏馆：缩微中心，国图

000O005635
疑砭录：二卷 / (明)张登云撰
清乾隆四十八年(1783)吴翌凤抄本
1987年摄制. -- 1盘卷片(3.2米37拍)：
1:10, 2B；35mm银盐
收藏馆：缩微中心，国图

000O010395
字诂：一卷；义府：二卷 / (清)黄生撰

清道光二十二年(1842)刻本
1989年摄制. -- 1盘卷片(13.5米257拍)：
1:10, 2B；35mm银盐
收藏馆：缩微中心，湖北

000O024437
**字诂：一卷 / (清)黄生撰. 兄字说：一卷 / (清)
黄承吉撰**
清光绪三年(1877)黄氏刻本
1996年摄制. -- 1盘卷片(9米146拍)：1:10,
2B；35mm银盐
收藏馆：缩微中心，国图

000O013137
声类：不分卷 / (清)钱大昕撰
清嘉庆元年(1796)嘉定钱绎抄本
1991年摄制. -- 1盘卷片(7.6米145拍)：
1:10, 2B；35mm银盐
收藏馆：缩微中心，辽宁

000O014363
声类：不分卷 / (清)钱大昕撰
清(1644-1911)抄本
1992年摄制. -- 1盘卷片(8米139拍)：1:10,
2B；35mm银盐
收藏馆：缩微中心，国图

000O020566
籁谱：四卷 / (清)周伯熊撰
清(1644-1911)稿本
1994年摄制. -- 1盘卷片(10米161拍)：
1:10, 2B；35mm银盐
收藏馆：缩微中心，国图

000O006947
叠字韵编：五卷 / (清)周文鼎撰
清(1644-1911)稿本
1986年摄制. -- 1盘卷片(10米188拍)：
1:10, 2B；35mm银盐
收藏馆：缩微中心，国图

000O006921
周秦名字解故：二卷 / (清)王行之撰
清嘉庆(1796-1820)刻本. -- (清)王引之订
补。
1986年摄制. -- 1盘卷片(6米105拍)：1:10,
2B；35mm银盐
收藏馆：缩微中心，国图

000O003050
周秦名字解故附录：一卷 / (清)王萱龄撰
清道光(1821-1850)刻本
1986年摄制. -- 1盘卷片(3米23拍)：1:10,

2B ；35mm银盐
收藏馆：缩微中心，国图

000O003341
经字异同：十卷；春秋经字异同：三卷 / (清)张维屏撰；(清)王荣绂增订
清(1644-1911)抄本
1986年摄制. -- 1盘卷片（12米239拍）：1:10，2B ；35mm银盐
收藏馆：缩微中心，国图

000O008059
字说：二十五卷
清(1644-1911)抄本
1988年摄制. -- 1盘卷片（22米462拍）：1:10，2B ；35mm银盐
收藏馆：缩微中心，湖南

000O005620
声训纬纂：不分卷重订谐声表不分卷 / (清)黄以愚撰
清(1644-1911)稿本
1987年摄制. -- 1盘卷片（23.5米523拍）：1:10，2B ；35mm银盐
收藏馆：缩微中心，国图

000O005670
声训纬纂：不分卷 / (清)黄以愚撰
清(1644-1911)稿本
1987年摄制. -- 1盘卷片（18.3米400拍）：1:10，2B ；35mm银盐
收藏馆：缩微中心，国图

000O023540
读诗考字：二卷补编一卷 / (清)程大镛撰
清道光二十五年(1845)丛桂轩刻本
1995年摄制. -- 1盘卷片（6米80拍）：1:10，2B ；35mm银盐
收藏馆：缩微中心，国图

000O013332
輶轩使者绝代语释别国方言解：十三卷 / (晋)郭璞撰
明正德四年(1509)李珏刻本
1991年摄制. -- 1盘卷片（6米83拍）：1:10，2B ；35mm银盐
收藏馆：缩微中心，国图

000O005783
輶轩使者绝代语释别国方言解：十三卷 / (晋)郭璞撰
明万历(1573-1620)程荣刻汉魏丛书本
1987年摄制. -- 1盘卷片（6米95拍）：1:10，

000O022531
輶轩使者绝代语释别国方言：十三卷 / (汉)扬雄撰；(晋)郭璞注
明天启七年(1627)郎奎金堂策槛刻本
1995年摄制. -- 1盘卷片（6.5米110拍）：1:10，2B ；35mm银盐
收藏馆：缩微中心，湖北

000O003624
輶轩使者绝代语释别国方言注：十三卷 / (汉)扬雄撰；(晋)郭璞注
明(1368-1644)刻本
1985年摄制. -- 1盘卷片（6米94拍）：1:10，2B ；35mm银盐
收藏馆：缩微中心，国图

000O026931
輶轩使者绝代语译别国方言：十三卷 / (汉)扬雄撰；(晋)郭璞注
明(1368-1644)抄本. -- 卷七至卷十三配清(1644-1911)抄本。(清)丁丙跋。
1996年摄制. -- 1盘卷片（7米111拍）：1:10，2B ；35mm银盐
收藏馆：缩微中心，南京

000O026922
輶轩使者绝代语译别国方言：十三卷 / (汉)扬雄撰；(晋)郭璞注
清乾隆(1736-1795)卢文弨刻抱经堂丛书本. -- (清)卢文弨校，(清)丁丙跋。
1996年摄制. -- 1盘卷片（8米130拍）：1:10，2B ；35mm银盐
收藏馆：缩微中心，南京

000O027026
輶轩使者绝代语释别国方言：十三卷 / (汉)扬雄撰；(晋)郭璞注
清乾隆(1736-1795)武英殿聚珍版丛书活字印本
1997年摄制. -- 1盘卷片（10米175拍）：1:10，2B ；35mm银盐
收藏馆：缩微中心，国图

000O031214
輶轩使者绝代语释别国方言：十三卷 / [题](汉)扬雄撰；(晋)郭璞注
清乾隆(1736-1795)武英殿聚珍版丛书活字印本
2004年摄制. -- 1盘卷片（10米190拍）：1:10，2B ；35mm银盐

收藏馆：缩微中心，国图

000O024375
辀轩使者绝代语释别国方言：十三卷校正补遗
一卷 / [题](汉)扬雄撰；(晋)郭璞注
清乾隆(1736-1795)卢文弨刻抱经堂丛书本
. -- 王国维校注并跋。
1996年摄制. -- 1盘卷片(7米115拍)： 1:10,
2B ；35mm银盐
收藏馆：缩微中心，国图

000O011152
方言释义：十三卷 / (清)王维言撰
清(1644-1911)稿本
1989年摄制. -- 2盘卷片(41米836拍)：
1:10, 2B ；35mm银盐
收藏馆：缩微中心，山东

000O009123
续方言：二卷补二卷 / (清)杭世骏,(清)程际盛辑
清雍正(1723-1735)刻本. -- 四库底本。
1988年摄制. -- 1盘卷片(5米68拍)： 1:10,
2B ；35mm银盐
收藏馆：缩微中心，湖南

000O006824
吴音奇字：一卷 / (明)孙楼撰；(明)陆镒补遗
清(1644-1911)抄本
1986年摄制. -- 1盘卷片(4米43拍)： 1:10,
2B ；35mm银盐
收藏馆：缩微中心，国图

000O025073
吴下方言考：十二卷 / (清)胡文英辑
清乾隆四十八年(1783)留芝堂刻本
1996年摄制. -- 1盘卷片(12米221拍)：
1:10, 2B ；35mm银盐
收藏馆：缩微中心，国图

000O021867
操风琐录：四卷 / (清)刘家谋撰
清(1644-1911)稿本. -- (清)谢章铤序并跋。
1995年摄制. -- 1盘卷片(5米79拍)： 1:10,
2B ；35mm银盐
收藏馆：缩微中心，湖北

000O024395
助字辨略：五卷 / (清)刘淇撰
清乾隆四十四年(1779)刻本
1996年摄制. -- 1盘卷片(15米275拍)：
1:10, 2B ；35mm银盐
收藏馆：缩微中心，国图

000O013597
经传释词：十卷 / (清)王引之撰
清嘉庆(1796-1820)刻本
1991年摄制. -- 1盘卷片(13米213拍)：
1:10, 2B ；35mm银盐
收藏馆：缩微中心，国图

000O007356
八馆馆考：一卷
清初(1644-1722)同文堂抄本
1987年摄制. -- 1盘卷片(3米28拍)： 1:10,
2B ；35mm银盐
收藏馆：缩微中心，国图

000O019704
八馆馆考：一卷
清初(1644-1722)同文堂抄本
1994年摄制. -- 1盘卷片(3米15拍)： 1:10,
2B ；35mm银盐
收藏馆：缩微中心，国图

000O007357
高昌馆译书：一卷
清初(1644-1722)刻本
1987年摄制. -- 1盘卷片(7米113拍)： 1:10,
2B ；35mm银盐
收藏馆：缩微中心，国图

000O024312
高昌馆译书：一卷
清初(1644-1722)刻本
1996年摄制. -- 1盘卷片(7米100拍)： 1:10,
2B ；35mm银盐
收藏馆：缩微中心，国图

000O007360
回回馆译语：一卷
清初(1644-1722)刻本
1987年摄制. -- 1盘卷片(7米125拍)： 1:10,
2B ；35mm银盐
收藏馆：缩微中心，国图

000O025053
回回馆译语：一卷
清初(1644-1722)刻本
1996年摄制. -- 1盘卷片(7米112拍)： 1:10,
2B ；35mm银盐
收藏馆：缩微中心，国图

000O007358
西番译语：一卷
清初(1644-1722)刻本
1987年摄制. -- 1盘卷片(7米116拍)： 1:10,

2B ; 35mm银盐
收藏馆：缩微中心，国图

00O024314
西番译语：一卷
清初(1644-1722)刻本
1996年摄制. -- 1盘卷片(7米103拍) : 1:10,
2B ; 35mm银盐
收藏馆：缩微中心，国图

00O007359
西天馆译语：一卷
清初(1644-1722)刻本
1987年摄制. -- 1盘卷片(4米57拍) : 1:10,
2B ; 35mm银盐
收藏馆：缩微中心，国图

00O025184
西天馆译语：一卷
清初(1644-1722)刻本
1996年摄制. -- 1盘卷片(4米44拍) : 1:10,
2B ; 35mm银盐
收藏馆：缩微中心，国图

00O007355
百译馆译语：一卷
清(1644-1911)抄本
1987年摄制. -- 1盘卷片(7米114拍) : 1:10,
2B ; 35mm银盐
收藏馆：缩微中心，国图

00O007320
译语：不分卷
清(1644-1911)袁氏贞节堂抄本. -- (清)周星
诒跋。
1987年摄制. -- 1盘卷片(6米96拍) : 1:10,
2B ; 35mm银盐
收藏馆：缩微中心，国图

00O007319
暹罗馆译语：一卷
清(1644-1911)抄本
1987年摄制. -- 1盘卷片(6米102拍) : 1:10,
2B ; 35mm银盐
收藏馆：缩微中心，国图

00O019392
楝亭五种：六十五卷 / (清)曹寅编
清康熙四十五年(1706)扬州诗局刻本
1994年摄制. -- 5盘卷片(158米3241拍) :
1:10, 2B ; 35mm银盐
收藏馆：缩微中心，国图

00O025054
泽存堂五种：五十卷 / (清)张士俊撰
清康熙四十三年至五十三年(1704-1714)张氏
泽存堂刻本
1996年摄制. -- 2盘卷片(42米803拍) :
1:10, 2B ; 35mm银盐
收藏馆：缩微中心，国图

00O001283
小学钩沉：十九卷 / (清)任大椿辑
清嘉庆二十二年(1817)汪廷珍刻本. -- (清)
黄奭校补。
1985年摄制. -- 1盘卷片(9.3米185拍) :
1:10, 2B ; 35mm银盐
收藏馆：缩微中心，国图

00O015476
古小学书钩沉：十一卷 / (清)陈鳣辑
清(1644-1911)稿本. -- 徐光济跋。
1993年摄制. -- 1盘卷片(3米20拍) : 1:10,
2B ; 35mm银盐
收藏馆：缩微中心，国图

00O024401
**说文经字考：一卷 / (清)陈寿祺撰 . 六书说：一
卷 / (清)江声撰**
清咸丰元年至二年(1851-1852)李氏半亩园刻
小学类编本. -- (清)李慈铭校并跋。
1996年摄制. -- 1盘卷片(8米141拍) : 1:10,
2B ; 35mm银盐
收藏馆：缩微中心，国图

史部

总类

00O000985
玄羽外编：四十六卷 / (明)张大龄撰
明万历三十九年(1611)张养正刻本
1985年摄制. -- 1盘卷片(26.1米585拍) :
1:10, 2B ; 35mm银盐
收藏馆：缩微中心，国图

00O025753
桐华馆史翼五种：四十二卷 / (清)金德舆编
清嘉庆(1796-1820)桐华馆刻本
1996年摄制. -- 1盘卷片(25米497拍) :
1:10, 2B ; 35mm银盐
收藏馆：缩微中心，国图

纪传类

000O006987
十七史：一千五百七十四卷 / (明)毛晋编
明崇祯(1628-1644)毛氏汲古阁刻本
1987年摄制. -- 37盘卷片(1007米23622拍)：
1:10, 2B ; 35mm银盐
收藏馆：缩微中心，国图

000O000041
十七史：一千六百四卷 / (明)毛晋编
明崇祯(1628-1644)毛氏汲古阁刻清顺治
(1644-1661)重印本
1986年摄制. -- 40盘卷片(1147米24087拍)：
1:10, 2B ; 35mm银盐
收藏馆：缩微中心，四川

000O002141
二十一史：二千五百六十七卷
明(1368-1644)刻明清(1368-1911)递修本
1986年摄制. -- 88盘卷片(2562.2米57293拍)：
1:10, 2B ; 35mm银盐
收藏馆：缩微中心，国图

000O009893
二十一史：二千五百六十五卷
明万历二十三年至二十四年(1595-1596)北京
国子监刻本
1989年摄制. -- 80盘卷片(2433米55316拍)：
1:10, 2B ; 35mm银盐
收藏馆：缩微中心，浙江

000O006992
二十四史：三千二百五十卷
清乾隆四年(1739)武英殿刻本
1986年摄制. -- 112盘卷片(3246米72821拍)：
1:10, 2B ; 35mm银盐
收藏馆：缩微中心，国图

000O005666
史记：一百三十卷 / (汉)司马迁撰；(汉)褚少孙
补；(唐)司马贞索隐
明(1368-1644)吴勉学刻本. -- (清)翁元圻批
点并跋，(□)张业跋。
1987年摄制. -- 3盘卷片(74米1536拍)：
1:10, 2B ; 35mm银盐
收藏馆：缩微中心，国图

000O024729
史记：不分类 / (汉)司马迁撰
明(1368-1644)抄本
1996年摄制. -- 1盘卷片(22米429拍)：
1:10, 2B ; 35mm银盐

收藏馆：缩微中心，浙江

000O006688
史记：二十四卷 / (汉)司马迁撰
明(1368-1644)刻本. -- (清)董文焕批校。
1987年摄制. -- 2盘卷片(58米1285拍)：
1:10, 2B ; 35mm银盐
收藏馆：缩微中心，山西

000O001558
史记：一百三十卷 / (汉)司马迁撰；(南朝宋)裴
骃集解
明万历(1573-1620)南京国子监刻本
1986年摄制. -- 4盘卷片(97米2144拍)：
1:10, 2B ; 35mm银盐
收藏馆：缩微中心，吉林

000O022567
史记集解：一百三十卷 / (南朝宋)裴骃集解
明崇祯十四年(1641)毛氏汲古阁刻十七史本
1995年摄制. -- 3盘卷片(69.5米1390拍)：
1:10, 2B ; 35mm银盐
收藏馆：缩微中心，湖北

000O021423
史记：一百三十卷 / (汉)司马迁撰；(南朝宋)裴
骃集解
宋(960-1279)绍兴淮南路转运司刻宋元
(960-1368)递修本. -- 存一卷：卷二十四。
1995年摄制. -- 1盘卷片(4米31拍)：1:10,
2B ; 35mm银盐
收藏馆：缩微中心，国图

000O019732
史记：一百三十卷 / (汉)司马迁撰；(南朝宋)裴
骃集解
宋(960-1279)刻宋元(960-1368)递修本. --
存四卷：卷一百二十三至卷一百二十六。
1994年摄制. -- 1盘卷片(3米25拍)：1:10,
2B ; 35mm银盐
收藏馆：缩微中心，国图

000O023030
史记：一百三十卷 / (汉)司马迁撰；(南朝宋)裴
骃集解
宋(960-1279)刻宋元明(960-1644)递修本. -- 存
四十九卷：卷四、卷五十三至卷六十、卷七十
至卷七十一、卷七十三至卷七十八、卷八十七
至卷一百四、卷一百十二至卷一百十八、卷
一百二十至卷一百二十六。
1995年摄制. -- 1盘卷片(24米443拍)：
1:10, 2B ; 35mm银盐
收藏馆：缩微中心，国图

00〇002921
史记集解：一百三十卷 / (汉)司马迁撰；(南朝宋)裴骃集解
宋(960-1279)刻宋元明(960-1644)递修本
1986年摄制. -- 3盘卷片(83米1870拍) :
1:10, 2B ; 35mm银盐
收藏馆：缩微中心，国图

00〇022415
史记：一百三十卷 / (汉)司马迁撰；(南朝宋)裴骃集解
宋(960-1279)刻宋元明(960-1644)递修本. -- 存
四十卷：卷七至卷十七、卷三十一至卷三十八、
卷七十七至卷八十九、卷一百二十三卷至卷
一百三十。
1995年摄制. -- 1盘卷片(26米542拍) :
1:10, 2B ; 35mm银盐
收藏馆：缩微中心，国图

00〇022417
史记：一百三十卷 / (汉)司马迁撰；(南朝宋)裴骃集解
宋(960-1279)刻宋元明(960-1644)递修本. --
存四十卷：卷十五、卷三十三至卷三十七、
卷四十八至卷五十、卷五十二至卷五十五、
卷五十七至卷六十、卷七十九至卷九十七、卷
一百二十七至卷一百三十。
1995年摄制. -- 1盘卷片(23米449拍) :
1:10, 2B ; 35mm银盐
收藏馆：缩微中心，国图

00〇000251
史记：一百三十卷 / (汉)司马迁撰；(南朝宋)裴骃集解
明崇祯十四年(1641)毛氏汲古阁刻本. --
(清)莫友芝跋，(清)莫友芝、(清)莫彝孙录
(清)钱泰吉校。
1985年摄制. -- 2盘卷片(56.9米1279拍) :
1:10, 2B ; 35mm银盐
收藏馆：缩微中心，国图

00〇003394
史记：一百三十卷 / (汉)司马迁撰；(南朝宋)裴骃集解
明崇祯十四年(1641)毛氏汲古阁刻本. --
(清)邵恩多录(清)何焯批校，(清)翁斌孙校。
1986年摄制. -- 3盘卷片(79米1770拍) :
1:10, 2B ; 35mm银盐
收藏馆：缩微中心，国图

00〇024407
史记：一百三十卷 / (汉)司马迁撰；(南朝宋)裴骃集解

明崇祯十四年(1641)毛氏汲古阁刻本. -- 存
一百二十九卷：卷一至卷六十九、卷七十一至
卷一百三十。(清)李慈铭校并跋。
1996年摄制. -- 2盘卷片(60米1227拍) :
1:10, 2B ; 35mm银盐
收藏馆：缩微中心，国图

00〇007618
史记：一百三十卷 / (汉)司马迁撰；(南朝宋)裴骃集解 . 例意：一卷 / (明)归有光撰
明崇祯十四年(1641)毛氏汲古阁刻本. -- 佚
名录(清)严虞惇跋并录(明)归有光圈点并录
(清)翁同龢校跋。
1986年摄制. -- 2盘卷片(56.3米1265拍) :
1:10, 2B ; 35mm银盐
收藏馆：缩微中心，国图

00〇012788
史记：一百三十卷 / (汉)司马迁撰；(南朝宋)裴骃集解
明崇祯十四年(1641)毛氏汲古阁刻清顺治十一
年(1654)重修本
1990年摄制. -- 2盘卷片(58米1408拍) :
1:10, 2B ; 35mm银盐
收藏馆：缩微中心，南京

00〇004438
史记：一百三十卷 / (汉)司马迁撰；(南朝宋)裴骃集解
明崇祯十四年(1641)毛氏汲古阁刻清顺治十一
年(1654)重修本. -- (清)刘履芬校并跋。
1986年摄制. -- 2盘卷片(58米1310拍) :
1:10, 2B ; 35mm银盐
收藏馆：缩微中心，国图

00〇001063
史记：一百三十卷 / (汉)司马迁撰；(南朝宋)裴骃集解
明崇祯十四年(1641)毛氏汲古阁刻清顺治十一
年(1654)重修本. -- (清)钱泰吉校并跋。
1985年摄制. -- 2盘卷片(57.4米1285拍) :
1:10, 2B ; 35mm银盐
收藏馆：缩微中心，国图

00〇012790
史记：一百三十卷 / (汉)司马迁撰；(南朝宋)裴骃集解
清(1644-1911)刻本. -- (清)杨沂孙批跋。
1990年摄制. -- 2盘卷片(54米1295拍) :
1:10, 2B ; 35mm银盐
收藏馆：缩微中心，南京

000O020512

史记：一百三十卷 / (汉)司马迁撰；(南朝宋)裴骃集解

明(1368-1644)白鹿书院刻本. -- 卷五至卷七配嘉靖四年至六年(1525-1527)王延喆刻本。

1994年摄制. -- 3盘卷片(93米1869拍) ：1:10，2B ；35mm银盐

收藏馆：缩微中心，国图

000O005134

史记索隐：三十卷 / (汉)司马迁撰；(唐)司马贞索隐

明末(1621-1644)毛氏汲古阁刻本. -- 佚名录(清)钱孙保校。

1986年摄制. -- 1盘卷片(9米175拍) ：1:10，2B ；35mm银盐

收藏馆：缩微中心，国图

000O032083

史记索隐：三十卷 / (汉)司马迁撰；(唐)司马贞索隐

明末(1621-1644)毛氏汲古阁刻本. -- 十四行二十七字小字双行四十字白口左右双边。佚名录(清)钱孙保校。

2011年摄制. -- 1盘卷片(11米178拍) ：1:12，2B ；35mm银盐

收藏馆：缩微中心，国图

000O013731

史记索隐：三十卷 / (唐)司马贞撰

明末(1621-1644)毛氏汲古阁刻本. -- 王国维校并跋。

1991年摄制. -- 1盘卷片(9米163拍) ：1:10，2B ；35mm银盐

收藏馆：缩微中心，国图

000O008748

史记索隐：三十卷 / (唐)司马贞撰

明末(1621-1644)毛氏汲古阁刻本

1988年摄制. -- 1盘卷片(9.2米182拍) ：1:10，2B ；35mm银盐

收藏馆：缩微中心，重庆

000O002864

史记：一百三十卷 / (汉)司马迁撰；(南朝宋)裴骃集解；(唐)司马贞索隐

蒙古中统二年(1261)段子成平阳刻明(1368-1644)重修本. -- 卷二十配清抄本，卷二十一至卷二十二配明嘉靖(1522-1566)汪谅刻本。

1986年摄制. -- 3盘卷片(65米1400拍) ：1:10，2B ；35mm银盐

收藏馆：缩微中心，国图

000O009469

史记索隐：一百三十卷 / (汉)司马迁撰；(唐)司马贞索隐

蒙古中统二年(1261)平阳道段子成刻本

1988年摄制. -- 2盘卷片(60.8米1344拍) ：1:10，2B ；35mm银盐

收藏馆：缩微中心，重庆

000O023032

史记：一百三十卷 / (汉)司马迁撰；(南朝宋)裴骃集解；(唐)司马贞索隐

元大德(1297-1307)饶州路儒学刻本. -- 存三卷：卷二十三、卷二十五至卷二十六。

1995年摄制. -- 1盘卷片(4米32拍) ：1:10，2B ；35mm银盐

收藏馆：缩微中心，国图

000O009734

史记：一百三十卷 / (汉)司马迁撰；(南朝宋)裴骃集解；(唐)司马贞索隐

明正德(1506-1521)刘弘毅慎独斋刻本

1989年摄制. -- 4盘卷片(103米2192拍) ：1:10，2B ；35mm银盐

收藏馆：缩微中心，山东

000O014401

史记：一百三十卷 / (汉)司马迁撰；(南朝宋)裴骃集解；(唐)司马贞索隐；(唐)张守节正义

明正德十二年(1517)廖铠刻本

1992年摄制. -- 4盘卷片(119米2369拍) ：1:10，2B ；35mm银盐

收藏馆：缩微中心，国图

000O005664

史记：一百三十卷 / (汉)司马迁撰；(南朝宋)裴骃集解；(唐)司马贞索隐；(唐)张守节正义

明嘉靖四年(1525)汪谅刻本

1987年摄制. -- 4盘卷片(120米2596拍) ：1:10，2B ；35mm银盐

收藏馆：缩微中心，国图

000O009467

史记：一百三十卷 / (汉)司马迁撰；(南朝宋)裴骃集解；(唐)司马贞索隐；(唐)张守节正义

明嘉靖四年(1525)汪谅刻本

1988年摄制. -- 4盘卷片(117.5米2596拍) ：1:10，2B ；35mm银盐

收藏馆：缩微中心，重庆

000O010545

史记：一百三十卷 / (汉)司马迁撰；(南朝宋)裴骃集解；(唐)司马贞索隐；(唐)张守节正义

明嘉靖四年(1525)汪谅刻本

1989年摄制. -- 4盘卷片(108米2544拍)：
1:10, 2B ; 35mm银盐
收藏馆：缩微中心，南京

000O003486
史记：一百三十卷 / (汉)司马迁撰；(南朝宋)裴骃集解；(唐)司马贞索隐；(唐)张守节正义
明嘉靖四年至六年(1525-1527)王延喆刻本
1985年摄制. -- 4盘卷片(113.1米2544拍)：
1:10, 2B ; 35mm银盐
收藏馆：缩微中心，国图

000O006985
史记：一百三十卷 / (汉)司马迁撰；(南朝宋)裴骃集解；(唐)司马贞索隐；(唐)张守节正义
明嘉靖四年至六年(1525-1527)王延喆刻本
1986年摄制. -- 5盘卷片(133米2678拍)：
1:10, 2B ; 35mm银盐
收藏馆：缩微中心，国图

000O010549
史记：一百三十卷 / (汉)司马迁撰；(南朝宋)裴骃集解；(唐)司马贞索隐；(唐)张守节正义
明嘉靖四年至六年(1525-1527)王延喆刻本
1989年摄制. -- 4盘卷片(108米2535拍)：
1:10, 2B ; 35mm银盐
收藏馆：缩微中心，南京

000O020782
史记：一百三十卷 / (汉)司马迁撰；(南朝宋)裴骃集解；(唐)司马贞索隐；(唐)张守节正义
明嘉靖四年至六年(1525-1527)王延喆刻本
. -- 存：目录。
1994年摄制. -- 1盘卷片(4米49拍)：1:10,
2B ; 35mm银盐
收藏馆：缩微中心，国图

000O029826
史记：一百三十卷 / (汉)司马迁撰；(南朝宋)裴骃集解；(唐)司马贞索隐；(唐)张守节正义
明嘉靖四年至六年(1525-1527)王延喆刻本. -- 存六卷：卷三十九、卷四十四至卷四十五、卷一百三至卷一百五。
2001年摄制. -- 1盘卷片(8米154拍)：1:10,
2B ; 35mm银盐
收藏馆：缩微中心，国图

000O020232
史记：一百三十卷 / (汉)司马迁撰；(南朝宋)裴骃集解；(唐)司马贞索隐；(唐)张守节正义
明嘉靖四年至六年(1525-1527)王延喆刻本
. -- 存四十九卷：卷六至卷十二、卷四十至卷四十二、卷四十六至卷四十七、卷五十三至

卷五十七、卷六十一至卷七十九、卷九十至卷九十三、卷一百六至卷一百九、卷一百十二至卷一百十六。
1994年摄制. -- 2盘卷片(39米748拍)：
1:10, 2B ; 35mm银盐
收藏馆：缩微中心，国图

000O020743
史记集解索隐正义：一百三十卷 / (汉)司马迁撰；(南朝宋)裴骃集解；(唐)司马贞索隐；(唐)张守节正义
明嘉靖四年至六年(1525-1527)王延喆刻本. -- 存二卷：卷七至卷八。
1994年摄制. -- 1盘卷片(6米81拍)：1:10,
2B ; 35mm银盐
收藏馆：缩微中心，国图

000O014945
史记：一百三十卷 / (汉)司马迁撰；(南朝宋)裴骃集解；(唐)司马贞索隐；(唐)张守节正义
明嘉靖八年至九年(1529-1530)南京国子监刻本
1992年摄制. -- 4盘卷片(117米2241拍)：
1:10, 2B ; 35mm银盐
收藏馆：缩微中心，国图

000O006474
史记：一百三十卷 / (汉)司马迁撰；(南朝宋)裴骃集解；(唐)司马贞索隐；(唐)张守节正义
明嘉靖(1522-1566)秦藩朱惟焯刻本. -- 卷八十至卷八十一配明嘉靖四年(1525)汪谅刻本，卷八十四至卷八十五配明嘉靖四年至六年(1625-1627)王延喆刻本，卷八十二至卷八十三配清(1644-1911)抄本。佚名录(清)叶万校跋，(清)冯班、(清)张进题识并录(明)归有光圈点批识。
1987年摄制. -- 5盘卷片(126米2622拍)：
1:10, 2B ; 35mm银盐
收藏馆：缩微中心，国图

000O012277
史记：一百三十卷 / (汉)司马迁撰
明嘉靖十三年(1534)秦藩刻本
1989年摄制. -- 4盘卷片(156.3米3541拍)：
1:10, 2B ; 35mm银盐
收藏馆：缩微中心，辽宁

000O021081
史记：一百三十卷 / (汉)司马迁撰；(南朝宋)裴骃集解；(唐)司马贞索隐；(唐)张守节正义
明嘉靖十三年(1534)秦藩朱惟焯刻十九年(1540)重修本
1994年摄制. -- 4盘卷片(120米2417拍)：
1:10, 2B ; 35mm银盐

收藏馆：缩微中心，国图

00O019997

史记集解索隐正义：一百三十卷 / (汉)司马迁撰；
(南朝宋)裴骃集解；(唐)司马贞索隐；(唐)张守
节正义
明万历九年(1581)刘维刻本
1994年摄制. -- 3盘卷片(96米1994拍)：
1:10, 2B；35mm银盐
收藏馆：缩微中心，国图

00O008822

史记：一百三十卷 / (汉)司马迁撰；(南朝宋)
裴骃集解；(唐)司马贞索隐；(唐)张守节正义；
(明)张守约重修
明(1368-1644)张守约刻本
1988年摄制. -- 4盘卷片(118米2599拍)：
1:10, 2B；35mm银盐
收藏馆：缩微中心，天津

00O019295

史记：一百三十卷 / (汉)司马迁撰；(南朝宋)裴
骃集解；(唐)司马贞索隐；(唐)张守节正义
明万历二十四年(1596)南京国子监刻本
1994年摄制. -- 4盘卷片(109米2146拍)：
1:10, 2B；35mm银盐
收藏馆：缩微中心，国图

00O011858

史记：一百三十卷 / (汉)司马迁撰
明万历二十四年(1596)南京国子监刻清
(1644-1911)递修本
1990年摄制. -- 4盘卷片(104米2262拍)：
1:10, 2B；35mm银盐
收藏馆：缩微中心，湖南

00O010150

史记：一百三十卷 / (汉)司马迁撰；(南朝宋)
裴骃集解；(唐)司马贞索隐；(唐)张守节正义；
(明)陈仁锡评
明末(1621-1644)程正揆刻本. -- (清)席子侃
批校。
1989年摄制. -- 4盘卷片(110米2416拍)：
1:10, 2B；35mm银盐
收藏馆：缩微中心，山东

00O009437

史记：一百三十卷 / (汉)司马迁撰
明末(1621-1644)程正揆刻本
1987年摄制. -- 4盘卷片(114.1米2516拍)：
1:9, 2B；35mm银盐
收藏馆：缩微中心，重庆

00O007697

史记：一百三十卷首一卷 / (汉)司马迁撰；(南
朝宋)裴骃集解；(唐)司马贞索隐
明正德十三年(1518)建阳刻本
1988年摄制. -- 4盘卷片(96米2127拍)：
1:10, 2B；35mm银盐
收藏馆：缩微中心，浙江

00O009625

孙月峰先生批评史记：一百三十卷 / (明)孙鑛撰
明崇祯九年(1636)刻本
1988年摄制. -- 4盘卷片(89米1891拍)：
1:10, 2B；35mm银盐
收藏馆：缩微中心，甘肃

00O021207

孙月峰先生批评史记：一百三十七卷褚先生附
余一卷 / (明)孙鑛评
明崇祯(1628-1644)冯元仲刻本
1995年摄制. -- 3盘卷片(86米1787拍)：
1:10, 2B；35mm银盐
收藏馆：缩微中心，国图

00O007612

史记：一百三十卷 / (汉)司马迁撰；(明)钟惺批
评
明天启五年(1625)大来堂刻本
1987年摄制. -- 3盘卷片(74米1718拍)：
1:10, 2B；35mm银盐
收藏馆：缩微中心，天津

00O010552

史记：二十二卷 / (汉)司马迁撰；(明)钟惺评
清康熙五十二年(1713)胡彬抄本
1989年摄制. -- 2盘卷片(55米1268拍)：
1:10, 2B；35mm银盐
收藏馆：缩微中心，南京

00O003369

史记：一百三十卷 / (汉)司马迁撰；(南朝宋)
裴骃集解；(唐)司马贞索隐；(唐)张守节正义；
(明)陈仁锡评
明崇祯(1628-1644)刻本. -- (清)骆士奎跋并
录(清)钱泰吉校跋又转录(明)归有光评点。
1986年摄制. -- 4盘卷片(108.2米2406拍)：
1:10, 2B；35mm银盐
收藏馆：缩微中心，国图

00O032084

史记：一百三十卷 / (汉)司马迁撰；(南朝宋)
裴骃集解；(唐)司马贞索隐；(唐)张守节正义；
(明)陈仁锡评
明崇祯(1628-1644)刻本. -- 十行二十字小字

双行同白口左右双边。(清)骆士奎跋并录(清)
钱泰吉校跋又转录(明)归有光评点。
2011年摄制. -- 5盘卷片(133米2437拍) :
1:12, 2B ; 35mm银盐
收藏馆：缩微中心，国图

00O020931
史记：一百三十卷 / (汉)司马迁撰；(南朝宋)
裴骃集解；(唐)司马贞索隐；(唐)张守节正义；
(明)陈仁锡评点
明崇祯(1628-1644)刻本. -- (清)董文焕题跋
并过录(明)归有光、(清)方苞评点。
1994年摄制. -- 4盘卷片(112.8米2441拍) :
1:10, 2B ; 35mm银盐
收藏馆：缩微中心，山西

00O018924
史记：一百三十卷 / (汉)司马迁撰；(南朝宋)裴
骃集解；(唐)司马贞索隐；(唐)张守节正义
明崇祯(1628-1644)刻本. -- (清)升允批校。
1993年摄制. -- 6盘卷片(136米3000拍) :
1:10, 2B ; 35mm银盐
收藏馆：缩微中心，山东

00O006176
史记：一百三十卷 / (汉)司马迁撰；(南朝宋)
裴骃集解；(唐)司马贞索隐；(唐)张守节正义；
(明)黄嘉惠辑评
明(1368-1644)黄嘉惠刻本
1987年摄制. -- 4盘卷片(108米2154拍) :
1:10, 2B ; 35mm银盐
收藏馆：缩微中心，四川

00O018175
史记：一百三十卷 / (汉)司马迁撰；(南朝宋)
裴骃集解；(唐)司马贞索隐；(唐)张守节正义；
(明)陈仁锡评
明(1368-1644)钟人杰刻本
1993年摄制. -- 3盘卷片(71米1470拍) :
1:10, 2B ; 35mm银盐
收藏馆：缩微中心，山东

00O001560
史记：一百三十卷 / (汉)司马迁撰
明(1368-1644)刻本
1986年摄制. -- 5盘卷片(123米2720拍) :
1:10, 2B ; 35mm银盐
收藏馆：缩微中心，吉林

00O026388
史记汇评：一百三十卷 / (汉)司马迁撰；(明)葛
鼎,(明)金蟠汇评
明崇祯十年(1637)刻本

1997年摄制. -- 4盘卷片(96米2046拍) :
1:10, 2B ; 35mm银盐
收藏馆：缩微中心，安庆

00O028696
史记评林：一百三十卷 / (汉)司马迁撰；(明)陈
子龙辑
明万历(1573-1620)致和堂刻本
1998年摄制. -- 3盘卷片(94米2071拍) :
1:10, 2B ; 35mm银盐
收藏馆：缩微中心，湖南

00O005663
史记题评：一百三十卷 / (明)杨慎,(明)李元阳辑
明嘉靖十六年(1537)胡有恒胡瑞敦刻本
1987年摄制. -- 4盘卷片(116米2520拍) :
1:10, 2B ; 35mm银盐
收藏馆：缩微中心，国图

00O010548
史记题评：一百三十卷 / (明)杨慎,(明)李元阳辑
明嘉靖十六年(1537)胡有恒胡瑞敦刻本
1989年摄制. -- 4盘卷片(114米2667拍) :
1:10, 2B ; 35mm银盐
收藏馆：缩微中心，南京

00O008830
史记评林：一百三十卷 / (明)凌稚隆辑评
明万历五年(1577)凌氏刻本
1988年摄制. -- 4盘卷片(124米2779拍) :
1:10, 2B ; 35mm银盐
收藏馆：缩微中心，天津

00O007338
史记评林：一百三十卷 / (明)凌稚隆辑
明万历二年至四年(1574-1576)凌稚隆刻本
. -- 卷七十四至卷一百四配另一本。(清)
管庭芬跋并录(清)钱泰吉校跋。
1987年摄制. -- 5盘卷片(125.5米2713拍) :
1:10, 2B ; 35mm银盐
收藏馆：缩微中心，国图

00O006175
史记评林：一百三十卷 / (明)凌稚隆辑
明万历二年至四年(1574-1576)自刻本. -- 佚
名批校。
1987年摄制. -- 5盘卷片(138米2744拍) :
1:10, 2B ; 35mm银盐
收藏馆：缩微中心，四川

00O005979
史记评林：一百三十卷 / (明)凌稚隆辑
明(1368-1644)刻本

1986年摄制. -- 3盘卷片(85.3米1924拍) : 1:10, 2B；35mm银盐
收藏馆：缩微中心，国图

000O008178
史记评林：一百三十卷 / (明)凌稚隆辑；(明)李光缙增补
明(1368-1644)熊氏种德堂刻本. -- 版框高二十四厘米宽十五厘米。
1988年摄制. -- 5盘卷片(134米2840拍) : 1:10, 2B；35mm银盐
收藏馆：缩微中心，广东

000O009475
史记评林：一百三十卷 / (明)凌稚隆辑；(明)李光缙增补
明(1368-1644)熊氏宏远堂刻本
1988年摄制. -- 5盘卷片(125.4米2745拍) : 1:11, 2B；35mm银盐
收藏馆：缩微中心，重庆

000O010129
史记评林：一百三十卷难字直音一卷 / (明)凌稚隆辑；(明)陈仁锡评
明崇祯(1628-1644)程正揆刻清(1644-1911)怀德堂重修本. -- (清)李文藻、(清)沈廷芳录(清)方苞、(清)沈淑园批校。
1989年摄制. -- 4盘卷片(119米2501拍) : 1:10, 2B；35mm银盐
收藏馆：缩微中心，山东

000O009563
史记评林：一百三十卷难字直音一卷 / (明)陈仁锡评
明崇祯(1628-1644)刻清(1644-1911)书业堂重修本. -- (清)王延年跋。
1988年摄制. -- 4盘卷片(116米2489拍) : 1:10, 2B；35mm银盐
收藏馆：缩微中心，山东

000O013697
史记考要：十卷 / (明)柯维骐撰
明嘉靖(1522-1566)刻本
1991年摄制. -- 1盘卷片(12米216拍) : 1:10, 2B；35mm银盐
收藏馆：缩微中心，国图

000O007145
史记钩玄：四卷 / (明)钱普撰
明万历六年(1578)刻本
1987年摄制. -- 1盘卷片(11.3米227拍) : 1:11, 2B；35mm银盐
收藏馆：缩微中心，重庆

000O024975
新锲郑孩如先生精选史记旁训便读：八卷 / (明)郑维岳辑
明万历二十七年(1599)杨氏同仁斋刻本
1996年摄制. -- 1盘卷片(21米432拍) : 1:10, 2B；35mm银盐
收藏馆：缩微中心，安徽

000O006472
史记考证：七卷 / (清)杭世骏撰
清(1644-1911)抄本
1987年摄制. -- 1盘卷片(9.3米182拍) : 1:10, 2B；35mm银盐
收藏馆：缩微中心，国图

000O025998
史记疑问：三卷 / (清)邵泰衢撰
清康熙四十一年(1702)刻本
1996年摄制. -- 1盘卷片(5.6米93拍) : 1:10, 2B；35mm银盐
收藏馆：缩微中心，福建

000O025057
史记志疑：三十六卷 / (清)梁玉绳撰
清乾隆(1736-1795)刻本. -- (清)李慈铭校并跋。
1996年摄制. -- 2盘卷片(59米1217拍) : 1:10, 2B；35mm银盐
收藏馆：缩微中心，国图

000O016445
史记志疑：三十六卷 / (清)梁玉绳撰
清乾隆(1736-1795)刻本
1992年摄制. -- 2盘卷片(58米1219拍) : 1:10, 2B；35mm银盐
收藏馆：缩微中心，国图

000O013702
史记拾遗：不分卷 / (清)林茂春撰
清(1644-1911)抄本
1991年摄制. -- 1盘卷片(23米454拍) : 1:10, 2B；35mm银盐
收藏馆：缩微中心，国图

000O018208
史记校：不分卷 / (清)王筠撰
清(1644-1911)稿本. -- (清)胡培翚、(清)孙葆田跋。
1993年摄制. -- 1盘卷片(5米75拍) : 1:10, 2B；35mm银盐
收藏馆：缩微中心，山东

000O022699
校刊史记集解索隐正义札记：五卷 / (清)张文虎撰
清(1644-1911)稿本
1994年摄制. -- 1盘卷片(16米303拍)：
1:10, 2B；35mm银盐
收藏馆：缩微中心，浙江

000O004565
古史：六十卷 / (宋)苏辙撰
宋(960-1279)刻元明(1271-1644)递修本
1987年摄制. -- 1盘卷片(31米651拍)：
1:10, 2B；35mm银盐
收藏馆：缩微中心，国图

000O007735
古史：六十卷 / (宋)苏辙撰
宋(960-1279)刻元明(1271-1644)递修本
1987年摄制. -- 1盘卷片(26米520拍)：
1:10, 2B；35mm银盐
收藏馆：缩微中心，湖南

000O016336
古史：六十卷 / (宋)苏辙撰
宋(960-1279)刻元明(1271-1644)递修本
1992年摄制. -- 1盘卷片(27米594拍)：
1:10, 2B；35mm银盐
收藏馆：缩微中心，国图

000O002908
古史：六十卷 / (宋)苏辙撰
宋(960-1279)刻元明(1271-1644)递修本. --
存五十三卷：卷一至卷八、卷十六至卷六十。
1986年摄制. -- 1盘卷片(27米591拍)：
1:10, 2B；35mm银盐
收藏馆：缩微中心，国图

000O006450
古史：六十卷 / (宋)苏辙撰
宋(960-1279)刻元明(1271-1644)递修本. --
存三十七卷：卷二十四至卷六十。曹元忠、毓
隆、缪荃孙跋。
1987年摄制. -- 1盘卷片(16米343拍)：
1:10, 2B；35mm银盐
收藏馆：缩微中心，国图

000O023046
古史：六十卷 / (宋)苏辙撰
明初(1368-1424)刻本. -- 存十六卷：卷八至
卷二十三。
1995年摄制. -- 1盘卷片(10米181拍)：
1:10, 2B；35mm银盐
收藏馆：缩微中心，国图

000O008004
古文：六十卷 / (宋)苏辙撰
明万历三十九年(1611)南京国子监刻本
1988年摄制. -- 2盘卷片(38米762拍)：
1:10, 2B；35mm银盐
收藏馆：缩微中心，山东

000O010554
古史：六十卷 / (宋)苏辙撰
明万历三十九年(1611)国子监刻本
1989年摄制. -- 2盘卷片(34米801拍)：
1:10, 2B；35mm银盐
收藏馆：缩微中心，南京

000O013555
重订古史全本：六十卷 / (宋)苏辙撰
明(1368-1644)刻本
1991年摄制. -- 2盘卷片(55米1097拍)：
1:10, 2B；35mm银盐
收藏馆：缩微中心，浙江

000O015271
春秋类编：三十二卷 / (明)秦沦撰
明(1368-1644)抄本
1992年摄制. -- 1盘卷片(27米544拍)：
1:10, 2B；35mm银盐
收藏馆：缩微中心，国图

000O021158
南史：八十卷 / (唐)李延寿撰
宋(960-1279)刻本. -- 卷十四有抄配。存一
卷：卷七十。
1992年摄制. -- 1盘卷片(5.2米88拍)：
1:10, 2B；35mm银盐
收藏馆：缩微中心，辽宁

000O021446
南史：八十卷 / (唐)李延寿撰
明初(1368-1424)刻本. -- 卷二十四至卷
二十五、卷五十五至卷六十四配元大德十年
(1306)刻本。
1995年摄制. -- 3盘卷片(78米1642拍)：
1:10, 2B；35mm银盐
收藏馆：缩微中心，国图

000O006172
南史：八十卷 / (唐)李延寿撰
元大德十年(1306)刻本. -- (清)冯舒批。
1987年摄制. -- 3盘卷片(87米1757拍)：
1:10, 2B；35mm银盐
收藏馆：缩微中心，四川

00O002900
南史：八十卷 / (唐)李延寿撰
元大德十年(1306)刻明嘉靖元年(1522)重修本
1986年摄制. -- 3盘卷片(77米1725拍)：
1:10, 2B ；35mm银盐
收藏馆：缩微中心，国图

00O012159
南史：八十卷 / (唐)李延寿撰
元大德(1297-1307)刻明嘉靖十年(1531)重修本
1989年摄制. -- 3盘卷片(76米1767拍)：
1:10, 2B ；35mm银盐
收藏馆：缩微中心，南京

00O011017
南史：八十卷 / (唐)李延寿撰
元大德十年(1306)信州路儒学刻明嘉靖十五年(1536)重修本. -- (清)丁丙跋.
1989年摄制. -- 3盘卷片(80米1840拍)：
1:10, 2B ；35mm银盐
收藏馆：缩微中心，南京

00O004591
南史：八十卷 / (唐)李延寿撰
元大德十年(1306)刻明(1368-1644)重修本
1987年摄制. -- 3盘卷片(80米1769拍)：
1:10, 2B ；35mm银盐
收藏馆：缩微中心，国图

00O011265
南史：八十卷 / (唐)李延寿撰
明万历十七年至十九年(1589-1591)南京国子监刻本. -- 存七十卷：卷一至卷三、卷七至卷六十九、卷七十三至卷七十六。
1988年摄制. -- 4盘卷片(93米1972拍)：
1:10, 2B ；35mm银盐
收藏馆：缩微中心，甘肃

00O005016
南史：八十卷 / (唐)李延寿撰
明崇祯十三年(1640)毛氏汲古阁刻本. -- (清)刘履芬跋并录(清)王鸣盛、(清)李清、(清)何焯等批校。
1986年摄制. -- 2盘卷片(58米1306拍)：
1:10, 2B ；35mm银盐
收藏馆：缩微中心，国图

00O025082
南史：八十卷 / (唐)李延寿撰
明崇祯十三年(1640)毛氏汲古阁刻本. -- (清)李慈铭校。
1996年摄制. -- 2盘卷片(61米1235拍)：

1:10, 2B ；35mm银盐
收藏馆：缩微中心，国图

00O011029
南史：八十卷 / (唐)李延寿撰
明崇祯十三年(1640)毛氏汲古阁刻十七史本
1989年摄制. -- 2盘卷片(57米1300拍)：
1:10, 2B ；35mm银盐
收藏馆：缩微中心，南京

00O012889
南史：八十卷 / (唐)李延寿撰
明崇祯十三年(1640)毛氏汲古阁刻十七史本
1991年摄制. -- 2盘卷片(57.7米1212拍)：
1:10, 2B ；35mm银盐
收藏馆：缩微中心，湖北

00O009572
南史：八十卷 / (唐)李延寿撰 ;(明)张溥评点
明(1368-1644)张溥刻宝书堂印本
1988年摄制. -- 4盘卷片(104米2232拍)：
1:10, 2B ；35mm银盐
收藏馆：缩微中心，山东

00O003647
北史：一百卷 / (唐)李延寿撰
元大德(1297-1307)信州路儒学刻明嘉靖(1522-1566)重修本
1985年摄制. -- 5盘卷片(129米2869拍)：
1:10, 2B ；35mm银盐
收藏馆：缩微中心，国图

00O011342
北史：一百卷 / (唐)李延寿撰
元大德(1297-1307)信州路儒学刻明嘉靖(1522-1566)重修本
1989年摄制. -- 4盘卷片(123.5米2798拍)：
1:10, 2B ；35mm银盐
收藏馆：缩微中心，辽宁

00O001549
北史：一百卷 / (唐)李延寿撰
元大德(1297-1307)信州路儒学刻明(1368-1644)重修本
1986年摄制. -- 5盘卷片(128米2863拍)：
1:10, 2B ；35mm银盐
收藏馆：缩微中心，吉林

00O008736
北史：一百卷 / (唐)李延寿撰
元大德(1297-1307)信州路儒学刻明嘉靖至清(1522-1911)重修本. -- 存九十四卷：卷三至卷二十二、卷二十七至卷一百。

1988年摄制. -- 5盘卷片(120.1米2618拍)：
1:10，2B；35mm银盐
收藏馆：缩微中心，重庆

00O006391
北史：一百卷 / (唐)李延寿撰
明初(1368-1424)刻本. -- 存三十六卷：卷一
至卷七、卷十至卷十二、卷十九、卷四十三至
卷五十三、卷五十五至卷六十卷、卷八十六至
卷八十七、卷九十二至卷九十四、卷九十八至
卷一百。
1987年摄制. -- 2盘卷片(55米1233拍)：
1:10，2B；35mm银盐
收藏馆：缩微中心，国图

00O021449
北史：一百卷 / (唐)李延寿撰
明初(1368-1424)刻本. -- 卷六十二至卷
七十七、卷八十六至卷九十三配元大德
(1297-1307)信州路儒学刻本.
1995年摄制. -- 4盘卷片(130米2686拍)：
1:10，2B；35mm银盐
收藏馆：缩微中心，国图

00O004593
北史：一百卷 / (唐)李延寿撰
明初(1368-1424)刻本. -- 缺页配元大德
(1297-1307)信州路儒学刻明(1368-1644)修
本。存二十一卷：卷一至卷二十一。
1986年摄制. -- 1盘卷片(30米670拍)：
1:10，2B；35mm银盐
收藏馆：缩微中心，国图

00O024414
北史：一百卷 / (唐)李延寿撰
明崇祯十二年(1639)毛氏汲古阁刻本. --
(清)李慈铭校。
1996年摄制. -- 3盘卷片(99米2022拍)：
1:10，2B；35mm银盐
收藏馆：缩微中心，国图

00O005017
北史：一百卷 / (唐)李延寿撰
明崇祯十二年(1639)毛氏汲古阁刻本. --
(清)刘履芬跋并录(清)王鸣盛批校。
1986年摄制. -- 4盘卷片(100.8米2097拍)：
1:10，2B；35mm银盐
收藏馆：缩微中心，国图

00O012888
北史：一百卷 / (唐)李延寿撰
明崇祯十二年(1639)毛氏汲古阁刻十七史本
1991年摄制. -- 3盘卷片(93.4米1961拍)：

1:10，2B；35mm银盐
收藏馆：缩微中心，湖北

00O011419
南北史记疑：四卷 / (清)王懋宏撰
清(1644-1911)抄本. -- (清)丁丙跋。
1989年摄制. -- 1盘卷片(9米175拍)：1:10,
2B；35mm银盐
收藏馆：缩微中心，南京

00O014028
南北朝侨置州郡考：八卷 / (清)胡孔福撰
清(1644-1911)抄本
1991年摄制. -- 1盘卷片(15米283拍)：
1:10，2B；35mm银盐
收藏馆：缩微中心，国图

00O015112
建康实录：二十卷 / (唐)许嵩撰
清(1644-1911)抄本
1992年摄制. -- 1盘卷片(30米554拍)：
1:10，2B；35mm银盐
收藏馆：缩微中心，国图

00O024113
建康实录：二十卷 / (唐)许嵩撰
清(1644-1911)抄本
1996年摄制. -- 1盘卷片(31.9米670拍)：
1:10，2B；35mm银盐
收藏馆：缩微中心，湖北

00O003951
建康实录：二十卷 / (唐)许嵩撰
清(1644-1911)抄本. -- (清)周星诒校注。
1985年摄制. -- 2盘卷片(38米789拍)：
1:10，2B；35mm银盐
收藏馆：缩微中心，国图

00O002817
旧五代史：一百五十卷目录二卷 / (宋)薛居正
[等]撰；(清)邵晋涵[等]辑
清(1644-1911)卢氏抱经楼抄本. -- 缪荃孙
校。
1986年摄制. -- 4盘卷片(100米2169拍)：
1:10，2B；35mm银盐
收藏馆：缩微中心，国图

00O015990
旧五代史：一百五十卷目录二卷 / (宋)薛居正
[等]撰；(清)邵晋涵[等]辑
清同治十二年(1873)崇文书局刻本. -- 章钰
校并跋。
1993年摄制. -- 3盘卷片(68米1357拍)：

1:10，2B；35mm银盐
收藏馆：缩微中心，国图

000O013762
旧五代史考异：五卷 / (清)邵晋涵撰
清(1644-1911)面水层轩抄本
1991年摄制． -- 1盘卷片（24米475拍）：
1:10，2B；35mm银盐
收藏馆：缩微中心，国图

000O011417
五代史记：七十四卷 / (宋)欧阳修撰；(宋)徐无党注
宋庆元(1195-1200)刻元明(1271-1644)递修本． -- (清)丁丙跋。
1989年摄制． -- 2盘卷片（44米1024拍）：
1:10，2B；35mm银盐
收藏馆：缩微中心，南京

000O022214
五代史记：七十四卷 / (宋)欧阳修撰；(宋)徐无党注
宋(960-1279)刻明(1368-1644)重修本． -- 存三十八卷：卷十至卷二十八、卷五十一至卷五十八、卷六十四至卷七十四。
1995年摄制． -- 1盘卷片（24米478拍）：
1:10，2B；35mm银盐
收藏馆：缩微中心，国图

000O003650
五代史记：七十四卷 / (宋)欧阳修撰；(宋)徐无党注
元(1271-1368)宗文书院刻明(1368-1644)重修本
1985年摄制． -- 2盘卷片（42米840拍）：
1:10，2B；35mm银盐
收藏馆：缩微中心，国图

000O009536
五代史记：七十四卷 / (宋)欧阳修撰；(宋)徐无党注
元(1271-1368)宗文书院刻明嘉靖(1522-1566)重修本
1988年摄制． -- 2盘卷片（38.5米825拍）：
1:10，2B；35mm银盐
收藏馆：缩微中心，重庆

000O008802
五代史记：七十四卷 / (宋)欧阳修撰；(宋)徐无党注
元(1271-1368)刻明嘉靖(1522-1566)递修本
1988年摄制． -- 2盘卷片（40米838拍）：
1:10，2B；35mm银盐

收藏馆：缩微中心，天津

000O023876
五代史记：七十四卷 / (宋)欧阳修撰；(宋)徐无党注
元大德(1297-1307)刻明嘉靖(1522-1566)重修本． -- (清)丁丙跋。
1995年摄制． -- 2盘卷片（43米882拍）：
1:10，2B；35mm银盐
收藏馆：缩微中心，南京

000O004357
五代史记：七十四卷 / (宋)欧阳修撰；(宋)徐无党注
明嘉靖(1522-1566)汪文盛[等]刻本
1986年摄制． -- 1盘卷片（30米673拍）：
1:10，2B；35mm银盐
收藏馆：缩微中心，国图

000O006821
五代史记：七十四卷 / (宋)欧阳修撰；(宋)徐无党注
明嘉靖(1522-1566)汪文盛[等]刻本
1987年摄制． -- 1盘卷片（30米685拍）：
1:10，2B；35mm银盐
收藏馆：缩微中心，国图

000O016342
五代史记：七十四卷 / (宋)欧阳修撰；(宋)徐无党注
明嘉靖(1522-1566)汪文盛[等]刻本
1992年摄制． -- 2盘卷片（35米646拍）：
1:10，2B；35mm银盐
收藏馆：缩微中心，国图

000O022210
五代史记：七十四卷 / (宋)欧阳修撰；(宋)徐无党注
明嘉靖(1522-1566)汪文盛[等]刻本
1995年摄制． -- 1盘卷片（14米261拍）：
1:10，2B；35mm银盐
收藏馆：缩微中心，国图

000O014432
五代史记：七十四卷 / (宋)欧阳修撰；(宋)徐无党注
明嘉靖(1522-1566)汪文盛[等]刻本． -- (清)周星诒跋。
1992年摄制． -- 1盘卷片（32米647拍）：
1:10，2B；35mm银盐
收藏馆：缩微中心，国图

00O005675
五代史记：七十四卷 / (宋)欧阳修撰；(宋)徐无党注
明万历四年(1576)胡秉性刻本. -- 陈金简跋并录殿本考证。
1987年摄制. -- 2盘卷片(42米910拍) : 1:10, 2B ; 35mm银盐
收藏馆：缩微中心, 国图

00O013256
五代史记：七十四卷 / (宋)欧阳修撰
明(1368-1644)欧阳徽柔重刻本. -- (清)何焯批注题识。
1991年摄制. -- 2盘卷片(41米854拍) : 1:10, 2B ; 35mm银盐
收藏馆：缩微中心, 湖北

00O003956
五代史记：七十四卷 / (宋)欧阳修撰；(宋)徐无党注
明(1368-1644)抄本
1985年摄制. -- 2盘卷片(37.3米710拍) : 1:10, 2B ; 35mm银盐
收藏馆：缩微中心, 国图

00O003890
五代史：七十四卷 / (宋)欧阳修撰；(宋)徐无党注
明崇祯三年(1630)毛氏汲古阁刻本. -- (清)刘履芬校并跋。
1985年摄制. -- 1盘卷片(28米612拍) : 1:10, 2B ; 35mm银盐
收藏馆：缩微中心, 国图

00O016141
五代史：七十四卷 / (宋)欧阳修撰；(宋)徐无党注
明崇祯三年(1630)毛氏汲古阁刻本. -- 章钰校跋并录(清)何焯批校题识又录(清)姚世钰题识。
1993年摄制. -- 1盘卷片(29米584拍) : 1:10, 2B ; 35mm银盐
收藏馆：缩微中心, 国图

00O013278
五代史：七十四卷 / (宋)欧阳修撰；(宋)徐无党注
明崇祯三年(1630)毛氏汲古阁刻十七史本
1991年摄制. -- 1盘卷片(28.5米612拍) : 1:10, 2B ; 35mm银盐
收藏馆：缩微中心, 湖北

00O032010
五代史：七十四卷 / (宋)欧阳修撰；(宋)徐无党注
清光绪二十九年(1903)同文书局石印二十四史本. -- 十行二十一字细黑口左右双边。傅增

湘校并跋。
2010年摄制. -- 2盘卷片(50米925拍) : 1:10, 2B ; 35mm银盐
收藏馆：缩微中心, 国图

00O007144
五代史：七十四卷 / (宋)欧阳修撰；(宋)徐无党注；(明)杨慎评
明(1368-1644)刻本
1987年摄制. -- 2盘卷片(45.4米985拍) : 1:10, 2B ; 35mm银盐
收藏馆：缩微中心, 重庆

00O021149
五代史纂误：二卷 / (宋)吴缜撰
清乾隆(1736-1795)抄本
1992年摄制. -- 1盘卷片(5米68拍) : 1:10, 2B ; 35mm银盐
收藏馆：缩微中心, 吉林

00O010974
五代史记纂误补：四卷 / (清)吴兰庭撰
清乾隆四十八年(1783)刻本
1989年摄制. -- 1盘卷片(5.5米92拍) : 1:10, 2B ; 35mm银盐
收藏馆：缩微中心, 湖北

00O011035
五代史志疑：四卷 / (清)杨陆荣撰
清康熙五十九年(1720)刻本
1989年摄制. -- 1盘卷片(6米123拍) : 1:10, 2B ; 35mm银盐
收藏馆：缩微中心, 南京

00O025174
南汉纪：五卷南汉地理志一卷金石志二卷 / (清)吴兰修撰
清道光十四年(1834)郑氏淳一堂刻本
1996年摄制. -- 1盘卷片(9米141拍) : 1:10, 2B ; 35mm银盐
收藏馆：缩微中心, 国图

00O027235
补五代史艺文志：一卷 / (清)顾櫰三撰
清(1644-1911)刻本
1997年摄制. -- 1盘卷片(3米24拍) : 1:10, 2B ; 35mm银盐
收藏馆：缩微中心, 国图

00O000006
尚史：七十卷 / (清)李锴撰
清乾隆三十八年(1773)悦道楼刻本
1986年摄制. -- 4盘卷片(107.2米2313拍) :

1:10, 2B ; 35mm银盐
收藏馆：缩微中心，山西

000O009736
弘简录：二百五十四卷 / (明)邵经邦撰
明嘉靖三十六年至四十年(1557-1561)刻本
1989年摄制. -- 9盘卷片(269米5788拍) ：
1:10, 2B ; 35mm银盐
收藏馆：缩微中心，山东

000O007104
弘简录：二百五十四卷 / (明)邵经邦撰；(清)邵远平校
清康熙二十七年(1688)刻本
1987年摄制. -- 9盘卷片(261米6210拍) ：
1:10, 2B ; 35mm银盐
收藏馆：缩微中心，天津

000O009635
函史：一百三卷 / (明)邓元锡撰
明(1368-1644)刻本
1988年摄制. -- 11盘卷片(302米6436拍) ：
1:10, 2B ; 35mm银盐
收藏馆：缩微中心，甘肃

000O006272
函史：一百三卷 / (明)邓元锡撰
明万历(1573-1620)刻本
1987年摄制. -- 10盘卷片(288米6469拍) ：
1:10, 2B ; 35mm银盐
收藏馆：缩微中心，吉林

000O015878
函史下编：二十一卷 / (明)邓元锡撰
明(1368-1644)念初堂活字印本
1993年摄制. -- 3盘卷片(89米1810拍) ：
1:10, 2B ; 35mm银盐
收藏馆：缩微中心，国图

000O000011
函史：一百三卷 / (明)邓元锡撰
明崇祯七年(1634)刻本
1986年摄制. -- 10盘卷片(296.3米6429拍) ：
1:10, 2B ; 35mm银盐
收藏馆：缩微中心，山西

000O012128
函史：一百三卷 / (明)邓元锡撰
清顺治(1644-1661)刻本
1988年摄制. -- 12盘卷片(308米6449拍) ：
1:10, 2B ; 35mm银盐
收藏馆：缩微中心，甘肃

000O009970
李氏藏书：六十八卷续藏书二十七卷 / (明)李贽撰
明万历(1573-1620)刻本
1988年摄制. -- 7盘卷片(182米3771拍) ：
1:10, 2B ; 35mm银盐
收藏馆：缩微中心，山东

000O008808
正藏书：六十八卷；续藏书：二十七卷 / (明)李贽撰
明万历(1573-1620)广陵汪修能校刻本
1988年摄制. -- 4盘卷片(99米2339拍) ：
1:10, 2B ; 35mm银盐
收藏馆：缩微中心，天津

000O008653
藏书：六十八卷 / (明)李贽撰；(明)沈汝辑；(明)金嘉谟重订
明万历(1573-1620)刻本
1987年摄制. -- 3盘卷片(89米1967拍) ：
1:10, 2B ; 35mm银盐
收藏馆：缩微中心，重庆

000O020114
续藏书：二十七卷 / (明)李贽撰
明万历(1573-1620)刻本
1994年摄制. -- 2盘卷片(63米1258拍) ：
1:10, 2B ; 35mm银盐
收藏馆：缩微中心，国图

000O017519
续藏书：二十七卷 / (明)李载贽撰
明天启(1621-1627)刻本
1993年摄制. -- 2盘卷片(43米877拍) ：
1:10, 2B ; 35mm银盐
收藏馆：缩微中心，国图

000O007588
藏书：二十七卷 / (明)李贽撰
明(1368-1644)刻本
1987年摄制. -- 5盘卷片(134米3008拍) ：
1:10, 2B ; 35mm银盐
收藏馆：缩微中心，吉林

000O006888
续藏书：二十七卷 / (明)李载贽撰；(明)柴应槐,(明)钱万国重订
明万历(1573-1620)刻本
1987年摄制. -- 2盘卷片(42.4米917拍) ：
1:9, 2B ; 35mm银盐
收藏馆：缩微中心，重庆

000○021278
续藏书：二十七卷 / (明)李贽撰 ；(明)柴应槐,(明)钱万国重订
明末(1621-1644)刻本
1995年摄制. -- 2盘卷片(43米869拍) ：1:10，2B ；35mm银盐
收藏馆：缩微中心，国图

000○018159
历代史书大全：□□卷
明(1368-1644)活字印本
1993年摄制. -- 3盘卷片(85米1797拍) ：1:10，2B ；35mm银盐
收藏馆：缩微中心，山东

000○019809
前汉书：一百卷 / (汉)班固撰
明(1368-1644)吴勉学刻本
1994年摄制. -- 3盘卷片(92米1939拍) ：1:10，2B ；35mm银盐
收藏馆：缩微中心，国图

000○009524
汉书：一百二十卷 / (汉)班固撰
宋(960-1279)刻元明(1271-1644)递修本. --存三十卷：卷一至卷三十。
1988年摄制. -- 2盘卷片(45.4米985拍) ：1:9，2B ；35mm银盐
收藏馆：缩微中心，重庆

000○022201
汉书：一百卷 / (汉)班固撰；(唐)颜师古注
宋(960-1279)刻宋元明(960-1644)递修本. --存二十二卷：卷二十一至卷二十七、卷四十三至卷五十、卷八十八至卷九十四。
1995年摄制. -- 1盘卷片(29米596拍) ：1:10，2B ；35mm银盐
收藏馆：缩微中心，国图

000○022203
汉书：一百卷 / (汉)班固撰；(唐)颜师古注
宋(960-1279)刻宋元明(960-1644)递修本. -- 存十九卷：卷一至卷五、卷二十五至卷二十七、卷八十七至卷九十二、卷九十五至卷九十七、卷九十九至卷一百。
1995年摄制. -- 2盘卷片(36米721拍) ：1:10，2B ；35mm银盐
收藏馆：缩微中心，国图

000○025646
汉书：一百卷 / (汉)班固撰；(唐)颜师古注
宋(960-1279)刻元明(1271-1644)递修本. --(清)丁丙跋。

1989年摄制. -- 5盘卷片(150米2888拍) ：1:10，2B ；35mm银盐
收藏馆：缩微中心，南京

000○022207
汉书：一百卷 / (汉)班固撰；(唐)颜师古注
宋(960-1279)刻元明(1271-1644)递修本. --存三十四卷：卷二十四至卷二十六、卷三十一至卷四十八、卷六十四至卷六十八、卷八十二至卷八十七上、卷九十九至卷一百。
1995年摄制. -- 2盘卷片(40米803拍) ：1:10，2B ；35mm银盐
收藏馆：缩微中心，国图

000○008821
汉书：一百卷 / (汉)班固撰；(唐)颜师古注
宋(960-1279)刻元至明天顺五年(1271-1461)冯让补刻本
1988年摄制. -- 4盘卷片(125米2835拍) ：1:10，2B ；35mm银盐
收藏馆：缩微中心，天津

000○009377
汉书：一百卷 / (汉)班固撰；(唐)颜师古注
宋(960-1279)刻本. -- 存十四卷：卷四十七、卷六十四至卷六十五、卷六十七至卷七十、卷八十三至卷八十六、卷八十九、卷九十二、卷九十七下。
1988年摄制. -- 1盘卷片(24米466拍) ：1:10，2B ；35mm银盐
收藏馆：缩微中心，南京

000○020005
汉书：一百卷 / (汉)班固撰；(唐)颜师古注
清初(1644-1722)影宋抄本. -- 存二十卷：卷一至卷十二、卷二十一至卷二十八。
1994年摄制. -- 1盘卷片(29米576拍) ：1:10，2B ；35mm银盐
收藏馆：缩微中心，国图

000○021068
汉书：一百卷 / (汉)班固撰；(唐)颜师古注
明正统八年(1443)刻本
1994年摄制. -- 4盘卷片(127米2590拍) ：1:10，2B ；35mm银盐
收藏馆：缩微中心，国图

000○022209
汉书：一百卷 / (汉)班固撰；(唐)颜师古注
明正统八年(1443)刻本. -- 存四十二卷：卷一至卷五、卷三十七至卷四十三、卷五十至卷五十五、卷七十二至卷八十四、卷九十至卷一百。

1995年摄制. -- 2盘卷片(52米1061拍)：
1:10, 2B；35mm银盐
收藏馆：缩微中心，国图

00O007067
汉书：一百卷 / (汉)班固撰；(唐)颜师古注
明(1368-1644)刻嘉靖(1522-1566)崇正书院重修本. -- 卷二十至卷二十二卷次号错。
1987年摄制. -- 5盘卷片(138米3107拍)：
1:10, 2B；35mm银盐
收藏馆：缩微中心，天津

00O015604
汉书：一百卷 / (汉)班固撰；(唐)颜师古注
明(1368-1644)刻嘉靖十六年(1537)崇正书院重修本
1993年摄制. -- 5盘卷片(136米2774拍)：
1:10, 2B；35mm银盐
收藏馆：缩微中心，国图

00O010543
汉书：一百卷 / (汉)班固撰；(唐)颜师古注
明(1368-1644)刻嘉靖十六年(1537)崇正书院重修本
1989年摄制. -- 5盘卷片(155米3020拍)：
1:10, 2B；35mm银盐
收藏馆：缩微中心，南京

00O021742
汉书：一百卷 / (汉)班固撰；(唐)颜师古注
明初(1368-1424)刻嘉靖十六年(1537)崇正书院重修本
1995年摄制. -- 4盘卷片(130米2719拍)：
1:10, 2B；35mm银盐
收藏馆：缩微中心，国图

00O020107
汉书：一百卷 / (汉)班固撰；(唐)颜师古注
明(1368-1644)刻本. -- 存一卷：卷二十六天文志。
1994年摄制. -- 1盘卷片(3米18拍)：1:10,
2B；35mm银盐
收藏馆：缩微中心，国图

00O005661
汉书：一百卷 / (汉)班固撰；(唐)颜师古注
明嘉靖(1522-1566)汪文盛[等]刻本
1987年摄制. -- 4盘卷片(105米2239拍)：
1:10, 2B；35mm银盐
收藏馆：缩微中心，国图

00O021061
汉书：一百卷 / (汉)班固撰；(唐)颜师古注

明嘉靖(1522-1566)汪文盛[等]刻本
1994年摄制. -- 4盘卷片(105米2072拍)：
1:10, 2B；35mm银盐
收藏馆：缩微中心，国图

00O003948
汉书：一百二十卷 / (汉)班固撰；(唐)颜师古注
明崇祯十五年(1642)毛氏汲古阁刻本. -- (清)翁同龢录(清)何焯、(清)张惠言批注。
1985年摄制. -- 4盘卷片(98米2106拍)：
1:10, 2B；35mm银盐
收藏馆：缩微中心，国图

00O007954
汉书：一百卷 / (汉)班固撰；(唐)颜师古注
明崇祯十五年(1642)毛氏汲古阁刻本. -- (明)姚鼐批校圈点。
1988年摄制. -- 4盘卷片(108米2299拍)：
1:10, 2B；35mm银盐
收藏馆：缩微中心，湖南

00O000252
汉书：一百卷 / (汉)班固撰；(唐)颜师古注
明崇祯十五年(1642)毛氏汲古阁刻本. -- (清)杜文澜跋并倩人录(清)钱泰吉校跋。
1985年摄制. -- 4盘卷片(95.4米2120拍)：
1:10, 2B；35mm银盐
收藏馆：缩微中心，国图

00O025060
汉书：一百卷 / (汉)班固撰；(唐)颜师古注
明崇祯十五年(1642)毛氏汲古阁刻本. -- (清)李慈铭批校并跋。
1996年摄制. -- 3盘卷片(97米1985拍)：
1:10, 2B；35mm银盐
收藏馆：缩微中心，国图

00O012787
汉书：一百卷 / (汉)班固撰；(唐)颜师古注
明崇祯十五年(1642)毛氏汲古阁刻本. -- 存九十三卷：卷一至卷三十、卷三十八至卷一百。
1990年摄制. -- 3盘卷片(76米1519拍)：
1:10, 2B；35mm银盐
收藏馆：缩微中心，南京

00O004864
汉书：一百卷 / (唐)颜师古注
明崇祯十五年(1642)毛氏汲古阁刻本. -- (清)张绍仁校并跋。
1986年摄制. -- 4盘卷片(106米2121拍)：
1:10, 2B；35mm银盐
收藏馆：缩微中心，国图

000O013252
汉书：一百卷 / (唐)颜师古注
明崇祯十五年(1642)毛氏汲古阁刻十七史本. --
(清)顾广圻临校。
1991年摄制. -- 4盘卷片(99米2020拍) :
1:10，2B ；35mm银盐
收藏馆：缩微中心，湖北

000O010553
汉书：一百卷 / (汉)班固撰；(唐)颜师古注
清同治八年(1869)金陵书局刻本. -- 存
八十八卷：卷一至卷三十二、卷四十五至卷
一百。
1989年摄制. -- 3盘卷片(83米1979拍) :
1:10，2B ；35mm银盐
收藏馆：缩微中心，南京

000O010267
汉书：一百卷 / (汉)班固撰；(唐)颜师古注
清同治八年(1869)金陵书局刻本. -- 仿汲古
阁本刻。(清)王秉恩录(清)钱泰吉批校。
1989年摄制. -- 4盘卷片(100.5米2179拍) :
1:10，2B ；35mm银盐
收藏馆：缩微中心，湖北

000O008357
**前汉书：一百卷 / (汉)班固撰；(唐)颜师古注；
(明)陈仁锡评**
明崇祯(1628-1644)刻本
1988年摄制. -- 5盘卷片(136米3061拍) :
1:10，2B ；35mm银盐
收藏馆：缩微中心，浙江

000O007098
前汉书：一百卷 / (汉)班固撰；(唐)颜师古注
清乾隆四年(1739)武英殿刻本
1987年摄制. -- 6盘卷片(153米3625拍) :
1:10，2B ；35mm银盐
收藏馆：缩微中心，天津

000O011023
孙月峰先生批评汉书：一百卷 / (明)孙鑛撰
明(1368-1644)天益山刻本
1989年摄制. -- 4盘卷片(108米2386拍) :
1:10，2B ；35mm银盐
收藏馆：缩微中心，南京

000O021052
**钟伯敬先生批评汉书：七十卷 / (汉)班固撰；
(明)钟惺评**
明崇祯(1628-1644)刻本
1994年摄制. -- 4盘卷片(120米2453拍) :
1:10，2B ；35mm银盐

收藏馆：缩微中心，国图

000O008702
**钟伯敬先生批评汉书：一百卷 / (汉)班固撰；
(明)钟惺评**
明崇祯(1628-1644)刻本
1987年摄制. -- 4盘卷片(118.7米2625拍) :
1:10，2B ；35mm银盐
收藏馆：缩微中心，重庆

000O010130
**钟伯敬先生批评汉书：一百卷 / (汉)班固撰；
(明)钟惺评**
明崇祯(1628-1644)刻本. -- (清)张恩荃批校
并跋。
1989年摄制. -- 4盘卷片(148米2582拍) :
1:10，2B ；35mm银盐
收藏馆：缩微中心，山东

000O007614
**鹿门先生批点汉书：九十三卷 / (明)茅坤辑；
(明)陶国柱,(明)茅琛微订**
明崇祯八年(1635)刻本
1987年摄制. -- 4盘卷片(99米2314拍) :
1:10，2B ；35mm银盐
收藏馆：缩微中心，天津

000O008295
汉书：一百卷 / (汉)班固撰；(明)葛锡璠汇评
明崇祯十二年(1639)葛鼎刻本
1988年摄制. -- 4盘卷片(112米2375拍) :
1:10，2B ；35mm银盐
收藏馆：缩微中心，山东

000O011795
**汉书：一百卷 / (汉)班固撰；(唐)颜师古注；(明)
钟人杰辑评**
明万历四十七年(1619)钟人杰刻本
1989年摄制. -- 6盘卷片(133米3105拍) :
1:10，2B ；35mm银盐
收藏馆：缩微中心，南京

000O014939
汉书注：一百卷 / (唐)颜师古撰
朝鲜活字印本. -- 存二卷：卷六十一至卷
六十二。
1992年摄制. -- 1盘卷片(4米45拍) : 1:10,
2B ；35mm银盐
收藏馆：缩微中心，国图

000O005671
汉书评林：一百卷 / (明)凌稚隆辑
明万历九年(1581)凌稚隆刻本

1987年摄制. -- 5盘卷片(139米3110拍)：
1:10, 2B ; 35mm银盐
收藏馆：缩微中心，国图

00O006816
汉书评林：一百卷 / (明)凌稚隆辑
明万历九年(1581)凌稚隆刻本
1987年摄制. -- 5盘卷片(135.6米2995拍)：
1:10, 2B ; 35mm银盐
收藏馆：缩微中心，国图

00O022492
汉书评林：一百卷 / (明)凌稚隆辑
明万历十一年(1583)刻本. -- (清)钱陆灿
批。
1995年摄制. -- 5盘卷片(148.8米2976拍)：
1:10, 2B ; 35mm银盐
收藏馆：缩微中心，湖北

00O007105
汉书评林：一百卷 / (明)凌稚隆辑
明万历十一年(1583)凌氏刻本
1987年摄制. -- 5盘卷片(129米3048拍)：
1:10, 2B ; 35mm银盐
收藏馆：缩微中心，天津

00O022698
汉书评林：一百卷 / (明)凌稚隆辑
明(1368-1644)书林余彰德刻本
1994年摄制. -- 5盘卷片(140米2911拍)：
1:10, 2B ; 35mm银盐
收藏馆：缩微中心，浙江

00O021526
新锲郑孩如先生精选两汉旁训便读：六卷 / (明)
郑维岳撰
明万历二十八年(1600)杨氏同仁斋刻本
1995年摄制. -- 1盘卷片(18米347拍)：
1:10, 2B ; 35mm银盐
收藏馆：缩微中心，国图

00O013571
新锲郑孩如先生精选先秦两汉旁训便读：六卷 /
(明)郑维岳辑
明(1368-1644)杨九经刻本
1991年摄制. -- 1盘卷片(18米357拍)：
1:10, 2B ; 35mm银盐
收藏馆：缩微中心，浙江

00O008182
汉书高祖功臣表位次：不分卷 / (清)汪士铎撰
清(1644-1911)抄本. -- 版框高二十六厘米宽
十四厘米。

1988年摄制. -- 1盘卷片(5米45拍)：1:10,
2B ; 35mm银盐
收藏馆：缩微中心，广东

00O013944
汉书地理志稽疑：六卷 / (清)全祖望撰
清嘉庆九年(1804)朱文翰得谖草堂刻本
1991年摄制. -- 1盘卷片(9米150拍)：1:10,
2B ; 35mm银盐
收藏馆：缩微中心，国图

00O025061
新斠注地理志：十六卷 / (清)钱坫撰
清嘉庆二年(1797)岑阳官舍刻本. -- (清)徐
松校注。
1996年摄制. -- 1盘卷片(27米556拍)：
1:10, 2B ; 35mm银盐
收藏馆：缩微中心，国图

00O010299
新校注地理志：十六卷 / (清)钱坫撰；(清)徐松
集释
清同治十三年(1874)刻本. -- 杨守敬批校。
1989年摄制. -- 1盘卷片(30米590拍)：
1:10, 2B ; 35mm银盐
收藏馆：缩微中心，湖北

00O014033
汉书地理志补注：一百三卷 / (清)吴卓信撰
清道光二十八年(1848)包慎言刻本
1991年摄制. -- 3盘卷片(79米1658拍)：
1:10, 2B ; 35mm银盐
收藏馆：缩微中心，国图

00O011796
汉书地理志补注：一百三卷 / (清)吴卓信撰
清(1644-1911)经鉏堂抄本
1989年摄制. -- 4盘卷片(118米2357拍)：
1:10, 2B ; 35mm银盐
收藏馆：缩微中心，南京

00O010547
汉书地理志补注：一百三卷 / (清)吴卓信撰
清(1644-1911)抄本
1989年摄制. -- 4盘卷片(102米2392拍)：
1:10, 2B ; 35mm银盐
收藏馆：缩微中心，南京

00O011022
汉书地理志校注：二卷 / (清)王绍兰撰
清(1644-1911)陈氏遗经楼抄本
1989年摄制. -- 1盘卷片(8米161拍)：1:10,
2B ; 35mm银盐

收藏馆：缩微中心，南京

00O010328
汉书地理志校本：二卷 / (清)汪远孙撰
清道光二十八年(1848)汪氏振绮堂刻本. --
(清)陈倬批注。
1989年摄制. -- 1盘卷片(6.5米117拍) :
1:10, 2B ; 35mm银盐
收藏馆：缩微中心，湖北

00O010899
汉书地理志校本：二卷 / (清)汪远孙撰
清道光二十八年(1848)汪氏振绮堂刻本. --
杨守敬批校。
1989年摄制. -- 1盘卷片(6.5米115拍) :
1:10, 2B ; 35mm银盐
收藏馆：缩微中心，湖北

00O003123
补汉兵志：一卷 / (宋)钱文子撰
明(1368-1644)抄本
1986年摄制. -- 1盘卷片(5米66拍) : 1:10,
2B ; 35mm银盐
收藏馆：缩微中心，国图

00O027536
补汉兵志：一卷 / (宋)钱文子撰
清乾隆三十四年(1769)殷阳书院刻本
1997年摄制. -- 1盘卷片(5米68拍) : 1:10,
2B ; 35mm银盐
收藏馆：缩微中心，国图

00O014351
补汉兵志：一卷 / (宋)钱文子撰
清(1644-1911)张位抄本
1992年摄制. -- 1盘卷片(5米53拍) : 1:10,
2B ; 35mm银盐
收藏馆：缩微中心，国图

00O010783
补汉兵志：不分卷 / (宋)钱文子撰
清(1644-1911)抄本
1989年摄制. -- 1盘卷片(5米66拍) : 1:10,
2B ; 35mm银盐
收藏馆：缩微中心，天津

00O007607
汉书正误：四卷 / (清)王峻撰；(清)钱大昕校定
清(1644-1911)怀息草堂刻本
1987年摄制. -- 1盘卷片(9米201拍) : 1:10,
2B ; 35mm银盐
收藏馆：缩微中心，天津

00O011031
汉书疏证：三十六卷 / (清)沈钦韩撰
清光绪(1875-1908)陈倬抄本
1989年摄制. -- 3盘卷片(80米1874拍) :
1:10, 2B ; 35mm银盐
收藏馆：缩微中心，南京

00O028922
汉书疏证：四十卷 / (清)沈钦韩撰
清(1644-1911)抄本. -- (清)江文炜题识批
校。
1998年摄制. -- 3盘卷片(84米1797拍) :
1:10, 2B ; 35mm银盐
收藏馆：缩微中心，湖南

00O022506
汉书疏证：四十卷 / (清)沈钦韩撰
清道光二十七年(1847)刘传莹抄本. -- 存
十二卷：卷一至卷八、卷二十七至卷二十八、
卷三十二至卷三十三。(清)刘传莹、(清)何子
贞跋。
1995年摄制. -- 2盘卷片(40.9米818拍) :
1:10, 2B ; 35mm银盐
收藏馆：缩微中心，湖北

00O026332
汉书注校补：五十六卷 / (清)周寿昌撰
清(1644-1911)稿本. -- 存二十一卷：本纪卷
一至卷十二、志卷一至卷七、地理志卷上至卷
下。
1996年摄制. -- 1盘卷片(28.7米600拍) :
1:10, 2B ; 35mm银盐
收藏馆：缩微中心，湖北

00O026419
汉书二十三家注钞：不分卷 / 杨守敬辑
清(1644-1911)稿本. -- 存十二册：卷一至卷
四、卷七至卷十四。
1997年摄制. -- 2盘卷片(50米1141拍) :
1:10, 2B ; 35mm银盐
收藏馆：缩微中心，湖北

00O012961
**班马异同：三十五卷 / (宋)倪思撰；(宋)刘辰翁
评**
明嘉靖十六年(1537)李元阳刻本
1991年摄制. -- 1盘卷片(26米532拍) :
1:10, 2B ; 35mm银盐
收藏馆：缩微中心，国图

00O006897
**班马异同：三十五卷 / (宋)倪思撰；(宋)刘辰翁
评**

明(1368-1644)刻本
1987年摄制. -- 1盘卷片(25.3米554拍)：
1:9，2B ；35mm银盐
收藏馆：缩微中心，重庆

000O027349
史汉拾遗：十六卷 / (清)林茂春撰
清光绪十九年(1893)抄本. -- 存十六卷：卷
一至卷十三下、卷十四下至卷十六下。(清)谢
章铤题识。
1996年摄制. -- 3盘卷片(74.8米1564拍)：
1:10，2B ；35mm银盐
收藏馆：缩微中心，福建

000O002245
东观汉记：二十四卷
清(1644-1911)抄本. -- 据武英殿聚珍版丛书
抄录。
1986年摄制. -- 1盘卷片(15米315拍)：
1:10，2B ；35mm银盐
收藏馆：缩微中心，国图

000O025069
东观汉记：二十四卷
清(1644-1911)桐华馆刻本. -- (清)李慈铭
跋。
1996年摄制. -- 1盘卷片(11米202拍)：
1:10，2B ；35mm银盐
收藏馆：缩微中心，国图

000O015736
东观汉记：二十四卷
清(1644-1911)桐华馆刻本
1993年摄制. -- 1盘卷片(11米201拍)：
1:10，2B ；35mm银盐
收藏馆：缩微中心，国图

000O024436
后汉书补逸：二十一卷 / (清)姚之骃辑
清(1644-1911)柏筠书屋刻本
1996年摄制. -- 1盘卷片(25米493拍)：
1:10，2B ；35mm银盐
收藏馆：缩微中心，国图

000O008364
后汉书补逸：二十一卷 / (清)姚之骃辑
清末(1851-1911)徐友兰抄本. -- 蔡元培校。
1988年摄制. -- 1盘卷片(23米518拍)：
1:10，2B ；35mm银盐
收藏馆：缩微中心，国图

000O011043
谢氏后汉书补逸：五卷 / (清)姚之骃辑；(清)孙

志祖增订
清(1644-1911)抄本. -- (清)丁丙跋。
1989年摄制. -- 1盘卷片(6米128拍)：1:10，
2B ；35mm银盐
收藏馆：缩微中心，南京

000O010658
**前汉书：一百卷 / (汉)班固撰 . 后汉书：九十卷 /
(南朝宋)范晔撰 . 后汉书志：三十卷 / (梁)刘昭
补注**
明正统(1436-1449)刻本
1989年摄制. -- 9盘卷片(240米4183拍)：
1:10，2B ；35mm银盐
收藏馆：缩微中心，吉林

000O001541
后汉书：九十卷 / (南朝宋)范晔撰；(唐)李贤注
明嘉靖(1522-1566)刻本
1986年摄制. -- 4盘卷片(110米2478拍)：
1:10，2B ；35mm银盐
收藏馆：缩微中心，吉林

000O001542
后汉书：九十卷 / (南朝宋)范晔撰；(唐)李贤注
明嘉靖(1522-1566)刻本
1986年摄制. -- 4盘卷片(117米2629拍)：
1:10，2B ；35mm银盐
收藏馆：缩微中心，吉林

000O020711
后汉书：九十卷 / (南朝宋)范晔撰；(唐)李贤注
明嘉靖(1522-1566)汪文盛[等]刻本. -- 存二
卷：卷四十一至卷四十二。
1994年摄制. -- 1盘卷片(4米36拍)：1:10，
2B ；35mm银盐
收藏馆：缩微中心，国图

000O019495
**后汉书：九十卷 / (南朝宋)范晔撰；(唐)李贤注 .
[后汉书]志：三十卷 / (晋)司马彪撰；(梁)刘昭注**
明(1368-1644)吴勉学刻本
1994年摄制. -- 4盘卷片(99米1999拍)：
1:10，2B ；35mm银盐
收藏馆：缩微中心，国图

000O021427
**后汉书：九十卷 / (南朝宋)范晔撰；(唐)李贤注 .
后汉书志：三十卷 / (晋)司马彪撰；(梁)刘昭注**
宋(960-1279)绍兴江南东路转运司刻宋元
(960-1368)递修本. -- 存六十三卷：后汉书
卷一至卷三、卷十七至卷十八、卷二十六至卷
二十九、卷三十五至卷四十、卷四十九至卷
五十一、卷五十五至卷六十一、卷六十八至卷

七十四上、卷七十七至卷八十五、卷八十八至卷九十，后汉书志卷六至卷九、卷十三至卷十五、卷十九至卷三十。
1995年摄制. -- 3盘卷片(79米1633拍) : 1:10，2B ; 35mm银盐
收藏馆：缩微中心，国图

000021914
后汉书：九十卷 / (南朝宋)范晔撰；(唐)李贤注 . 后汉书志：三十卷 / (晋)司马彪撰；(梁)刘昭注
宋绍兴(1131-1162)江南东路转运司刻宋元(960-1368)递刻本. -- 存四十四卷：后汉书卷十四至卷十六、卷二十五至卷二十九、卷三十二至卷三十四、卷四十三至卷五十四、卷六十三至卷六十五、卷七十四至卷七十九，后汉书志卷十一至卷二十二。
1995年摄制. -- 2盘卷片(53米1070拍) : 1:10，2B ; 35mm银盐
收藏馆：缩微中心，国图

000021444
后汉书：九十卷 / (南朝宋)范晔撰；(唐)李贤注 . 后汉书志：三十卷 / (晋)司马彪撰；(梁)刘昭注
宋(960-1279)刻元明(1271-1644)递修本. -- 存十七卷：后汉书卷三十至卷三十四、卷四十二至卷四十五，后汉书志卷一至卷八。
1995年摄制. -- 1盘卷片(16米301拍) : 1:10，2B ; 35mm银盐
收藏馆：缩微中心，国图

000020007
后汉书注：九十卷 / (南朝宋)范晔撰；(唐)李贤注 . 后汉书志：三十卷 / (晋)司马彪撰；(梁)刘昭注
清初(1644-1722)影宋抄本. -- (清)朱锡庚、(清)翁同书、李盛铎跋。
1994年摄制. -- 1盘卷片(31米628拍) : 1:10，2B ; 35mm银盐
收藏馆：缩微中心，国图

000001548
后汉书：九十卷 / (南朝宋)范晔撰；(唐)李贤注 . 后汉书志：三十卷 / (晋)司马彪撰；(梁)刘昭注
元大德九年(1305)刻明嘉靖(1522-1566)递修本
1986年摄制. -- 4盘卷片(111米2480拍) : 1:10，2B ; 35mm银盐
收藏馆：缩微中心，吉林

000021430
后汉书：九十卷 / (南朝宋)范晔撰；(唐)李贤注 . [后汉书]志：三十卷 / (晋)司马彪撰；(梁)刘昭注
明正统八年至十一年(1443-1446)刻本. -- 存三十一卷：卷一至卷二、卷十一至卷十五、卷二十一至卷二十六、卷三十一至卷四十三、卷五十九至卷六十三。
1995年摄制. -- 2盘卷片(42米849拍) : 1:10，2B ; 35mm银盐
收藏馆：缩微中心，国图

000021434
后汉书：九十卷 / (南朝宋)范晔撰；(唐)李贤注 . [后汉书]志：三十卷 / (晋)司马彪撰；(梁)刘昭注
明正统八年至十一年(1443-1446)刻本. -- 存十卷：卷一至卷二、卷八至卷十、卷五十九至卷六十三。
1995年摄制. -- 1盘卷片(28米570拍) : 1:10，2B ; 35mm银盐
收藏馆：缩微中心，国图

000010551
后汉书：九十卷 / (南朝宋)范晔撰；(唐)李贤注 . 续汉志：三十卷 / (晋)司马彪撰；(梁)刘昭注
明正统八年至十一年(1443-1446)刻本
1989年摄制. -- 4盘卷片(110米2200拍) : 1:10，2B ; 35mm银盐
收藏馆：缩微中心，南京

000022211
后汉书注：九十卷 / (南朝宋)范晔撰；(唐)李贤注 . 志注补：三十卷 / (晋)司马彪撰；(梁)刘昭注
明正统八年(1443)刻正统十年至十一年(1445-1446)重修本
1995年摄制. -- 2盘卷片(43米872拍) : 1:10，2B ; 35mm银盐
收藏馆：缩微中心，国图

000022213
后汉书注：九十卷 / (南朝宋)范晔撰；(唐)李贤注 . 志注补：三十卷 / (晋)司马彪撰；(梁)刘昭注
明正统八年(1443)刻正统十年至十一年(1445-1446)重修本
1995年摄制. -- 4盘卷片(107米2190拍) : 1:10，2B ; 35mm银盐
收藏馆：缩微中心，国图

000015606
后汉书：九十卷 / (南朝宋)范晔撰；(唐)李贤注 . [后汉书]志：三十卷 / (晋)司马彪撰；(梁)刘昭注
明(1368-1644)刻嘉靖十六年(1537)崇正书院重修本
1992年摄制. -- 4盘卷片(112米2263拍) : 1:10，2B ; 35mm银盐
收藏馆：缩微中心，国图

000O006819
后汉书注：九十卷 / (南朝宋)范晔撰；(唐)李贤
注．后汉书志：三十卷 / (晋)司马彪撰；(梁)刘
昭注
明(1368-1644)刻嘉靖十六年(1537)广东崇正
书院重修本
1987年摄制．-- 4盘卷片(108米2392拍)：
1:10，2B ；35mm银盐
收藏馆：缩微中心，国图

000O021064
后汉书：九十卷 / (南朝宋)范晔撰；(唐)李贤注．
[后汉书]志：三十卷 / (晋)司马彪撰；(梁)刘昭注
明嘉靖(1522-1566)汪文盛[等]刻本
1994年摄制．-- 3盘卷片(94米1771拍)：
1:10，2B ；35mm银盐
收藏馆：缩微中心，国图

000O011046
后汉书：九十卷 / (南朝宋)范晔撰；(唐)李贤注．
续汉志：三十卷 / (晋)司马彪撰；(梁)刘昭注
明嘉靖(1522-1566)汪文盛刻本．-- (清)丁丙
跋。
1989年摄制．-- 3盘卷片(86米1852拍)：
1:10，2B ；35mm银盐
收藏馆：缩微中心，南京

000O005789
后汉书：九十卷 / (南朝宋)范晔撰；(唐)李贤注．
志注补：三十卷 / (晋)司马彪撰；(梁)刘昭注
明嘉靖(1522-1566)汪文盛[等]刻本
1987年摄制．-- 3盘卷片(85.5米2002拍)：
1:10，2B ；35mm银盐
收藏馆：缩微中心，国图

000O008818
后汉书：九十卷 / (南朝宋)范晔撰；(唐)李贤注．后
汉书志补注：三十卷 / (晋)司马彪撰；(梁)刘昭注
明(1368-1644)汪文盛刻明(1368-1644)周采补
刻本
1988年摄制．-- 3盘卷片(90米1760拍)：
1:10，2B ；35mm银盐
收藏馆：缩微中心，天津

000O007953
后汉书：九十卷 / (南朝宋)范晔撰；(唐)李贤注．
后汉书志：三十卷 / (晋)司马彪撰；(梁)刘昭注
明崇祯十六年(1643)毛氏汲古阁刻本
1988年摄制．-- 3盘卷片(81米1710拍)：
1:10，2B ；35mm银盐
收藏馆：缩微中心，湖南

000O025068
后汉书：九十卷 / (南朝宋)范晔撰；(唐)李贤注．
后汉书志：三十卷 / (晋)司马彪撰；(梁)刘昭注
明崇祯十六年(1643)毛氏汲古阁刻本．--
(清)李慈铭校注并跋。
1996年摄制．-- 3盘卷片(78米1567拍)：
1:10，2B ；35mm银盐
收藏馆：缩微中心，国图

000O011033
后汉书：九十卷 / (南朝宋)范晔撰；(唐)李贤注．
续汉志：三十卷 / (晋)司马彪撰；(梁)刘昭注
明崇祯十六年(1643)毛氏汲古阁刻本
1989年摄制．-- 3盘卷片(71米1654拍)：
1:10，2B ；35mm银盐
收藏馆：缩微中心，南京

000O011021
后汉书：九十卷 / (南朝宋)范晔撰；(唐)李贤注．
续汉志：三十卷 / (晋)司马彪撰；(梁)刘昭注
明崇祯十六年(1643)毛氏汲古阁刻本．--
(清)沈钦韩批校跋。
1989年摄制．-- 3盘卷片(71米1591拍)：
1:10，2B ；35mm银盐
收藏馆：缩微中心，南京

000O025064
后汉书：九十卷 / (南朝宋)范晔撰；(唐)李贤注．
[后汉书]志：三十卷 / (晋)司马彪撰；(梁)刘昭注
明崇祯十六年(1643)毛氏汲古阁刻本．--
(清)张绍仁校。
1996年摄制．-- 3盘卷片(76米1531拍)：
1:10，2B ；35mm银盐
收藏馆：缩微中心，国图

000O013258
后汉书：九十卷 / (南朝宋)范晔撰；(唐)李贤注．
后汉书志：三十卷 / (晋)司马彪撰；(梁)刘昭注
明崇祯十六年(1643)毛氏汲古阁刻十七史本
．-- (清)沈绮云、(清)黄丕烈跋。
1991年摄制．-- 3盘卷片(76.5米1607拍)：
1:10，2B ；35mm银盐
收藏馆：缩微中心，湖北

000O007808
后汉书：九十卷 / (南朝宋)范晔撰；(唐)李贤注．
[后汉书]志：三十卷 / (晋)司马彪撰；(梁)刘昭注
明(1368-1644)陈祖苞刻本
1988年摄制．-- 5盘卷片(131.8米2892拍)：
1:10，2B ；35mm银盐
收藏馆：缩微中心，重庆

00O010272
后汉书：九十卷 / (南朝宋)范晔撰；(唐)李贤注．
续汉志：三十卷 / (晋)司马彪撰；(梁)刘昭注
清同治八年(1869)金陵书局刻本. -- (清)王
秉恩过录(清)钱泰吉临(清)何焯校。
1989年摄制. -- 3盘卷片(90米1825拍)：
1：10，2B；35mm银盐
收藏馆：缩微中心，湖北

00O011020
后汉书：九十卷 / (南朝宋)范晔撰；(唐)李贤注．
续汉志：三十卷 / (晋)司马彪撰；(梁)刘昭注
清光绪十三年(1887)金陵书局刻本
1989年摄制. -- 3盘卷片(72米1631拍)：
1：10，2B；35mm银盐
收藏馆：缩微中心，南京

00O019583
后汉书：九十卷 / (南朝宋)范晔撰；(唐)李贤注．
[后汉书]志：三十卷 / (晋)司马彪撰；(梁)刘昭注
日本活字印本. -- 存八十九卷：后汉书卷
一至卷四、卷八至卷三十九、卷四十二至卷
四十四、卷四十八至卷九十，志卷二十四至卷
三十。
1994年摄制. -- 4盘卷片(122米2475拍)：
1：10，2B；35mm银盐
收藏馆：缩微中心，国图

00O028983
后汉书：九十卷 / (南朝宋)范晔撰；(唐)李贤注．
后汉书志：三十卷 / (晋)司马彪撰；(梁)刘昭注
明万历(1573-1620)钟人杰刻本
1999年摄制. -- 5盘卷片(126米2680拍)：
1：10，2B；35mm银盐
收藏馆：缩微中心，湖南

00O007148
后汉书：九十卷 / (南朝宋)范晔撰；(唐)李贤注．
[后汉书]志：三十卷 / (晋)司马彪撰；(梁)刘昭注；
(明)陈仁锡评
明天启七年(1627)云林积秀堂刻本
1987年摄制. -- 5盘卷片(130.5米2860拍)：
1：10，2B；35mm银盐
收藏馆：缩微中心，重庆

00O027294
后汉书引书目录：不分卷
日本抄本. -- 存：光武帝纪上、列传一。
1997年摄制. -- 1盘卷片(3米30拍)：1：10，
2B；35mm银盐
收藏馆：缩微中心，国图

00O025268
补后汉书艺文志：□□卷 / (清)顾櫰三撰
清末(1851-1911)艺风堂抄本
1996年摄制. -- 2盘卷片(39米751拍)：
1：10，2B；35mm银盐
收藏馆：缩微中心，国图

000O004349
补续汉书艺文志：一卷 / (清)钱大昭撰
清道光十二年(1832)东武刘氏味经书屋刘雯抄
本
1986年摄制. -- 1盘卷片(4米46拍)：1：10，
2B；35mm银盐
收藏馆：缩微中心，国图

00O024085
补续汉书艺文志：一卷 / (清)钱大昭撰
清(1644-1911)抄本. -- 杨守敬批。
1995年摄制. -- 1盘卷片(4米50拍)：1：10，
2B；35mm银盐
收藏馆：缩微中心，湖北

000O006289
范氏后汉书批评：一百卷 / (明)顾起元撰
明万历四十七年(1619)刻本
1987年摄制. -- 3盘卷片(91米2046拍)：
1：10，2B；35mm银盐
收藏馆：缩微中心，吉林

000O007066
后汉书补注：二十四卷 / (清)惠栋撰
清嘉庆九年(1804)德裕堂刻本
1987年摄制. -- 1盘卷片(15.1米314拍)：
1：10，2B；35mm银盐
收藏馆：缩微中心，湖北

000O012957
后汉书补注：二十四卷 / (清)惠栋撰
清嘉庆九年(1804)德裕堂刻本. -- (清)李慈
铭跋。
1991年摄制. -- 1盘卷片(15米285拍)：
1：10，2B；35mm银盐
收藏馆：缩微中心，国图

00O026322
后汉书注补正：八卷 / (清)周寿昌撰
清(1644-1911)稿本
1996年摄制. -- 1盘卷片(8米142拍)：1：10，
2B；35mm银盐
收藏馆：缩微中心，湖北

000O013648
后汉书拾遗：一卷 / (清)林茂春撰

清(1644-1911)抄本
1991年摄制. -- 1盘卷片(5米71拍) : 1:10,
2B；35mm银盐
收藏馆：缩微中心，国图

000O013647
后汉书校语：不分卷 / (清)林茂春撰
清(1644-1911)抄本. --(清)林茂春跋。
1991年摄制. -- 1盘卷片(11米200拍) :
1:10, 2B；35mm银盐
收藏馆：缩微中心，国图

000O013695
后汉书注校：不分卷 / (清)吴寿旸撰
稿本
1991年摄制. -- 1盘卷片(4米29拍) : 1:10,
2B；35mm银盐
收藏馆：缩微中心，国图

000O014032
后汉书余论：一卷 / (清)丁晏撰
清(1644-1911)丁氏颐志斋抄本
1991年摄制. -- 1盘卷片(4米33拍) : 1:10,
2B；35mm银盐
收藏馆：缩微中心，国图

000O003872
两汉刊误补遗：十卷 / (宋)吴仁杰撰
清(1644-1911)抄本
1985年摄制. -- 1盘卷片(10米203拍) :
1:10, 2B；35mm银盐
收藏馆：缩微中心，国图

000O011037
两汉刊误补遗：十卷 / (宋)吴仁杰撰
清(1644-1911)抄本. --(清)丁丙跋。
1989年摄制. -- 1盘卷片(9米196拍) : 1:10,
2B；35mm银盐
收藏馆：缩微中心，南京

000O015616
两汉刊误补遗：十卷 / (宋)吴仁杰撰
清(1644-1911)抄本. --(清)丁宗洛校并跋。
1992年摄制. -- 1盘卷片(11米191拍) :
1:10, 2B；35mm银盐
收藏馆：缩微中心，国图

000O011415
汉书考证：三卷；后汉书考证：三卷 / (清)陈浩撰
清(1644-1911)抄本
1989年摄制. -- 1盘卷片(10米187拍) :
1:10, 2B；35mm银盐

收藏馆：缩微中心，南京

000O023681
两汉日月考：三卷 / (清)钟汪杰撰
清(1644-1911)抄本
1995年摄制. -- 1盘卷片(11米196拍) :
1:10, 2B；35mm银盐
收藏馆：缩微中心，浙江

000O025078
三史拾遗：五卷 / (清)钱大昕撰
清嘉庆(1796-1820)稻香吟馆刻本. --(清)李
慈铭校注。
1996年摄制. -- 1盘卷片(9米142拍) : 1:10,
2B；35mm银盐
收藏馆：缩微中心，国图

000O021436
三国志：六十五卷 / (晋)陈寿撰；(南朝宋)裴松之注
宋(960-1279)刻元明(1271-1644)递修本. --
目录、卷一至卷二配清(1644-1911)抄本。
1995年摄制. -- 3盘卷片(68米1392拍) :
1:10, 2B；35mm银盐
收藏馆：缩微中心，国图

000O020244
三国志：六十五卷 / (晋)陈寿撰；(南朝宋)裴松之注
宋(960-1279)刻本. -- 存三卷：卷十六至卷
十八。
1994年摄制. -- 1盘卷片(4米51拍) : 1:10,
2B；35mm银盐
收藏馆：缩微中心，国图

000O007740
三国志：六十五卷 / (晋)陈寿撰；(南朝宋)裴松之注
元大德十年(1306)池州路儒学刻明(1368-1644)
递修本
1987年摄制. -- 3盘卷片(79米1690拍) :
1:10, 2B；35mm银盐
收藏馆：缩微中心，湖南

000O021440
三国志：六十五卷 / (晋)陈寿撰；(南朝宋)裴松之注
元大德十年(1306)池州路儒学刻本. -- 存五
卷：卷十五至卷十九。
1995年摄制. -- 1盘卷片(7米96拍) : 1:10,
2B；35mm银盐
收藏馆：缩微中心，国图

00O011409
三国志：六十五卷 / (晋)陈寿撰；(南朝宋)裴松之注
元大德十年(1306)池州路儒学刻明嘉靖至万历(1522-1620)递修本
1989年摄制. -- 3盘卷片(64米1486拍) ：1:10, 2B ；35mm银盐
收藏馆：缩微中心，南京

00O011897
三国志：六十五卷 / (晋)陈寿撰；(南朝宋)裴松之注
元大德十年(1306)池州路儒学刻明嘉靖至万历(1522-1620)递修本
1990年摄制. -- 3盘卷片(68米1473拍) ：1:10, 2B ；35mm银盐
收藏馆：缩微中心，山东

00O006198
三国志：六十五卷 / (晋)陈寿撰
元大德十年(1306)池州路儒学刻明嘉靖至万历(1522-1620)递修本
1987年摄制. -- 3盘卷片(73米1463拍) ：1:10, 2B ；35mm银盐
收藏馆：缩微中心，四川

00O001540
三国志：六十五卷 / (晋)陈寿撰
元大德十年(1306)池州路儒学刻明嘉靖至万历(1522-1620)递修本. -- (明)朱天锡跋。
1986年摄制. -- 3盘卷片(68米1518拍) ：1:10, 2B ；35mm银盐
收藏馆：缩微中心，吉林

00O014004
三国志：六十五卷 / (晋)陈寿撰；(南朝宋)裴松之注
明万历二十四年(1596)南京国子监刻本. --(清)蒋杲校跋并录(清)何焯批校题识。
1991年摄制. -- 3盘卷片(69米1409拍) ：1:10, 2B ；35mm银盐
收藏馆：缩微中心，国图

00O006469
三国志：六十五卷 / (晋)陈寿撰；(南朝宋)裴松之注
明万历二十四年(1596)南京国子监刻本. --(清)汪能肃跋。
1987年摄制. -- 3盘卷片(69米1487拍) ：1:10, 2B ；35mm银盐
收藏馆：缩微中心，国图

00O014693
三国志：六十五卷 / (晋)陈寿撰；(南朝宋)裴松之注
明万历二十四年(1596)南京国子监刻本. --(清)朱邦衡校跋并录(清)何焯、(清)惠士奇批校圈点，(清)蒋炯校并题款，秦更年跋。
1992年摄制. -- 3盘卷片(68米1422拍) ：1:10, 2B ；35mm银盐
收藏馆：缩微中心，国图

00O002233
三国志：六十五卷 / (晋)陈寿撰；(南朝宋)裴松之注
明万历二十四年(1596)南京国子监刻本. --佚名录(清)何焯批校。
1986年摄制. -- 3盘卷片(70米1476拍) ：1:10, 2B ；35mm银盐
收藏馆：缩微中心，国图

00O019538
三国志：六十五卷 / (晋)陈寿撰；(南朝宋)裴松之注
明万历二十四年(1596)南京国子监刻本. --佚名录(清)何焯批校题识，(清)韩应陛跋。
1994年摄制. -- 3盘卷片(69米1410拍) ：1:10, 2B ；35mm银盐
收藏馆：缩微中心，国图

00O011018
三国志：六十五卷 / (晋)陈寿撰；(南朝宋)裴松之注
明万历二十四年(1596)南京国子监刻本. --存五十九卷：魏志卷首至卷二十三、蜀志卷一至卷十五、吴志卷一至卷二十。(清)徐斗严校，(清)丁丙跋。
1989年摄制. -- 2盘卷片(56米1309拍) ：1:10, 2B ；35mm银盐
收藏馆：缩微中心，南京

00O008165
三国志：六十五卷 / (晋)陈寿撰；(南朝宋)裴松之注
明万历二十四年(1596)南京国子监刻清(1644-1911)递修本. -- 版框高二十一厘米宽十五厘米。
1988年摄制. -- 3盘卷片(73米1524拍) ：1:10, 2B ；35mm银盐
收藏馆：缩微中心，广东

00O001559
三国志：六十五卷 / (晋)陈寿撰；(南朝宋)裴松之注
明万历(1573-1620)刻本

1986年摄制. -- 3盘卷片（70米1545拍）：
1:10，2B ；35mm银盐
收藏馆：缩微中心，吉林

000O006158
三国志：六十五卷 / (晋)陈寿撰；(南朝宋)裴松
之注
明万历(1573-1620)吴氏西爽堂刻本
1987年摄制. -- 3盘卷片（74米1480拍）：
1:10，2B ；35mm银盐
收藏馆：缩微中心，四川

000O007750
三国志：六十五卷 / (晋)陈寿撰；(南朝宋)裴松
之注
明崇祯十七年(1644)毛氏汲古阁刻本
1987年摄制. -- 2盘卷片（44米1060拍）：
1:10，2B ；35mm银盐
收藏馆：缩微中心，湖南

000O025072
三国志：六十五卷 / (晋)陈寿撰；(南朝宋)裴松
之注
明崇祯十七年(1644)毛氏汲古阁刻本. --
(清)李慈铭校并跋。
1996年摄制. -- 2盘卷片（44米865拍）：
1:10，2B ；35mm银盐
收藏馆：缩微中心，国图

000O016508
三国志：六十五卷 / (晋)陈寿撰；(南朝宋)裴松
之注
明崇祯十七年(1644)毛氏汲古阁刻本. --
(清)钱孙保批校并跋。
1993年摄制. -- 2盘卷片（43米867拍）：
1:10，2B ；35mm银盐
收藏馆：缩微中心，国图

000O011408
三国志：六十五卷 / (晋)陈寿撰；(南朝宋)裴松
之注
明崇祯十七年(1644)毛氏汲古阁刻本. --
(清)赵烈文批校跋。
1989年摄制. -- 2盘卷片（40米914拍）：
1:10，2B ；35mm银盐
收藏馆：缩微中心，南京

000O004381
三国志：六十五卷 / (晋)陈寿撰；(南朝宋)裴松
之注
明崇祯十七年(1644)毛氏汲古阁刻本. --
(清)周星诒校并跋，(清)周绍寅校。
1986年摄制. -- 2盘卷片（42.5米937拍）

1:10，2B ；35mm银盐
收藏馆：缩微中心，国图

000O003396
三国志：六十五卷 / (晋)陈寿撰；(南朝宋)裴松
之注
明崇祯十七年(1644)毛氏汲古阁刻本. -- 佚
名录(清)何焯批校，(清)翁同书校注并跋，
(清)庞钟璐跋。
1986年摄制. -- 2盘卷片（41.4米903拍）：
1:10，2B ；35mm银盐
收藏馆：缩微中心，国图

000O014428
三国志：六十五卷 / (晋)陈寿撰；(南朝宋)裴松
之注
明崇祯十七年(1644)毛氏汲古阁刻本. -- 佚
名录(清)何焯批校。
1992年摄制. -- 2盘卷片（41米858拍）：
1:10，2B ；35mm银盐
收藏馆：缩微中心，国图

000O016152
三国志：六十五卷 / (晋)陈寿撰；(南朝宋)裴松
之注
明崇祯十七年(1644)毛氏汲古阁刻费氏养和阁
印本. -- 章钰校跋并录(清)何焯、(清)惠周
惕批校，(清)朱邦衡题识。
1993年摄制. -- 2盘卷片（41米859拍）：
1:10，2B ；35mm银盐
收藏馆：缩微中心，国图

000O008810
三国志：六十五卷 / (晋)陈寿撰；(南朝宋)裴松
之集注
明(1368-1644)毛氏汲古阁刻十七史本
1988年摄制. -- 2盘卷片（43米1012拍）：
1:10，2B ；35mm银盐
收藏馆：缩微中心，天津

000O013260
三国志：六十五卷 / (晋)陈寿撰；(南朝宋)裴松
之注
明崇祯十七年(1644)毛氏汲古阁刻十七史本
1991年摄制. -- 2盘卷片（43.5米906拍）：
1:10，2B ；35mm银盐
收藏馆：缩微中心，湖北

000O003393
三国志：六十五卷 / (晋)陈寿撰；(南朝宋)裴松
之注
明崇祯十七年(1644)毛氏汲古阁刻本. -- 存
二十八卷：卷五至卷二十四、卷三十一至卷

三十八。(清)翁心存录(清)何焯批校, (清)翁同龢跋。
1986年摄制. -- 1盘卷片(18米396拍) : 1:10, 2B ; 35mm银盐
收藏馆：缩微中心, 国图

000○010289
三国志：六十五卷 / (晋)陈寿撰；(南朝宋)裴松之注
清(1644-1911)翻刻本. -- 据明崇祯十七年(1644)毛氏汲古阁刻十七史本翻刻。(清)陶琪批校。
1989年摄制. -- 2盘卷片(43.5米927拍) : 1:10, 2B ; 35mm银盐
收藏馆：缩微中心, 湖北

000○013472
三国志：六十五卷 / (晋)陈寿撰；(南朝宋)裴松之注
清(1644-1911)抄本. -- 目录、卷一至卷二配另一清(1644-1911)抄本。存三十二卷：卷一至卷二、卷九至卷十二、卷十五至卷三十、卷五十三至卷五十五、卷五十九至卷六十五。
1991年摄制. -- 2盘卷片(48米966拍) : 1:10, 2B ; 35mm银盐
收藏馆：缩微中心, 国图

000○008809
三国志：六十五卷 / (晋)陈寿撰；(南朝宋)裴松之注；(明)陈仁锡评
明天启(1621-1627)刻本
1988年摄制. -- 3盘卷片(94米2191拍) : 1:10, 2B ; 35mm银盐
收藏馆：缩微中心, 天津

000○002237
三国志：六十五卷 / (晋)陈寿撰；(南朝宋)裴松之注；(明)陈仁锡评
明(1368-1644)刻本. -- 存二十六卷：卷一至卷二十六。(清)翁同书跋并录(清)何焯、(清)姚范、(清)汪全泰、(清)汪全临批校。
1986年摄制. -- 2盘卷片(47米1038拍) : 1:10, 2B ; 35mm银盐
收藏馆：缩微中心, 国图

000○009456
三国志：六十五卷 / (晋)陈寿撰；(南朝宋)裴松之注；(明)陈仁锡评
明(1368-1644)刻本
1988年摄制. -- 4盘卷片(95.3米2080拍) : 1:9, 2B ; 35mm银盐
收藏馆：缩微中心, 重庆

000○007764
三国史辩误：一卷
清(1644-1911)叶名澧抄本
1987年摄制. -- 1盘卷片(3米35拍) : 1:10, 2B ; 35mm银盐
收藏馆：缩微中心, 湖南

000○013051
三国志辩误：一卷
清(1644-1911)刘履芬范湖草堂抄本
1991年摄制. -- 1盘卷片(3米17拍) : 1:10, 2B ; 35mm银盐
收藏馆：缩微中心, 国图

000○008111
三国志注补：六十五卷 / (清)赵一清撰
清光绪(1875-1908)广雅书局刻本
1988年摄制. -- 2盘卷片(38.5米815拍) : 1:10, 2B ; 35mm银盐
收藏馆：缩微中心, 湖北

000○013738
三国志辨疑：三卷 / (清)钱大昭撰
清道光二十四年(1844)钱师璟刻本
1991年摄制. -- 1盘卷片(5米59拍) : 1:10, 2B ; 35mm银盐
收藏馆：缩微中心, 国图

000○013490
三国志校勘记：六卷 / (清)沈家本撰
清(1644-1911)稿本
1991年摄制. -- 1盘卷片(22米432拍) : 1:10, 2B ; 35mm银盐
收藏馆：缩微中心, 国图

000○011036
读三国志裴注：二卷 / (清)林国赞撰
清光绪(1875-1908)抄本. -- (清)林国赓跋。
1989年摄制. -- 1盘卷片(4米61拍) : 1:10, 2B ; 35mm银盐
收藏馆：缩微中心, 南京

000○013722
续后汉书：四十二卷音义四卷 / (宋)萧常撰. 札记：一卷 / (清)郁松年撰
清道光二十一年(1841)郁松年刻宜稼堂丛书本. -- (清)沈炳垣校并跋。
1991年摄制. -- 1盘卷片(25米508拍) : 1:10, 2B ; 35mm银盐
收藏馆：缩微中心, 国图

000○014158
续后汉书：九十卷 / (元)郝经撰. 札记：四卷 /

(清)郁松年撰
清道光二十一年至二十二年(1841-1842)郁松年刻宜稼堂丛书本. -- (清)沈炳垣校并跋。
1992年摄制. -- 4盘卷片(100米2048拍)：
1:10, 2B ; 35mm银盐
收藏馆：缩微中心，国图

000O018409
季汉书：六十卷正论一卷答问一卷 / (明)谢陛撰
明万历(1573-1620)刻本
1993年摄制. -- 2盘卷片(55米1135拍)：
1:10, 2B ; 35mm银盐
收藏馆：缩微中心，国图

000O013927
季汉书：六十卷正论一卷答问一卷 / (明)谢陛撰
明末(1621-1644)刻本
1992年摄制. -- 3盘卷片(65米1362拍)：
1:10, 2B ; 35mm银盐
收藏馆：缩微中心，国图

000O014821
季汉书：六十卷正论一卷答问一卷 / (明)谢陛撰
明末(1621-1644)刻本
1992年摄制. -- 3盘卷片(67米1355拍)：
1:10, 2B ; 35mm银盐
收藏馆：缩微中心，国图

000O013652
四史发伏：十卷 / (清)洪亮吉撰
清(1644-1911)抄本
1991年摄制. -- 1盘卷片(7米165拍)：1:10,
2B ; 35mm银盐
收藏馆：缩微中心，国图

000O025076
晋书：一百三十卷 / (唐)房玄龄[等]撰
明崇祯元年(1628)毛氏汲古阁刻本. -- (清)李慈铭校并跋。
1996年摄制. -- 4盘卷片(107米2159拍)：
1:10, 2B ; 35mm银盐
收藏馆：缩微中心，国图

000O008820
晋书：一百三十卷 / (唐)房玄龄[等]撰
明崇祯(1628-1644)毛氏汲古阁刻十七史本
1988年摄制. -- 4盘卷片(107米2376拍)：
1:10, 2B ; 35mm银盐
收藏馆：缩微中心，天津

000O018912
晋书：一百三十卷 / (唐)房玄龄[等]撰
明崇祯元年(1628)毛氏汲古阁刻十七史本

1991年摄制. -- 4盘卷片(104米2248拍)：
1:10, 2B ; 35mm银盐
收藏馆：缩微中心，湖北

000O014914
晋书：一百三十卷音义三卷 / (唐)房玄龄[等]撰；(唐)何超音义
元(1271-1368)刻明正德六年(1511)重修本. -- 存一百十七卷：卷一至卷二十七、卷四十四至卷一百三十。
1992年摄制. -- 5盘卷片(138.5米3092拍)：
1:10, 2B ; 35mm银盐
收藏馆：缩微中心，辽宁

000O012157
晋书：一百三十卷音义三卷 / (唐)房玄龄[等]撰；(唐)何超音义
元(1271-1368)刻明正德十年(1515)司礼监嘉靖(1522-1566)南京国子监递修本. -- (清)丁丙跋。
1989年摄制. -- 5盘卷片(143米3389拍)：
1:10, 2B ; 35mm银盐
收藏馆：缩微中心，南京

000O006204
晋书：一百三十卷音义三卷 / (唐)房玄龄[等]撰；(唐)何超撰
元(1271-1368)刻明正德十年(1515)司礼监嘉靖万历(1522-1620)南京国子监递修本
1987年摄制. -- 6盘卷片(166米3311拍)：
1:10, 2B ; 35mm银盐
收藏馆：缩微中心，四川

000O025605
晋书：一百三十卷音义三卷 / (唐)房玄龄[等]撰；(唐)何超音义
元(1271-1368)刻明(1368-1644)重修本
1996年摄制. -- 6盘卷片(185米3713拍)：
1:10, 2B ; 35mm银盐
收藏馆：缩微中心，浙江

000O013674
晋书：一百三十卷 / (唐)房玄龄[等]撰；(唐)何超音义
明万历六年(1578)周若年丁孟嘉刻本
1991年摄制. -- 8盘卷片(215米4355拍)：
1:10, 2B ; 35mm银盐
收藏馆：缩微中心，国图

000O008360
晋书：一百三十卷 / (唐)房玄龄[等]撰
明万历(1573-1620)吴氏西爽堂刻本
1988年摄制. -- 5盘卷片(151米3438拍)：

1:10, 2B ; 35mm银盐
收藏馆：缩微中心，浙江

00O006097
晋书：一百三十卷 / (唐)房玄龄[等]撰
明万历(1573-1620)刻本
1986年摄制. -- 7盘卷片(214米4631拍) :
1:10, 2B ; 35mm银盐
收藏馆：缩微中心，吉林

000O005673
晋书：一百三十卷 / (唐)房玄龄[等]撰；(唐)何超音义
明(1368-1644)吴氏西爽堂刻本. -- (清)顾起贞批点。
1987年摄制. -- 6盘卷片(169米3380拍) :
1:10, 2B ; 35mm银盐
收藏馆：缩微中心，国图

000O009190
晋书：一百三十卷 / (唐)房玄龄[等]撰
明(1368-1644)吴氏西爽堂刻本
1988年摄制. -- 6盘卷片(157.2米3368拍) :
1:10, 2B ; 35mm银盐
收藏馆：缩微中心，湖南

000O001903
晋书音义：三卷 / (唐)何超撰
元(1271-1368)刻明(1368-1644)递修本
1986年摄制. -- 1盘卷片(5米78拍) : 1:10,
2B ; 35mm银盐
收藏馆：缩微中心，国图

000O013606
晋书考证：一百三十卷音义考证三卷 / (清)孙人龙辑
清(1644-1911)抄本
1991年摄制. -- 2盘卷片(47米968拍) :
1:10, 2B ; 35mm银盐
收藏馆：缩微中心，国图

000O017130
东晋南北朝舆地表：□□卷；年表：十卷首一卷末一卷 / (清)徐文范撰
清(1644-1911)抄本
1993年摄制. -- 1盘卷片(20.8米460拍) :
1:10, 2B ; 35mm银盐
收藏馆：缩微中心，辽宁

000O007225
补晋书艺文志：四卷 / (清)丁国钧撰；(清)丁辰注
清(1644-1911)稿本
1987年摄制. -- 1盘卷片(9米172拍) : 1:10,

2B ; 35mm银盐
收藏馆：缩微中心，国图

000O008570
补晋书艺文志：四卷附录一卷 / (清)丁国钧撰；(清)丁辰注
清(1644-1911)稿本
1988年摄制. -- 1盘卷片(10米190拍) :
1:10, 2B ; 35mm银盐
收藏馆：缩微中心，国图

000O010897
补晋书艺文志：四卷附录一卷 / (清)丁国钧撰；(清)丁辰注
清光绪(1875-1908)无锡文苑阁常熟丁氏丛书活字印本. -- 杨守敬批并跋。
1989年摄制. -- 1盘卷片(9米173拍) : 1:10,
2B ; 35mm银盐
收藏馆：缩微中心，湖北

000O007229
补晋书艺文志：四卷附录一卷 / (清)丁国钧撰；(清)丁辰注
清光绪(1875-1908)无锡文苑阁活字印本. -- (清)丁国钧、(清)丁辰订补。
1987年摄制. -- 1盘卷片(9米176拍) : 1:10,
2B ; 35mm银盐
收藏馆：缩微中心，国图

000O007232
补晋书艺文志：四卷附录一卷 / (清)丁国钧撰；(清)丁辰注
清光绪(1875-1908)无锡文苑阁活字印本. -- (清)丁国钧订补。
1987年摄制. -- 1盘卷片(9米169拍) : 1:10,
2B ; 35mm银盐
收藏馆：缩微中心，国图

000O007236
补晋书艺文志：四卷附录一卷 / (清)丁国钧撰；(清)丁辰注
清光绪(1875-1908)无锡文苑阁活字印本. -- 杨守敬批注并跋，(清)丁国钧跋。
1987年摄制. -- 1盘卷片(9米169拍) : 1:10,
2B ; 35mm银盐
收藏馆：缩微中心，国图

000O008416
补晋书艺文志：四卷 / (清)丁国钧撰；(清)丁辰注
清(1644-1911)天尺楼抄本. -- (清)庞树眛校。
1988年摄制. -- 1盘卷片(10米197拍) :

1:10, 2B ; 35mm银盐
收藏馆：缩微中心，国图

00O007223
晋书校文：五卷 / (清)丁国钧撰
清(1644-1911)稿本. -- (清)夏孙桐跋。
1987年摄制. -- 1盘卷片(9米176拍) : 1:10,
2B ; 35mm银盐
收藏馆：缩微中心，国图

00O007102
晋记：六十八卷首一卷 / (清)郭伦撰
清乾隆五十一年(1786)有斐堂刻本
1987年摄制. -- 3盘卷片(80米1905拍) :
1:10, 2B ; 35mm银盐
收藏馆：缩微中心，天津

00O018828
晋记：五十四卷；十六国录：十四卷 / (清)郭伦撰
清(1644-1911)抄本
1994年摄制. -- 3盘卷片(85米1710拍) :
1:10, 2B ; 35mm银盐
收藏馆：缩微中心，国图

00O001552
宋书：一百卷 / (梁)沈约撰
宋(960-1279)刻宋元明(960-1644)递修本
1986年摄制. -- 5盘卷片(133米2990拍) :
1:10, 2B ; 35mm银盐
收藏馆：缩微中心，吉林

00O005901
宋书：一百卷 / (梁)沈约撰
宋(960-1279)刻宋元明(960-1644)递修本
1987年摄制. -- 5盘卷片(132米2919拍) :
1:10, 2B ; 35mm银盐
收藏馆：缩微中心，国图

00O012841
宋书：一百卷 / (梁)沈约撰
宋(960-1279)刻宋元明(960-1644)递修本
1990年摄制. -- 5盘卷片(128.9米2903拍) :
1:10, 2B ; 35mm银盐
收藏馆：缩微中心，辽宁

00O008795
宋书：一百卷 / (梁)沈约撰
宋(960-1279)刻宋元明(960-1644)递修本
. -- 存八十四卷：卷五至卷十、卷二十三至
卷一百。
1988年摄制. -- 4盘卷片(102.4米2243拍) :
1:11, 2B ; 35mm银盐
收藏馆：缩微中心，重庆

00O021438
宋书：一百卷 / (梁)沈约撰
明万历二十二年(1594)南京国子监刻万历
二十五年(1597)递修本
1994年摄制. -- 5盘卷片(136米2684拍) :
1:10, 2B ; 35mm银盐
收藏馆：缩微中心，国图

00O029039
宋书：一百卷 / (梁)沈约撰
明万历二十二年(1594)南京国子监刻万历
二十五年(1597)递修本. -- 傅增湘校。
1999年摄制. -- 5盘卷片(138米3173拍) :
1:10, 2B ; 35mm银盐
收藏馆：缩微中心，国图

00O025079
宋书：一百卷 / (梁)沈约撰
明崇祯七年(1634)毛氏汲古阁刻本. -- (清)
李慈铭校注。
1996年摄制. -- 3盘卷片(80米1595拍) :
1:10, 2B ; 35mm银盐
收藏馆：缩微中心，国图

00O013270
宋书：一百卷 / (梁)沈约撰
明崇祯七年(1634)毛氏汲古阁刻十七史本
1991年摄制. -- 3盘卷片(76.5米1606拍) :
1:10, 2B ; 35mm银盐
收藏馆：缩微中心，湖北

00O006288
南齐书：五十九卷 / (梁)萧子显撰
宋(960-1279)刻宋元明(960-1644)递修本
1987年摄制. -- 2盘卷片(51米1132拍) :
1:10, 2B ; 35mm银盐
收藏馆：缩微中心，吉林

00O008773
南齐书：五十九卷 / (梁)萧子显撰
宋(960-1279)刻宋元明(960-1644)递修本
1988年摄制. -- 2盘卷片(53.2米1168拍) :
1:11, 2B ; 35mm银盐
收藏馆：缩微中心，重庆

00O021441
南齐书：五十九卷 / (梁)萧子显撰
宋(960-1279)刻宋元明(960-1644)递修本
1995年摄制. -- 2盘卷片(50米1033拍) :
1:10, 2B ; 35mm银盐
收藏馆：缩微中心，国图

00○015981
南齐书：五十九卷 / (梁)萧子显撰
宋(960-1279)刻宋元明(960-1644)递修本. --
卷二十至卷二十四配清(1644-1911)抄本。
(清)潘康保跋，章钰校并跋。
1993年摄制. -- 2盘卷片(52米1057拍)：
1:10，2B；35mm银盐
收藏馆：缩微中心，国图

00○004679
南齐书：五十九卷 / (梁)萧子显撰
宋(960-1279)刻宋元明(960-1644)递修本. --
卷五配清(1644-1644)抄本。
1987年摄制. -- 2盘卷片(50米1094拍)：
1:10，2B；35mm银盐
收藏馆：缩微中心，国图

00○012890
南齐书：五十九卷 / (梁)萧子显撰
明崇祯十年(1637)毛氏汲古阁刻十七史本
1991年摄制. -- 1盘卷片(29米638拍)：
1:10，2B；35mm银盐
收藏馆：缩微中心，湖北

00○015983
南齐书：五十九卷 / (梁)萧子显撰
清同治十三年(1874)金陵书局刻本. -- 章钰
校并跋。
1993年摄制. -- 1盘卷片(30米609拍)：
1:10，2B；35mm银盐
收藏馆：缩微中心，国图

00○002918
梁书：五十六卷 / (唐)姚思廉撰
宋(960-1279)刻宋元明(960-1644)递修本
1986年摄制. -- 2盘卷片(47米1027拍)：
1:10，2B；35mm银盐
收藏馆：缩微中心，国图

00○019516
梁书：五十六卷 / (唐)姚思廉撰
宋(960-1279)刻宋元明(960-1644)递修本
1994年摄制. -- 2盘卷片(48米967拍)：
1:10，2B；35mm银盐
收藏馆：缩微中心，国图

00○024409
梁书：五十六卷 / (唐)姚思廉撰
明万历三年(1575)南京国子监刻清顺治康熙
(1644-1722)递修本. -- (清)李慈铭校。
1996年摄制. -- 2盘卷片(39米768拍)：
1:10，2B；35mm银盐
收藏馆：缩微中心，国图

00○022546
梁书：五十六卷 / (唐)姚思廉撰
明崇祯六年(1633)毛氏汲古阁刻十七史本
1995年摄制. -- 1盘卷片(26.5米550拍)：
1:10，2B；35mm银盐
收藏馆：缩微中心，湖北

00○011236
陈书：三十六卷 / (唐)姚思廉撰
宋(960-1279)刻本. -- 存一卷：纪第一。
1989年摄制. -- 1盘卷片(5米59拍)：1:10，
2B；35mm银盐
收藏馆：缩微中心，四川

00○004681
陈书：三十六卷 / (唐)姚思廉撰
宋(960-1279)刻宋元明(960-1644)递修本
1987年摄制. -- 1盘卷片(27米592拍)：
1:10，2B；35mm银盐
收藏馆：缩微中心，国图

00○007716
陈书：三十六卷 / (唐)姚思廉撰
宋(960-1279)刻宋元明(960-1644)递修本
1987年摄制. -- 1盘卷片(27米563拍)：
1:10，2B；35mm银盐
收藏馆：缩微中心，湖南

00○008805
陈书：三十六卷 / (唐)姚思廉撰
宋(960-1279)刻宋元明(960-1644)递修本
1988年摄制. -- 1盘卷片(27米639拍)：
1:10，2B；35mm银盐
收藏馆：缩微中心，天津

00○005572
陈书：三十六卷 / (唐)姚思廉撰
宋(960-1279)刻元明(1271-1644)递修本
1987年摄制. -- 1盘卷片(27米596拍)：
1:10，2B；35mm银盐
收藏馆：缩微中心，吉林

00○029141
陈书：三十六卷 / (唐)姚思廉撰
宋(960-1279)刻元明(1271-1644)递修本
1999年摄制. -- 1盘卷片(27米587拍)：
1:10，2B；35mm银盐
收藏馆：缩微中心，国图

00○009129
陈书：三十六卷 / (唐)姚思廉撰
宋(960-1279)刻宋元明(960-1644)递修本. --
存二十二卷：卷十五至卷三十六。

1988年摄制. -- 1盘卷片(17米352拍) ：
1:10, 2B ；35mm银盐
收藏馆：缩微中心，湖南

00O013282
陈书：三十六卷 / (唐)姚思廉撰
明崇祯四年(1631)毛氏汲古阁刻十七史本
1991年摄制. -- 1盘卷片(16米326拍) ：
1:10, 2B ；35mm银盐
收藏馆：缩微中心，湖北

000O015991
陈书：三十六卷 / (唐)姚思廉撰
清同治十一年(1872)金陵书局刻本. -- 章钰
校并跋。
1993年摄制. -- 1盘卷片(16米313拍) ：
1:10, 2B ；35mm银盐
收藏馆：缩微中心，国图

000O011249
魏书：一百十四卷 / (北齐)魏收撰
宋(960-1279)刻宋元(960-1368)递修公文纸印
本. -- 存二卷：卷四十七、卷八十一。
1989年摄制. -- 1盘卷片(4米45拍) ：1:10,
2B ；35mm银盐
收藏馆：缩微中心，四川

000O021287
魏书：一百十四卷 / (北齐)魏收撰
宋(960-1279)刻宋元明初(960-1424)递修本. --
存二十六卷：卷二十二至卷二十六、卷三十六
至卷四十七、卷七十二至卷七十五、卷九十二
至卷九十四、卷一百七至卷一百八上。
1995年摄制. -- 1盘卷片(30米626拍) ：
1:10, 2B ；35mm银盐
收藏馆：缩微中心，国图

000O021443
魏书：一百十四卷 / (北齐)魏收撰
宋(960-1279)刻宋元明(960-1644)递修本
1995年摄制. -- 6盘卷片(166米3428拍) ：
1:10, 2B ；35mm银盐
收藏馆：缩微中心，国图

000O011859
魏书：一百十四卷 / (北齐)魏收撰
宋(960-1279)刻宋元明(960-1644)递修本. --
存一卷：卷一百五。
1990年摄制. -- 1盘卷片(7米116拍) ：1:10,
2B ；35mm银盐
收藏馆：缩微中心，湖南

00O004583
魏书：一百十四卷 / (北齐)魏收撰
宋(960-1279)刻宋元明(960-1644)递修本. --
配宋元明(960-1644)递修本。
1987年摄制. -- 6盘卷片(161米3458拍) ：
1:10, 2B ；35mm银盐
收藏馆：缩微中心，国图

00O029142
魏书：一百十四卷 / (北齐)魏收撰
宋(960-1279)刻元明(1271-1644)递修本
1999年摄制. -- 6盘卷片(180米3600拍) ：
1:10, 2B ；35mm银盐
收藏馆：缩微中心，国图

00O029144
魏书：一百十四卷 / (北齐)魏收撰
宋(960-1279)刻元明(1271-1644)递修本. --
存十七卷：卷一至卷十七。
1999年摄制. -- 1盘卷片(28米546拍) ：
1:10, 2B ；35mm银盐
收藏馆：缩微中心，国图

00O006096
魏书：一百十四卷 / (北齐)魏收撰
宋(960-1279)刻元明(1271-1644)递修本
1986年摄制. -- 6盘卷片(164.2米3685拍) ：
1:10, 2B ；35mm银盐
收藏馆：缩微中心，吉林

00O011267
魏书：一百十四卷 / (北齐)魏收撰
宋(960-1279)刻元明(1271-1644)递修本
1988年摄制. -- 7盘卷片(171米3555拍) ：
1:10, 2B ；35mm银盐
收藏馆：缩微中心，甘肃

00O024412
魏书：一百十四卷 / (北齐)魏收撰
明崇祯九年(1636)毛氏汲古阁刻本. -- (清)
李慈铭校。
1996年摄制. -- 3盘卷片(96米1969拍) ：
1:10, 2B ；35mm银盐
收藏馆：缩微中心，国图

00O012887
魏书：一百十四卷 / (北齐)魏收撰
明崇祯九年(1636)毛氏汲古阁刻十七史本
1991年摄制. -- 3盘卷片(91.8米1849拍) ：
1:10, 2B ；35mm银盐
收藏馆：缩微中心，湖北

00〇013003
魏书考证：一百十四卷 / (清)孙人龙辑
清(1644-1911)抄本. -- 存一百一卷：卷一至
卷一百一。
1991年摄制. -- 1盘卷片(19米378拍) :
1:10, 2B ；35mm银盐
收藏馆：缩微中心，国图

00〇004335
北齐书：五十卷 / (唐)李百药撰
宋(960-1279)刻明(1271-1644)递修本
1986年摄制. -- 2盘卷片(36米773拍) :
1:10, 2B ；35mm银盐
收藏馆：缩微中心，国图

00〇004586
北齐书：五十卷 / (唐)李百药撰
宋(960-1279)刻元明(1271-1644)递修本
1987年摄制. -- 2盘卷片(36米772拍) :
1:10, 2B ；35mm银盐
收藏馆：缩微中心，国图

00〇006285
北齐书：五十卷 / (唐)李百药撰
宋(960-1279)刻元明(1271-1644)递修本
1987年摄制. -- 2盘卷片(36米767拍) :
1:10, 2B ；35mm银盐
收藏馆：缩微中心，吉林

00〇001427
北齐书：五十卷 / (唐)李百药撰
明崇祯十一年(1638)毛氏汲古阁刻本. --
(清)孙尔准校。
1985年摄制. -- 1盘卷片(19.6米426拍) :
1:10, 2B ；35mm银盐
收藏馆：缩微中心，国图

00〇013255
北齐书：五十卷 / (唐)李百药撰
明崇祯十一年(1638)毛氏汲古阁刻十七史本
1991年摄制. -- 1盘卷片(20.5米433拍) :
1:10, 2B ；35mm银盐
收藏馆：缩微中心，湖北

00〇004588
周书：五十卷 / (唐)令狐德棻撰
宋(960-1279)刻宋元明(960-1644)递修本
1987年摄制. -- 2盘卷片(42米915拍) :
1:10, 2B ；35mm银盐
收藏馆：缩微中心，国图

00〇017575
周书：五十卷 / (唐)令狐德棻撰

宋(960-1279)刻宋元明(960-1644)递修本. --
(清)周星诒跋。
1993年摄制. -- 2盘卷片(43米866拍) :
1:10, 2B ；35mm银盐
收藏馆：缩微中心，国图

00〇004694
周书：五十卷 / (唐)令狐德棻撰
宋(960-1279)刻宋元明(960-1644)递修本. --
存十五卷：卷一至卷十五。
1987年摄制. -- 1盘卷片(10米168拍) :
1:10, 2B ；35mm银盐
收藏馆：缩微中心，国图

00〇001553
周书：五十卷 / (唐)令狐德棻撰
宋(960-1279)刻元明(1271-1644)递修本
1986年摄制. -- 2盘卷片(48米960拍) :
1:10, 2B ；35mm银盐
收藏馆：缩微中心，吉林

00〇007773
周书：五十卷 / (唐)令狐德棻撰
宋(960-1279)刻元明(1271-1644)递修本
1987年摄制. -- 2盘卷片(45.5米974拍) :
1:10, 2B ；35mm银盐
收藏馆：缩微中心，湖南

00〇006180
周书：五十卷 / (唐)令狐德棻撰
宋(960-1279)刻元明(1271-1644)递修本. --
存三十一卷：卷一至卷四、卷十一至卷十三、
卷十六至卷二十六、卷二十九至卷三十三、卷
三十五至卷三十六、卷四十二至卷四十五、卷
四十九至卷五十。
1987年摄制. -- 1盘卷片(30米594拍) :
1:10, 2B ；35mm银盐
收藏馆：缩微中心，四川

00〇009636
周书：五十卷 / (唐)令狐德棻撰
明万历十六年(1588)南京国子监刻本
1988年摄制. -- 2盘卷片(44米935拍) :
1:10, 2B ；35mm银盐
收藏馆：缩微中心，甘肃

00〇018867
周书：五十卷 / (唐)令狐德棻撰
明万历三十二年(1604)北京国子监刻本. --
(清)邓传密跋。
1994年摄制. -- 1盘卷片(33米692拍) :
1:10, 2B ；35mm银盐
收藏馆：缩微中心，国图

000O013253

周书 : 五十卷 / (唐)令狐德棻撰
明崇祯五年(1632)毛氏汲古阁刻十七史本
1991年摄制. -- 1盘卷片(24米518拍) :
1:10, 2B ; 35mm银盐
收藏馆 : 缩微中心, 湖北

000O015988

周书 : 五十卷 / (唐)令狐德棻撰
清同治十三年(1874)金陵书局刻本
1993年摄制. -- 1盘卷片(24米495拍) :
1:10, 2B ; 35mm银盐
收藏馆 : 缩微中心, 国图

000O030725

隋书 : 八十五卷 / (唐)魏征[等]撰
宋(960-1279)刻递修本
2003年摄制. -- 2盘卷片(41米839拍) :
1:10, 2B ; 35mm银盐
收藏馆 : 缩微中心, 国图

000O030726

隋书 : 八十五卷 / (唐)魏征[等]撰
宋(960-1279)刻本. -- 存五卷 : 卷二十四至
卷二十五、卷八十三至卷八十五。
2004年摄制. -- 1盘卷片(8米136拍) : 1:10,
2B ; 35mm银盐
收藏馆 : 缩微中心, 国图

000O009537

隋书 : 八十五卷 / (唐)魏征[等]撰
元大德(1297-1307)饶州路儒学刻明正德嘉靖
(1506-1566)递修本
1988年摄制. -- 3盘卷片(85.6米1887拍) :
1:11, 2B ; 35mm银盐
收藏馆 : 缩微中心, 重庆

000O011019

隋书 : 八十五卷 / (唐)魏征[等]撰
元大德(1297-1307)饶州路儒学刻明正德嘉靖
(1515-1566)递修本
1989年摄制. -- 3盘卷片(81米1868拍) :
1:10, 2B ; 35mm银盐
收藏馆 : 缩微中心, 南京

000O006652

隋书 : 八十五卷 / (唐)魏征[等]撰
元大德(1297-1307)饶州路儒学刻明嘉靖
(1522-1566)重修本
1987年摄制. -- 3盘卷片(87米1965拍) :
1:10, 2B ; 35mm银盐
收藏馆 : 缩微中心, 国图

000O002916

隋书 : 八十五卷 / (唐)魏征[等]撰
元大德(1297-1307)饶州路儒学刻明(1368-1644)
重修本. -- 卷五十七配清(1644-1911)抄本,
卷五十八至卷六十三配元至顺三年(1332)刻明
(1368-1644)修本。
1986年摄制. -- 3盘卷片(80米1600拍) :
1:10, 2B ; 35mm银盐
收藏馆 : 缩微中心, 国图

000O021450

隋书 : 八十五卷 / (唐)魏征[等]撰
元至顺三年(1332)瑞州路儒学刻本. -- 存
三十六卷 : 卷二十一至卷二十四、卷四十至卷
五十七、卷七十二至卷八十五。
1995年摄制. -- 2盘卷片(41米768拍) :
1:10, 2B ; 35mm银盐
收藏馆 : 缩微中心, 国图

000O029184

隋书 : 八十五卷 / (唐)魏征[等]撰
元至顺三年(1332)瑞州路儒学刻明(1368-1644)
重修本. -- 存十五卷 : 卷一至卷十五。(明)
蒋衡跋。
1999年摄制. -- 1盘卷片(23米520拍) :
1:10, 2B ; 35mm银盐
收藏馆 : 缩微中心, 国图

000O005872

隋书 : 八十五卷 / (唐)魏征[等]撰
元至顺三年(1332)瑞州路儒学刻明(1368-1644)
重修本. -- 卷二十配元大德(1297-1307)刻明
(1368-1644)修本。李盛铎跋。
1987年摄制. -- 4盘卷片(99米2179拍) :
1:10, 2B ; 35mm银盐
收藏馆 : 缩微中心, 国图

000O020936

隋书 : 八十五卷 / (唐)魏征[等]撰
明万历二十六年(1598)刻本
1994年摄制. -- 4盘卷片(87.9米1875拍) :
1:10, 2B ; 35mm银盐
收藏馆 : 缩微中心, 山西

000O012884

隋书 : 八十五卷 / (唐)魏征[等]撰
明崇祯八年(1635)毛氏汲古阁刻十七史本
1991年摄制. -- 2盘卷片(59.5米1278拍) :
1:10, 2B ; 35mm银盐
收藏馆 : 缩微中心, 湖北

000O024415

隋书 : 八十五卷 / (唐)魏征[等]撰

明崇祯八年(1635)毛氏汲古阁刻本. -- (清)
李慈铭校并跋。
1996年摄制. -- 2盘卷片(61米1262拍)：
1:10, 2B ; 35mm银盐
收藏馆：缩微中心，国图

000O014502
隋书地理志考证：九卷 / 杨守敬撰
清(1644-1911)稿本
1992年摄制. -- 1盘卷片(22.7米492拍)：
1:10, 2B ; 35mm银盐
收藏馆：缩微中心，重庆

000O010293
隋书地理志考证：九卷补遗一卷 / 杨守敬撰
清光绪二十二年(1896)杨氏邻苏园刻本. --
杨守敬、熊会贞批校。
1989年摄制. -- 1盘卷片(30米582拍)：
1:10, 2B ; 35mm银盐
收藏馆：缩微中心，湖北

000O013229
隋经籍志考证：三卷 / (清)章宗源撰
清(1644-1911)抄本. -- (清)许宗彦校，(清)
丁丙跋。
1991年摄制. -- 1盘卷片(15米288拍)：
1:10, 2B ; 35mm银盐
收藏馆：缩微中心，南京

000O007725
唐书：二百卷 / (五代)刘昫[等]撰
明嘉靖十四年至十七年(1535-1538)闻人诠刻
本
1987年摄制. -- 6盘卷片(157米3302拍)：
1:10, 2B ; 35mm银盐
收藏馆：缩微中心，湖南

000O007756
唐书：二百卷 / (五代)刘昫[等]撰
明嘉靖十四年至十七年(1535-1538)闻人诠刻
本
1987年摄制. -- 6盘卷片(171米3635拍)：
1:10, 2B ; 35mm银盐
收藏馆：缩微中心，湖南

000O009626
唐书：二百卷 / (五代)刘昫[等]撰
明嘉靖十八年(1539)刻本
1988年摄制. -- 6盘卷片(152米3205拍)：
1:10, 2B ; 35mm银盐
收藏馆：缩微中心，甘肃

000O016337
唐书：二百卷 / (五代)刘昫[等]撰
明嘉靖十八年(1539)闻人诠刻本
1992年摄制. -- 5盘卷片(144米2880拍)：
1:10, 2B ; 35mm银盐
收藏馆：缩微中心，国图

000O021452
唐书：二百卷 / (五代)刘昫[等]撰
明嘉靖十八年(1539)闻人诠刻本
1995年摄制. -- 5盘卷片(148米2989拍)：
1:10, 2B ; 35mm银盐
收藏馆：缩微中心，国图

000O021716
唐书：二百卷 / (五代)刘昫[等]撰
明嘉靖十八年(1539)闻人诠刻本
1995年摄制. -- 5盘卷片(148米3005拍)：
1:10, 2B ; 35mm银盐
收藏馆：缩微中心，国图

000O020728
唐书：二百卷 / (五代)刘昫[等]撰
明嘉靖十八年(1539)闻人诠刻本. -- 存四
卷：卷三十一至卷三十四。
1994年摄制. -- 1盘卷片(6米83拍)：1:10,
2B ; 35mm银盐
收藏馆：缩微中心，国图

000O011027
唐书：二百卷 / (五代)刘昫[等]撰
明嘉靖十八年(1539)闻人诠刻本
1989年摄制. -- 5盘卷片(144米3285拍)：
1:10, 2B ; 35mm银盐
收藏馆：缩微中心，南京

000O001550
唐书：二百卷 / (五代)刘昫[等]撰
明嘉靖(1522-1566)刻本
1986年摄制. -- 5盘卷片(143米3225拍)：
1:10, 2B ; 35mm银盐
收藏馆：缩微中心，吉林

000O025084
旧唐书：二百卷 / (五代)刘昫[等]撰
清同治十一年(1872)浙江书局刻本. -- (清)
李慈铭校。
1996年摄制. -- 6盘卷片(177米3621拍)：
1:10, 2B ; 35mm银盐
收藏馆：缩微中心，国图

000O005630
唐书：二百二十五卷 / (宋)欧阳修[等]撰

元(1271-1368)刻明(1368-1644)重修本. -- 撰者还有：(宋)宋祁等。存七十三卷：卷一百五十三至卷二百二十五。
1987年摄制. -- 3盘卷片(81米1838拍)：1:10, 2B；35mm银盐
收藏馆：缩微中心，国图

000O003153
唐书：二百二十五卷 / (宋)欧阳修[等]撰
元(1271-1368)刻明(1368-1644)重修本. -- 撰者还有：(宋)宋祁等。多卷配另一元(1271-1368)刻本。存二百二十四卷：卷一至卷一百二、卷一百四至卷二百二十五。
1986年摄制. -- 9盘卷片(240米5398拍)：1:10, 2B；35mm银盐
收藏馆：缩微中心，国图

000O022217
唐书：二百二十五卷 / (宋)欧阳修[等]撰
元(1271-1368)刻明(1368-1644)重修本. -- 撰者还有：(宋)宋祁等。存一百三十五卷：卷十一至卷二十四、卷二十九至卷三十七、卷五十七至卷六十、卷七十一至卷七十三上、卷八十二至卷一百三十一、卷一百四十三至卷一百七十、卷一百七十六至卷一百七十八、卷一百九十二至卷一百九十七、卷二百二至卷二百七、卷二百十四至卷二百二十一上、卷二百二十二至卷二百二十五。
1995年摄制. -- 5盘卷片(139米2937拍)：1:10, 2B；35mm银盐
收藏馆：缩微中心，国图

000O022215
唐书：二百二十五卷目录二卷 / (宋)欧阳修[等]撰
元(1271-1368)刻明(1368-1644)重修本. -- 撰者还有：(宋)宋祁等。
1995年摄制. -- 8盘卷片(240米4961拍)：1:10, 2B；35mm银盐
收藏馆：缩微中心，国图

000O022220
唐书：二百二十五卷目录二卷 / (宋)欧阳修[等]撰
元(1271-1368)刻明(1368-1644)重修本. -- 撰者还有：(宋)宋祁等。
1995年摄制. -- 8盘卷片(252米5482拍)：1:10, 2B；35mm银盐
收藏馆：缩微中心，国图

000O022221
唐书：二百二十五卷目录二卷 / (宋)欧阳修[等]撰

元(1271-1368)刻明(1368-1644)重修本. -- 撰者还有：(宋)宋祁等。存九十四卷：卷一至卷十、卷二十五至卷二十八上、卷五十七至卷七十一上、卷七十四至卷七十五、卷八十一至卷八十五、卷一百十八至卷一百二十三、卷一百二十五至卷一百二十六、卷一百四十八至卷一百四十九、卷一百五十四至卷一百六十七、卷一百七十二至卷一百八十一、卷一百九十二至卷一百九十七、卷一百九十九至卷二百三、卷二百十五至卷二百十六、卷二百十七下至卷二百二十五，目录二卷。
1995年摄制. -- 4盘卷片(118米2360拍)：1:10, 2B；35mm银盐
收藏馆：缩微中心，国图

000O009969
唐书：二百二十五卷 / (宋)欧阳修[等]撰
元大德九年(1305)建康路儒学刻明崇祯(1628-1644)南京国子监递修本. -- 撰者还有：(宋)宋祁等。
1988年摄制. -- 8盘卷片(244米5270拍)：1:10, 2B；35mm银盐
收藏馆：缩微中心，山东

000O021456
唐书：二百二十五卷 / (宋)欧阳修[等]撰
明(1368-1644)欧阳徽柔刻本. -- 撰者还有：(宋)宋祁等。存六十卷：卷一至卷六十。
1995年摄制. -- 2盘卷片(59米1228拍)：1:10, 2B；35mm银盐
收藏馆：缩微中心，国图

000O022527
唐书：二百二十五卷 / (宋)欧阳修[等]撰
明崇祯(1628-1644)毛氏汲古阁刻十七史本. -- 撰者还有：(宋)宋祁等。
1995年摄制. -- 7盘卷片(194.5米3940拍)：1:10, 2B；35mm银盐
收藏馆：缩微中心，湖北

000O011013
唐书：二百二十五卷 / (宋)欧阳修[等]撰
明崇祯二年(1629)毛氏汲古阁刻十七史本. -- 撰者还有：(宋)宋祁等。存二百十八卷：卷一至卷一百五十、卷一百五十八至卷二百二十五。(清)何煌校，(清)严流校跋。
1989年摄制. -- 6盘卷片(158米3660拍)：1:10, 2B；35mm银盐
收藏馆：缩微中心，南京

000O008028
唐书：二百二十五卷 / (宋)欧阳修[等]撰
明崇祯二年(1629)毛氏汲古阁刻本. -- 撰者

还有：(宋)宋祁等。
1988年摄制. -- 7盘卷片（184.8米3927拍）：
1:10，2B ；35mm银盐
收藏馆：缩微中心，湖南

000O003954
唐书：二百二十五卷 / (宋)欧阳修[等]撰
明崇祯二年(1629)毛氏汲古阁刻本. -- 撰者
还有：(宋)宋祁等。佚名校。
1985年摄制. -- 6盘卷片（168米3753拍）：
1:10，2B ；35mm银盐
收藏馆：缩微中心，国图

000O001545
唐书：二百五十二卷 / (宋)欧阳修[等]撰
元大德九年(1305)刻明成化至嘉靖(1465-1566)
补刻本
1986年摄制. -- 8盘卷片（234米5258拍）：
1:10，2B ；35mm银盐
收藏馆：缩微中心，吉林

000O009544
唐书：二百五十卷 / (宋)欧阳修[等]撰
元(1271-1368)刻明(1368-1644)递修本. --
存一百五十二卷：卷七十四下至卷二百二十五下。
1988年摄制. -- 6盘卷片（155.4米3404拍）：
1:9，2B ；35mm银盐
收藏馆：缩微中心，重庆

000O011324
唐书：二百二十五卷唐书释音二十五卷 / (宋)欧
阳修[等]撰
元大德(1297-1307)建康路儒学刻明成化弘治
(1465-1505)南京国子监递修本
1989年摄制. -- 8盘卷片（231米3355拍）：
1:10，2B ；35mm银盐
收藏馆：缩微中心，辽宁

000O019992
唐书艺文志考：三卷 / 缪荃孙撰
清(1644-1911)稿本
1994年摄制. -- 1盘卷片（12米220拍）：
1:10，2B ；35mm银盐
收藏馆：缩微中心，国图

000O004866
新唐书纠谬：二十卷 / (宋)吴缜撰
明(1368-1644)影宋抄本
1986年摄制. -- 1盘卷片（9米165拍）：1:10，
2B ；35mm银盐
收藏馆：缩微中心，国图

000O002172
新唐书纠谬：二十卷 / (宋)吴缜撰
清(1644-1911)影宋抄本. -- 存十五卷：卷一
至卷六、卷十二至卷二十。
1986年摄制. -- 1盘卷片（7米120拍）：1:10，
2B ；35mm银盐
收藏馆：缩微中心，国图

000O007534
新唐书纠谬：二十卷 / (宋)吴缜撰
明(1368-1644)刻本
1987年摄制. -- 1盘卷片（15米327拍）：
1:10，2B ；35mm银盐
收藏馆：缩微中心，国图

000O011039
新唐书纠谬：二十卷 / (宋)吴缜撰
清(1644-1911)抄本. -- (清)周嘉猷校跋录
(清)邵晋涵校。
1989年摄制. -- 1盘卷片（10米225拍）：
1:10，2B ；35mm银盐
收藏馆：缩微中心，南京

000O027158
唐书诠要：一卷 / (清)林茂春撰
清(1644-1911)稿本. -- (清)林茂春跋。
1996年摄制. -- 1盘卷片（8.7米160拍）：
1:10，2B ；35mm银盐
收藏馆：缩微中心，福建

000O020275
南唐书：三十卷 / (宋)马令撰
明初(1368-1424)刻本. -- (清)张载华校，
(清)方若蘅题款，(清)单学传跋。
1994年摄制. -- 1盘卷片（11米190拍）：
1:10，2B ；35mm银盐
收藏馆：缩微中心，国图

000O003201
南唐书：三十卷 / (宋)马令撰
明嘉靖二十九年(1550)顾汝达刻本
1986年摄制. -- 1盘卷片（13米258拍）：
1:10，2B ；35mm银盐
收藏馆：缩微中心，国图

000O004350
南唐书：三十卷 / (宋)马令撰
明嘉靖二十九年(1550)顾汝达刻本
1986年摄制. -- 1盘卷片（12米249拍）：
1:10，2B ；35mm银盐
收藏馆：缩微中心，国图

000○011407
南唐书：三十卷 / (宋)马令撰
明嘉靖二十九年(1550)顾汝达刻本. -- (明)
叶恭焕跋。
1989年摄制. -- 1盘卷片(14米269拍) :
1:10, 2B ; 35mm银盐
收藏馆：缩微中心，南京

000○011034
南唐书：三十卷 / (宋)马令撰
明嘉靖二十九年(1550)顾汝达刻本. -- (清)
丁丙跋。
1989年摄制. -- 1盘卷片(11米250拍) :
1:10, 2B ; 35mm银盐
收藏馆：缩微中心，南京

000○005118
南唐书：三十卷 / (宋)马令撰
明嘉靖二十九年(1550)顾汝达刻本. -- 邓邦
述跋。
1986年摄制. -- 1盘卷片(12.4米259拍) :
1:10, 2B ; 35mm银盐
收藏馆：缩微中心，国图

000○021097
南唐书：三十卷 / (宋)马令撰
明(1368-1644)读书坊刻本
1994年摄制. -- 1盘卷片(14米267拍) :
1:10, 2B ; 35mm银盐
收藏馆：缩微中心，国图

000○002194
南唐书：十八卷 / (宋)陆游撰
明(1368-1644)抄本
1986年摄制. -- 1盘卷片(12米254拍) :
1:10, 2B ; 35mm银盐
收藏馆：缩微中心，国图

000○008305
**南唐书：十八卷音释一卷 / (宋)陆游撰；(元)戚
光音释**
明天启三年(1623)鲍山刻本
1988年摄制. -- 1盘卷片(13米235拍) :
1:10, 2B ; 35mm银盐
收藏馆：缩微中心，山东

000○004520
**南唐书笺注：十八卷 / (清)周在浚撰．音释：一
卷 / (元)戚光撰**
清乾隆(1736-1795)吴氏拜经楼抄本. -- (清)
周广业、(清)吴骞校并跋，(清)朱允达、(清)
陈鳣校。
1987年摄制. -- 1盘卷片(27米597拍) :

1:10, 2B ; 35mm银盐
收藏馆：缩微中心，国图

000○010550
**南唐书：十八卷音释一卷 / (宋)陆游撰；(元)戚
光音释．焚椒录：一卷 / (辽)王鼎撰**
清(1644-1911)抄本. -- (清)丁丙跋。
1989年摄制. -- 1盘卷片(13米283拍) :
1:10, 2B ; 35mm银盐
收藏馆：缩微中心，南京

000○015703
**南唐书笺注：十八卷 / (清)周在浚撰．音释：一
卷 / (元)戚光撰**
清(1644-1911)抄本
1993年摄制. -- 1盘卷片(26米501拍) :
1:10, 2B ; 35mm银盐
收藏馆：缩微中心，国图

000○016323
南唐书合订：二十五卷 / (明)李清辑
清乾隆(1736-1795)抄文澜阁四库全书本. --
存四卷：卷一至卷四。
1992年摄制. -- 1盘卷片(10米174拍) :
1:10, 2B ; 35mm银盐
收藏馆：缩微中心，国图

000○002883
唐余纪传：十八卷 / (明)陈霆撰
清(1644-1911)彭氏知圣道斋抄本. -- (清)彭
元瑞校并跋。
1986年摄制. -- 1盘卷片(12.6米263拍) :
1:10, 2B ; 35mm银盐
收藏馆：缩微中心，国图

000○022989
宋史：四百九十六卷 / (元)脱脱[等]撰
元至正六年(1346)江浙[等]处行中书省刻
本. -- 存十六卷：卷三十三至卷三十四、
卷三十九至卷四十、卷六十、卷七十、卷
七十六、卷八十三、卷一百六十六、卷
二百三十四、卷二百五十八至卷二百五十九、
卷三百五至卷三百六、卷三百三十八至卷
三百三十九。
1995年摄制. -- 1盘卷片(17米304拍) :
1:10, 2B ; 35mm银盐
收藏馆：缩微中心，国图

000○029054
宋史：四百九十六卷 / (元)脱脱[等]撰
明成化七年至十六年(1471-1480)朱英刻本
. -- 存三卷：卷六十二至卷六十四。
1999年摄制. -- 1盘卷片(5米110拍) : 1:10,

2B ；35mm银盐
收藏馆：缩微中心，国图

00O029146
宋史：四百九十六卷 / (元)脱脱[等]撰
明成化七年至十六年(1471-1480)朱英刻本. -- 卷三百六十二至卷三百六十三配明(1368-1644)抄本。存一百六十一卷：卷七至卷十八、卷二十四至卷五十七、卷六十至卷七十二、卷七十六至卷七十九、卷一百三十八至卷一百四十一、卷一百七十二至卷一百七十三、卷一百七十六至卷一百七十七、卷一百九十八至卷二百一、卷二百十六、卷二百十八、卷二百二十二至卷二百二十三、卷二百二十五、卷二百二十八至卷二百四十三、卷三百十九至卷三百二十一、卷三百四十六至卷三百四十七、卷三百六十二至卷三百六十三、卷三百七十三至卷三百七十四、卷三百八十至卷三百八十三、卷四百三至卷四百四十、卷四百五十六至卷四百五十七、卷四百六十四至卷四百六十六、卷四百七十四至卷四百七十五、卷四百七十九至卷四百八十二、卷四百八十六至卷四百八十八。
1999年摄制. -- 6盘卷片(171米3875拍)：1:10，2B ；35mm银盐
收藏馆：缩微中心，国图

00O005964
宋史：四百九十六卷目录三卷 / (元)脱脱[等]撰
明成化七年至十六年(1471-1480)朱英刻本. -- 存四百九十六卷：卷一至卷三百五十一、卷三百五十五至卷四百九十六，目录三卷。
1986年摄制. -- 20盘卷片(558米12401拍)：1:10，2B ；35mm银盐
收藏馆：缩微中心，国图

00O001551
宋史：四百九十六卷目录三卷 / (元)脱脱[等]撰
明成化七年至九年(1471-1473)朱英刻嘉靖(1522-1566)南京国子监递修本
1986年摄制. -- 19盘卷片(574米12954拍)：1:10，2B ；35mm银盐
收藏馆：缩微中心，吉林

00O003653
宋史：四百九十六卷目录三卷 / (元)脱脱[等]撰
明成化七年至十六年(1471-1480)朱英刻嘉靖至万历(1522-1620)递修本. -- (清)钱谦益抄补批校并跋。
1985年摄制. -- 19盘卷片(540.8米12183拍)：1:10，2B ；35mm银盐
收藏馆：缩微中心，国图

00O030999
宋史：四百九十六卷目录三卷 / (元)脱脱[等]撰
清光绪元年(1875)浙江书局刻本. -- 章钰校并跋。
2004年摄制. -- 15盘卷片(445米9472拍)：1:10，2B ；35mm银盐
收藏馆：缩微中心，国图

00O011038
宋天文志：十五卷；步天歌：一卷
清(1644-1911)抄本
1989年摄制. -- 1盘卷片(11米259拍)：1:10，2B ；35mm银盐
收藏馆：缩微中心，南京

00O015356
宋史道学传：四卷 / (元)脱脱[等]撰
明(1368-1644)刻本
1992年摄制. -- 1盘卷片(6米79拍)：1:10，2B ；35mm银盐
收藏馆：缩微中心，国图

00O002280
东都事略：一百三十卷 / (宋)王偁撰
明(1368-1644)抄本. -- 存十二卷：卷七十五至卷八十六。
1986年摄制. -- 1盘卷片(7.3米136拍)：1:10，2B ；35mm银盐
收藏馆：缩微中心，国图

00O006823
东都事略：一百三十卷 / (宋)王偁撰
明(1368-1644)抄本. -- 存十一卷：卷七十四至卷八十四。
1986年摄制. -- 1盘卷片(7米121拍)：1:10，2B ；35mm银盐
收藏馆：缩微中心，国图

00O002905
东都事略：一百三十卷 / (宋)王偁撰
清(1644-1911)振鹭堂影宋刻本. -- (清)吴骞跋，(清)朱允达校。
1986年摄制. -- 2盘卷片(47米1042拍)：1:10，2B ；35mm银盐
收藏馆：缩微中心，国图

00O019699
东都事略：一百三十卷 / (宋)王偁撰
清初(1644-1722)平庵抄本
1994年摄制. -- 3盘卷片(85米1752拍)：1:10，2B ；35mm银盐
收藏馆：缩微中心，国图

000O024132
东都事略：一百三十卷 / (宋)王偁撰
清初(1644-1722)平庵抄本
1996年摄制. -- 3盘卷片(76米1520拍) :
1:10, 2B ; 35mm银盐
收藏馆：缩微中心，湖北

000O003959
东都事略：一百三十卷 / (宋)王偁撰
清(1644-1911)抄本. -- (清)翁同龢跋。
1986年摄制. -- 2盘卷片(49米1075拍) :
1:10, 2B ; 35mm银盐
收藏馆：缩微中心，国图

000O013462
宋史质：一百卷 / (明)王洙撰
明嘉靖(1522-1566)刻本
1991年摄制. -- 2盘卷片(49米942拍) :
1:10, 2B ; 35mm银盐
收藏馆：缩微中心，国图

000O021458
宋史质：一百卷 / (明)王洙撰
明嘉靖(1522-1566)刻本. -- 存八十六卷：卷
一至卷十四、卷十七至卷十八、卷二十至卷
二十四、卷二十六至卷四十、卷四十五、卷
四十九至卷六十、卷六十二至卷六十三、卷
六十六至卷一百。
1995年摄制. -- 2盘卷片(42米830拍) :
1:10, 2B ; 35mm银盐
收藏馆：缩微中心，国图

000O004439
宋史新编：二百卷 / (明)柯维骐撰
明嘉靖(1522-1566)刻本
1986年摄制. -- 7盘卷片(188米4185拍) :
1:10, 2B ; 35mm银盐
收藏馆：缩微中心，国图

000O005977
宋史新编：二百卷 / (明)柯维骐撰
明嘉靖(1522-1566)刻本
1986年摄制. -- 7盘卷片(188.3米4228拍) :
1:10, 2B ; 35mm银盐
收藏馆：缩微中心，国图

000O011025
宋史新编：二百卷 / (明)柯维骐撰
明嘉靖(1522-1566)刻本. -- (清)丁丙跋。
1989年摄制. -- 7盘卷片(183米4220拍) :
1:10, 2B ; 35mm银盐
收藏馆：缩微中心，南京

000O022226
宋史记：二百五十卷 / (明)王惟俭撰
清(1644-1911)抄本. -- (清)宋宾王校并跋。
1995年摄制. -- 9盘卷片(291米5975拍) :
1:10, 2B ; 35mm银盐
收藏馆：缩微中心，国图

000O022949
辽史：一百十六卷 / (元)脱脱[等]撰
明初(1368-1424)刻本. -- 存九十五卷：卷一
至卷五十五、卷五十八至卷九十七。
1995年摄制. -- 2盘卷片(46米927拍) :
1:10, 2B ; 35mm银盐
收藏馆：缩微中心，国图

000O021455
辽史：一百十六卷 / (元)脱脱[等]撰
明初(1368-1424)刻本. -- 存七十二卷：卷一
至卷四十四、卷六十三至卷九十。
1995年摄制. -- 1盘卷片(33米691拍) :
1:10, 2B ; 35mm银盐
收藏馆：缩微中心，国图

000O022212
辽史：一百十六卷 / (元)脱脱[等]撰
明初(1368-1424)刻本. -- 存五十四卷：卷
三十一至卷四十四、卷四十九至卷六十二、卷
七十一至卷九十六。
1995年摄制. -- 1盘卷片(22米433拍) :
1:10, 2B ; 35mm银盐
收藏馆：缩微中心，国图

000O021459
辽史：一百十六卷 / (元)脱脱[等]撰
明初(1368-1424)刻本. -- 存三十三卷：卷一
至卷十一、卷二十五至卷三十六、卷六十九至
卷七十八。
1995年摄制. -- 1盘卷片(16米312拍) :
1:10, 2B ; 35mm银盐
收藏馆：缩微中心，国图

000O029868
辽史：一百十六卷 / (元)脱脱[等]撰
明初(1368-1424)刻本. -- 存一卷：卷
四十五。
2001年摄制. -- 1盘卷片(3米40拍) : 1:10,
2B ; 35mm银盐
收藏馆：缩微中心，国图

000O003655
辽史：一百六十卷 / (元)脱脱[等]撰
明初(1368-1424)刻递修本
1985年摄制. -- 2盘卷片(49米1095拍) :

1:10，2B；35mm银盐
收藏馆：缩微中心，国图

000O005207
辽史：一百十六卷 / (元)脱脱[等]撰
明初(1368-1424)刻递修本
1986年摄制. -- 2盘卷片(51米1139拍)：
1:10，2B；35mm银盐
收藏馆：缩微中心，国图

000O004594
辽史：一百十六卷 / (元)脱脱[等]撰
明初(1368-1424)刻递修本. -- 卷四十七配清
(1644-1911)抄本。
1986年摄制. -- 2盘卷片(51米1133拍)：
1:10，2B；35mm银盐
收藏馆：缩微中心，国图

000O000190
辽史：一百十六卷 / (元)脱脱[等]撰
明嘉靖八年(1529)刻万历四年(1576)南京国子
监重修本. -- (清)厉鹗校注，(清)李放跋。
1985年摄制. -- 2盘卷片(52.2米1166拍)：
1:10，2B；35mm银盐
收藏馆：缩微中心，国图

000O010546
辽史拾遗：二十四卷 / (清)厉鹗撰
清(1644-1911)三余书屋抄本. -- 存十四卷：
卷一至卷十四。
1989年摄制. -- 1盘卷片(23米543拍)：
1:10，2B；35mm银盐
收藏馆：缩微中心，南京

000O022691
**辽史拾遗：二十四卷 / (清)厉鹗撰．续：三卷 /
(清)杨复吉撰**
清(1644-1911)沈氏鸣野山房抄本
1995年摄制. -- 2盘卷片(46米976拍)：
1:10，2B；35mm银盐
收藏馆：缩微中心，浙江

000O015623
**辽史拾遗：二十四卷 / (清)厉鹗撰．续：三卷 /
(清)杨复吉撰**
清(1644-1911)抄本
1993年摄制. -- 1盘卷片(25米506拍)：
1:10，2B；35mm银盐
收藏馆：缩微中心，国图

000O013595
**辽史拾遗：二十四卷 / (清)厉鹗撰．辽史纪年表：
一卷西辽纪年表一卷 / (清)汪远孙辑**

清道光元年至二年(1821-1822)汪氏振绮堂刻
本
1991年摄制. -- 1盘卷片(29米595拍)：
1:10，2B；35mm银盐
收藏馆：缩微中心，国图

000O011406
辽史拾遗续：三卷 / (清)杨复吉撰
清(1644-1911)稿本. -- (清)汪曰桢、(清)丁
丙跋。
1989年摄制. -- 1盘卷片(6米143拍)：1:10，
2B；35mm银盐
收藏馆：缩微中心，南京

000O023020
金史：一百三十五卷 / (元)脱脱[等]撰
元至正五年(1345)江浙[等]处行中书省刻本
. -- 存一卷：卷二十六。
1995年摄制. -- 1盘卷片(3米10拍)：1:10，
2B；35mm银盐
收藏馆：缩微中心，国图

000O002915
金史：一百三十五卷 / (元)脱脱[等]撰
明初(1368-1424)刻本
1986年摄制. -- 4盘卷片(116米2575拍)：
1:10，2B；35mm银盐
收藏馆：缩微中心，国图

000O022223
金史：一百三十五卷 / (元)脱脱[等]撰
明初(1368-1424)刻本. -- 存四十卷：卷六至
卷十一、卷四十至卷四十四、卷五十六至卷
五十八、卷六十三至卷七十一、卷九十一至卷
九十四、卷一百七至卷一百九、卷一百十七至
卷一百二十、卷一百二十三至卷一百二十八。
1995年摄制. -- 1盘卷片(33米665拍)：
1:10，2B；35mm银盐
收藏馆：缩微中心，国图

000O020898
金史：一百三十五卷 / (元)脱脱[等]撰
明初(1368-1424)刻本. -- 存三卷：卷四十一
至卷四十三。
1994年摄制. -- 1盘卷片(5米55拍)：1:10，
2B；35mm银盐
收藏馆：缩微中心，国图

000O001465
金史：一百三十五卷 / (元)脱脱[等]撰
明初(1368-1424)刻递修本
1985年摄制. -- 4盘卷片(113米2511拍)：
1:10，2B；35mm银盐

收藏馆：缩微中心，国图

000○022224
金史：一百三十五卷 / (元)脱脱[等]撰
明(1368-1644)内府抄本. -- 存一百十五卷：
卷二至卷四、卷七至卷二十、卷二十二至卷
二十八、卷三十二至卷六十五、卷七十至卷
七十四、卷七十八至卷九十四、卷九十七至卷
一百十八、卷一百二十一至卷一百三十一、卷
一百三十四至卷一百三十五。
1995年摄制. -- 4盘卷片(110米2168拍)：
1:10, 2B；35mm银盐
收藏馆：缩微中心，国图

000○003657
金史：一百三十五卷目录二卷 / (元)脱脱[等]撰
明初(1368-1424)刻递修本
1985年摄制. -- 4盘卷片(112米2500拍)：
1:10, 2B；35mm银盐
收藏馆：缩微中心，国图

000○000149
金史补：□□卷 / (清)杭世骏撰
清(1644-1911)稿本. -- 存四卷：艺文志一
卷、风土志一卷、列传卷六十三至卷六十四。
1985年摄制. -- 1盘卷片(7.4米138拍)：
1:10, 2B；35mm银盐
收藏馆：缩微中心，国图

000○025651
金史补：不分卷 / (清)杭世骏撰
清(1644-1911)抄本. -- (清)丁丙跋。
1996年摄制. -- 1盘卷片(14米317拍)：
1:10, 2B；35mm银盐
收藏馆：缩微中心，南京

000○013840
**金源札记：二卷序例一卷又札一卷史论五答一
卷；吉贝居暇唱：一卷 / (清)施国祁撰**
清嘉庆十七年至二十一年(1812-1816)施氏吉
贝居刻本
1992年摄制. -- 1盘卷片(7米103拍)：1:10,
2B；35mm银盐
收藏馆：缩微中心，国图

000○023033
元史：二百十卷目录二卷 / (明)宋濂[等]撰
明洪武三年(1370)内府刻本. -- 存三十七卷：
卷五至卷七、卷十四至卷十五、卷八十二至卷
八十三、卷八十七至卷九十、卷一百一、卷
一百二十九至卷一百三十三、卷一百五十至卷
一百五十一、卷一百五十七至卷一百五十八、卷
一百六十八、卷一百七十六至卷一百七十八、

卷一百八十八至卷一百九十四、卷二百六至卷
二百八、目录二卷。
1995年摄制. -- 2盘卷片(36米695拍)：
1:10, 2B；35mm银盐
收藏馆：缩微中心，国图

000○002903
元史：二百十目录二卷 / (明)宋濂[等]撰
明洪武三年(1370)内府刻嘉靖九年至十年
(1530-1531)递修本
1986年摄制. -- 8盘卷片(209米4676拍)：
1:10, 2B；35mm银盐
收藏馆：缩微中心，国图

000○029187
元史：二百十卷目录二卷 / (明)宋濂[等]撰
明洪武三年(1370)内府刻嘉靖九年至十年
(1530-1531)递修本
1999年摄制. -- 8盘卷片(220米5043拍)：
1:10, 2B；35mm银盐
收藏馆：缩微中心，国图

000○021732
元史：二百十卷目录二卷 / (明)宋濂[等]撰
明万历三十年(1602)北京国子监刻本
1995年摄制. -- 7盘卷片(211米4320拍)：
1:10, 2B；35mm银盐
收藏馆：缩微中心，国图

000○024417
元史：二百十卷目录二卷 / (明)宋濂[等]撰
明万历三十年(1602)北京国子监刻本. --
(清)毛岳生校注并跋。
1996年摄制. -- 7盘卷片(211米4319拍)：
1:10, 2B；35mm银盐
收藏馆：缩微中心，国图

000○014191
元史：五卷 / (明)宋濂[等]撰
明(1368-1644)抄本
1992年摄制. -- 1盘卷片(18米342拍)：
1:10, 2B；35mm银盐
收藏馆：缩微中心，国图

000○013044
元史地名考：不分卷 / (清)李文田撰
清(1644-1911)稿本
1991年摄制. -- 1盘卷片(20米393拍)：
1:10, 2B；35mm银盐
收藏馆：缩微中心，国图

000○008355
续弘简录元史类编：四十二卷 / (清)邵远平撰

清乾隆六十年(1795)席氏扫叶山房刻本
1988年摄制. -- 2盘卷片(62米1401拍) :
1:10, 2B ; 35mm银盐
收藏馆：缩微中心，浙江

000○004442
元史类编：四十二卷 / (清)邵远平撰
清乾隆六十年(1795)席氏扫叶山房刻本. --
(清)刘佳批校并跋，(清)刘履芬抄补并跋.
1986年摄制. -- 2盘卷片(56米1301拍) :
1:10, 2B ; 35mm银盐
收藏馆：缩微中心，国图

000○024423
元史稿：七十六卷 / (清)魏源撰；(清)龚橙校订
清(1644-1911)抄本. -- 存四卷：卷一至卷
四。陈垣跋。
1996年摄制. -- 1盘卷片(6米80拍) : 1:10,
2B ; 35mm银盐
收藏馆：缩微中心，国图

000○021072
皇明书：四十五卷 / (明)邓元锡撰
明末(1621-1644)刻本
1994年摄制. -- 2盘卷片(61米1273拍) :
1:10, 2B ; 35mm银盐
收藏馆：缩微中心，国图

000○009794
名山藏：一百九卷 / (明)何乔远撰
明崇祯(1628-1644)曾樱[等]福建刻本
1988年摄制. -- 6盘卷片(171米3582拍) :
1:10, 2B ; 35mm银盐
收藏馆：缩微中心，四川

000○020376
皇明史窃：一百五卷 / (明)尹守衡撰
明崇祯(1628-1644)刻本
1994年摄制. -- 3盘卷片(75米1510拍) :
1:10, 2B ; 35mm银盐
收藏馆：缩微中心，国图

000○022228
识大录：不分卷 / (明)刘振撰
清(1644-1911)抄本
1995年摄制. -- 8盘卷片(234米4802拍) :
1:10, 2B ; 35mm银盐
收藏馆：缩微中心，国图

000○011026
石匮书：□□卷 / (明)张岱撰
清(1644-1911)稿本. -- 存二百二卷：卷一至
卷十一、卷二十四至卷二百十四，续六卷。

1989年摄制. -- 6盘卷片(162米3696拍) :
1:10, 2B ; 35mm银盐
收藏馆：缩微中心，南京

000○011028
石匮书后集：六十三卷 / (明)张岱撰
清(1644-1911)抄本
1989年摄制. -- 2盘卷片(37米884拍) :
1:10, 2B ; 35mm银盐
收藏馆：缩微中心，南京

000○025101
罪惟录：九十卷 / (清)查继佐撰
清(1644-1911)抄本. -- 存一卷：卷一。
1996年摄制. -- 1盘卷片(3米25拍) : 1:10,
2B ; 35mm银盐
收藏馆：缩微中心，国图

000○025088
明史：四百十六卷目录三卷 / (清)万斯同撰
清(1644-1911)抄本
1996年摄制. -- 17盘卷片(517米10655拍) :
1:10, 2B ; 35mm银盐
收藏馆：缩微中心，国图

000○024438
明史纪传：三百十三卷 / (清)万斯同撰
清(1644-1911)抄本. -- 卷十七下(光宗本
纪)至卷十九、卷二百九十二至卷三百三、卷
三百八至卷三百九据钦定明史抄补。存三百九
卷：卷一至卷三百九。
1995年摄制. -- 12盘卷片(371米7665拍) :
1:10, 2B ; 35mm银盐
收藏馆：缩微中心，国图

000○011354
潜庵先生拟明史稿：二十卷 / (清)汤斌撰；(清)
田兰芳评
清康熙二十七年(1688)刻本
1989年摄制. -- 2盘卷片(45米1000拍) :
1:10, 2B ; 35mm银盐
收藏馆：缩微中心，辽宁

000○022541
明史列传拟稿：不分卷 / (清)方象瑛撰
清(1644-1911)稿本
1995年摄制. -- 1盘卷片(13.5米260拍) :
1:10, 2B ; 35mm银盐
收藏馆：缩微中心，湖北

000○011042
拟明史传：不分卷 / (清)姜宸英撰
清(1644-1911)吴氏绣谷亭抄本

1989年摄制. -- 1盘卷片(6米62拍) : 1:10,
2B ; 35mm银盐
收藏馆：缩微中心，南京

000O025077
明史列传分纂：十五卷 / (清)万邦荣撰
清道光十四年(1834)万六德刻本
1996年摄制. -- 1盘卷片(14米264拍) :
1:10, 2B ; 35mm银盐
收藏馆：缩微中心，国图

000O008112
明史稿：二百八卷目录三卷 / (清)王鸿绪撰
清康熙五十三年(1714)敬慎堂刻本
1988年摄制. -- 7盘卷片(209.5米4665拍) :
1:10, 2B ; 35mm银盐
收藏馆：缩微中心，湖北

000O005067
明史列传稿：一百六十二卷 / (清)王鸿绪[等]纂修
清(1644-1911)敬慎堂抄本
1986年摄制. -- 6盘卷片(156米3662拍) :
1:10, 2B ; 35mm银盐
收藏馆：缩微中心，国图

000O028834
明史：三百三十六卷 / (清)张廷玉[等]纂
清(1644-1911)刻文源阁四库全书本. -- 存五卷：卷九至卷十三。
1998年摄制. -- 1盘卷片(5米81拍) : 1:10,
2B ; 35mm银盐
收藏馆：缩微中心，广东

000O009994
明史：三百三十六卷 / (清)张廷玉[等]纂
清(1644-1911)文源阁抄四库全书本. -- 版框高二十二厘米宽十五厘米。存五卷：卷九至卷十三。
1989年摄制. -- 1盘卷片(7.4米90拍) :
1:10, 2B ; 35mm银盐
收藏馆：缩微中心，广东

000O024538
明史地理志稿：不分卷 / (清)万斯同撰
清(1644-1911)万氏抄本
1996年摄制. -- 1盘卷片(16米305拍) :
1:10, 2B ; 35mm银盐
收藏馆：缩微中心，浙江

000O013074
明史志：三十六卷 / (清)管干珍撰
清(1644-1911)锡福楼刻本

1991年摄制. -- 2盘卷片(42米755拍) :
1:10, 2B ; 35mm银盐
收藏馆：缩微中心，国图

000O026052
大明刑法志：二卷 / (清)姜宸英撰
清(1644-1911)吴氏绣谷亭抄本. -- 存一卷：卷上。
1989年摄制. -- 1盘卷片(4米51拍) : 1:10,
2B ; 35mm银盐
收藏馆：缩微中心，南京

000O011030
明史：□□卷
清(1644-1911)抄本. -- 存列传一百七十九卷。
1989年摄制. -- 5盘卷片(140米3112拍) :
1:10, 2B ; 35mm银盐
收藏馆：缩微中心，南京

000O022759
明史续编：不分卷 / (清)傅以礼撰
清(1644-1911)稿本
1994年摄制. -- 1盘卷片(31米638拍) :
1:10, 2B ; 35mm银盐
收藏馆：缩微中心，浙江

000O008366
南疆逸史：四十四卷 / (清)温睿临撰
清(1644-1911)抄本
1987年摄制. -- 2盘卷片(40米830拍) :
1:10, 2B ; 35mm银盐
收藏馆：缩微中心，国图

000O024134
南疆逸史：二十八卷 / (清)温睿临撰
清(1644-1911)抄本
1996年摄制. -- 1盘卷片(11米210拍) :
1:10, 2B ; 35mm银盐
收藏馆：缩微中心，湖北

000O004312
南疆逸史：二十卷 / (清)温睿临撰
清(1644-1911)抄本
1986年摄制. -- 1盘卷片(12.6米264拍) :
1:10, 2B ; 35mm银盐
收藏馆：缩微中心，国图

000O011418
南疆逸史：五十六卷 / (清)温睿临撰
清(1644-1911)抄本
1989年摄制. -- 1盘卷片(21米488拍) :
1:10, 2B ; 35mm银盐

收藏馆：缩微中心，南京

000O016187
南疆逸史：五十六卷 / (清)温睿临撰
清(1644-1911)傅氏长恩阁抄本. -- (清)杨凤苞跋。
1993年摄制. -- 1盘卷片(32米655拍) : 1:10, 2B ; 35mm银盐
收藏馆：缩微中心，国图

000O014031
南疆绎史勘本：三十卷首二卷绎史纪略补一卷 / (清)温睿临撰；(清)李瑶勘定. 恤谥考：八卷摭遗十八卷 / (清)李瑶撰
清道光十年(1830)李瑶泥活字印本
1991年摄制. -- 2盘卷片(47米1076拍) : 1:10, 2B ; 35mm银盐
收藏馆：缩微中心，国图

000O022697
南天痕：二十六卷 / (清)凌雪撰
清(1644-1911)抄本
1994年摄制. -- 2盘卷片(38米760拍) : 1:10, 2B ; 35mm银盐
收藏馆：缩微中心，浙江

000O013649
诸史拾遗：五卷 / (清)钱大昕撰
清嘉庆(1796-1820)稻香吟馆刻本. -- (清)李慈铭校并跋。
1991年摄制. -- 1盘卷片(8米115拍) : 1:10, 2B ; 35mm银盐
收藏馆：缩微中心，国图

000O013766
二十四史月日考：□□卷 / (清)汪曰桢撰
清(1644-1911)稿本. -- 存一百十五卷：史记三卷、汉书六卷、后汉书四卷、续汉书二卷、三国志三卷、晋书七卷、宋书七卷、南齐书二卷、梁书三卷、陈书二卷、魏书十卷、北齐书二卷、周书上卷、隋书三卷、南史六卷、北史九卷、旧唐书二十五卷、新唐书二十卷。
1991年摄制. -- 4盘卷片(117米2380拍) : 1:10, 2B ; 35mm银盐
收藏馆：缩微中心，国图

000O023031
大清太宗文皇帝本纪：□□卷
清初(1644-1722)抄本. -- 存一卷：卷三。
1995年摄制. -- 1盘卷片(5米61拍) : 1:10, 2B ; 35mm银盐
收藏馆：缩微中心，国图

000O025035
大清圣祖仁皇帝本纪：□□卷
清(1644-1911)内府抄本. -- 存二卷：卷十九、卷二十一。
1996年摄制. -- 1盘卷片(4米44拍) : 1:10, 2B ; 35mm银盐
收藏馆：缩微中心，国图

000O005193
大清德宗景皇帝本纪：不分卷 / (清)蓝钰[等]纂修
清(1644-1911)稿本. -- 纂修者还有：(清)钱骏祥等。
1986年摄制. -- 4盘卷片(109米2413拍) : 1:10, 2B ; 35mm银盐
收藏馆：缩微中心，国图

000O012642
宗室王公功绩表传：五卷 / (清)允秘[等]纂修
清乾隆(1736-1795)内府刻本. -- 纂修者还有：(清)富显等。
1990年摄制. -- 1盘卷片(13.8米294拍) : 1:10, 2B ; 35mm银盐
收藏馆：缩微中心，辽宁

000O001316
宗室王公功绩表传：五卷世系图一卷 / (清)富显[等]纂修
清(1644-1911)抄本. -- 纂修者还有：(清)陈筌等。
1985年摄制. -- 1盘卷片(12米248拍) : 1:10, 2B ; 35mm银盐
收藏馆：缩微中心，国图

000O001497
钦定宗室王公功绩表传：十二卷
清乾隆五十五年(1790)抄本
1986年摄制. -- 1盘卷片(22.4米499拍) : 1:10, 2B ; 35mm银盐
收藏馆：缩微中心，吉林

000O012644
钦定宗室王公功绩表传：十二卷首一卷 / (清)阿桂[等]纂
清嘉庆(1796-1820)武英殿刻本
1990年摄制. -- 1盘卷片(21.2米470拍) : 1:10, 2B ; 35mm银盐
收藏馆：缩微中心，辽宁

000O012883
钦定外藩蒙古回部王公表传：一百二十卷 / (清)国史馆撰
清乾隆四十四年(1779)内府刻本

1990年摄制. -- 3盘卷片(78.3米1764拍)：
1:10，2B；35mm银盐
收藏馆：缩微中心，辽宁

000O011323
续纂外藩蒙古回部王公表：十二卷传十二卷首一卷 / (清)阿桂[等]纂
清嘉庆十七年(1812)刻本
1989年摄制. -- 1盘卷片(33.7米766拍)：
1:10，2B；35mm银盐
收藏馆：缩微中心，辽宁

000O012673
钦定续纂外藩蒙古回部王公表：十二卷传十二卷 / (清)潘世恩[等]纂
清道光(1821-1850)武英殿刻本
1990年摄制. -- 1盘卷片(30.6米693拍)：
1:10，2B；35mm银盐
收藏馆：缩微中心，辽宁

000O012674
续纂外藩蒙古回部王公表：十二卷传十二卷 / (清)彭蕴章[等]纂
清咸丰(1851-1861)武英殿刻本
1990年摄制. -- 1盘卷片(31.7米718拍)：
1:10，2B；35mm银盐
收藏馆：缩微中心，辽宁

000O009545
满汉名臣传：一百二十卷；满汉列臣传：二十四卷 / (清)国史馆撰
清(1644-1911)抄本. -- 满汉名臣传存八十八卷：卷一至卷五十六、卷八十九至卷一百二十。
1988年摄制. -- 12盘卷片(334.7米7369拍)：
1:11，2B；35mm银盐
收藏馆：缩微中心，重庆

000O022943
满汉名臣传：前集一百二十卷后集八十卷 / (清)佚名撰
清(1644-1911)抄本. -- 前集存七十五卷：卷一至卷二、卷二十四、卷四十九至卷一百二十；后集存五十四卷：卷二至卷十二、卷十四至卷四十九、卷七十四至卷八十。
1995年摄制. -- 14盘卷片(423米8420拍)：
1:10，2B；35mm银盐
收藏馆：缩微中心，荆州

000O001525
八旗列传档案稿：不分卷
清乾隆嘉庆(1736-1820)刻本
1986年摄制. -- 1盘卷片(28.5米640拍)：

1:10，2B；35mm银盐
收藏馆：缩微中心，吉林

000O013781
儒林传拟稿：不分卷 / (清)阮元撰
清(1644-1911)抄本
1991年摄制. -- 1盘卷片(8米147拍)：1:10，2B；35mm银盐
收藏馆：缩微中心，国图

000O009528
国史儒林传：二卷；国史文苑传：二卷；国史循吏传：一卷
清同治(1862-1874)刻本. -- 还有合刻著作：贤良祠王大臣小传二卷 / (清)阮元。存五卷：国史文苑传卷上、卷下，国史循吏传一卷，贤良祠王大臣小传卷上、卷下。缪荃孙批校。
1988年摄制. -- 1盘卷片(10.4米207拍)：
1:10，2B；35mm银盐
收藏馆：缩微中心，重庆

000O020546
钦定国史忠义传：四十八卷
清咸丰(1851-1861)内府抄本
1994年摄制. -- 2盘卷片(48米993拍)：
1:10，2B；35mm银盐
收藏馆：缩微中心，烟台

000O025133
昭忠祠列传初集：□□卷
清(1644-1911)抄本. -- 存八十一卷：公侯伯爵一卷、大臣六卷、官员五十三卷(卷一至卷十一、卷十三至卷五十四)、兵丁二十一卷(卷一至卷五、卷七、卷九至卷十五、卷十七至卷二十四)。
1996年摄制. -- 6盘卷片(164米3668拍)：
1:10，2B；35mm银盐
收藏馆：缩微中心，国图

000O025136
昭忠祠列传二集：□□卷
清(1644-1911)抄本. -- 存二十六卷：公侯伯爵卷一、大臣卷一、官员卷一至卷三、卷五至卷十八，兵丁卷二至卷八。
1996年摄制. -- 2盘卷片(52米994拍)：
1:10，2B；35mm银盐
收藏馆：缩微中心，国图

000O025205
昭忠祠列传续集：□□卷
清(1644-1911)抄本. -- 存一卷：和琳传一卷。
1996年摄制. -- 1盘卷片(3米29拍)：1:10，

2B ；35mm银盐
收藏馆：缩微中心，国图

000O025139
昭忠祠列传续编：二百卷
清(1644-1911)抄本
1996年摄制. -- 7盘卷片(199米3444拍)：
1:10，2B ；35mm银盐
收藏馆：缩微中心，国图

000O025143
昭忠祠列传续编：三百六十卷
清(1644-1911)抄本
1996年摄制. -- 15盘卷片(464米8890拍)：
1:10，2B ；35mm银盐
收藏馆：缩微中心，国图

000O012779
**钦定国史贰臣表传：二十卷；逆臣传：四卷 /
(清)国史馆纂修**
清嘉庆二十二年(1817)马泰荣抄本. -- (清)
傅以礼校跋。
1990年摄制. -- 1盘卷片(16米374拍)：
1:10，2B ；35mm银盐
收藏馆：缩微中心，南京

000O013166
贰臣传：十二卷
清(1644-1911)稿本
1991年摄制. -- 1盘卷片(14.4米307拍)：
1:10，2B ；35mm银盐
收藏馆：缩微中心，辽宁

000O002140
国史馆签档：不分卷 / (清)翁心存撰
清(1644-1911)稿本
1986年摄制. -- 1盘卷片(4米47拍)：1:10，
2B ；35mm银盐
收藏馆：缩微中心，国图

000O009219
高丽史：一百三十七卷 / (朝鲜)郑麟趾撰
清(1644-1911)抄本
1988年摄制. -- 7盘卷片(191.4米4106拍)：
1:10，2B ；35mm银盐
收藏馆：缩微中心，湖南

000O025250
**高丽史：一百三十七卷目录二卷 / (朝鲜)郑麟趾
撰**
清(1644-1911)抄本. -- 存一百三十八卷：卷
一至卷一百三十七、目录下。
1996年摄制. -- 6盘卷片(194米3784拍)：

1:10, 2B ；35mm银盐
收藏馆：缩微中心，国图

000O015629
高丽史：一百三十七卷 / (朝鲜)郑麟趾撰
清(1644-1911)抄本. -- 存一百三十四
卷：卷一至卷一百十七、卷一百二十至卷
一百二十五、卷一百二十七至卷一百三十七。
1993年摄制. -- 7盘卷片(195米3366拍)：
1:10，2B ；35mm银盐
收藏馆：缩微中心，国图

000O019903
朝野辑要：二十九卷
朝鲜抄本
1994年摄制. -- 2盘卷片(61米1238拍)：
1:10，2B ；35mm银盐
收藏馆：缩微中心，国图

000O025251
朝野辑要：二十九卷
朝鲜抄本
1996年摄制. -- 2盘卷片(55米1128拍)：
1:10，2B ；35mm银盐
收藏馆：缩微中心，国图

000O025252
东史纪略：二卷 / (朝鲜)赵性教撰
朝鲜抄本
1996年摄制. -- 1盘卷片(6米87拍)：1:10，
2B ；35mm银盐
收藏馆：缩微中心，国图

编年类

000O007752
两汉纪：六十卷 / (宋)王铚辑
明嘉靖二十七年(1548)黄姬水刻本
1987年摄制. -- 2盘卷片(52米1113拍)：
1:10，2B ；35mm银盐
收藏馆：缩微中心，湖南

000O005791
两汉纪：六十卷
明嘉靖二十七年(1548)黄姬水刻本
1987年摄制. -- 2盘卷片(47米1025拍)：
1:10，2B ；35mm银盐
收藏馆：缩微中心，国图

000O020687
两汉纪：六十卷
明嘉靖二十七年(1548)黄姬水刻本
1994年摄制. -- 2盘卷片(48米935拍)：

1:10，2B；35mm银盐
收藏馆：缩微中心，国图

000O003962
两汉纪：六十卷
明嘉靖二十七年(1548)黄姬水刻本. -- (清)陈揆校注，佚名录(清)黄丕烈校，(清)翁心存跋。
1986年摄制. -- 2盘卷片(47.8米1021拍)：1:10，2B；35mm银盐
收藏馆：缩微中心，国图

000O008915
两汉纪：六十卷 / (汉)荀悦,(晋)袁宏撰
明万历二十六年(1598)南京国子监刻本
1988年摄制. -- 2盘卷片(51米1111拍)：1:10，2B；35mm银盐
收藏馆：缩微中心，湖北

000O011348
两汉纪：六十卷 / (宋)王铚辑
清康熙三十五年(1696)蒋氏乐三堂刻本. -- 附：两汉纪字句异同考一卷/(清)蒋国祚撰。
1989年摄制. -- 2盘卷片(44.9米998拍)：1:10，2B；35mm银盐
收藏馆：缩微中心，辽宁

000O007436
通鉴纲目全书：一百八卷
明万历二十一年(1593)蜀藩刻本
1987年摄制. -- 12盘卷片(320.4米7148拍)：1:10，2B；35mm银盐
收藏馆：缩微中心，国图

000O009737
通鉴纲目全书：一百八卷
明(1368-1644)刻本
1989年摄制. -- 12盘卷片(344米7230拍)：1:10，2B；35mm银盐
收藏馆：缩微中心，山东

000O006177
御批资治通鉴纲目全书：一百九卷 / (宋)朱熹[等]撰
清康熙四十六年(1707)内府刻本. -- 撰者还有：(宋)金履祥、(明)陈樫、(明)商辂等。
1987年摄制. -- 11盘卷片(325米6501拍)：1:10，2B；35mm银盐
收藏馆：缩微中心，四川

000O011014
竹书纪年：二卷 / (梁)沈约注
明万历(1573-1620)何允中刻本. -- (清)卢文

诏校，(清)丁丙跋。
1989年摄制. -- 1盘卷片(5米85拍)：1:10，2B；35mm银盐
收藏馆：缩微中心，南京

000O019314
校正竹书纪年：二卷 / (清)洪颐煊撰
清嘉庆十一年(1806)孙氏平津馆刻平津馆丛书本
1994年摄制. -- 1盘卷片(5米69拍)：1:10，2B；35mm银盐
收藏馆：缩微中心，国图

000O008139
亦器器斋考订竹书纪年：十三卷首一卷 / (清)雷学淇撰
清顺治(1644-1661)雷氏亦器器斋刻本
1988年摄制. -- 1盘卷片(13米261拍)：1:10，2B；35mm银盐
收藏馆：缩微中心，湖北

000O007065
考定竹书：十三卷 / (清)孙之騄撰
清雍正(1723-1735)刻本
1987年摄制. -- 1盘卷片(15.4米319拍)：1:10，2B；35mm银盐
收藏馆：缩微中心，湖北

000O000004
竹书纪年统笺：十二卷前编一卷杂述一卷 / (清)徐文靖撰
清乾隆十五年(1750)刻本
1986年摄制. -- 1盘卷片(15.5米322拍)：1:10，2B；35mm银盐
收藏馆：缩微中心，山西

000O000529
竹书纪年校补：二卷原委一卷 / (清)赵绍祖撰
清道光(1821-1850)赵氏古墨斋刻本
1985年摄制. -- 1盘卷片(5.9米103拍)：1:10，2B；35mm银盐
收藏馆：缩微中心，国图

000O019305
竹书纪年校补：二卷原委一卷 / (清)赵绍祖撰
清道光(1821-1850)赵氏古墨斋刻本
1994年摄制. -- 1盘卷片(6米92拍)：1:10，2B；35mm银盐
收藏馆：缩微中心，国图

000O025081
竹书纪年辨证：四卷 / (清)韩怡撰
清嘉庆十二年(1807)木存堂刻本

1996年摄制. -- 1盘卷片(6米95拍)：1:10,
2B；35mm银盐
收藏馆：缩微中心，国图

00O027167
竹书纪年六国年表：一卷 / (清)林春溥撰
清(1644-1911)稿本
1996年摄制. -- 1盘卷片(3米32拍)：1:10,
2B；35mm银盐
收藏馆：缩微中心，福建

000O024446
竹书纪年集成：四十五卷集说一卷 / (清)陈逢衡撰
清(1644-1911)稿本
1996年摄制. -- 2盘卷片(65米1304拍)：
1:10, 2B；35mm银盐
收藏馆：缩微中心，国图

000O008823
竹书纪年集证：五十卷首一卷 / (清)陈逢衡撰
清嘉庆十八年(1813)裛露轩刻本
1988年摄制. -- 3盘卷片(68米1448拍)：
1:10, 2B；35mm银盐
收藏馆：缩微中心，天津

000O024442
竹书纪年义证：四十卷 / (清)雷学淇撰
清(1644-1911)抄本
1996年摄制. -- 2盘卷片(45米869拍)：
1:10, 2B；35mm银盐
收藏馆：缩微中心，国图

000O001134
汲冢纪年存真：二卷周年表一卷 / (清)朱右曾撰
清(1644-1911)归砚斋刻本
1985年摄制. -- 1盘卷片(7米121拍)：1:10,
2B；35mm银盐
收藏馆：缩微中心，国图

000O003175
元经薛氏传：十卷 / (唐)薛收撰；(宋)阮逸注
明(1368-1644)刻本
1986年摄制. -- 1盘卷片(9米175拍)：1:10,
2B；35mm银盐
收藏馆：缩微中心，国图

000O014571
元经薛氏传：十卷 / (唐)薛收撰；(宋)阮逸注
明(1368-1644)刻本
1992年摄制. -- 1盘卷片(9米158拍)：1:10,
2B；35mm银盐
收藏馆：缩微中心，国图

000O005667
元经薛氏传注：十卷 / (宋)阮逸撰
明万历(1573-1620)程荣刻汉魏丛书本
1987年摄制. -- 1盘卷片(12.2米252拍)：
1:10, 2B；35mm银盐
收藏馆：缩微中心，国图

000O025344
通历：十五卷 / (唐)马总,(宋)孙光宪撰
瞿氏铁琴铜剑楼抄本
1996年摄制. -- 1盘卷片(13米228拍)：
1:10, 2B；35mm银盐
收藏馆：缩微中心，国图

000O015127
通历：十五卷 / (唐)马总,(宋)孙光宪撰
清(1644-1911)抄本. -- (清)李璋煜跋。
1992年摄制. -- 1盘卷片(15米278拍)：
1:10, 2B；35mm银盐
收藏馆：缩微中心，国图

000O011414
通历：十五卷 / (唐)马总,(宋)孙光宪撰
清(1644-1911)抄本. -- (清)丁丙跋。
1989年摄制. -- 1盘卷片(15米314拍)：
1:10, 2B；35mm银盐
收藏馆：缩微中心，南京

000O003160
通历：十五卷 / (唐)马总,(宋)孙光宪撰
清(1644-1911)抄本
1986年摄制. -- 1盘卷片(14米297拍)：
1:10, 2B；35mm银盐
收藏馆：缩微中心，国图

000O006302
资治通鉴：二百九十四卷 / (宋)司马光编
元(1271-1368)刻本. -- 存三卷：卷
二百二十七至卷二百二十八、卷二百七十一。
1987年摄制. -- 1盘卷片(5米87拍)：1:10,
2B；35mm银盐
收藏馆：缩微中心，吉林

000O000338
资治通鉴：二百九十四卷 / (宋)司马光撰
明嘉靖二十三年至二十四年(1544-1545)孔天
胤刻本. -- 章钰跋。
1985年摄制. -- 12盘卷片(316.7米7080拍)：
1:10, 2B；35mm银盐
收藏馆：缩微中心，国图

000O006084
资治通鉴：二百九十四卷 / (宋)司马光编

明嘉靖(1522-1566)刻本
1987年摄制. -- 11盘卷片(323米7296拍) :
1:10, 2B ; 35mm银盐
收藏馆：缩微中心，吉林

000〇011400
资治通鉴：二百九十四卷 / (宋)司马光撰
明嘉靖二十三年至二十四年(1544-1545)刻万历十四年(1586)孔天胤重修本. -- (清)丁丙跋。
1989年摄制. -- 11盘卷片(317米7292拍) :
1:10, 2B ; 35mm银盐
收藏馆：缩微中心，南京

000〇007296
资治通鉴：二百九十四卷 / (宋)司马光撰
明嘉靖二十三年至二十四年(1544-1545)孔天胤刻万历十四年(1586)苏浚重修本
1987年摄制. -- 12盘卷片(339米7437拍) :
1:10, 2B ; 35mm银盐
收藏馆：缩微中心，国图

000〇008771
资治通鉴：二百九十四卷 / (宋)司马光撰
明嘉靖二十三年至二十四年(1544-1545)孔天胤刻万历十四年(1586)苏浚重修本. -- (清)罗以致跋。
1988年摄制. -- 11盘卷片(322米7107拍) :
1:10, 2B ; 35mm银盐
收藏馆：缩微中心，重庆

000〇021942
资治通鉴：二百九十四卷 / (元)胡三省撰
元(1271-1368)刻本. -- 存六卷：卷一百七十三至卷一百七十五、卷二百五十三至卷二百五十五。
1995年摄制. -- 1盘卷片(11米209拍) :
1:10, 2B ; 35mm银盐
收藏馆：缩微中心，国图

000〇003149
资治通鉴：二百九十四卷 / (宋)司马光撰；(元)胡三省音注
元(1271-1368)刻明(1368-1644)重修本. -- (明)文彭跋，(清)严虞惇批点并跋。
1986年摄制. -- 16盘卷片(416米9851拍) :
1:10, 2B ; 35mm银盐
收藏馆：缩微中心，国图

000〇014862
资治通鉴：二百九十四卷 / (宋)司马光撰；(元)胡三省注
明崇祯(1628-1644)路进刻本. -- 据资治通鉴

大全刻。
1992年摄制. -- 17盘卷片(449米8580拍) :
1:10, 2B ; 35mm银盐
收藏馆：缩微中心，山西

000〇010151
资治通鉴：二百九十四卷 / (宋)司马光撰；(元)胡三省音注
明(1368-1644)抄本. -- 配清抄本。
1989年摄制. -- 13盘卷片(377米8375拍) :
1:10, 2B ; 35mm银盐
收藏馆：缩微中心，山东

000〇006179
资治通鉴：二百九十四卷 / (宋)司马光撰；(元)胡三省注．通鉴释文辩误：十二卷 / (元)胡三省撰
元(1271-1368)刻明(1368-1644)递修本
1987年摄制. -- 17盘卷片(512米10182拍) :
1:10, 2B ; 35mm银盐
收藏馆：缩微中心，四川

000〇011401
资治通鉴：二百九十四卷 / (宋)司马光撰；(元)胡三省注．通鉴释文辩误：十二卷 / (元)胡三省撰
元(1271-1368)刻明(1368-1644)重修本
1989年摄制. -- 15盘卷片(427米9683拍) :
1:10, 2B ; 35mm银盐
收藏馆：缩微中心，南京

000〇009910
资治通鉴：二百九十四卷 / (宋)司马光撰；(元)胡三省注．通鉴释文辩误：十二卷 / (元)胡三省撰
元(1271-1368)刻明弘治至嘉靖(1488-1566)补刻本. -- 本书通鉴释文辩误卷一缺第一页，但实际内容不缺。
1988年摄制. -- 15盘卷片(455米10014拍) :
1:10, 2B ; 35mm银盐
收藏馆：缩微中心，天津

000〇007377
资治通鉴：二百九十四卷 / (宋)司马光撰；(元)胡三省音注．通鉴前编：十八卷 / (宋)金履祥撰．通鉴释文辩误：十二卷 / (元)胡三省撰
明万历二十年(1592)刻本. -- 还有合刻著作：宋元资治通鉴/(明)王宗沐撰。(明)吴勉学校刊。
1987年摄制. -- 20盘卷片(576米12933拍) :
1:10, 2B ; 35mm银盐
收藏馆：缩微中心，吉林市

00О010566

资治通鉴:二百九十四卷 / (宋)司马光撰;(元)胡三省音注.通鉴释文辩误:十二卷 / (元)胡三省撰.增定资治通鉴前编:五卷 / (明)陈桱撰

明万历(1573-1620)吴勉学刻本

1989年摄制. -- 17盘卷片(501米10152拍) : 1:10, 2B ; 35mm银盐

收藏馆: 缩微中心, 四川

00О008845

资治通鉴:二百九十四卷 / (宋)司马光撰;(元)胡三省注.通鉴释文辩误:十二卷 / (元)胡三省撰

明万历二十年(1592)吴勉学刻本. -- 卷首 "进资治通鉴表"原件无一、二页页码,原件不短缺。(明)吴勉学校。

1988年摄制. -- 15盘卷片(448米10011拍) : 1:10, 2B ; 35mm银盐

收藏馆: 缩微中心, 天津

00О016735

资治通鉴:二百九十四卷通鉴释文辨误十二卷 / (宋)司马光撰;(元)胡三省音注

清嘉庆二十一年(1816)胡克家影元刻本

1993年摄制. -- 16盘卷片(461米9736拍) : 1:10, 2B ; 35mm银盐

收藏馆: 缩微中心, 国图

00О011011

资治通鉴:二百九十四卷 / (宋)司马光撰;(元)胡三省音注.通鉴释文辩误:十二卷 / (元)胡三省撰

清嘉庆二十一年(1816)胡克家刻同治八年(1869)江苏书局重修本

1989年摄制. -- 15盘卷片(445米10021拍) : 1:10, 2B ; 35mm银盐

收藏馆: 缩微中心, 南京

00О008913

资治通鉴:二百九十四卷 / (宋)司马光撰;(元)胡三省音注.通鉴释文辩误:十二卷 / (元)胡三省撰;(明)陈仁锡评

明天启五年(1625)陈仁锡刻本

1988年摄制. -- 16盘卷片(487.5米10925拍) : 1:10, 2B ; 35mm银盐

收藏馆: 缩微中心, 湖北

00О021193

资治通鉴:二百九十四卷 / (宋)司马光撰;(元)胡三省音注;(明)陈仁锡评.通鉴释文辩误:十二卷 / (元)胡三省撰

明天启(1621-1627)陈仁锡刻本

1995年摄制. -- 14盘卷片(449米9557拍) :

1:10, 2B ; 35mm银盐

收藏馆: 缩微中心, 国图

00О001376

资治通鉴考异:三十卷 / (宋)司马光撰

明嘉靖二十三年至二十四年(1544-1545)孔天胤刻本

1985年摄制. -- 1盘卷片(24.4米544拍) : 1:10, 2B ; 35mm银盐

收藏馆: 缩微中心, 国图

00О001877

资治通鉴考异:三十卷 / (宋)司马光撰

明嘉靖二十三年至二十四年(1544-1545)孔天胤刻本

1986年摄制. -- 1盘卷片(25米544拍) : 1:10, 2B ; 35mm银盐

收藏馆: 缩微中心, 国图

00О005678

资治通鉴考异:三十卷 / (宋)司马光撰

明嘉靖二十三年至二十四年(1544-1545)孔天胤刻本

1987年摄制. -- 1盘卷片(24.8米554拍) : 1:10, 2B ; 35mm银盐

收藏馆: 缩微中心, 国图

00О015406

资治通鉴考异:三十卷 / (宋)司马光撰

明嘉靖二十三年至二十四年(1544-1545)孔天胤刻本. -- (清)周星诒跋。

1992年摄制. -- 1盘卷片(25米512拍) : 1:10, 2B ; 35mm银盐

收藏馆: 缩微中心, 国图

00О022712

资治通鉴考异:三十卷 / (宋)司马光撰

明万历十四年(1586)刻本

1994年摄制. -- 1盘卷片(29米585拍) : 1:10, 2B ; 35mm银盐

收藏馆: 缩微中心, 浙江

00О000014

资治通鉴目录:三十卷 / (宋)司马光撰.资治通鉴问疑:一卷 / (宋)刘义仲撰

明崇祯二年(1629)陈仁锡刻本. -- 存资治通鉴目录三十卷:卷一至卷三十。

1986年摄制. -- 3盘卷片(68米1454拍) : 1:10, 2B ; 35mm银盐

收藏馆: 缩微中心, 山西

00О011015

资治通鉴释文:三十卷 / (宋)史炤撰

清(1644-1911)抄本. -- (清)钱大昕题识,
(清)顾广圻校。
1989年摄制. -- 1盘卷片(24米551拍) :
1:10, 2B ; 35mm银盐
收藏馆:缩微中心,南京

000O004575
资治通鉴释文:三十卷 / (宋)史炤撰
清(1644-1911)抄本
1987年摄制. -- 1盘卷片(16米333拍) :
1:10, 2B ; 35mm银盐
收藏馆:缩微中心,国图

000O002235
资治通鉴释文:九十八卷 / (宋)史炤撰
清(1644-1911)抄本
1986年摄制. -- 1盘卷片(7米124拍) : 1:10,
2B ; 35mm银盐
收藏馆:缩微中心,国图

000O022964
通鉴释文辨误:十二卷 / (元)胡三省撰
元(1271-1368)刻本. -- 存五卷:卷一至卷
二、卷十至卷十二。
1995年摄制. -- 1盘卷片(6米88拍) : 1:10,
2B ; 35mm银盐
收藏馆:缩微中心,国图

000O000009
通鉴释文辨误:十二卷 / (元)胡三省撰
明天启五年(1625)陈仁锡刻本
1986年摄制. -- 1盘卷片(13.7米281拍) :
1:10, 2B ; 35mm银盐
收藏馆:缩微中心,山西

000O023040
通鉴答问:五卷 / (宋)王应麟撰
元至元六年(1340)庆元路儒学刻本. -- 存二
卷:卷四至卷五。
1995年摄制. -- 1盘卷片(5米65拍) : 1:10,
2B ; 35mm银盐
收藏馆:缩微中心,国图

000O007888
通鉴地理通释:十四卷 / (宋)王应麟撰
元(1271-1368)刻明正德嘉靖(1506-1566)补刻
本. -- 版框高二十二厘米宽十四厘米。
1988年摄制. -- 1盘卷片(23米431拍) :
1:10, 2B ; 35mm银盐
收藏馆:缩微中心,广东

000O008614
通鉴地理通释:不分卷 / (宋)王应麟撰

清(1644-1911)抄本. -- (清)顾崐圃校。
1988年摄制. -- 1盘卷片(16米351拍) :
1:10, 2B ; 35mm银盐
收藏馆:缩微中心,国图

000O004060
资治通鉴补:二百九十四卷 / (明)严衍撰
清(1644-1911)抄本
1985年摄制. -- 17盘卷片(478.5米10671拍) :
1:10, 2B ; 35mm银盐
收藏馆:缩微中心,国图

000O007469
严永思先生通鉴补正略:三卷 / (明)严衍撰;
(清)张敦仁辑
清道光八年(1828)陈宗彝独抱庐刻本
1987年摄制. -- 1盘卷片(11米226拍) :
1:10, 2B ; 35mm银盐
收藏馆:缩微中心,国图

000O019998
严永思先生通鉴补正略:三卷 / (明)严衍撰;
(清)张敦仁辑
清道光八年(1828)陈宗彝独抱庐刻本
1994年摄制. -- 1盘卷片(11米203拍) :
1:10, 2B ; 35mm银盐
收藏馆:缩微中心,国图

000O015998
严永思先生通鉴补正略:三卷 / (明)严衍撰;
(清)张敦仁辑
清道光八年(1828)陈宗彝独抱庐刻本. -- 章
钰校。
1993年摄制. -- 1盘卷片(11米204拍) :
1:10, 2B ; 35mm银盐
收藏馆:缩微中心,国图

000O007261
资治通鉴刻本识误:三卷 / (清)张敦仁撰
清道光七年(1827)陈宗彝独抱庐刻本
1987年摄制. -- 1盘卷片(9米182拍) : 1:10,
2B ; 35mm银盐
收藏馆:缩微中心,国图

000O016011
资治通鉴刻本识误:三卷 / (清)张敦仁撰
清道光七年(1827)陈宗彝独抱庐刻本
1993年摄制. -- 1盘卷片(10米161拍) :
1:10, 2B ; 35mm银盐
收藏馆:缩微中心,国图

000O020001
资治通鉴刻本识误:三卷 / (清)张敦仁撰

清道光七年(1827)陈宗彝独抱庐刻本. -- (清)汪喜孙跋。
1994年摄制. -- 1盘卷片(10米160拍) : 1:10, 2B ; 35mm银盐
收藏馆：缩微中心，国图

000O018176
稽古录：二十卷 / (宋)司马光撰
明正德(1506-1521)陈晦刻本
1993年摄制. -- 1盘卷片(15米306拍) : 1:10, 2B ; 35mm银盐
收藏馆：缩微中心，山东

000O011198
资治通鉴：外纪十卷目录五卷 / (宋)刘恕撰
明(1368-1644)石墩书塾刻本
1989年摄制. -- 1盘卷片(29米584拍) : 1:10, 2B ; 35mm银盐
收藏馆：缩微中心，四川

000O013963
重新校正集注附音资治通鉴外纪：四卷 / (宋)刘恕撰
清光绪十九年(1893)高氏辨蟫居影元抄本
1991年摄制. -- 1盘卷片(4米42拍) : 1:10, 2B ; 35mm银盐
收藏馆：缩微中心，国图

000O023910
重新校正入注附音通鉴外纪：四卷 / (宋)刘恕撰
明(1368-1644)刻本
1996年摄制. -- 1盘卷片(4米89拍) : 1:10, 2B ; 35mm银盐
收藏馆：缩微中心，河南

000O015806
新编纂注资治通鉴外纪增义：五卷读通鉴法一卷资治通鉴释例一卷 / (宋)刘恕撰; (明)王逢订正; (明)刘剡纂辑
明宣德三年(1428)书林刘文寿刻本
1993年摄制. -- 1盘卷片(6米77拍) : 1:10, 2B ; 35mm银盐
收藏馆：缩微中心，国图

000O001872
通鉴释例：一卷 / (宋)司马光撰
清(1644-1911)抄本
1986年摄制. -- 1盘卷片(3米23拍) : 1:10, 2B ; 35mm银盐
收藏馆：缩微中心，国图

000O025656
通鉴前编：十八卷举要三卷 / (宋)金履祥撰

元(1271-1368)刻明成化十二年(1476)南京吏部重刻本. -- (清)丁丙跋。
1996年摄制. -- 2盘卷片(47米1084拍) : 1:10, 2B ; 35mm银盐
收藏馆：缩微中心，南京

000O011241
通鉴前编：十八卷举要二卷 / (宋)金履祥撰. 首：一卷 / (明)陈桱撰
明(1368-1644)吴勉学刻本
1989年摄制. -- 2盘卷片(57米1134拍) : 1:10, 2B ; 35mm银盐
收藏馆：缩微中心，四川

000O024005
通鉴前编：十八卷举要二卷 / (宋)金履祥撰. 首：一卷 / (明)陈桱撰
明(1368-1644)吴勉学刻本. -- (明)祁承爜批。
1996年摄制. -- 2盘卷片(49米1141拍) : 1:10, 2B ; 35mm银盐
收藏馆：缩微中心，南京

000O026083
资治通鉴纲目前编：十八卷举要三卷外纪一卷 / (宋)金履祥撰
明嘉靖三十六年(1557)吉澄刻本
1992年摄制. -- 2盘卷片(56米1226拍) : 1:10, 2B ; 35mm银盐
收藏馆：缩微中心，重庆

000O011268
资治通鉴纲目前编：十八卷举要三卷 / (宋)金履祥编
明嘉靖三十九年(1560)杨氏归仁斋刻本
1988年摄制. -- 2盘卷片(37米825拍) : 1:10, 2B ; 35mm银盐
收藏馆：缩微中心，甘肃

000O003660
吕大著点校标抹增节备注资治通鉴：一百二十卷 / (宋)吕大著撰
宋(960-1279)刻本. -- 卷三十至卷三十八、卷六十一、卷七十四至卷七十七、卷九十一至卷九十四配铁琴铜剑楼影宋抄本。存八十六卷：卷九至卷十三、卷十七至卷四十四、卷五十四至卷一百六。
1985年摄制. -- 2盘卷片(42米923拍) : 1:10, 2B ; 35mm银盐
收藏馆：缩微中心，国图

000O009627
少微通鉴节要：五十六卷外纪四卷 / (宋)江贽撰

明弘治二年(1489)刻本
1988年摄制. -- 3盘卷片(75米1579拍)：
1:10, 2B ; 35mm银盐
收藏馆：缩微中心，甘肃

000O000345
少微通鉴节要：五十卷 / (宋)江贽撰
明正德九年(1514)司礼监刻本
1985年摄制. -- 2盘卷片(59.8米1346拍)：
1:10, 2B ; 35mm银盐
收藏馆：缩微中心，国图

000O020617
少微通鉴节要：五十卷外纪四卷 / (宋)江贽撰
明正德九年(1514)司礼监刻本
1994年摄制. -- 5盘卷片(143米2961拍)：
1:10, 2B ; 35mm银盐
收藏馆：缩微中心，国图

000O007300
少微通鉴节要：五十卷外纪四卷 / (宋)江贽撰 . 资治通鉴节要续编：三十卷 / (明)张光启撰
明正德九年(1514)司礼监刻本
1987年摄制. -- 5盘卷片(140.8米3165拍)：
1:10, 2B ; 35mm银盐
收藏馆：缩微中心，国图

000O023698
新刊高明大字少微先生资治通鉴节要：二十卷外纪五卷首一卷 / (宋)江贽撰 . 续资治通鉴节要：二十卷 / (明)张光启撰 ; (明)刘剡辑
明万历九年(1581)黄氏兴正书堂刻本
1995年摄制. -- 3盘卷片(93米1950拍)：
1:10, 2B ; 35mm银盐
收藏馆：缩微中心，浙江

000O000718
重刻翰林校正资治通鉴大全：二十卷 / (明)唐顺之删定 ; (明)张谦厘正
明(1368-1644)建邑书林刘莲台刻本
1985年摄制. -- 2盘卷片(42米900拍)：
1:10, 2B ; 35mm银盐
收藏馆：缩微中心，国图

000O021322
新刊宪台考正纲目点音少微通鉴节要：二十卷外纪二卷总论一卷 / (宋)江贽撰
明万历十六年(1588)张氏新贤堂刻本
1994年摄制. -- 2盘卷片(47米1042拍)：
1:10, 2B ; 35mm银盐
收藏馆：缩微中心，青海

000O011032
新刊宪台考正少微通鉴全编：二十卷；新刊宪台考正宋元通鉴全编：二十卷外纪二卷 / (宋)江贽辑
明嘉靖三十五年(1556)吉澄刻本
1989年摄制. -- 3盘卷片(83米1969拍)：
1:10, 2B ; 35mm银盐
收藏馆：缩微中心，南京

000O005682
新刊宪台考正少微通鉴全编：二十卷外纪二卷总论一卷 / (宋)江贽辑
明万历(1573-1620)徐元太[等]刻本
1987年摄制. -- 2盘卷片(56米1261拍)：
1:10, 2B ; 35mm银盐
收藏馆：缩微中心，国图

000O005684
新刊宪台考正宋元通鉴全编：二十一卷
明万历(1573-1620)徐元太[等]刻本
1987年摄制. -- 2盘卷片(58米1304拍)：
1:10, 2B ; 35mm银盐
收藏馆：缩微中心，国图

000O000002
陆状元增节音注精议资治通鉴：一百二十卷目录三卷首一卷 / (宋)陆唐老集注
明末(1621-1644)毛氏汲古阁刻本
1985年摄制. -- 8盘卷片(233米5050拍)：
1:10, 2B ; 35mm银盐
收藏馆：缩微中心，山西

000O021447
增修陆状元集百家注资治通鉴详节：一百二十卷
元(1271-1368)刻递修本. -- 存二十卷：卷三十一至卷四十、卷九十一至卷一百。
1992年摄制. -- 1盘卷片(12米231拍)：
1:10, 2B ; 35mm银盐
收藏馆：缩微中心，国图

000O013277
资治通鉴日抄：二十卷 / (明)吕邦耀撰
明万历四十六年(1618)刻本
1991年摄制. -- 1盘卷片(13.5米265拍)：
1:10, 2B ; 35mm银盐
收藏馆：缩微中心，湖北

000O010650
资治通鉴纲目：□□卷 / (宋)朱熹撰
宋(960-1279)刻本. -- 存一卷：卷三十七。
1989年摄制. -- 1盘卷片(5米74拍)：1:10, 2B ; 35mm银盐

收藏馆：缩微中心，吉林

00O011641
资治通鉴纲目：五十九卷 / (宋)朱熹撰
宋(960-1279)刻本. -- 存一卷：卷四十八。
1990年摄制. -- 1盘卷片(5米72拍) ： 1:10,
2B ； 35mm银盐
收藏馆：缩微中心，天津

00O002913
资治通鉴纲目：五十九卷 / (宋)朱熹撰
宋(960-1279)刻元(1271-1368)递修本. --
存二十九卷：卷一至卷十一、卷十八至卷
二十八、卷三十一至卷三十五、卷四十至卷
四十一。
1986年摄制. -- 3盘卷片(76米1685拍) ：
1:10, 2B ； 35mm银盐
收藏馆：缩微中心，国图

00O020285
资治通鉴纲目：五十九卷 / (宋)朱熹撰
元(1271-1368)刻本. -- 存八卷：卷一至卷
八。
1994年摄制. -- 1盘卷片(18米340拍) ：
1:10, 2B ； 35mm银盐
收藏馆：缩微中心，国图

00O006327
资治通鉴纲目：五十九卷 / (宋)朱熹撰
明成化九年(1473)内府刻本. -- 存二卷：卷
四至卷五。
1987年摄制. -- 1盘卷片(7米118拍) ： 1:10,
2B ； 35mm银盐
收藏馆：缩微中心，国图

00O010556
资治通鉴纲目：五十九卷 / (宋)朱熹撰
明嘉靖八年(1529)慎独斋刻本
1989年摄制. -- 7盘卷片(201.2米4545拍) ：
1:10, 2B ； 35mm银盐
收藏馆：缩微中心，辽宁

00O022880
资治通鉴纲目：五十九卷 / (宋)朱熹撰
明嘉靖十三年(1534)江西按察司刻本
1995年摄制. -- 9盘卷片(238.5米5257拍) ：
1:10, 2B ； 35mm银盐
收藏馆：缩微中心，南京

00O014929
资治通鉴纲目：五十九卷 / (宋)朱熹撰
明嘉靖三十五年(1556)赵府居敬堂刻本
1992年摄制. -- 4盘卷片(113米2290拍) ：

1:10, 2B ； 35mm银盐
收藏馆：缩微中心，国图

00O006209
**资治通鉴纲目：五十九卷前编二十五卷后编
二十三卷**
明万历二十八年(1600)刻本
1987年摄制. -- 20盘卷片(566米12248拍) ：
1:10, 2B ； 35mm银盐
收藏馆：缩微中心，山东

00O022517
资治通鉴纲目：五十九卷续编一卷 / (宋)朱熹撰
明(1368-1644)刻本. -- (清)黄彭年跋。
1995年摄制. -- 13盘卷片(409.8米8330拍) ：
1:10, 2B ； 35mm银盐
收藏馆：缩微中心，湖北

00O008066
**资治通鉴纲目：五十九卷 / (宋)朱熹撰；(明)陈
仁锡评**
明崇祯三年(1630)陈仁锡刻本
1988年摄制. -- 12盘卷片(359米7798拍) ：
1:10, 2B ； 35mm银盐
收藏馆：缩微中心，湖北

00O014648
**资治通鉴纲目校勘记：五十九卷首一卷 / (清)温
嘉钰撰**
清(1644-1911)稿本
1992年摄制. -- 1盘卷片(17米342拍) ：
1:10, 2B ； 35mm银盐
收藏馆：缩微中心，国图

00O008137
通鉴纲目释地纠谬：六卷补注六卷 / (清)张庚撰
清乾隆十八年(1753)强恕斋刻本
1988年摄制. -- 1盘卷片(11米221拍) ：
1:10, 2B ； 35mm银盐
收藏馆：缩微中心，湖北

00O021915
资治通鉴纲目发明：五十九卷 / (宋)尹起莘撰
明洪武二十一年(1388)建安书市刻本. -- 存
十三卷：卷三十三至卷四十五。
1995年摄制. -- 1盘卷片(9米155拍) ： 1:10,
2B ； 35mm银盐
收藏馆：缩微中心，国图

00O010652
资治通鉴纲目发明：五十九卷 / (宋)尹起莘撰
明成化十二年(1476)刻本
1989年摄制. -- 1盘卷片(21米451拍) ：

1:10，2B；35mm银盐
收藏馆：缩微中心，吉林

00O005680
资治通鉴纲目发明：五十九卷 / (宋)尹起莘撰
明(1368-1644)内府刻本
1987年摄制. -- 1盘卷片(20.4米451拍)：
1:10，2B；35mm银盐
收藏馆：缩微中心，国图

00O014092
资治通鉴纲目发明：五十九卷 / (宋)尹起莘撰
明(1368-1644)内府刻本
1992年摄制. -- 1盘卷片(21米410拍)：
1:10，2B；35mm银盐
收藏馆：缩微中心，国图

00O021471
资治通鉴纲目集览：五十九卷 / (元)王幼学撰
明洪武二十一年(1388)梅溪书院刻本. -- 存
三十一卷：卷二十九至卷五十九。
1995年摄制. -- 1盘卷片(11米193拍)：
1:10，2B；35mm银盐
收藏馆：缩微中心，国图

00O004556
资治通鉴纲目集览：五十九卷 / (元)王幼学撰
明景泰元年(1450)魏氏仁实书堂刻本
1986年摄制. -- 4盘卷片(113米2497拍)：
1:10，2B；35mm银盐
收藏馆：缩微中心，国图

00O007298
资治通鉴纲目集览：五十九卷 / (元)王幼学撰；(明)陈济正误
明(1368-1644)内府刻本
1987年摄制. -- 2盘卷片(38米826拍)：
1:10，2B；35mm银盐
收藏馆：缩微中心，国图

00O007437
通鉴纲目集览正误：二卷 / (明)陈济撰
明宣德四年(1429)张辅刻成化六年(1470)陈鉴
重修本. -- (清)沈德寿跋。
1987年摄制. -- 1盘卷片(7.2米131拍)：
1:10，2B；35mm银盐
收藏馆：缩微中心，国图

00O008833
文公先生资治通鉴纲目：五十九卷 / (宋)朱熹撰；(宋)尹起莘发明；(元)王幼学集览
明(1368-1644)刘宽裕刻本
1988年摄制. -- 4盘卷片(125米2801拍)：

1:10，2B；35mm银盐
收藏馆：缩微中心，天津

00O006210
资治通鉴纲目：五十九卷 / (宋)朱熹撰；(元)汪克宽考异
明弘治(1488-1505)黄仲昭刻本
1987年摄制. -- 8盘卷片(228米4898拍)：
1:10，2B；35mm银盐
收藏馆：缩微中心，山东

00O020779
资治通鉴纲目：五十九卷 / (宋)朱熹撰；(宋)尹起莘发明；(元)刘友益书法；(元)汪克宽考异；(元)徐文昭考证；(元)王幼学集览；(明)陈济正误；(明)冯智舒质实
明(1368-1644)刻本. -- 存二卷：卷七、卷五十一。
1994年摄制. -- 1盘卷片(8米137拍)：1:10，2B；35mm银盐
收藏馆：缩微中心，国图

00O009504
资治通鉴纲目：五十九卷首一卷 / (宋)朱熹撰；(元)刘友益书法
明弘治(1488-1505)刻本
1987年摄制. -- 7盘卷片(209.6米4633拍)：
1:10，2B；35mm银盐
收藏馆：缩微中心，重庆

00O009749
新刊紫阳朱子纲目大全：五十九卷首一卷 / (宋)朱熹撰
明嘉靖(1522-1566)刻本
1989年摄制. -- 6盘卷片(157.3米3453拍)：
1:9，2B；35mm银盐
收藏馆：缩微中心，重庆

00O009633
资治通鉴纲目：五十九卷首一卷 / (宋)朱熹撰；(元)汪克宽考异
明(1368-1644)吉澄刻本
1988年摄制. -- 8盘卷片(215米4589拍)：
1:10，2B；35mm银盐
收藏馆：缩微中心，甘肃

00O021176
新刊资治通鉴纲目大全：五十九卷 / (宋)朱熹撰. 续资治宋元纲目大全：二十七卷 / (明)商辂[等]撰
明(1368-1644)杨氏清江书堂刻本
1994年摄制. -- 8盘卷片(227米4767拍)：
1:10，2B；35mm银盐

收藏馆：缩微中心，国图

00O004115
纲目分注发微：十卷 / (宋)刘国器撰
清(1644-1911)抄本
1986年摄制. -- 1盘卷片(5米78拍) : 1:10,
2B ; 35mm银盐
收藏馆：缩微中心，国图

00O025648
**资治通鉴纲目集说：五十九卷前编二卷 / (明)扶
安辑；(明)晏宏校补**
明嘉靖(1522-1566)晏宏刻本. -- (清)丁丙
跋。
1989年摄制. -- 6盘卷片(170米4007拍) :
1:10, 2B ; 35mm银盐
收藏馆：缩微中心，南京

00O007892
**资治通鉴纲目集说：五十九卷前编二卷 / (明)扶
安撰；(明)晏宏补**
明嘉靖八年(1529)晏氏刻本. -- 版框高
二十六厘米宽十八厘米。
1988年摄制. -- 7盘卷片(198米4254拍) :
1:10, 2B ; 35mm银盐
收藏馆：缩微中心，广东

00O018014
**新刻历考纲目训解通鉴全编正集：二十卷续集
□□卷 / (明)魏时亨辑**
明(1368-1644)书林叶材广勤堂刻本. -- 存
二十七卷：正集卷一至卷六、卷十至卷二十、
续集卷六至卷十五。
1993年摄制. -- 2盘卷片(39米769拍) :
1:10, 2B ; 35mm银盐
收藏馆：缩微中心，国图

00O010309
通鉴纲目编年录：一百卷 / (清)祁瑾辑
清乾隆二十五年(1760)刻本
1989年摄制. -- 7盘卷片(194.5米4104拍) :
1:10, 2B ; 35mm银盐
收藏馆：缩微中心，湖北

00O005212
续资治通鉴纲目：二十七卷 / (明)商辂[等]撰
明成化十二年(1476)内府刻本
1986年摄制. -- 2盘卷片(50米1119拍) :
1:10, 2B ; 35mm银盐
收藏馆：缩微中心，国图

00O014892
续资治通鉴纲目：二十七卷 / (明)商辂[等]撰

明弘治十七年(1504)慎独斋刻本
1992年摄制. -- 3盘卷片(73.2米1653拍) :
1:10, 2B ; 35mm银盐
收藏馆：缩微中心，辽宁

000O015856
续资治通鉴纲目广义：十七卷 / (明)张时泰撰
明弘治三年(1490)张时泰刻本
1993年摄制. -- 1盘卷片(27米558拍) :
1:10, 2B ; 35mm银盐
收藏馆：缩微中心，国图

000O008720
**续编资治宋元纲目大全：二十七卷 / (明)商辂
[等]撰**
明(1368-1644)刻本
1988年摄制. -- 2盘卷片(51.7米1133拍) :
1:9, 2B ; 35mm银盐
收藏馆：缩微中心，重庆

000O011403
皇王大纪：八十卷 / (宋)胡宏撰
明万历三十九年(1611)刻本. -- 卷十六至卷
二十五、卷四十六至卷五十五、卷七十六至卷
八十配清抄本。(清)丁丙跋。
1989年摄制. -- 3盘卷片(63米1488拍) :
1:10, 2B ; 35mm银盐
收藏馆：缩微中心，南京

000O003965
**大事记：十二卷通释三卷解题十二卷 / (宋)吕祖
谦撰**
明(1368-1644)刻本
1985年摄制. -- 2盘卷片(40.6米893拍) :
1:10, 2B ; 35mm银盐
收藏馆：缩微中心，国图

000O004558
**大事记：十二卷通释三卷解题十二卷 / (宋)吕祖
谦撰**
清(1644-1911)抄本
1987年摄制. -- 2盘卷片(40米864拍) :
1:10, 2B ; 35mm银盐
收藏馆：缩微中心，国图

000O007925
**吕东莱先生大事记：十二卷通释三卷解题十二
卷 / (宋)吕祖谦撰**
明末(1621-1644)刻本
1988年摄制. -- 2盘卷片(47米989拍) :
1:10, 2B ; 35mm银盐
收藏馆：缩微中心，湖南

00○013890
大事记续编：七十七卷 / (明)王祎撰
明(1368-1644)刻本
1992年摄制. -- 3盘卷片(81米1640拍) :
1:10, 2B ; 35mm银盐
收藏馆：缩微中心，国图

00○011402
通鉴续编：二十四卷 / (明)陈桱撰
元至正二十一年(1361)顾逊刻本. -- (清)蒋培泽跋
1989年摄制. -- 2盘卷片(42米951拍) :
1:10, 2B ; 35mm银盐
收藏馆：缩微中心，南京

00○019685
通鉴续编：二十四卷 / (明)陈桱撰
元至正二十一年(1361)顾逊刻公文纸印本. --
存二卷：卷一至卷二。
1994年摄制. -- 1盘卷片(5米72拍) : 1:10,
2B ; 35mm银盐
收藏馆：缩微中心，国图

00○004516
通鉴续编：二十四卷 / (明)陈桱撰
元至正二十一年(1361)顾逊刻明(1368-1644)
重修本
1987年摄制. -- 2盘卷片(45米971拍) :
1:10, 2B ; 35mm银盐
收藏馆：缩微中心，国图

00○000342
资治通鉴节要续编：三十卷 / (明)张光启撰
明正德九年(1514)司礼监刻本
1985年摄制. -- 3盘卷片(75.8米1690拍) :
1:10, 2B ; 35mm银盐
收藏馆：缩微中心，国图

00○003915
增修附注资治通鉴节要续编：三十卷 / (明)张光启订正 ; (明)刘剡辑
明景泰三年(1452)善敬书堂刻本. -- 存五
卷：卷十一至卷十五。
1986年摄制. -- 1盘卷片(8米140拍) : 1:10,
2B ; 35mm银盐
收藏馆：缩微中心，国图

00○008191
四明先生续资治通鉴节要：二十卷 / (明)刘剡撰
明嘉靖(1522-1566)京兆刘氏安正堂刻本. --
版框高二十厘米宽十三厘米。本书朱笔点识，
点识者不详。

1988年摄制. -- 2盘卷片(48米1018拍) :
1:10, 2B ; 35mm银盐
收藏馆：缩微中心，广东

00○009522
增修附注资治通鉴节要续编：三十卷 / (明)刘剡辑 ; (明)张光启订正 ; (明)刘弘毅释义
明弘治十五年(1502)江氏宗德书堂刻本
1988年摄制. -- 2盘卷片(36.7米782拍) :
1:9, 2B ; 35mm银盐
收藏馆：缩微中心，重庆

00○005321
增修附注资治通鉴节要续编：三十卷 / (明)张光启订正 ; (明)刘剡辑
朝鲜铜活字印本
1986年摄制. -- 3盘卷片(63.6米1383拍) :
1:10, 2B ; 35mm银盐
收藏馆：缩微中心，国图

00○006262
续资治通鉴节要：三十卷 / (明)刘剡编
明正德(1506-1521)刻本
1987年摄制. -- 2盘卷片(49米1087拍) :
1:10, 2B ; 35mm银盐
收藏馆：缩微中心，吉林

00○012719
续资治通鉴节要：二十卷 / (明)刘剡辑
明嘉靖三十七年(1558)叶氏翠轩刻本
1990年摄制. -- 2盘卷片(44.9米998拍) :
1:10, 2B ; 35mm银盐
收藏馆：缩微中心，辽宁

00○018986
新刊翰林考正纲目点音资治通鉴节要会成：二十卷 / (宋)李焘撰 ; (明)唐顺之删定 ; (明)张谦厘正
明万历十六年(1588)张大业新贤书堂刻本
1993年摄制. -- 2盘卷片(45米968拍) :
1:10, 2B ; 35mm银盐
收藏馆：缩微中心，天津

00○005685
宋元通鉴：一百五十七卷 / (明)薛应旂撰
明嘉靖四十五年(1566)薛应旂刻本
1987年摄制. -- 5盘卷片(124米2739拍) :
1:10, 2B ; 35mm银盐
收藏馆：缩微中心，国图

00○010312
宋元通鉴：一百五十七卷 / (明)薛应旂撰 ; (明)汪昂评阅

明嘉靖四十五年(1566)刻本
1989年摄制. -- 4盘卷片(121米2550拍) :
1:10, 2B ; 35mm银盐
收藏馆：缩微中心，湖北

00O000007
宋元通鉴：一百五十七卷 / (明)薛应旂撰；(明)
陈仁锡评
明天启六年(1626)陈仁锡刻本
1986年摄制. -- 5盘卷片(129.8米2796拍) :
1:10, 2B ; 35mm银盐
收藏馆：缩微中心，山西

00O021045
宋元通鉴：一百五十七卷 / (明)薛应旂撰．通鉴
释文辩误：十二卷 / (明)胡三省撰
明天启(1621-1627)刻本. -- (明)陈仁锡评
校。
1994年摄制. -- 5盘卷片(136米2890拍) :
1:10, 2B ; 35mm银盐
收藏馆：缩微中心，国图

00O022710
宋元通鉴：目录二十卷朔考一卷 / (清)朱修之撰
清(1644-1911)抄本
1994年摄制. -- 2盘卷片(39米781拍) :
1:10, 2B ; 35mm银盐
收藏馆：缩微中心，浙江

00O008390
续资治通鉴：六十四卷 / (明)王宗沐撰
明隆庆(1567-1572)刻本
1988年摄制. -- 3盘卷片(75米1668拍) :
1:10, 2B ; 35mm银盐
收藏馆：缩微中心，国图

00O007206
续资治通鉴：六十四卷 / (明)王宗沐撰
明隆庆五年(1571)刻本
1987年摄制. -- 3盘卷片(76米1662拍) :
1:10, 2B ; 35mm银盐
收藏馆：缩微中心，山东

00O007605
宋元资治通鉴：六十四卷 / (明)王宗沐撰
明万历(1573-1620)刻本
1987年摄制. -- 3盘卷片(78米1651拍) :
1:10, 2B ; 35mm银盐
收藏馆：缩微中心，山东

00O000005
宋元资治通鉴：六十四卷 / (明)王宗沐撰；(明)
路进校辑

明(1368-1644)刻本
1985年摄制. -- 3盘卷片(75.2米1618拍) :
1:10, 2B ; 35mm银盐
收藏馆：缩微中心，山西

00O004063
资治通鉴续编：一百五十七卷 / (明)严衍撰
清(1644-1911)抄本
1985年摄制. -- 6盘卷片(167.3米3757拍) :
1:10, 2B ; 35mm银盐
收藏馆：缩微中心，国图

00O022700
资治通鉴后编：一百八十四卷 / (清)徐乾学撰
清(1644-1911)抄本. -- (清)夏震武校。
1994年摄制. -- 9盘卷片(280米5908拍) :
1:10, 2B ; 35mm银盐
收藏馆：缩微中心，浙江

00O021156
历代通鉴纂要：九十二卷 / (明)李东阳[等]撰
明正德二年(1507)内府刻本. -- 撰者还有：
(明)刘机等。
1992年摄制. -- 6盘卷片(161.4米3622拍) :
1:10, 2B ; 35mm银盐
收藏馆：缩微中心，辽宁

00O021941
历代通鉴纂要：九十二卷 / (明)李东阳[等]撰
明正德二年(1507)内府刻本. -- 撰者还有：
(明)刘机等。存五十七卷：卷五至卷七、卷
十五至卷二十二、卷二十七至卷三十六、卷
四十一至卷四十四、卷四十六至卷六十、卷
六十五至卷六十六、卷七十至卷七十二、卷
七十四至卷七十六、卷八十二、卷八十四至卷
八十六、卷八十八至卷九十二。
1995年摄制. -- 4盘卷片(102米2019拍) :
1:10, 2B ; 35mm银盐
收藏馆：缩微中心，国图

00O015562
历代通鉴纂要：九十二卷 / (明)李东阳[等]撰
明正德二年(1507)内府刻本. -- 撰者还有：
(明)刘机等。存五十卷：卷一至卷四、卷六至
卷八、卷十至卷十四、卷四十一至卷四十九、
卷五十一、卷五十四至卷五十七、卷五十九至
卷六十、卷六十三至卷七十七、卷八十至卷
八十三、卷八十六至卷八十八。
1992年摄制. -- 4盘卷片(97米1898拍) :
1:10, 2B ; 35mm银盐
收藏馆：缩微中心，国图

000〇017198
历代通鉴纂要：九十二卷 / (明)李东阳[等]撰
明正德十四年(1519)慎独斋刻本. -- 撰者还
有：(明)刘机等。
1993年摄制. -- 3盘卷片(93米1962拍)：
1：10，2B；35mm银盐
收藏馆：缩微中心，山东

000〇006740
历代通鉴纂要：九十二卷 / (明)李东阳[等]撰
明正德十四年(1519)慎独斋刻隆庆元年(1567)
崇正书院重修本. -- 撰者还有：(明)刘机
等。
1987年摄制. -- 6盘卷片(178米3556拍)：
1：10，2B；35mm银盐
收藏馆：缩微中心，四川

000〇023693
**重刊通鉴集要：二十八卷通鉴总论一卷 / (明)诸
燮辑**
明嘉靖四十三年(1564)谭淮刻本
1995年摄制. -- 1盘卷片(32米707拍)：
1：10，2B；35mm银盐
收藏馆：缩微中心，浙江

000〇018918
新镌通鉴集要：十卷 / (明)诸燮辑
明崇祯(1628-1644)叶继照刻本
1993年摄制. -- 2盘卷片(37米747拍)：
1：10，2B；35mm银盐
收藏馆：缩微中心，山东

000〇024761
通鉴直解：二十五卷 / (明)张居正撰
明万历(1573-1620)刻本
1996年摄制. -- 2盘卷片(69米1371拍)：
1：10，2B；35mm银盐
收藏馆：缩微中心，浙江

000〇021162
**通鉴直解：二十八卷 / (明)张居正撰；(明)高兆
麟重订**
明崇祯四年(1631)陈长卿刻本
1992年摄制. -- 2盘卷片(51.5米1155拍)：
1：10，2B；35mm银盐
收藏馆：缩微中心，辽宁

000〇007794
通鉴直解：二十五卷 / (明)张居正撰
明崇祯四年(1631)高兆麟刻本
1988年摄制. -- 2盘卷片(46.1米1002拍)：
1：10，2B；35mm银盐
收藏馆：缩微中心，重庆

000〇006283
通鉴笺注：七十二卷 / (明)王世贞汇纂
明崇祯(1628-1644)刻本
1987年摄制. -- 5盘卷片(147米3291拍)：
1：10，2B；35mm银盐
收藏馆：缩微中心，吉林

000〇025864
**新刊全补通鉴标题摘要：二十八卷 / (明)归有光
辑；(明)吴腾奎补**
明万历六年(1578)书林郑氏望云楼刻本
1996年摄制. -- 2盘卷片(38米754拍)：
1：10，2B；35mm银盐
收藏馆：缩微中心，安徽

000〇021160
**新镌增订评注批点便蒙通鉴：八卷 / (宋)南宫靖
一撰；(明)钱允治评阅**
明万历四十七年(1619)刻本
1992年摄制. -- 1盘卷片(13.5米298拍)：
1：10，2B；35mm银盐
收藏馆：缩微中心，辽宁

000〇006899
**新刻通鉴集要：二十八卷总论一卷 / (明)吴守谟
辑.音释总类：一卷 / (明)吴可瑞考汇**
明万历(1573-1620)刻本
1987年摄制. -- 2盘卷片(53.9米1185拍)：
1：9，2B；35mm银盐
收藏馆：缩微中心，重庆

000〇010313
通鉴纂：二十卷 / (明)钟惺撰
明末(1621-1644)刻本
1989年摄制. -- 1盘卷片(31米696拍)：
1：10，2B；35mm银盐
收藏馆：缩微中心，湖北

000〇011405
世史正纲：三十二卷 / (明)丘濬撰
明嘉靖四十二年(1563)刻本. -- (清)丁丙
跋。
1989年摄制. -- 2盘卷片(45米1037拍)：
1：10，2B；35mm银盐
收藏馆：缩微中心，南京

000〇008812
世史正纲：三十二卷 / (明)丘濬撰
明嘉靖四十二年(1563)刻本
1988年摄制. -- 2盘卷片(47米1116拍)：
1：10，2B；35mm银盐
收藏馆：缩微中心，天津

00○005689
新刻世史类编：四十五卷首一卷 / (明)李纯卿编；
(明)谢迁补遗；(明)王守仁覆详；(明)王世贞会
纂；(明)李盘增修
明万历三十四年(1606)书林余彰德刻本
1987年摄制. -- 4盘卷片(105米2269拍)：
1:10，2B ；35mm银盐
收藏馆：缩微中心，国图

00○009629
新刻世史类编：四十五卷首一卷 / (明)李纯卿编；
(明)谢迁补遗
明(1368-1644)书林张起鹏刻本
1988年摄制. -- 4盘卷片(105米2266拍)：
1:10，2B ；35mm银盐
收藏馆：缩微中心，甘肃

00○016542
新刊古本大字合并纲鉴大成：四十六卷 / (明)唐
顺之辑
明隆庆四年(1570)归仁斋刻本
1993年摄制. -- 3盘卷片(68米1456拍)：
1:10，2B ；35mm银盐
收藏馆：缩微中心，山西

00○024280
刻注解标题历朝鉴纲论抄：十二卷 / (明)张居正
辑
明万历(1573-1620)刻本
1996年摄制. -- 1盘卷片(16米331拍)：
1:10，2B ；35mm银盐
收藏馆：缩微中心，安徽

00○030683
纲鉴大全：三十九卷首一卷 / (明)王世贞撰
明(1368-1644)刻本
2002年摄制. -- 5盘卷片(133米2701拍)：
1:10，2B ；35mm银盐
收藏馆：缩微中心，河南

00○010270
纲鉴会通：九十八卷 / (清)陈志襄辑
清康熙五十八年(1719)晴昶堂刻本. -- 本书
还装订有：明纪。
1989年摄制. -- 9盘卷片(272米5716拍)：
1:10，2B ；35mm银盐
收藏馆：缩微中心，湖北

00○011885
稽古编大政记纲目：八卷 / (明)姜宝撰
明万历十五年(1587)刻本
1990年摄制. -- 1盘卷片(19米387拍)：
1:10，2B ；35mm银盐

收藏馆：缩微中心，山东

00○011404
资治上编大政记纲目：四十卷；资治下编大政
记纲目：三十二卷 / (明)姜宝撰
明(1368-1644)刻本. -- (清)丁丙跋。
1989年摄制. -- 6盘卷片(139米3227拍)：
1:10，2B ；35mm银盐
收藏馆：缩微中心，南京

00○012842
新刊史学备要纲鉴会编：四十八卷；史纲统会：
二十三卷 / (明)王锡爵撰
明万历六年(1578)郑以厚刻本
1990年摄制. -- 4盘卷片(103.7米2324拍)：
1:10，2B ；35mm银盐
收藏馆：缩微中心，辽宁

00○028948
治统会要：八卷 / (明)沈尧中撰
明万历(1573-1620)刻本
1998年摄制. -- 1盘卷片(17米281拍)：
1:10，2B ；35mm银盐
收藏馆：缩微中心，苏州

00○008674
新刻九我李太史编纂古本历史大方纲鉴：三十九
卷首一卷 / (明)李廷机辑
明万历(1573-1620)刻本
1987年摄制. -- 3盘卷片(90.2米1992拍)：
1:10，2B ；35mm银盐
收藏馆：缩微中心，重庆

00○011246
鼎锲叶太史汇纂玉堂鉴纲：七十二卷 / (宋)刘
恕,(宋)金履祥撰；(明)叶向高编纂
明万历三十六年(1608)书林熊体忠刻本
1989年摄制. -- 5盘卷片(135米2709拍)：
1:10，2B ；35mm银盐
收藏馆：缩微中心，四川

00○009584
鼎锲叶太史汇纂玉堂鉴纲：七十二卷 / (宋)刘
恕,(宋)金履祥撰；(明)叶向高纂
明万历(1573-1620)刻本
1989年摄制. -- 4盘卷片(118.2米2607拍)：
1:10，2B ；35mm银盐
收藏馆：缩微中心，重庆

00○021536
鼎锲叶太史汇纂玉堂鉴纲：七十二卷总论一卷 /
(明)叶向高纂
明(1368-1644)熊成治刻本

1995年摄制. -- 4盘卷片(127米2547拍) : 1:10, 2B ; 35mm银盐
收藏馆：缩微中心，国图

00O024756
鼎锲赵田了凡袁先生编纂古本历史大方纲鉴补：三十九卷首一卷 / (明)袁黄撰
明万历三十八年(1610)余氏双峰堂刻本
1995年摄制. -- 4盘卷片(102米2146拍) : 1:10, 2B ; 35mm银盐
收藏馆：缩微中心，浙江

00O023737
刻王凤洲先生家藏通考纲鉴旁训：二十卷 / (明)何乔远撰
明(1368-1644)刻本
1995年摄制. -- 2盘卷片(45米895拍) : 1:10, 2B ; 35mm银盐
收藏馆：缩微中心，浙江

00O007195
汤睡庵先生历朝纲鉴全史：七十卷首一卷 / (明)汤宾尹撰
明万历(1573-1620)刻本. -- (明)陈继儒注。
1987年摄制. -- 4盘卷片(98米2176拍) : 1:10, 2B ; 35mm银盐
收藏馆：缩微中心，山东

00O024218
纲鉴标题：四卷 / (明)汤宾尹选辑；(明)汪应魁增订
明(1368-1644)广及堂刻本
1996年摄制. -- 1盘卷片(13米287拍) : 1:10, 2B ; 35mm银盐
收藏馆：缩微中心，安徽

00O019837
鼎锓钟伯敬订正资治纲鉴正史大全：七十四卷首一卷 / (宋)刘恕,(宋)金履祥撰；(明)王世贞补遗；(明)钟惺订正；(明)余应虬汇阅．鼎锓钟伯敬订正皇明纪要：三卷 / (明)陈建辑
明崇祯元年(1628)呈祥馆刻本
1994年摄制. -- 5盘卷片(162米3459拍) : 1:10, 2B ; 35mm银盐
收藏馆：缩微中心，天津

00O012156
新金书乔先生纲鉴录编：六十三卷又二十八卷目录六十三卷又二十二卷首一卷 / (明)乔承诏辑
明天启四年(1624)建宁府刻本
1989年摄制. -- 10盘卷片(273米6397拍) : 1:10, 2B ; 35mm银盐
收藏馆：缩微中心，南京

00O025034
纲鉴正史约：三十卷；甲子纪纲元：一卷 / (明)顾锡畴编；(清)陈弘谋增订
清乾隆二年(1737)刻本
1996年摄制. -- 4盘卷片(89米1828拍) : 1:10, 2B ; 35mm银盐
收藏馆：缩微中心，福建

00O021559
新刊翰林考正纲目通鉴玉台青史：二十八卷；玉台纲鉴总论：二十八卷 / (明)刘基编；(明)商辂续编；(明)汪旦校正
明万历(1573-1620)刻本
1995年摄制. -- 2盘卷片(64米1246拍) : 1:10, 2B ; 35mm银盐
收藏馆：缩微中心，国图

00O011416
天王闰纪：不分卷 / (明)史质撰
明(1368-1644)抄本. -- (清)何煌校跋。
1989年摄制. -- 1盘卷片(5米73拍) : 1:10, 2B ; 35mm银盐
收藏馆：缩微中心，南京

00O028327
六朝宝训政事纪年：不分卷
清(1644-1911)抄本
1998年摄制. -- 1盘卷片(19米388拍) : 1:10, 2B ; 35mm银盐
收藏馆：缩微中心，广东

00O012784
中兴纲目：十卷 / (明)徐树丕撰
清宣统(1909-1911)叶氏五百经钟馆抄本
1990年摄制. -- 1盘卷片(13米297拍) : 1:10, 2B ; 35mm银盐
收藏馆：缩微中心，南京

00O011896
尚友集：一百九十七卷首三卷目录一卷续集二十卷 / (清)韩茂椿辑
清光绪二十六年(1900)稿本. -- (清)俞浩跋。
1990年摄制. -- 23盘卷片(685米14850拍) : 1:10, 2B ; 35mm银盐
收藏馆：缩微中心，山东

00O008911
纲鉴会编：九十八卷；历代统系表略：三卷 / (清)叶槺辑
清康熙四十一年(1702)刻本

1988年摄制. -- 6盘卷片(176.5米3871拍) :
1:10, 2B ; 35mm银盐
收藏馆：缩微中心，湖北

000○018160
三元通纪：一卷 / (清)王驭超撰
清(1644-1911)稿本. -- (清)王筠批校。
1993年摄制. -- 1盘卷片(5米52拍) ： 1:10,
2B ; 35mm银盐
收藏馆：缩微中心，山东

000○022838
同书：不分卷 / (清)俞岳龄撰
清(1644-1911)稿本
1995年摄制. -- 14盘卷片(396米8184拍) :
1:10, 2B ; 35mm银盐
收藏馆：缩微中心，南京

000○010152
历代纪年：十卷 / (宋)晁公迈撰
清初(1644-1722)抄本
1989年摄制. -- 1盘卷片(15米299拍) :
1:10, 2B ; 35mm银盐
收藏馆：缩微中心，山东

000○011431
历代纪年：十卷 / (宋)晁公迈撰
清(1644-1911)抄本. -- (清)丁丙跋。
1989年摄制. -- 1盘卷片(14米325拍) :
1:10, 2B ; 35mm银盐
收藏馆：缩微中心，南京

000○019750
历代纪年甲子图：一卷 / (明)李昱撰
明弘治(1488-1505)刻本
1994年摄制. -- 1盘卷片(3米28拍) ： 1:10,
2B ; 35mm银盐
收藏馆：缩微中心，国图

000○004560
历代世谱：十卷
明弘治十六年(1503)陈璘刻本
1987年摄制. -- 1盘卷片(7米118拍) ： 1:10,
2B ; 35mm银盐
收藏馆：缩微中心，国图

000○014550
人代纪要：三十卷 / (明)顾应祥撰
明嘉靖三十七年(1558)黄宸刻本
1992年摄制. -- 2盘卷片(40米792拍) :
1:10, 2B ; 35mm银盐
收藏馆：缩微中心，国图

000○007731
改元考：一卷 / (明)朱当㴐撰
明(1368-1644)抄本
1987年摄制. -- 1盘卷片(4米50拍) ： 1:10,
2B ; 35mm银盐
收藏馆：缩微中心，湖南

000○015752
纪年类编：四卷 / (明)袁仁,(明)袁黄撰
明(1368-1644)袁天启刻本
1993年摄制. -- 1盘卷片(7米104拍) ： 1:10,
2B ; 35mm银盐
收藏馆：缩微中心，国图

000○015740
历代正闰考：十二卷 / (明)沈德符撰
清(1644-1911)抄本. -- 存八卷：卷一至卷
四、卷九至卷十二。
1993年摄制. -- 1盘卷片(13米237拍) :
1:10, 2B ; 35mm银盐
收藏馆：缩微中心，国图

000○017379
历代正闰考：十二卷 / (明)沈德符撰
清(1644-1911)抄本. -- 郑振铎跋。
1993年摄制. -- 1盘卷片(17米336拍) :
1:10, 2B ; 35mm银盐
收藏馆：缩微中心，国图

000○005797
历代帝王历祚考：八卷音释一卷绍统年表一卷
年号考同一卷 / (明)吴继安撰
明万历二十九年(1601)商山季园刻本
1987年摄制. -- 1盘卷片(16米335拍) :
1:10, 2B ; 35mm银盐
收藏馆：缩微中心，国图

000○005033
历代帝王历祚考：八卷音释一卷绍运国系之图
一卷年号考同一卷绍统年表一卷 / (明)吴继安
撰
明万历二十九年(1601)吴氏商山塾刻本
1986年摄制. -- 1盘卷片(15米322拍) :
1:10, 2B ; 35mm银盐
收藏馆：缩微中心，国图

000○029287
历代帝王历祚考：八卷音释一卷 / (明)程杨辑；
(明)程至善考证
明崇祯(1628-1644)刻本. -- (明)刘芳烈校
阅。
1999年摄制. -- 1盘卷片(16米321拍) :
1:10, 2B ; 35mm银盐

收藏馆：缩微中心，湖南

000○004352
历代纪元历：七卷 / (明)顾道淳撰
清初(1644-1722)钱氏述古堂抄本
1986年摄制. -- 1盘卷片(7米113拍) : 1:10,
2B ；35mm银盐
收藏馆：缩微中心，国图

000○008125
**历代纪元汇考：五卷 / (清)万斯同撰；(清)万经
补**
清康熙五十四年(1715)刻本
1988年摄制. -- 1盘卷片(8.5米97拍) :
1:10, 2B ；35mm银盐
收藏馆：缩微中心，湖北

000○025556
**历代纪元汇考：五卷 / (清)万斯同撰；(清)万经
补**
清(1644-1911)知不足斋刻本. -- (清)李慈铭
跋。
1996年摄制. -- 1盘卷片(6米84拍) : 1:10,
2B ；35mm银盐
收藏馆：缩微中心，国图

000○023688
**纪元汇考：一卷 / (清)赵俊烈撰；(清)吴骞增订 .
历代纪元汇考：八卷 / (清)万斯同撰 . 纪元余论：
一卷 / (清)吴骞辑**
清(1644-1911)抄本
1995年摄制. -- 1盘卷片(8米130拍) : 1:10,
2B ；35mm银盐
收藏馆：缩微中心，浙江

000○026002
**历代纪年便览：一卷；历代割据诸国：一卷 /
(清)陈钟珂辑**
清乾隆十九年(1754)刻本
1996年摄制. -- 1盘卷片(4米51拍) : 1:10,
2B ；35mm银盐
收藏馆：缩微中心，福建

000○008046
**历代建元考：不分卷前编不分卷外编不分卷 /
(清)钟渊映撰**
清(1644-1911)抄本
1988年摄制. -- 1盘卷片(15米302拍) :
1:10, 2B ；35mm银盐
收藏馆：缩微中心，湖南

000○014459
历代建元考：不分卷外编不分卷 / (清)钟渊映撰

清(1644-1911)抄本
1992年摄制. -- 1盘卷片(13.8米286拍) :
1:10, 2B ；35mm银盐
收藏馆：缩微中心，重庆

000○007774
纪元韵叙：二卷 / (清)万光泰撰
清嘉庆六年(1801)抄本
1987年摄制. -- 1盘卷片(6.5米100拍) :
1:10, 2B ；35mm银盐
收藏馆：缩微中心，湖南

000○027174
**历代三元甲子古今帝王世系地域图考：八卷 /
(清)黄叔瑄撰**
清(1644-1911)抄本
1996年摄制. -- 1盘卷片(12.4米233拍) :
1:10, 2B ；35mm银盐
收藏馆：缩微中心，福建

000○002858
纪元韵编：五卷 / (清)沈心醇辑
清乾隆四十二年(1777)孔氏微波榭抄本
1986年摄制. -- 1盘卷片(7米125拍) : 1:10,
2B ；35mm银盐
收藏馆：缩微中心，国图

000○025548
建元类聚考：二卷 / (清)钱东垣撰
清道光(1821-1850)刻本
1996年摄制. -- 1盘卷片(5米54拍) : 1:10,
2B ；35mm银盐
收藏馆：缩微中心，国图

000○026882
**建元类聚考：二卷；节历代建元表：一卷 / (清)
钱东垣撰**
清(1644-1911)潘道根抄本
1996年摄制. -- 1盘卷片(5米85拍) : 1:10,
2B ；35mm银盐
收藏馆：缩微中心，南京

000○027163
历代年号分韵：一卷 / (清)林春溥撰
清(1644-1911)稿本
1996年摄制. -- 1盘卷片(2.9米32拍) :
1:10, 2B ；35mm银盐
收藏馆：缩微中心，福建

000○008115
历代帝系年号考：二十卷 / (清)刘宗魏撰
清乾隆二十八年(1763)春山堂刻本
1988年摄制. -- 1盘卷片(16.5米360拍) :

1:10, 2B；35mm银盐
收藏馆：缩微中心，湖北

00O027162
历代纪元宅都记略：二卷；年号相同考：一卷 / (清)郭柏苍辑
清(1644-1911)稿本
1996年摄制. -- 1盘卷片(4.7米70拍)：
1:10, 2B；35mm银盐
收藏馆：缩微中心，福建

00O014270
纪元编：三卷 / (清)六承如撰
清同治十年(1871)李氏刻本. -- (清)郑文焯
批注并跋。
1992年摄制. -- 1盘卷片(9米159拍)：1:10,
2B；35mm银盐
收藏馆：缩微中心，国图

00O013131
纪元编：三卷 / (清)李兆洛撰
清光绪三十二年(1906)罗氏稿本. -- 存二
卷：卷上、卷中。罗振玉订补。
1991年摄制. -- 1盘卷片(8.3米158拍)：
1:10, 2B；35mm银盐
收藏馆：缩微中心，辽宁

00O009738
古今甲子全谱：一卷 / (清)郭杭之撰
明万历二十一年(1593)稿本
1989年摄制. -- 1盘卷片(4米56拍)：1:10,
2B；35mm银盐
收藏馆：缩微中心，山东

00O000163
纪年经纬：七卷 / (清)章学诚撰
清嘉庆十二年(1807)唐仲冕刻本
1985年摄制. -- 1盘卷片(7.2米127拍)：
1:10, 2B；35mm银盐
收藏馆：缩微中心，国图

00O005325
纲鉴大成：三十六卷
朝鲜铜活字印本
1986年摄制. -- 2盘卷片(57.4米1293拍)：
1:10, 2B；35mm银盐
收藏馆：缩微中心，国图

00O025210
东周纪年：一卷 / (清)张坊撰
清乾隆二十三年(1758)刻本
1996年摄制. -- 1盘卷片(4米35拍)：1:10,
2B；35mm银盐

收藏馆：缩微中心，国图

00O006473
汉纪：三十卷 / (汉)荀悦撰
明正德十六年(1521)何景明翟清刻本
1987年摄制. -- 1盘卷片(20米436拍)：
1:10, 2B；35mm银盐
收藏馆：缩微中心，国图

00O003580
汉纪：三十卷 / (汉)荀悦撰
明(1368-1644)抄本
1985年摄制. -- 1盘卷片(15米326拍)：
1:10, 2B；35mm银盐
收藏馆：缩微中心，国图

00O011437
西汉年纪：三十卷 / (宋)王益之撰
清乾隆(1736-1795)翰林院抄本. -- 四库底
本。(清)邵晋涵校。
1989年摄制. -- 2盘卷片(38米843拍)：
1:10, 2B；35mm银盐
收藏馆：缩微中心，南京

00O026817
大唐创业起居注：三卷 / (唐)温大雅撰
明万历(1573-1620)沈士龙胡震亨刻秘册汇函
本. -- (清)黄丕烈校并跋。
1996年摄制. -- 1盘卷片(5米80拍)：1:10,
2B；35mm银盐
收藏馆：缩微中心，南京

00O015179
大唐创业起居注：三卷 / (唐)温大雅撰
清(1644-1911)善耕顾氏文房抄本
1992年摄制. -- 1盘卷片(4米52拍)：1:10,
2B；35mm银盐
收藏馆：缩微中心，国图

00O011411
五代春秋：二卷 / (宋)尹洙撰
清初(1644-1722)抄本. -- (清)邵晋涵、(清)
赵怀玉校跋，(清)丁丙跋。
1989年摄制. -- 1盘卷片(4米35拍)：1:10,
2B；35mm银盐
收藏馆：缩微中心，南京

00O020255
三唐传国编年：五卷首一卷 / (明)吴非撰
清康熙(1662-1722)郎遂远朴堂刻本
1994年摄制. -- 1盘卷片(5米80拍)：1:10,
2B；35mm银盐
收藏馆：缩微中心，国图

00O022695
皇朝通鉴政要：十八卷 / (宋)崔遵度撰
清初(1644-1722)抄本. -- 存十七卷：卷二至卷十八。
1994年摄制. -- 1盘卷片(27米542拍) : 1:10, 2B ; 35mm银盐
收藏馆：缩微中心，浙江

00O012513
续资治通鉴长编：一百八卷 / (宋)李焘撰
宋(960-1279)刻本. -- 存一百六卷：卷一至卷七十四、卷七十七至卷一百八。
1987年摄制. -- 4盘卷片(106.9米2335拍) : 1:10, 2B ; 35mm银盐
收藏馆：缩微中心，辽宁

00O015322
续资治通鉴长编：一百八卷 / (宋)李焘撰
清(1644-1911)抄本. -- (清)宋宾王校并跋，(清)沈以恭跋。
1992年摄制. -- 4盘卷片(111米2270拍) : 1:10, 2B ; 35mm银盐
收藏馆：缩微中心，国图

00O015280
续资治通鉴长编：一百八卷 / (宋)李焘撰
清(1644-1911)抄本. -- (清)周星诒校并跋，(清)柯逢时跋。
1992年摄制. -- 4盘卷片(107米2176拍) : 1:10, 2B ; 35mm银盐
收藏馆：缩微中心，国图

00O003663
续资治通鉴长编：一百八卷 / (宋)李焘撰
清(1644-1911)抄本
1985年摄制. -- 4盘卷片(109.3米2088拍) : 1:10, 2B ; 35mm银盐
收藏馆：缩微中心，国图

00O008061
续资治通鉴长编：一百八卷 / (宋)李焘撰
清(1644-1911)抄本. -- 存一百卷：卷一至卷六十九、卷七十六至卷九十五、卷九十八至卷一百八。
1988年摄制. -- 5盘卷片(139米2928拍) : 1:10, 2B ; 35mm银盐
收藏馆：缩微中心，湖南

00O029954
续资治通鉴长编：一百八卷 / (宋)李焘撰
清(1644-1911)抄本. -- 存七十五卷：卷二十六至卷三十、卷三十六至卷八十七、卷九十一至卷一百八。

2001年摄制. -- 3盘卷片(88米1894拍) : 1:10, 2B ; 35mm银盐
收藏馆：缩微中心，国图

00O008910
续资志通鉴长编：五百二十卷目录三卷 / (宋)李焘撰
清嘉庆二十四年(1819)张氏爱日精庐活字印本
1988年摄制. -- 16盘卷片(473.5米10453拍) : 1:10, 2B ; 35mm银盐
收藏馆：缩微中心，湖北

00O011421
续资治通鉴：十八卷 / (宋)李焘撰
元(1271-1368)建安朱氏与耕堂刻本. -- (清)丁丙跋。
1989年摄制. -- 1盘卷片(20米433拍) : 1:10, 2B ; 35mm银盐
收藏馆：缩微中心，南京

00O019644
续资治通鉴：十八卷 / (宋)李焘撰
元(1271-1368)建安朱氏与耕堂刻明(1368-1644)重修本. -- 卷十五至卷十六配另一元刻本，卷十七至卷十八配清抄本。(清)孔继涵跋。
1994年摄制. -- 1盘卷片(19米354拍) : 1:10, 2B ; 35mm银盐
收藏馆：缩微中心，国图

00O009735
续宋编年资治通鉴：十八卷 / (宋)李焘撰
清(1644-1911)抄本. -- (清)鲍廷博批校。
1989年摄制. -- 1盘卷片(20米404拍) : 1:10, 2B ; 35mm银盐
收藏馆：缩微中心，山东

00O003666
皇朝编年备要：三十卷 / (宋)陈均撰
清(1644-1911)影宋抄本
1985年摄制. -- 2盘卷片(38米816拍) : 1:10, 2B ; 35mm银盐
收藏馆：缩微中心，国图

00O025653
皇朝编年备要：三十卷 / (宋)陈均撰
清(1644-1911)汪氏屐砚斋抄本. -- 卷一、卷四至卷十三、卷十六至卷十八、卷二十一至卷二十三、卷二十六配清抄本。(清)丁丙跋。
1996年摄制. -- 3盘卷片(65米1514拍) : 1:10, 2B ; 35mm银盐
收藏馆：缩微中心，南京

00O008584
皇朝编年备要：三十卷 / (宋)陈均撰
清(1644-1911)汪氏展砚斋抄本. -- 存九
卷：卷四至卷五、卷八至卷九、卷十八、卷
二十一、卷二十八至卷三十。
1988年摄制. -- 1盘卷片(22米485拍) :
1:10, 2B ; 35mm银盐
收藏馆：缩微中心，国图

00O003968
皇朝编年备要：三十卷 / (宋)陈均撰
清(1644-1911)清白草庐抄本
1985年摄制. -- 3盘卷片(66.2米1465拍) :
1:10, 2B ; 35mm银盐
收藏馆：缩微中心，国图

00O017549
皇朝编年备要：三十卷 / (宋)陈均撰
清(1644-1911)经鉏堂抄本
1993年摄制. -- 3盘卷片(66米1286拍) :
1:10, 2B ; 35mm银盐
收藏馆：缩微中心，国图

00O010324
皇朝编年备要：三十卷 / (宋)陈均撰
清(1644-1911)抄本
1989年摄制. -- 3盘卷片(71米1534拍) :
1:10, 2B ; 35mm银盐
收藏馆：缩微中心，湖北

00O026826
太平宝训政事纪年：五卷
清咸丰元年至清末(1851-1911)缪氏藕香簃抄
本. -- 缪荃孙校。
1996年摄制. -- 1盘卷片(10米214拍) :
1:10, 2B ; 35mm银盐
收藏馆：缩微中心，南京

00O000880
太平宝训政事纪年：五卷
清(1644-1911)抄本
1985年摄制. -- 1盘卷片(8米154拍) : 1:10,
2B ; 35mm银盐
收藏馆：缩微中心，国图

00O024457
太平宝训政事纪年：五卷
瞿氏铁琴铜剑楼抄本
1996年摄制. -- 1盘卷片(8米125拍) : 1:10,
2B ; 35mm银盐
收藏馆：缩微中心，国图

00O012295
皇宋十朝纲要：二十五卷 / (宋)李埴撰
清(1644-1911)抄本. --(清)丁丙跋。
1990年摄制. -- 1盘卷片(28米674拍) :
1:10, 2B ; 35mm银盐
收藏馆：缩微中心，南京

00O003665
皇宋十朝纲要：二十五卷 / (宋)李埴撰
清(1644-1911)抄本
1985年摄制. -- 1盘卷片(28米613拍) :
1:10, 2B ; 35mm银盐
收藏馆：缩微中心，国图

00O032048
靖康要录：十六卷
清光绪十二年(1886)陆心源刻十万卷楼丛书
本. -- 九行二十字黑口四周双边。傅增湘校
并跋。
2011年摄制. -- 1盘卷片(30米563拍) :
1:10, 2B ; 35mm银盐
收藏馆：缩微中心，国图

00O021161
建炎以来系年要录：二百卷 / (宋)李心传撰
清乾隆四十一年(1776)孔继涵抄本. -- 存
一百八十卷：卷一至卷一百八十。
1992年摄制. -- 6盘卷片(171.3米3799拍) :
1:10, 2B ; 35mm银盐
收藏馆：缩微中心，辽宁

00O008755
建炎以来系年要录：二百卷 / (宋)李心传撰
清(1644-1911)抄本
1988年摄制. -- 8盘卷片(220.8米4853拍) :
1:10, 2B ; 35mm银盐
收藏馆：缩微中心，重庆

00O004552
皇朝中兴小纪：四十卷 / (宋)熊克撰
清(1644-1911)抄本
1987年摄制. -- 2盘卷片(41米886拍) :
1:10, 2B ; 35mm银盐
收藏馆：缩微中心，国图

00O011435
中兴小纪：四十卷 / (宋)熊克撰
清(1644-1911)抄本. --(清)丁丙跋。
1989年摄制. -- 2盘卷片(34米782拍) :
1:10, 2B ; 35mm银盐
收藏馆：缩微中心，南京

000O015405
皇朝中兴纪事本末：七十六卷
清(1644-1911)抄本
1992年摄制. -- 2盘卷片(36米662拍)：
1:10，2B ；35mm银盐
收藏馆：缩微中心，国图

000O003669
中兴两朝编年纲目：十八卷
清(1644-1911)影宋抄本. -- (清)张蓉镜校。
1985年摄制. -- 1盘卷片(23.3米521拍)：
1:10，2B ；35mm银盐
收藏馆：缩微中心，国图

000O021470
续资治通鉴后集：十五卷 / (宋)刘时举撰
清(1644-1911)抄本. -- (清)黄丕烈、(清)陆
心源校并跋。
1995年摄制. -- 1盘卷片(11米199拍)：
1:10，2B ；35mm银盐
收藏馆：缩微中心，国图

000O003839
续资治通鉴：十五卷 / (宋)刘时举撰
清(1644-1911)抄本. -- (清)陈揆校。
1985年摄制. -- 1盘卷片(11米212拍)：
1:10，2B ；35mm银盐
收藏馆：缩微中心，国图

000O004855
续资治通鉴：十五卷 / (宋)刘时举撰
清(1644-1911)抄本. -- (清)吴寿旸校并跋又
临(清)黄丕烈校跋，傅增湘题款。
1987年摄制. -- 1盘卷片(10米183拍)：
1:10，2B ；35mm银盐
收藏馆：缩微中心，国图

000O012758
续资治通鉴：十五卷 / (宋)刘时举撰
清(1644-1911)抄本.
1990年摄制. -- 1盘卷片(9米185拍)：1:10，
2B ；35mm银盐
收藏馆：缩微中心，南京

000O007336
两朝纲目备要：十六卷
清(1644-1911)抄本
1987年摄制. -- 1盘卷片(21米455拍)：
1:10，2B ；35mm银盐
收藏馆：缩微中心，国图

000O019061
宋季三朝政要：六卷

清(1644-1911)张德荣抄本
1994年摄制. -- 1盘卷片(5米60拍) ：1:10，
2B ；35mm银盐
收藏馆：缩微中心，国图

000O028446
宋季三朝政要：六卷
清嘉庆七年(1802)周文鼎抄本. -- (清)周文
鼎跋，(清)魏锡曾校跋并录(清)陈鳢题识，
(清)丁丙跋。
1996年摄制. -- 1盘卷片(7.5米131拍) ：
1:10，2B ；35mm银盐
收藏馆：缩微中心，南京

000O001821
宋季三朝政要：六卷
清(1644-1911)抄本. -- (清)陈揆校。
1985年摄制. -- 1盘卷片(5.1米84拍) ：
1:10，2B ；35mm银盐
收藏馆：缩微中心，国图

000O021463
**宋史全文续资治通鉴：三十六卷 . 宋季朝事实：
二卷**
元(1271-1368)刻本. -- 存十四卷：资治通鉴卷
二十五至卷三十六、宋季朝事实卷一至卷二。
1995年摄制. -- 1盘卷片(22米435拍) ：
1:10，2B ；35mm银盐
收藏馆：缩微中心，国图

000O002904
宋史全文续资治通鉴：三十六卷
明(1368-1644)刻本. -- 存十二卷：卷十二、
卷十六至卷十九、卷二十七至卷三十一、卷
三十四至卷三十五。
1986年摄制. -- 1盘卷片(24米524拍) ：
1:10，2B ；35mm银盐
收藏馆：缩微中心，国图

000O014715
**宋史全文续资治通鉴：三十六卷 . 宋季朝事实：
二卷**
明(1368-1644)刻本. -- 卷二十至卷二十一配
清抄本。(清)柯逢时跋。
1992年摄制. -- 3盘卷片(71米1392拍) ：
1:10，2B ；35mm银盐
收藏馆：缩微中心，国图

000O022839
**宋史全文续资治通鉴：三十六卷 . 增入名儒讲
义续资治通鉴宋季朝事实：二卷**
清(1644-1911)抄本
1995年摄制. -- 5盘卷片(142米3129拍) ：

1:10，2B ；35mm银盐
收藏馆：缩微中心，南京

000O021746
元史续编：十六卷 / (明)胡粹中撰
明永乐(1403-1424)刻本
1995年摄制. -- 1盘卷片(18米340拍) :
1:10，2B ；35mm银盐
收藏馆：缩微中心，国图

000O011429
元史续编：十六卷 / (明)胡粹中撰
清(1644-1911)抄本. -- (清)丁丙跋。
1989年摄制. -- 1盘卷片(18米383拍) :
1:10，2B ；35mm银盐
收藏馆：缩微中心，南京

000O009159
蒙古通鉴长编：八卷补编一卷 / (清)王先谦撰
清(1644-1911)稿本
1988年摄制. -- 1盘卷片(17米344拍) :
1:10，2B ；35mm银盐
收藏馆：缩微中心，湖南

000O015744
明纲目前纪：二卷 / (清)鄂尔泰[等]撰
清(1644-1911)抄本. -- 撰者还有：(清)张廷
玉等。
1993年摄制. -- 1盘卷片(8米125拍) : 1:10，
2B ；35mm银盐
收藏馆：缩微中心，国图

000O022803
龙飞纪略：十四卷 / (明)吴朴撰
明嘉靖二十三年(1544)吴天禄刻本
1995年摄制. -- 1盘卷片(29米599拍) :
1:10，2B ；35mm银盐
收藏馆：缩微中心，南京

000O011041
皇朝本纪：一卷
明(1368-1644)抄本
1989年摄制. -- 1盘卷片(6米62拍) : 1:10，
2B ；35mm银盐
收藏馆：缩微中心，南京

000O006192
宪章录：四十六卷 / (明)薛应旂撰
明万历(1573-1620)刻本
1987年摄制. -- 2盘卷片(51米1017拍) :
1:10，2B ；35mm银盐
收藏馆：缩微中心，四川

000O006193
宪章录：四十七卷 / (明)薛应旂撰
明万历二年(1574)陆光宅刻本
1987年摄制. -- 2盘卷片(53米1051拍) :
1:10，2B ；35mm银盐
收藏馆：缩微中心，四川

000O015401
皇明大政记：三十六卷 / (明)朱国祯撰
明崇祯(1628-1644)刻本
1992年摄制. -- 2盘卷片(54米1105拍) :
1:10，2B ；35mm银盐
收藏馆：缩微中心，国图

000O021657
皇明大政记：三十六卷 / (明)朱国祯撰
明崇祯(1628-1644)刻本
1995年摄制. -- 2盘卷片(55米1086拍) :
1:10，2B ；35mm银盐
收藏馆：缩微中心，国图

000O020331
皇明大政记：三十六卷 / (明)朱国祯撰
明崇祯(1628-1644)刻本
1994年摄制. -- 2盘卷片(52米1106拍) :
1:10，2B ；35mm银盐
收藏馆：缩微中心，国图

000O020358
皇明大政记：三十六卷 / (明)朱国祯撰
明(1368-1644)刻本
1994年摄制. -- 2盘卷片(52米1090拍) :
1:10，2B ；35mm银盐
收藏馆：缩微中心，国图

000O017359
皇明大政纂要：六十三卷 / (明)谭希思撰
明(1368-1644)抄本. -- 存三十五卷：卷一至
卷四、卷十三至卷十五、卷十九至卷三十、卷
三十四至卷四十三、卷五十八至卷六十三。
1993年摄制. -- 3盘卷片(77米1587拍) :
1:10，2B ；35mm银盐
收藏馆：缩微中心，国图

000O020380
新刻明政统宗：三十卷附卷一卷 / (明)涂山撰
明(1368-1644)李潮聚奎楼刻本
1994年摄制. -- 3盘卷片(76米1559拍) :
1:10，2B ；35mm银盐
收藏馆：缩微中心，国图

000O022723
新刊校正增补皇明资治通纪：十四卷 / (明)陈建

撰
明嘉靖(1522-1566)刻本
1994年摄制. -- 1盘卷片(26米523拍)：
1:10, 2B；35mm银盐
收藏馆：缩微中心，浙江

000O006325
新刻校正增补皇明资治通纪：十卷 / (明)陈建撰
明万历(1573-1620)刻本. -- 存九卷：卷二至
卷十。
1987年摄制. -- 1盘卷片(25米557拍)：
1:10, 2B；35mm银盐
收藏馆：缩微中心，吉林

000O007886
新锲官板音释标题皇明通纪：十卷续纪三卷 /
(明)陈建撰；(明)卜大有纂述；(明)卜六典校
明万历(1573-1620)摘星楼刻本. -- 版框高
二十二厘米宽十四厘米。
1988年摄制. -- 2盘卷片(47米996拍)：
1:10, 2B；35mm银盐
收藏馆：缩微中心，广东

000O022491
皇明资治通纪：十四卷 / (明)陈建撰. 皇明续纪：
三卷 / (明)卜大有撰. 皇明通纪述遗：十二卷 /
(明)卜世昌撰
明末(1621-1644)刻本
1995年摄制. -- 3盘卷片(90.7米1814拍)：
1:10, 2B；35mm银盐
收藏馆：缩微中心，湖北

000O015732
皇明资治通纪：三十卷 / (明)陈建撰
明(1368-1644)刻本
1993年摄制. -- 3盘卷片(66米1339拍)：
1:10, 2B；35mm银盐
收藏馆：缩微中心，国图

000O021180
皇明资治通纪：三十卷 / (明)陈建撰
明(1368-1644)刻本
1995年摄制. -- 3盘卷片(73米1405拍)：
1:10, 2B；35mm银盐
收藏馆：缩微中心，国图

000O024180
镌品隽皇明资治纪钞：十卷 / (明)陈建撰
明万历二十二年(1594)永庆堂刻本. -- 版框
高二十一厘米宽十三厘米。
1996年摄制. -- 1盘卷片(24.2米501拍)：
1:10, 2B；35mm银盐
收藏馆：缩微中心，广东

000O000505
皇明通纪集要：六十卷 / (明)陈建撰；(明)江旭
奇补订
明崇祯(1628-1644)刻本
1985年摄制. -- 3盘卷片(63.5米1397拍)：
1:10, 2B；35mm银盐
收藏馆：缩微中心，国图

000O020225
皇明通纪集要：六十卷 / (明)陈建撰；(明)江旭
奇补订
明崇祯(1628-1644)刻本
1994年摄制. -- 2盘卷片(63米1321拍)：
1:10, 2B；35mm银盐
收藏馆：缩微中心，国图

000O021041
皇明通纪法传全录：二十八卷 / (明)陈建撰；
(明)高汝栻增订. 皇明法传录嘉隆纪：六卷皇明
续纪三朝法传全录十六卷 / (明)高汝栻撰
明崇祯(1628-1644)刻本
1994年摄制. -- 3盘卷片(84米1767拍)：
1:10, 2B；35mm银盐
收藏馆：缩微中心，国图

000O020336
皇明从信录：四十卷 / (明)沈国元撰
明(1368-1644)刻本
1994年摄制. -- 3盘卷片(73米1524拍)：
1:10, 2B；35mm银盐
收藏馆：缩微中心，国图

000O020228
皇明二祖十四宗增补标题评断实纪：二十七卷 /
(明)陈建,(明)陈龙可纂辑
明末(1621-1644)刻本
1994年摄制. -- 2盘卷片(59米1218拍)：
1:10, 2B；35mm银盐
收藏馆：缩微中心，国图

000O020661
皇明二祖十四宗增补标题评断通纪：二十七卷 /
(明)陈建,(明)陈龙可纂辑
明末(1621-1644)刻本
1994年摄制. -- 2盘卷片(56米1200拍)：
1:10, 2B；35mm银盐
收藏馆：缩微中心，国图

000O020515
皇明十六朝广汇记：二十八卷
明(1368-1644)友石居刻本
1995年摄制. -- 1盘卷片(6米100拍)：1:10,
2B；35mm银盐

收藏馆：缩微中心，柳州

000O028670
皇明十六朝广汇记：十八卷 / (明)陈建辑；(明)陈龙可补
明崇祯(1628-1644)友石居刻本. -- 存十六卷：卷三至卷十八。
1990年摄制. -- 1盘卷片(30米600拍) : 1:10, 2B ; 35mm银盐
收藏馆：缩微中心，南京

000O001501
新刻陈眉公订正通纪会纂：□□卷 / (明)诸燮辑
清初(1644-1722)刻本. -- 存四卷：卷一至卷四。
1986年摄制. -- 1盘卷片(14.2米304拍) : 1:10, 2B ; 35mm银盐
收藏馆：缩微中心，吉林

000O006284
新刻陈眉公订正通纪会纂：四卷 / (明)诸燮辑
清(1644-1911)刻本
1987年摄制. -- 1盘卷片(15米308拍) : 1:10, 2B ; 35mm银盐
收藏馆：缩微中心，吉林

000O008377
新刻明朝通纪会纂：七卷 / [题](明)王世贞会纂；(明)王政敏订正；(明)王汝南补定
清初(1644-1722)刻本
1988年摄制. -- 1盘卷片(15米324拍) : 1:10, 2B ; 35mm银盐
收藏馆：缩微中心，国图

000O020701
通纪纂：十卷 / (明)钟惺[等]编
清初(1644-1722)刻本
1994年摄制. -- 1盘卷片(17米338拍) : 1:10, 2B ; 35mm银盐
收藏馆：缩微中心，国图

000O020390
明季编年：十二卷 / (明)钟惺撰；(清)王汝南补
清初(1644-1722)刻本
1994年摄制. -- 1盘卷片(21米383拍) : 1:10, 2B ; 35mm银盐
收藏馆：缩微中心，国图

000O016399
昭代芳摹：三十五卷 / (明)徐昌治撰
明崇祯九年(1636)徐氏知问斋刻本. -- 存十卷：卷一至卷十。
1992年摄制. -- 1盘卷片(15米284拍) :

1:10, 2B ; 35mm银盐
收藏馆：缩微中心，国图

000O023699
通纪直解：十四卷 / (明)张嘉和撰
明崇祯(1628-1644)刻本
1995年摄制. -- 1盘卷片(32米656拍) : 1:10, 2B ; 35mm银盐
收藏馆：缩微中心，浙江

000O007841
通纪直解：十四卷续二卷 / (明)张嘉和撰
明崇祯(1628-1644)刻初(1644-1722)增刻本
1987年摄制. -- 2盘卷片(35.5米755拍) : 1:10, 2B ; 35mm银盐
收藏馆：缩微中心，重庆

000O025731
通鉴直解：二十八卷；皇明通纪直解：十六卷 / (明)张嘉和撰
清(1644-1911)刻补刻本
1996年摄制. -- 4盘卷片(94米2087拍) : 1:10, 2B ; 35mm银盐
收藏馆：缩微中心，河南

000O006350
国榷：不分卷 / (明)谈迁撰
清(1644-1911)抄本
1987年摄制. -- 14盘卷片(411米8602拍) : 1:10, 2B ; 35mm银盐
收藏馆：缩微中心，国图

000O020226
国榷：不分卷 / (明)谈迁撰
清(1644-1911)抄本. -- 存：明永乐二十二年(1424)八月至正统三年(1438)十二月。
1994年摄制. -- 1盘卷片(19米381拍) : 1:10, 2B ; 35mm银盐
收藏馆：缩微中心，国图

000O015113
国榷：二十卷 / (明)谈迁撰
清(1644-1911)抄本. -- 存十八卷：卷一至卷八、卷十至卷十四、卷十六至卷二十。
1992年摄制. -- 2盘卷片(57米1165拍) : 1:10, 2B ; 35mm银盐
收藏馆：缩微中心，国图

000O017134
钦定明鉴：二十四卷首一卷 / (清)托津[等]撰
清嘉庆二十三年(1818)武英殿刻本
1993年摄制. -- 1盘卷片(31.2米708拍) : 1:10, 2B ; 35mm银盐

收藏馆：缩微中心，辽宁

000O009532

通鉴续编：一百二十七卷考辩一卷 / (清)韦人凤撰
清初(1644-1722)抄本
1988年摄制. -- 6盘卷片(169.6米3733拍) : 1:11, 2B ; 35mm银盐
收藏馆：缩微中心，重庆

000O022929

明鉴会纂：十五卷 / (清)朱国标辑
清康熙(1662-1722)刻本. -- 存十一卷：卷一至卷八、卷十三至卷十五。
1994年摄制. -- 1盘卷片(16米334拍) : 1:10, 2B ; 35mm银盐
收藏馆：缩微中心，甘肃

000O018188

明鉴会纂：十五卷 / (清)朱国标辑
清乾隆二十七年(1762)刻本
1993年摄制. -- 1盘卷片(20米408拍) : 1:10, 2B ; 35mm银盐
收藏馆：缩微中心，山东

000O007885

御撰资治通鉴纲目三编：二十卷 / (清)张廷玉[等]撰
清乾隆十一年(1746)武英殿刻本. -- 版框高十九厘米宽十三厘米。
1988年摄制. -- 1盘卷片(15米314拍) : 1:10, 2B ; 35mm银盐
收藏馆：缩微中心，广东

000O010061

御撰资治通鉴纲目三编：四十卷 / (清)舒赫德[等]纂
清乾隆四十一年(1776)武英殿刻本
1989年摄制. -- 2盘卷片(63.3米1195拍) : 1:10, 2B ; 35mm银盐
收藏馆：缩微中心，辽宁

000O021468

文庙靖难记圣政记：十一卷．宣宗圣政记：□□卷．景泰圣政记：□□卷
明(1368-1644)抄本. -- 存：文庙卷二至卷十一、宣宗卷、景泰卷。
1995年摄制. -- 1盘卷片(34米690拍) : 1:10, 2B ; 35mm银盐
收藏馆：缩微中心，国图

000O021142

嘉靖大政编年纪：不分卷 / (明)黄凤翔撰

明天启元年(1621)郑壁刻本
1989年摄制. -- 1盘卷片(8米183拍) : 1:10, 2B ; 35mm银盐
收藏馆：缩微中心，南京

000O011434

皇明肃皇外史：四十六卷 / (明)范守己撰
明(1368-1644)抄本. -- 卷一至卷三、卷七至卷十三、卷二十二至卷四十六配清抄本。(清)丁丙跋。
1989年摄制. -- 1盘卷片(27米628拍) : 1:10, 2B ; 35mm银盐
收藏馆：缩微中心，南京

000O011427

皇明肃皇大谟：□□卷
明(1368-1644)抄本. -- 存六卷：卷十二至卷十七。
1989年摄制. -- 1盘卷片(3米70拍) : 1:10, 2B ; 35mm银盐
收藏馆：缩微中心，南京

000O019876

皇明嘉隆两朝闻见纪：十二卷 / (明)沈越撰
明万历二十七年(1599)沈朝阳[等]刻本
1994年摄制. -- 1盘卷片(30米604拍) : 1:10, 2B ; 35mm银盐
收藏馆：缩微中心，国图

000O012767

世穆两朝编年信史：六卷 / (明)支大纶撰
明万历二十四年(1596)刻本. -- (清)丁丙跋。
1990年摄制. -- 1盘卷片(18米425拍) : 1:10, 2B ; 35mm银盐
收藏馆：缩微中心，南京

000O014366

两朝宪章录：二十卷 / (明)吴瑞登撰
明(1368-1644)刻本. -- 存十一卷：卷一至卷十一。
1992年摄制. -- 1盘卷片(13米231拍) : 1:10, 2B ; 35mm银盐
收藏馆：缩微中心，国图

000O010059

宪章外史续编：十四卷 / (明)许重熙撰
明崇祯六年(1633)刻本
1989年摄制. -- 1盘卷片(27.6米622拍) : 1:10, 2B ; 35mm银盐
收藏馆：缩微中心，辽宁

00O020391
嘉靖注略：五卷 / (明)许重熙撰
明崇祯(1628-1644)刻本. -- (清)李文田跋。
1994年摄制. -- 1盘卷片（11米210拍）：
1:10，2B ；35mm银盐
收藏馆：缩微中心，国图

00O011436
泰昌日录：二卷；河清赋：一卷 / (明)杨惟休撰
明末(1621-1644)刻本
1989年摄制. -- 1盘卷片（5米93拍）：1:10，
2B ；35mm银盐
收藏馆：缩微中心，南京

00O016533
两朝从信录：三十五卷 / (明)沈国元撰
明崇祯(1628-1644)刻本. -- (明)祁彪佳点
跋。
1989年摄制. -- 3盘卷片（72米1400拍）：
1:10，2B ；35mm银盐
收藏馆：缩微中心，南京

00O010403
两朝从信录：三十五卷 / (清)沈国元撰
明崇祯(1628-1644)刻本
1989年摄制. -- 3盘卷片（81米1634拍）：
1:10，2B ；35mm银盐
收藏馆：缩微中心，四川

00O002911
山书：十八卷 / (清)孙承泽撰
清(1644-1911)抄本
1986年摄制. -- 2盘卷片（40米873拍）：
1:10，2B ；35mm银盐
收藏馆：缩微中心，国图

00O027222
今史存录：六卷
清(1644-1911)抄本
1997年摄制. -- 1盘卷片（8米127拍）：1:10，
2B ；35mm银盐
收藏馆：缩微中心，国图

00O020230
东华录：十六卷 / (清)蒋良骥撰
清(1644-1911)抄本. -- (清)李文田校注。
1994年摄制. -- 2盘卷片（39米783拍）：
1:10，2B ；35mm银盐
收藏馆：缩微中心，国图

00O007721
东华录：十六卷 / (清)蒋良骥撰
清(1644-1911)抄本

1987年摄制. -- 1盘卷片（31米632拍）：
1:10，2B ；35mm银盐
收藏馆：缩微中心，湖南

00O006207
东华录：十六卷 / (清)蒋良骥撰
清(1644-1911)抄本. -- 存八卷：卷九至卷
十六。
1987年摄制. -- 1盘卷片（21米419拍）：
1:10，2B ；35mm银盐
收藏馆：缩微中心，四川

00O025686
东华续录：一千一百六十一卷 / (清)王先谦撰
清(1644-1911)稿本. -- 存一千九十二卷。
1996年摄制. -- 65盘卷片（1917米40182拍）：
1:10，2B ；35mm银盐
收藏馆：缩微中心，湖北

00O003768
太宗皇帝实录：八十卷 / (宋)钱若水[等]纂修
清(1644-1911)抄本. -- 卷三十一至卷
三十五、卷四十一至卷四十五、卷七十七至卷
七十八配瞿氏铁琴铜剑楼抄本。存二十卷：卷
二十六至卷三十五、卷四十一至卷四十五、卷
七十六至卷八十。张元济跋。
1985年摄制. -- 1盘卷片（12.6米263拍）：
1:10，2B ；35mm银盐
收藏馆：缩微中心，国图

00O016076
太宗皇帝实录：八十卷 / (宋)钱若水[等]纂修
清(1644-1911)曾氏诂训堂抄本. -- 存八卷：
卷二十六至卷三十、卷七十六、卷七十九、卷
八十。(清)曾钊、(清)吴兰修、章钰跋。
1993年摄制. -- 1盘卷片（6米84拍）：1:10，
2B ；35mm银盐
收藏馆：缩微中心，国图

00O024454
太宗皇帝实录：八十卷 / (宋)钱若水[等]纂修
瞿氏铁琴铜剑楼抄本. -- 存八卷：卷二十六
至卷三十、卷七十六、卷七十九至卷八十。
1996年摄制. -- 1盘卷片（7米109拍）：1:10，
2B ；35mm银盐
收藏馆：缩微中心，国图

00O001961
玉牒初草：二卷 / (宋)刘克庄撰
清(1644-1911)抄本
1986年摄制. -- 1盘卷片（3.5米44拍）：
1:10，2B ；35mm银盐
收藏馆：缩微中心，国图

000O010159
大明实录：□□卷
明(1368-1644)抄本. -- (明)草泽小臣校并跋。
1989年摄制. -- 1盘卷片(21米444拍) : 1:10, 2B ; 35mm银盐
收藏馆：缩微中心，山东

000O015577
大明实录：不分卷
明(1368-1644)抄本. -- 存：元至正二十六年(1366)至明洪武□□年。
1993年摄制. -- 1盘卷片(27米530拍) : 1:10, 2B ; 35mm银盐
收藏馆：缩微中心，国图

000O024757
大明太祖高皇帝实录：不分卷 / (明)胡广[等]纂修
明(1368-1644)抄本. -- 存：吴元年(1367)正月至三月，洪武元年(1368)六月至十二月、九年(1376)正月至十二月。吴元年为建明之前朱元璋政权使用的地方纪年，同元至正二十八年(1368)。
1995年摄制. -- 1盘卷片(19米378拍) : 1:10, 2B ; 35mm银盐
收藏馆：缩微中心，浙江

000O011235
大明太祖高皇帝实录：□□卷 / (明)胡广[等]纂修
明(1368-1644)万卷楼抄本. -- 存九卷：卷二十九至卷三十七。
1989年摄制. -- 1盘卷片(11米198拍) : 1:10, 2B ; 35mm银盐
收藏馆：缩微中心，四川

000O026429
大明太祖高皇帝实录：二百五十七卷 / (明)胡广[等]纂修
明(1368-1644)抄本. -- 存二百卷：卷一至卷二十一、卷三十至卷四十一、卷五十一至卷六十九、卷七十至卷七十七、卷八十二至卷一百十、卷一百十七至卷一百三十四、卷一百三十五至卷一百六十九、卷一百七十七至卷一百八十七、卷一百八十八至卷二百六、卷二百二十四至卷二百五十一。
1996年摄制. -- 4盘卷片(101米2099拍) : 1:10, 2B ; 35mm银盐
收藏馆：缩微中心，广东

000O016354
大明太祖高皇帝实录：二百五十七卷 / (明)胡广[等]纂修
明(1368-1644)抄本. -- 存一百十六卷：卷六十七至卷一百四十六、卷一百四十一至卷一百七十六。卷一百四十一至卷一百四十六卷数重复，但内容不同。
1992年摄制. -- 2盘卷片(47米975拍) : 1:10, 2B ; 35mm银盐
收藏馆：缩微中心，国图

000O012703
大明太祖高皇帝实录：二百五十七卷 / (明)胡广[等]纂修
明(1368-1644)抄本. -- 存十五卷：卷三十八至卷四十四、卷五十九至卷六十六。
1990年摄制. -- 1盘卷片(8.6米171拍) : 1:10, 2B ; 35mm银盐
收藏馆：缩微中心，辽宁

000O003473
大明太祖高皇帝实录：二百五十七卷 / (明)胡广[等]纂修
明(1368-1644)抄本. -- 存：洪武十年(1377)正月至二十三年(1390)十二月、二十五年(1392)正月至三十一年(1398)闰五月。
1986年摄制. -- 3盘卷片(79米1786拍) : 1:10, 2B ; 35mm银盐
收藏馆：缩微中心，国图

000O015596
大明太宗文皇帝实录：一百三十卷 / (明)张辅[等]纂修
明(1368-1644)抄本. -- 纂修者还有：(明)杨士奇等。存一百二十六卷：卷一至卷一百五、卷一百十至卷一百三十。
1993年摄制. -- 4盘卷片(101米2038拍) : 1:10, 2B ; 35mm银盐
收藏馆：缩微中心，国图

000O010158
大明太宗文皇帝实录：一百三十卷 / (明)张辅[等]纂修
明(1368-1644)抄本. -- 纂修者还有：(明)杨士奇等。存一百一卷：卷十六至卷七十三、卷八十七至卷一百二十九。
1989年摄制. -- 3盘卷片(66米1421拍) : 1:10, 2B ; 35mm银盐
收藏馆：缩微中心，山东

000O003476
大明太宗文皇帝实录：二百五十卷 / (明)张辅[等]纂修
明洪武三十年(1397)抄本. -- 纂修者还有：(明)杨士奇等。

1986年摄制. -- 4盘卷片(103.2米2293拍)：
1:10，2B；35mm银盐
收藏馆：缩微中心，国图

00O023036
明太宗实录：不分卷 / (明)张辅[等]纂修
明(1368-1644)抄本. -- 纂修者还有：(明)杨
士奇等。存：明永乐二年(1404)正月至永乐九
年(1411)四月、永乐十二年(1414)正月至永乐
十三年(1415)九月、永乐十三年(1415)十一月
至永乐二十二年(1424)八月。
1995年摄制. -- 2盘卷片(54米1153拍)：
1:10，2B；35mm银盐
收藏馆：缩微中心，国图

00O000146
大明仁宗昭皇帝实录：十卷 / (明)张辅[等]纂修
明(1368-1644)抄本. -- 纂修者还有：(明)夏
原吉等。
1985年摄制. -- 1盘卷片(14米297拍)：
1:10，2B；35mm银盐
收藏馆：缩微中心，国图

00O003634
大明仁宗昭皇帝实录：十卷 / (明)张辅[等]纂修
明(1368-1644)抄本. -- 纂修者还有：(明)夏
原吉等。存：永乐二十二年(1424)八月至十二
月、洪熙元年(1425)正月至六月。
1986年摄制. -- 1盘卷片(15米313拍)：
1:10，2B；35mm银盐
收藏馆：缩微中心，国图

00O013168
大明宣宗章皇帝实录：一百十五卷 / (明)杨士奇[等]纂修
明(1368-1644)抄本. -- 罗振玉跋。
1991年摄制. -- 3盘卷片(93.8米2126拍)：
1:10，2B；35mm银盐
收藏馆：缩微中心，辽宁

00O005036
大明宣宗章皇帝实录：一百十五卷 / (明)杨士奇[等]纂修
明(1368-1644)抄本. -- 存：明洪熙元年
(1425)六月至十二月、宣德元年(1426)正月至
十二月、宣德二年(1427)年七月至宣德九年
(1434)年十二月。
1986年摄制. -- 4盘卷片(99米2205拍)：
1:10，2B；35mm银盐
收藏馆：缩微中心，国图

00O005039
大明英宗睿皇帝实录：三百六十一卷 / (明)孙继

宗[等]纂修
明(1368-1644)抄本. -- 存三百五十三卷：
卷一至卷一百八十八、卷一百九十五至卷
二百七十二、卷二百八十五至卷三百七十一。
1986年摄制. -- 10盘卷片(269米5973拍)：
1:10，2B；35mm银盐
收藏馆：缩微中心，国图

00O025602
大明宪宗纯皇帝实录：二百九十三卷 / (明)刘吉[等]纂修
明(1368-1644)抄本. -- 存二百六十六卷：卷
一至卷八、卷十三至卷十七、卷四十一至卷
二百九十三。
1996年摄制. -- 7盘卷片(214米4310拍)：
1:10，2B；35mm银盐
收藏馆：缩微中心，浙江

00O027370
大明宪宗纯皇帝实录：二百九十三卷 / (明)刘吉[等]纂修
明(1368-1644)抄本. -- 存二十四卷：卷十三
至卷二十四、卷一百十二至卷一百二十三。
1996年摄制. -- 1盘卷片(16米338拍)：
1:10，2B；35mm银盐
收藏馆：缩微中心，南京

00O005041
大明宪宗纯皇帝实录：二百九十三卷 / (明)刘吉[等]纂修
明(1368-1644)抄本. -- 存：天顺八年(1464)
正月至十月、十二月，成化元年(1465)正月至二
年(1466)四月，三年(1467)四月至七年(1471)四
月，九年(1473)正月至十年(1474)十二月，十二
年(1476)正月至二十三年(1487)八月。
1986年摄制. -- 6盘卷片(174米3857拍)：
1:10，2B；35mm银盐
收藏馆：缩微中心，国图

00O026892
大明孝宗敬皇帝实录：二百二十四卷 / (明)李东阳[等]纂修
明(1368-1644)抄本. -- 存十二卷：卷四十七
至卷五十八。
1996年摄制. -- 1盘卷片(9米160拍)：1:10，
2B；35mm银盐
收藏馆：缩微中心，南京

00O005043
大明孝宗敬皇帝实录：二百二十四卷 / (明)李东阳[等]纂修
明(1368-1644)抄本. -- 存：明成化二十三年
(1487)八月至弘治元年(1488)闰正月、弘治元

年(1488)三月至弘治十四年(1501)八月、弘治
十五年(1502)七月至十月及十二月、弘治十八
年(1505)五月。
1986年摄制. -- 6盘卷片(166米3699拍)：
1:10, 2B；35mm银盐
收藏馆：缩微中心，国图

00O006556
大明武宗毅皇帝实录：一百九十七卷 / (明)费宏[等]纂修

明(1368-1644)抄本. -- 存十九卷：卷三十一
至卷三十六、卷四十至卷四十二、卷七十九、
卷八十三至卷八十六、卷九十至卷九十二、卷
一百、卷一百十八。
1987年摄制. -- 1盘卷片(15.6米335拍)：
1:10, 2B；35mm银盐
收藏馆：缩微中心，国图

00O005045
大明武宗毅皇帝实录：一百九十七卷 / (明)费宏[等]纂修

明(1368-1644)抄本. -- 存：弘治十八年
(1505)五月至十二月，正德元年(1506)正月至二
年(1507)四月、二年九月至十六年(1521)四月。
1986年摄制. -- 6盘卷片(151米3349拍)：
1:10, 2B；35mm银盐
收藏馆：缩微中心，国图

00O019028
大明恭穆献皇帝实录：五十卷 / (明)费宏[等]纂修

明(1368-1644)云南阁抄本. -- 存四十卷：卷
十一至卷五十。
1994年摄制. -- 1盘卷片(18米368拍)：
1:10, 2B；35mm银盐
收藏馆：缩微中心，天津

00O021465
大明世宗肃皇帝实录：五百六十六卷 / (明)徐阶[等]纂修

明(1368-1644)抄本. -- 存一百六十九卷：
卷一至卷一百三十三、卷二百七十至卷
二百八十一、卷四百三十一至卷四百四十二、
卷五百十七至卷五百二十八。
1995年摄制. -- 4盘卷片(113米2381拍)：
1:10, 2B；35mm银盐
收藏馆：缩微中心，国图

00O003479
大明世宗肃皇帝实录：五百六十六卷 / (明)徐阶[等]纂修

明(1368-1644)抄本. -- 存：明正德十六年
(1521)四月至十二月、明嘉靖元年(1522)正月

至四十四年(1565)十二月、四十五年(1566)二
月至十一月。
1986年摄制. -- 12盘卷片(327.2米7281拍)：
1:10, 2B；35mm银盐
收藏馆：缩微中心，国图

00O003629
大明穆宗庄皇帝实录：七十卷 / (明)张居正[等]纂修

明(1368-1644)抄本. -- 存：明嘉靖四十五年
(1566)十二月、隆庆元年(1567)正月至四年
(1570)十二月、五年(1571)五月至六年(1572)
五月。
1986年摄制. -- 3盘卷片(69米1531拍)：
1:10, 2B；35mm银盐
收藏馆：缩微中心，国图

00O013165
大明光宗贞皇帝实录：八卷 / (清)张惟贤[等]纂修

明(1368-1644)抄本
1991年摄制. -- 1盘卷片(13.4米266拍)：
1:10, 2B；35mm银盐
收藏馆：缩微中心，辽宁

00O012158
大明熹宗哲皇帝实录：八十七卷

清(1644-1911)抄本
1989年摄制. -- 7盘卷片(200.5米4694拍)：
1:10, 2B；35mm银盐
收藏馆：缩微中心，南京

00O020191
崇祯朝记事：四卷 / (明)李逊之撰

清光绪(1875-1908)李文田抄本. -- (清)李文
田校并跋。
1994年摄制. -- 1盘卷片(11米208拍)：
1:10, 2B；35mm银盐
收藏馆：缩微中心，国图

00O007230
崇祯朝记事：四卷 / (明)李逊之撰

清(1644-1911)抄本
1987年摄制. -- 1盘卷片(11米214拍)：
1:10, 2B；35mm银盐
收藏馆：缩微中心，国图

00O024122
弘光实录钞：四卷 / (清)黄宗羲撰

清咸丰元年至清末(1851-1911)清吟阁抄本
. -- (清)傅以礼校并跋。
1996年摄制. -- 1盘卷片(7米120拍)：1:10,
2B；35mm银盐

收藏馆：缩微中心，湖北

000O024758
弘光实录钞：四卷附弘光大臣月表一卷 / (清)黄宗羲撰
清光绪三年(1877)傅氏长恩阁抄本. -- (清)傅以礼跋。
1995年摄制. -- 1盘卷片(7米121拍) ：1:10, 2B ；35mm银盐
收藏馆：缩微中心，浙江

000O011430
皇朝实录：一百六十卷
清(1644-1911)抄本
1989年摄制. -- 6盘卷片(153米3487拍) ：1:10, 2B ；35mm银盐
收藏馆：缩微中心，南京

000O022719
大清太祖高皇帝实录：不分卷 / (清)勒德洪[等]纂修
清(1644-1911)抄本. -- 纂修者还有：(清)明珠等。
1994年摄制. -- 1盘卷片(11米210拍) ：1:10, 2B ；35mm银盐
收藏馆：缩微中心，浙江

000O022420
大清太祖高皇帝实录：八卷
清(1644-1911)抄本
1995年摄制. -- 1盘卷片(11米198拍) ：1:10, 2B ；35mm银盐
收藏馆：缩微中心，国图

000O027230
清太祖高皇帝实录
清(1644-1911)抄本. -- 存一卷：卷三。
1997年摄制. -- 1盘卷片(3米23拍) ：1:10, 2B ；35mm银盐
收藏馆：缩微中心，国图

000O022718
大清太祖高皇帝实录：十卷 / (清)勒德洪[等]纂修
清(1644-1911)抄本. -- 纂修者还有：(清)明珠等。
1994年摄制. -- 1盘卷片(17米324拍) ：1:10, 2B ；35mm银盐
收藏馆：缩微中心，浙江

000O022732
大清太宗文皇帝实录：六十五卷 / (清)图海[等]纂修

清(1644-1911)抄本. -- 纂修者还有：(清)勒德洪等。
1994年摄制. -- 3盘卷片(96米1963拍) ：1:10, 2B ；35mm银盐
收藏馆：缩微中心，浙江

000O018996
大清世祖章皇帝实录：□□卷
清(1644-1911)稿本. -- 存：清顺治五年(1648)八月。
1993年摄制. -- 1盘卷片(3米42拍) ：1:10, 2B ；35mm银盐
收藏馆：缩微中心，天津

000O005573
大清世祖皇帝实录：六十三卷
清顺治(1644-1661)抄本. -- 存六卷：卷五十八至卷六十三。
1987年摄制. -- 1盘卷片(7米114拍) ：1:10, 2B ；35mm银盐
收藏馆：缩微中心，吉林

000O027718
清世祖章皇帝实录：一百五十五卷 / (清)巴泰,(清)图海[等]纂修
清(1644-1911)抄本
1997年摄制. -- 5盘卷片(142米2786拍) ：1:10, 2B ；35mm银盐
收藏馆：缩微中心，国图

000O012293
大清圣祖仁皇帝实录：三百卷 / (清)马齐[等]纂修
清(1644-1911)内府抄本. -- 纂修者还有：(清)朱轼等。存三卷：卷三十七至卷三十九。
1989年摄制. -- 1盘卷片(4米79拍) ：1:10, 2B ；35mm银盐
收藏馆：缩微中心，南京

000O012294
大清世宗宪皇帝实录：一百五十九卷 / (清)鄂尔泰[等]纂修
清(1644-1911)内府抄本. -- 纂修者还有：(清)张廷玉等。存二卷：卷一百二十二至卷一百二十三。
1989年摄制. -- 1盘卷片(3米47拍) ：1:10, 2B ；35mm银盐
收藏馆：缩微中心，南京

000O025083
清宣宗实录：不分卷
清(1644-1911)稿本. -- 存：清道光二十七年(1847)四月至五月。

1996年摄制. -- 1盘卷片(5米60拍) ： 1:10,
2B ；35mm银盐
收藏馆：缩微中心，国图

00〇026399
大清宣宗成皇帝实录：不分卷 / (清)文庆[等]纂修
清(1644-1911)稿本. -- 纂修者还有：(清)中
常等。存：清道光四年(1824)正至三月、道光
十二年(1832)正至三月、道光十九年(1839)正
至三月、道光二十五年(1845)正至三月、道光
二十六年(1846)正至三月。
1992年摄制. -- 2盘卷片(34米723拍) ：
1:10, 2B ；35mm银盐
收藏馆：缩微中心，重庆

00〇020249
宣宗实录随记：不分卷 / (清)翁心存撰
清(1644-1911)稿本
1994年摄制. -- 1盘卷片(10米173拍) ：
1:10, 2B ；35mm银盐
收藏馆：缩微中心，国图

00〇026408
大清文宗显皇帝实录：□□卷
清(1644-1911)抄本. -- 存二百二十六卷：卷
一至卷二百二十六。
1993年摄制. -- 1盘卷片(3米25拍) ： 1:10,
2B ；35mm银盐
收藏馆：缩微中心，哈尔滨

00〇000910
大清文宗显皇帝实录：三百五十六卷 / (清)贾桢[等]纂修
清(1644-1911)内府抄本. -- 纂修者还有：
(清)周祖培等。存一百十六卷：卷二十五至卷
五十五、卷五十七、卷六十一至卷六十四、
卷六十六至卷六十八、卷七十二、卷七十五、
卷七十七、卷一百十七、卷一百十九至卷
一百二十五、卷一百三十三、卷一百三十五至
卷一百三十六、卷一百三十九、卷一百四十四
至卷一百五十三、卷一百七十一至卷
一百七十二、卷一百七十八、卷一百九十至卷
一百九十六、卷一百九十九至卷二百一、卷
二百三十至卷二百三十二、卷二百五十七、卷
二百六十、卷二百六十三至卷二百六十六、卷
二百七十二、卷二百八十六至卷二百九十五、
卷二百九十七至卷二百九十八、卷三百二至卷
三百十四、卷三百三十二至卷三百三十四、卷
三百三十六。
1985年摄制. -- 4盘卷片(107.2米2394拍) ：
1:10, 2B ；35mm银盐
收藏馆：缩微中心，国图

00〇000907
大清穆宗毅皇帝实录：三百七十四卷 / (清)宝鋆[等]纂修
清(1644-1911)内府抄本. -- 纂修者还有：
(明)沈桂芬等。存五十六卷：卷二十二、卷
二十四、卷二十七、卷六十九至卷七十、
卷八十一至卷八十七、卷一百三十、卷
一百三十四、卷一百四十七、卷一百五十一、
卷一百五十四、卷一百六十五至卷一百六十七、
卷一百六十九、卷一百七十三、卷
一百七十九、卷一百八十六、卷一百八十八、
卷二百二至卷二百五、卷二百十、卷二百三十、
卷二百三十二、卷二百三十六、卷
二百四十四、卷二百四十七、卷二百六十至卷
一百六十三、卷二百六十五至卷二百七十、卷
二百七十三、卷二百九十至卷二百九十一、卷
三百二十、卷三百三十四、卷三百四十九、卷
三百五十一至卷三百五十四、卷三百五十九。
1985年摄制. -- 3盘卷片(66.6米1473拍) ：
1:10, 2B ；35mm银盐
收藏馆：缩微中心，国图

00〇013691
大清穆宗毅皇帝实录：三百七十四卷 / (清)宝鋆[等]纂修
清(1644-1911)内府抄本. -- 纂修者还有：
(清)沈桂芬等。存二卷：卷四、卷二十三。
1991年摄制. -- 1盘卷片(6米77拍) ： 1:10,
2B ；35mm银盐
收藏馆：缩微中心，国图

00〇027540
清圣祖起居注：不分卷
清(1644-1911)内府抄本. -- 存：清康熙
四十七年(1708)正月。
1997年摄制. -- 1盘卷片(3米21拍) ： 1:10,
2B ；35mm银盐
收藏馆：缩微中心，国图

00〇027217
清高宗起居注仁宗起居注：不分卷
清(1644-1911)抄本. -- 存：清乾隆十四年
(1749)十一月十二月上半月、二十一年(1756)
闰九月上半月、三十六年(1771)四月五月上半
月六月、三十八年(1773)五月六月，嘉庆十八
年(1813)十二月下半月。
1997年摄制. -- 1盘卷片(31米608拍) ：
1:10, 2B ；35mm银盐
收藏馆：缩微中心，国图

00〇028985
[乾隆]起居注册：不分卷 / (清)王鸣盛纂修
清(1644-1911)稿本. -- 存：清乾隆二十一年

(1756)闰九月下。
1990年摄制. -- 1盘卷片(4米52拍) : 1:10,
2B ; 35mm银盐
收藏馆：缩微中心，南京

00O012208
嘉庆二十年起居注册：不分卷 / (清)杨惠元,(清)吴其彦纂修
清(1644-1911)内府抄本
1990年摄制. -- 2盘卷片(52米1233拍) :
1:10, 2B ; 35mm银盐
收藏馆：缩微中心，南京

纪事本末类

00O021593
宋元纪事本末：一百三十六卷
明末(1621-1644)刻本
1995年摄制. -- 3盘卷片(90米1897拍) :
1:10, 2B ; 35mm银盐
收藏馆：缩微中心，国图

00O022956
通鉴纪事本末：四十二卷 / (宋)袁枢撰
宋宝祐五年(1257)赵与筹刻本
1995年摄制. -- 7盘卷片(212米4324拍) :
1:10, 2B ; 35mm银盐
收藏馆：缩微中心，国图

00O011428
通鉴纪事本末：四十二卷 / (宋)袁枢撰
宋宝祐五年(1257)赵与筹刻元明(1271-1644)
递修本
1989年摄制. -- 8盘卷片(205米4737拍) :
1:10, 2B ; 35mm银盐
收藏馆：缩微中心，南京

00O001077
通鉴纪事本末：四十二卷 / (宋)袁枢撰
宋宝祐五年(1257)赵与筹刻元明(1271-1644)
递修本. -- (清)朱锡庚跋。
1985年摄制. -- 8盘卷片(214米4245拍) :
1:10, 2B ; 35mm银盐
收藏馆：缩微中心，国图

00O022959
通鉴纪事本末：四十二卷 / (宋)袁枢撰
宋宝祐五年(1257)赵与筹刻元明(1271-1644)
递修本. -- 存三十二卷：卷二至卷九、卷
十一至卷十九、卷二十一至卷二十二、卷
二十七至卷三十三、卷三十五、卷三十七至卷
四十一。
1998年摄制. -- 6盘卷片(158米3137拍) :

1:10, 2B ; 35mm银盐
收藏馆：缩微中心，国图

00O020860
通鉴纪事本末：四十二卷 / (宋)袁枢撰
宋宝祐五年(1257)赵与筹刻元明(1271-1644)
递修本. -- 存三卷：卷三、卷十二、卷
二十四。
1994年摄制. -- 1盘卷片(8米125拍) : 1:10,
2B ; 35mm银盐
收藏馆：缩微中心，国图

00O020137
通鉴纪事本末：四十二卷 / (宋)袁枢撰
宋宝祐五年(1257)赵与筹刻元明(1271-1644)
递修本. -- 卷三十六至卷三十七配清抄本。
1994年摄制. -- 7盘卷片(218米4363拍) :
1:10, 2B ; 35mm银盐
收藏馆：缩微中心，国图

00O001561
通鉴纪事本末：四十二卷 / (宋)袁枢撰
元(1271-1368)刻明(1368-1644)递修本
1987年摄制. -- 7盘卷片(212米4803拍) :
1:10, 2B ; 35mm银盐
收藏馆：缩微中心，吉林

00O003275
通鉴纪事本末：四十二卷 / (宋)袁枢撰
明万历二年(1574)李栻刻本
1986年摄制. -- 5盘卷片(130.4米2600拍) :
1:10, 2B ; 35mm银盐
收藏馆：缩微中心，国图

00O005691
通鉴纪事本末：四十二卷 / (宋)袁枢撰
明万历二年(1574)李栻刻本
1987年摄制. -- 5盘卷片(133米2952拍) :
1:10, 2B ; 35mm银盐
收藏馆：缩微中心，国图

00O026001
通鉴纪事本末：四十二卷 / (宋)袁枢撰
明万历三十四年(1606)黄吉士刻本. -- (明)
曹学佺批，(清)林佶跋。
1996年摄制. -- 7盘卷片(191米4000拍) :
1:10, 2B ; 35mm银盐
收藏馆：缩微中心，福建

00O006849
通鉴纪事本末：四十二卷 / (宋)袁枢撰
明万历三十四年(1606)刻本
1987年摄制. -- 7盘卷片(184米4011拍) :

1:10，2B ；35mm银盐
收藏馆：缩微中心，山东

000O018174

通鉴纪事本末：四十二卷 / (宋)袁枢撰
明万历(1573-1620)李栻刻本. -- (清)吴鹗批校。
1993年摄制. -- 5盘卷片(142米2927拍) ：
1:10，2B ；35mm银盐
收藏馆：缩微中心，山东

000O021595

通鉴纪事本末：二百三十九卷 / (宋)袁枢撰；(明)张溥评校
明(1368-1644)张溥刻本
1995年摄制. -- 9盘卷片(244米4880拍) ：
1:10，2B ；35mm银盐
收藏馆：缩微中心，国图

000O026431

通鉴纪事本末：二百三十七卷 / (宋)袁枢撰；(明)张溥论正
明末(1621-1644)刻本. -- (明)张溥校刻。
1996年摄制. -- 10盘卷片(282米5873拍) ：
1:10，2B ；35mm银盐
收藏馆：缩微中心，广东

000O004998

袁氏通鉴纪事本末撮要：八卷 / (宋)蔡文子辑
清咸丰六年(1856)瞿氏恬裕斋影宋抄本. --
(清)季锡畴、瞿熙邦校并跋。
1987年摄制. -- 1盘卷片(6米95拍) ： 1:10，
2B ；35mm银盐
收藏馆：缩微中心，国图

000O022731

通鉴本末纪要：八十一卷首三卷 / (清)蔡毓荣辑；(清)林子卿注
清康熙(1662-1722)刻本
1994年摄制. -- 8盘卷片(256米5365拍) ：
1:10，2B ；35mm银盐
收藏馆：缩微中心，浙江

000O007748

资治通鉴纪事本末补：不分卷 / (清)王延年撰
清光绪十六年(1890)广雅书局抄本
1987年摄制. -- 1盘卷片(12.5米250拍) ：
1:10，2B ；35mm银盐
收藏馆：缩微中心，湖南

000O024447

绎史：一百六十卷 / (清)马骕撰
清康熙(1662-1722)刻本. -- (清)姚夔跋。

1996年摄制. -- 6盘卷片(177米3611拍) ：
1:10，2B ；35mm银盐
收藏馆：缩微中心，国图

000O000010

绎史：一百六十卷 / (清)马骕撰
清康熙(1662-1722)刻本
1986年摄制. -- 6盘卷片(173米3769拍) ：
1:10，2B ；35mm银盐
收藏馆：缩微中心，山西

000O004395

蜀鉴：十卷 / (宋)郭允蹈撰
明嘉靖(1522-1566)刻本. -- (清)翁同书跋。
1985年摄制. -- 1盘卷片(15.6米334拍) ：
1:10，2B ；35mm银盐
收藏馆：缩微中心，国图

000O006290

蜀鉴：十卷 / (宋)郭允蹈撰
明嘉靖(1522-1566)刻本
1987年摄制. -- 1盘卷片(15米338拍) ：
1:10，2B ；35mm银盐
收藏馆：缩微中心，吉林

000O015143

蜀鉴：十卷 / (宋)郭允蹈撰
清初(1644-1722)抄本. -- (清)彭元瑞跋。
1992年摄制. -- 1盘卷片(11米209拍) ：
1:10，2B ；35mm银盐
收藏馆：缩微中心，国图

000O032045

蜀鉴：十卷 / (宋)郭允蹈撰
清道光二十一年(1841)钱熙祚刻守山阁丛书本. -- 十一行二十三字黑口左右双边。傅增湘校跋并录(明)吴岫题识。
2011年摄制. -- 1盘卷片(11米185拍) ：
1:13，2B ；35mm银盐
收藏馆：缩微中心，国图

000O025116

蜀鉴：十卷 / (宋)李文子撰
瞿氏铁琴铜剑楼抄本
1996年摄制. -- 1盘卷片(14米243拍) ：
1:10，2B ；35mm银盐
收藏馆：缩微中心，国图

000O005887

唐荆川先生编纂左氏始末：十二卷 / (明)唐顺之撰
明嘉靖四十一年(1562)唐正之刻本
1987年摄制. -- 1盘卷片(19.8米435拍) ：

1:10，2B ；35mm银盐
收藏馆：缩微中心，国图

000O015426
唐荆川先生编纂左氏始末：十二卷 / (明)唐顺之撰
明嘉靖四十一年(1562)唐正之刻本
1992年摄制. -- 1盘卷片(20米471拍) :
1:10，2B ；35mm银盐
收藏馆：缩微中心，国图

000O010627
左氏始末：十二卷 / (明)唐顺之撰；(明)徐鉴评
明万历四十二年(1614)徐鉴刻本
1989年摄制. -- 1盘卷片(23米483拍) :
1:10，2B ；35mm银盐
收藏馆：缩微中心，浙江

000O008722
左传分国纪事本末：十八卷 / (明)孙范撰
明崇祯十一年(1638)刻本
1988年摄制. -- 1盘卷片(27.3米601拍) :
1:10，2B ；35mm银盐
收藏馆：缩微中心，重庆

000O026439
左传纪事本末：五十三卷 / (清)高士奇撰
清康熙(1622-1722)刻本
1993年摄制. -- 2盘卷片(39米909拍) :
1:10，2B ；35mm银盐
收藏馆：缩微中心，哈尔滨

000O026302
左颖：六卷；国颖：二卷 / (清)高士奇辑注
清康熙五十七年(1718)刻本
1996年摄制. -- 1盘卷片(7米105拍) : 1:10，
2B ；35mm银盐
收藏馆：缩微中心，福建

000O022702
皇朝通鉴长编纪事本末：一百五十卷 / (宋)杨仲良撰
清(1644-1911)抄本. -- 存一百四十七卷：卷一至卷四、卷八至卷一百五十。
1994年摄制. -- 4盘卷片(125米2570拍) :
1:10，2B ；35mm银盐
收藏馆：缩微中心，浙江

000O022232
皇朝通鉴长编纪事本末：一百五十卷 / (宋)杨仲良撰
清(1644-1911)抄本. -- 存一百四十二卷：卷一至卷五、卷八至卷一百十三、卷一百二十至

卷一百五十。
1995年摄制. -- 4盘卷片(116米2372拍) :
1:10，2B ；35mm银盐
收藏馆：缩微中心，国图

000O003970
皇朝通鉴长编纪事本末：一百五十卷 / (宋)杨仲良撰
清(1644-1911)抄本. -- 存一百四十二卷：卷一至卷五、卷八至卷一百十三、卷一百二十至卷一百五十。佚名校，(清)翁同书跋。
1985年摄制. -- 4盘卷片(110米2429拍) :
1:10，2B ；35mm银盐
收藏馆：缩微中心，国图

000O016781
皇朝通鉴长编纪事本末：一百五十卷 / (宋)杨仲良撰
清(1644-1911)抄本. -- 存一百三卷：卷一至卷五、卷八至卷四十六、卷七十一至卷九十八、卷一百二十至卷一百五十。
1993年摄制. -- 3盘卷片(74米1419拍) :
1:10，2B ；35mm银盐
收藏馆：缩微中心，国图

000O006735
宋史纪事本末：二十八卷 / (明)冯琦撰；(明)陈邦瞻补
明万历(1573-1620)刻本
1987年摄制. -- 3盘卷片(70米1343拍) :
1:10，2B ；35mm银盐
收藏馆：缩微中心，四川

000O007200
宋史纪事本末：一百九卷 / (明)冯琦撰；(明)陈邦瞻补；(明)张溥论正
明末(1621-1644)张溥刻本
1987年摄制. -- 3盘卷片(80米1713拍) :
1:10，2B ；35mm银盐
收藏馆：缩微中心，山东

000O021469
三朝北盟会编：二百五十卷 / (宋)徐梦莘撰
明(1368-1644)湖东精舍抄本
1995年摄制. -- 6盘卷片(168米3477拍) :
1:10，2B ；35mm银盐
收藏馆：缩微中心，国图

000O011012
三朝北盟会编：二百五十卷 / (宋)徐梦莘撰
明(1368-1644)抄本. -- (清)丁丙跋。
1989年摄制. -- 7盘卷片(204米4600拍) :
1:10，2B ；35mm银盐

收藏馆：缩微中心，南京

000O016638
三朝北盟会编：二百五十卷 / (宋)徐梦莘撰
明(1368-1644)抄本
1993年摄制. -- 6盘卷片(159米3287拍) :
1:10，2B ；35mm银盐
收藏馆：缩微中心，国图

000O000780
三朝北盟会编：二百五十卷 / (宋)徐梦莘撰
明(1368-1644)抄本. -- 存五十卷：卷八十六
至卷九十四、卷一百六至卷一百二十、卷
一百九十至卷二百、卷二百六至卷二百二十、卷
二百十六至卷二百二十五。
1985年摄制. -- 2盘卷片(32.6米702拍) :
1:10，2B ；35mm银盐
收藏馆：缩微中心，国图

000O029851
三朝北盟会编：二百五十卷 / (宋)徐梦莘撰
明(1368-1644)抄本. -- 卷七十六至卷
九十四、卷一百七十七至卷二百五十配清
(1644-1911)抄本。存一百四卷：卷七十六至卷
一百、卷一百六十六至卷一百七十、卷一百七十七
至卷二百五十。(清)徐时栋录目并跋。
2001年摄制. -- 3盘卷片(68米1450拍) :
1:10，2B ；35mm银盐
收藏馆：缩微中心，国图

000O004358
三朝北盟会编：二百五十卷 / (宋)徐梦莘撰
明(1368-1644)王氏郁冈斋抄本. -- 卷四
至卷二十、卷一百十一至卷一百二十配清
(1644-1911)抄本。存二百四十七卷：卷四至
卷二百五十。
1986年摄制. -- 5盘卷片(137米3028拍) :
1:10，2B ；35mm银盐
收藏馆：缩微中心，国图

000O016642
三朝北盟会编：二百五十卷 / (宋)徐梦莘撰
清(1644-1911)勤志馆抄本
1993年摄制. -- 4盘卷片(114米2338拍) :
1:10，2B ；35mm银盐
收藏馆：缩微中心，国图

000O004066
三朝北盟会编：二百五十卷 / (宋)徐梦莘撰
清(1644-1911)不都通阁抄本. -- 佚名校。
1985年摄制. -- 6盘卷片(164.2米3638拍) :
1:10，2B ；35mm银盐
收藏馆：缩微中心，国图

000O007724
三朝北盟会编：二百五十卷 / (宋)徐梦莘撰
清(1644-1911)抄本
1987年摄制. -- 5盘卷片(152米3012拍) :
1:10，2B ；35mm银盐
收藏馆：缩微中心，湖南

000O003671
三朝北盟会编：二百五十卷 / (宋)徐梦莘撰
清(1644-1911)抄本. -- (清)邵恩多校并跋。
1985年摄制. -- 5盘卷片(141米3120拍) :
1:10，2B ；35mm银盐
收藏馆：缩微中心，国图

000O015993
**三朝北盟会编：二百五十卷校勘记二卷补遗一
卷 / (宋)徐梦莘撰**
清光绪四年(1878)铅印本. -- 章钰校并跋。
1993年摄制. -- 6盘卷片(157米3176拍) :
1:10，2B ；35mm银盐
收藏馆：缩微中心，国图

000O012190
**元史纪事本末：四卷 / (明)陈邦瞻撰；(明)臧懋
循补**
明万历三十四年(1606)刘曰梧徐申刻本. --
(清)丁丙跋。
1990年摄制. -- 1盘卷片(9米208拍) : 1:10，
2B ；35mm银盐
收藏馆：缩微中心，南京

000O028736
**元史纪事本末：六卷 / (明)陈邦瞻撰；(明)臧懋
循补**
明万历(1573-1620)刻本. -- (清)沈宝谦跋。
1998年摄制. -- 1盘卷片(13米223拍) :
1:10，2B ；35mm银盐
收藏馆：缩微中心，苏州

000O007597
**元史纪事本末：二十七卷 / (明)陈邦瞻撰；(明)
臧懋循补；(明)张溥论正**
明(1368-1644)张溥刻本
1987年摄制. -- 1盘卷片(16米325拍) :
1:10，2B ；35mm银盐
收藏馆：缩微中心，山东

000O008644
鸿猷录：十六卷 / (明)高岱撰
明嘉靖四十四年(1565)高思诚刻本
1988年摄制. -- 1盘卷片(25米448拍) :
1:10，2B ；35mm银盐
收藏馆：缩微中心，山东

00O028017
皇明鸿猷录：十六卷 / (明)高岱撰
明万历八年(1580)顾起纶奇字斋刻本
1996年摄制. -- 1盘卷片(21米455拍)：
1:10, 2B；35mm银盐
收藏馆：缩微中心，南京

00O006803
皇明鸿猷录：十六卷 / (明)高岱撰
明万历四年(1576)罗瑶刻本. -- 卷十五至卷
十六配清抄本。
1987年摄制. -- 1盘卷片(21米453拍)：
1:10, 2B；35mm银盐
收藏馆：缩微中心，国图

00O000100
皇明鸿猷录：十六卷 / (明)高岱撰
明(1368-1644)刻本
1985年摄制. -- 1盘卷片(27.5米619拍)：
1:10, 2B；35mm银盐
收藏馆：缩微中心，国图

00O018043
明朝纪事本末：八十卷 / (清)谷应泰撰
明万历四十四年至天启六年(1616-1626)精刻
本. -- 书名依封面题，卷端、版心"明朝"
二字均挖改为"通鉴"二字。
1993年摄制. -- 3盘卷片(83米1820拍)：
1:10, 2B；35mm银盐
收藏馆：缩微中心，天津

00O022765
明史纪事本末补遗：六卷
清光绪三年(1877)傅氏长恩阁抄本. -- (清)
傅以礼跋。
1994年摄制. -- 1盘卷片(7米107拍)：1:10,
2B；35mm银盐
收藏馆：缩微中心，浙江

00O031266
皇明五朝国史纪事本末：不分卷 / (明)沈自南撰
清(1644-1911)抄本
2004年摄制. -- 1盘卷片(14米293拍)：
1:10, 2B；35mm银盐
收藏馆：缩微中心，国图

00O012944
两朝平攘录：五卷 / (明)诸葛元声撰
明万历三十四年(1606)商濬继锦堂刻本
1991年摄制. -- 1盘卷片(15米303拍)：
1:10, 2B；35mm银盐
收藏馆：缩微中心，南京

00O000885
两朝平攘录：五卷 / (明)诸葛元声撰
明万历三十四年(1606)商濬刻本. -- 存四
卷：卷一至卷三、卷五。
1985年摄制. -- 1盘卷片(10.1米200拍)：
1:10, 2B；35mm银盐
收藏馆：缩微中心，国图

00O003969
定陵注略：十卷 / (明)文秉撰
清(1644-1911)抄本. -- (清)周星诒校注并
跋。
1985年摄制. -- 1盘卷片(20.4米450拍)：
1:10, 2B；35mm银盐
收藏馆：缩微中心，国图

00O015437
绥寇纪略：十二卷 / (清)吴伟业撰
清康熙十三年(1674)邹式金刻本
1992年摄制. -- 1盘卷片(19米384拍)：
1:10, 2B；35mm银盐
收藏馆：缩微中心，国图

00O027228
平定三逆方略：六十卷 / (清)勒德洪撰
清乾隆(1736-1795)内府抄本. -- 存四卷：卷
一至卷四。
1997年摄制. -- 1盘卷片(8米121拍)：1:10,
2B；35mm银盐
收藏馆：缩微中心，国图

00O025100
国朝大事记：十二卷 / (清)金象豫撰
清(1644-1911)抄本
1996年摄制. -- 1盘卷片(11米208拍)：
1:10, 2B；35mm银盐
收藏馆：缩微中心，国图

00O018331
**御制亲征朔漠纪略：一卷；御制亲征平定朔漠
方略：四十八卷 / (清)圣祖玄烨撰**
清康熙四十七年(1708)内府刻本
1993年摄制. -- 4盘卷片(112.2米2510拍)：
1:10, 2B；35mm银盐
收藏馆：缩微中心，辽宁

00O025104
平台纪略：一卷 / (清)蓝鼎元撰；(清)王者辅评
清雍正十年(1732)刻本
1996年摄制. -- 1盘卷片(5米61拍)：1:10,
2B；35mm银盐
收藏馆：缩微中心，国图

000O007883
东征集：六卷 / (清)蓝鼎元撰；(清)王者辅评
清雍正十年(1732)刻本. -- 版框高十九厘米
宽十四厘米。
1988年摄制. -- 1盘卷片(10米194拍)：
1:10，2B；35mm银盐
收藏馆：缩微中心，广东

000O018334
御制平定金川方略：二十六卷首一卷；御制诗
文：一卷；诸臣纪功诗文：五卷 / (清)来保[等]
撰
清乾隆十七年(1752)武英殿刻本
1993年摄制. -- 2盘卷片(58.3米1317拍)：
1:10，2B；35mm银盐
收藏馆：缩微中心，辽宁

000O010064
平定两金川方略：一百三十六卷
清嘉庆五年(1800)内府刻本
1989年摄制. -- 6盘卷片(191.0米4256拍)：
1:10，2B；35mm银盐
收藏馆：缩微中心，辽宁

000O010060
钦定兰州纪略：二十一卷 / (清)阿桂[等]纂
清嘉庆三年(1798)内府刻本
1989年摄制. -- 1盘卷片(27.8米627拍)：
1:10，2B；35mm银盐
收藏馆：缩微中心，辽宁

000O025092
钦定廓尔喀纪略：五十四卷首四卷
清乾隆(1736-1795)武英殿刻本
1996年摄制. -- 3盘卷片(81米1587拍)：
1:10，2B；35mm银盐
收藏馆：缩微中心，国图

000O024453
钦定平苗纪略：五十二卷首四卷 / (清)鄂辉[等]
撰
清嘉庆(1796-1820)武英殿活字印本
1996年摄制. -- 3盘卷片(85米1618拍)：
1:10，2B；35mm银盐
收藏馆：缩微中心，国图

000O024839
钦定剿平三省邪匪方略：正编三百五十二卷续
编三十六卷附编十二卷首九卷表文一卷 / (清)
章煦,(清)庆桂纂修
清嘉庆十五年(1810)武英殿刻本
1993年摄制. -- 22盘卷片(692.5米15713拍)：
1:10，2B；35mm银盐

收藏馆：缩微中心，辽宁

杂史类

000O014226
历代小史：一百五卷
明(1368-1644)刻本
1992年摄制. -- 4盘卷片(94米1831拍)：
1:10，2B；35mm银盐
收藏馆：缩微中心，国图

000O012202
靖康稗史七种：七卷
清(1644-1911)抄本. -- (清)丁丙跋。
1990年摄制. -- 1盘卷片(7米142拍)：1:10,
2B；35mm银盐
收藏馆：缩微中心，南京

000O002270
杂史四种：五卷
清(1644-1911)抄本. -- (清)周星诒跋。
1986年摄制. -- 1盘卷片(4米60拍)：1:10,
2B；35mm银盐
收藏馆：缩微中心，国图

000O008540
皇明修文备史：一百五十五卷 / [题](清)顾炎武
编
清(1644-1911)抄本. -- (清)恽毓鼎跋。
1988年摄制. -- 3盘卷片(88米1695拍)：
1:10，2B；35mm银盐
收藏馆：缩微中心，国图

000O027450
逊国逸书：四种七卷 / (明)钱士升编
明崇祯(1628-1644)刻本. -- 存四种四卷：从
亡随笔一卷、致身录一卷、黄陈冤报录一卷、
附滕录卷四。
1996年摄制. -- 1盘卷片(8米112拍)：1:10,
2B；35mm银盐
收藏馆：缩微中心，南京

000O012179
史稿三种：三卷
清(1644-1911)抄本
1990年摄制. -- 1盘卷片(10米193拍)：
1:10，2B；35mm银盐
收藏馆：缩微中心，南京

000O022772
甲申野史汇钞：二十三卷 / [题](清)顾炎武辑
清(1644-1911)抄本
1994年摄制. -- 2盘卷片(60米1224拍)：

1:10, 2B ; 35mm银盐
收藏馆：缩微中心，浙江

00O031265
甲申野史汇钞：九种四十一卷 / [题](清)全祖望辑
清(1644-1911)抄本. -- 存八种三十五卷。
2004年摄制. -- 2盘卷片(47米975拍) : 1:8,
2B ; 35mm银盐
收藏馆：缩微中心，国图

00O006762
乡国纪变：九种十一卷 / (清)胡慕椿编
清(1644-1911)抄本
1986年摄制. -- 1盘卷片(14米297拍) :
1:10, 2B ; 35mm银盐
收藏馆：缩微中心，国图

00O005999
明季野史汇编：二十九种一百十六卷
清(1644-1911)抄本
1987年摄制. -- 5盘卷片(136米2931拍) :
1:10, 2B ; 35mm银盐
收藏馆：缩微中心，国图

00O005991
明季稗乘四种：四卷 / (明)高元若[等]撰
清(1644-1911)抄本. -- (□)□宗济跋。
1987年摄制. -- 1盘卷片(5米76拍) : 1:10,
2B ; 35mm银盐
收藏馆：缩微中心，国图

00O018480
明季稗乘三种：七卷
清(1644-1911)抄本
1993年摄制. -- 1盘卷片(9米154拍) : 1:10,
2B ; 35mm银盐
收藏馆：缩微中心，国图

00O005987
明季野史四种：四卷
清(1644-1911)抄本
1987年摄制. -- 1盘卷片(3.8米53拍) :
1:10, 2B ; 35mm银盐
收藏馆：缩微中心，国图

00O005995
明季野史四种：十七卷
清(1644-1911)抄本
1987年摄制. -- 1盘卷片(13米275拍) :
1:10, 2B ; 35mm银盐
收藏馆：缩微中心，国图

00O006000
明季野史七种：十一卷
清(1644-1911)抄本
1987年摄制. -- 1盘卷片(13米263拍) :
1:10, 2B ; 35mm银盐
收藏馆：缩微中心，国图

00O031139
明季野史八种：八卷
清(1644-1911)抄本
2004年摄制. -- 1盘卷片(6米90拍) : 1:9,
2B ; 35mm银盐
收藏馆：缩微中心，国图

00O005996
明季野史三十四种：三十六卷
清(1644-1911)抄本
1987年摄制. -- 2盘卷片(37米739拍) :
1:10, 2B ; 35mm银盐
收藏馆：缩微中心，国图

00O029978
海甸野史二十五种：二十七卷
清(1644-1911)抄本. -- (清)蒋凤藻跋。
2001年摄制. -- 1盘卷片(22米454拍) :
1:10, 2B ; 35mm银盐
收藏馆：缩微中心，国图

00O028936
海甸野史：四卷
清(1644-1911)抄本
1998年摄制. -- 1盘卷片(18米306拍) :
1:10, 2B ; 35mm银盐
收藏馆：缩微中心，苏州

00O005994
海甸野史二十二种：二十二卷
清(1644-1911)抄本
1987年摄制. -- 1盘卷片(16米343拍) :
1:10, 2B ; 35mm银盐
收藏馆：缩微中心，国图

00O031144
三异词录十二种：十二卷
清(1644-1911)抄本
2004年摄制. -- 1盘卷片(17米340拍) : 1:9,
2B ; 35mm银盐
收藏馆：缩微中心，国图

00O012292
明季野史汇抄七种：八卷
清(1644-1911)抄本. -- (清)袁廷梼校跋。
1990年摄制. -- 1盘卷片(9米194拍) : 1:10,

2B ； 35mm银盐
收藏馆：缩微中心，南京

00O005997
明末史事杂抄三种：三卷
清(1644-1911)抄本
1987年摄制. -- 1盘卷片(6米99拍) ： 1:10,
2B ； 35mm银盐
收藏馆：缩微中心，国图

00O005988
明季野史三种：三卷
清(1644-1911)抄本
1987年摄制. -- 1盘卷片(3.6米49拍) ：
1:10, 2B ； 35mm银盐
收藏馆：缩微中心，国图

00O006739
明季野史三种：三卷
清(1644-1911)抄本. -- 包括：残明纪事/(清)
罗谦撰，天南纪事/(明)胡钦华撰，滇南外史/(清)
无名氏撰。
1987年摄制. -- 1盘卷片(8米132拍) ： 1:10,
2B ； 35mm银盐
收藏馆：缩微中心，四川

00O021454
路史：四十七卷 / (宋)罗泌撰
宋(960-1279)刻本. -- 存二卷：卷十三、卷
二十五。
1995年摄制. -- 1盘卷片(4米32拍) ： 1:10,
2B ； 35mm银盐
收藏馆：缩微中心，国图

00O001360
路史：四十七卷 / (宋)罗泌撰
明嘉靖(1522-1566)洪楩刻本
1985年摄制. -- 2盘卷片(54.2米1214拍) ：
1:10, 2B ； 35mm银盐
收藏馆：缩微中心，国图

00O005706
路史：四十七卷 / (宋)罗泌撰
明嘉靖(1522-1566)洪楩刻本
1987年摄制. -- 2盘卷片(56米1248拍) ：
1:10, 2B ； 35mm银盐
收藏馆：缩微中心，国图

00O004337
路史：四十七卷 / (宋)罗泌撰
明嘉靖(1522-1566)洪楩刻本. -- 存二十五
卷：前纪九卷、发挥六卷、余论十卷。
1986年摄制. -- 1盘卷片(24米541拍) ：

1:10, 2B ； 35mm银盐
收藏馆：缩微中心，国图

00O021622
路史：四十七卷 / (宋)罗泌撰
明万历三十九年(1611)乔可传刻本. -- (清)
惠栋批校，梁启超跋。
1995年摄制. -- 2盘卷片(57米1119拍) ：
1:10, 2B ； 35mm银盐
收藏馆：缩微中心，国图

00O006747
路史：四十七卷 / (宋)罗泌撰
明万历三十九年(1611)乔可传刻本
1987年摄制. -- 2盘卷片(61米1223拍) ：
1:10, 2B ； 35mm银盐
收藏馆：缩微中心，四川

00O021048
路史：四十七卷 / (宋)罗泌撰；(明)乔可传校
明万历三十九年(1611)乔可传刻本. -- 存
二十九卷：前纪九卷、后纪卷一至卷十三、国
名记卷一至卷七。
1994年摄制. -- 2盘卷片(38米772拍) ：
1:10, 2B ； 35mm银盐
收藏馆：缩微中心，国图

00O016645
路史：四十七卷 / (宋)罗泌撰
明(1368-1644)抄本
1993年摄制. -- 2盘卷片(56米1125拍) ：
1:10, 2B ； 35mm银盐
收藏馆：缩微中心，国图

00O021024
**重订路史全本：四十七卷 / (宋)罗泌撰；(明)吴
弘基订**
明崇祯(1628-1644)化玉斋刻本
1994年摄制. -- 3盘卷片(74米1558拍) ：
1:10, 2B ； 35mm银盐
收藏馆：缩微中心，国图

00O008114
重订路史全本：四十七卷 / (宋)罗泌撰
明(1368-1644)吴弘基刻本
1988年摄制. -- 3盘卷片(74.5米1651拍) ：
1:10, 2B ； 35mm银盐
收藏馆：缩微中心，湖北

00O010638
重订路史全本：四十七卷 / (宋)罗泌辑
明末(1621-1644)刻本
1989年摄制. -- 3盘卷片(73米1652拍) ：

1:10，2B；35mm银盐
收藏馆：缩微中心，浙江

00O001334
邃古记：八卷 / (明)朱谋㙉撰
明万历(1573-1620)刻本
1985年摄制. -- 1盘卷片(7.8米149拍) :
1:10，2B；35mm银盐
收藏馆：缩微中心，国图

00O001330
藩献记：四卷 / (明)朱谋㙉撰
明万历(1573-1620)刻本
1985年摄制. -- 1盘卷片(5米77拍) : 1:10，
2B；35mm银盐
收藏馆：缩微中心，国图

00O012681
荒史：六卷 / (明)陈士元辑
明万历二年(1574)德安府刻本
1990年摄制. -- 1盘卷片(6.3米117拍) :
1:10，2B；35mm银盐
收藏馆：缩微中心，辽宁

00O012946
吴越史：二十六卷 / (明)陈继儒辑
明天启(1621-1627)刻本
1991年摄制. -- 1盘卷片(16米318拍) :
1:10，2B；35mm银盐
收藏馆：缩微中心，南京

00O032011
渚宫旧事：五卷补遗一卷 / (唐)余知古撰
清嘉庆十九年(1814)孙星衍刻平津馆丛书本
. -- 十一行二十字白口左右双边。傅增湘校
并跋。
2010年摄制. -- 1盘卷片(7米103拍) : 1:12，
2B；35mm银盐
收藏馆：缩微中心，国图

00O008395
楚记：六十卷 / (明)廖道南撰
明嘉靖二十五年(1546)向城李桂刻本
1988年摄制. -- 4盘卷片(108米2361拍) :
1:10，2B；35mm银盐
收藏馆：缩微中心，国图

00O027428
楚记：六十卷 / (明)廖道南撰
明万历三年(1575)刻本
1996年摄制. -- 4盘卷片(105米2354拍) :
1:10，2B；35mm银盐
收藏馆：缩微中心，南京

00O008661
楚记：六十卷 / (明)廖道南撰
明万历二十四年(1596)刻本
1987年摄制. -- 4盘卷片(112.1米2469拍) :
1:11，2B；35mm银盐
收藏馆：缩微中心，重庆

00O024503
蛮书：十卷 / (唐)樊绰撰；(清)李慈铭注
清(1644-1911)刻本
1996年摄制. -- 1盘卷片(5米66拍) : 1:10，
2B；35mm银盐
收藏馆：缩微中心，国图

00O018519
**百夷传：一卷 / (明)钱古训撰 . 百夷传：一卷 /
(明)李思聪撰**
明(1368-1644)祁氏淡生堂抄本
1993年摄制. -- 1盘卷片(3米11拍) : 1:10，
2B；35mm银盐
收藏馆：缩微中心，国图

00O017916
**百夷传：一卷 / (明)李思聪撰 . 百夷传：一卷 /
(明)钱古训撰**
明(1368-1644)祁氏淡生堂抄本
1993年摄制. -- 1盘卷片(3米8拍) : 1:10，
2B；35mm银盐
收藏馆：缩微中心，国图

00O024985
逸周书：十卷 / (晋)孔晁注
明嘉靖(1522-1566)刻本
1996年摄制. -- 1盘卷片(7米113拍) : 1:10，
2B；35mm银盐
收藏馆：缩微中心，福建

00O011412
逸周书：十卷 / (晋)孔晁注
明万历(1573-1620)何允中刻广汉魏丛书本. --
(清)卢文弨校跋，(清)丁丙跋。
1989年摄制. -- 1盘卷片(8米139拍) : 1:10，
2B；35mm银盐
收藏馆：缩微中心，南京

00O021218
逸周书：十卷 / (晋)孔晁注
明万历(1573-1620)程荣刻汉魏丛书本
1995年摄制. -- 1盘卷片(8米120拍) : 1:10，
2B；35mm银盐
收藏馆：缩微中心，国图

000O010318
逸周书：十卷 / (晋)孔晁注
清乾隆五十一年(1786)卢文弨抱经堂刻本
1989年摄制. -- 1盘卷片(11米202拍) :
1:10, 2B ; 35mm银盐
收藏馆：缩微中心，湖北

000O024448
逸周书：十卷校正补遗一卷 / (晋)孔晁注；(清)卢文弨校
清乾隆五十一年(1786)卢文弨刻抱经堂丛书本. -- 王国维校并跋。
1996年摄制. -- 1盘卷片(10米184拍) :
1:10, 2B ; 35mm银盐
收藏馆：缩微中心，国图

000O011889
逸周书：十卷附录一卷校正补遗一卷 / (晋)孔晁注；(宋)丁黼撰附录；(清)卢文弨校
清乾隆五十一年(1786)卢文弨刻抱经堂丛书本. -- (清)刘氏悆盦批校。
1990年摄制. -- 1盘卷片(11米207拍) :
1:10, 2B ; 35mm银盐
收藏馆：缩微中心，山东

000O022740
周书：十卷逸文一卷 / (清)朱右曾注
清(1644-1911)抄本. -- (清)孙诒让校，(清)汪宗沂跋。
1994年摄制. -- 1盘卷片(10米177拍) :
1:10, 2B ; 35mm银盐
收藏馆：缩微中心，浙江

000O024427
逸周书管笺：十卷疏证一卷提要一卷集说一卷摭订三卷 / (清)丁宗洛撰
清道光十年(1830)迂园刻本
1996年摄制. -- 1盘卷片(21米413拍) :
1:10, 2B ; 35mm银盐
收藏馆：缩微中心，国图

000O008147
国语：二十一卷
明(1368-1644)吴勉学刻本
1988年摄制. -- 1盘卷片(13.5米275拍) :
1:10, 2B ; 35mm银盐
收藏馆：缩微中心，湖北

000O026074
国语：二十一卷 / (吴)韦昭注
明嘉靖七年(1528)金李泽远堂刻本. -- 卷七至卷十四配清嘉庆(1796-1820)黄丕烈刻士礼居丛书本。(清)惠栋校并跋，(清)钱士贞跋并

录(清)钱曾题识，(清)丁丙跋。
1993年摄制. -- 1盘卷片(15米307拍) :
1:10, 2B ; 35mm银盐
收藏馆：缩微中心，南京

000O014742
国语解：二十一卷 / (吴)韦昭撰
明嘉靖七年(1528)金李泽远堂刻本. -- 佚名校。
1992年摄制. -- 1盘卷片(16米302拍) :
1:10, 2B ; 35mm银盐
收藏馆：缩微中心，国图

000O019566
国语解：二十一卷 / (吴)韦昭撰
明嘉靖七年(1528)金李泽远堂刻本. -- 存十八卷：卷一至卷十八。(清)沈严校并跋。
1994年摄制. -- 1盘卷片(15米277拍) :
1:10, 2B ; 35mm银盐
收藏馆：缩微中心，国图

000O020636
国语解：二十一卷 / (吴)韦昭撰
明(1368-1644)刻本. -- 存九卷：卷七至卷十、卷十四至卷十五、卷十九至卷二十一。
1994年摄制. -- 1盘卷片(7米132拍) : 1:10,
2B ; 35mm银盐
收藏馆：缩微中心，国图

000O004517
国语解：二十一卷 / (吴)韦昭撰 . 校刊明道本韦氏解国语札记：一卷 / (清)黄丕烈撰
清嘉庆五年(1800)黄氏读未见书斋刻本. --
(清)陈奂校并跋。
1986年摄制. -- 1盘卷片(13.1米278拍) :
1:10, 2B ; 35mm银盐
收藏馆：缩微中心，国图

000O027537
国语解：二十一卷 / (吴)韦昭撰 . 校刊明道本韦氏解国语札记：一卷 / (清)黄丕烈撰
清嘉庆五年(1800)黄氏读未见书斋刻本
1997年摄制. -- 1盘卷片(14米257拍) :
1:10, 2B ; 35mm银盐
收藏馆：缩微中心，国图

000O004332
国语注：二十一卷 / (吴)韦昭撰
清(1644-1911)孔氏诗礼堂刻本. -- (清)孔继涵录洪榜校跋，(清)孔广栻校注，(清)王筬校并跋。
1986年摄制. -- 1盘卷片(16.4米354拍) :
1:10, 2B ; 35mm银盐

收藏馆：缩微中心，国图

000O022617
国语：二十一卷 / (吴)韦昭注
清(1644-1911)诗礼堂刻本. -- (清)孔传铎、
(清)洪榜校。
1995年摄制. -- 1盘卷片(18米377拍) ：
1:10, 2B ; 35mm银盐
收藏馆：缩微中心，天津

000O025096
国语：二十一卷 / (吴)韦昭注
清(1644-1911)孔氏诗礼堂刻本. -- 佚名临
(清)黄丕烈、(清)顾广圻校跋。
1996年摄制. -- 1盘卷片(19米368拍) ：
1:10, 2B ; 35mm银盐
收藏馆：缩微中心，国图

000O025099
国语：二十一卷 / (吴)韦昭注
清(1644-1911)孔氏诗礼堂刻本. -- (清)姚觐
元临(清)顾广圻校跋。
1996年摄制. -- 1盘卷片(17米340拍) ：
1:10, 2B ; 35mm银盐
收藏馆：缩微中心，国图

000O031118
**国语：二十一卷 / (吴)韦昭注 . 校刊明道本韦氏
解国语札记：一卷 / (清)黄丕烈撰**
清嘉庆五年(1800)黄氏读未见书斋刻士礼居丛
书本
2004年摄制. -- 1盘卷片(14米280拍) ：
1:10, 2B ; 35mm银盐
收藏馆：缩微中心，国图

000O003378
**国语：二十一卷 / (吴)韦昭注 . 校刊明道本韦氏
解国语札记：一卷 / (清)黄丕烈撰 . 明道本考异：
四卷 / (清)汪远孙撰**
清同治八年(1869)湖北崇文书局刻本. --
(清)翁同龢跋并录(清)翁倅评点。
1986年摄制. -- 1盘卷片(17米361拍) ：
1:10, 2B ; 35mm银盐
收藏馆：缩微中心，国图

000O007441
监本音注国语解：二十卷 / (吴)韦昭撰
明(1368-1644)刻本
1987年摄制. -- 1盘卷片(12米260拍) ：
1:10, 2B ; 35mm银盐
收藏馆：缩微中心，国图

000O020290
**国语解：二十一卷 / (吴)韦昭撰 . 补音：三卷 /
(宋)宋庠撰**
明嘉靖(1522-1566)刻本
1994年摄制. -- 1盘卷片(21米410拍) ：
1:10, 2B ; 35mm银盐
收藏馆：缩微中心，国图

000O012942
**国语解：二十一卷 / (吴)韦昭注 . 补音：三卷 / (宋)
宋庠撰**
明(1368-1644)刻本. -- (清)丁丙跋。
1991年摄制. -- 1盘卷片(18米366拍) ：
1:10, 2B ; 35mm银盐
收藏馆：缩微中心，南京

000O003785
**国语解：二十一卷 / (吴)韦昭撰 . 补音：三卷 /
(宋)宋庠撰**
明(1368-1644)刻本. -- 瞿熙邦录(清)顾广圻
校。
1985年摄制. -- 1盘卷片(18.5米404拍) ：
1:10, 2B ; 35mm银盐
收藏馆：缩微中心，国图

000O006997
**国语解：二十一卷 / (吴)韦昭撰 . 补音：三卷 /
(宋)宋庠撰**
明(1368-1644)刻本
1987年摄制. -- 1盘卷片(18米397拍) ：
1:10, 2B ; 35mm银盐
收藏馆：缩微中心，国图

000O000817
国语补音：二卷 / (宋)宋庠撰
明正德十二年(1517)明德堂刻本. -- (清)孔
继涵跋，(清)孔广杕录(清)陈树华校。
1985年摄制. -- 1盘卷片(5.3米88拍) ：
1:10, 2B ; 35mm银盐
收藏馆：缩微中心，国图

000O001430
国语解：二十一卷 / (吴)韦昭撰；(宋)宋庠补音
明万历(1573-1620)张一鲲刻本
1985年摄制. -- 1盘卷片(19米411拍) ：
1:10, 2B ; 35mm银盐
收藏馆：缩微中心，国图

000O019237
国语解：二十一卷 / (吴)韦昭撰；(宋)宋庠补音
明万历(1573-1620)张一鲲刻本
1994年摄制. -- 1盘卷片(19米376拍) ：
1:10, 2B ; 35mm银盐

收藏馆：缩微中心，国图

00O007599
国语：二十一卷 / (吴)韦昭注；(宋)宋庠补音
明(1368-1644)刻本
1987年摄制. -- 1盘卷片（20米414拍）：
1:10，2B；35mm银盐
收藏馆：缩微中心，山东

00O024455
国语补音：三卷 / (宋)宋庠撰
清乾隆(1736-1795)孔继涵刻微波榭丛书本. --
王国维校。
1996年摄制. -- 1盘卷片（6米83拍）：1:10，
2B；35mm银盐
收藏馆：缩微中心，国图

00O020374
国语补音：三卷 / (宋)宋庠撰
清(1644-1911)抄本. -- (清)李文田跋。
1994年摄制. -- 1盘卷片（6米91拍）：1:10，
2B；35mm银盐
收藏馆：缩微中心，国图

00O012768
**国语：二十一卷 / (吴)韦昭注. 古文音释：一卷 /
(明)王莹撰**
明嘉靖四年(1525)许宗鲁宜静书堂刻本. --
(清)丁丙跋。
1990年摄制. -- 1盘卷片（16米365拍）：
1:10，2B；35mm银盐
收藏馆：缩微中心，南京

00O008678
**国语：二十一卷 / (吴)韦昭注；(宋)宋庠补音；
(明)穆文熙纂**
明万历(1573-1620)刻本
1988年摄制. -- 1盘卷片（18.9米406拍）：
1:11，2B；35mm银盐
收藏馆：缩微中心，重庆

00O024988
**国语：二十一卷 / (吴)韦昭注；(明)陈仁锡,(明)
钟惺评**
明崇祯(1628-1644)刻本
1996年摄制. -- 1盘卷片（19米382拍）：
1:10，2B；35mm银盐
收藏馆：缩微中心，福建

00O010568
国语黼析：二十一卷 / (明)公鼐,(明)吕邦耀撰
明(1368-1644)唐晖校刻本. -- 版框高二十一
厘米宽十五厘米。

1989年摄制. -- 1盘卷片（21米434拍）：
1:10，2B；35mm银盐
收藏馆：缩微中心，广东

00O021102
国语：九卷 / (吴)韦昭注；(明)闵齐伋裁注
明万历四十七年(1619)闵齐伋刻三色套印本
1994年摄制. -- 1盘卷片（15米276拍）：
1:10，2B；35mm银盐
收藏馆：缩微中心，国图

00O005978
国语裁注：九卷 / (明)闵齐伋撰
明万历四十七年(1619)闵齐伋刻套印本
1986年摄制. -- 1盘卷片（14.5米309拍）：
1:10，2B；35mm银盐
收藏馆：缩微中心，国图

00O024462
**国语解订讹：一卷 / (清)孔广杋撰 . 惠栋九经古
义所引国语：一卷 / (清)孔广杋辑**
清(1644-1911)稿本
1996年摄制. -- 1盘卷片（5米61拍）：1:10，
2B；35mm银盐
收藏馆：缩微中心，国图

00O022716
列国史补：十八卷 / (明)魏显国撰
明万历(1573-1620)刻本
1994年摄制. -- 1盘卷片（27米553拍）：
1:10，2B；35mm银盐
收藏馆：缩微中心，浙江

00O004869
战国策节本：不分卷
明(1368-1644)冯梦祯抄本. -- (清)冯文昌、
周叔弢跋。
1986年摄制. -- 1盘卷片（5米83拍）：1:10，
2B；35mm银盐
收藏馆：缩微中心，国图

00O004872
**战国策注：三十三卷 / (汉)高诱撰；(宋)姚宏校
正**
清初(1644-1722)影宋抄本
1987年摄制. -- 1盘卷片（18米394拍）：
1:10，2B；35mm银盐
收藏馆：缩微中心，国图

00O019918
**战国策注：三十三卷 / (汉)高诱撰；(宋)姚宏校
正**
清乾隆二十一年(1756)卢见曾刻雅雨堂丛书

本. -- (清)翁同书跋并录(清)□澹庵评跋,
(清)黄丕烈校语。
1994年摄制. -- 1盘卷片(18米363拍):
1:10, 2B ; 35mm银盐
收藏馆：缩微中心，国图

000O005271
战国策：三十三卷 / (汉)高诱注；(宋)姚宏校正
清乾隆二十一年(1756)卢见曾刻雅雨堂丛书
本. -- (清)翁同龢校跋并录(清)□澹庵评
识,(清)刘大櫆、(清)姚鼐圈点。
1986年摄制. -- 1盘卷片(17.5米377拍):
1:10, 2B ; 35mm银盐
收藏馆：缩微中心，国图

000O025102
战国策：三十三卷 / (汉)高诱注；(宋)姚宏校正
清乾隆二十一年(1756)卢见曾刻雅雨堂丛书本
1996年摄制. -- 1盘卷片(18米363拍):
1:10, 2B ; 35mm银盐
收藏馆：缩微中心，国图

000O000833
战国策：三十三卷 / (汉)高诱注
清乾隆二十一年(1756)卢见曾刻雅雨堂丛书本
1985年摄制. -- 1盘卷片(17.7米384拍):
1:10, 2B ; 35mm银盐
收藏馆：缩微中心，国图

000O010120
战国策：三十三卷 / (汉)高诱注；(宋)姚宏校正
清乾隆二十一年(1756)卢见曾雅雨堂刻雅雨堂
丛书本. -- (清)朱郁甫校跋并录(清)汪中批
校。
1989年摄制. -- 1盘卷片(18米382拍):
1:10, 2B ; 35mm银盐
收藏馆：缩微中心，山东

000O031170
战国策：三十三卷 / (汉)高诱注 . 重刻剡川姚氏
本战国策札记：三卷 / (清)黄丕烈撰
清嘉庆八年(1803)黄氏读未见书斋刻士礼居丛
书本
2004年摄制. -- 1盘卷片(23米484拍):
1:10, 2B ; 35mm银盐
收藏馆：缩微中心，国图

000O027231
战国策注：三十三卷 / (汉)高诱撰 . 剡川姚氏本
战国策札记：三卷 / (清)黄丕烈撰
清嘉庆八年(1803)黄氏读未见书斋刻本
1997年摄制. -- 1盘卷片(22米441拍):
1:10, 2B ; 35mm银盐

收藏馆：缩微中心，国图

000O005149
鲍氏国策：十卷 / (宋)鲍彪校注
明嘉靖七年(1528)龚雷影宋刻本
1986年摄制. -- 1盘卷片(19米414拍):
1:10, 2B ; 35mm银盐
收藏馆：缩微中心，国图

000O005027
鲍氏国策校注：十卷 / (宋)鲍彪撰
明嘉靖七年(1528)龚雷影宋刻本
1986年摄制. -- 1盘卷片(17米324拍):
1:10, 2B ; 35mm银盐
收藏馆：缩微中心，国图

000O018688
鲍氏国策校注：十卷 / (宋)鲍彪撰
明嘉靖七年(1528)龚雷影宋刻本
1994年摄制. -- 1盘卷片(20米390拍):
1:10, 2B ; 35mm银盐
收藏馆：缩微中心，国图

000O005569
鲍氏战国策：十卷 / (宋)鲍彪校注
明嘉靖(1522-1566)刻本
1987年摄制. -- 1盘卷片(20米439拍):
1:10, 2B ; 35mm银盐
收藏馆：缩微中心，吉林

000O016955
战国策校注：十卷 / (宋)鲍彪撰
明(1368-1644)刻本
1993年摄制. -- 1盘卷片(20米392拍):
1:10, 2B ; 35mm银盐
收藏馆：缩微中心，国图

000O007856
战国策：十卷 / (宋)鲍彪注
明天启三年(1623)刻本
1987年摄制. -- 1盘卷片(26.9米590拍):
1:9, 2B ; 35mm银盐
收藏馆：缩微中心，重庆

000O026935
重刊鲍氏战国策：十二卷 / (宋)鲍彪校注
明(1368-1644)刻本. -- (清)丁丙跋。
1996年摄制. -- 1盘卷片(20米426拍):
1:10, 2B ; 35mm银盐
收藏馆：缩微中心，南京

000O022231
战国策校注：十卷 / (宋)鲍彪撰；(元)吴师道补

正
元至正二十五年(1365)平江路儒学刻本. -- 存一卷：卷四。
1995年摄制. -- 1盘卷片(5米68拍) ： 1:10, 2B ；35mm银盐
收藏馆：缩微中心，国图

00O005866
战国策：十卷 / (宋)鲍彪校注；(元)吴师道补正
元至正二十五年(1365)平江路儒学刻明(1368-1644)重修本
1987年摄制. -- 1盘卷片(25米564拍) ： 1:10, 2B ；35mm银盐
收藏馆：缩微中心，国图

00O004868
战国策校注：十卷 / (宋)鲍彪撰；(元)吴师道补正
元至正二十五年(1365)平江路儒学刻明(1368-1644)重修本. -- 存二卷：卷九至卷十。(明)文从鼎题款。
1987年摄制. -- 1盘卷片(5米79拍) ： 1:10, 2B ；35mm银盐
收藏馆：缩微中心，国图

00O018067
战国策：十卷 / (宋)鲍彪校注；(元)吴师道补注
明(1368-1644)刻本. -- 存三卷：卷三、卷九至卷十。
1993年摄制. -- 1盘卷片(10米201拍) ： 1:10, 2B ；35mm银盐
收藏馆：缩微中心，天津

00O006846
战国策：十卷
明万历九年(1581)张一鲲刻本. -- (宋)鲍彪校注，(元)吴师道重校。
1987年摄制. -- 1盘卷片(29米638拍) ： 1:10, 2B ；35mm银盐
收藏馆：缩微中心，山东

00O004393
战国策校注：十卷 / (宋)鲍彪撰；(元)吴师道补正
明万历九年(1581)张一鲲刻本. -- (清)周星诒校并跋。
1986年摄制. -- 1盘卷片(28米632拍) ： 1:10, 2B ；35mm银盐
收藏馆：缩微中心，国图

00O006166
战国策：十卷 / (宋)鲍彪校注
明万历(1573-1620)刻本

1987年摄制. -- 1盘卷片(28米551拍) ： 1:10, 2B ；35mm银盐
收藏馆：缩微中心，四川

00O010633
战国策：十卷
明末(1621-1644)葛氏永怀堂刻本. -- (明)葛鼐校。
1989年摄制. -- 1盘卷片(18米396拍) ： 1:10, 2B ；35mm银盐
收藏馆：缩微中心，浙江

00O029320
战国策评苑：十卷首一卷 / (宋)鲍彪校注；(元)吴师道重注；(明)穆文熙编纂
明万历二十年(1592)郑以原刻本
1999年摄制. -- 1盘卷片(21米439拍) ： 1:10, 2B ；35mm银盐
收藏馆：缩微中心，湖南

00O013885
战国策谭棷：十卷 / (宋)鲍彪校注；(元)吴师道补正；(明)张文爝集评 . 附录：一卷 / (明)张文爝辑
明万历(1573-1620)刻本. -- 卷一至卷二清抄配本。(清)张兆炎跋。
1992年摄制. -- 2盘卷片(35米716拍) ： 1:10, 2B ；35mm银盐
收藏馆：缩微中心，国图

00O014119
战国策谭棷：十卷 / (宋)鲍彪校注；(元)吴师道补正；(明)张文爝集评 . 附录：一卷 / (明)张文爝辑
明万历(1573-1620)刻本
1992年摄制. -- 2盘卷片(38米717拍) ： 1:10, 2B ；35mm银盐
收藏馆：缩微中心，国图

00O018866
战国策谭棷：十卷 / (宋)鲍彪校注；(元)吴师道补正；(明)张文爝集评 . 附录：一卷 / (明)张文爝辑
明万历(1573-1620)刻本
1994年摄制. -- 1盘卷片(35米716拍) ： 1:10, 2B ；35mm银盐
收藏馆：缩微中心，国图

00O007124
战国策：十二卷 / (明)陈仁锡,(明)钟惺评
明末(1621-1644)刻本
1987年摄制. -- 1盘卷片(24.8米541拍) ： 1:10, 2B ；35mm银盐

收藏馆：缩微中心，重庆

00O031904
战国策：十二卷元本目录一卷 / (明)闵齐伋裁注
明万历四十八年(1620)闵齐伋刻套印本
2010年摄制. -- 1盘卷片(30米590拍)：
1：13，2B；35mm银盐
收藏馆：缩微中心，国图

00O005710
战国策裁注：十二卷元本目录一卷 / (明)闵齐伋撰
明万历四十八年(1620)闵齐伋刻套印本
1987年摄制. -- 1盘卷片(26米583拍)：
1：10，2B；35mm银盐
收藏馆：缩微中心，国图

00O006768
战国策裁注：十二卷元本目录一卷 / (明)闵齐伋撰
明万历四十八年(1620)闵齐伋刻套印本
1986年摄制. -- 1盘卷片(24米543拍)：
1：10，2B；35mm银盐
收藏馆：缩微中心，国图

00O031896
战国策裁注：十二卷元本目录一卷 / (明)闵齐伋撰
明万历四十八年(1620)闵齐伋刻套印本
2010年摄制. -- 1盘卷片(32米598拍)：
1：10，2B；35mm银盐
收藏馆：缩微中心，国图

00O006293
战国策：十二卷 / (明)闵齐伋裁注
明万历(1573-1620)刻本
1987年摄制. -- 1盘卷片(22米487拍)：
1：10，2B；35mm银盐
收藏馆：缩微中心，吉林

00O011887
国策补遗：不分卷 / (清)马星翼撰
清(1644-1911)抄本
1990年摄制. -- 1盘卷片(21米442拍)：
1：10，2B；35mm银盐
收藏馆：缩微中心，山东

00O015753
国策编年：十卷首一卷 / (清)贾潢撰
清(1644-1911)稿本
1993年摄制. -- 1盘卷片(26米524拍)：
1：10，2B；35mm银盐
收藏馆：缩微中心，国图

00O027352
世本辑逸：一卷
清(1644-1911)抄本. -- (清)丁丙跋。
1996年摄制. -- 1盘卷片(3米30拍)：1：10，
2B；35mm银盐
收藏馆：缩微中心，南京

00O018059
国事：三卷
明万历(1573-1620)刻本. -- (明)吴世熙校。
1993年摄制. -- 1盘卷片(6米97拍)：1：10，
2B；35mm银盐
收藏馆：缩微中心，天津

00O025999
晋文春秋：一卷
明(1368-1644)刻本
1996年摄制. -- 1盘卷片(3.6米50拍)：
1：10，2B；35mm银盐
收藏馆：缩微中心，福建

00O019151
晋文春秋：一卷异同附载一卷 / (清)郑杰订注
清乾隆(1736-1795)刻本
1994年摄制. -- 1盘卷片(4米47拍)：1：10，
2B；35mm银盐
收藏馆：缩微中心，国图

00O027872
晋楚史：二卷 / (明)周应选撰；(明)金阶升评注
明(1368-1644)金阶升刻本
1996年摄制. -- 1盘卷片(8米119拍)：1：10，
2B；35mm银盐
收藏馆：缩微中心，南京

00O007749
吴越春秋：十卷 / (汉)赵晔撰
明嘉靖(1522-1566)刻本
1987年摄制. -- 1盘卷片(11.5米208拍)：
1：10，2B；35mm银盐
收藏馆：缩微中心，湖南

00O003810
吴越春秋音注：十卷 / (汉)赵晔撰；(元)徐天祐音注
元大德十年(1306)绍兴路儒学刻明(1368-1644)重修本
1985年摄制. -- 1盘卷片(9米173拍)：1：10，
2B；35mm银盐
收藏馆：缩微中心，国图

00O007497
吴越春秋：十卷 / (汉)赵晔撰；(元)徐天祐音注

明万历十四年(1586)武林冯念祖卧龙山房刻本
1987年摄制. -- 1盘卷片(10.1米205拍)：
1:10，2B；35mm银盐
收藏馆：缩微中心，国图

000O015457
吴越春秋：十卷 / (汉)赵晔撰；(元)徐天祜音注
明万历十四年(1586)武林冯念祖卧龙山房刻本
1993年摄制. -- 1盘卷片(10米130拍)：
1:10，2B；35mm银盐
收藏馆：缩微中心，国图

000O002380
吴越春秋音注：十卷 / (元)徐天祜撰
明万历十四年(1586)武林冯念祖卧龙山房刻本
1986年摄制. -- 1盘卷片(10米196拍)：
1:10，2B；35mm银盐
收藏馆：缩微中心，国图

000O004082
吴越春秋：十卷 / (汉)赵晔撰；(元)徐天祜音注
明(1368-1644)刻本. -- (清)顾广圻校并跋。
1986年摄制. -- 1盘卷片(9.3米181拍)：
1:10，2B；35mm银盐
收藏馆：缩微中心，国图

000O012943
吴越春秋：十卷 / (汉)赵晔撰；(元)徐天祜音注
明(1368-1644)刻本. -- (清)丁丙跋。
1991年摄制. -- 1盘卷片(11米208拍)：
1:10，2B；35mm银盐
收藏馆：缩微中心，南京

000O002080
吴越春秋：十卷 / (汉)赵晔撰；(元)徐天祜音注
明(1368-1644)刻本. -- (清)翁同龢跋。
1986年摄制. -- 1盘卷片(9.1米177拍)：
1:10，2B；35mm银盐
收藏馆：缩微中心，国图

000O003363
吴越春秋：十卷 / (汉)赵晔撰；(元)徐天祜音注
明(1368-1644)刻本
1986年摄制. -- 1盘卷片(10米184拍)：
1:10，2B；35mm银盐
收藏馆：缩微中心，国图

000O005709
吴越春秋：十卷 / (汉)赵晔撰；(元)徐天祜音注
明(1368-1644)刻本
1987年摄制. -- 1盘卷片(10米193拍)：
1:10，2B；35mm银盐
收藏馆：缩微中心，国图

000O015502
呈越春秋：十卷补注一卷 / (汉)赵晔撰；(元)徐天祜音注
明弘治十四年(1501)邝廷瑞冯弋刻本
1993年摄制. -- 1盘卷片(9米143拍)：1:10，2B；35mm银盐
收藏馆：缩微中心，国图

000O022774
吴越纪余：五卷附杂咏一卷 / (明)钱贵撰
清(1644-1911)花桥水阁抄本
1994年摄制. -- 1盘卷片(5米81拍)：1:10，2B；35mm银盐
收藏馆：缩微中心，浙江

000O018071
越绝书：十五卷 / (汉)袁康撰
明嘉靖二十四年(1545)孔天胤刻本. -- 钤"劳权之印""燕喜堂"等印。
1993年摄制. -- 1盘卷片(9米155拍)：1:10，2B；35mm银盐
收藏馆：缩微中心，天津

000O005676
越绝书：十五卷 / (汉)袁康撰
明嘉靖二十六年(1547)陈垲刻本
1987年摄制. -- 1盘卷片(6米103拍)：1:10，2B；35mm银盐
收藏馆：缩微中心，国图

000O015504
越绝书：十五卷 / (汉)袁康撰
明嘉靖二十六年(1547)陈垲刻本
1993年摄制. -- 1盘卷片(6米88拍)：1:10，2B；35mm银盐
收藏馆：缩微中心，国图

000O008174
越绝书：十五卷 / (汉)袁康撰；(汉)吴平定
明嘉靖三十三年(1554)张佳胤双柏堂校刻本. -- 版框高二十一厘米宽十四厘米。
1988年摄制. -- 1盘卷片(9米171拍)：1:10，2B；35mm银盐
收藏馆：缩微中心，广东

000O003668
越绝书：十五卷 / (汉)袁康撰
明(1368-1644)刻本
1985年摄制. -- 1盘卷片(8米139拍)：1:10，2B；35mm银盐
收藏馆：缩微中心，国图

00O006698
越绝书：十五卷 / (汉)袁康撰；(宋)刘辰翁评
明嘉靖三十一年(1552)刻本
1987年摄制. -- 1盘卷片(8米143拍) ：1:10,
2B ；35mm银盐
收藏馆：缩微中心，山东

00O012778
楚汉余谈：一卷 / (明)高岱撰
明(1368-1644)祁氏淡生堂抄本. -- (清)丁丙
跋。
1990年摄制. -- 1盘卷片(3米42拍) ：1:10,
2B ；35mm银盐
收藏馆：缩微中心，南京

00O004870
华阳国志：十二卷 / (晋)常璩撰
明嘉靖四十二年(1563)张佳胤刻本
1986年摄制. -- 1盘卷片(16米337拍) ：
1:10, 2B ；35mm银盐
收藏馆：缩微中心，国图

00O005792
华阳国志：十二卷 / (晋)常璩撰
明嘉靖四十二年(1563)张佳胤刻本. -- 存十
卷：卷一至卷十。
1987年摄制. -- 1盘卷片(13米266拍) ：
1:10, 2B ；35mm银盐
收藏馆：缩微中心，国图

00O012162
华阳国志：十二卷 / (晋)常璩撰
明万历(1573-1620)吴琯刻古今逸史本. -- 卷
十上配清(1644-1911)抄本。(清)何焯校跋，
(清)丁丙跋。
1990年摄制. -- 1盘卷片(13米303拍) ：
1:10, 2B ；35mm银盐
收藏馆：缩微中心，南京

00O003450
华阳国志：十二卷 / (晋)常璩撰
清(1644-1911)抄本. -- (清)程瑶田跋。
1986年摄制. -- 1盘卷片(19米419拍) ：
1:10, 2B ；35mm银盐
收藏馆：缩微中心，国图

00O024199
华阳国志：十二卷附录一卷 / (晋)常璩撰
清乾隆四十六年(1781)李调元刻本. -- 版框
高十九厘米宽十四厘米。(清)何焯、(清)顾广
圻朱蓝笔圈点批校跋语。
1996年摄制. -- 1盘卷片(17米337拍) ：
1:10, 2B ；35mm银盐

收藏馆：缩微中心，广东

00O032022
华阳国志：十二卷 / (晋)常璩撰．补三州郡县目录：一卷 / (清)廖寅撰
清嘉庆十九年(1814)廖寅题襟馆刻本. -- 十
行二十字黑口左右双边。邓邦述跋，(清)吴慈
培校跋并录(清)顾广圻题识。
2011年摄制. -- 1盘卷片(19米332拍) ：
1:12, 2B ；35mm银盐
收藏馆：缩微中心，国图

00O010325
华阳国志：十二卷 / (晋)常璩撰．补三州郡县目录：一卷 / (清)廖寅撰
清嘉庆十九年(1814)廖寅题襟馆刻本
1989年摄制. -- 1盘卷片(17米329拍) ：
1:10, 2B ；35mm银盐
收藏馆：缩微中心，湖北

00O032025
华阳国志：十二卷 / (晋)常璩撰．补三州郡县目录：一卷 / (清)廖寅撰
清嘉庆十九年(1814)廖寅题襟馆刻光绪十六年
(1890)李氏悔过斋重修本. -- 十行二十字黑
口左右双边。傅增湘校并跋。
2011年摄制. -- 1盘卷片(19米336拍) ：
1:13, 2B ；35mm银盐
收藏馆：缩微中心，国图

00O019799
十六国春秋：一百卷 / [题](北魏)崔鸿撰
明万历三十七年(1609)屠氏兰晖堂刻本
1994年摄制. -- 3盘卷片(83米1651拍) ：
1:10, 2B ；35mm银盐
收藏馆：缩微中心，国图

00O020046
十六国春秋：一百卷 / [题](北魏)崔鸿撰
明万历三十七年(1609)屠氏兰晖堂刻本
1994年摄制. -- 3盘卷片(83米1664拍) ：
1:10, 2B ；35mm银盐
收藏馆：缩微中心，国图

00O020591
十六国春秋：一百卷崔鸿本传一卷 / [题](北魏)崔鸿撰
明万历三十七年(1609)屠氏兰晖堂刻本
1994年摄制. -- 3盘卷片(78米1605拍) ：
1:10, 2B ；35mm银盐
收藏馆：缩微中心，国图

000O019315
十六国春秋：一百卷 / [题](北魏)崔鸿撰
清乾隆四十一年(1776)汪日桂欣托山房刻本
1994年摄制. -- 3盘卷片(81米1644拍) :
1:10, 2B ; 35mm银盐
收藏馆：缩微中心，国图

000O027176
燕史：三十六卷 / (明)郭造卿撰
清(1644-1911)抄本. -- 存三十四卷：卷一至
卷三十二、卷三十五至卷三十六。
1996年摄制. -- 3盘卷片(82米1731拍) :
1:10, 2B ; 35mm银盐
收藏馆：缩微中心，福建

000O015503
后梁春秋：二卷 / (明)姚士粦撰
明万历三十五年(1607)濮阳春刻本
1993年摄制. -- 1盘卷片(6米91拍) : 1:10,
2B ; 35mm银盐
收藏馆：缩微中心，国图

000O027823
后梁春秋：二卷 / (明)姚士粦撰
清(1644-1911)抄本. -- (清)李笃嘉录(清)鲍
廷博、(清)董彬校跋。
1996年摄制. -- 1盘卷片(6米93拍) : 1:10,
2B ; 35mm银盐
收藏馆：缩微中心，南京

000O012167
后梁春秋：二卷 / (明)姚士粦撰
清(1644-1911)抄本. -- (清)丁丙跋。
1990年摄制. -- 1盘卷片(5米105拍) : 1:10,
2B ; 35mm银盐
收藏馆：缩微中心，南京

000O003417
后梁春秋：二卷 / (明)姚士粦撰
清(1644-1911)抄本
1986年摄制. -- 1盘卷片(6米103拍) : 1:10,
2B ; 35mm银盐
收藏馆：缩微中心，国图

000O008505
后梁春秋：二卷 / (明)姚士粦撰
清(1644-1911)抄本
1988年摄制. -- 1盘卷片(5米75拍) : 1:10,
2B ; 35mm银盐
收藏馆：缩微中心，国图

000O022986
贞观政要：十卷 / (唐)吴兢撰

明洪武三年(1370)王氏勤有堂刻本
1995年摄制. -- 1盘卷片(8米122拍) : 1:10,
2B ; 35mm银盐
收藏馆：缩微中心，国图

000O004562
贞观政要：十卷 / (唐)吴兢撰；(元)戈直集论
明成化(1465-1487)刻本
1987年摄制. -- 1盘卷片(17米372拍) :
1:10, 2B ; 35mm银盐
收藏馆：缩微中心，国图

000O013693
贞观政要集论：十卷 / (元)戈直撰
明成化元年(1465)内府刻本
1991年摄制. -- 1盘卷片(18米351拍) :
1:10, 2B ; 35mm银盐
收藏馆：缩微中心，国图

000O007538
贞观政要集论：十卷 / (元)戈直撰
明成化元年(1465)内府刻本
1987年摄制. -- 1盘卷片(18米384拍) :
1:10, 2B ; 35mm银盐
收藏馆：缩微中心，国图

000O028576
贞观政要：十卷 / (唐)吴兢撰；(元)戈直集论
明成化十二年(1476)荣府刻本
1998年摄制. -- 1盘卷片(20米416拍) :
1:10, 2B ; 35mm银盐
收藏馆：缩微中心，广东

000O002912
贞观政要：十卷 / (唐)吴兢撰；(元)戈直集论
明(1368-1644)刻本
1986年摄制. -- 1盘卷片(18米384拍) :
1:10, 2B ; 35mm银盐
收藏馆：缩微中心，国图

000O029321
贞观政要：十卷 / (唐)吴兢撰；(元)戈直集论
清康熙十八年(1679)徐惺大易阁刻本
1999年摄制. -- 1盘卷片(18米380拍) :
1:10, 2B ; 35mm银盐
收藏馆：缩微中心，湖南

000O001942
奉天录：四卷 / (唐)赵元一撰
清(1644-1911)张氏爱日精庐抄本
1986年摄制. -- 1盘卷片(5米65拍) : 1:10,
2B ; 35mm银盐
收藏馆：缩微中心，国图

00O016830
奉天录：四卷 / (唐)赵元一撰
清(1644-1911)张氏爱日精庐抄本
1993年摄制. -- 1盘卷片(5米54拍) ：1:10,
2B ；35mm银盐
收藏馆：缩微中心，国图

00O014287
**牛羊日历：一卷 / (唐)刘轲撰 . 资暇集：三卷 /
(唐)李匡乂撰**
清(1644-1911)抄本
1992年摄制. -- 1盘卷片(3米5拍) ：1:10,
2B ；35mm银盐
收藏馆：缩微中心，国图

00O006801
牛羊日历：一卷 / (唐)刘轲撰
清(1644-1911)抄本
1987年摄制. -- 1盘卷片(2米18拍) ：1:10,
2B ；35mm银盐
收藏馆：缩微中心，国图

00O001735
东观奏记：三卷 / (唐)裴庭裕撰
明(1368-1644)抄本
1986年摄制. -- 1盘卷片(4米46拍) ：1:10,
2B ；35mm银盐
收藏馆：缩微中心，国图

00O016755
东观奏记：三卷 / (唐)裴庭裕撰
明(1368-1644)抄本
1993年摄制. -- 1盘卷片(5米51拍) ：1:10,
2B ；35mm银盐
收藏馆：缩微中心，国图

00O019433
平巢事迹考：一卷 / (明)茅元仪撰
清初(1644-1722)抄本. -- (清)王基磐跋。
1994年摄制. -- 1盘卷片(3米20拍) ：1:10,
2B ；35mm银盐
收藏馆：缩微中心，国图

00O008302
五代史补：五卷 / (宋)陶岳撰
明末(1621-1644)毛氏汲古阁刻本
1988年摄制. -- 1盘卷片(5米71拍) ：1:10,
2B ；35mm银盐
收藏馆：缩微中心，山东

00O012234
五代史补：五卷 / (宋)陶岳撰
清(1644-1911)抄本. -- (清)丁丙跋。

1990年摄制. -- 1盘卷片(4米76拍) ：1:10,
2B ；35mm银盐
收藏馆：缩微中心，南京

00O002795
五代史阙文：一卷 / (宋)王禹偁撰
清(1644-1911)抄本. -- 还有合抄著作：五国
故事二卷。
1986年摄制. -- 1盘卷片(3米27拍) ：1:10,
2B ；35mm银盐
收藏馆：缩微中心，国图

00O028540
五代史阙文：一卷 / (宋)王禹偁撰
清(1644-1911)抄本. -- (清)孙峻校，(清)丁
丙跋。
1996年摄制. -- 1盘卷片(3米26拍) ：1:10,
2B ；35mm银盐
收藏馆：缩微中心，南京

00O004696
**五代史补：五卷 / (宋)陶岳撰 . 五代史阙文：一
卷 / (宋)王禹偁撰**
明末(1621-1644)毛氏汲古阁刻本. -- (清)劳
权校跋并录(清)顾广圻题识。
1987年摄制. -- 1盘卷片(5米73拍) ：1:10,
2B ；35mm银盐
收藏馆：缩微中心，国图

00O024416
**五代史补：五卷 / (宋)陶岳撰 . 五代史阙文：一
卷 / (宋)王禹偁撰**
明末(1621-1644)毛氏汲古阁刻本. -- (清)李
慈铭跋。
1996年摄制. -- 1盘卷片(5米60拍) ：1:10,
2B ；35mm银盐
收藏馆：缩微中心，国图

00O007129
**五代史补：五卷 / (宋)陶岳撰 . 五代史阙文：一
卷 / (宋)王禹偁撰**
明末(1621-1644)毛氏汲古阁刻本
1987年摄制. -- 1盘卷片(4.6米72拍) ：
1:10, 2B ；35mm银盐
收藏馆：缩微中心，重庆

00O005769
**五代史补：五卷 / (宋)陶岳撰 . 五代史阙文：一
卷 / (宋)王禹偁撰**
清(1644-1911)抄本
1987年摄制. -- 1盘卷片(4米74拍) ：1:10,
2B ；35mm银盐
收藏馆：缩微中心，国图

000O025172
续唐书：七十卷 / (清)陈鱣撰
清道光四年(1824)士乡堂刻本
1996年摄制. -- 1盘卷片(33米663拍) ：
1:10, 2B ; 35mm银盐
收藏馆：缩微中心, 国图

000O004437
五国故事：二卷
明(1368-1644)抄本. -- (清)鲍廷博校, (清)
赵辑宁跋。
1986年摄制. -- 1盘卷片(3米32拍) ： 1:10,
2B ; 35mm银盐
收藏馆：缩微中心, 国图

000O032054
五国故事：二卷
清乾隆四十七年（1782）李调元刻函海本
. -- 十行二十字白口四周双边。傅增湘校并
跋。
2011年摄制. -- 1盘卷片(4米41拍) ： 1:11,
2B ; 35mm银盐
收藏馆：缩微中心, 国图

000O002794
五国故事：二卷 / (宋)□□撰
清(1644-1911)抄本. -- 本书还装订有：五代
史阙文一卷/(宋)王禹偁撰。
1986年摄制. -- 1盘卷片(3米38拍) ： 1:10,
2B ; 35mm银盐
收藏馆：缩微中心, 国图

000O032081
五国故事：二卷
清光绪(1875-1908)翁斌孙抄本. -- 十一行
二十三字无格。(清)翁斌孙录(清)鲍廷博校,
(清)翁同龢跋。
2011年摄制. -- 1盘卷片(4米35拍) ： 1:13,
2B ; 35mm银盐
收藏馆：缩微中心, 国图

000O016065
九国志：十二卷 / (宋)路振撰
清(1644-1911)抄本. -- (清)刘履芬校并跋。
1993年摄制. -- 1盘卷片(9米158拍) ： 1:10,
2B ; 35mm银盐
收藏馆：缩微中心, 国图

000O016369
九国志：十二卷 / (宋)路振撰
清(1644-1911)抄本. -- (清)王埍跋。
1993年摄制. -- 1盘卷片(9米148拍) ： 1:10,
2B ; 35mm银盐

收藏馆：缩微中心, 国图

000O003750
九国志：十二卷 / (宋)路振撰
清(1644-1911)抄本
1985年摄制. -- 1盘卷片(11米230拍) ：
1:10, 2B ; 35mm银盐
收藏馆：缩微中心, 国图

000O007732
九国志：十二卷 / (宋)路振撰
清(1644-1911)抄本
1987年摄制. -- 1盘卷片(11.5米200拍) ：
1:10, 2B ; 35mm银盐
收藏馆：缩微中心, 湖南

000O015632
九国志：十二卷 / (宋)路振撰
清(1644-1911)抄本
1992年摄制. -- 1盘卷片(9米138拍) ： 1:10,
2B ; 35mm银盐
收藏馆：缩微中心, 国图

000O021042
**九国志：十二卷 / (宋)路振撰；(宋)张唐英补 .
三楚新录：三卷 / (宋)周羽翀撰**
清乾隆(1736-1795)抄本. -- 傅增湘跋。
1994年摄制. -- 1盘卷片(10米177拍) ：
1:10, 2B ; 35mm银盐
收藏馆：缩微中心, 国图

000O021167
**十国春秋：一百十四卷 / (清)吴任臣撰；(清)段
又襄评点**
清康熙(1662-1722)汇贤斋刻本. -- 钤"王鸣
盛""西壮居士""凤喈"等印。(清)牛枀等校。
1993年摄制. -- 3盘卷片(71米1526拍) ：
1:10, 2B ; 35mm银盐
收藏馆：缩微中心, 天津

000O013436
钓矶立谈：一卷
清初(1644-1722)影宋抄本
1991年摄制. -- 1盘卷片(4米30拍) ： 1:10,
2B ; 35mm银盐
收藏馆：缩微中心, 国图

000O005770
钓矶立谈：一卷
清康熙元年(1662)王乃昭抄本. -- (清)王乃
昭、周叔弢跋。
1987年摄制. -- 1盘卷片(3米55拍) ： 1:10,
2B ; 35mm银盐

收藏馆：缩微中心，国图

00O023929
江南野史：十卷 / (宋)龙衮撰
明(1368-1644)毛氏汲古阁刻本
1996年摄制. -- 1盘卷片(5米111拍) ：1:10,
2B ；35mm银盐
收藏馆：缩微中心，河南

00O004838
江南野史：十卷 / (宋)龙衮撰
清(1644-1911)彭氏知圣道斋抄本. -- (清)彭
元瑞校并跋。
1986年摄制. -- 1盘卷片(5.9米103拍) ：
1:10, 2B ；35mm银盐
收藏馆：缩微中心，国图

00O003147
江南野史：十卷 / (宋)龙衮撰
清(1644-1911)张德荣抄本
1986年摄制. -- 1盘卷片(6米95拍) ：1:10,
2B ；35mm银盐
收藏馆：缩微中心，国图

00O032027
江南野史：十卷 / (宋)龙衮撰
清(1644-1911)孔氏岳雪楼抄本. -- 八行
二十一字红格白口四周双边。傅增湘校并录
(明)赵琦美、李盛铎题识。
2011年摄制. -- 1盘卷片(8米119拍) ：1:13,
2B ；35mm银盐
收藏馆：缩微中心，国图

00O012261
**江南野史：十卷 / (宋)龙衮撰．佚文：一卷 /
(清)马应潮辑**
清嘉庆二十一年(1816)马应潮抄本. -- (清)
马应潮校跋。
1990年摄制. -- 1盘卷片(5米94拍) ：1:10,
2B ；35mm银盐
收藏馆：缩微中心，南京

00O004873
江南别录：一卷 / (宋)陈彭年撰
清(1644-1911)彭氏知圣道斋抄本. -- (清)彭
元瑞跋。
1987年摄制. -- 1盘卷片(3米30拍) ：1:10,
2B ；35mm银盐
收藏馆：缩微中心，国图

00O028166
南唐近事：一卷 / (宋)郑文宝撰
明万历四十八年(1620)黄槐开刻本. -- (清)

丁丙跋。
1996年摄制. -- 1盘卷片(4米49拍) ：1:10,
2B ；35mm银盐
收藏馆：缩微中心，南京

000O013228
江表志：三卷 / (宋)郑文宝撰
清(1644-1911)抄本. -- (清)丁丙跋。
1991年摄制. -- 1盘卷片(2米38拍) ：1:10,
2B ；35mm银盐
收藏馆：缩微中心，南京

000O012756
江南余载：二卷 / (宋)郑文宝撰
清(1644-1911)抄本. -- (清)丁丙跋。
1990年摄制. -- 1盘卷片(3米36拍) ：1:10,
2B ；35mm银盐
收藏馆：缩微中心，南京

000O012230
锦里耆旧传：八卷 / (宋)勾延庆撰
清(1644-1911)抄本. -- 存四卷：卷五至卷
八。(明)孙道明、(明)姚洛、(清)丁丙跋。
1990年摄制. -- 1盘卷片(3米66拍) ：1:10,
2B ；35mm银盐
收藏馆：缩微中心，南京

000O003148
锦里耆旧传：八卷 / (宋)勾延庆撰
清(1644-1911)抄本. -- 存四卷：卷五至卷
八。
1986年摄制. -- 1盘卷片(4米45拍) ：1:10,
2B ；35mm银盐
收藏馆：缩微中心，国图

000O014625
蜀梼杌：一卷 / (宋)张唐英撰
清(1644-1911)汪氏艺芸书舍抄本. -- (清)赵
烈文校并跋。
1992年摄制. -- 1盘卷片(4米31拍) ：1:10,
2B ；35mm银盐
收藏馆：缩微中心，国图

000O013346
蜀梼杌：不分卷 / (宋)张唐英撰
清(1644-1911)劳权抄本. -- 傅增湘跋。
1991年摄制. -- 1盘卷片(4米33拍) ：1:10,
2B ；35mm银盐
收藏馆：缩微中心，国图

000O032108
蜀梼杌：二卷 / (宋)张唐英撰
清光绪七年(1881)钟登甲刻函海本. -- 十行

二十字白口四周双边。傅增湘校并跋。
2011年摄制. -- 1盘卷片(5米56拍) ： 1:8,
2B ； 35mm银盐
收藏馆：缩微中心，国图

000O005445
吴越备史：四卷 / [题](宋)范坰,(宋)林禹撰
清(1644-1911)抄本. -- (清)吴卓信、(清)翁
心存校并跋。
1986年摄制. -- 1盘卷片(5.9米104拍) ：
1:10, 2B ； 35mm银盐
收藏馆：缩微中心，国图

000O032077
吴越备史：四卷 / [题](宋)范坰,(宋)林禹撰
清(1644-1911)抄本. -- (清)吴卓信、(清)翁
心存校并跋。
2011年摄制. -- 1盘卷片(7米107拍) ： 1:12,
2B ； 35mm银盐
收藏馆：缩微中心，国图

000O003649
吴越备史：四卷 / [题](宋)范坰,(宋)林禹撰
清(1644-1911)抄本
1985年摄制. -- 1盘卷片(7.2米133拍) ：
1:10, 2B ； 35mm银盐
收藏馆：缩微中心，国图

000O014627
吴越备史：四卷 / [题](宋)范坰,(宋)林禹撰
清(1644-1911)汪氏艺芸书舍抄本. -- (清)赵
烈文校并跋。
1992年摄制. -- 1盘卷片(8米121拍) ： 1:10,
2B ； 35mm银盐
收藏馆：缩微中心，国图

000O002381
**吴越备史：五卷补遗一卷杂考一卷 / [题](宋)范
坰,(宋)林禹撰**
明万历二十七年(1599)钱达道刻本
1986年摄制. -- 1盘卷片(9米167拍) ： 1:10,
2B ； 35mm银盐
收藏馆：缩微中心，国图

000O016332
**吴越备史：五卷补遗一卷杂考一卷 / [题](宋)范
坰,(宋)林禹撰**
明(1368-1644)抄本. -- (清)朱锡庚跋。
1992年摄制. -- 1盘卷片(6米84拍) ： 1:10,
2B ； 35mm银盐
收藏馆：缩微中心，国图

000O012182
**吴越备史：五卷补遗一卷 / (宋)范坰,(宋)林禹撰.
杂考：一卷 / (明)钱受征辑**
清(1644-1911)汪氏环碧山房抄本. -- (清)汪
辉祖跋并录(清)王宗瑛校跋。
1990年摄制. -- 1盘卷片(7米128拍) ： 1:10,
2B ； 35mm银盐
收藏馆：缩微中心，南京

000O010294
**五代史吴越世家疑辩：一卷 / (明)马荛臣辑；
(清)钱敬业重订.陈贞亭禅寄笔谭诬辩：一卷.
吴越改元疑辩：一卷 / (明)钱兆元辑；(清)钱敬
业重订**
清乾隆十一年(1746)刻本. -- 还有合刻著
作：增订吴越备史杂考附刻一卷/(明)钱柱峰
辑，(清)钱时钰增订。
1989年摄制. -- 1盘卷片(4米78拍) ： 1:10,
2B ； 35mm银盐
收藏馆：缩微中心，湖北

000O028910
三楚新录：三卷 / (宋)周羽翀撰
清(1644-1911)吴翌凤抄本. -- (清)丁丙跋。
1990年摄制. -- 1盘卷片(4米39拍) ： 1:10,
2B ； 35mm银盐
收藏馆：缩微中心，南京

000O018026
唐宋阳秋：五卷 / (清)华长卿撰
清(1644-1911)稿本. -- (清)王燮、(清)高凌
雯题识。
1991年摄制. -- 1盘卷片(6米101拍) ： 1:10,
2B ； 35mm银盐
收藏馆：缩微中心，天津

000O014799
太平治迹统类：不分卷 / (宋)彭百川撰
清(1644-1911)抄本
1992年摄制. -- 2盘卷片(37米741拍) ：
1:10, 2B ； 35mm银盐
收藏馆：缩微中心，国图

000O015339
太平治迹统类：不分卷 / (宋)彭百川撰
清(1644-1911)抄本
1992年摄制. -- 1盘卷片(27米561拍) ：
1:10, 2B ； 35mm银盐
收藏馆：缩微中心，国图

000O011433
皇朝太平治迹统类：不分卷 / (宋)彭伯川撰
清(1644-1911)抄本. -- (清)朱彝尊、(清)丁

丙跋。
1989年摄制. -- 2盘卷片(51米1201拍)：
1:10, 2B；35mm银盐
收藏馆：缩微中心，南京

000O000964
隆平集：二十卷 / (宋)曾巩撰
清康熙四十年(1701)彭期七业堂刻本
1985年摄制. -- 1盘卷片(19米414拍)：
1:10, 2B；35mm银盐
收藏馆：缩微中心，国图

000O016447
隆平集：二十卷 / (宋)曾巩撰
清(1644-1911)抄本
1993年摄制. -- 1盘卷片(20米393拍)：
1:10, 2B；35mm银盐
收藏馆：缩微中心，国图

000O009403
隆平集：二十卷 / (宋)曾巩撰；(宋)赵孟旦[等]校
清(1644-1911)活字印本. -- 版框高十九厘米宽十四厘米。
1988年摄制. -- 1盘卷片(20米427拍)：
1:10, 2B；35mm银盐
收藏馆：缩微中心，广东

000O008612
圣宋遵尧录：七卷别录一卷 / (宋)罗从彦撰
清(1644-1911)张德荣抄本
1988年摄制. -- 1盘卷片(7米114拍)：1:10,
2B；35mm银盐
收藏馆：缩微中心，国图

000O014716
圣宋遵尧录：七卷别录一卷 / (宋)罗从彦撰
清(1644-1911)抄本
1992年摄制. -- 1盘卷片(6米97拍)：1:10,
2B；35mm银盐
收藏馆：缩微中心，国图

000O016801
宋纪受终考：三卷 / (明)程敏政撰
明弘治四年(1491)戴铣刻本
1993年摄制. -- 1盘卷片(4米41拍)：1:10,
2B；35mm银盐
收藏馆：缩微中心，国图

000O022251
征南录：一卷 / (宋)滕甫撰
明(1368-1644)抄本
1995年摄制. -- 1盘卷片(2米6拍)：1:10,
2B；35mm银盐

收藏馆：缩微中心，国图

000O012201
宋西事案：二卷 / [题](明)海滨询士撰
明天启(1621-1627)刻本
1990年摄制. -- 1盘卷片(9米212拍)：1:10,
2B；35mm银盐
收藏馆：缩微中心，南京

000O012192
宣靖备史：四卷 / (明)陈廷撰
清(1644-1911)抄本. -- (清)董晟校跋，(清)丁丙跋，(清)胡思敬题款。
1990年摄制. -- 1盘卷片(5米109拍)：1:10,
2B；35mm银盐
收藏馆：缩微中心，南京

000O017876
北狩见闻录：一卷 / (宋)曹勋撰
清(1644-1911)彭氏知圣道斋抄本. -- (清)彭元瑞校并跋，(清)叶志诜跋。
1993年摄制. -- 1盘卷片(3米14拍)：1:10,
2B；35mm银盐
收藏馆：缩微中心，国图

000O012774
北狩蒙尘录：二卷
明(1368-1644)抄本
1990年摄制. -- 1盘卷片(3米60拍)：1:10,
2B；35mm银盐
收藏馆：缩微中心，南京

000O032074
靖康传信录：三卷 / (宋)李纲撰
清光绪七年(1881)钟登甲刻函海本. -- 十行二十字白口四周双边。傅增湘校并跋。
2011年摄制. -- 1盘卷片(5米65拍)：1:8,
2B；35mm银盐
收藏馆：缩微中心，国图

000O012150
靖康孤臣泣血录：二卷 / (宋)丁特起撰
明万历三十四年(1606)张豫诚刻本. -- (清)丁丙跋。
1990年摄制. -- 1盘卷片(5米119拍)：1:10,
2B；35mm银盐
收藏馆：缩微中心，南京

000O014598
靖康孤臣泣血录：二卷 / [题](宋)丁特起撰
明万历三十四年(1606)张豫诚刻本
1992年摄制. -- 1盘卷片(7米102拍)：1:10,
2B；35mm银盐

收藏馆：缩微中心，国图

00O015645
靖康纪闻：一卷拾遗一卷 / [题](宋)丁特起撰
明(1368-1644)抄本
1993年摄制. -- 1盘卷片(5米75拍) ： 1:10,
2B ；35mm银盐
收藏馆：缩微中心，国图

00O003515
靖康纪闻：一卷拾遗一卷 / [题](宋)丁特起撰
清(1644-1911)抄本
1985年摄制. -- 1盘卷片(6米93拍) ： 1:10,
2B ；35mm银盐
收藏馆：缩微中心，国图

00O027865
靖康纪闻：一卷拾遗一卷 / [题](宋)丁特起撰
清(1644-1911)吴氏四古堂抄本. -- (清)吴允
嘉校，(清)丁丙跋。
1996年摄制. -- 1盘卷片(5米89拍) ： 1:10,
2B ；35mm银盐
收藏馆：缩微中心，南京

00O019611
靖康孤臣泣血录：一卷 / (宋)丁特起撰
明(1368-1644)刻本
1994年摄制. -- 1盘卷片(5米55拍) ： 1:10,
2B ；35mm银盐
收藏馆：缩微中心，国图

00O014793
靖康孤臣泣血录：一卷 / [题](宋)丁特起撰
明(1368-1644)刻本
1992年摄制. -- 1盘卷片(5米71拍) ： 1:10,
2B ；35mm银盐
收藏馆：缩微中心，国图

00O014741
靖炎两朝见闻录：二卷 / [题](宋)陈东撰
清(1644-1911)抄本
1992年摄制. -- 1盘卷片(6米84拍) ： 1:10,
2B ；35mm银盐
收藏馆：缩微中心，国图

00O027867
建炎复辟记：一卷
清(1644-1911)抄本. -- 傅增湘校补并跋。
1996年摄制. -- 1盘卷片(4米50拍) ： 1:10,
2B ；35mm银盐
收藏馆：缩微中心，南京

00O003658
建炎复辟记：一卷南渡录大略一卷
1985年摄制. -- 1盘卷片(3米40拍) ： 1:10,
2B ；35mm银盐
收藏馆：缩微中心，国图

00O004874
建炎复辟记：一卷南渡录大略一卷
清(1644-1911)张德荣抄本. -- (清)韩应陛
跋。
1987年摄制. -- 1盘卷片(4米41拍) ： 1:10,
2B ；35mm银盐
收藏馆：缩微中心，国图

00O004322
建炎笔录：三卷 / (宋)赵鼎撰
清(1644-1911)抄本
1986年摄制. -- 1盘卷片(4米57拍) ： 1:10,
2B ；35mm银盐
收藏馆：缩微中心，国图

00O020582
南烬纪闻：三卷 / [题](宋)辛弃疾撰
清道光八年(1828)朱葵之抄本. -- (清)朱葵
之校并跋。
1994年摄制. -- 1盘卷片(4米41拍) ： 1:10,
2B ；35mm银盐
收藏馆：缩微中心，国图

00O006480
**南烬纪闻：一卷；窃愤录：一卷续录一卷 /
[题](宋)辛弃疾撰**
清同治十二年(1873)刘履芬抄本. -- (清)刘
履芬、王国维跋。
1987年摄制. -- 1盘卷片(6米94拍) ： 1:10,
2B ；35mm银盐
收藏馆：缩微中心，国图

00O010170
**南烬纪闻：一卷；窃愤录：一卷续录一卷 / (宋)
辛弃疾撰**
清(1644-1911)叶名澧宝芸斋刻本
1996年摄制. -- 1盘卷片(5米72拍) ： 1:10,
2B ；35mm银盐
收藏馆：缩微中心，山东

00O027169
南渡录：四卷；阿计替传：一卷 / (宋)辛弃疾撰
清(1644-1911)抄本
1996年摄制. -- 1盘卷片(6.2米104拍) ：
1:10, 2B ；35mm银盐
收藏馆：缩微中心，福建

00O004876
南烬纪闻：一卷附记阿计替本末一卷 / [题](宋)辛弃疾撰
清(1644-1911)抄本
1987年摄制. -- 1盘卷片(5米71拍)：1:10,2B ；35mm银盐
收藏馆：缩微中心，国图

00O013506
窃愤录：一卷续录一卷
清(1644-1911)抄本. -- (清)吴志忠校并跋。
1991年摄制. -- 1盘卷片(3米22拍)：1:10,2B ；35mm银盐
收藏馆：缩微中心，国图

00O027168
宋徽钦二帝赴燕京北行纪略：一卷；阿计替传：一卷 / (宋)辛弃疾撰
清(1644-1911)抄本. -- (清)叙堂氏、(清)郑宫应、(清)顾恩裕等跋。
1996年摄制. -- 1盘卷片(5.1米79拍)：1:10, 2B ；35mm银盐
收藏馆：缩微中心，福建

00O012225
中兴御侮录：二卷
清(1644-1911)抄本. -- (清)丁丙跋。
1990年摄制. -- 1盘卷片(4米64拍)：1:10,2B ；35mm银盐
收藏馆：缩微中心，南京

00O006814
中兴御侮录：二卷
清(1644-1911)抄本
1987年摄制. -- 1盘卷片(5米66拍)：1:10,2B ；35mm银盐
收藏馆：缩微中心，国图

00O019413
西陲笔略：一卷；绍兴采石大战始末：一卷 / (宋)员兴宗撰
清乾隆四十年(1775)孔继涵抄本
1994年摄制. -- 1盘卷片(3米23拍)：1:10,2B ；35mm银盐
收藏馆：缩微中心，国图

00O028990
襄阳守城录：一卷 / (宋)赵万年撰
清(1644-1911)叶名澧宝芸斋抄本
1989年摄制. -- 1盘卷片(3米35拍)：1:10,2B ；35mm银盐
收藏馆：缩微中心，南京

00O025098
南宋六陵遗事：一卷庚申君遗事一卷 / (清)万斯同辑
清(1644-1911)知不足斋抄本
1996年摄制. -- 1盘卷片(6米93拍)：1:10,2B ；35mm银盐
收藏馆：缩微中心，国图

00O028989
辛巳泣蕲录：一卷 / (宋)赵与裒撰
清初(1644-1722)钱氏述古堂抄本. -- (清)丁丙跋。
1989年摄制. -- 1盘卷片(4米44拍)：1:10,2B ；35mm银盐
收藏馆：缩微中心，南京

00O014376
辛巳泣蕲录：一卷 / (宋)赵与裒撰
清(1644-1911)抄本
1992年摄制. -- 1盘卷片(4米28拍)：1:10,2B ；35mm银盐
收藏馆：缩微中心，国图

00O015782
辛巳泣蕲录：一卷 / (宋)赵与裒撰
清(1644-1911)抄本
1993年摄制. -- 1盘卷片(6米89拍)：1:10,2B ；35mm银盐
收藏馆：缩微中心，国图

00O003395
契丹国志：二十七卷 / (宋)叶隆礼撰
清嘉庆二年(1797)席世臣扫叶山房刻本. -- (清)陈揆校并跋。
1986年摄制. -- 1盘卷片(9米180拍)：1:10,2B ；35mm银盐
收藏馆：缩微中心，国图

00O016050
契丹国志：二十七卷 / (宋)叶隆礼撰
清(1644-1911)刻本. -- 章钰校并跋。
1993年摄制. -- 1盘卷片(13米232拍)：1:10, 2B ；35mm银盐
收藏馆：缩微中心，国图

00O016058
契丹国志：二十七卷 / (宋)叶隆礼撰
清同治十三年(1874)刘履芬抄本. -- (清)刘履芬跋。
1993年摄制. -- 1盘卷片(13米244拍)：1:10, 2B ；35mm银盐
收藏馆：缩微中心，国图

00O003416
契丹国志：二十七卷 / (宋)叶隆礼撰
清(1644-1911)抄本
1986年摄制. -- 1盘卷片(11米226拍)：
1:10, 2B；35mm银盐
收藏馆：缩微中心，国图

00O007739
契丹国志：二十七卷 / (宋)叶隆礼撰
清(1644-1911)抄本
1987年摄制. -- 1盘卷片(12米270拍)：
1:10, 2B；35mm银盐
收藏馆：缩微中心，湖南

00O024127
辽小史：一卷 / (明)杨循吉撰
明(1368-1644)抄本. -- (明)徐景凤校。
1996年摄制. -- 1盘卷片(3米40拍)：1:10,
2B；35mm银盐
收藏馆：缩微中心，湖北

00O024130
辽小史：一卷；金小史：八卷 / (明)杨循吉撰
清(1644-1911)戴氏秋树山房抄本. -- 罗振常
校并跋。
1996年摄制. -- 1盘卷片(7米120拍)：1:10,
2B；35mm银盐
收藏馆：缩微中心，湖北

00O028275
辽小史：一卷 / (明)杨循吉撰
清(1644-1911)瞿氏清吟阁抄本. -- (清)丁丙
跋。
1996年摄制. -- 1盘卷片(3米29拍)：1:10,
2B；35mm银盐
收藏馆：缩微中心，南京

00O025169
西夏书事：四十二卷 / (清)吴广成撰
清道光五年(1825)小岘山房刻本
1996年摄制. -- 2盘卷片(38米754拍)：
1:10, 2B；35mm银盐
收藏馆：缩微中心，国图

00O031209
西夏书事：四十二卷 / (清)吴广成撰
清道光五年(1825)小岘山房刻本
2004年摄制. -- 2盘卷片(38米765拍)：1:8,
2B；35mm银盐
收藏馆：缩微中心，国图

00O018292
西夏书事：四十二卷 / (清)吴广成撰

清道光六年(1826)刻本. -- (清)周星诒题
识。
1993年摄制. -- 2盘卷片(37米773拍)：
1:10, 2B；35mm银盐
收藏馆：缩微中心，天津

00O012934
裔夷谋夏录：三卷 / (宋)刘忠恕撰
清(1644-1911)抄本. -- (清)丁丙跋。
1991年摄制. -- 1盘卷片(6米71拍)：1:10,
2B；35mm银盐
收藏馆：缩微中心，南京

00O013711
大金国志：四十卷 / [题](宋)宇文懋昭撰
明(1368-1644)抄本. -- 莫棠、章钰、傅增湘
跋。
1991年摄制. -- 1盘卷片(19米388拍)：
1:10, 2B；35mm银盐
收藏馆：缩微中心，国图

00O021460
大金国志：四十卷 / [题](宋)宇文懋昭撰
明(1368-1644)抄本
1995年摄制. -- 1盘卷片(19米372拍)：
1:10, 2B；35mm银盐
收藏馆：缩微中心，国图

00O019039
大金国志：四十卷 / [题](宋)宇文懋昭撰
明(1368-1644)抄本. -- 卷二十六至卷四十配
清抄本。
1993年摄制. -- 1盘卷片(15米298拍)：
1:10, 2B；35mm银盐
收藏馆：缩微中心，国图

00O016049
大金国志：四十卷 / [题](宋)宇文懋昭撰
清嘉庆二年(1797)席世臣扫叶山房刻本. --
章钰校并跋。
1993年摄制. -- 1盘卷片(13米252拍)：
1:10, 2B；35mm银盐
收藏馆：缩微中心，国图

00O032031
大金国志：四十卷 / [题](宋)宇文懋昭撰
清嘉庆二年(1797)席世臣扫叶山房刻本. --
十二行二十五字白口左右双边。傅增湘校并
跋。
2011年摄制. -- 1盘卷片(16米287拍)：
1:12, 2B；35mm银盐
收藏馆：缩微中心，国图

00O015462

大金国志：四十卷 / [题](宋)宇文懋昭撰

清(1644-1911)卢文弨抄本. -- (清)卢文弨校。

1993年摄制. -- 1盘卷片(18米357拍)：1:10，2B；35mm银盐

收藏馆：缩微中心，国图

00O001575

大金国志：四十卷 / [题](宋)宇文懋昭撰

清(1644-1911)抄本

1986年摄制. -- 1盘卷片(14米302拍)：1:10，2B；35mm银盐

收藏馆：缩微中心，国图

00O002121

大金国志：四十卷 / [题](宋)宇文懋昭撰

清(1644-1911)抄本

1986年摄制. -- 1盘卷片(19米413拍)：1:10，2B；35mm银盐

收藏馆：缩微中心，国图

00O003775

大金国志：四十卷 / [题](宋)宇文懋昭撰

清(1644-1911)抄本

1985年摄制. -- 1盘卷片(15米313拍)：1:10，2B；35mm银盐

收藏馆：缩微中心，国图

00O004877

大金国志：四十卷 / [题](宋)宇文懋昭撰

清(1644-1911)抄本

1987年摄制. -- 1盘卷片(16米328拍)：1:10，2B；35mm银盐

收藏馆：缩微中心，国图

00O003963

吊伐录：二卷

明(1368-1644)抄本

1986年摄制. -- 1盘卷片(7.6米145拍)：1:10，2B；35mm银盐

收藏馆：缩微中心，国图

00O012200

吊伐录：二卷

清(1644-1911)抄本. -- (清)周星诒、(清)丁丙跋。

1990年摄制. -- 1盘卷片(7米158拍)：1:10，2B；35mm银盐

收藏馆：缩微中心，南京

00O011272

吊伐录：二卷

清(1644-1911)抄本

1989年摄制. -- 1盘卷片(8米146拍)：1:10，2B；35mm银盐

收藏馆：缩微中心，甘肃

00O003079

松漠纪闻：二卷补遗一卷 / (宋)洪皓撰

明正德年至嘉靖(1506-1566)顾元庆刻顾氏文房四十种本

1986年摄制. -- 1盘卷片(4米49拍)：1:10，2B；35mm银盐

收藏馆：缩微中心，国图

00O004875

松漠纪闻：一卷补遗一卷 / (宋)洪皓撰

清(1644-1911)抄本

1987年摄制. -- 1盘卷片(4米44拍)：1:10，2B；35mm银盐

收藏馆：缩微中心，国图

00O014718

南迁录：一卷 / [题](金)张师颜撰

明(1368-1644)纯白斋抄本

1992年摄制. -- 1盘卷片(5米50拍)：1:10，2B；35mm银盐

收藏馆：缩微中心，国图

00O004878

南迁录：一卷 / [题](金)张师颜撰

清初(1644-1722)毛氏汲古阁抄本. -- 周叔弢校跋并录(清)黄丕烈题识。

1987年摄制. -- 1盘卷片(4米45拍)：1:10，2B；35mm银盐

收藏馆：缩微中心，国图

00O032037

南迁录：一卷 / [题](金)张师颜撰

清道光十一年(1831)安晁氏学海类编活字印本. -- 九行二十一字白口左右双边。傅增湘校跋并录(清)黄丕烈题识。

2011年摄制. -- 1盘卷片(5米66拍)：1:12，2B；35mm银盐

收藏馆：缩微中心，国图

00O016884

南迁录：一卷 / [题](金)张师颜撰

清咸丰(1851-1861)刘履芬抄本. -- (清)刘履芬跋。

1993年摄制. -- 1盘卷片(4米40拍)：1:10，2B；35mm银盐

收藏馆：缩微中心，国图

00O002353
金国南迁录：一卷 / [题](金)张师颜撰
清(1644-1911)抄本. -- 佚名校。
1986年摄制. -- 1盘卷片(4米56拍) ： 1:10,
2B ； 35mm银盐
收藏馆：缩微中心，国图

00O004566
南迁录：一卷 / [题](金)张师颜撰
清(1644-1911)宝闲斋抄本
1987年摄制. -- 1盘卷片(4米61拍) ： 1:10,
2B ； 35mm银盐
收藏馆：缩微中心，国图

00O024516
金国南迁录：一卷 / [题](金)张师颜撰
清(1644-1911)抄本
1996年摄制. -- 1盘卷片(5.5米86拍) ：
1:10, 2B ； 35mm银盐
收藏馆：缩微中心，浙江

00O012835
金小史：八卷 / (明)杨循吉撰
明(1368-1644)杨可刻本. -- 存四卷：卷一至
卷四。
1990年摄制. -- 1盘卷片(4.1米63拍) ：
1:10, 2B ； 35mm银盐
收藏馆：缩微中心，辽宁

00O031998
黑鞑事略：一卷 / (宋)彭大雅撰；(宋)徐霆疏证
清光绪二十九年(1903)通州翰墨林编译印书局
铅印本. -- 十二行三十二字黑口四周双边。
傅增湘校并跋。
2010年摄制. -- 1盘卷片(3米28拍) ： 1:12,
2B ； 35mm银盐
收藏馆：缩微中心，国图

00O032026
黑鞑事略：一卷 / (宋)彭大雅撰；(宋)徐霆疏证
清光绪三十四年(1908)胡思敬铅印问影楼舆地
丛书本. -- 十二行三十字黑口四周双边。傅
增湘校并跋。
2011年摄制. -- 1盘卷片(4米33拍) ： 1:12,
2B ； 35mm银盐
收藏馆：缩微中心，国图

00O004879
黑鞑事略：一卷 / (宋)彭大雅撰；(宋)徐霆疏证
清(1644-1911)抄本. -- (清)周星诒跋。
1987年摄制. -- 1盘卷片(3米39拍) ： 1:10,
2B ； 35mm银盐
收藏馆：缩微中心，国图

00O016116
黑鞑事略：一卷 / (宋)彭大雅撰；(宋)徐霆疏证
算鹤量鲸室抄本. -- (清)曹元忠校并跋。
1993年摄制. -- 1盘卷片(3米17拍) ： 1:10,
2B ； 35mm银盐
收藏馆：缩微中心，国图

00O022782
黑鞑事略：一卷 / (宋)彭大维撰；(宋)徐霆疏证
承华事略：一卷 / (元)王恽撰
清(1644-1911)抄本
1994年摄制. -- 1盘卷片(4米51拍) ： 1:10,
2B ； 35mm银盐
收藏馆：缩微中心，浙江

00O014234
新刊大元混一江南实录：三卷 / (元)刘敏中撰
清(1644-1911)抄本. -- (清)李文田校并跋。
1992年摄制. -- 1盘卷片(2米45拍) ： 1:10,
2B ； 35mm银盐
收藏馆：缩微中心，国图

00O024434
元朝秘史：十卷续集二卷
清光绪三十四年(1908)叶氏观古堂刻本. --
王国维校并跋。
1996年摄制. -- 1盘卷片(30米622拍) ：
1:10, 2B ； 35mm银盐
收藏馆：缩微中心，国图

00O024432
元朝秘史：十卷续集二卷
清光绪三十四年(1908)叶氏观古堂刻本. --
王国维校注并跋。
1996年摄制. -- 1盘卷片(30米618拍) ：
1:10, 2B ； 35mm银盐
收藏馆：缩微中心，国图

00O002848
元朝秘史：十五卷
清(1644-1911)抄本. -- (清)翁同书跋。
1986年摄制. -- 1盘卷片(14.7米316拍) ：
1:10, 2B ； 35mm银盐
收藏馆：缩微中心，国图

00O003565
元朝秘史：十五卷
清(1644-1911)抄本
1985年摄制. -- 1盘卷片(14.7米312拍) ：
1:10, 2B ； 35mm银盐
收藏馆：缩微中心，国图

000O024410
元朝秘史注：十五卷 / (清)李文田撰
清光绪二十二年(1896)刻渐西村舍汇刊本. --
王国维校注并跋。
1996年摄制. -- 1盘卷片(18米395拍)：
1:10，2B；35mm银盐
收藏馆：缩微中心，国图

000O007747
皇元圣武亲征录：一卷
清(1644-1911)稿本. -- (清)何秋涛校正。
1987年摄制. -- 1盘卷片(6米102拍)：1:10，
2B；35mm银盐
收藏馆：缩微中心，湖南

000O008050
皇元圣武亲征录：一卷
清(1644-1911)抄本. -- (清)洪钧批校，(清)
庄庚熙题跋。
1988年摄制. -- 1盘卷片(7米114拍)：1:10，
2B；35mm银盐
收藏馆：缩微中心，湖南

000O002354
皇元圣武亲征录：一卷
清(1644-1911)抄本
1986年摄制. -- 1盘卷片(3米35拍)：1:10，
2B；35mm银盐
收藏馆：缩微中心，国图

000O022738
皇元圣武亲征录：一卷；故宫遗录：一卷 / (明)
萧洵撰
清(1644-1911)抄本
1994年摄制. -- 1盘卷片(4米47拍)：1:10，
2B；35mm银盐
收藏馆：缩微中心，浙江

000O028903
校正元亲征录：一卷 / (清)何秋涛校注
清(1644-1911)愿读书室抄本. -- (清)方恮
校。
1989年摄制. -- 1盘卷片(5米70拍)：1:10，
2B；35mm银盐
收藏馆：缩微中心，南京

000O025107
校正元圣武亲征录：一卷 / (清)何秋涛校正
清光绪(1875-1908)小沤巢刻本. -- 王国维校
注并跋。
1996年摄制. -- 1盘卷片(7米113拍)：1:10，
2B；35mm银盐
收藏馆：缩微中心，国图

000O024452
校正元武亲征录：一卷 / (清)何秋涛校正
日本明治三十四年(1901)文求堂铅印本. --
王国维校。
1996年摄制. -- 1盘卷片(6米75拍)：1:10，
2B；35mm银盐
收藏馆：缩微中心，国图

000O011472
钦定蒙古源流：八卷 / (清)小彻辰萨囊台吉撰
清乾隆(1736-1795)武英殿刻本
1989年摄制. -- 1盘卷片(9.7米196拍)：
1:10，2B；35mm银盐
收藏馆：缩微中心，辽宁

000O032028
钦定蒙古源流：八卷 / [(清)小彻辰萨囊台吉撰]
清(1644-1911)刻本. -- 八行十八字白口四周
双边。傅增湘临(清)彭楚克林沁校并录(清)善
耆题识，陈垣校并跋，张尔田跋。
2011年摄制. -- 1盘卷片(11米223拍)：
1:12，2B；35mm银盐
收藏馆：缩微中心，国图

000O025106
钦定蒙古源流：八卷 / [(清)小彻辰萨囊台吉撰]
清(1644-1911)刻本. -- 王国维校注并跋。
1996年摄制. -- 1盘卷片(11米196拍)：
1:10，2B；35mm银盐
收藏馆：缩微中心，国图

000O028589
元主始末志：不分卷 / (明)王世贞撰
清(1644-1911)抄本
1998年摄制. -- 1盘卷片(8米148拍)：1:10，
2B；35mm银盐
收藏馆：缩微中心，广东

000O029313
庚申外史：二卷 / (明)权衡撰
明(1368-1644)抄本
1999年摄制. -- 1盘卷片(5米60拍)：1:10，
2B；35mm银盐
收藏馆：缩微中心，苏州

000O027812
庚申外史：一卷；庚申闻见录：一卷 / (明)权衡撰
清雍正六年(1728)鱼元傅抄本. -- (清)鱼元
傅跋，(清)曹炎校。
1996年摄制. -- 1盘卷片(5米64拍)：1:10，
2B；35mm银盐
收藏馆：缩微中心，南京

00O023740
保越录：一卷
清(1644-1911)蒋氏心矩斋抄本. -- (清)傅以
礼校并跋。
1995年摄制. -- 1盘卷片(3米42拍) : 1:10,
2B ; 35mm银盐
收藏馆：缩微中心，浙江

00O024011
皇明政要：二十卷 / (明)娄性撰
明正德二年(1507)慎独斋刻本
1996年摄制. -- 1盘卷片(17米343拍) :
1:10, 2B ; 35mm银盐
收藏馆：缩微中心，南京

00O022236
皇明政要：二十卷 / (明)娄性撰
明嘉靖五年(1526)戴金刻本
1995年摄制. -- 1盘卷片(14米251拍) :
1:10, 2B ; 35mm银盐
收藏馆：缩微中心，国图

00O000667
吾学编：六十九卷 / (明)郑晓撰
明隆庆元年(1567)郑履淳刻本
1985年摄制. -- 3盘卷片(70.5米1566拍) :
1:10, 2B ; 35mm银盐
收藏馆：缩微中心，国图

00O010404
吾学编：六十九卷 / (明)郑晓撰
明万历二十七年(1599)郑心材刻本
1989年摄制. -- 3盘卷片(80米1600拍) :
1:10, 2B ; 35mm银盐
收藏馆：缩微中心，四川

00O021580
吾学编：六十九卷 / (明)郑晓撰
明万历二十七年(1599)郑心材刻本
1995年摄制. -- 3盘卷片(76米1509拍) :
1:10, 2B ; 35mm银盐
收藏馆：缩微中心，国图

00O006930
吾学编：六十九卷 / (明)郑晓撰
明万历二十七年(1599)郑心材刻本. -- 存
六十三卷：卷一至卷五十九、卷六十三至卷
六十六。
1987年摄制. -- 3盘卷片(66米1440拍) :
1:10, 2B ; 35mm银盐
收藏馆：缩微中心，国图

00O018453
吾学编：六十九卷 / (明)郑晓撰
明(1368-1644)刻本
1993年摄制. -- 2盘卷片(53米1025拍) :
1:10, 2B ; 35mm银盐
收藏馆：缩微中心，国图

00O012164
吾学编余：不分卷 / (明)郑晓撰
明(1368-1644)抄本
1990年摄制. -- 1盘卷片(6米125拍) : 1:10,
2B ; 35mm银盐
收藏馆：缩微中心，南京

00O005690
今言：四卷 / (明)郑晓撰
明嘉靖四十五年(1566)项笃寿刻本
1987年摄制. -- 1盘卷片(15米322拍) :
1:10, 2B ; 35mm银盐
收藏馆：缩微中心，国图

00O008189
今言：四卷 / (明)郑晓撰
明万历四十二年(1614)彭宗孟重刻本. -- 版
框高二十一厘米宽十四厘米。
1988年摄制. -- 1盘卷片(16米325拍) :
1:10, 2B ; 35mm银盐
收藏馆：缩微中心，广东

00O009693
郑端简公征吾录：二卷 / (明)郑晓撰
明隆庆(1567-1572)刻本
1988年摄制. -- 1盘卷片(7米148拍) : 1:10,
2B ; 35mm银盐
收藏馆：缩微中心，四川

00O005708
弇山堂别集：一百卷 / (明)王世贞撰
明万历十八年(1590)翁良瑜雨金堂刻本
1987年摄制. -- 4盘卷片(102米2398拍) :
1:10, 2B ; 35mm银盐
收藏馆：缩微中心，国图

00O015373
弇山堂别集：一百卷 / (明)王世贞撰
明万历十八年(1590)翁良瑜雨金堂刻本
1992年摄制. -- 4盘卷片(115米2305拍) :
1:10, 2B ; 35mm银盐
收藏馆：缩微中心，国图

00O007890
弇山堂别集：一百卷 / (明)王世贞撰
明万历十八年(1590)金陵刻本. -- 版框高

二十厘米宽十三厘米。
1988年摄制. -- 4盘卷片(1200米2400拍) : 1:10, 2B ; 35mm银盐
收藏馆：缩微中心，广东

000O021239
弇山堂别集：一百卷 / (明)王世贞撰
明万历十八年(1590)刻本
1995年摄制. -- 4盘卷片(109米2244拍) : 1:10, 2B ; 35mm银盐
收藏馆：缩微中心，国图

000O015287
弇州史料前集：三十卷后集七十卷 / (明)王世贞撰
明万历四十二年(1614)刻本
1992年摄制. -- 5盘卷片(137米2841拍) : 1:10, 2B ; 35mm银盐
收藏馆：缩微中心，国图

000O008168
弇州史料前集：三十卷后集七十卷 / (明)王世贞撰 ; (明)董复表辑
明万历四十二年(1614)杨鹤刻本. -- 版框高二十一厘米宽十四厘米。
1988年摄制. -- 6盘卷片(147米3101拍) : 1:10, 2B ; 35mm银盐
收藏馆：缩微中心，广东

000O019586
皇明典故纪闻：十八卷 / (明)余继登撰
明(1368-1644)刻本
1994年摄制. -- 1盘卷片(27米547拍) : 1:10, 2B ; 35mm银盐
收藏馆：缩微中心，国图

000O022235
馆阁类录：二十二卷 / (明)吕本辑
明万历二十五年(1597)王元贞刻本
1995年摄制. -- 3盘卷片(79米1598拍) : 1:10, 2B ; 35mm银盐
收藏馆：缩微中心，国图

000O001717
皇明驭倭录：九卷附略二卷寄语略一卷 / (明)王士骐撰
明万历(1573-1620)刻本
1986年摄制. -- 1盘卷片(21米467拍) : 1:10, 2B ; 35mm银盐
收藏馆：缩微中心，国图

000O002252
立斋闲录：四卷 / (明)宋端仪撰

明(1368-1644)水筠山房抄国朝典故本. -- 存二卷：卷三至卷四。
1986年摄制. -- 1盘卷片(6米95拍) : 1:10, 2B ; 35mm银盐
收藏馆：缩微中心，国图

000O008498
宝日堂杂抄：不分卷 / (明)张鼐辑
明(1368-1644)张氏宝日堂抄本
1988年摄制. -- 1盘卷片(15米319拍) : 1:10, 2B ; 35mm银盐
收藏馆：缩微中心，国图

000O008393
国朝武功纪胜通考：八卷 ; 补漏居寓言：一卷 / (明)颜季亨撰
明天启(1621-1627)刻本
1988年摄制. -- 1盘卷片(28米629拍) : 1:10, 2B ; 35mm银盐
收藏馆：缩微中心，国图

000O025105
国史唯疑：十二卷 / (明)黄景昉撰
清(1644-1911)徐氏烟屿楼抄本. -- 存六卷：卷一至卷三、卷七至卷九。(清)徐时栋校注。
1996年摄制. -- 1盘卷片(11米202拍) : 1:10, 2B ; 35mm银盐
收藏馆：缩微中心，国图

000O016089
国初群雄事略：不分卷 / (清)钱谦益撰
清(1644-1911)抄本
1993年摄制. -- 1盘卷片(19米372拍) : 1:10, 2B ; 35mm银盐
收藏馆：缩微中心，国图

000O022714
国初群雄事略：十二卷 / (清)钱谦益撰
清(1644-1911)尚志堂抄本
1994年摄制. -- 1盘卷片(24米480拍) : 1:10, 2B ; 35mm银盐
收藏馆：缩微中心，浙江

000O011271
国初礼贤录：一卷 / [题](明)刘基撰
明(1368-1644)蓝格抄本
1989年摄制. -- 1盘卷片(3米26拍) : 1:10, 2B ; 35mm银盐
收藏馆：缩微中心，甘肃

000O011432
洪武圣政记：十二卷 / (明)宋濂撰
明(1368-1644)抄本. -- 卷六下至卷十二配抄

本。
1989年摄制. -- 2盘卷片(40米940拍) :
1:10，2B ；35mm银盐
收藏馆：缩微中心，南京

000O021768
皇祖四大法：十二卷 / (明)何栋如辑
明万历四十二年(1614)刻本
1995年摄制. -- 2盘卷片(40米783拍) :
1:10，2B ；35mm银盐
收藏馆：缩微中心，国图

000O008176
皇祖四大法：十二卷 / (明)何栋如辑
明万历四十二年(1614)何氏江东刻本. -- 版
框高二十一厘米宽十四厘米。
1988年摄制. -- 2盘卷片(41米861拍) :
1:10，2B ；35mm银盐
收藏馆：缩微中心，广东

000O008529
蓝玉党供状：不分卷
明(1368-1644)抄本
1988年摄制. -- 1盘卷片(6米95拍) : 1:10,
2B ；35mm银盐
收藏馆：缩微中心，国图

000O015196
姜氏秘史：一卷 / (明)姜清撰
清初(1644-1722)抄本
1992年摄制. -- 1盘卷片(9米161拍) : 1:10,
2B ；35mm银盐
收藏馆：缩微中心，国图

000O027860
姜氏秘史：一卷 / (明)姜清撰
清(1644-1911)抄本. -- (清)沈维骥、(清)胡
思敬、(清)周辅题款。
1996年摄制. -- 1盘卷片(10米168拍) :
1:10，2B ；35mm银盐
收藏馆：缩微中心，南京

000O003190
姜氏秘史：一卷 / (明)姜清撰
清(1644-1911)抄本. -- 傅增湘跋。
1986年摄制. -- 1盘卷片(7.2米132拍) :
1:10，2B ；35mm银盐
收藏馆：缩微中心，国图

000O020415
革朝志：十卷 / (明)许相卿撰
明(1368-1644)刻本
1994年摄制. -- 1盘卷片(10米187拍) :

1:10，2B ；35mm银盐
收藏馆：缩微中心，国图

000O023039
革朝志：十卷 / (明)许相卿撰
清(1644-1911)抄本
1995年摄制. -- 1盘卷片(10米185拍) :
1:10，2B ；35mm银盐
收藏馆：缩微中心，国图

000O014439
革除遗事：六卷 / (明)黄佐撰
明(1368-1644)抄本
1992年摄制. -- 1盘卷片(6米65拍) : 1:10,
2B ；35mm银盐
收藏馆：缩微中心，国图

000O015176
革除遗事：六卷 / (明)黄佐撰
明(1368-1644)抄本
1992年摄制. -- 1盘卷片(6米75拍) : 1:10,
2B ；35mm银盐
收藏馆：缩微中心，国图

000O013751
革除编年：不分卷 / (明)黄佐撰
明(1368-1644)抄本
1991年摄制. -- 1盘卷片(8.3米162拍) :
1:10，2B ；35mm银盐
收藏馆：缩微中心，辽宁

000O020772
建文逊国记：一卷 / (明)郑晓撰
明隆庆元年(1567)郑履淳刻吾学编本
1994年摄制. -- 1盘卷片(4米44拍) : 1:10,
2B ；35mm银盐
收藏馆：缩微中心，国图

000O007353
建文朝野汇编：二十卷 / (明)屠叔方撰
明万历(1573-1620)刻本
1987年摄制. -- 2盘卷片(41米882拍) :
1:10，2B ；35mm银盐
收藏馆：缩微中心，国图

000O007272
建文书法拟：前编一卷正编二卷附编二卷 / (明)朱鹭撰
明万历(1573-1620)刻本. -- (清)戈培题款。
1987年摄制. -- 1盘卷片(11米214拍) :
1:10，2B ；35mm银盐
收藏馆：缩微中心，国图

00O010624
建文书法拟：前编一卷正编二卷附编二卷 / (明)朱鹭撰
明万历(1573-1620)刻本
1989年摄制. -- 1盘卷片(11米221拍) ：1:10，2B；35mm银盐
收藏馆：缩微中心，浙江

00O016057
致身录：一卷附编一卷附录一卷 / (明)史仲彬撰；(明)史册注
清康熙八年(1669)史在相刻本
1993年摄制. -- 1盘卷片(5米70拍) ：1:10，2B；35mm银盐
收藏馆：缩微中心，国图

00O017571
致身录：一卷 / (明)史仲彬撰；(明)史册注
清康熙八年(1669)史在相刻本
1993年摄制. -- 1盘卷片(4米51拍) ：1:10，2B；35mm银盐
收藏馆：缩微中心，国图

00O027234
洁庵选义林逊国全书：五卷；土木案：一卷；刘子文选：一卷 / (明)刘九嶷撰
清康熙(1662-1722)刻本
1997年摄制. -- 1盘卷片(16米295拍) ：1:10，2B；35mm银盐
收藏馆：缩微中心，国图

00O007759
金文靖公北征录：二卷 / (明)金幼孜撰
明成化二十三年(1487)刻嘉靖(1522-1566)递修本
1987年摄制. -- 1盘卷片(5米104拍) ：1:10，2B；35mm银盐
收藏馆：缩微中心，湖南

00O007481
初从北征录：一卷诗一卷；二从北征录：一卷；三从北征录：一卷 / (明)金幼孜撰
清(1644-1911)抄本
1987年摄制. -- 1盘卷片(5米73拍) ：1:10，2B；35mm银盐
收藏馆：缩微中心，国图

00O019513
北征记：一卷 / (明)杨荣撰 . 金文靖公前北征录：一卷后北征录一卷 / (明)金幼孜撰
明(1368-1644)刻本
1994年摄制. -- 1盘卷片(4米51拍) ：1:10，2B；35mm银盐
收藏馆：缩微中心，国图

00O013141
北征录：一卷后录一卷 / (明)金幼孜撰 . 北征记：一卷 / (明)杨荣撰
明(1368-1644)抄本
1991年摄制. -- 1盘卷片(3.5米48拍) ：1:10，2B；35mm银盐
收藏馆：缩微中心，辽宁

00O002855
征安南敕征安南事实：不分卷
清(1644-1911)抄本
1986年摄制. -- 1盘卷片(6米103拍) ：1:10，2B；35mm银盐
收藏馆：缩微中心，国图

00O012151
安南弃守本末：一卷
清(1644-1911)抄本. -- (清)丁丙跋。
1990年摄制. -- 1盘卷片(6米134拍) ：1:10，2B；35mm银盐
收藏馆：缩微中心，南京

00O015071
仁庙圣政记：二卷
明(1368-1644)抄本
1992年摄制. -- 1盘卷片(5米70拍) ：1:10，2B；35mm银盐
收藏馆：缩微中心，国图

00O001609
天顺日录：一卷 / (明)李贤撰
明(1368-1644)抄本
1986年摄制. -- 1盘卷片(6米88拍) ：1:10，2B；35mm银盐
收藏馆：缩微中心，国图

00O032094
天顺日录：一卷 / (明)李贤撰
明(1368-1644)抄本. -- 十二行二十二字白口四周单边。
2011年摄制. -- 1盘卷片(7米91拍) ：1:13，2B；35mm银盐
收藏馆：缩微中心，国图

00O028219
复辟录：不分卷 / (明)杨瑄撰
明(1368-1644)抄本
1997年摄制. -- 1盘卷片(3米17拍) ：1:10，2B；35mm银盐
收藏馆：缩微中心，苏州

000O005082

庄陵志：四卷 / (朝鲜)权和,(朝鲜)朴庆余撰
朝鲜刻本. -- 约刻于清(1644-1911)。
1986年摄制. -- 1盘卷片(10米183拍)：
1:10，2B；35mm银盐
收藏馆：缩微中心，国图

000O022990

视草余录：二卷 / (明)杨廷和撰
明嘉靖(1522-1566)刻本
1995年摄制. -- 1盘卷片(7米101拍)：1:10,
2B；35mm银盐
收藏馆：缩微中心，国图

000O027173

视草余录：一卷 / (明)杨廷和撰
明(1368-1644)小草斋抄本
1996年摄制. -- 1盘卷片(4.6米67拍)：
1:10，2B；35mm银盐
收藏馆：缩微中心，福建

000O022131

平濠记：一卷 / (明)钱德洪撰
清(1644-1911)抄本
1995年摄制. -- 1盘卷片(3米13拍)：1:10,
2B；35mm银盐
收藏馆：缩微中心，国图

000O008528

世庙识余录：二十六卷 / (明)徐学谟辑
明(1368-1644)徐兆稷活字印本
1988年摄制. -- 1盘卷片(20米431拍)：
1:10，2B；35mm银盐
收藏馆：缩微中心，国图

000O022225

世庙识余录：二十六卷 / (明)徐学谟辑
明(1368-1644)徐兆稷活字印本
1995年摄制. -- 1盘卷片(20米391拍)：
1:10，2B；35mm银盐
收藏馆：缩微中心，国图

000O025978

世庙识余录：二十六卷 / (明)徐学谟撰
明万历三十六年(1608)徐元嘏刻本
1996年摄制. -- 1盘卷片(21米443拍)：
1:10，2B；35mm银盐
收藏馆：缩微中心，南京

000O013120

御著大狩龙飞录：二卷 / (明)世宗朱厚熜撰
明嘉靖十八年(1539)朱厚煜刻本
1991年摄制. -- 1盘卷片(5.0米85拍)：

1:10，2B；35mm银盐
收藏馆：缩微中心，辽宁

000O008065

嘉靖大政类编：二卷 / (明)黄凤翔撰
明万历三十七年(1609)刻本
1988年摄制. -- 1盘卷片(12米244拍)：
1:10，2B；35mm银盐
收藏馆：缩微中心，湖北

000O008538

安南来威图册：三卷 / (明)冯时旸,(明)梁天锡辑.
辑略：三卷 / (明)江美中辑
明隆庆(1567-1572)刻本
1988年摄制. -- 1盘卷片(12米249拍)：
1:10，2B；35mm银盐
收藏馆：缩微中心，国图

000O028902

平粤录：一卷 / (明)谈恺撰
明嘉靖(1522-1566)刻本
1989年摄制. -- 1盘卷片(5米70拍)：1:10,
2B；35mm银盐
收藏馆：缩微中心，南京

000O012235

嘉靖东南平倭通录：一卷 / (明)徐学聚撰
明(1368-1644)抄本. -- (明)柳诒征跋。
1990年摄制. -- 1盘卷片(5米96拍)：1:10,
2B；35mm银盐
收藏馆：缩微中心，南京

000O015353

滇游纪乱：一卷；滇游过险诗：一卷 / (明)倪钜撰
清(1644-1911)且懒斋抄本
1992年摄制. -- 1盘卷片(3米23拍)：1:10,
2B；35mm银盐
收藏馆：缩微中心，国图

000O026912

圣政纪要：二卷 / (明)陈懿典撰
明崇祯(1628-1644)刻本
1996年摄制. -- 1盘卷片(10米170拍)：
1:10，2B；35mm银盐
收藏馆：缩微中心，南京

000O027161

洗海近事：二卷 / (明)俞大猷撰
清(1644-1911)抄本
1996年摄制. -- 1盘卷片(10米186拍)：
1:10，2B；35mm银盐
收藏馆：缩微中心，福建

00O008523
西南纪事：六卷 / (明)郭应聘撰
明(1368-1644)刻本
1988年摄制. -- 1盘卷片(5米72拍)：1:10,
2B；35mm银盐
收藏馆：缩微中心，国图

00O022240
西南纪事：六卷 / (明)郭应聘撰
明(1368-1644)刻本
1995年摄制. -- 1盘卷片(5米55拍)：1:10,
2B；35mm银盐
收藏馆：缩微中心，国图

00O008398
三省备边图记：不分卷 / (明)苏愚撰
明万历(1573-1620)刻本
1988年摄制. -- 1盘卷片(7米117拍)：1:10,
2B；35mm银盐
收藏馆：缩微中心，国图

00O018731
三省备边图记：不分卷 / (明)苏愚撰
明万历(1573-1620)刻本
1994年摄制. -- 1盘卷片(7米100拍)：1:10,
2B；35mm银盐
收藏馆：缩微中心，国图

00O014733
星变志：一卷 / (明)迂樵子撰并辑
明(1368-1644)抄本
1992年摄制. -- 1盘卷片(4米47拍)：1:10,
2B；35mm银盐
收藏馆：缩微中心，国图

00O019025
万历武功录：十四卷 / (明)瞿九思撰
明万历(1573-1620)刻本
1994年摄制. -- 2盘卷片(63米1338拍)：
1:10, 2B；35mm银盐
收藏馆：缩微中心，天津

00O000827
平播全书：十五卷 / (明)李化龙撰
明万历(1573-1620)刻本
1985年摄制. -- 2盘卷片(34.1米735拍)：
1:10, 2B；35mm银盐
收藏馆：缩微中心，国图

00O017953
平播全书：十五卷 / (明)李化龙撰
明万历(1573-1620)刻本. -- 存五卷：卷四、
卷六、卷八、卷十三、卷十五。

1993年摄制. -- 1盘卷片(23米445拍)：
1:10, 2B；35mm银盐
收藏馆：缩微中心，国图

00O008401
万历三十一年癸卯楚事妖书始末：不分卷
明(1368-1644)刻本
1988年摄制. -- 1盘卷片(21米468拍)：
1:10, 2B；35mm银盐
收藏馆：缩微中心，国图

00O012210
万历辛亥京察记事始末：八卷 / (明)周念祖辑
明(1368-1644)刻本
1990年摄制. -- 2盘卷片(44米1062拍)：
1:10, 2B；35mm银盐
收藏馆：缩微中心，南京

00O008396
万历三大征考：三卷；东夷考略：一卷；东事答问：一卷 / (明)茅瑞征撰
明天启(1621-1627)浣花居刻本. -- 还有合刻
著作：都督刘将军传一卷。
1988年摄制. -- 1盘卷片(11米221拍)：
1:10, 2B；35mm银盐
收藏馆：缩微中心，国图

00O014060
万历三大征考：三卷 / (明)茅瑞征撰
明(1368-1644)刻本
1992年摄制. -- 1盘卷片(5米76拍)：1:10,
2B；35mm银盐
收藏馆：缩微中心，国图

00O024106
戌楼闲话：四卷 / (明)茅元仪撰
清(1644-1911)抄本
1996年摄制. -- 1盘卷片(3米50拍)：1:10,
2B；35mm银盐
收藏馆：缩微中心，湖北

00O008539
倭情考略：一卷 / (明)郭光复撰
明万历二十五年(1597)郭光复刻本
1988年摄制. -- 1盘卷片(4米57拍)：1:10,
2B；35mm银盐
收藏馆：缩微中心，国图

00O022419
倭情考略：一卷 / (明)郭光复撰
清(1644-1911)抄本
1995年摄制. -- 1盘卷片(4米46拍)：1:10,
2B；35mm银盐

收藏馆：缩微中心，国图

000○008518
倭患考原：一卷；恤援朝鲜倭患考：一卷 / (明)黄俣卿撰
清(1644-1911)抄本
1988年摄制. -- 1盘卷片(4米46拍) : 1:10, 2B ; 35mm银盐
收藏馆：缩微中心，国图

000○000084
三朝辽事实录：十七卷总略一卷 / (明)王在晋撰
明崇祯(1628-1644)刻本
1985年摄制. -- 2盘卷片(44.5米911拍) : 1:10, 2B ; 35mm银盐
收藏馆：缩微中心，国图

000○010286
三朝辽事实录：十七卷东夷考略一卷 / (明)王在晋撰
清(1644-1911)抄本. -- (明)王会苾校。
1989年摄制. -- 2盘卷片(45.5米931拍) : 1:10, 2B ; 35mm银盐
收藏馆：缩微中心，湖北

000○020351
三朝要典：二十四卷原始一卷 / (明)顾秉谦[等]纂修
明天启(1621-1627)刻本. -- 纂修者还有：(明)徐绍言等。
1994年摄制. -- 2盘卷片(39米747拍) : 1:10, 2B ; 35mm银盐
收藏馆：缩微中心，国图

000○020204
三朝要典：二十四卷原始一卷 / (明)顾秉谦[等]纂修
清(1644-1911)抄本. -- 纂修者还有：(明)徐绍言等。(清)李文田批校。
1994年摄制. -- 1盘卷片(34米715拍) : 1:10, 2B ; 35mm银盐
收藏馆：缩微中心，国图

000○013846
酌中志：二十四卷 / (明)刘若愚撰
明末(1621-1644)抄本. -- 卷一至卷二、卷十三至卷十五、卷十九至卷二十一配清(1644-1911)抄本。存二十一卷：卷一至卷二十一。(清)何焯校。
1992年摄制. -- 1盘卷片(12米207拍) : 1:10, 2B ; 35mm银盐
收藏馆：缩微中心，国图

000○019912
酌中志：六卷 / (明)刘若愚撰
清初(1644-1722)抄本
1994年摄制. -- 1盘卷片(18米357拍) : 1:10, 2B ; 35mm银盐
收藏馆：缩微中心，国图

000○007741
酌中志：四卷 / (明)刘若愚撰
清初(1644-1722)抄本
1987年摄制. -- 1盘卷片(9.5米160拍) : 1:10, 2B ; 35mm银盐
收藏馆：缩微中心，湖南

000○010157
酌中志略：二十四卷 / (明)刘若愚撰
清初(1644-1722)抄本
1989年摄制. -- 1盘卷片(11米217拍) : 1:10, 2B ; 35mm银盐
收藏馆：缩微中心，山东

000○007466
酌中志略：二十三卷 / (明)刘若愚撰
清道光二十二年(1842)王埼抄本. -- 存二十二卷：卷一至卷二十二。(清)王埼校并跋，(清)吴之淳校。
1987年摄制. -- 1盘卷片(15米315拍) : 1:10, 2B ; 35mm银盐
收藏馆：缩微中心，国图

000○027365
酌中志余：不分卷 / (明)刘若愚辑
清(1644-1911)傅以礼长恩阁抄本. -- (清)傅以礼校。
1996年摄制. -- 1盘卷片(11米199拍) : 1:10, 2B ; 35mm银盐
收藏馆：缩微中心，南京

000○010400
先拨志始：二卷 / (明)文秉撰
清乾隆十七年(1752)俭壹堂刻本. -- (清)赵烈文跋。
1989年摄制. -- 1盘卷片(10米169拍) : 1:10, 2B ; 35mm银盐
收藏馆：缩微中心，四川

000○020343
先拨志始：二卷 / (明)文秉撰
清同治二年(1863)夏燮刻本. -- (清)李文田校注并跋。
1994年摄制. -- 1盘卷片(10米170拍) : 1:10, 2B ; 35mm银盐
收藏馆：缩微中心，国图

00O025103
先拨志始：二卷 / (明)文秉撰
清(1644-1911)刻本. -- 徐恕校并跋。
1996年摄制. -- 1盘卷片(9米154拍) : 1:10,
2B ; 35mm银盐
收藏馆：缩微中心，国图

00O024118
三朝野记：七卷 / (明)李逊之撰
清(1644-1911)抄本
1996年摄制. -- 1盘卷片(23米480拍) :
1:10, 2B ; 35mm银盐
收藏馆：缩微中心，湖北

00O003310
泰昌朝记事：一卷 / (明)李逊之撰
清(1644-1911)抄本. -- (清)吴骞、(清)朱昌
燕跋。
1986年摄制. -- 1盘卷片(2.8米27拍) :
1:10, 2B ; 35mm银盐
收藏馆：缩微中心，国图

00O008516
蜀事纪略：一卷 / (明)朱燮元撰
明天启(1621-1627)刻本
1988年摄制. -- 1盘卷片(5米80拍) : 1:10,
2B ; 35mm银盐
收藏馆：缩微中心，国图

00O019238
督师纪略：十三卷 / (明)茅元仪撰
明末(1621-1644)刻本
1994年摄制. -- 1盘卷片(11米193拍) :
1:10, 2B ; 35mm银盐
收藏馆：缩微中心，国图

00O012264
边事小纪：四卷 / (明)周文郁撰
明崇祯(1628-1644)郁士俊刻本
1990年摄制. -- 1盘卷片(10米216拍) :
1:10, 2B ; 35mm银盐
收藏馆：缩微中心，南京

00O008548
玉镜新谭：十九卷 / (明)朱长祚撰
明崇祯(1628-1644)刻本
1988年摄制. -- 1盘卷片(15米319拍) :
1:10, 2B ; 35mm银盐
收藏馆：缩微中心，国图

00O028545
魏珰逆党录：一卷
清初(1644-1722)抄本

1996年摄制. -- 1盘卷片(4米45拍) : 1:10,
2B ; 35mm银盐
收藏馆：缩微中心，南京

00O022987
虐政集：一卷；邪氛集：一卷；倒戈集：一卷
清(1644-1911)抄本
1995年摄制. -- 1盘卷片(7米120拍) : 1:10,
2B ; 35mm银盐
收藏馆：缩微中心，国图

00O007729
复社纪略：四卷 / (清)陆世仪撰
清初(1644-1722)抄本
1988年摄制. -- 1盘卷片(11米190拍) :
1:10, 2B ; 35mm银盐
收藏馆：缩微中心，湖南

00O008527
启祯两朝剥复录：十卷 / (明)吴应箕撰
清初(1644-1722)吴氏楼山堂刻本
1988年摄制. -- 1盘卷片(11米227拍) :
1:10, 2B ; 35mm银盐
收藏馆：缩微中心，国图

00O029771
启祯两朝常熟实录补编：不分卷 / (清)薛维严撰
清(1644-1911)稿本
1996年摄制. -- 1盘卷片(5米59拍) : 1:10,
2B ; 35mm银盐
收藏馆：缩微中心，苏州

00O006239
敬事草：五卷 / (明)孔贞运撰
明崇祯(1628-1644)刻本
1987年摄制. -- 1盘卷片(20米467拍) :
1:10, 2B ; 35mm银盐
收藏馆：缩微中心，南京

00O024182
敬事草：五卷 / (明)孔贞运撰
明崇祯(1628-1644)十竹斋刻本. -- 版框高
二十二厘米宽十五厘米。
1996年摄制. -- 1盘卷片(16米311拍) :
1:10, 2B ; 35mm银盐
收藏馆：缩微中心，广东

00O015565
烈皇小识：四卷 / (明)文秉撰
清(1644-1911)抄本
1993年摄制. -- 1盘卷片(14米270拍) :
1:10, 2B ; 35mm银盐
收藏馆：缩微中心，国图

00O021734

烈皇小识：八卷 / (明)文秉撰

清(1644-1911)刻本

1995年摄制. -- 1盘卷片(18米343拍) : 1:10, 2B ; 35mm银盐

收藏馆：缩微中心，国图

00O002790

颂天胪笔：二十四卷 / (明)金日升辑

明崇祯(1628-1644)刻本

1986年摄制. -- 3盘卷片(63米1368拍) : 1:10, 2B ; 35mm银盐

收藏馆：缩微中心，国图

00O020865

遗事琐谈：六卷 / (明)沈寿世撰

清(1644-1911)抄本. -- 存四卷：卷一至卷四。(清)李文田校注。

1994年摄制. -- 1盘卷片(7米116拍) : 1:10, 2B ; 35mm银盐

收藏馆：缩微中心，国图

00O024020

东江遗事：二卷 / (清)吴骞辑

清(1644-1911)稿本

1993年摄制. -- 1盘卷片(7米123拍) : 1:10, 2B ; 35mm银盐

收藏馆：缩微中心，南京

00O018075

平叛记：二卷 / (清)毛霦撰

清康熙五十五年(1716)刻本. -- (清)毛贺等校。

1993年摄制. -- 1盘卷片(11米200拍) : 1:10, 2B ; 35mm银盐

收藏馆：缩微中心，天津

00O010623

平寇志：十二卷 / (清)彭孙贻撰

清康熙(1662-1722)活字印本

1989年摄制. -- 1盘卷片(16米335拍) : 1:10, 2B ; 35mm银盐

收藏馆：缩微中心，浙江

00O013758

殉难忠臣录：一卷；逆贼奸臣录：一卷；客舍偶闻：一卷 / (清)彭孙贻撰

清(1644-1911)彭如晫抄本

1991年摄制. -- 1盘卷片(3.6米51拍) : 1:10, 2B ; 35mm银盐

收藏馆：缩微中心，辽宁

00O016172

甲申朝事小纪：八卷二编八卷三编八卷四编八卷五编八卷 / (清)之江抱阳生撰

清(1644-1911)傅氏长恩阁抄本

1993年摄制. -- 2盘卷片(46米937拍) : 1:10, 2B ; 35mm银盐

收藏馆：缩微中心，国图

00O002910

流寇长编：二十卷始终录一卷补遗一卷 / (清)戴笠,(清)吴乔撰

清(1644-1911)抄本

1986年摄制. -- 1盘卷片(29米647拍) : 1:10, 2B ; 35mm银盐

收藏馆：缩微中心，国图

00O012144

怀陵流寇始终录：十八卷 / (清)戴笠,(清)吴殳撰

清(1644-1911)钱氏述古堂抄本. -- (清)傅以礼跋。

1990年摄制. -- 1盘卷片(19米453拍) : 1:10, 2B ; 35mm银盐

收藏馆：缩微中心，南京

00O025109

见闻实录：十二卷 / [题](清)拜鹃山人撰

清(1644-1911)抄本

1996年摄制. -- 1盘卷片(21米430拍) : 1:10, 2B ; 35mm银盐

收藏馆：缩微中心，国图

00O013180

太和县御寇始末：二卷 / (明)吴世济撰

明(1368-1644)抄本. -- 存一卷：卷上。

1991年摄制. -- 1盘卷片(4.4米69拍) : 1:10, 2B ; 35mm银盐

收藏馆：缩微中心，辽宁

00O009690

太和县御寇始末：二卷 / (明)吴世济撰

清乾隆二十九年(1764)刻嘉庆十二年(1807)吴绍书吴绍融补抄本

1989年摄制. -- 1盘卷片(8米168拍) : 1:10, 2B ; 35mm银盐

收藏馆：缩微中心，四川

00O012665

余生录：二卷 / (清)边大绶撰

清顺治(1644-1661)刻本

1990年摄制. -- 1盘卷片(2.8米33拍) : 1:10, 2B ; 35mm银盐

收藏馆：缩微中心，辽宁

000O004225
余生录：一卷 / (清)边大绶撰
清初(1644-1722)刻本
1986年摄制. -- 1盘卷片(3米29拍) : 1:10,
2B ；35mm银盐
收藏馆：缩微中心，国图

000O005435
余生录：一卷 / (清)边大绶撰
清初(1644-1722)刻本
1986年摄制. -- 1盘卷片(3米30拍) : 1:10,
2B ；35mm银盐
收藏馆：缩微中心，国图

000O014617
余生录：一卷 / (清)边大绶撰
清(1644-1911)抄本
1992年摄制. -- 1盘卷片(3米14拍) : 1:10,
2B ；35mm银盐
收藏馆：缩微中心，国图

000O013219
所见录：四卷 / (清)赵吉士辑
清(1644-1911)抄本
1991年摄制. -- 1盘卷片(5米8拍) : 1:10,
2B ；35mm银盐
收藏馆：缩微中心，南京

000O000546
守汴日志：一卷 / (明)李光殿撰
清道光六年(1826)李开郢刻本
1985年摄制. -- 1盘卷片(5.1米80拍) :
1:10, 2B ；35mm银盐
收藏馆：缩微中心，国图

000O027522
汴围湿襟录：三卷 / (明)白愚撰
清(1644-1911)抄本
1997年摄制. -- 1盘卷片(5米50拍) : 1:10,
2B ；35mm银盐
收藏馆：缩微中心，苏州

000O024565
守郧纪略：一卷 / (明)高斗枢撰
清(1644-1911)抄本
1996年摄制. -- 1盘卷片(4米47拍) : 1:10,
2B ；35mm银盐
收藏馆：缩微中心，浙江

000O001038
豫变纪略：八卷 / (清)郑廉撰
清(1644-1911)淡宁轩抄本. -- 王思范校并
跋。

1985年摄制. -- 1盘卷片(13.5米281拍) :
1:10, 2B ；35mm银盐
收藏馆：缩微中心，国图

000O028261
豫变纪略：八卷 / (清)郑廉撰
清乾隆(1736-1795)瞿瞿室刻本
1997年摄制. -- 1盘卷片(14米294拍) :
1:10, 2B ；35mm银盐
收藏馆：缩微中心，辽宁

000O006674
蜀碧：四卷 / (清)彭遵泗撰
清乾隆(1736-1795)刻本
1987年摄制. -- 1盘卷片(10米182拍) :
1:10, 2B ；35mm银盐
收藏馆：缩微中心，四川

000O007256
郑华亭考选处分始末：一卷
清康熙五十七年(1718)抄本
1987年摄制. -- 1盘卷片(4米57拍) : 1:10,
2B ；35mm银盐
收藏馆：缩微中心，国图

000O022243
郑华亭考选处分始末：一卷
清康熙五十七年(1718)抄本
1995年摄制. -- 1盘卷片(4米44拍) : 1:10,
2B ；35mm银盐
收藏馆：缩微中心，国图

000O008575
朝野公言：一卷
明崇祯七年(1634)施嘉遇王士俊刻本
1988年摄制. -- 1盘卷片(3米40拍) : 1:10,
2B ；35mm银盐
收藏馆：缩微中心，国图

000O029824
朝野公言：一卷
明崇祯七年(1634)施嘉遇王士俊刻本
2001年摄制. -- 1盘卷片(4米41拍) : 1:10,
2B ；35mm银盐
收藏馆：缩微中心，国图

000O022728
辛巳越中荒纪：一卷；辛巳岁救荒小议：一卷 /
(明)祁彪佳撰
明末(1621-1644)祁氏远山堂抄本
1994年摄制. -- 1盘卷片(4米50拍) : 1:10,
2B ；35mm银盐
收藏馆：缩微中心，浙江

000O000724
虞山妖乱志：三卷 / (清)冯舒撰
清(1644-1911)抄本. -- (清)翁同龢校并跋。
1985年摄制. -- 1盘卷片(5米80拍) ：1:10,
2B ；35mm银盐
收藏馆：缩微中心，国图

000O027170
虞山妖乱志：三卷；海角遗编：一卷 / (清)冯舒
撰
清(1644-1911)抄本
1996年摄制. -- 1盘卷片(5米76拍) ：1:10,
2B ；35mm银盐
收藏馆：缩微中心，福建

000O016039
国难睹记：一卷
清(1644-1911)抄本
1993年摄制. -- 1盘卷片(3米12拍) ：1:10,
2B ；35mm银盐
收藏馆：缩微中心，国图

000O012290
甲申传信录：十卷 / (明)钱𫓧撰；(清)仲谦校注
清(1644-1911)稿本
1990年摄制. -- 1盘卷片(15米350拍) ：
1:10, 2B ；35mm银盐
收藏馆：缩微中心，南京

000O008371
甲申传信录：十卷 / (明)钱𫓧撰
清(1644-1911)抄本
1988年摄制. -- 1盘卷片(11米214拍) ：
1:10, 2B ；35mm银盐
收藏馆：缩微中心，国图

000O020340
甲申传信录：十卷 / (明)钱𫓧撰
清(1644-1911)抄本. -- (清)李文田校注。
1994年摄制. -- 1盘卷片(11米202拍) ：
1:10, 2B ；35mm银盐
收藏馆：缩微中心，国图

000O012695
山中闻见录：十三卷 / (清)彭孙贻撰
清(1644-1911)抄本
1990年摄制. -- 1盘卷片(10.5米213拍) ：
1:10, 2B ；35mm银盐
收藏馆：缩微中心，辽宁

000O012257
三垣笔记：四卷 / (明)李清撰
清(1644-1911)袁氏贞节堂抄本

1990年摄制. -- 1盘卷片(6米133拍) ：1:10,
2B ；35mm银盐
收藏馆：缩微中心，南京

000O022743
三垣笔记：四卷补编一卷 / (清)李清撰
清(1644-1911)抄本. -- (清)傅以礼校并跋。
1994年摄制. -- 1盘卷片(10米182拍) ：
1:10, 2B ；35mm银盐
收藏馆：缩微中心，浙江

000O032051
三垣笔记：三卷附识二卷 / (明)李清撰
清(1644-1911)抄本. -- 八行二十字白口四周
单边。(清)傅以礼校并跋。
2011年摄制. -- 1盘卷片(5米57拍) ：1:10,
2B ；35mm银盐
收藏馆：缩微中心，国图

000O012172
三垣笔记：二十卷补遗一卷附录一卷 / (明)李清
撰
清(1644-1911)青林山房抄本
1990年摄制. -- 1盘卷片(6米137拍) ：1:10,
2B ；35mm银盐
收藏馆：缩微中心，南京

000O020381
甲申日纪：八卷 / (明)李清撰
清(1644-1911)抄本. -- (清)李文田跋。
1994年摄制. -- 1盘卷片(15米296拍) ：
1:10, 2B ；35mm银盐
收藏馆：缩微中心，国图

000O022763
甲申日纪：八卷附录一卷 / (清)李清撰
清(1644-1911)抄本
1994年摄制. -- 1盘卷片(13米242拍) ：
1:10, 2B ；35mm银盐
收藏馆：缩微中心，浙江

000O008504
幸存录：不分卷 / (明)夏允彝撰
清乾隆七年(1742)鸣珂室抄本
1988年摄制. -- 1盘卷片(5米81拍) ：1:10,
2B ；35mm银盐
收藏馆：缩微中心，国图

000O007274
幸存录：不分卷 / (明)夏允彝撰
清(1644-1911)抄本
1987年摄制. -- 1盘卷片(5米81拍) ：1:10,
2B ；35mm银盐

收藏馆：缩微中心，国图

000O022725
大哀赋：一卷 / (明)夏完淳撰．江变纪略：一卷 / (清)徐世溥撰
清(1644-1911)虞山周氏鸽峰草堂抄本
1994年摄制． -- 1盘卷片(4米48拍)： 1:10, 2B ；35mm银盐
收藏馆：缩微中心，浙江

000O013962
汰存录：一卷 / (清)黄宗羲撰
清光绪(1875-1908)赵之谦刻仰视千七百二十九鹤斋丛书本． -- (清)李文田校并跋。
1991年摄制． -- 1盘卷片(3米14拍)： 1:10, 2B ；35mm银盐
收藏馆：缩微中心，国图

000O023739
明季甲乙两年汇略：三卷 / (清)许重熙撰
清(1644-1911)抄本． -- 费寅校并跋。
1995年摄制． -- 1盘卷片(7米137拍)： 1:10, 2B ；35mm银盐
收藏馆：缩微中心，浙江

000O024124
明季甲乙汇编：四卷；明季甲申日纪：四卷 / (明)东村八十一老人编
清(1644-1911)抄本
1996年摄制． -- 1盘卷片(25米520拍)： 1:10, 2B ；35mm银盐
收藏馆：缩微中心，湖北

000O020347
明季实录：四卷 / [题](清)顾炎武辑
清(1644-1911)抄本． -- (清)李文田校。
1994年摄制． -- 1盘卷片(10米171拍)： 1:10, 2B ；35mm银盐
收藏馆：缩微中心，国图

000O007768
明季逸史：四卷 / (清)顾炎武辑
清(1644-1911)抄本
1987年摄制． -- 1盘卷片(12米238拍)： 1:10, 2B ；35mm银盐
收藏馆：缩微中心，湖南

000O017511
明季遗闻：四卷 / (清)邹漪撰
清顺治(1644-1661)刻本
1993年摄制． -- 1盘卷片(10米177拍)： 1:10, 2B ；35mm银盐
收藏馆：缩微中心，国图

000O019134
明季遗闻：四卷 / (清)邹漪撰
清顺治(1644-1661)刻本
1994年摄制． -- 1盘卷片(10米172拍)： 1:10, 2B ；35mm银盐
收藏馆：缩微中心，国图

000O004300
明季遗闻：四卷 / (清)邹漪撰
日本文化元年(1804)观文堂刻本． -- (清)王仁俊跋。
1986年摄制． -- 1盘卷片(10米200拍)： 1:10, 2B ；35mm银盐
收藏馆：缩微中心，国图

000O016681
国语：不分卷 / (清)查继佐撰
清(1644-1911)抄本
1993年摄制． -- 1盘卷片(7米112拍)： 1:10, 2B ；35mm银盐
收藏馆：缩微中心，国图

000O017546
爝火录：三十二卷附记一卷读史论略一卷历代纪元续表一卷 / (清)李天根撰
清(1644-1911)抄本
1993年摄制． -- 3盘卷片(83米1621拍)： 1:10, 2B ；35mm银盐
收藏馆：缩微中心，国图

000O022720
四镇纪略：一卷
清(1644-1911)抄本
1994年摄制． -- 1盘卷片(5米80拍)： 1:10, 2B ；35mm银盐
收藏馆：缩微中心，浙江

000O012789
小腆纪传：六十五卷 / (清)徐鼐撰
清(1644-1911)傅氏长恩阁抄本
1990年摄制． -- 2盘卷片(46米908拍)： 1:10, 2B ；35mm银盐
收藏馆：缩微中心，南京

000O001577
行朝录：三卷 / (清)黄宗羲撰
清(1644-1911)抄本
1986年摄制． -- 1盘卷片(5.1米83拍)： 1:10, 2B ；35mm银盐
收藏馆：缩微中心，国图

000O032106
行朝录：三卷 / (清)黄宗羲撰

清(1644-1911)抄本. -- 十行二十三字细黑口
左右双边。
2011年摄制. -- 1盘卷片(6米87拍) : 1:12,
2B ; 35mm银盐
收藏馆：缩微中心，国图

000O022715
行朝录：三卷 / (清)黄宗羲撰．甲申核真略：一
卷南行日记一卷贺宿纪闻一卷 / (清)杨士聪撰．
江右纪变：一卷 / (清)陆世仪撰
清(1644-1911)抄本
1994年摄制. -- 1盘卷片(9米169拍) : 1:10,
2B ; 35mm银盐
收藏馆：缩微中心，浙江

000O022741
行朝录：十一卷 / (清)黄宗羲撰．江右纪变：一
卷 / (清)陆世仪撰
清(1644-1911)抄本. -- (清)傅以礼校并跋。
1994年摄制. -- 1盘卷片(8米147拍) : 1:10,
2B ; 35mm银盐
收藏馆：缩微中心，浙江

000O014429
行朝录：十一卷 / (清)黄宗羲撰．末：一卷 /
(清)陆世仪撰
清(1644-1911)抄本
1992年摄制. -- 1盘卷片(8米129拍) : 1:10,
2B ; 35mm银盐
收藏馆：缩微中心，国图

000O005455
行朝录：十一卷 / (清)黄宗羲撰．末：一卷 /
(清)陆世仪撰
清(1644-1911)抄本
1986年摄制. -- 1盘卷片(7米115拍) : 1:10,
2B ; 35mm银盐
收藏馆：缩微中心，国图

000O020879
行朝录：十二卷附三藩偶记一卷 / (清)黄宗羲撰
清(1644-1911)抄本
1994年摄制. -- 1盘卷片(7米122拍) : 1:10,
2B ; 35mm银盐
收藏馆：缩微中心，国图

000O022730
江表遗事：一卷
清(1644-1911)抄本
1994年摄制. -- 1盘卷片(3米24拍) : 1:10,
2B ; 35mm银盐
收藏馆：缩微中心，浙江

000O012153
天南逸史：四卷 / (明)瞿共美撰
清(1644-1911)抄本
1990年摄制. -- 1盘卷片(4米71拍) : 1:10,
2B ; 35mm银盐
收藏馆：缩微中心，南京

000O013175
所知录：一卷 / (明)钱澄之撰
清(1644-1911)抄本
1991年摄制. -- 1盘卷片(3.7米53拍) :
1:10, 2B ; 35mm银盐
收藏馆：缩微中心，辽宁

000O004180
所知录：二卷 / (明)钱澄之撰
清道光(1821-1850)荆驼逸史活字本. -- 伦明
校。
1986年摄制. -- 1盘卷片(6米110拍) : 1:10,
2B ; 35mm银盐
收藏馆：缩微中心，国图

000O000256
所知录：二卷附录一卷 / (明)钱澄之撰
清(1644-1911)抄本
1985年摄制. -- 1盘卷片(7米117拍) : 1:10,
2B ; 35mm银盐
收藏馆：缩微中心，国图

000O012175
钱幼光先生所知录：一卷附录一卷诗一卷 / (明)
钱澄之撰
清(1644-1911)抄本
1990年摄制. -- 1盘卷片(6米121拍) : 1:10,
2B ; 35mm银盐
收藏馆：缩微中心，南京

000O028830
皇明末造录：二卷附志一卷 / (明)金钟撰；(明)
童本削定
清(1644-1911)抄本
1998年摄制. -- 1盘卷片(5米85拍) : 1:10,
2B ; 35mm银盐
收藏馆：缩微中心，广东

000O020357
皇明末造录：二卷 / (明)金钟撰；(明)童本削定
清(1644-1911)抄本. -- (清)李文田跋。
1994年摄制. -- 1盘卷片(5米63拍) : 1:10,
2B ; 35mm银盐
收藏馆：缩微中心，国图

000O022778
圣安皇帝本纪：二卷 / (清)顾炎武撰
清(1644-1911)抄本
1994年摄制. -- 1盘卷片(4米57拍) : 1:10,
2B ; 35mm银盐
收藏馆：缩微中心，浙江

000O025491
南征记：一卷
朝鲜抄本
1996年摄制. -- 1盘卷片(6米81拍) : 1:10,
2B ; 35mm银盐
收藏馆：缩微中心，国图

000O027171
寇变纪：一卷后纪一卷；寨堡纪：一卷 / (清)李
世熊撰
清(1644-1911)抄本. -- 还有合抄著作：堡城
纪/(清)李世熊撰。
1996年摄制. -- 1盘卷片(4.7米72拍) :
1:10, 2B ; 35mm银盐
收藏馆：缩微中心，福建

000O015675
金沙细唾：一卷 / (清)于子瞻撰
清(1644-1911)抄本
1993年摄制. -- 1盘卷片(3米22拍) : 1:10,
2B ; 35mm银盐
收藏馆：缩微中心，国图

000O022704
野录：八卷
清(1644-1911)抄本
1994年摄制. -- 2盘卷片(55米1113拍) :
1:10, 2B ; 35mm银盐
收藏馆：缩微中心，浙江

000O017169
全潍纪略：一卷 / (清)周亮工撰
清初(1644-1722)抄本
1993年摄制. -- 1盘卷片(5米83拍) : 1:10,
2B ; 35mm银盐
收藏馆：缩微中心，山东

000O014601
青磷屑：二卷 / (明)应喜臣撰
清(1644-1911)归咏轩抄本
1992年摄制. -- 1盘卷片(4米41拍) : 1:10,
2B ; 35mm银盐
收藏馆：缩微中心，国图

000O022754
武塘野史：不分卷

清(1644-1911)抄本
1994年摄制. -- 1盘卷片(5米64拍) : 1:10,
2B ; 35mm银盐
收藏馆：缩微中心，浙江

000O012221
海角遗编：二卷题辞一卷
清(1644-1911)抄本
1990年摄制. -- 1盘卷片(6米130拍) : 1:10,
2B ; 35mm银盐
收藏馆：缩微中心，南京

000O022724
嘉定纪事：一卷；松江纪事：一卷 / (明)赵鼎勋
撰
周氏鸽峰草堂抄本
1994年摄制. -- 1盘卷片(4米50拍) : 1:10,
2B ; 35mm银盐
收藏馆：缩微中心，浙江

000O014497
晴雪斋漫录 / [题](清)笨老人辑
清(1644-1911)抄本
1992年摄制. -- 1盘卷片(14.7米307拍) :
1:12, 2B ; 35mm银盐
收藏馆：缩微中心，重庆

000O015191
野老漫录：一卷
清(1644-1911)抄本
1992年摄制. -- 1盘卷片(4米31拍) : 1:10,
2B ; 35mm银盐
收藏馆：缩微中心，国图

000O022764
甲乙事案：二卷 / (明)文秉撰
清初(1644-1722)崇本堂抄本
1994年摄制. -- 1盘卷片(14米258拍) :
1:10, 2B ; 35mm银盐
收藏馆：缩微中心，浙江

000O024121
甲乙事案：二卷 / (明)文秉撰
清(1644-1911)抄本
1996年摄制. -- 1盘卷片(11.5米220拍) :
1:10, 2B ; 35mm银盐
收藏馆：缩微中心，湖北

000O020218
甲乙事案：二卷 / (明)文秉撰．嘉定县甲乙事纪：
一卷；阮大铖本末小纪：一卷
清(1644-1911)抄本. -- 还有合抄著作：南渡
三疑案一卷。(清)李文田校注并跋。

1994年摄制. -- 1盘卷片(10米185拍) :
1:10, 2B ; 35mm银盐
收藏馆: 缩微中心, 国图

000O022707
南渡录: 五卷 / (清)李清撰
清(1644-1911)抄本. -- (清)傅以礼校并跋,
(清)周星诒跋。
1994年摄制. -- 1盘卷片(20米394拍) :
1:10, 2B ; 35mm银盐
收藏馆: 缩微中心, 浙江

000O018007
海东逸史: 十八卷 / [题](清)翁洲老民撰
清光绪九年(1883)杨氏饮雪轩抄本. -- (清)
杨泰亨校注并跋。
1993年摄制. -- 1盘卷片(7米101拍) : 1:10,
2B ; 35mm银盐
收藏馆: 缩微中心, 国图

000O012186
鲁春秋: 一卷 / (清)查继佐撰
清(1644-1911)抄本
1990年摄制. -- 1盘卷片(5米100拍) : 1:10,
2B ; 35mm银盐
收藏馆: 缩微中心, 南京

000O019214
鲁春秋: 一卷附录一卷; 敬修堂钓业: 一卷 /
(清)查继佐撰
清(1644-1911)抄本
1994年摄制. -- 1盘卷片(4米46拍) : 1:10,
2B ; 35mm银盐
收藏馆: 缩微中心, 国图

000O012233
尊攘略: 一卷
清(1644-1911)抄本
1990年摄制. -- 1盘卷片(3米56拍) : 1:10,
2B ; 35mm银盐
收藏馆: 缩微中心, 南京

000O022722
螳臂录: 四卷附录一卷 / (清)丁业撰
清(1644-1911)抄本
1994年摄制. -- 1盘卷片(6米89拍) : 1:10,
2B ; 35mm银盐
收藏馆: 缩微中心, 浙江

000O024724
鲁之春秋: 二十四卷 / (清)李聿求撰. 校勘记:
二卷 / (清)朱希祖,(清)徐益之撰
清咸丰(1851-1861)刻本. -- 校勘记为稿本。

1996年摄制. -- 1盘卷片(20.5米404拍) :
1:10, 2B ; 35mm银盐
收藏馆: 缩微中心, 浙江

000O022717
劫灰录: 不分卷 / [题](清)珠江寓舫撰
清(1644-1911)周氏都公钟室抄本. -- (清)周
太辅校。
1994年摄制. -- 1盘卷片(6米99拍) : 1:10,
2B ; 35mm银盐
收藏馆: 缩微中心, 浙江

000O012258
劫灰录: 不分卷附录一卷 / [题](清)珠江寓舫撰
清(1644-1911)抄本
1990年摄制. -- 1盘卷片(8米176拍) : 1:10,
2B ; 35mm银盐
收藏馆: 缩微中心, 南京

000O008368
劫灰录: 六卷 / [题](清)珠江寓舫撰
清(1644-1911)抄本
1988年摄制. -- 1盘卷片(6米98拍) : 1:10,
2B ; 35mm银盐
收藏馆: 缩微中心, 国图

000O020733
行在阳秋: 二卷 / (明)刘湘客撰
清(1644-1911)裒露轩抄本
1994年摄制. -- 1盘卷片(6米80拍) : 1:10,
2B ; 35mm银盐
收藏馆: 缩微中心, 国图

000O015524
行在阳秋: 不分卷 / (明)刘湘客撰
清(1644-1911)抄本
1993年摄制. -- 1盘卷片(5米74拍) : 1:10,
2B ; 35mm银盐
收藏馆: 缩微中心, 国图

000O024194
东明闻见录: 一卷 / (明)瞿共美撰
清初(1644-1722)刻本. -- 版框高十五厘米宽
十一厘米。
1996年摄制. -- 1盘卷片(4.8米75拍) :
1:10, 2B ; 35mm银盐
收藏馆: 缩微中心, 广东

000O012099
东明闻见录: 一卷 / (明)瞿共美撰
清初(1644-1722)抄本
1990年摄制. -- 1盘卷片(4米67拍) : 1:10,
2B ; 35mm银盐

收藏馆：缩微中心，山东

000O020642
东明闻见录：一卷 / (明)瞿共美撰
清(1644-1911)襄露轩抄本
1994年摄制. -- 1盘卷片(5米53拍) ： 1:10,
2B ；35mm银盐
收藏馆：缩微中心，国图

000O007772
东明闻见录：一卷附瞿宣忠公手谕一卷 / (明)瞿共美撰
清(1644-1911)抄本
1987年摄制. -- 1盘卷片(6.5米83拍) ：
1:10, 2B ；35mm银盐
收藏馆：缩微中心，湖南

000O019874
粤行纪事：三卷 / (清)瞿昌文撰
清乾隆(1736-1795)鲍廷博刻知不足斋丛书本
1994年摄制. -- 1盘卷片(4米52拍) ： 1:10,
2B ；35mm银盐
收藏馆：缩微中心，国图

000O016233
桂林田海记：一卷 / (清)雷亮功撰
清(1644-1911)鲍氏知不足斋抄本
1993年摄制. -- 1盘卷片(3米28拍) ： 1:10,
2B ；35mm银盐
收藏馆：缩微中心，国图

000O018988
明末滇南纪略：一卷；纤言：二卷 / (清)陆圻撰
清(1644-1911)抄本
1994年摄制. -- 1盘卷片(9米168拍) ： 1:10,
2B ；35mm银盐
收藏馆：缩微中心，天津

000O012698
杨监笔记：不分卷 / (明)杨德泽撰
清(1644-1911)抄本
1990年摄制. -- 1盘卷片(8米155拍) ： 1:10,
2B ；35mm银盐
收藏馆：缩微中心，辽宁

000O025628
闽海纪录：不分卷；狩缅纪事：一卷 / (清)夏琳撰
清(1644-1911)抄本
1996年摄制. -- 1盘卷片(6米86拍) ： 1:10,
2B ；35mm银盐
收藏馆：缩微中心，浙江

000O012213
闽海纪略：二卷
1990年摄制. -- 1盘卷片(4米72拍) ： 1:10,
2B ；35mm银盐
收藏馆：缩微中心，南京

000O015589
海上见闻录定本：二卷 / (清)鹭岛道人梦庵撰
清(1644-1911)抄本
1993年摄制. -- 1盘卷片(6米89拍) ： 1:10,
2B ；35mm银盐
收藏馆：缩微中心，国图

000O007737
野史无文：二十一卷 / (清)郑达撰
清初(1644-1722)抄本
1987年摄制. -- 1盘卷片(10.5米180拍) ：
1:10, 2B ；35mm银盐
收藏馆：缩微中心，湖南

000O012185
明史南都大略：三卷 / (清)沈鸣撰
清(1644-1911)抄本. -- 存二卷：卷中、卷下。
1990年摄制. -- 1盘卷片(5米103拍) ： 1:10,
2B ；35mm银盐
收藏馆：缩微中心，南京

000O025612
养吉斋丛录：二十六卷余录十卷 / (清)吴振棫撰
清(1644-1911)稿本. -- (清)谭献序。
1996年摄制. -- 1盘卷片(29米578拍) ：
1:10, 2B ；35mm银盐
收藏馆：缩微中心，浙江

000O022703
庄氏史案本末：二卷 / (清)傅以礼撰
清(1644-1911)抄本. -- (清)周星诒跋。
1994年摄制. -- 1盘卷片(5米68拍) ： 1:10,
2B ；35mm银盐
收藏馆：缩微中心，浙江

000O023734
陆丽京雪罪云游记：一卷 / (清)陆莘行撰
清(1644-1911)抄本
1995年摄制. -- 1盘卷片(3米34拍) ： 1:10,
2B ；35mm银盐
收藏馆：缩微中心，浙江

000O014449
安南使事纪要：四卷 / (清)李仙根撰
清(1644-1911)抄本

1992年摄制. -- 1盘卷片(6米76拍)：1:10,
2B ；35mm银盐
收藏馆：缩微中心，国图

00O023738
交山平寇本末：三卷 / (清)夏骃撰；(清)陆庆臻评
清康熙十一年(1672)拥青阁刻本
1995年摄制. -- 1盘卷片(8米127拍)：1:10,
2B ；35mm银盐
收藏馆：缩微中心，浙江

00O016246
庭闻录：二卷 / (清)刘健撰
清道光四年(1824)袁毓馨抄本. -- (清)傅以礼校并跋。
1993年摄制. -- 1盘卷片(5米64拍)：1:10,
2B ；35mm银盐
收藏馆：缩微中心，国图

00O018207
吴逆始末：一卷 / (清)许鸿磐撰
清(1644-1911)抄本
1993年摄制. -- 1盘卷片(4米41拍)：1:10,
2B ；35mm银盐
收藏馆：缩微中心，山东

00O027555
从征纪事：一卷 / (清)周昌撰
清康熙(1662-1722)鹤阴堂刻本
1997年摄制. -- 1盘卷片(6米82拍)：1:10,
2B ；35mm银盐
收藏馆：缩微中心，国图

00O022706
海滨外史：四卷 / (清)陈维安撰
清(1644-1911)抄本
1994年摄制. -- 1盘卷片(5米77拍)：1:10,
2B ；35mm银盐
收藏馆：缩微中心，浙江

00O013163
靖海纪：不分卷 / (清)施琅撰
清(1644-1911)活字印本
1991年摄制. -- 1盘卷片(12.1米253拍)：
1:10, 2B ；35mm银盐
收藏馆：缩微中心，辽宁

00O022775
闽幕纪略：一卷 / (清)许旭撰. 北征纪略：一卷 / (清)张鹏翮撰
清(1644-1911)抄本
1994年摄制. -- 1盘卷片(4米43拍)：1:10,

2B ；35mm银盐
收藏馆：缩微中心，浙江

00O004260
平闽纪：十三卷 / (清)杨捷撰
清康熙二十二年(1683)世泽堂刻本
1986年摄制. -- 2盘卷片(39.7米880拍)：
1:10, 2B ；35mm银盐
收藏馆：缩微中心，国图

00O031122
西征纪略：二卷 / (清)王万祥撰
清雍正十二年(1734)王端采韵堂刻本
2004年摄制. -- 1盘卷片(9米170拍)：1:10,
2B ；35mm银盐
收藏馆：缩微中心，国图

00O032080
平定罗刹方略：四卷
清(1644-1911)刻本. -- 九行二十二字黑口左右双边。傅增湘校并跋。
2011年摄制. -- 1盘卷片(5米65拍)：1:11,
2B ；35mm银盐
收藏馆：缩微中心，国图

00O025203
绥服纪略图诗：一卷 / (清)松筠撰
清乾隆(1736-1795)刻本
1996年摄制. -- 1盘卷片(4米45拍)：1:10,
2B ；35mm银盐
收藏馆：缩微中心，国图

00O027539
洛西平寇纪略：一卷 / (清)钱汝駪撰
清康熙(1662-1722)刻本
1997年摄制. -- 1盘卷片(5米66拍)：1:10,
2B ；35mm银盐
收藏馆：缩微中心，国图

00O000940
西征纪略：一卷 / (清)张寅撰
清(1644-1911)抄本
1985年摄制. -- 1盘卷片(2.8米27拍)：
1:10, 2B ；35mm银盐
收藏馆：缩微中心，国图

00O013150
南征日记：不分卷
清(1644-1911)抄本
1991年摄制. -- 2盘卷片(35.4米775拍)：
1:10, 2B ；35mm银盐
收藏馆：缩微中心，辽宁

00O010710
永宪录：六卷 / (清)萧奭龄撰
清(1644-1911)抄本. -- 存二卷：卷五至卷
六。
1989年摄制. -- 1盘卷片(13米258拍) :
1:10, 2B ; 35mm银盐
收藏馆：缩微中心，湖南

00O031412
**缅甸纪略：一卷；黔楚苗变忆略：一卷 / (清)冯
光熊撰**
清(1644-1911)稿本
2004年摄制. -- 1盘卷片(3米31拍) : 1:10,
2B ; 35mm银盐
收藏馆：缩微中心，国图

00O005085
东国文献：十八卷
朝鲜纯祖四年(1804)井邑忠烈祠刻本. -- 存
十七卷：名目篇缺。
1986年摄制. -- 1盘卷片(9米182拍) : 1:10,
2B ; 35mm银盐
收藏馆：缩微中心，国图

00O025629
台阳剿匪事略：一卷 / (清)朱珏撰
清(1644-1911)抄本
1996年摄制. -- 1盘卷片(5米75拍) : 1:10,
2B ; 35mm银盐
收藏馆：缩微中心，浙江

00O013938
乾隆四十八年朝鲜国王咨文
朝鲜写本
1992年摄制. -- 1盘卷片(3米4拍) : 1:10,
2B ; 35mm银盐
收藏馆：缩微中心，国图

00O009698
当阳避难记：不分卷 / (清)彭延庆撰
清光绪二十六年(1900)稿本. -- (清)彭惠芰
批。
1988年摄制. -- 1盘卷片(3米52拍) : 1:10,
2B ; 35mm银盐
收藏馆：缩微中心，四川

00O017179
盾鼻余沈：不分卷
清(1644-1911)抄本
1993年摄制. -- 1盘卷片(10米170拍) :
1:10, 2B ; 35mm银盐
收藏馆：缩微中心，山东

00O017184
洋泉平猺纪略：一卷 / (清)张德骞撰
清道光十四年(1834)刻本
1993年摄制. -- 1盘卷片(4米39拍) : 1:10,
2B ; 35mm银盐
收藏馆：缩微中心，山东

00O017188
从戎纪略：二卷 / (清)周乐清撰
清(1644-1911)稿本
1993年摄制. -- 1盘卷片(7米121拍) : 1:10,
2B ; 35mm银盐
收藏馆：缩微中心，山东

00O018303
津门闻见录：六卷 / (清)郝福森撰
清(1644-1911)稿本
1993年摄制. -- 1盘卷片(15米303拍) :
1:10, 2B ; 35mm银盐
收藏馆：缩微中心，天津

00O012216
岛夷纪略：不分卷
清(1644-1911)抄本
1990年摄制. -- 1盘卷片(11米250拍) :
1:10, 2B ; 35mm银盐
收藏馆：缩微中心，南京

00O027166
鸦片战争史料：一卷 / (清)高明远撰
清(1644-1911)高环翠楼抄本
1996年摄制. -- 1盘卷片(5.1米79拍) :
1:10, 2B ; 35mm银盐
收藏馆：缩微中心，福建

00O012775
夷寇杂录：不分卷
清(1644-1911)抄本
1990年摄制. -- 1盘卷片(28米674拍) :
1:10, 2B ; 35mm银盐
收藏馆：缩微中心，南京

00O018378
出围城记 / (清)杨棨撰
清(1644-1911)朱昌颐抄本
1991年摄制. -- 1盘卷片(2.8米31拍) :
1:10, 2B ; 35mm银盐
收藏馆：缩微中心，辽宁

00O028525
福州团练纪事：一卷 / (清)陈金城撰
清(1644-1911)稿本
1997年摄制. -- 1盘卷片(3.4米42拍) :

1:10，2B ；35mm银盐
收藏馆：缩微中心，福建

000O026820
续岛夷纪略：不分卷
清(1644-1911)抄本
1996年摄制. -- 1盘卷片(9米173拍) ： 1:10，
2B ；35mm银盐
收藏馆：缩微中心，南京

000O022587
汝南军务纪略：不分卷 / (清)郑季子撰
清同治十三年(1874)观妙山房抄本
1995年摄制. -- 1盘卷片(10米210拍) ：
1:10，2B ；35mm银盐
收藏馆：缩微中心，襄阳

000O028539
夷艘入寇记：二卷
清(1644-1911)杨氏吉祥止止室抄本
1996年摄制. -- 1盘卷片(4米51拍) ： 1:10，
2B ；35mm银盐
收藏馆：缩微中心，南京

000O025576
道光洋艘征抚记：二卷
清(1644-1911)抄本
1996年摄制. -- 1盘卷片(4米52拍) ： 1:10，
2B ；35mm银盐
收藏馆：缩微中心，浙江

000O012782
广东夷务事宜：一卷
清(1644-1911)抄本
1990年摄制. -- 1盘卷片(3米29拍) ： 1:10，
2B ；35mm银盐
收藏馆：缩微中心，南京

000O001219
滇事杂档：不分卷 / (清)胡启荣,(清)黄中位辑
清道光(1821-1850)抄本
1985年摄制. -- 2盘卷片(40.2米880拍) ：
1:10，2B ；35mm银盐
收藏馆：缩微中心，国图

000O014155
盾墨：四卷 / (清)汤彝撰
清道光(1821-1850)刻本
1992年摄制. -- 1盘卷片(5米63拍) ： 1:10，
2B ；35mm银盐
收藏馆：缩微中心，国图

000O022742
沪城浩劫录：一卷
清(1644-1911)抄本
1994年摄制. -- 1盘卷片(3米42拍) ： 1:10，
2B ；35mm银盐
收藏馆：缩微中心，浙江

000O012755
书庚辛之变：一卷 / (清)何秦撰
清(1644-1911)稿本
1990年摄制. -- 1盘卷片(3米36拍) ： 1:10，
2B ；35mm银盐
收藏馆：缩微中心，南京

000O012147
广陵史稿：四卷
清(1644-1911)抄本
1990年摄制. -- 1盘卷片(6米137拍) ： 1:10，
2B ；35mm银盐
收藏馆：缩微中心，南京

000O012241
常州被陷始末：一卷 / [题](清)滨湖拙隐撰
清(1644-1911)稿本
1990年摄制. -- 1盘卷片(2米25拍) ： 1:10，
2B ；35mm银盐
收藏馆：缩微中心，南京

000O012255
盛川稗乘：一卷 / [题](□)鹤樵居士撰
稿本
1990年摄制. -- 1盘卷片(3米49拍) ： 1:10，
2B ；35mm银盐
收藏馆：缩微中心，南京

000O012166
海虞贼乱志：一卷 / (清)顾汝钰撰
清(1644-1911)抄本. -- (清)杨同福校跋。
1990年摄制. -- 1盘卷片(5米86拍) ： 1:10，
2B ；35mm银盐
收藏馆：缩微中心，南京

000O028986
海角续编：一卷 / (清)陆筠撰
清(1644-1911)抄本
1989年摄制. -- 1盘卷片(4米43拍) ： 1:10，
2B ；35mm银盐
收藏馆：缩微中心，南京

000O022705
庚癸纪略：二卷续编一卷 / (清)倦圃野老撰
清(1644-1911)稿本
1994年摄制. -- 1盘卷片(4米62拍) ： 1:10，

2B ；35mm银盐
收藏馆：缩微中心，浙江

000O022749
杭城辛酉纪事诗：一卷 / (清)东郭子,(清)蒿目生撰
清同治六年(1867)抄本
1994年摄制. -- 1盘卷片(3米32拍) ： 1:10,
2B ；35mm银盐
收藏馆：缩微中心，浙江

000O022713
蒙难日记：一卷 / (清)林颖山撰
清咸丰元年至清末(1851-1911)抄本
1994年摄制. -- 1盘卷片(4米57拍) ： 1:10,
2B ；35mm银盐
收藏馆：缩微中心，浙江

00O027490
难中记：一卷 / [题](清)槎溪再世拙叟撰
清(1644-1911)抄本
1996年摄制. -- 1盘卷片(3米33拍) ： 1:10,
2B ；35mm银盐
收藏馆：缩微中心，南京

000O022767
太平军陷海宁始末记：一卷 / (清)陈锡麒撰
清(1644-1911)抄本. -- (清)张光第跋。
1994年摄制. -- 1盘卷片(4米44拍) ： 1:10,
2B ；35mm银盐
收藏馆：缩微中心，浙江

00O012207
湖变纪略：一卷 / (清)姚宗诚撰
清同治四年(1865)叶廷琯抄本. -- (清)叶廷琯跋，(清)汪曰桢批跋。
1990年摄制. -- 1盘卷片(2米21拍) ： 1:10,
2B ；35mm银盐
收藏馆：缩微中心，南京

00O022734
辛壬胜录：一卷 / (清)王莳蕙撰
清(1644-1911)抄本
1994年摄制. -- 1盘卷片(4米43拍) ： 1:10,
2B ；35mm银盐
收藏馆：缩微中心，浙江

000O022709
咸丰象山粤氛纪实：一卷 / (清)王莳蕙撰
清(1644-1911)抄本
1994年摄制. -- 1盘卷片(4米62拍) ： 1:10,
2B ；35mm银盐
收藏馆：缩微中心，浙江

00O022733
蠡城被贼记：一卷；义民包立身事略：一卷 / (清)陈锦撰
清(1644-1911)稿本
1994年摄制. -- 1盘卷片(3米25拍) ： 1:10,
2B ；35mm银盐
收藏馆：缩微中心，浙江

000O022779
包村事实：一卷
清(1644-1911)抄本
1994年摄制. -- 1盘卷片(4米51拍) ： 1:10,
2B ；35mm银盐
收藏馆：缩微中心，浙江

000O020132
包村纪略：一卷 / [题](清)嬾嫚居主人辑
清(1644-1911)枕溪书屋活字印本
1994年摄制. -- 1盘卷片(3米18拍) ： 1:10,
2B ；35mm银盐
收藏馆：缩微中心，国图

000O022771
遂安历劫记：一卷 / (清)王其信撰
清(1644-1911)抄本
1994年摄制. -- 1盘卷片(3米32拍) ： 1:10,
2B ；35mm银盐
收藏馆：缩微中心，浙江

000O024809
寇难纪略：一卷附诗一卷
清(1644-1911)评花馆抄本
1995年摄制. -- 1盘卷片(3米40拍) ： 1:10,
2B ；35mm银盐
收藏馆：缩微中心，浙江

000O012203
浙西杂记：不分卷
清(1644-1911)抄本
1990年摄制. -- 1盘卷片(5米116拍) ： 1:10,
2B ；35mm银盐
收藏馆：缩微中心，南京

000O001204
闽师进剿纪略：不分卷 / (清)朱用孚撰
清(1644-1911)稿本
1985年摄制. -- 1盘卷片(8米151拍) ： 1:10,
2B ；35mm银盐
收藏馆：缩微中心，国图

000O001201
摩盾余谭：不分卷 / (清)朱用孚撰
清(1644-1911)稿本

1985年摄制. -- 1盘卷片(7.2米129拍)：
1:10，2B；35mm银盐
收藏馆：缩微中心，国图

000028042
摩盾余谭：四卷 / (清)朱用孚撰
清康熙至清末(1662-1911)抄本
1996年摄制. -- 1盘卷片(14.5米288拍)：
1:10，2B；35mm银盐
收藏馆：缩微中心，福建

000026141
漓山守御志 / (清)孙振铨辑
清同治四年(1865)刻本
1996年摄制. -- 1盘卷片(6米106拍)：1:10，
2B；35mm银盐
收藏馆：缩微中心，安徽

000017171
草寇草：一卷 / (清)竺山人辑；(清)大竺山人手点
清(1644-1911)稿本
1993年摄制. -- 1盘卷片(3米26拍)：1:10，
2B；35mm银盐
收藏馆：缩微中心，山东

000009236
清定武营探报簿
清同治二年至八年(1863-1869)稿本
1988年摄制. -- 1盘卷片(8米139拍)：1:10，
2B；35mm银盐
收藏馆：缩微中心，湖南

000028354
红巾军新会围城记：一卷 / (清)赵沅英撰
清(1644-1911)稿本
1998年摄制. -- 1盘卷片(6米108拍)：1:10，
2B；35mm银盐
收藏馆：缩微中心，广东

000009688
名雅遭贼记：一卷
清(1644-1911)稿本
1988年摄制. -- 1盘卷片(4米47拍)：1:10，
2B；35mm银盐
收藏馆：缩微中心，四川

000003204
咸同之际川黔军事档：不分卷
清(1644-1911)抄本
1986年摄制. -- 1盘卷片(19米418拍)：
1:10，2B；35mm银盐
收藏馆：缩微中心，国图

000025067
台事纪闻：一卷 / (清)王韬撰
清(1644-1911)抄本
1996年摄制. -- 1盘卷片(3米22拍)：1:10，
2B；35mm银盐
收藏馆：缩微中心，国图

000005063
贼情汇纂：□□卷 / (清)张德坚[等]辑
清咸丰(1851-1861)刻本. -- 存二卷：卷一、
卷三。(清)张鸿末跋。
1986年摄制. -- 1盘卷片(5米79拍)：1:10，
2B；35mm银盐
收藏馆：缩微中心，国图

000018291
庚申北略：一卷
清(1644-1911)抄本. -- 钤"江安傅增湘珍藏
书画金石"印。
1993年摄制. -- 1盘卷片(2米23拍)：1:10，
2B；35mm银盐
收藏馆：缩微中心，天津

000024361
庚申夷氛纪略：一卷 / [题](清)赘漫野叟撰
清(1644-1911)抄本
1996年摄制. -- 1盘卷片(3米28拍)：1:10，
2B；35mm银盐
收藏馆：缩微中心，国图

000002221
粤氛纪事：十三卷 / [题](清)谢山居士辑
清(1644-1911)抄本
1986年摄制. -- 1盘卷片(13米269拍)：
1:10，2B；35mm银盐
收藏馆：缩微中心，国图

000003255
咄咄录：四卷 / (清)魏秀仁撰
清(1644-1911)抄本
1986年摄制. -- 1盘卷片(15米210拍)：
1:10，2B；35mm银盐
收藏馆：缩微中心，国图

000022780
稗屑：一卷 / (清)王华斋辑
清(1644-1911)稿本
1994年摄制. -- 1盘卷片(5米70拍)：1:10，
2B；35mm银盐
收藏馆：缩微中心，浙江

000016186
爬疥漫录：不分卷

清(1644-1911)抄本
1993年摄制. -- 1盘卷片(5米64拍)：1:10,
2B；35mm银盐
收藏馆：缩微中心，国图

00O028705
述难琐笔：一卷 / (清)朱淞撰
清(1644-1911)稿本
1989年摄制. -- 1盘卷片(4米27拍)：1:10,
2B；35mm银盐
收藏馆：缩微中心，南京

00O018074
草茅一得：三卷续得一卷 / (清)戴存庄撰
清(1644-1911)抄本
1993年摄制. -- 1盘卷片(12米231拍)：
1:10，2B；35mm银盐
收藏馆：缩微中心，天津

00O028058
拙斋蒋夫子请兵日记：一卷 / (清)郑世禄辑
清(1644-1911)稿本
1997年摄制. -- 1盘卷片(3米36拍)：1:10,
2B；35mm银盐
收藏馆：缩微中心，福建

00O025996
舌击编：五卷 / (清)沈储撰
清咸丰九年(1859)刻本
1996年摄制. -- 1盘卷片(14米275拍)：
1:10，2B；35mm银盐
收藏馆：缩微中心，福建

00O003305
驰报军书：不分卷 / (清)赵溶[等]撰
清(1644-1911)抄本
1986年摄制. -- 1盘卷片(4米50拍)：1:10,
2B；35mm银盐
收藏馆：缩微中心，国图

00O007769
庚申围城始末追记：一卷 / (清)潘澜撰
清(1644-1911)抄本
1987年摄制. -- 1盘卷片(4米42拍)：1:10,
2B；35mm银盐
收藏馆：缩微中心，湖南

00O009193
太平天国衔官执照清册：不分卷
清咸丰元年至清末(1851-1911)抄本
1988年摄制. -- 1盘卷片(4米41拍)：1:10,
2B；35mm银盐
收藏馆：缩微中心，湖南

00O029135
太平天国翼王略蜀档屑
太平天国(1851-1864)抄本
1999年摄制. -- 1盘卷片(3米44拍)：1:10,
2B；35mm银盐
收藏馆：缩微中心，国图

00O020547
征剿纪略：四卷 / (清)尹嘉宾撰
清光绪(1875-1908)抄本
1994年摄制. -- 1盘卷片(6米106拍)：1:10,
2B；35mm银盐
收藏馆：缩微中心，山东

00O025697
庚子拳变录：四卷
清(1644-1911)稿本. -- 本书还装订有：庚子
拳变教案汇抄。
1996年摄制. -- 1盘卷片(17米352拍)：
1:10，2B；35mm银盐
收藏馆：缩微中心，河南

00O025599
常山农民暴动史料：一卷 / (清)刘朝镕辑
清(1644-1911)抄本
1996年摄制. -- 1盘卷片(3米40拍)：1:10,
2B；35mm银盐
收藏馆：缩微中心，浙江

00O004848
钱塘遗事：十卷 / (元)刘一清撰
清嘉庆四年(1799)席世臣扫叶山房刻本. --
(清)鲍廷博校，(清)吴寿旸校并跋。
1987年摄制. -- 1盘卷片(8米136拍)：1:10,
2B；35mm银盐
收藏馆：缩微中心，国图

00O002261
钱塘遗事：十卷 / (元)刘一清撰
清嘉庆四年(1799)席世臣扫叶山房刻本. --
(清)周星诒批校并跋。
1986年摄制. -- 1盘卷片(7.5米139拍)：
1:10，2B；35mm银盐
收藏馆：缩微中心，国图

00O032057
钱塘遗事：十卷 / (元)刘一清撰
清嘉庆四年(1799)席世臣扫叶山房刻本. --
十行二十字白口左右双边。(清)周星诒批校并
跋。
2011年摄制. -- 1盘卷片(9米146拍)：1:11,
2B；35mm银盐
收藏馆：缩微中心，国图

00O025235
钱塘遗事：十卷 / (元)刘一清撰
清(1644-1911)扫叶山房刻本. -- (清)李慈铭
校。
1996年摄制. -- 1盘卷片(8米120拍) ： 1:10,
2B ； 35mm银盐
收藏馆：缩微中心，国图

00O023481
三朝野史：一卷
清(1644-1911)抄本
1995年摄制. -- 1盘卷片(5米8拍) ：
2B ； 35mm银盐
收藏馆：缩微中心，国图

00O027871
烬余录：二卷 / (元)徐大焯撰
清(1644-1911)抄本. -- (清)丁丙跋。
1996年摄制. -- 1盘卷片(4米46拍) ： 1:10,
2B ； 35mm银盐
收藏馆：缩微中心，南京

00O020585
明良记：四卷 / (明)杨仪撰
明万历三十四年(1606)李铨刻藏说小萃本
1994年摄制. -- 1盘卷片(4米34拍) ： 1:10,
2B ； 35mm银盐
收藏馆：缩微中心，国图

00O028683
明朝小史：十八卷 / (明)吕毖撰
清初(1644-1722)刻本
1989年摄制. -- 1盘卷片(18米376拍) ：
1:10, 2B ； 35mm银盐
收藏馆：缩微中心，南京

00O012237
恸余杂记：一卷；江东乐府：一卷 / (明)史惇撰
清(1644-1911)抄本
1990年摄制. -- 1盘卷片(4米82拍) ： 1:10,
2B ； 35mm银盐
收藏馆：缩微中心，南京

00O025893
书事七则：一卷；山阳录：一卷；秋园杂佩：一
卷 / (清)陈贞慧撰
清康熙二十七年(1688)刻本
1996年摄制. -- 1盘卷片(4米47拍) ： 1:10,
2B ； 35mm银盐
收藏馆：缩微中心，浙江

00O012932
纤言：不分卷 / (清)陆圻撰

清(1644-1911)双桐书屋抄本
1991年摄制. -- 1盘卷片(6米75拍) ： 1:10,
2B ； 35mm银盐
收藏馆：缩微中心，南京

00O019845
知过轩随录：不分卷 / (清)文廷式辑
清(1644-1911)稿本
1994年摄制. -- 1盘卷片(19米351拍) ：
1:10, 2B ； 35mm银盐
收藏馆：缩微中心，国图

史表类

00O006678
南北史年表：一卷；南北史帝王世系表：一卷；
南北史世系表：五卷 / (清)周嘉猷撰
清乾隆四十八年(1783)周氏刻本
1987年摄制. -- 1盘卷片(22.3米475拍) ：
1:10, 2B ； 35mm银盐
收藏馆：缩微中心，山西

00O005794
历代帝王纪年纂要：一卷 / (元)察罕撰
明(1368-1644)刻本
1987年摄制. -- 1盘卷片(3米45拍) ： 1:10,
2B ； 35mm银盐
收藏馆：缩微中心，国图

00O007613
甲子会纪：五卷 / (明)薛应旂辑
明嘉靖三十七年(1558)玄津草堂刻本
1987年摄制. -- 1盘卷片(14米331拍) ：
1:10, 2B ； 35mm银盐
收藏馆：缩微中心，天津

00O000008
甲子会纪：五卷 / (明)薛应旂编；(明)陈仁锡评
明(1368-1644)陈仁锡刻本
1986年摄制. -- 1盘卷片(16.2米338拍) ：
1:10, 2B ； 35mm银盐
收藏馆：缩微中心，山西

00O018332
御定历代纪事年表：一百卷 / (清)龚士炯撰；
(清)周清源,(清)王之枢续撰
清康熙五十一年(1712)内府刻本
1993年摄制. -- 9盘卷片(256米5763拍) ：
1:10, 2B ； 35mm银盐
收藏馆：缩微中心，辽宁

00O024441
历代纪事年表：一百卷 / (清)龚士炯撰；(清)周

清源.(清)王之枢续修
清康熙五十一年(1712)内府刻本. -- 存
七十九卷：卷七至卷十三、卷十七至卷二十、
卷二十七至卷三十一、卷三十五至卷九十七。
1996年摄制. -- 6盘卷片(194米4072拍)：
1:10, 2B；35mm银盐
收藏馆：缩微中心，国图

00O025080
历代帝王年表：十四卷 / (清)齐召南撰；(清)阮
福续编 . 帝王庙谥年讳谱：一卷 / (清)陆费墀撰
清道光四年(1824)小琅嬛仙馆刻本. -- (清)
李慈铭校补。
1996年摄制. -- 1盘卷片(13米231拍)：
1:10, 2B；35mm银盐
收藏馆：缩微中心，国图

00O027175
帝王庙谥年讳谱：一卷 / (清)陆费墀撰
清(1644-1911)抄本
1996年摄制. -- 1盘卷片(3.7米49拍)：
1:10, 2B；35mm银盐
收藏馆：缩微中心，福建

00O027506
开辟至春秋年表：一卷 / (清)林春溥撰
清(1644-1911)稿本
1996年摄制. -- 1盘卷片(3.4米43拍)：
1:10, 2B；35mm银盐
收藏馆：缩微中心，福建

00O001729
历代帝王统系：二卷 / (明)夏洪基撰
明崇祯(1628-1644)沈氏华萼堂刻本
1986年摄制. -- 1盘卷片(8米153拍)：1:10,
2B；35mm银盐
收藏馆：缩微中心，国图

00O010269
后汉书年表：十卷 / (宋)熊方撰
清乾隆(1736-1795)刻本. -- (清)鲍廷博、
(清)卢文弨校正。
1989年摄制. -- 1盘卷片(9.5米210拍)：
1:10, 2B；35mm银盐
收藏馆：缩微中心，湖北

00O004854
后汉书年表：十卷 / (宋)熊方撰
清(1644-1911)抄本
1987年摄制. -- 1盘卷片(9米171拍)：1:10,
2B；35mm银盐
收藏馆：缩微中心，国图

00O004578
集补后汉书年表：十卷 / (宋)熊方撰
1986年摄制. -- 1盘卷片(9米174拍)：1:10,
2B；35mm银盐
收藏馆：缩微中心，国图

00O019567
集补后汉书年表：十卷 / (宋)熊方撰
清(1644-1911)抄本
1994年摄制. -- 1盘卷片(9米158拍)：1:10,
2B；35mm银盐
收藏馆：缩微中心，国图

00O013661
熊氏后汉书年表校补：五卷补遗一卷 / (清)诸以
敦撰
清嘉庆(1796-1820)刻本
1991年摄制. -- 1盘卷片(7米102拍)：1:10,
2B；35mm银盐
收藏馆：缩微中心，国图

00O007730
后汉书补表：八卷 / (清)钱大昭撰
清(1644-1911)抄本
1987年摄制. -- 1盘卷片(14.5米296拍)：
1:10, 2B；35mm银盐
收藏馆：缩微中心，湖南

00O026699
晋书补表：二十五卷 / (清)赵在翰撰
清(1644-1911)抄本
1996年摄制. -- 2盘卷片(40.6米837拍)：
1:10, 2B；35mm银盐
收藏馆：缩微中心，福建

00O012960
晋史表：三卷金源氏族志二卷 / (清)庄忠棫撰
清(1644-1911)稿本
1991年摄制. -- 1盘卷片(9米142拍)：1:10,
2B；35mm银盐
收藏馆：缩微中心，国图

00O027553
晋史表：三卷金源氏族志二卷 / (清)庄忠棫撰
清(1644-1911)稿本
1997年摄制. -- 1盘卷片(8米145拍)：1:10,
2B；35mm银盐
收藏馆：缩微中心，国图

00O012966
十六国纪年表：一卷 / (清)汪曰桢撰
清(1644-1911)稿本

1991年摄制. -- 1盘卷片(4米33拍) ： 1:10,
2B ；35mm银盐
收藏馆：缩微中心，国图

000O012746
十六国年表：二十卷图考一卷 / (清)孔尚质撰
清(1644-1911)抄本
1990年摄制. -- 1盘卷片(24米567拍) ：
1:10, 2B ；35mm银盐
收藏馆：缩微中心，南京

000O011420
宋书补表：四卷 / (清)盛大士撰
清(1644-1911)稿本
1989年摄制. -- 1盘卷片(7米114拍) ： 1:10,
2B ；35mm银盐
收藏馆：缩微中心，南京

史钞类

000O025745
十七史详节：二百七十三卷 / (宋)吕祖谦辑
元(1271-1368)刻本
1996年摄制. -- 6盘卷片(177米3316拍) ：
1:10, 2B ；35mm银盐
收藏馆：缩微中心，国图

000O021506
十七史详节：二百七十三卷 / (宋)吕祖谦辑
元(1271-1368)刻本. -- 存九十八卷：史记卷
一至卷二十、东汉卷五至卷九、卷二十二至卷
三十，三国志卷十一至卷二十、南史卷一至卷
七、卷十七至卷二十五、北史卷一至卷八、卷
十九至卷二十八，隋书卷一至卷二十。
1995年摄制. -- 2盘卷片(53米1119拍) ：
1:10, 2B ；35mm银盐
收藏馆：缩微中心，国图

000O014533
前汉书抄：八卷；后汉书抄：八卷 / (明)王廷辑
明嘉靖四十三年(1564)淮安府刻本
1992年摄制. -- 1盘卷片(19米367拍) ：
1:10, 2B ；35mm银盐
收藏馆：缩微中心，国图

000O014888
两汉书选：三卷 / (明)赵南星辑
明天启元年(1621)正兴会刻本
1992年摄制. -- 1盘卷片(12.1米252拍) ：
1:10, 2B ；35mm银盐
收藏馆：缩微中心，辽宁

000O016312
诸史提要：十五卷 / (宋)钱端礼撰；(清)张英补
清康熙五十二年(1713)内府刻本
1993年摄制. -- 1盘卷片(24米500拍) ：
1:10, 2B ；35mm银盐
收藏馆：缩微中心，国图

000O003278
古今纪要：十九卷 / (宋)黄震撰
明初(1368-1424)刻本. -- 存一卷：卷一。
(清)张敦仁校。
1986年摄制. -- 1盘卷片(4.2米65拍) ：
1:10, 2B ；35mm银盐
收藏馆：缩微中心，国图

000O013162
分门史志通典治原书：十五卷
宋(960-1279)南阳子刻本
1991年摄制. -- 1盘卷片(19.9米436拍) ：
1:10, 2B ；35mm银盐
收藏馆：缩微中心，辽宁

000O003804
古今历代十八史略：二卷 / (元)曾先之撰
明(1368-1644)刻本
1985年摄制. -- 1盘卷片(18米376拍) ：
1:10, 2B ；35mm银盐
收藏馆：缩微中心，国图

000O023951
浒东山房批校庐陵曾公十八史略：八卷 / (元)曾先之撰
明万历八年(1580)张卤刻本
1996年摄制. -- 1盘卷片(27米614拍) ：
1:10, 2B ；35mm银盐
收藏馆：缩微中心，河南

000O014144
浒东山房批校庐陵曾氏十八史略：八卷 / (元)曾先之撰
明万历十二年(1584)赵慎修刻本
1992年摄制. -- 1盘卷片(26米532拍) ：
1:10, 2B ；35mm银盐
收藏馆：缩微中心，国图

000O005694
标题事义明解十九史略大全：十卷首一卷 / (元)曾先之,(元)梁寅辑；(明)陈殷音释；(明)王逢标题；(明)李纪增校
明嘉靖(1522-1566)刻本. -- (明)王逢标题，
(明)李纪增校。
1987年摄制. -- 1盘卷片(19米424拍) ：
1:10, 2B ；35mm银盐

收藏馆：缩微中心，国图

000O019531
标题详注十九史音义明解：十卷 / (元)曾先之,(元)梁寅撰
明成化十一年(1475)刘氏日新书堂刻本
1994年摄制. -- 1盘卷片（23米433拍）：
1:10，2B ；35mm银盐
收藏馆：缩微中心，国图

000O002197
直说通略：十三卷 / (元)郑镇孙撰
明成化十六年(1480)唐藩刻本. -- 存十卷：
卷一至卷十。
1986年摄制. -- 1盘卷片（20米443拍）：
1:10，2B ；35mm银盐
收藏馆：缩微中心，国图

000O023824
天运绍统：二卷 / (明)朱权撰
明天启元年(1621)梁鼎贤刻本
1995年摄制. -- 1盘卷片（12米213拍）：
1:10，2B ；35mm银盐
收藏馆：缩微中心，浙江

000O001982
读史备忘：八卷 / (明)范理撰
明嘉靖十二年(1533)钟锡刻本
1986年摄制. -- 1盘卷片（14米304拍）：
1:10，2B ；35mm银盐
收藏馆：缩微中心，国图

000O017291
读史备忘：八卷 / (明)范理撰
明嘉靖十二年(1533)钟锡刻本
1992年摄制. -- 1盘卷片（14米268拍）：
1:10，2B ；35mm银盐
收藏馆：缩微中心，国图

000O016395
史钞：二十二卷 / (明)吴文度辑
明(1368-1644)刻本
1993年摄制. -- 1盘卷片（26米511拍）：
1:10，2B ；35mm银盐
收藏馆：缩微中心，国图

000O006164
历代史纂左编：一百四十二卷 / (明)唐顺之辑
明嘉靖四十年(1561)胡宗宪刻本
1987年摄制. -- 13盘卷片（396米7851拍）：
1:10，2B ；35mm银盐
收藏馆：缩微中心，四川

000O021084
历代史纂左编：一百四十二卷 / (明)唐顺之撰
明嘉靖四十年(1561)胡宗宪刻本
1994年摄制. -- 11盘卷片（349米7302拍）：
1:10，2B ；35mm银盐
收藏馆：缩微中心，国图

000O027129
历代史纂左编：一百四十二卷 / (明)唐顺之编
明嘉靖四十年(1561)刻本
1997年摄制. -- 14盘卷片（352米7409拍）：
1:10，2B ；35mm银盐
收藏馆：缩微中心，苏州

000O006161
历代史纂左编：一百四十二卷 / (明)唐顺之辑
明万历三十九年(1611)吴用先刻本
1987年摄制. -- 13盘卷片（368米7938拍）：
1:10，2B ；35mm银盐
收藏馆：缩微中心，四川

000O028704
历代志略：四卷 / (明)唐珫辑
明嘉靖(1522-1566)黄时刻本
1989年摄制. -- 1盘卷片（6.5米109拍）：
1:10，2B ；35mm银盐
收藏馆：缩微中心，南京

000O022618
史要编：十卷 / (明)梁梦龙编
明隆庆六年(1572)刻本
1995年摄制. -- 1盘卷片（10米217拍）：
1:10，2B ；35mm银盐
收藏馆：缩微中心，天津

000O020933
全史论赞：八十二卷 / (明)项笃寿辑
明嘉靖四十五年(1566)嘉禾项笃寿万卷堂刻本
1994年摄制. -- 3盘卷片（77.2米1663拍）：
1:10，2B ；35mm银盐
收藏馆：缩微中心，山西

000O018601
诸史采奇：四卷 / (明)蒋以化辑
明万历(1573-1620)刻本
1992年摄制. -- 1盘卷片（10.7米213拍）：
1:10，2B ；35mm银盐
收藏馆：缩微中心，重庆

000O017201
史纲纂要：三集 / (明)郭邦藩辑
明(1368-1644)刻本
1993年摄制. -- 1盘卷片（7米106拍）： 1:10，

2B ；35mm银盐
收藏馆：缩微中心，山东

000O007011
史书大纪：八卷
明(1368-1644)抄本
1987年摄制. -- 1盘卷片(28米628拍)：
1:10，2B ；35mm银盐
收藏馆：缩微中心，国图

000O012860
史书纂略：二百二十卷 / (明)马维铭辑
明万历四十三年(1615)刻本. -- 附：陈霽提
生传一卷/(明)马维铭撰。
1990年摄制. -- 7盘卷片(189米4388拍)：
1:10，2B ；35mm银盐
收藏馆：缩微中心，南京

000O005054
古史谈菀：三十六卷 / (明)钱世扬辑
明万历四十三年(1615)张霁孟刻本
1986年摄制. -- 2盘卷片(43米939拍)：
1:10，2B ；35mm银盐
收藏馆：缩微中心，国图

000O006531
古史谈菀：三十六卷 / (明)钱世扬辑
明万历四十三年(1615)张霁孟刻本
1987年摄制. -- 2盘卷片(44米951拍)：
1:10，2B ；35mm银盐
收藏馆：缩微中心，国图

000O007828
史觿：十七卷 / (明)谢肇淛撰
明崇祯四年(1631)刻本
1987年摄制. -- 1盘卷片(21米455拍)：
1:10，2B ；35mm银盐
收藏馆：缩微中心，重庆

000O018070
东皋漫录：八卷 / (明)杨榑撰
明天启六年(1626)刻本. -- 明卢世㷆等校。
1993年摄制. -- 1盘卷片(32米730拍)：
1:10，2B ；35mm银盐
收藏馆：缩微中心，天津

000O007596
史裁：二十六卷 / (明)吴士奇辑
明万历三十年(1602)吴勉学刻本
1987年摄制. -- 2盘卷片(43米912拍)：
1:10，2B ；35mm银盐
收藏馆：缩微中心，山东

000O014318
嘉谋录：十八卷 / (明)胡乔岱撰
明万历二十四年(1596)胡乔岱刻本
1992年摄制. -- 1盘卷片(24米481拍)：
1:10，2B ；35mm银盐
收藏馆：缩微中心，国图

000O012845
雪庐读史快编：六十卷 / (明)赵维寰辑
明天启四年(1624)赵氏刻本
1990年摄制. -- 5盘卷片(119米2535拍)：
1:10，2B ；35mm银盐
收藏馆：缩微中心，浙江

000O012209
史裔：二十五卷 / (明)余文龙撰
明万历四十六年(1618)余兆胤刻本
1990年摄制. -- 2盘卷片(46米1073拍)：
1:10，2B ；35mm银盐
收藏馆：缩微中心，南京

000O016438
历代史正：二卷 / (明)饶汝梧撰
明万历(1573-1620)刻本
1993年摄制. -- 1盘卷片(8米138拍)：1:10，
2B ；35mm银盐
收藏馆：缩微中心，国图

000O019076
二十一史论赞辑要：三十六卷 / (明)彭以明辑
明万历三十七年(1609)彭惟成彭惟直刻本
1994年摄制. -- 2盘卷片(52米1049拍)：
1:10，2B ；35mm银盐
收藏馆：缩微中心，国图

000O009643
二十一史论赞辑要：三十六卷 / (明)彭以明辑
明万历(1573-1620)刻本
1988年摄制. -- 2盘卷片(52米1108拍)：
1:10，2B ；35mm银盐
收藏馆：缩微中心，甘肃

000O011445
书系：十六卷 / (明)唐大章撰
清顺治三年(1646)刻本. -- 存十三卷：卷一
至卷十三。
1989年摄制. -- 1盘卷片(25.2米564拍)：
1:10，2B ；35mm银盐
收藏馆：缩微中心，辽宁

000O006706
二十一史文钞：三百三十二卷 / (明)戴羲辑
明崇祯(1628-1644)刻本

1987年摄制. -- 9盘卷片(242米5189拍) : 1:10, 2B ; 35mm银盐
收藏馆: 缩微中心, 山东

00O020405
唐书文钞: 三十六卷 / (明)戴羲辑
明末(1621-1644)刻本
1994年摄制. -- 1盘卷片(27米553拍) : 1:10, 2B ; 35mm银盐
收藏馆: 缩微中心, 国图

00O008068
二十一史论赞: 三十六卷 / (明)沈国元编
明崇祯十年(1637)大来堂刻本
1988年摄制. -- 4盘卷片(104米2298拍) : 1:10, 2B ; 35mm银盐
收藏馆: 缩微中心, 湖北

00O029008
竹香斋类书: 三十七卷 / (明)张墉辑; (明)龚五英参订
明崇祯(1628-1644)刻本
1998年摄制. -- 2盘卷片(46米974拍) : 1:10, 2B ; 35mm银盐
收藏馆: 缩微中心, 湖南

00O000012
廿一史识余: 三十七卷 / (明)张墉辑
明崇祯(1628-1644)刻本
1986年摄制. -- 2盘卷片(45.2米965拍) : 1:10, 2B ; 35mm银盐
收藏馆: 缩微中心, 山西

00O023647
诸史异汇: 二十四卷 / (清)李清辑
清(1644-1911)抄本
1995年摄制. -- 1盘卷片(10米188拍) : 1:10, 2B ; 35mm银盐
收藏馆: 缩微中心, 浙江

00O021110
廿一史约编: 八卷首一卷 / (清)郑元庆撰
清康熙三十五年至三十六年(1696-1697)刻本
1994年摄制. -- 1盘卷片(32米665拍) : 1:10, 2B ; 35mm银盐
收藏馆: 缩微中心, 国图

00O018889
读史蒙拾: 一卷 / (清)王士禄撰
清(1644-1911)抄本
1994年摄制. -- 1盘卷片(4米55拍) : 1:10, 2B ; 35mm银盐
收藏馆: 缩微中心, 天津

00O025341
史学提要纂言: 前编十九卷后编十二卷; 金史通辑: 八卷 / (清)王芝藻撰
清(1644-1911)抄本
1996年摄制. -- 2盘卷片(55米1115拍) : 1:10, 2B ; 35mm银盐
收藏馆: 缩微中心, 国图

00O008123
半窗史略: 四十二卷 / (清)龙体刚撰
清雍正四年(1726)刻本
1988年摄制. -- 2盘卷片(43.5米954拍) : 1:10, 2B ; 35mm银盐
收藏馆: 缩微中心, 湖北

00O012529
古今指掌: 十二卷首一卷 / (清)欧阳魁,(清)欧阳棫撰
清(1644-1911)抄本
1990年摄制. -- 2盘卷片(57.8米1305拍) : 1:10, 2B ; 35mm银盐
收藏馆: 缩微中心, 辽宁

00O011894
读史前钞甲本: 不分卷
清乾隆五十九年(1794)许鸿磐抄本. -- (清)许鸿磐批校。
1990年摄制. -- 2盘卷片(39米828拍) : 1:10, 2B ; 35mm银盐
收藏馆: 缩微中心, 山东

00O013161
通鉴总类: 二十卷 / (宋)沈枢撰
元至正二十三年(1363)吴郡庠刻本
1991年摄制. -- 3盘卷片(70.9米1420拍) : 1:10, 2B ; 35mm银盐
收藏馆: 缩微中心, 辽宁

00O023127
通鉴总类: 二十卷 / (宋)沈枢撰
元至正二十三年(1363)吴郡庠刻本. -- 存五卷: 卷三、卷六、卷八、卷十一、卷十四。
1995年摄制. -- 1盘卷片(16米300拍) : 1:10, 2B ; 35mm银盐
收藏馆: 缩微中心, 国图

00O001539
通鉴总类: 二十卷 / (宋)沈枢撰
元(1271-1368)刻明(1368-1644)印本
1986年摄制. -- 3盘卷片(75米1675拍) : 1:10, 2B ; 35mm银盐
收藏馆: 缩微中心, 吉林

000O015745
通鉴总类：二十卷 / (宋)沈枢撰
明万历二十三年(1595)孙隆刻本
1993年摄制. -- 3盘卷片(73米1461拍) :
1:10, 2B ; 35mm银盐
收藏馆：缩微中心，国图

000O004078
通鉴总类：二十卷 / (宋)沈枢撰
明万历二十三年(1595)孙隆刻天启(1621-1627)
重修本. -- (清)季锡畴校.
1986年摄制. -- 3盘卷片(71米1540拍) :
1:10, 2B ; 35mm银盐
收藏馆：缩微中心，国图

000O015310
通鉴总类：二十卷 / (宋)沈枢撰
明万历二十三年(1595)孙隆刻天启(1621-1627)
重修本
1992年摄制. -- 3盘卷片(71米1463拍) :
1:10, 2B ; 35mm银盐
收藏馆：缩微中心，国图

000O029344
通鉴总类：二十卷 / (宋)沈枢撰
明万历三十九年(1611)刻本
1999年摄制. -- 3盘卷片(73米1400拍) :
1:10, 2B ; 35mm银盐
收藏馆：缩微中心，湖南

000O001928
新刊通鉴一勺史意：一卷
明弘治十七年(1504)刘氏日新书堂刻本
1986年摄制. -- 1盘卷片(10米205拍) :
1:10, 2B ; 35mm银盐
收藏馆：缩微中心，国图

000O026373
新刻补遗标题论策指南纲鉴纂要：二十卷首一卷 / (明)余有丁删辑; (明)申时徐补遗
明万历(1573-1620)余氏自新斋刻本
1997年摄制. -- 2盘卷片(42米894拍) :
1:10, 2B ; 35mm银盐
收藏馆：缩微中心，安庆

000O028825
纲鉴类纂：五十四卷首一卷 / (清)芮琪撰
清(1644-1911)抄本. -- (清)王芑孙题识.
1998年摄制. -- 5盘卷片(144米2983拍) :
1:10, 2B ; 35mm银盐
收藏馆：缩微中心，广东

000O010821
[亮工杂抄]：不分卷
明(1368-1644)抄本. -- 钤"亮工"印。书名
代拟。
1989年摄制. -- 1盘卷片(5米70拍) : 1:10,
2B ; 35mm银盐
收藏馆：缩微中心，湖南

000O005313
历代总目：一卷附录一卷
朝鲜刻本
1986年摄制. -- 1盘卷片(5米69拍) : 1:10,
2B ; 35mm银盐
收藏馆：缩微中心，国图

000O012242
左国腴：四卷 / (明)王纳谏辑
明万历三十九年(1611)雁斋刻本
1990年摄制. -- 1盘卷片(11米219拍) :
1:10, 2B ; 35mm银盐
收藏馆：缩微中心，南京

000O025347
左国蒙求：不分卷 / (清)孔广栻撰
清(1644-1911)稿本
1996年摄制. -- 1盘卷片(3米24拍) : 1:10,
2B ; 35mm银盐
收藏馆：缩微中心，国图

000O025340
左国蒙求：不分卷 / (清)孔广栻撰
清(1644-1911)抄本
1996年摄制. -- 1盘卷片(3米24拍) : 1:10,
2B ; 35mm银盐
收藏馆：缩微中心，国图

000O001490
国语钞评：八卷 / (明)穆文熙辑
明万历十二年(1584)傅光宅刻本
1986年摄制. -- 1盘卷片(12.8米261拍) :
1:10, 2B ; 35mm银盐
收藏馆：缩微中心，山西

000O023925
新刻汤会元精选评释国语狐白：四卷 / (明)汤宾严辑
明万历二十四年(1596)余氏自新斋刻本
1996年摄制. -- 1盘卷片(11米249拍) :
1:10, 2B ; 35mm银盐
收藏馆：缩微中心，河南

000O021075
新锲郑孩如先生精选国语旁训便读：二卷 / (明)

郑维岳撰
明万历二十八年(1600)杨氏同仁斋刻本
1994年摄制. -- 1盘卷片(8米127拍) : 1:10,
2B ; 35mm银盐
收藏馆：缩微中心，国图

00O007924
张陆二先生批评战国策抄：四卷 / (明)阮宗孔删
注；(明)张居正,(明)陆深评
明万历七年(1579)钱普重刻本
1988年摄制. -- 1盘卷片(12.3米246拍) :
1:10, 2B ; 35mm银盐
收藏馆：缩微中心，湖南

00O026057
张陆二先生批评战国策抄：四卷 / (明)阮宗孔删
注；(明)张居正,(明)陆深评
明(1368-1644)刻本
1993年摄制. -- 1盘卷片(13米245拍) :
1:10, 2B ; 35mm银盐
收藏馆：缩微中心，南京

00O022739
战国策选：四卷 / (明)李贽选
明末(1621-1644)武林资旭旸刻本
1994年摄制. -- 1盘卷片(14米267拍) :
1:10, 2B ; 35mm银盐
收藏馆：缩微中心，浙江

00O021661
七雄策纂：八卷 / (明)穆文熙撰
明万历十六年(1588)陈禹谟刻本
1995年摄制. -- 1盘卷片(15米289拍) :
1:10, 2B ; 35mm银盐
收藏馆：缩微中心，国图

00O005568
七雄策纂：八卷 / (明)穆文熙撰
明万历(1573-1620)刻本
1987年摄制. -- 1盘卷片(16米338拍) :
1:10, 2B ; 35mm银盐
收藏馆：缩微中心，吉林

00O009491
战国策选：八卷附录一卷 / (明)卫勋辑；(明)卫
拱宸增补
明万历三十五年(1607)刻本
1987年摄制. -- 1盘卷片(19.2米412拍) :
1:9, 2B ; 35mm银盐
收藏馆：缩微中心，重庆

00O021196
新锲郑孩如先生精选战国策旁训便读：四卷 /

(明)郑维岳撰
明万历二十八年(1600)杨氏同仁斋刻本
1994年摄制. -- 1盘卷片(15米289拍) :
1:10, 2B ; 35mm银盐
收藏馆：缩微中心，国图

00O020272
东莱先生增入正义音注史记详节：二十卷 / (宋)
吕祖谦辑
宋(960-1279)刻本. -- 存二卷：卷一至卷
二。
1994年摄制. -- 1盘卷片(3米21拍) : 1:10,
2B ; 35mm银盐
收藏馆：缩微中心，国图

00O007128
荆川先生精选批点史记：十二卷 / (明)唐顺之辑
明万历(1573-1620)刻本
1987年摄制. -- 1盘卷片(23.8米519拍) :
1:10, 2B ; 35mm银盐
收藏馆：缩微中心，重庆

00O005725
重刻唐荆川精选史记：十二卷；精选汉书：六
卷 / (明)唐顺之辑
明万历十二年(1584)毛在郑旻[等]刻本
1987年摄制. -- 2盘卷片(46米789拍) :
1:10, 2B ; 35mm银盐
收藏馆：缩微中心，国图

00O008656
史记钞：九十一卷首一卷 / (明)茅坤辑
明万历三年(1575)刻本
1987年摄制. -- 2盘卷片(44.6米969拍) :
1:9, 2B ; 35mm银盐
收藏馆：缩微中心，重庆

00O024913
史记钞：九十一卷补遗□□卷 / (明)茅坤辑
明万历三年(1575)刻本. -- 存一百三卷：
史记抄卷一至卷九十一、补遗卷九十二至卷
一百三。补遗卷九十四错题卷九十一。
1996年摄制. -- 2盘卷片(47米1045拍) :
1:10, 2B ; 35mm银盐
收藏馆：缩微中心，南京

00O021542
史记钞：九十一卷 / (明)茅坤编；(明)闵振业集
评
明泰昌元年(1620)闵振业刻套印本
1995年摄制. -- 2盘卷片(58米1181拍) :
1:10, 2B ; 35mm银盐
收藏馆：缩微中心，国图

000O005482
史记钞：九十一卷 / (明)茅坤辑
明泰昌元年(1620)闵氏吴兴刻套印本
1987年摄制. -- 2盘卷片(59.9米1298拍) :
1:10, 2B ; 35mm银盐
收藏馆：缩微中心，山西

000O006700
史记钞：九十一卷 / (明)茅坤辑
明泰昌元年(1620)刻套印本
1987年摄制. -- 2盘卷片(58米1257拍) :
1:10, 2B ; 35mm银盐
收藏馆：缩微中心，山东

000O010193
茅鹿门先生批评史记抄：一百四卷 / (明)茅坤评
明天启元年(1621)茅兆海刻本. -- 存九十九卷：卷一至卷六、卷九至卷十九、卷二十一至卷二十八、卷三十至卷三十三、卷三十五至卷一百四。
1988年摄制. -- 3盘卷片(65.9米1390拍) :
1:10, 2B ; 35mm银盐
收藏馆：缩微中心，湖南

000O011245
史记钞：二十卷 / (明)沈科辑
明嘉靖三十六年(1557)沈氏自刻本
1989年摄制. -- 1盘卷片(31米635拍) :
1:10, 2B ; 35mm银盐
收藏馆：缩微中心，四川

000O024716
史记纂：不分卷 / (明)凌稚隆辑
明(1368-1644)刻本
1996年摄制. -- 2盘卷片(35米699拍) :
1:10, 2B ; 35mm银盐
收藏馆：缩微中心，浙江

000O006190
史记纂：二十四卷 / (明)凌稚隆辑
明万历七年(1579)刻套印本
1987年摄制. -- 2盘卷片(41米808拍) :
1:10, 2B ; 35mm银盐
收藏馆：缩微中心，四川

000O006676
增定史记纂：不分卷 / (明)凌稚隆辑
明(1368-1644)刻本
1987年摄制. -- 2盘卷片(39米762拍) :
1:10, 2B ; 35mm银盐
收藏馆：缩微中心，四川

000O021560
增定史记纂：不分卷 / (明)凌稚隆辑
明(1368-1644)刻本
1995年摄制. -- 2盘卷片(38米868拍) :
1:10, 2B ; 35mm银盐
收藏馆：缩微中心，国图

000O018995
新锲叶先生传家举业要诀史记文髓：二卷 / (明)叶向高选；(明)王锡爵校
明万历(1573-1620)刘大易书林刻本. -- 书尾抄配卷二书名"史记文髓"前多"评注"二字，钤"钱唐丁氏藏书""八千卷楼藏书记"等印。
1993年摄制. -- 1盘卷片(10米194拍) :
1:10, 2B ; 35mm银盐
收藏馆：缩微中心，天津

000O010565
史记约言：不分卷 / (明)王锡侯辑
明万历二十一年(1593)陈登云刻本
1989年摄制. -- 1盘卷片(20米387拍) :
1:10, 2B ; 35mm银盐
收藏馆：缩微中心，四川

000O012730
梅太史订选史记神驹：四卷 / (明)梅之焕辑
明(1368-1644)刻本
1990年摄制. -- 1盘卷片(14.2米303拍) :
1:10, 2B ; 35mm银盐
收藏馆：缩微中心，辽宁

000O012267
史记选抄：不分卷
明(1368-1644)抄本
1990年摄制. -- 2盘卷片(58米1166拍) :
1:10, 2B ; 35mm银盐
收藏馆：缩微中心，南京

000O025710
睢州逸德轩田箕山先生评选史记：六卷 / (清)田兰芳撰
清(1644-1911)宋斋璧抄本
1996年摄制. -- 1盘卷片(26米554拍) :
1:10, 2B ; 35mm银盐
收藏馆：缩微中心，河南

000O007876
参附群书三刘互注西汉详节：三十卷 / (宋)吕祖谦辑
元(1271-1368)刻本. -- 版框高十五厘米宽十厘米。
1988年摄制. -- 1盘卷片(31米661拍) :

1:10, 2B ; 35mm银盐
收藏馆：缩微中心，广东

000O015628
东莱吕氏两汉精华：二十八卷 / (宋)吕祖谦撰
明嘉靖二十六年(1547)唐藩朱弥鋠刻本. --
(清)黄国瑾跋。
1992年摄制. -- 1盘卷片(13米228拍) :
1:10, 2B ; 35mm银盐
收藏馆：缩微中心，国图

000O003537
东莱吕氏两汉精华：二十八卷 / (宋)吕祖谦撰
明嘉靖二十六年(1547)唐藩朱弥鋠刻本
1985年摄制. -- 1盘卷片(13米269拍) :
1:10, 2B ; 35mm银盐
收藏馆：缩微中心，国图

000O027529
两汉博闻：十二卷 / [题](宋)杨侃撰
宋乾道八年(1172)胡元质姑孰郡斋刻本. --
卷一至卷三抄补。
1997年摄制. -- 1盘卷片(19米350拍) :
1:10, 2B ; 35mm银盐
收藏馆：缩微中心，国图

000O005795
两汉博闻：十二卷 / (宋)杨侃辑
明嘉靖三十七年(1558)黄鲁曾刻本
1987年摄制. -- 1盘卷片(25米567拍) :
1:10, 2B ; 35mm银盐
收藏馆：缩微中心，国图

000O003143
两汉博闻：十二卷 / (宋)杨侃辑
明(1368-1644)抄本
1986年摄制. -- 1盘卷片(18米394拍) :
1:10, 2B ; 35mm银盐
收藏馆：缩微中心，国图

000O010862
汉隽：十卷 / (宋)林越撰
宋淳熙十年(1183)象山县刻本
1988年摄制. -- 1盘卷片(10米192拍) :
1:10, 2B ; 35mm银盐
收藏馆：缩微中心，甘肃

000O009263
汉隽：十卷 / (宋)林越撰
元(1279-1368)刻本. -- 叶德辉、叶启勋题
识。
1988年摄制. -- 1盘卷片(10米190拍) :
1:10, 2B ; 35mm银盐

收藏馆：缩微中心，湖南

000O015804
汉隽：十卷 / (宋)林越撰
明嘉靖十一年(1532)郑鼎刻本
1993年摄制. -- 1盘卷片(18米350拍) :
1:10, 2B ; 35mm银盐
收藏馆：缩微中心，国图

000O015644
汉隽：十卷 / (宋)林越撰
明嘉靖四十五年(1566)何全刻本
1993年摄制. -- 1盘卷片(11米193拍) :
1:10, 2B ; 35mm银盐
收藏馆：缩微中心，国图

000O020891
汉隽：十卷 / (宋)林越撰
明嘉靖(1522-1566)刻本
1994年摄制. -- 1盘卷片(14米251拍) :
1:10, 2B ; 35mm银盐
收藏馆：缩微中心，国图

000O016543
汉隽：十卷 / (宋)林越撰
明隆庆四年(1570)汪文节七瑞山房新安刻本
1993年摄制. -- 1盘卷片(14米289拍) :
1:10, 2B ; 35mm银盐
收藏馆：缩微中心，山西

000O026936
汉隽：十卷 / (宋)林越撰
明万历十二年(1584)吕元刻本. -- (清)丁丙
跋。
1996年摄制. -- 1盘卷片(12米241拍) :
1:10, 2B ; 35mm银盐
收藏馆：缩微中心，南京

000O008651
汉隽：十卷 / (宋)林越撰
明万历十二年(1584)吕元刻本
1988年摄制. -- 1盘卷片(13米272拍) :
1:10, 2B ; 35mm银盐
收藏馆：缩微中心，山东

000O026055
汉隽：十卷 / (宋)林越撰
明万历二十六年(1598)孙平仲刻本
1993年摄制. -- 1盘卷片(14米276拍) :
1:10, 2B ; 35mm银盐
收藏馆：缩微中心，南京

000〇024818
汉隽：十卷 / (宋)林越撰
明万历二十八年(1600)刻本
1995年摄制. -- 1盘卷片(15米291拍)：
1:10, 2B；35mm银盐
收藏馆：缩微中心，浙江

000〇023715
汉隽：十卷 / (宋)林越撰
明崇祯十二年(1639)程扬刻本
1995年摄制. -- 1盘卷片(12米233拍)：
1:10, 2B；35mm银盐
收藏馆：缩微中心，浙江

000〇002199
汉隽：十卷 / (宋)林越撰
明(1368-1644)刻本
1986年摄制. -- 1盘卷片(18米388拍)：
1:10, 2B；35mm银盐
收藏馆：缩微中心，国图

000〇026069
汉隽：十卷 / (宋)林越撰
明(1368-1644)刻本. -- (清)丁丙跋。
1993年摄制. -- 1盘卷片(10米190拍)：
1:10, 2B；35mm银盐
收藏馆：缩微中心，南京

000〇004006
汉隽：十二卷 / (宋)林越撰
明万历三十五年(1607)葛襄葛之垣刻本
1985年摄制. -- 1盘卷片(15.6米332拍)：
1:10, 2B；35mm银盐
收藏馆：缩微中心，国图

000〇012769
刻杨升庵先生批选汉书市言：八卷 / (明)杨慎辑
明(1368-1644)刻本
1990年摄制. -- 1盘卷片(25米592拍)：
1:10, 2B；35mm银盐
收藏馆：缩微中心，南京

000〇022513
荆川先生批点精选汉书：六卷 / (明)唐顺之撰
明万历(1573-1620)刻本. -- (清)张廷济题
识。
1995年摄制. -- 1盘卷片(10.8米240拍)：
1:10, 2B；35mm银盐
收藏馆：缩微中心，湖北

000〇012248
西汉书抄：六卷 / (明)茅瓒辑
明(1368-1644)茅藉吉刻本

1990年摄制. -- 1盘卷片(30米692拍)：
1:10, 2B；35mm银盐
收藏馆：缩微中心，南京

000〇007602
汉书钞：九十三卷 / (明)茅坤评选
明万历十七年(1589)茅坤刻本
1987年摄制. -- 3盘卷片(85米1825拍)：
1:10, 2B；35mm银盐
收藏馆：缩微中心，山东

000〇012780
西汉书：不分卷 / (明)孙维明辑
明(1368-1644)抄本
1990年摄制. -- 1盘卷片(15米355拍)：
1:10, 2B；35mm银盐
收藏馆：缩微中心，南京

000〇029022
汉书纂：二十二卷又外戚一卷 / (明)凌稚隆辑
明万历十一年(1583)刻本
1999年摄制. -- 1盘卷片(30米648拍)：
1:10, 2B；35mm银盐
收藏馆：缩微中心，湖南

000〇006733
汉书集：不分卷 / (明)陈许廷辑
明崇祯(1628-1644)刻本
1987年摄制. -- 2盘卷片(47米923拍)：
1:10, 2B；35mm银盐
收藏馆：缩微中心，四川

000〇009165
汉事会最：二十四卷 / (清)王先谦辑
清(1644-1911)稿本
1988年摄制. -- 1盘卷片(27米559拍)：
1:10, 2B；35mm银盐
收藏馆：缩微中心，湖南

000〇003994
汉事会最：二十四卷 / (清)惠栋辑
清(1644-1911)抄本. -- (清)周星诒跋。
1985年摄制. -- 2盘卷片(46米1001拍)：
1:10, 2B；35mm银盐
收藏馆：缩微中心，国图

000〇022445
吕大著增注点校三刘东汉详节：三十卷
元(1271-1368)刻本. -- 存六卷：卷一至卷
六。
1995年摄制. -- 1盘卷片(8米138拍)：1:10,
2B；35mm银盐
收藏馆：缩微中心，国图

00O029020
东汉史删：三十三卷 / (南朝宋)范晔撰；(明)茅国缙删
明万历(1573-1620)刻本
1999年摄制. -- 2盘卷片(36米760拍) :
1:10, 2B ; 35mm银盐
收藏馆：缩微中心，湖南

00O023712
后汉书纂：十二卷 / (明)凌濛初辑
明万历三十四年(1606)金陵周氏刻本
1995年摄制. -- 2盘卷片(48米960拍) :
1:10, 2B ; 35mm银盐
收藏馆：缩微中心，浙江

00O008013
后汉书纂：八卷 / (明)凌濛初辑
明(1368-1644)刻本
1988年摄制. -- 1盘卷片(31米614拍) :
1:10, 2B ; 35mm银盐
收藏馆：缩微中心，山东

00O017263
三史文类：五卷 / (明)赵文华编
明嘉靖十六年(1537)刻本. -- 左传文类一卷、国语文类一卷、史记文类一卷、前汉文类二卷。书名据目录题。
1993年摄制. -- 1盘卷片(13米254拍) :
1:10, 2B ; 35mm银盐
收藏馆：缩微中心，天津

00O006095
史汉合编评林 / (明)茅一桂书
明万历(1573-1620)刻本
1987年摄制. -- 6盘卷片(159米3550拍) :
1:10, 2B ; 35mm银盐
收藏馆：缩微中心，吉林

00O010331
左策史汉约选：八卷 / (清)洪德常辑
清康熙(1662-1722)世纶堂刻本
1989年摄制. -- 2盘卷片(35.6米766拍) :
1:10, 2B ; 35mm银盐
收藏馆：缩微中心，湖北

00O014025
两汉萃宝评林：三卷 / (明)焦竑辑；(明)李廷机注；(明)李光缙汇评
明万历十九年(1591)余明吾自新斋刻本
1991年摄制. -- 1盘卷片(13米251拍) :
1:10, 2B ; 35mm银盐
收藏馆：缩微中心，国图

00O018066
三国纂略：十一卷 / (明)马维铭撰；(明)沈自省[等]校
明末(1621-1644)刻本
1993年摄制. -- 1盘卷片(11米214拍) :
1:10, 2B ; 35mm银盐
收藏馆：缩微中心，天津

00O007800
晋书钩玄：二卷 / (明)钱普撰
明万历六年(1578)刻本
1988年摄制. -- 1盘卷片(6.4米114拍) :
1:11, 2B ; 35mm银盐
收藏馆：缩微中心，重庆

00O028279
晋史删：四十卷 / (明)茅国缙撰
明(1368-1644)刻本
1997年摄制. -- 2盘卷片(48米1066拍) :
1:10, 2B ; 35mm银盐
收藏馆：缩微中心，河南

00O007191
晋书纂：六十卷授璩一卷目录一卷 / (明)苏文韩撰
明万历(1573-1620)刻本
1987年摄制. -- 3盘卷片(79米1692拍) :
1:10, 2B ; 35mm银盐
收藏馆：缩微中心，山东

00O020887
晋书纂：十六卷 / (明)钱岱辑
明(1368-1644)刻本
1994年摄制. -- 1盘卷片(29米598拍) :
1:10, 2B ; 35mm银盐
收藏馆：缩微中心，国图

00O016561
晋书诠要：十二卷 / (明)陈臣忠辑
明末(1621-1644)刻本
1992年摄制. -- 1盘卷片(27.3米615拍) :
1:10, 2B ; 35mm银盐
收藏馆：缩微中心，辽宁

00O028448
晋书抄：八卷
明(1368-1644)洛诵轩抄本. -- 存六卷：卷一至卷三、卷五、卷七至卷八。
1996年摄制. -- 1盘卷片(23米494拍) :
1:10, 2B ; 35mm银盐
收藏馆：缩微中心，南京

000O020707
两晋南北奇谈：六卷 / (明)王涣辑
明(1368-1644)刻本. -- 存三卷：卷一、卷五至卷六。
1994年摄制. -- 1盘卷片(6米88拍) : 1:10, 2B ; 35mm银盐
收藏馆：缩微中心，国图

000O027520
两晋南北史合纂：二十四卷 / (明)钱岱撰
明万历(1573-1620)刻本. -- 佚名朱笔批校。
1997年摄制. -- 2盘卷片(49米912拍) : 1:10, 2B ; 35mm银盐
收藏馆：缩微中心，苏州

000O008293
两晋南北合纂：四十卷 / (明)钱岱辑
明万历(1573-1620)刻本
1988年摄制. -- 3盘卷片(83米1635拍) : 1:10, 2B ; 35mm银盐
收藏馆：缩微中心，山东

000O008064
南朝史精语：十卷 / (宋)洪迈辑
清乾隆五十二年(1787)吴照刻本
1988年摄制. -- 1盘卷片(7米126拍) : 1:10, 2B ; 35mm银盐
收藏馆：缩微中心，湖北

000O025963
北史抄：三卷
明(1368-1644)抄本
1996年摄制. -- 1盘卷片(6米82拍) : 1:10, 2B ; 35mm银盐
收藏馆：缩微中心，南京

000O006170
南北史钞：不分卷 / (明)周诗雅辑
明崇祯五年(1632)刻本
1987年摄制. -- 1盘卷片(25米481拍) : 1:10, 2B ; 35mm银盐
收藏馆：缩微中心，四川

000O010334
南北史类钞：一百五卷 / (清)李兴祖辑
清康熙三十四年(1695)保贞堂刻本
1989年摄制. -- 2盘卷片(37.5米796拍) : 1:10, 2B ; 35mm银盐
收藏馆：缩微中心，湖北

000O012180
南史识小录：八卷；北史识小录：八卷 / (清)沈名荪,(清)朱昆田辑

清(1644-1911)抄本
1990年摄制. -- 1盘卷片(14米333拍) : 1:10, 2B ; 35mm银盐
收藏馆：缩微中心，南京

000O025452
南北史意撮：不分卷 / (清)孔广栻撰
清(1644-1911)稿本
1996年摄制. -- 1盘卷片(5米54拍) : 1:10, 2B ; 35mm银盐
收藏馆：缩微中心，国图

000O009697
东莱先生校正隋书详节：二十卷 / (宋)吕祖谦辑
元(1271-1368)刻本. -- 十七史详节本。
1988年摄制. -- 1盘卷片(13米262拍) : 1:10, 2B ; 35mm银盐
收藏馆：缩微中心，四川

000O006723
欧阳公史钞：二种二十二卷 / (宋)欧阳修撰；(明)茅坤批评
明万历(1573-1620)茅一桂校刻本. -- 版框高二十厘米宽十三厘米。
1987年摄制. -- 1盘卷片(26米552拍) : 1:10, 2B ; 35mm银盐
收藏馆：缩微中心，广东

000O008664
欧阳文忠公新唐书抄：二卷；五代史抄：二十卷 / (明)茅坤辑
明末(1621-1644)刻本
1987年摄制. -- 1盘卷片(21.2米458拍) : 1:10, 2B ; 35mm银盐
收藏馆：缩微中心，重庆

000O023646
欧阳文忠公新唐书抄：二卷；五代史抄：二十卷 / (明)茅坤辑并评
明末(1621-1644)刻本. -- (清)潘奕隽录(清)顾有孝批注并跋。
1995年摄制. -- 1盘卷片(23米455拍) : 1:10, 2B ; 35mm银盐
收藏馆：缩微中心，浙江

000O007140
欧阳文忠公五代史抄：二十卷 / (明)茅坤辑
明万历七年(1579)刻本
1987年摄制. -- 1盘卷片(19.1米410拍) : 1:9, 2B ; 35mm银盐
收藏馆：缩微中心，重庆

000○009696
欧阳文忠公五代史抄：二十卷 / (明)茅坤辑
明(1368-1644)刻套印本
1988年摄制. -- 1盘卷片(24米499拍)：
1:10，2B；35mm银盐
收藏馆：缩微中心，四川

000○002907
元史节要：二卷释文一卷 / (明)张美和辑
明洪武三十年(1397)建安书堂刻本. -- (清)
宋筠跋。
1986年摄制. -- 1盘卷片(6米108拍)：1:10，
2B；35mm银盐
收藏馆：缩微中心，国图

000○023119
元史节要：二卷 / (明)张美和辑
明(1368-1644)抄本
1995年摄制. -- 1盘卷片(6米90拍)：1:10，
2B；35mm银盐
收藏馆：缩微中心，国图

史评类

000○030728
史通：二十卷 / (唐)刘知几撰
明嘉靖十四年(1535)陆深刻本
2000年摄制. -- 1盘卷片(14米274拍)：
1:10，2B；35mm银盐
收藏馆：缩微中心，国图

000○024944
史通：二十卷 / (唐)刘知几撰
明嘉靖十四年(1535)陆深刻本. -- (清)黄丕
烈跋，(清)孙毓修校并录(清)何焯、(清)顾广
圻校跋题识。
1996年摄制. -- 1盘卷片(15米294拍)：
1:10，2B；35mm银盐
收藏馆：缩微中心，南京

000○016410
史通：二十卷 / (唐)刘知几撰
明万历五年(1577)张之象刻本. -- (清)乔载
繇跋并录(清)黄叔琳、(清)卢文弨批校。
1993年摄制. -- 1盘卷片(14米265拍)：
1:10，2B；35mm银盐
收藏馆：缩微中心，国图

000○020723
史通：二十卷 / (唐)刘知几撰
明万历五年(1577)张之象刻本. -- (清)唐翰
题校并跋。
1994年摄制. -- 1盘卷片(14米269拍)：

1:10，2B；35mm银盐
收藏馆：缩微中心，国图

000○000799
史通：二十卷 / (唐)刘知几撰
明万历三十年(1602)张鼎思刻本. -- (清)钱
陆灿批校，(清)吴卓信录(清)王峻批校并跋。
1985年摄制. -- 1盘卷片(15.1米321拍)：
1:10，2B；35mm银盐
收藏馆：缩微中心，国图

000○005931
史通：二十卷 / (唐)刘知几撰
明万历三十年(1602)张鼎思刻本. -- 缪荃孙
跋并录(清)顾广圻、(清)卢文弨校跋。
1987年摄制. -- 1盘卷片(15.4米328拍)：
1:10，2B；35mm银盐
收藏馆：缩微中心，国图

000○020649
史通：二十卷 / (唐)刘知几撰
明(1368-1644)刻. -- 存十卷：卷一至卷
十。
1994年摄制. -- 1盘卷片(8米122拍)：1:10，
2B；35mm银盐
收藏馆：缩微中心，国图

000○004815
史通：二十卷 / (唐)刘知几撰
清初(1644-1722)叶氏抄本
1986年摄制. -- 1盘卷片(12.6米240拍)：
1:10，2B；35mm银盐
收藏馆：缩微中心，国图

000○005972
史通评释：二十卷 / (明)郭孔延撰
明万历三十二年(1604)郭孔陵刻本
1986年摄制. -- 1盘卷片(24米538拍)：
1:10，2B；35mm银盐
收藏馆：缩微中心，国图

000○002175
史通评释：二十卷 / (明)李维桢,(明)郭孔延撰
明(1368-1644)刻. -- (清)徐承礼校并录
(清)陈鳣题识。
1986年摄制. -- 1盘卷片(28米635拍)：
1:10，2B；35mm银盐
收藏馆：缩微中心，国图

000○012743
史通训故：二十卷 / (明)王惟俭撰
明(1368-1644)刻本
1990年摄制. -- 1盘卷片(23米456拍)：

1:10, 2B ; 35mm银盐
收藏馆：缩微中心，南京

00O026068
史通训故补：二十卷 / (清)黄叔琳撰
清乾隆十二年(1747)黄叔琳养素堂刻本. --
(清)卢文弨校跋并录(清)冯舒、(清)钱曾、
(清)何焯校，(清)丁丙跋。
1993年摄制. -- 1盘卷片(22米475拍) :
1:10, 2B ; 35mm银盐
收藏馆：缩微中心，南京

00O011009
史通训故补：二十卷 / (唐)刘知几撰；(清)黄叔琳补注
清乾隆十二年(1747)黄叔琳养素堂刻本. --
(清)纪昀批点并跋。
1989年摄制. -- 1盘卷片(25.5米498拍) :
1:10, 2B ; 35mm银盐
收藏馆：缩微中心，湖北

00O008074
史通训故补：二十卷 / (清)黄叔琳补注
清乾隆十二年(1747)养素堂刻本
1988年摄制. -- 1盘卷片(21.5米462拍) :
1:10, 2B ; 35mm银盐
收藏馆：缩微中心，安陆

00O019610
史通通释：二十卷附录一卷 / (清)浦起龙撰
清乾隆十七年(1752)浦氏求放心斋刻本. --
(清)纪昀评点并跋。
1994年摄制. -- 1盘卷片(28米544拍) :
1:10, 2B ; 35mm银盐
收藏馆：缩微中心，国图

00O025326
史通通释：二十卷附录一卷 / (清)浦起龙撰
清乾隆十七年(1752)浦氏求放心斋刻本. --
(清)李慈铭跋。
1996年摄制. -- 1盘卷片(27米535拍) :
1:10, 2B ; 35mm银盐
收藏馆：缩微中心，国图

00O001792
史通通释：二十卷 / (清)浦起龙撰
清乾隆十七年(1752)梁溪浦氏求放心斋刻本
. -- □立斋跋并录(清)冯舒、(清)钱曾、
(清)何焯及(清)卢文弨群书拾补校。
1985年摄制. -- 1盘卷片(26米574拍) :
1:10, 2B ; 35mm银盐
收藏馆：缩微中心，国图

00O010987
史通通释：二十卷 / (清)浦起龙撰
清乾隆十七年(1752)浦氏求放心斋刻本. --
杨守敬录(清)纪昀批校。
1989年摄制. -- 1盘卷片(27米598拍) :
1:10, 2B ; 35mm银盐
收藏馆：缩微中心，湖北

00O007880
史通通释：二十卷附录一卷 / (清)浦起龙撰
清乾隆十七年(1752)刻本. -- 版框高十九厘
米宽十四厘米。
1988年摄制. -- 1盘卷片(31米647拍) :
1:10, 2B ; 35mm银盐
收藏馆：缩微中心，广东

00O004867
唐书直笔新例：四卷新例须知一卷 / (宋)吕夏卿撰
明(1368-1644)影宋抄本
1986年摄制. -- 1盘卷片(4米50拍) : 1:10,
2B ; 35mm银盐
收藏馆：缩微中心，国图

00O004522
唐书直笔新例：四卷新例须知一卷 / (宋)吕夏卿撰
清(1644-1911)影宋抄本. -- (清)顾锡麟校并
跋。
1987年摄制. -- 1盘卷片(4米51拍) : 1:10,
2B ; 35mm银盐
收藏馆：缩微中心，国图

00O003136
唐书直笔新例：四卷新例须知一卷 / (宋)吕夏卿撰
明(1368-1644)抄本
1986年摄制. -- 1盘卷片(4米52拍) : 1:10,
2B ; 35mm银盐
收藏馆：缩微中心，国图

00O014425
唐书直笔新例：四卷新例须知一卷 / (宋)吕夏卿撰
清(1644-1911)抄本
1992年摄制. -- 1盘卷片(5米61拍) : 1:10,
2B ; 35mm银盐
收藏馆：缩微中心，国图

00O026371
致堂读史管见：三十卷 / (宋)胡寅撰
宋宝祐二年(1254)刻递修本
1996年摄制. -- 2盘卷片(53米1171拍) :

1:10，2B；35mm银盐
收藏馆：缩微中心，北碚

00O022262
致堂读史管见：三十卷 / (宋)胡寅撰
元(1271-1368)刻本. -- 存十五卷：卷七至卷
十五、卷十九至卷二十四。
1995年摄制. -- 1盘卷片（27米525拍）：
1:10，2B；35mm银盐
收藏馆：缩微中心，国图

00O003566
致堂读史管见：三十卷 / (宋)胡寅撰
元(1271-1368)刻明(1368-1644)重修本
1985年摄制. -- 2盘卷片（52米1040拍）：
1:10，2B；35mm银盐
收藏馆：缩微中心，国图

00O007203
读史管见：三十卷目录二卷 / (宋)胡寅撰
明崇祯八年(1635)刻后印本
1987年摄制. -- 3盘卷片（81米1778拍）：
1:10，2B；35mm银盐
收藏馆：缩微中心，山东

00O026753
李侍郎经进六朝通鉴博议：十卷 / (宋)李焘撰
清(1644-1911)抄本. -- (清)丁丙跋。
1996年摄制. -- 1盘卷片（11米152拍）：
1:10，2B；35mm银盐
收藏馆：缩微中心，南京

00O015164
李侍郎经进六朝通鉴博议：十卷 / (宋)李焘撰
清(1644-1911)抄本
1992年摄制. -- 1盘卷片（8米130拍）：1:10，
2B；35mm银盐
收藏馆：缩微中心，国图

00O024139
李侍郎经进六朝通鉴博议：十卷 / (宋)李焘撰
清咸丰九年(1859)求志斋抄本
1996年摄制. -- 1盘卷片（8米160拍）：1:10，
2B；35mm银盐
收藏馆：缩微中心，湖北

00O005349
小学史断：二卷 / (宋)南宫靖一撰
明(1368-1644)刻本
1986年摄制. -- 1盘卷片（7.4米138拍）：
1:10，2B；35mm银盐
收藏馆：缩微中心，国图

00O014254
**小学史断：二卷 / (宋)南宫靖一撰．续：一卷 /
(明)晏彦文撰**
明嘉靖十二年(1533)辽藩朱宠瀼刻本
1992年摄制. -- 1盘卷片（8米133拍）：1:10，
2B；35mm银盐
收藏馆：缩微中心，国图

00O004627
**小学史断：二卷 / (宋)南宫靖一撰．续：一卷 /
(明)晏彦文撰**
明嘉靖十七年(1538)张木刻蓝印本
1987年摄制. -- 1盘卷片（9米164拍）：1:10，
2B；35mm银盐
收藏馆：缩微中心，国图

00O005726
**小学史断：二卷 / (宋)南宫靖一撰．续：一卷 /
(明)晏彦文撰**
明嘉靖十七年(1538)张木刻蓝印本
1987年摄制. -- 1盘卷片（9米174拍）：1:10，
2B；35mm银盐
收藏馆：缩微中心，国图

00O012777
**小学史断：二卷 / (宋)南宫靖一撰．续：一卷 /
(明)晏彦文撰**
明嘉靖二十六年(1547)赵庆刻本
1990年摄制. -- 1盘卷片（8米182拍）：1:10，
2B；35mm银盐
收藏馆：缩微中心，南京

00O018994
**小学史断：四卷 / (宋)南宫靖一撰．前编：一卷
续编一卷 / (明)徐师曾撰**
明嘉靖三十三年(1554)刻本
1993年摄制. -- 1盘卷片（11米199拍）：
1:10，2B；35mm银盐
收藏馆：缩微中心，天津

00O025914
常谈：一卷 / (宋)吴箕撰
清(1644-1911)抄本
1996年摄制. -- 1盘卷片（3米41拍）：1:10，
2B；35mm银盐
收藏馆：缩微中心，南京

00O004109
涉史随笔：一卷 / (宋)葛洪撰
明正德十一年(1516)邝璠刻本. -- 沈峥跋。
1986年摄制. -- 1盘卷片（4米59拍）：1:10，
2B；35mm银盐
收藏馆：缩微中心，国图

000O020312

涉史随笔：一卷 / (宋)葛洪撰
明(1368-1644)刻本
1994年摄制. -- 1盘卷片(4米41拍) : 1:10,
2B ; 35mm银盐
收藏馆：缩微中心, 国图

000O001687

史学提要：三卷 / (宋)黄继善撰
明(1368-1644)抄本
1986年摄制. -- 1盘卷片(8米137拍) : 1:10,
2B ; 35mm银盐
收藏馆：缩微中心, 国图

000O026765

史学提要：一卷 / (宋)黄继善撰
清(1644-1911)眠云精舍刻本. -- (清)丁丙
跋。
1996年摄制. -- 1盘卷片(4米51拍) : 1:10,
2B ; 35mm银盐
收藏馆：缩微中心, 南京

000O002333

史纂通要后集：三卷 / (元)董鼎撰
清(1644-1911)抄本. -- (清)翁同书跋。
1986年摄制. -- 1盘卷片(7米112拍) : 1:10,
2B ; 35mm银盐
收藏馆：缩微中心, 国图

000O005248

史义拾遗：二卷 / (元)杨维桢撰
明嘉靖十九年(1540)任辙刻本
1986年摄制. -- 1盘卷片(7米125拍) : 1:10,
2B ; 35mm银盐
收藏馆：缩微中心, 国图

000O012606

史义拾遗：二卷 / (元)杨维桢撰
明崇祯五年(1632)蒋世枋刻本
1990年摄制. -- 1盘卷片(8.9米176拍) :
1:10, 2B ; 35mm银盐
收藏馆：缩微中心, 辽宁

000O016485

通鉴囊钥：十卷
明嘉靖三十年(1551)鳙溪书堂刻本
1992年摄制. -- 1盘卷片(8米131拍) : 1:10,
2B ; 35mm银盐
收藏馆：缩微中心, 国图

000O011269

通鉴博论：三卷 / (明)朱权编
明万历十四年(1586)司礼监刻本

1989年摄制. -- 1盘卷片(15米298拍) :
1:10, 2B ; 35mm银盐
收藏馆：缩微中心, 甘肃

000O004719

通鉴博论：三卷 / (明)朱权撰
清(1644-1911)抄本. -- 存二卷：卷上、卷
下。(清)宋筠校。
1986年摄制. -- 1盘卷片(7.6米145拍) :
1:10, 2B ; 35mm银盐
收藏馆：缩微中心, 国图

000O019508

新编汉唐通鉴品藻：三十卷 / (明)戴璟撰
明嘉靖十七年(1538)西安府刻本. -- 存十九
卷：卷一至卷六、卷十八至卷三十。
1994年摄制. -- 1盘卷片(20米403拍) :
1:10, 2B ; 35mm银盐
收藏馆：缩微中心, 国图

000O014220

新编汉唐纲目群史品藻：三十卷 / (明)戴璟撰
明(1368-1644)建邑书林安正堂刻本
1992年摄制. -- 2盘卷片(36米666拍) :
1:10, 2B ; 35mm银盐
收藏馆：缩微中心, 国图

000O025017

新刊通鉴纲目策论摘题：二十卷 / (明)严时泰辑
明嘉靖三年(1524)郑氏宗文堂刻本
1996年摄制. -- 1盘卷片(27米589拍) :
1:10, 2B ; 35mm银盐
收藏馆：缩微中心, 安徽

000O008120

古今治统：二十卷 / (明)徐奋鹏撰
清雍正元年(1723)槐柳斋刻本
1988年摄制. -- 1盘卷片(27.5米621拍) :
1:10, 2B ; 35mm银盐
收藏馆：缩微中心, 湖北

000O021544

古今治统：二十卷 / (明)徐奋鹏撰
清(1644-1911)抄本
1995年摄制. -- 1盘卷片(28米540拍) :
1:10, 2B ; 35mm银盐
收藏馆：缩微中心, 国图

000O026834

新刻精纂注释历史标题通鉴捷旨：六卷
明万历(1573-1620)书林詹氏进贤堂刻本. --
(清)谢家福跋。
1996年摄制. -- 1盘卷片(11米200拍) :

1:10, 2B ; 35mm银盐
收藏馆：缩微中心，南京

000O026004
西园汇史义例：二卷 / (明)张萱撰
明(1368-1644)刻本
1996年摄制. -- 1盘卷片(5.4米88拍) :
1:10, 2B ; 35mm银盐
收藏馆：缩微中心，福建

000O015317
史钺：二十卷 / (明)晏璧撰
明弘治十五年(1502)刘祥刻本
1992年摄制. -- 1盘卷片(12米211拍) :
1:10, 2B ; 35mm银盐
收藏馆：缩微中心，国图

000O012571
史钺：二十卷 / (明)晏璧撰
明嘉靖二十七年(1548)刻本
1990年摄制. -- 1盘卷片(15米317拍) :
1:10, 2B ; 35mm银盐
收藏馆：缩微中心，辽宁

000O013284
政监：三十二卷 / (明)夏寅撰
明成化十六年(1480)刻本
1991年摄制. -- 1盘卷片(18米372拍) :
1:10, 2B ; 35mm银盐
收藏馆：缩微中心，湖北

000O012142
唐宗名贤历代确论：一百卷
明弘治十七年(1504)钱孟浚刻本. -- (清)丁
丙跋。
1990年摄制. -- 3盘卷片(64米1525拍) :
1:10, 2B ; 35mm银盐
收藏馆：缩微中心，南京

000O005722
唐宋名贤历代确论：一百卷
明弘治十七年(1504)钱孟浚刻本
1987年摄制. -- 3盘卷片(64米1383拍) :
1:10, 2B ; 35mm银盐
收藏馆：缩微中心，国图

000O016732
新刊唐宋名贤历代确论：十卷 / (明)钱福撰
明正德二年(1507)宗文书堂刻本
1993年摄制. -- 2盘卷片(47米916拍) :
1:10, 2B ; 35mm银盐
收藏馆：缩微中心，国图

000O027362
学史：十三卷 / (明)邵宝撰
明正德十五年(1520)陈察刻本
1996年摄制. -- 1盘卷片(12米229拍) :
1:10, 2B ; 35mm银盐
收藏馆：缩微中心，南京

000O027855
学史：十三卷 / (明)邵宝撰
明嘉靖七年(1528)陈察刻本. -- (清)丁丙
跋。
1996年摄制. -- 1盘卷片(11米207拍) :
1:10, 2B ; 35mm银盐
收藏馆：缩微中心，南京

000O000374
学史：十三卷 / (明)邵宝撰
明嘉靖二十三年(1544)秦汶刻本
1985年摄制. -- 1盘卷片(10.3米209拍) :
1:10, 2B ; 35mm银盐
收藏馆：缩微中心，国图

000O002880
学史：十三卷 / (明)邵宝撰
明嘉靖二十三年(1544)秦汶刻本
1986年摄制. -- 1盘卷片(7.4米139拍) :
1:10, 2B ; 35mm银盐
收藏馆：缩微中心，国图

000O014894
史衡：六卷 / (明)陈尧撰
明嘉靖三十五年(1556)刻本
1992年摄制. -- 1盘卷片(8.6米179拍) :
1:10, 2B ; 35mm银盐
收藏馆：缩微中心，辽宁

000O028766
诸史夷语音义：四卷 / (明)陈士元撰
明万历十五年(1587)刻本
1998年摄制. -- 1盘卷片(11米177拍) :
1:10, 2B ; 35mm银盐
收藏馆：缩微中心，苏州

000O001881
刻历朝捷录大成：二卷 / (明)顾充撰
明万历十二年(1584)定海学宫刻本
1986年摄制. -- 1盘卷片(14米326拍) :
1:10, 2B ; 35mm银盐
收藏馆：缩微中心，国图

000O020346
刻历朝捷录大成：二卷 / (明)顾充撰
明(1368-1644)刻本

1994年摄制. -- 1盘卷片（11米198拍）：
1:10，2B；35mm银盐
收藏馆：缩微中心，国图

00O012118
新刻顾回澜先生历朝捷录正文：二卷 / (明)顾充撰
明(1368-1644)刻本
1990年摄制. -- 1盘卷片(8米158拍)：1:10，
2B；35mm银盐
收藏馆：缩微中心，山东

00O024972
新锓历朝评林捷录：四卷 / (明)顾充撰
明万历(1573-1620)存德堂刻两节本
1996年摄制. -- 1盘卷片(9米163拍)：1:10，
2B；35mm银盐
收藏馆：缩微中心，安徽

00O017612
新刻开基翰林评选历朝捷录总要：四卷 / (明)王家植评；(明)张瑞图注
明万历三十六年(1608)詹恒忠储贤馆刻本
1993年摄制. -- 1盘卷片(9米146拍)：1:10，
2B；35mm银盐
收藏馆：缩微中心，国图

00O017706
新刻开基翰林评选历朝捷录总要：四卷 / (明)王家植评；(明)张瑞图注
明(1368-1644)刻本
1993年摄制. -- 1盘卷片(9米136拍)：1:10，
2B；35mm银盐
收藏馆：缩微中心，国图

00O007709
新锓历朝捷录增定全编原本：四卷 / (明)顾充撰；(明)钟惺[等]增定
明(1368-1644)刻本
1988年摄制. -- 1盘卷片(16.1米340拍)：
1:9，2B；35mm银盐
收藏馆：缩微中心，重庆

00O007782
历朝捷录百家评林：八卷 / (明)顾充撰；(明)刘应秋辑评
明(1368-1644)刻本
1987年摄制. -- 1盘卷片(12米220拍)：
1:10，2B；35mm银盐
收藏馆：缩微中心，湖南

00O017178
六订历朝捷录百家评林：五卷 / (明)顾充撰；

(明)赵秉忠集评
明万历二十九年(1601)陈耀吾存德堂刻本
1993年摄制. -- 1盘卷片(11米200拍)：
1:10，2B；35mm银盐
收藏馆：缩微中心，山东

00O024984
本朝圣政捷录：六卷 / (明)郑以伟辑
明崇祯(1628-1644)刻本
1996年摄制. -- 1盘卷片(7米12拍)：1:10，
2B；35mm银盐
收藏馆：缩微中心，安徽

00O024285
霞漪阁校订史纲评要：三十六卷 / (明)李贽撰
明万历四十一年(1613)吴存先刻本. -- 存
三十卷：卷一至卷三十。
1996年摄制. -- 2盘卷片(48米802拍)：
1:10，2B；35mm银盐
收藏馆：缩微中心，安徽

00O011247
涉世雄谭：八卷 / (明)朱正色撰
明万历二十四年(1596)刻本. -- (清)沈寿榕题识。
1989年摄制. -- 1盘卷片(19米360拍)：
1:10，2B；35mm银盐
收藏馆：缩微中心，四川

00O008062
涉世雄谭：八卷 / (明)朱正色撰
明万历二十四年(1596)刻本
1988年摄制. -- 1盘卷片(16.5米358拍)：
1:10，2B；35mm银盐
收藏馆：缩微中心，湖北

00O028692
史纲要领：三十六卷 / (明)姚舜牧撰
明万历三十八年(1610)刻本
1998年摄制. -- 2盘卷片(46米972拍)：
1:10，2B；35mm银盐
收藏馆：缩微中心，湖南

00O014340
读史隋笔：二卷 / (明)余懋学撰
明万历三十六年(1608)余昌祚直方堂刻本
1992年摄制. -- 1盘卷片(6米77拍)：1:10，
2B；35mm银盐
收藏馆：缩微中心，国图

00O004278
读史漫录：十四卷 / (明)于慎行撰
明万历三十七年(1609)于纬刻本

1986年摄制. -- 1盘卷片(26.5米620拍) : 1:10, 2B ; 35mm银盐
收藏馆：缩微中心，国图

000O006374
读史漫录：十四卷 / (明)于慎行撰
明万历三十七年(1609)于纬刻本
1987年摄制. -- 1盘卷片(22米479拍) : 1:10, 2B ; 35mm银盐
收藏馆：缩微中心，国图

000O025013
续史疑：二卷 / (明)张一卿撰
明万历四十一年(1613)刻本
1996年摄制. -- 1盘卷片(8米141拍) : 1:10, 2B ; 35mm银盐
收藏馆：缩微中心，安徽

000O027380
明农草堂读史衡初钞：不分卷 / (明)陆鏖撰
清初(1644-1722)抄本
1996年摄制. -- 1盘卷片(8米136拍) : 1:10, 2B ; 35mm银盐
收藏馆：缩微中心，南京

000O025002
斯羽堂评点谢在杭先生史测：二卷 / (明)谢肇淛撰；(明)蒋谨订
明崇祯(1628-1644)刻本
1996年摄制. -- 1盘卷片(6米98拍) : 1:10, 2B ; 35mm银盐
收藏馆：缩微中心，福建

000O010626
史怀：十七卷 / (明)钟惺撰；(明)陶珽评
明崇祯(1628-1644)刻本
1989年摄制. -- 1盘卷片(22米490拍) : 1:10, 2B ; 35mm银盐
收藏馆：缩微中心，浙江

000O008916
史怀：十七卷；晋史怀：三卷 / (明)钟惺撰；(明)陶珽,(明)许豸评
明末(1621-1644)刻本
1988年摄制. -- 1盘卷片(26.5米558拍) : 1:10, 2B ; 35mm银盐
收藏馆：缩微中心，湖北

000O005459
千百年眼：十二卷 / (明)张燧撰
明万历(1573-1620)刻本
1986年摄制. -- 1盘卷片(20米432拍) : 1:10, 2B ; 35mm银盐

收藏馆：缩微中心，国图

000O007801
千百年眼：十二卷 / (明)张燧撰
明万历(1573-1620)刻本
1988年摄制. -- 1盘卷片(20米430拍) : 1:11, 2B ; 35mm银盐
收藏馆：缩微中心，重庆

000O016806
千百年眼：十二卷 / (明)张燧撰
明万历(1573-1620)刻本
1993年摄制. -- 1盘卷片(21米406拍) : 1:10, 2B ; 35mm银盐
收藏馆：缩微中心，国图

000O019555
千百年眼：十二卷 / (明)张燧撰
明万历(1573-1620)刻本
1994年摄制. -- 1盘卷片(20米404拍) : 1:10, 2B ; 35mm银盐
收藏馆：缩微中心，国图

000O028691
史统：二十卷 / (明)余大朋撰
明崇祯十一年(1638)刻本
1998年摄制. -- 1盘卷片(27米583拍) : 1:10, 2B ; 35mm银盐
收藏馆：缩微中心，湖南

000O006534
尚论编：二十卷 / (明)邹泉撰
明万历十五年(1587)黄门刻本
1987年摄制. -- 1盘卷片(25米548拍) : 1:10, 2B ; 35mm银盐
收藏馆：缩微中心，国图

000O013924
史学要义：五卷 / (明)卜大有辑
明万历(1573-1620)刻本
1992年摄制. -- 1盘卷片(18米359拍) : 1:10, 2B ; 35mm银盐
收藏馆：缩微中心，国图

000O026792
太白剑：二卷 / (明)姚康撰
清康熙(1662-1722)刻本
1993年摄制. -- 1盘卷片(15米303拍) : 1:10, 2B ; 35mm银盐
收藏馆：缩微中心，南京

000O010305
太白剑：二卷 / (明)姚康撰

清(1644-1911)姚灼活字印本
1989年摄制. -- 1盘卷片(11.5米227拍) :
1:10, 2B ; 35mm银盐
收藏馆：缩微中心，湖北

000025590
史评小品：二十二卷 / (明)江用世辑
明崇祯(1628-1644)刻本
1996年摄制. -- 2盘卷片(47米938拍) :
1:10, 2B ; 35mm银盐
收藏馆：缩微中心，浙江

000014840
史尚：四卷 / (明)钱梅撰
明末(1621-1644)刻本
1992年摄制. -- 1盘卷片(10米186拍) :
1:10, 2B ; 35mm银盐
收藏馆：缩微中心，国图

000028880
历代史论一编：四卷 / (明)张溥撰
明崇祯(1628-1644)刻本. -- (清)潘霨批。
1995年摄制. -- 1盘卷片(14米314拍) :
1:10, 2B ; 35mm银盐
收藏馆：缩微中心，苏州

000026945
留余堂史取：十二卷 / (明)贺详撰
明(1368-1644)刻本
1997年摄制. -- 2盘卷片(43米800拍) :
1:10, 2B ; 35mm银盐
收藏馆：缩微中心，苏州

000001953
顾氏诗史：十五卷 / (明)唐汝询撰
明万历二十八年(1600)顾正谊刻本
1986年摄制. -- 1盘卷片(29米655拍) :
1:10, 2B ; 35mm银盐
收藏馆：缩微中心，国图

000021758
顾氏诗史：十五卷 / (明)唐汝询撰
明万历二十八年(1600)顾正谊刻本
1995年摄制. -- 1盘卷片(30米614拍) :
1:10, 2B ; 35mm银盐
收藏馆：缩微中心，国图

000006752
洗心居雅言集：二卷 / (明)范梈撰
明万历三十六年(1608)陶望龄刻本
1986年摄制. -- 1盘卷片(10.5米214拍) :
1:10, 2B ; 35mm银盐
收藏馆：缩微中心，国图

000014333
古今传赞序记文稿：不分卷 / (明)王命璿撰
明崇祯(1628-1644)刻本
1992年摄制. -- 1盘卷片(30米631拍) :
1:10, 2B ; 35mm银盐
收藏馆：缩微中心，国图

000010282
读通鉴论：三十卷末一卷 / (清)王夫之撰
清同治十二年(1873)曾氏刻本. -- 存二十七
卷：卷一至卷十八、卷二十三至卷三十，末一
卷。(清)皮锡瑞批。
1989年摄制. -- 2盘卷片(49.5米1030拍) :
1:10, 2B ; 35mm银盐
收藏馆：缩微中心，湖北

000012741
论史同异全集本：二十卷 / (清)王仕云撰
清康熙(1662-1722)铁汉楼刻本. -- (清)莫绳
孙跋。
1990年摄制. -- 1盘卷片(30米716拍) :
1:10, 2B ; 35mm银盐
收藏馆：缩微中心，南京

000020385
读书论世：十六卷 / (明)吴肃公撰
清康熙(1662-1722)诒清堂刻本
1994年摄制. -- 1盘卷片(18米355拍) :
1:10, 2B ; 35mm银盐
收藏馆：缩微中心，国图

000031194
读书论世：十六卷 / (明)吴肃公撰
清康熙(1662-1722)诒清堂刻本
2004年摄制. -- 1盘卷片(19米380拍) : 1:9,
2B ; 35mm银盐
收藏馆：缩微中心，国图

000000937
一草亭读史漫笔：二卷 / (清)吴孟坚撰
清康熙二十九年(1690)吴氏一草亭刻本
1985年摄制. -- 1盘卷片(7.6米142拍) :
1:10, 2B ; 35mm银盐
收藏馆：缩微中心，国图

000014044
一草亭读史漫笔：二卷 / (清)吴孟坚撰
清康熙二十九年(1690)吴氏一草亭刻本
1992年摄制. -- 1盘卷片(12米215拍) :
1:10, 2B ; 35mm银盐
收藏馆：缩微中心，国图

00O009639
史綮：不分卷 / (清)魏柏祥撰
清顺治元年(1644)魏氏刻本
1988年摄制. -- 1盘卷片(6米100拍) : 1:10,
2B ; 35mm银盐
收藏馆：缩微中心，甘肃

00O016895
澄景堂史测：十四卷 / (清)施鸿撰；(清)施纶注．
闽溪纪略：一卷 / (清)施鸿撰；(清)卢元昌评点
清康熙八年(1669)施鸿刻本
1993年摄制. -- 1盘卷片(10米183拍) :
1:10, 2B ; 35mm银盐
收藏馆：缩微中心，国图

00O028475
昌峰论古录：十六卷 / (清)孙丙章撰
清(1644-1911)抄本
1997年摄制. -- 1盘卷片(14.8米295拍) :
1:10, 2B ; 35mm银盐
收藏馆：缩微中心，福建

00O010360
绿萍湾史论初集：一卷；绿萍湾史论：二集；纲
目议：一卷 / (清)朱直撰
清康熙四十五年(1706)刻本
1989年摄制. -- 1盘卷片(11米220拍) :
1:10, 2B ; 35mm银盐
收藏馆：缩微中心，湖北

00O007882
评鉴阐要：十二卷 / (清)刘统勋[等]录
清乾隆(1736-1795)刻本. -- 版框高十九厘米
宽十四厘米。
1988年摄制. -- 1盘卷片(19米389拍) :
1:10, 2B ; 35mm银盐
收藏馆：缩微中心，广东

00O012838
钦定古今储贰金鉴：六卷首一卷
清乾隆五十一年(1786)内府刻本
1990年摄制. -- 1盘卷片(9.1米183拍) :
1:10, 2B ; 35mm银盐
收藏馆：缩微中心，辽宁

00O028518
石溪史话：八卷补遗四卷 / (清)刘风起撰
清乾隆二十年(1755)崇本山堂刻本
1997年摄制. -- 1盘卷片(13.3米267拍) :
1:10, 2B ; 35mm银盐
收藏馆：缩微中心，福建

00O012725
读史小论：二卷 / (清)吴成佐撰
清乾隆三十九年(1774)刻本
1990年摄制. -- 1盘卷片(6.8米130拍) :
1:10, 2B ; 35mm银盐
收藏馆：缩微中心，辽宁

00O028944
读监琐言：二卷 / (清)叶廷琯撰
清咸丰九年(1859)劳典叔抄本. -- (清)劳格
手校补跋。
1998年摄制. -- 1盘卷片(5米53拍) : 1:10,
2B ; 35mm银盐
收藏馆：缩微中心，苏州

00O027533
四史余论：四卷 / (清)丁晏撰
清(1644-1911)丁氏颐志斋抄本. -- 汉书余论
律历志以下抄配。
1997年摄制. -- 1盘卷片(11米176拍) :
1:10, 2B ; 35mm银盐
收藏馆：缩微中心，国图

00O028380
读史随笔：二卷 / (清)魏秀仁撰
清(1644-1911)抄本
1997年摄制. -- 1盘卷片(4.7米71拍) :
1:10, 2B ; 35mm银盐
收藏馆：缩微中心，福建

00O018060
日省斋偶钞 / (清)程兆炳撰
清(1644-1911)稿本. -- (清)左昂签批，(清)
张肇辰等题款。
1993年摄制. -- 1盘卷片(6米96拍) : 1:10,
2B ; 35mm银盐
收藏馆：缩微中心，天津

00O024523
志远斋史话：三卷 / (清)杨以贞撰
清(1644-1911)稿本
1996年摄制. -- 1盘卷片(5米75拍) : 1:10,
2B ; 35mm银盐
收藏馆：缩微中心，浙江

00O026888
志远斋史话：六卷 / (清)杨以贞撰
清(1644-1911)稿本. -- (清)文廷式、(清)俞
樾批，(清)孙衣言、(清)薛时雨题识。
1996年摄制. -- 1盘卷片(9米142拍) : 1:10,
2B ; 35mm银盐
收藏馆：缩微中心，南京

000O024519
读鉴述闻：六卷 / (清)孙德祖撰
清(1644-1911)稿本
1996年摄制. -- 1盘卷片(10米184拍)：
1:10, 2B；35mm银盐
收藏馆：缩微中心，浙江

000O016770
诸史琐言：十八卷 / (清)沈家本撰
清(1644-1911)稿本
1993年摄制. -- 1盘卷片(34米648拍)：
1:10, 2B；35mm银盐
收藏馆：缩微中心，国图

000O026799
湖楼史话：四卷 / (清)杨以贞撰
清(1644-1911)稿本
1989年摄制. -- 1盘卷片(6米97拍)：1:10,
2B；35mm银盐
收藏馆：缩微中心，南京

000O007708
史汉异同补评：三十二卷 / (明)凌稚隆撰
明万历(1573-1620)刻本
1988年摄制. -- 1盘卷片(23.9米521拍)：
1:9, 2B；35mm银盐
收藏馆：缩微中心，重庆

000O000050
史记论文：一百三十卷 / (清)吴见思评点
清康熙二十五年(1686)刻本
1986年摄制. -- 3盘卷片(80.8米1744拍)：
1:10, 2B；35mm银盐
收藏馆：缩微中心，山西

000O020538
史记论文：一百三十卷 / (清)吴见思评
清康熙二十六年(1687)刻本. -- 存一百二十七
卷：卷一至卷五、卷九至卷四十二、卷四十三
至卷一百三十。(清)胡德琳批校。
1994年摄制. -- 3盘卷片(85米1773拍)：
1:10, 2B；35mm银盐
收藏馆：缩微中心，烟台

000O024544
史记末议：五卷 / (清)杨以贞撰
清(1644-1911)稿本
1996年摄制. -- 1盘卷片(5米72拍)：1:10,
2B；35mm银盐
收藏馆：缩微中心，浙江

000O023680
史记榷参：三卷；汉书榷参：三卷 / (清)王治皞

撰；(清)徐峻均辑
清咸丰元年至清末(1851-1911)抄本
1995年摄制. -- 1盘卷片(11米201拍)：
1:10, 2B；35mm银盐
收藏馆：缩微中心，浙江

000O013966
兀涯西汉书议：十二卷 / (明)霍韬撰；(明)张邦
奇增修
明(1368-1644)抄本
1992年摄制. -- 1盘卷片(9米164拍)：1:10,
2B；35mm银盐
收藏馆：缩微中心，国图

000O023909
三国杂事：二卷 / (宋)唐庚撰
明(1368-1644)范氏天一阁抄本
1996年摄制. -- 1盘卷片(3米68拍)：1:10,
2B；35mm银盐
收藏馆：缩微中心，河南

000O010194
东莱先生音注唐鉴：二十四卷 / (宋)范祖禹撰；
(宋)吕祖谦注
明弘治十年(1497)吕镗刻本. -- (明)徐纮、
(明)朱昱校。
1988年摄制. -- 1盘卷片(20米420拍)：
1:10, 2B；35mm银盐
收藏馆：缩微中心，湖南

000O003860
东莱先生音注唐鉴：二十四卷 / (宋)吕祖谦撰
明弘治十年(1497)吕镗刻本
1985年摄制. -- 1盘卷片(16.6米361拍)：
1:10, 2B；35mm银盐
收藏馆：缩微中心，国图

000O007832
东莱先生音注唐鉴：二十四卷 / (宋)范祖禹撰；
(宋)吕祖谦注
明弘治(1488-1505)刻本
1987年摄制. -- 1盘卷片(13.6米281拍)：
1:9, 2B；35mm银盐
收藏馆：缩微中心，重庆

000O011273
东莱先生音注唐鉴：二十四卷 / (宋)范祖禹撰；
(宋)吕祖谦注
明(1368-1644)刻本
1989年摄制. -- 1盘卷片(18米385拍)：
1:10, 2B；35mm银盐
收藏馆：缩微中心，甘肃

00O012651
东莱先生音注唐鉴：二十四卷 / (宋)范祖禹撰；(宋)吕祖谦注
明(1368-1644)刻本
1990年摄制. -- 1盘卷片(17.7米387拍)：
1:10，2B；35mm银盐
收藏馆：缩微中心，辽宁

00O002351
唐史论断：三卷 / (宋)孙甫撰
清(1644-1911)彭氏知圣道斋抄本. -- (清)彭
元瑞校。
1986年摄制. -- 1盘卷片(7米121拍)：1:10，
2B；35mm银盐
收藏馆：缩微中心，国图

00O001348
唐史论断：三卷 / (宋)孙甫撰
清(1644-1911)抄本. -- (清)黄丕烈跋。
1985年摄制. -- 1盘卷片(7米118拍)：1:10，
2B；35mm银盐
收藏馆：缩微中心，国图

00O026073
唐史论断：三卷 / (宋)孙甫撰
清(1644-1911)抄本. -- (清)丁丙跋。
1993年摄制. -- 1盘卷片(9米165拍)：1:10，
2B；35mm银盐
收藏馆：缩微中心，南京

00O002332
唐史论断：三卷 / (宋)孙甫撰
清(1644-1911)抄本
1986年摄制. -- 1盘卷片(9.3米122拍)：
1:10，2B；35mm银盐
收藏馆：缩微中心，国图

00O003385
唐史论断：三卷 / (宋)孙甫撰
清(1644-1911)抄本
1986年摄制. -- 1盘卷片(10米191拍)：
1:10，2B；35mm银盐
收藏馆：缩微中心，国图

00O013220
新旧唐书杂论：一卷 / (明)李东阳撰
清(1644-1911)抄本. -- (清)丁丙跋。
1991年摄制. -- 1盘卷片(2米34拍)：1:10，
2B；35mm银盐
收藏馆：缩微中心，南京

00O028045
旧唐书论：二卷；唐文归：十卷 / (明)钟惺辑评

明末(1621-1644)集贤堂刻本. -- 存十一卷：
旧唐书卷一至卷二、唐文归卷二至卷十。
1996年摄制. -- 1盘卷片(31.1米662拍)：
1:10，2B；35mm银盐
收藏馆：缩微中心，福建

00O002187
四明尊尧集：四卷 / (宋)陈瓘撰
明(1368-1644)刻本
1986年摄制. -- 1盘卷片(6米102拍)：1:10，
2B；35mm银盐
收藏馆：缩微中心，国图

00O013503
四明尊尧集：四卷 / (宋)陈瓘撰
明(1368-1644)刻本
1991年摄制. -- 1盘卷片(6米77拍)：1:10，
2B；35mm银盐
收藏馆：缩微中心，国图

00O005446
四明尊尧集：四卷 / (宋)陈瓘撰
清(1644-1911)抄本
1986年摄制. -- 1盘卷片(5.5米95拍)：
1:10，2B；35mm银盐
收藏馆：缩微中心，国图

00O026778
经幄管见：四卷 / (宋)曹彦约撰
清(1644-1911)抄本. -- (清)丁丙跋。
1996年摄制. -- 1盘卷片(6米99拍)：1:10，
2B；35mm银盐
收藏馆：缩微中心，南京

00O005933
类编皇朝大事记讲义：二十三卷 / (宋)吕中撰
清(1644-1911)抄本
1987年摄制. -- 1盘卷片(20.1米445拍)：
1:10，2B；35mm银盐
收藏馆：缩微中心，国图

00O012253
类编皇朝大事记讲义：二十三卷；中兴讲义：一卷 / (宋)吕中撰
清(1644-1911)抄本. -- (清)丁丙跋。
1990年摄制. -- 1盘卷片(20米477拍)：
1:10，2B；35mm银盐
收藏馆：缩微中心，南京

00O015332
续宋论：三卷 / (明)蒋谊撰
明成化二十二年(1486)许岳英王洪刻本
1992年摄制. -- 1盘卷片(4米44拍)：1:10，

2B；35mm银盐
收藏馆：缩微中心，国图

00O015631
宋史笔断：十二卷
明(1368-1644)刻本
1993年摄制. -- 1盘卷片(14米248拍) :
1:10, 2B；35mm银盐
收藏馆：缩微中心，国图

00O024282
新镌屠仪部编纂元朝捷录：四卷 / (明)屠隆辑
明万历三十七年(1609)金陵书林刻两节本
1996年摄制. -- 1盘卷片(5米76拍) : 1:10,
2B；35mm银盐
收藏馆：缩微中心，安徽

00O025028
新刻校正纂辑皇明我朝捷录：不分卷 / (明)李良翰撰
明末(1621-1644)刻本
1996年摄制. -- 1盘卷片(5米71拍) : 1:10,
2B；35mm银盐
收藏馆：缩微中心，安徽

00O018990
史纠：不分卷 / (明)朱明镐撰
清(1644-1911)抄本
1993年摄制. -- 1盘卷片(9米161拍) : 1:10,
2B；35mm银盐
收藏馆：缩微中心，天津

00O002182
史纠：六卷 / (明)朱明镐撰
清(1644-1911)抄本. -- 存四卷：卷一至卷
二、卷五至卷六。
1986年摄制. -- 1盘卷片(5米78拍) : 1:10,
2B；35mm银盐
收藏馆：缩微中心，国图

00O020621
捷录法原旁注：十三卷 / (清)钱炅辑
清康熙二十五年(1686)钱氏刻本
1994年摄制. -- 1盘卷片(23米465拍) :
1:10, 2B；35mm银盐
收藏馆：缩微中心，国图

00O024426
十七史商榷：一百卷 / (清)王鸣盛撰
清乾隆五十二年(1787)洞泾草堂刻本. --
(清)李慈铭批校并跋。
1996年摄制. -- 3盘卷片(73米1479拍) :
1:10, 2B；35mm银盐

收藏馆：缩微中心，国图

00O024421
廿二史札记：三十六卷 / (清)赵翼撰
清乾隆六十年(1795)刻本. -- (清)李慈铭批
注并跋。
1996年摄制. -- 2盘卷片(43米859拍) :
1:10, 2B；35mm银盐
收藏馆：缩微中心，国图

00O024429
廿二史考异：一百卷 / (清)钱大昕撰
清乾隆四十五年(1780)刻本. -- (清)李慈铭
校。
1996年摄制. -- 3盘卷片(87米1776拍) :
1:10, 2B；35mm银盐
收藏馆：缩微中心，国图

00O002048
四史疑年录：七卷 / (清)刘文如撰
清嘉庆二十三年(1818)阮元刻本
1986年摄制. -- 1盘卷片(9米162拍) : 1:10,
2B；35mm银盐
收藏馆：缩微中心，国图

00O025464
四史疑年录：七卷 / (清)刘文如撰
清(1644-1911)刻本
1996年摄制. -- 1盘卷片(7米101拍) : 1:10,
2B；35mm银盐
收藏馆：缩微中心，国图

00O012189
**永嘉先生三国六朝五代纪年总辨：二十八卷 /
(宋)朱甫撰**
清(1644-1911)抄本. -- (清)丁丙跋。
1990年摄制. -- 1盘卷片(28米565拍) :
1:10, 2B；35mm银盐
收藏馆：缩微中心，南京

00O012222
旧闻证误：四卷 / (宋)李心传撰
清咸丰五年(1855)叶廷琯抄本. -- (清)叶廷
琯校并跋又录(清)胡廷、(清)劳格校。
1990年摄制. -- 1盘卷片(4米84拍) : 1:10,
2B；35mm银盐
收藏馆：缩微中心，南京

00O013764
元史本证：五十卷 / (清)汪辉祖撰
清嘉庆七年(1802)刻本
1991年摄制. -- 1盘卷片(25米523拍) :
1:10, 2B；35mm银盐

收藏馆：缩微中心，国图

000O024283
明史三朝考异：六卷 / (清)潘柽章撰；(清)吴炎订
明末(1621-1644)抄本
1996年摄制. -- 1盘卷片(15米309拍)：1:10，2B；35mm银盐
收藏馆：缩微中心，安徽

000O020214
国史考异：六卷 / (清)潘柽章撰
清光绪(1875-1908)潘祖荫刻功顺堂丛书本. -- (清)李文田校并跋。
1994年摄制. -- 1盘卷片(13米241拍)：1:10，2B；35mm银盐
收藏馆：缩微中心，国图

000O012266
史咏诗集：二卷 / (宋)徐钧撰
清(1644-1911)何元锡抄本. -- (清)丁丙跋。
1990年摄制. -- 1盘卷片(4米87拍)：1:10，2B；35mm银盐
收藏馆：缩微中心，南京

000O003228
拟古乐府：二卷 / (明)李东阳撰；(明)何孟春解；(明)谢铎,(明)潘辰评
明(1368-1644)魏椿刻本
1986年摄制. -- 1盘卷片(9米163拍)：1:10，2B；35mm银盐
收藏馆：缩微中心，国图

000O010007
廿一史弹词注：十一卷 / (明)杨慎撰
清雍正五年(1727)张坦麟重刻本. -- 版框高十八厘米宽十四厘米.
1989年摄制. -- 2盘卷片(34米693拍)：1:10，2B；35mm银盐
收藏馆：缩微中心，广东

000O008131
杨升庵史略词话：二卷 / (清)李清,(清)宫伟镠正误
清康熙(1662-1722)刻本
1988年摄制. -- 1盘卷片(7.5米143拍)：1:10，2B；35mm银盐
收藏馆：缩微中心，湖北

000O010746
南宋杂事诗：七卷 / (清)沈嘉辙[等]撰
清(1644-1911)武林芹香斋精刻本
1989年摄制. -- 1盘卷片(11米223拍)：

1:10，2B；35mm银盐
收藏馆：缩微中心，天津

000O024108
今乐府：二卷 / (清)吴炎,(清)潘柽章撰
清(1644-1911)抄本
1996年摄制. -- 1盘卷片(6米85拍)：1:10，2B；35mm银盐
收藏馆：缩微中心，湖北

000O026776
今乐府：二卷 / (清)吴炎,(清)潘柽章撰
清初(1644-1722)刻本
1996年摄制. -- 1盘卷片(8米122拍)：1:10，2B；35mm银盐
收藏馆：缩微中心，南京

传记类

000O006038
汉唐三传：十四卷
明嘉靖(1522-1566)吴郡黄氏刻本
1987年摄制. -- 1盘卷片(13米269拍)：1:10，2B；35mm银盐
收藏馆：缩微中心，国图

000O018187
宋大臣汇志三种：十九卷 / (明)郑鄤辑
明崇祯元年(1628)大观堂刻本
1993年摄制. -- 2盘卷片(40米817拍)：1:10，2B；35mm银盐
收藏馆：缩微中心，山东

000O021604
历代名儒名臣循吏传：五十六卷 / (清)朱轼[等]撰
清雍正(1723-1735)刻本. -- 存四十八卷：名儒传八卷、名臣传三十五卷、续编五卷。
1995年摄制. -- 3盘卷片(86米1748拍)：1:10，2B；35mm银盐
收藏馆：缩微中心，国图

000O012522
古今人物志略：十二卷 / (明)何璧辑
明嘉靖四十四年(1565)蔡前溪刻本
1990年摄制. -- 1盘卷片(10.4米214拍)：1:10，2B；35mm银盐
收藏馆：缩微中心，辽宁

000O006657
人物概：十五卷 / (明)陈禹谟辑
明(1368-1644)刻本
1987年摄制. -- 1盘卷片(14米300拍)：

1:10, 2B ；35mm银盐
收藏馆：缩微中心，国图

000○018985
人物通考：一百五十二卷 / (清)陶炜辑
清(1644-1911)稿本. -- 存一百三十七卷：卷
一至卷五、卷十六至卷四十、卷四十六至卷
一百五十二。
1993年摄制. -- 7盘卷片(194米4304拍) :
1:10, 2B ；35mm银盐
收藏馆：缩微中心，天津

000○008190
古人几部：六卷 / (清)陈允衡撰
清顺治三年(1646)刻本. -- 版框高二十一厘
米宽十四厘米。有朱笔圈点。
1988年摄制. -- 1盘卷片(11米215拍) :
1:10, 2B ；35mm银盐
收藏馆：缩微中心，广东

000○004958
疑年录：四卷 / (清)钱大昕撰
清(1644-1911)抄本. -- (清)吴骞增补校注。
1987年摄制. -- 1盘卷片(5米72拍) : 1:10,
2B ；35mm银盐
收藏馆：缩微中心，国图

000○025814
疑年录：四卷 / (清)钱大昕撰
清嘉庆十五年(1810)黄锡蕃擘荔轩抄本
1996年摄制. -- 1盘卷片(4米31拍) : 1:10,
2B ；35mm银盐
收藏馆：缩微中心，国图

000○019456
疑年录：四卷 / (清)钱大昕撰 . 续：四卷 / (清)吴
修撰
清嘉庆十八年(1813)吴修刻本
1994年摄制. -- 1盘卷片(7米117拍) : 1:10,
2B ；35mm银盐
收藏馆：缩微中心，国图

000○027776
疑年汇编：十六卷 / (清)潘观保撰
清(1644-1911)稿本
1997年摄制. -- 2盘卷片(41米743拍) :
1:10, 2B ；35mm银盐
收藏馆：缩微中心，苏州

000○003614
春秋臣传：三十卷 / (宋)王当撰
明(1368-1644)抄本
1985年摄制. -- 1盘卷片(9米175拍) : 1:10,

2B ；35mm银盐
收藏馆：缩微中心，国图

000○005674
春秋列传：五卷 / (明)刘节撰
明(1368-1644)刻本
1987年摄制. -- 1盘卷片(19米412拍) :
1:10, 2B ；35mm银盐
收藏馆：缩微中心，国图

000○022576
春秋列传：十卷 / (明)刘节撰
明(1368-1644)刻本
1995年摄制. -- 1盘卷片(31.5米660拍) :
1:10, 2B ；35mm银盐
收藏馆：缩微中心，襄阳

000○005696
纂补春秋诸名臣传：十三卷 / (明)姚咨撰
明隆庆五年(1571)安绍芳刻本
1987年摄制. -- 1盘卷片(17米362拍) :
1:10, 2B ；35mm银盐
收藏馆：缩微中心，国图

000○001904
三立堂新编阃外春秋：三十二卷 / (明)尹商撰
明崇祯(1628-1644)刻本. -- 存二十九卷：卷
一至卷十五、卷十九至卷三十二。
1986年摄制. -- 3盘卷片(61米1331拍) :
1:10, 2B ；35mm银盐
收藏馆：缩微中心，国图

000○010121
东西汉列传：不分卷
明(1368-1644)山椒馆抄本
1989年摄制. -- 1盘卷片(10米184拍) :
1:10, 2B ；35mm银盐
收藏馆：缩微中心，山东

000○012113
历代经世详说：六卷附录一卷 / (元)方回撰
明(1368-1644)抄本
1990年摄制. -- 1盘卷片(7米132拍) : 1:10,
2B ；35mm银盐
收藏馆：缩微中心，山东

000○025583
三史统：不分卷 / (明)屠本畯撰
明(1368-1644)屠氏霞爽阁抄本
1996年摄制. -- 6盘卷片(183米3712拍) :
1:10, 2B ；35mm银盐
收藏馆：缩微中心，浙江

000O015459
孔孟事迹图谱：四卷 / (明)季本撰
明(1368-1644)童汉臣刻本
1993年摄制. -- 1盘卷片(7米104拍)：1:10,
2B ；35mm银盐
收藏馆：缩微中心，国图

000O002374
孔氏祖庭广记：十二卷 / (金)孔元措撰
清(1644-1911)抄本
1986年摄制. -- 1盘卷片(10米195拍)：
1:10, 2B ；35mm银盐
收藏馆：缩微中心，国图

000O025065
孔氏祖庭广记：十二卷 / (金)孔元措撰
清(1644-1911)抄本
1996年摄制. -- 1盘卷片(11米190拍)：
1:10, 2B ；35mm银盐
收藏馆：缩微中心，国图

000O005695
圣门通考：十二卷年谱二卷 / (明)包大爟撰 . 续考：三卷 / (明)包垕撰
明万历十五年(1587)书林清心堂刻本
1987年摄制. -- 2盘卷片(37米778拍)：
1:10, 2B ；35mm银盐
收藏馆：缩微中心，国图

000O024231
刻孔圣全书：十四卷首一卷 / (明)安梦松辑
明万历二十六年(1598)郑世豪书林刻本
1996年摄制. -- 1盘卷片(14米298拍)：
1:10, 2B ；35mm银盐
收藏馆：缩微中心，安徽

000O013522
刻孔圣全书：八卷 / (明)安梦松撰
明万历二十七年(1599)书林郑云竹刻本. -- 存七卷：卷一至卷七。
1991年摄制. -- 1盘卷片(8米122拍)：1:10,
2B ；35mm银盐
收藏馆：缩微中心，国图

000O005698
孔门传道录：十六卷 / (明)张朝瑞撰
明万历二十六年(1598)姚履旋顾端祥刻本
1987年摄制. -- 1盘卷片(28.4米641拍)：
1:10, 2B ；35mm银盐
收藏馆：缩微中心，国图

000O019426
圣门人物志：十二卷 / (明)郭子章撰

明万历二十一年(1593)赵彦刻本
1994年摄制. -- 1盘卷片(13米236拍)：
1:10, 2B ；35mm银盐
收藏馆：缩微中心，国图

000O017372
圣门人物志：十三卷 / (明)郭子章撰
明(1368-1644)叶天民刻本
1993年摄制. -- 1盘卷片(12米202拍)：
1:10, 2B ；35mm银盐
收藏馆：缩微中心，国图

000O006948
宗圣谱：十四卷 / (明)邹泉撰
明万历十六年(1588)徐振德刻本
1986年摄制. -- 1盘卷片(13米276拍)：
1:10, 2B ；35mm银盐
收藏馆：缩微中心，国图

000O020334
宗圣谱：十四卷 / (明)邹泉撰
明万历十六年(1588)徐振德刻本
1994年摄制. -- 1盘卷片(14米258拍)：
1:10, 2B ；35mm银盐
收藏馆：缩微中心，国图

000O028609
刻生民未有编：四卷续刻一卷 / (明)李珏辑
明万历二十六年(1598)刻本
1998年摄制. -- 1盘卷片(12米224拍)：
1:10, 2B ；35mm银盐
收藏馆：缩微中心，广东

000O013529
圣门志：六卷 / (明)吕元善辑
明天启四年(1624)樊维城刻本
1990年摄制. -- 1盘卷片(25米537拍)：
1:10, 2B ；35mm银盐
收藏馆：缩微中心，浙江

000O020746
圣门志：六卷 / (明)吕元善辑
明崇祯二年(1629)刻本
1994年摄制. -- 1盘卷片(26米529拍)：
1:10, 2B ；35mm银盐
收藏馆：缩微中心，国图

000O017667
新刻孔门儒教列传：四卷
明(1368-1644)刻本
1993年摄制. -- 1盘卷片(6米77拍)：1:10,
2B ；35mm银盐
收藏馆：缩微中心，国图

000O017295
新刊素王事纪：一卷．圣朝通制孔子庙祀：一卷
朝鲜活字印本
1993年摄制. -- 1盘卷片(4米32拍) ： 1:10, 2B ；35mm银盐
收藏馆：缩微中心，国图

000O022750
从祀先圣先贤先儒事迹录：二十四卷 / (明)李廷宝撰；(明)李日煦补
明嘉靖四十五年(1566)刻万历(1573-1620)补刻本
1994年摄制. -- 1盘卷片(21米408拍) ： 1:10, 2B ；35mm银盐
收藏馆：缩微中心，浙江

000O018882
养蒙图说：不分卷 / (明)涂时相撰；(清)涂大辂[等]校
清乾隆(1736-1795)蔓杏书屋刻本
1994年摄制. -- 1盘卷片(14米294拍) ： 1:10, 2B ；35mm银盐
收藏馆：缩微中心，天津

000O017064
刘向古列女传：七卷续一卷 / (汉)刘向撰
明万历三十四年(1606)文林阁唐锦池刻本
1993年摄制. -- 1盘卷片(13米236拍) ： 1:10, 2B ；35mm银盐
收藏馆：缩微中心，国图

000O007000
刘向古列女传：七卷续一卷 / (汉)刘向撰
明万历三十四年(1606)文林阁唐锦池刻本. -- 卷二至卷三配抄本。(清)徐沆跋并临(清)吴骞校。
1987年摄制. -- 1盘卷片(14米282拍) ： 1:10, 2B ；35mm银盐
收藏馆：缩微中心，国图

000O024926
古列女传：七卷续一卷 / (汉)刘向撰．列女传考证：一卷 / (清)顾广圻撰
清嘉庆元年(1796)顾之逵小读书堆刻本. -- (清)孙星衍校，莫棠跋。
1996年摄制. -- 1盘卷片(10米185拍) ： 1:10, 2B ；35mm银盐
收藏馆：缩微中心，南京

000O010308
古列女传：七卷续一卷 / (汉)刘向撰．列女传考证：一卷 / (清)顾广圻撰

清嘉庆元年(1796)顾之逵小读书堆刻本. -- (清)吴骞校。
1989年摄制. -- 1盘卷片(10米193拍) ： 1:10, 2B ；35mm银盐
收藏馆：缩微中心，湖北

000O003376
刘向古列女传：七卷续一卷 / (汉)刘向撰；(明)黄鲁曾赞
明嘉靖(1522-1566)吴郡黄氏刻汉唐三传本. -- (清)陈鳣跋，(清)吴骞校。
1986年摄制. -- 1盘卷片(8米151拍) ： 1:10, 2B ；35mm银盐
收藏馆：缩微中心，国图

000O005586
刘向古列女传：七卷续一卷 / (汉)刘向撰；(明)黄鲁曾赞
明嘉靖(1522-1566)吴郡黄氏刻汉唐三传本. -- 劳健录(清)黄丕烈校。
1987年摄制. -- 1盘卷片(8.2米160拍) ： 1:10, 2B ；35mm银盐
收藏馆：缩微中心，国图

000O003078
刘向古列女传：七卷续一卷 / (汉)刘向撰；(明)黄鲁曾赞
明嘉靖(1522-1566)吴郡黄氏刻汉唐三传本
1986年摄制. -- 1盘卷片(8米156拍) ： 1:10, 2B ；35mm银盐
收藏馆：缩微中心，国图

000O019382
新镌增补全像评林古今列女传：八卷 / (汉)刘向撰；(明)茅坤补；(明)彭烊评
明(1368-1644)书坊唐富春刻本
1994年摄制. -- 1盘卷片(13米237拍) ： 1:10, 2B ；35mm银盐
收藏馆：缩微中心，国图

000O025140
列女传集注：八卷补遗一卷附录一卷 / (清)萧道管撰
清光绪(1875-1908)刻本. -- 王国维校。
1996年摄制. -- 1盘卷片(12米232拍) ： 1:10, 2B ；35mm银盐
收藏馆：缩微中心，国图

000O001510
列女传：十六卷 / (汉)刘向撰；(明)汪□辑；(明)仇英绘图
明万历(1573-1620)汪氏刻清乾隆四十四年(1779)鲍氏知不足斋印本

1986年摄制. -- 2盘卷片(39.1米827拍)：
1:10, 2B；35mm银盐
收藏馆：缩微中心，山西

000O020677
列女传：十六卷 / (汉)刘向撰；(明)汪□辑；(明)仇英绘图
明万历(1573-1620)汪氏刻清乾隆四十四年
(1779)鲍氏知不足斋印本
1994年摄制. -- 2盘卷片(38米761拍)：
1:10, 2B；35mm银盐
收藏馆：缩微中心，国图

000O017067
列女传：十六卷
明(1368-1644)真诚堂刻本. -- 存十二卷：卷
三至卷十四。
1993年摄制. -- 1盘卷片(29米571拍)：
1:10, 2B；35mm银盐
收藏馆：缩微中心，国图

000O012259
古今列女传：三卷 / (明)解缙撰
明永乐元年(1403)内府刻本. -- (清)丁丙
跋。
1990年摄制. -- 1盘卷片(8米182拍)：1:10,
2B；35mm银盐
收藏馆：缩微中心，南京

000O000712
古今列女传：三卷 / (明)解缙[等]撰
明永乐元年(1403)内府刻本
1985年摄制. -- 1盘卷片(7.2米129拍)：
1:10, 2B；35mm银盐
收藏馆：缩微中心，国图

000O010803
精刻古今女史：十二卷诗集八卷姓氏字里详节一卷 / (明)赵世杰辑；(明)汪之淮参订
明崇祯元年(1628)问奇阁刻本. -- 卷首第
七十三页、第七十六页有夹条。
1988年摄制. -- 2盘卷片(38米806拍)：
1:10, 2B；35mm银盐
收藏馆：缩微中心，天津

000O016775
闺范：四卷 / (明)吕坤撰
明(1368-1644)佘永宁[等]刻泊如斋印本
1993年摄制. -- 1盘卷片(20米368拍)：
1:10, 2B；35mm银盐
收藏馆：缩微中心，国图

00O017058
闺范：四卷 / (明)吕坤撰
明(1368-1644)佘永宁[等]刻泊如斋印本
1993年摄制. -- 1盘卷片(20米368拍)：
1:10, 2B；35mm银盐
收藏馆：缩微中心，国图

000O023064
闺范：四卷 / (明)吕坤撰
明(1368-1644)吴允清佘永宁[等]刻本
1995年摄制. -- 1盘卷片(19米367拍)：
1:10, 2B；35mm银盐
收藏馆：缩微中心，国图

000O008517
女范编：四卷
明万历(1573-1620)刻本
1988年摄制. -- 1盘卷片(8.2米158拍)：
1:10, 2B；35mm银盐
收藏馆：缩微中心，国图

000O001225
女镜：八卷 / (明)夏树芳撰
明万历(1573-1620)刻本
1985年摄制. -- 1盘卷片(17米368拍)：
1:10, 2B；35mm银盐
收藏馆：缩微中心，国图

000O015687
奇女子传：四卷 / (明)吴震元撰
明(1368-1644)刻本
1993年摄制. -- 1盘卷片(15米266拍)：
1:10, 2B；35mm银盐
收藏馆：缩微中心，国图

000O016417
奇女子传：四卷 / (明)吴震元撰
明(1368-1644)刻本
1993年摄制. -- 1盘卷片(15米268拍)：
1:10, 2B；35mm银盐
收藏馆：缩微中心，国图

000O015764
诗女史纂：十四卷 / (明)处囊斋主人辑
明(1368-1644)刻本
1993年摄制. -- 1盘卷片(11米199拍)：
1:10, 2B；35mm银盐
收藏馆：缩微中心，国图

000O022781
妇人集：一卷补一卷 / (清)陈维崧撰；(清)冒丹书补撰
清(1644-1911)孙氏寿松堂抄本

1994年摄制. -- 1盘卷片(4米60拍) ： 1:10,
2B ；35mm银盐
收藏馆：缩微中心，浙江

00O017548
英雄记：一卷 / [题](汉)王粲撰
清(1644-1911)抄本
1993年摄制. -- 1盘卷片(3米29拍) ： 1:10,
2B ；35mm银盐
收藏馆：缩微中心，国图

00O019419
高士传：二卷 / (晋)皇甫谧撰 . 续：十卷 / (晋)皇
甫浞撰
明嘉靖(1522-1566)刻本
1994年摄制. -- 1盘卷片(7米106拍) ： 1:10,
2B ；35mm银盐
收藏馆：缩微中心，国图

00O003756
高士传：三卷 / (晋)皇甫谧撰；(明)黄省曾颂
明嘉靖(1522-1566)吴郡黄氏刻汉唐三传本
1985年摄制. -- 1盘卷片(4米61拍) ： 1:10,
2B ；35mm银盐
收藏馆：缩微中心，国图

00O012204
高士传：三卷 / (晋)皇甫谧撰；(明)黄省曾颂
明嘉靖(1522-1566)刻本. --(清)丁丙跋。
1990年摄制. -- 1盘卷片(4米70拍) ： 1:10,
2B ；35mm银盐
收藏馆：缩微中心，南京

00O014993
高士传：四卷 / (明)薛应旂撰
明隆庆(1567-1572)刻本
1992年摄制. -- 1盘卷片(6米84拍) ： 1:10,
2B ；35mm银盐
收藏馆：缩微中心，国图

00O002906
徐苏传：二卷 / (明)李庭贵辑；(明)王逊之增辑
明永乐二十二年(1424)李贞[等]刻递修本
1986年摄制. -- 1盘卷片(5米72拍) ： 1:10,
2B ；35mm银盐
收藏馆：缩微中心，国图

00O027545
广卓异记：二十卷 / (宋)乐史撰
清康熙(1662-1722)刻本
1997年摄制. -- 1盘卷片(8米126拍) ： 1:10,
2B ；35mm银盐
收藏馆：缩微中心，国图

00O032046
广卓异记：二十卷 / (宋)乐史撰
清道光二十七年(1847)黄秩模仙屏书屋活字印
本. -- 十行二十六字白口四周双边。傅增湘
校并跋。
2011年摄制. -- 1盘卷片(9米137拍) ： 1:12,
2B ；35mm银盐
收藏馆：缩微中心，国图

00O012171
广卓异记：二十卷 / (宋)乐史撰
清(1644-1911)抄本. -- (清)丁丙跋。
1990年摄制. -- 1盘卷片(6米121拍) ： 1:10,
2B ；35mm银盐
收藏馆：缩微中心，南京

00O003082
广卓异记：二十卷 / (宋)乐史撰
清(1644-1911)抄本
1986年摄制. -- 1盘卷片(7米91拍) ： 1:10,
2B ；35mm银盐
收藏馆：缩微中心，国图

00O001319
昭鉴录：五卷 / (明)陶凯[等]撰
明初(1368-1424)刻本. -- 撰者还有：(明)张
筹等。存一卷：卷五。
1985年摄制. -- 1盘卷片(2.8米28拍) ：
1:10, 2B ；35mm银盐
收藏馆：缩微中心，国图

00O003264
孝顺事实：十卷 / (明)成祖朱棣撰
明永乐十八年(1420)内府刻本
1986年摄制. -- 1盘卷片(16米289拍) ：
1:10, 2B ；35mm银盐
收藏馆：缩微中心，国图

00O012215
历代君鉴：五十卷 / (明)代宗朱祁钰撰
明景泰四年(1453)内府刻本. -- (清)丁丙
跋。
1989年摄制. -- 1盘卷片(30米693拍) ：
1:10, 2B ；35mm银盐
收藏馆：缩微中心，南京

00O021474
历代君鉴：五十卷 / (明)代宗朱祁钰撰
明景泰四年(1453)内府刻本
1995年摄制. -- 1盘卷片(31米581拍) ：
1:10, 2B ；35mm银盐
收藏馆：缩微中心，国图

00O019158
帝鉴图说：不分卷 / (明)张居正[等]撰
明万历三年(1575)郭庭梧刻本. -- 存三十九则。
1994年摄制. -- 1盘卷片(7米114拍) : 1:10, 2B ; 35mm银盐
收藏馆：缩微中心，国图

00O017038
帝鉴图说：六卷 / (明)张居正[等]撰
明万历三十二年(1604)金濂刻本. -- 存二卷：卷一至卷二。
1993年摄制. -- 1盘卷片(7米98拍) : 1:10, 2B ; 35mm银盐
收藏馆：缩微中心，国图

00O018890
帝鉴图说：六卷 / (明)张居正[等]撰
明天启二年(1622)司礼监刻本
1994年摄制. -- 1盘卷片(17米357拍) : 1:10, 2B ; 35mm银盐
收藏馆：缩微中心，天津

00O008397
帝鉴图说：不分卷 / (明)张居正[等]撰
明(1368-1644)刻本
1988年摄制. -- 1盘卷片(18米391拍) : 1:10, 2B ; 35mm银盐
收藏馆：缩微中心，国图

00O004327
帝鉴图说：六卷 / (明)张居正[等]撰
清嘉庆二十四年(1819)张亦缙[等]纯忠堂刻本. -- (清)翁同龢批注并抄补。
1986年摄制. -- 1盘卷片(10.5米215拍) : 1:10, 2B ; 35mm银盐
收藏馆：缩微中心，国图

00O014997
古先君臣图鉴：不分卷
明(1368-1644)刻本
1992年摄制. -- 1盘卷片(13米235拍) : 1:10, 2B ; 35mm银盐
收藏馆：缩微中心，国图

00O016639
君臣图鉴：不分卷
明万历十二年(1584)益藩刻本. -- 陈乃乾、赵元方跋。
1993年摄制. -- 1盘卷片(9米148拍) : 1:10, 2B ; 35mm银盐
收藏馆：缩微中心，国图

00O013482
历代帝王名臣相：不分卷
明(1368-1644)绘本
1991年摄制. -- 1盘卷片(7米93拍) : 1:10, 2B ; 35mm银盐
收藏馆：缩微中心，国图

00O004069
宗藩训典：十二卷 / (明)冯柯辑
明万历三十年(1602)襄藩贞白书院刻本. -- 存九卷：子、丑、寅、巳、未、申、酉、戌、亥。
1986年摄制. -- 2盘卷片(43米928拍) : 1:10, 2B ; 35mm银盐
收藏馆：缩微中心，国图

00O018040
古今宗藩懿行考：十卷 / (明)朱常淓撰
明崇祯八年(1635)潞府刻本
1993年摄制. -- 1盘卷片(31米649拍) : 1:10, 2B ; 35mm银盐
收藏馆：缩微中心，天津

00O001556
古今宗藩懿行考：十卷
明崇祯(1628-1644)潞府刻本
1986年摄制. -- 1盘卷片(29米638拍) : 1:10, 2B ; 35mm银盐
收藏馆：缩微中心，吉林

00O002002
广群辅录：六卷 / (清)徐汾撰
清康熙(1662-1722)刻本
1986年摄制. -- 1盘卷片(7米125拍) : 1:10, 2B ; 35mm银盐
收藏馆：缩微中心，国图

00O027994
历代将鉴博议：十卷 / (宋)戴溪撰
清(1644-1911)郑氏书带草堂抄本
1996年摄制. -- 1盘卷片(9米169拍) : 1:10, 2B ; 35mm银盐
收藏馆：缩微中心，福建

00O018034
注释评点古今名将传：十七卷 / (明)陈元素撰
明(1368-1644)刻本
1993年摄制. -- 2盘卷片(47米1025拍) : 1:10, 2B ; 35mm银盐
收藏馆：缩微中心，天津

00O003346
名相赞：五卷 / (明)尹直撰

清(1644-1911)曹氏倦圃抄本
1986年摄制. -- 1盘卷片(4米63拍)： 1:10,
2B；35mm银盐
收藏馆：缩微中心，国图

00O017806
历代相臣传：一百六十八卷 / (明)魏显国撰；(明)
魏一鹏编；(明)胡以良考证；(明)张启焯,(明)邓
履古校
明(1368-1644)刻本. -- 存八十卷：历代相臣
传职名、黄虞相臣传目录、卷一，夏商相臣传
卷二至卷三，齐相臣传卷四，晋相臣传卷五，
鲁魏郑相臣传卷六，楚相臣传卷七，秦相臣传
卷八，前汉相臣传卷一至卷十二，后汉相臣传
卷一至卷十六，季汉相臣传卷一至卷二，附魏
相臣传卷三至卷四，附吴相臣传卷五至卷六，
晋相臣传卷一至卷十八，南朝宋相臣传卷一至
卷八，南朝梁相臣传卷九至卷十，南朝陈相臣
传卷十一，北魏相臣传卷一至卷五，北齐相臣
传卷六，北周相臣传卷七，隋相臣传卷一至卷
二。
1993年摄制. -- 2盘卷片(49米1076拍)：
1:10, 2B；35mm银盐
收藏馆：缩微中心，天津

00O010629
盐梅志：二十卷 / (明)李茂春辑
明万历三十七年(1609)刻本
1989年摄制. -- 1盘卷片(24米535拍)：
1:10, 2B；35mm银盐
收藏馆：缩微中心，浙江

00O027519
宰相守令合宙：二十四卷 / (明)吴伯与辑
明末(1621-1644)刻本. -- 存十三卷：卷一至
卷十三。(清)钱泰吉跋。
1997年摄制. -- 2盘卷片(51米960拍)：
1:10, 2B；35mm银盐
收藏馆：缩微中心，苏州

00O009262
台谏宝鉴：三卷 / (明)耿楚侗辑
明隆庆五年(1571)刻蓝印本
1988年摄制. -- 1盘卷片(11米207拍)：
1:10, 2B；35mm银盐
收藏馆：缩微中心，湖南

00O014200
全史吏鉴：四卷 / (明)徐元太辑
明万历(1573-1620)徐梦麟[等]刻本. -- (清)
徐时栋跋。
1992年摄制. -- 1盘卷片(17米340拍)：
1:10, 2B；35mm银盐

收藏馆：缩微中心，国图

00O016913
全史吏鉴：四卷 / (明)徐元太辑
明万历(1573-1620)徐梦麟[等]刻本
1993年摄制. -- 1盘卷片(19米341拍)：
1:10, 2B；35mm银盐
收藏馆：缩微中心，国图

00O021203
全史吏鉴：四卷 / (明)徐元太辑
明万历(1573-1620)徐梦麟[等]刻本
1995年摄制. -- 1盘卷片(18米341拍)：
1:10, 2B；35mm银盐
收藏馆：缩微中心，国图

00O012620
守令懿范：四卷 / (明)蔡国熙撰
明隆庆四年(1570)刘世昌刻本
1990年摄制. -- 1盘卷片(13.2米279拍)：
1:10, 2B；35mm银盐
收藏馆：缩微中心，辽宁

00O005352
守令懿范：四卷 / (明)蔡国熙撰
明隆庆六年(1572)张誉阙成章刻本
1986年摄制. -- 1盘卷片(12米252拍)：
1:10, 2B；35mm银盐
收藏馆：缩微中心，国图

00O021143
历代守令传：二十四卷 / (明)魏显国撰
明万历三十四年(1606)刻本. -- (清)丁丙
跋。
1989年摄制. -- 1盘卷片(19米447拍)：
1:10, 2B；35mm银盐
收藏馆：缩微中心，南京

00O028564
守令宝鉴录：四卷 / (明)马子騌辑
明(1368-1644)蓝格抄本
1998年摄制. -- 1盘卷片(5米81拍)： 1:10,
2B；35mm银盐
收藏馆：缩微中心，广东

00O012060
历代臣鉴：三十七卷 / (明)宣宗朱瞻基撰
明宣德元年(1426)内府刻本
1989年摄制. -- 1盘卷片(26米565拍)：
1:10, 2B；35mm银盐
收藏馆：缩微中心，浙江

000O024032
历代臣鉴：三十七卷 / (明)宣宗朱瞻基撰
明宣德元年(1426)内府刻本
1996年摄制. -- 1盘卷片（30米643拍）：
1:10，2B；35mm银盐
收藏馆：缩微中心，南京

000O028510
历代名吏录：四卷 / (清)张星徽撰
清雍正九年(1731)湖山草堂刻本. -- 书名代
拟为循良前传约编。
1997年摄制. -- 1盘卷片（19.7米405拍）：
1:10，2B；35mm银盐
收藏馆：缩微中心，泉州

000O002015
廉吏传：十四卷 / (明)黄汝亨撰
明万历(1573-1620)刻本
1986年摄制. -- 1盘卷片（26米569拍）：
1:10，2B；35mm银盐
收藏馆：缩微中心，国图

000O017380
古今廉鉴：八卷 / (明)乔懋敬撰
明万历九年(1581)两淮都转运监使司刻本
1993年摄制. -- 1盘卷片（11米194拍）：
1:10，2B；35mm银盐
收藏馆：缩微中心，国图

000O028682
廉平录：六卷 / (明)傅履礼,(明)高为表撰
明万历十六年(1588)谭耀刻本
1990年摄制. -- 1盘卷片（12米230拍）：
1:10，2B；35mm银盐
收藏馆：缩微中心，南京

000O013902
壶天玉露：四卷又一卷 / (明)钱升撰
明天启五年(1625)钱升刻本
1991年摄制. -- 1盘卷片（10米160拍）：
1:10，2B；35mm银盐
收藏馆：缩微中心，国图

000O025649
忠孝廉节汇集：三十四卷 / (明)徐标撰
明崇祯(1628-1644)刻本
1996年摄制. -- 2盘卷片（42米962拍）：
1:10，2B；35mm银盐
收藏馆：缩微中心，南京

000O000206
貂珰史鉴：四卷 / (明)张世则撰
明万历(1573-1620)刻本

000O015666
历代内侍考：十四卷 / (明)毛一公撰
清(1644-1911)抄本
1993年摄制. -- 1盘卷片（17米312拍）：
1:10，2B；35mm银盐
收藏馆：缩微中心，国图

000O010266
续观感录：十二卷 / (明)方鹏辑
明(1368-1644)刻本
1989年摄制. -- 1盘卷片（9米164拍）：1:10，
2B；35mm银盐
收藏馆：缩微中心，湖北

000O020363
高奇往事：十卷 / (明)何铠辑
明万历(1573-1620)刻本
1994年摄制. -- 1盘卷片（18米369拍）：
1:10，2B；35mm银盐
收藏馆：缩微中心，国图

000O001532
汉唐宋名臣录：五卷 / (明)李廷机撰
明万历三十四年(1606)刻本
1986年摄制. -- 1盘卷片（23.8米530拍）：
1:10，2B；35mm银盐
收藏馆：缩微中心，吉林

000O024994
景行篇：四卷 / (明)孟养浩撰
明(1368-1644)刻本
1996年摄制. -- 1盘卷片（12米249拍）：
1:10，2B；35mm银盐
收藏馆：缩微中心，福建

000O019132
人镜阳秋：二十二卷 / (明)汪廷讷撰
明万历二十七年(1599)汪氏环翠堂刻本. -- 存
二十卷：卷二至卷十一、卷十三至卷二十二。
1994年摄制. -- 2盘卷片（37米703拍）：
1:10，2B；35mm银盐
收藏馆：缩微中心，国图

000O023067
人镜阳秋：二十二卷 / (明)汪廷讷撰
明万历二十七年(1599)汪氏环翠堂刻本. --
存十八卷：卷一至卷十一、卷十四至卷十五、
卷十七至卷二十一。
1995年摄制. -- 1盘卷片（33米647拍）：

1:10, 2B ；35mm银盐
收藏馆：缩微中心，国图

000O023068
人镜阳秋：二十二卷 / (明)汪廷讷撰
明万历二十七年(1599)汪氏环翠堂刻本. --
存十三卷：序、目、卷二至卷六、卷八至卷
十、卷十二、卷十四至卷十五、卷二十至卷
二十一。
1995年摄制. -- 1盘卷片(26米482拍) ：
1:10, 2B ；35mm银盐
收藏馆：缩微中心，国图

000O019129
人镜阳秋：二十二卷 / (明)汪廷讷撰
明万历二十七年(1599)汪氏环翠堂刻本. --
存十卷：卷四至卷六、卷十至卷十一、卷十四
至卷十八。
1994年摄制. -- 1盘卷片(15米292拍) ：
1:10, 2B ；35mm银盐
收藏馆：缩微中心，国图

000O023451
人瑞录：一卷 / (明)林绍[等]辑
明万历(1573-1620)刘坤刻本. -- 辑者还有：
(明)秦宠等。
1995年摄制. -- 1盘卷片(8米121拍) ：1:10,
2B ；35mm银盐
收藏馆：缩微中心，国图

000O003921
仕隐霞标：四卷 / (明)龙遇奇撰
明万历四十五年(1617)龙遇奇刻本
1986年摄制. -- 1盘卷片(23.8米527拍) ：
1:10, 2B ；35mm银盐
收藏馆：缩微中心，国图

000O001932
新编历代名臣芳躅：二卷 / (明)金汝谐撰
明万历(1573-1620)刻本
1986年摄制. -- 1盘卷片(8米157拍) ：1:10,
2B ；35mm银盐
收藏馆：缩微中心，国图

000O011586
镜古录：八卷 / (明)毛调元撰
明万历(1573-1620)紫阳书院刻本
1987年摄制. -- 1盘卷片(29米620拍) ：
1:10, 2B ；35mm银盐
收藏馆：缩微中心，山东

000O012251
古今长者录：八卷 / (明)丁明登撰

明天启(1621-1627)刻本
1990年摄制. -- 1盘卷片(8米187拍) ：1:10,
2B ；35mm银盐
收藏馆：缩微中心，南京

000O022760
古今明堂记：六卷 / (明)黄景昉撰
清(1644-1911)抄本. -- (清)郑道乾跋。
1994年摄制. -- 1盘卷片(14米267拍) ：
1:10, 2B ；35mm银盐
收藏馆：缩微中心，浙江

000O017697
瑞世良英：五卷 / (明)金忠辑
明崇祯(1628-1644)车应魁刻本
1993年摄制. -- 1盘卷片(18米339拍) ：
1:10, 2B ；35mm银盐
收藏馆：缩微中心，国图

000O018692
历代古人像赞：不分卷
明弘治十一年(1498)朱□□刻本
1994年摄制. -- 1盘卷片(6米91拍) ：1:10,
2B ；35mm银盐
收藏馆：缩微中心，国图

000O009699
圣贤像赞：三卷
明崇祯(1628-1644)刻本
1988年摄制. -- 1盘卷片(8米167拍) ：1:10,
2B ；35mm银盐
收藏馆：缩微中心，四川

000O017421
新刻历代圣贤像赞：二卷
明万历二十一年(1593)胡氏文会堂刻格致丛书
本
1993年摄制. -- 1盘卷片(12米207拍) ：
1:10, 2B ；35mm银盐
收藏馆：缩微中心，国图

000O022769
名世述：三卷 / (清)王川撰
清(1644-1911)不昧斋抄本
1994年摄制. -- 1盘卷片(18米348拍) ：
1:10, 2B ；35mm银盐
收藏馆：缩微中心，浙江

000O024495
留溪外传：十八卷 / (清)陈鼎撰
清康熙三十七年(1698)陈鼎刻本
1996年摄制. -- 1盘卷片(33米694拍) ：
1:10, 2B ；35mm银盐

收藏馆：缩微中心，国图

000O010155
钝庵管见：八卷遗补一卷 / (清)王方辑
清(1644-1911)稿本
1989年摄制. -- 2盘卷片(52米1143拍) :
1:10, 2B ; 35mm银盐
收藏馆：缩微中心，山东

000O017808
西湖六一泉崇祀录：一卷 / (清)柴杰撰
清(1644-1911)抄本. -- 钤"钱塘丁氏正修堂
藏书"印。(清)谭献校并跋。
1993年摄制. -- 1盘卷片(5米75拍) : 1:10,
2B ; 35mm银盐
收藏馆：缩微中心，天津

000O012181
余师录后集：十卷续集八卷 / (清)杨希闵辑
清(1644-1911)抄本
1990年摄制. -- 2盘卷片(33米794拍) :
1:10, 2B ; 35mm银盐
收藏馆：缩微中心，南京

000O013107
粹史节略：十八卷
清(1644-1911)抄本
1991年摄制. -- 1盘卷片(19.0米417拍) :
1:10, 2B ; 35mm银盐
收藏馆：缩微中心，辽宁

000O028031
道南源委录：十二卷 / (明)朱衡撰
明嘉靖(1522-1566)刻本
1996年摄制. -- 1盘卷片(13.5米267拍) :
1:10, 2B ; 35mm银盐
收藏馆：缩微中心，福建

000O005686
儒林全传：二十卷 / (明)魏显国撰
明(1368-1644)刻本
1987年摄制. -- 1盘卷片(18米380拍) :
1:10, 2B ; 35mm银盐
收藏馆：缩微中心，国图

000O010411
圣学宗传：十八卷 / (明)周汝登撰
明万历三十四年(1606)刻本
1989年摄制. -- 2盘卷片(40米781拍) :
1:10, 2B ; 35mm银盐
收藏馆：缩微中心，四川

000O021199
圣学宗传：十八卷 / (明)周汝登撰
明万历三十四年(1606)刻本
1995年摄制. -- 2盘卷片(39米739拍) :
1:10, 2B ; 35mm银盐
收藏馆：缩微中心，国图

000O022776
圣学嫡派：四卷 / (明)过庭训撰
明天启元年(1621)贾克忠刻本
1994年摄制. -- 1盘卷片(17米336拍) :
1:10, 2B ; 35mm银盐
收藏馆：缩微中心，浙江

000O010097
希贤录：五卷 / (清)朱显祖辑
清康熙三十二年(1693)天瑞堂刻本
1989年摄制. -- 1盘卷片(25.2米543拍) :
1:10, 2B ; 35mm银盐
收藏馆：缩微中心，祁县

000O017572
**宋元学案：一百卷首一卷 / (清)黄宗羲辑；(清)
全祖望订补；(清)冯云濠,(清)王梓材校正**
清道光十七年至十八年(1837-1838)冯氏醉经
阁刻本. -- (清)王梓材跋。
1993年摄制. -- 5盘卷片(140米2874拍) :
1:10, 2B ; 35mm银盐
收藏馆：缩微中心，国图

000O013699
**宋元学案：一百卷首一卷 / (清)黄宗羲辑；(清)
全祖望订补；(清)冯云濠,(清)王梓材校正**
清道光十八年(1838)冯氏醉经阁刻本. -- 存
十四卷：卷一至卷十、卷十四至卷十六，首一
卷。(清)王梓材校。
1991年摄制. -- 2盘卷片(39米708拍) :
1:10, 2B ; 35mm银盐
收藏馆：缩微中心，国图

000O007090
理学宗传：二十六卷 / (清)孙奇逢撰
清康熙五年(1666)张沐刻本
1987年摄制. -- 2盘卷片(51.3米1105拍) :
1:10, 2B ; 35mm银盐
收藏馆：缩微中心，运城

000O009110
儒林宗派：十六卷 / (清)万斯同撰
清(1644-1911)抄本
1988年摄制. -- 1盘卷片(7.3米132拍) :
1:10, 2B ; 35mm银盐
收藏馆：缩微中心，湖南

000O022751

朱门授受录：十卷 / (清)吴鼐撰

清(1644-1911)抄本

1994年摄制. -- 1盘卷片(13米241拍) :

1:10, 2B ; 35mm银盐

收藏馆：缩微中心，浙江

000O025477

艺林汇谱：一卷 / (清)翁方纲撰；(清)沈铭彝补

清(1644-1911)竹林书塾抄本

1996年摄制. -- 1盘卷片(4米38拍) : 1:10,

2B ; 35mm银盐

收藏馆：缩微中心，国图

000O003703

稗史集传：一卷 / (元)徐显撰

明(1368-1644)刻本

1985年摄制. -- 1盘卷片(3.4米42拍) :

1:10, 2B ; 35mm银盐

收藏馆：缩微中心，国图

000O025129

稗史集传：一卷 / (元)徐显撰

瞿氏铁琴铜剑楼抄本

1996年摄制. -- 1盘卷片(3米27拍) : 1:10,

2B ; 35mm银盐

收藏馆：缩微中心，国图

000O025337

金石学录：四卷 / (清)李遇孙撰

清道光四年(1824)李氏芝省斋刻本

1996年摄制. -- 1盘卷片(6米87拍) : 1:10,

2B ; 35mm银盐

收藏馆：缩微中心，国图

000O014992

医史：十卷 / (明)李濂撰

日本抄本

1989年摄制. -- 1盘卷片(10米171拍) :

1:10, 2B ; 35mm银盐

收藏馆：缩微中心，国图

000O028529

医藏目录：一卷附秘传痧子心法一卷 / (明)殷仲春撰

清顺治十三年(1656)殷观国刻本

1996年摄制. -- 1盘卷片(6米92拍) : 1:10,

2B ; 35mm银盐

收藏馆：缩微中心，南京

000O019219

书画传习录：四卷续录一卷 / (明)王绂撰；(清)嵇承咸注．梁溪书画征：一卷 / (清)嵇承咸撰

清嘉庆十九年(1814)嵇氏层云阁刻本

1994年摄制. -- 1盘卷片(34米692拍) :

1:10, 2B ; 35mm银盐

收藏馆：缩微中心，国图

000O004246

书画传习录：四卷续录一卷 / (明)王绂撰；(清)嵇承咸注．梁溪书画征：一卷 / (清)嵇承咸撰

清嘉庆十九年(1814)嵇氏层云阁刻本

1985年摄制. -- 2盘卷片(35米739拍) :

1:10, 2B ; 35mm银盐

收藏馆：缩微中心，国图

000O016849

宣和书谱：二十卷．宣和画谱：二十卷

明(1368-1644)刻本. -- 书谱卷十七至卷二十、画谱卷五至卷八配清抄本。

1993年摄制. -- 1盘卷片(24米451拍) :

1:10, 2B ; 35mm银盐

收藏馆：缩微中心，国图

000O016975

宣和书谱：二十卷

明(1368-1644)刻本

1993年摄制. -- 1盘卷片(12米197拍) :

1:10, 2B ; 35mm银盐

收藏馆：缩微中心，国图

000O003677

宣和书谱：二十卷

明(1368-1644)抄本. -- (明)瞿式耜校并跋。

1985年摄制. -- 1盘卷片(14米295拍) :

1:10, 2B ; 35mm银盐

收藏馆：缩微中心，国图

000O013245

宣和书谱：二十卷；宣和画谱：二十卷

明(1368-1644)抄本. -- (清)丁丙跋。

1991年摄制. -- 1盘卷片(29米588拍) :

1:10, 2B ; 35mm银盐

收藏馆：缩微中心，南京

000O001759

宣和书谱：二十卷

明(1368-1644)抄本. -- (清)周星诒、(清)魏锡曾校。

1986年摄制. -- 1盘卷片(11米217拍) :

1:10, 2B ; 35mm银盐

收藏馆：缩微中心，国图

000O008365

宣和书谱：不分卷 / [题](清)顾复删定

清(1644-1911)抄本

1988年摄制. -- 1盘卷片(5米79拍) : 1:10,
2B ; 35mm银盐
收藏馆：缩微中心，国图

00O027935
书小史：十卷 / (宋)陈思撰
清(1644-1911)抄本. -- (清)丁丙跋。
1996年摄制. -- 1盘卷片(9米156拍) : 1:10,
2B ; 35mm银盐
收藏馆：缩微中心，南京

00O013444
书史会要：九卷补遗一卷 / (明)陶宗仪撰
明洪武九年(1376)卢祥林应麟[等]刻本. --
(清)盛昱跋。
1991年摄制. -- 1盘卷片(13米246拍) :
1:10, 2B ; 35mm银盐
收藏馆：缩微中心，国图

00O027941
书史会要：九卷补遗一卷 / (明)陶宗仪撰
明洪武(1368-1398)张珮刻本. -- (清)丁丙
跋。
1996年摄制. -- 1盘卷片(14米280拍) :
1:10, 2B ; 35mm银盐
收藏馆：缩微中心，南京

00O004005
书史会要：九卷补遗一卷 / (明)陶宗仪撰
清(1644-1911)抄本
1985年摄制. -- 1盘卷片(13.1米276拍) :
1:10, 2B ; 35mm银盐
收藏馆：缩微中心，国图

00O009814
**书史会要：十卷补遗一卷 / (明)陶宗仪撰；(明)
朱谋垔续**
明崇祯二年(1629)朱氏寒馆刻清顺治十六年
(1659)朱统铗重修本
1989年摄制. -- 1盘卷片(19米408拍) :
1:10, 2B ; 35mm银盐
收藏馆：缩微中心，浙江

00O019571
书史纪原：一卷 / (明)夏兆昌撰
明末(1621-1644)刻本
1994年摄制. -- 1盘卷片(4米35拍) : 1:10,
2B ; 35mm银盐
收藏馆：缩微中心，国图

00O019455
宣和画谱：二十卷
明万历三十六年(1608)高拱刻本

1994年摄制. -- 1盘卷片(16米296拍) :
1:10, 2B ; 35mm银盐
收藏馆：缩微中心，国图

00O017625
宣和画谱：二十卷
明(1368-1644)刻本
1993年摄制. -- 1盘卷片(15米258拍) :
1:10, 2B ; 35mm银盐
收藏馆：缩微中心，国图

00O017626
宣和画谱：二十卷
明(1368-1644)刻本. -- 卷十一至卷二十配清
抄本。
1993年摄制. -- 1盘卷片(15米258拍) :
1:10, 2B ; 35mm银盐
收藏馆：缩微中心，国图

00O002342
宣和画谱：二十卷
明(1368-1644)卧云楼抄本. -- (清)周星诒
跋。
1986年摄制. -- 1盘卷片(10米190拍) :
1:10, 2B ; 35mm银盐
收藏馆：缩微中心，国图

00O014674
图绘宝鉴：五卷补遗一卷 / (元)夏文彦撰
明(1368-1644)刻本
1992年摄制. -- 1盘卷片(8米127拍) : 1:10,
2B ; 35mm银盐
收藏馆：缩微中心，国图

00O005920
图绘宝鉴：五卷补遗续补一卷 / (元)夏文彦撰
明(1368-1644)抄本. -- (清)唐翰题跋。
1987年摄制. -- 1盘卷片(7.9米152拍) :
1:10, 2B ; 35mm银盐
收藏馆：缩微中心，国图

00O015831
**图绘宝鉴：五卷补遗一卷续补一卷续一卷 / (元)
夏文彦撰；(明)韩昂续**
明正德十四年(1519)苗增刻本
1993年摄制. -- 1盘卷片(10米157拍) :
1:10, 2B ; 35mm银盐
收藏馆：缩微中心，国图

00O016977
画史会要：五卷 / (明)朱谋垔撰
明崇祯(1628-1644)刻清初(1644-1722)朱统铗
重修本

1993年摄制. -- 1盘卷片(17米306拍) ：
1:10, 2B ；35mm银盐
收藏馆：缩微中心，国图

000O007019
画史会要：五卷 / (明)朱谋垔撰
清(1644-1911)松南书舍抄本
1987年摄制. -- 1盘卷片(15米317拍) ：
1:10, 2B ；35mm银盐
收藏馆：缩微中心，国图

000O028337
怀古田舍梅统：不分卷 / (清)徐荣撰
清(1644-1911)稿本
1998年摄制. -- 1盘卷片(6米106拍) ：1:10,
2B ；35mm银盐
收藏馆：缩微中心，广东

000O004286
赖古堂别集印人传：三卷 / (清)周亮工撰
清康熙十二年(1673)周在浚[等]刻本
1986年摄制. -- 1盘卷片(6米91拍) ：1:10,
2B ；35mm银盐
收藏馆：缩微中心，国图

000O016836
赖古堂别集印人传：三卷 / (清)周亮工撰
清康熙十二年(1673)周在浚[等]刻本
1993年摄制. -- 1盘卷片(5米73拍) ：1:10,
2B ；35mm银盐
收藏馆：缩微中心，国图

000O022315
历代编年释氏通鉴：十二卷 / (宋)释本觉撰
元(1271-1368)刻本. -- 存六卷：卷一至卷
六。
1995年摄制. -- 1盘卷片(12米216拍) ：
1:10, 2B ；35mm银盐
收藏馆：缩微中心，国图

000O019730
历代编年释氏通鉴：十二卷 / (宋)释本觉撰
元(1271-1368)刻本. -- 存二卷：卷十一至卷
十二。
1994年摄制. -- 1盘卷片(5米55拍) ：1:10,
2B ；35mm银盐
收藏馆：缩微中心，国图

000O011486
历代高僧集传：三十八卷 / (清)王先谦辑
清(1644-1911)稿本. -- 本书多处页码不明，
卷次、内容与目录不太符。
1989年摄制. -- 3盘卷片(69.6米1473拍) ：

1:10, 2B ；35mm银盐
收藏馆：缩微中心，湖南

000O003068
释氏稽古略：四卷 / (元)释觉岸撰
元(1271-1368)刻明(1368-1644)重修本
1986年摄制. -- 1盘卷片(16米329拍) ：
1:10, 2B ；35mm银盐
收藏馆：缩微中心，国图

000O001375
释氏稽古略：四卷 / (元)释觉岸撰
明嘉靖三十二年(1553)释昌腹刻本
1985年摄制. -- 1盘卷片(15.4米326拍) ：
1:10, 2B ；35mm银盐
收藏馆：缩微中心，国图

000O007310
释氏稽古略：四卷 / (元)释觉岸撰
明嘉靖三十二年(1553)释昌腹刻本
1987年摄制. -- 1盘卷片(15米324拍) ：
1:10, 2B ；35mm银盐
收藏馆：缩微中心，国图

000O014961
五十三参：一卷
清(1644-1911)刻本
1992年摄制. -- 1盘卷片(4米28拍) ：1:10,
2B ；35mm银盐
收藏馆：缩微中心，国图

000O026858
东林十八高贤传：一卷
明(1368-1644)毗耶室刻本. -- (清)丁丙跋。
1990年摄制. -- 1盘卷片(4米63拍) ：1:10,
2B ；35mm银盐
收藏馆：缩微中心，南京

000O004887
东林十八高贤传：一卷
明(1368-1644)刻本
1987年摄制. -- 1盘卷片(4米59拍) ：1:10,
2B ；35mm银盐
收藏馆：缩微中心，国图

000O016752
东林十八高贤传：一卷
明(1368-1644)刻本
1993年摄制. -- 1盘卷片(4米47拍) ：1:10,
2B ；35mm银盐
收藏馆：缩微中心，国图

000O017098
东林十八高贤传：一卷
明(1368-1644)刻本
1993年摄制. -- 1盘卷片(4米47拍)：1:10,
2B；35mm银盐
收藏馆：缩微中心，国图

000O021583
高僧传：十三卷 / (梁)释慧皎撰
明万历三十九年(1611)径山寂照庵刻径山藏本
1995年摄制. -- 1盘卷片(18米366拍)：
1:10, 2B；35mm银盐
收藏馆：缩微中心，国图

000O003524
高僧传：十三卷 / (梁)释慧皎撰
明万历三十九年(1611)径山寂照庵刻径山藏本
1985年摄制. -- 1盘卷片(18米381拍)：
1:10, 2B；35mm银盐
收藏馆：缩微中心，国图

000O016766
高僧传：十四卷 / (梁)释慧皎撰
明正统五年(1440)内府刻北藏本
1993年摄制. -- 2盘卷片(43米860拍)：
1:10, 2B；35mm银盐
收藏馆：缩微中心，国图

000O013231
高僧传：十四卷 / (梁)释慧皎撰
清(1644-1911)抄本. -- (清)孙星衍、(清)丁
丙跋。
1991年摄制. -- 1盘卷片(20米426拍)：
1:10, 2B；35mm银盐
收藏馆：缩微中心，南京

000O007228
明宗集：四卷 / (明)刘世延辑
明嘉靖四十一年(1562)刘世延刻本
1987年摄制. -- 1盘卷片(9米170拍)：1:10,
2B；35mm银盐
收藏馆：缩微中心，国图

000O025962
古清凉传：二卷 / (唐)释慧祥撰 . 广清凉传：三
卷 / (宋)释延一撰 . 续清凉传：二卷 / (宋)张商
英撰
清(1644-1911)抄本. -- 总目题名：五台山清
凉传。(清)丁丙跋。
1996年摄制. -- 1盘卷片(11米188拍)：
1:10, 2B；35mm银盐
收藏馆：缩微中心，南京

000O002952
古清凉传：二卷 / (唐)释慧祥撰 . 续清凉传：二
卷 / (宋)张商英撰 . 成道记：一卷 / (唐)王勃撰
清(1644-1911)抄本. -- 还有合抄著作：补陀洛
迦山传一卷/(元)盛熙明撰，广清凉传三卷/(宋)
释延一撰。
1986年摄制. -- 1盘卷片(10米190拍)：
1:10, 2B；35mm银盐
收藏馆：缩微中心，国图

000O023196
广清凉传：三卷 / (宋)释延一撰
明洪武二十九年(1396)山西崇善寺释性彻[等]
刻本. -- 存二卷：卷上、卷中。
1995年摄制. -- 1盘卷片(5米69拍)：1:10,
2B；35mm银盐
收藏馆：缩微中心，国图

000O007211
神僧传：九卷 / (明)成祖朱棣撰
明永乐十五年(1417)内府刻本
1987年摄制. -- 1盘卷片(12米239拍)：
1:10, 2B；35mm银盐
收藏馆：缩微中心，国图

000O007458
神僧传：九卷 / (明)成祖朱棣撰
明永乐十五年(1417)内府刻本
1987年摄制. -- 1盘卷片(12米249拍)：
1:10, 2B；35mm银盐
收藏馆：缩微中心，国图

000O022330
神僧传：九卷 / (明)成祖朱棣撰
明永乐十五年(1417)内府刻本
1995年摄制. -- 1盘卷片(9米204拍)：1:10,
2B；35mm银盐
收藏馆：缩微中心，国图

000O009822
神僧传：九卷 / (明)成祖朱棣撰
明(1368-1644)西天竺青河发僧刻本
1989年摄制. -- 1盘卷片(15米315拍)：
1:10, 2B；35mm银盐
收藏馆：缩微中心，浙江

000O005980
神僧传：九卷 / (明)成祖朱棣撰
明(1368-1644)抄本
1986年摄制. -- 1盘卷片(13.1米279拍)：
1:10, 2B；35mm银盐
收藏馆：缩微中心，国图

000O029092
异僧传：九卷 / (明)成祖朱棣撰
明(1368-1644)抄本. -- 存三卷：卷一至卷三。
1999年摄制. -- 1盘卷片(6米123拍) : 1:10, 2B ；35mm银盐
收藏馆：缩微中心，国图

000O023636
佛法金汤编：十卷 / (明)释心泰撰
明(1368-1644)释圆鏐刻本. -- 存五卷：卷六至卷十。
1996年摄制. -- 1盘卷片(7米127拍) : 1:10, 2B ；35mm银盐
收藏馆：缩微中心，浙江

000O006709
法喜志：四卷 / (明)夏树芳辑
明万历三十四年(1606)刻本. -- 版框高十九厘米宽十三厘米。
1987年摄制. -- 1盘卷片(11.3米226拍) : 1:10, 2B ；35mm银盐
收藏馆：缩微中心，广东

000O004289
法喜志：四卷 / (明)夏树芳撰
明万历(1573-1620)江阴夏氏清远楼刻本
1986年摄制. -- 1盘卷片(11米214拍) : 1:10, 2B ；35mm银盐
收藏馆：缩微中心，国图

000O022322
法喜志：四卷续志四卷 / (明)夏树芳撰
明万历(1573-1620)夏氏清远楼刻本
1995年摄制. -- 1盘卷片(16米310拍) : 1:10, 2B ；35mm银盐
收藏馆：缩微中心，国图

000O023755
寂光镜：三卷 / (明)洪应明撰
明(1368-1644)刻本
1995年摄制. -- 1盘卷片(9米167拍) : 1:10, 2B ；35mm银盐
收藏馆：缩微中心，浙江

000O018137
列仙传：□□卷 / (汉)刘向撰
明(1368-1644)刻清(1644-1911)吴门种书堂重修本. -- 存四卷：卷一至卷四。
1993年摄制. -- 1盘卷片(10米180拍) : 1:10, 2B ；35mm银盐
收藏馆：缩微中心，山东

000O015321
列仙传：二卷 / [题](汉)刘向撰
明嘉靖(1522-1566)吴郡黄氏刻汉唐三传本
1992年摄制. -- 1盘卷片(4米36拍) : 1:10, 2B ；35mm银盐
收藏馆：缩微中心，国图

000O005140
列仙传：二卷 / [题](汉)刘向撰. 续仙传：一卷 / (唐)沈汾撰；(明)黄省曾赞
明嘉靖(1522-1566)吴郡黄氏刻汉唐三传本
1986年摄制. -- 1盘卷片(5米68拍) : 1:10, 2B ；35mm银盐
收藏馆：缩微中心，国图

000O008723
列仙传：二卷 / [题](汉)刘向撰
明嘉靖(1522-1566)刻本
1988年摄制. -- 1盘卷片(3.5米47拍) : 1:10, 2B ；35mm银盐
收藏馆：缩微中心，重庆

000O028130
列仙传：二卷 / [题](汉)刘向撰. 续仙传：一卷 / (唐)沈汾撰；(明)黄省曾赞
明嘉靖(1522-1566)吴郡黄氏刻本
1996年摄制. -- 1盘卷片(5米70拍) : 1:10, 2B ；35mm银盐
收藏馆：缩微中心，南京

000O022378
续仙传：三卷 / (唐)沈汾撰
明(1368-1644)抄本
1995年摄制. -- 1盘卷片(4米47拍) : 1:10, 2B ；35mm银盐
收藏馆：缩微中心，国图

000O008442
疑仙传：三卷 / [题](宋)隐夫玉简撰. 仙苑编珠 / (唐)王松年撰. 江淮异人录 / (宋)吴淑撰
明(1368-1644)抄本. -- (明)文征明跋。
1988年摄制. -- 1盘卷片(3米20拍) : 1:10, 2B ；35mm银盐
收藏馆：缩微中心，国图

000O023843
广列仙传：七卷 / (明)张文介辑
明万历十年(1582)刻本
1995年摄制. -- 1盘卷片(15米289拍) : 1:10, 2B ；35mm银盐
收藏馆：缩微中心，浙江

000O015674
列仙传补：九卷 / (明)宋勋撰
明(1368-1644)抄本
1993年摄制. -- 1盘卷片(27米563拍)：
1:10，2B；35mm银盐
收藏馆：缩微中心，国图

000O023562
历世真仙体道通鉴：三十六卷 / (元)赵道一撰
元(1271-1368)刻本. -- 存三卷：卷三十四至
卷三十六。
1995年摄制. -- 1盘卷片(4米53拍)：1:10，
2B；35mm银盐
收藏馆：缩微中心，国图

000O023275
历世真仙体道通鉴：三十六卷 / (元)赵道一撰
明初(1368-1424)刻本. -- 存七卷：卷二十一
至卷二十七。
1995年摄制. -- 1盘卷片(7米99拍)：1:10，
2B；35mm银盐
收藏馆：缩微中心，国图

000O016467
历世真仙体道通鉴：三十六卷 / (元)赵道一撰
明(1368-1644)抄本. -- 存二十五卷：卷一至
卷二十三、卷三十四、卷三十六。
1992年摄制. -- 2盘卷片(39米779拍)：
1:10，2B；35mm银盐
收藏馆：缩微中心，国图

000O008441
**仙苑编珠：三卷 / (唐)王松年撰 . 疑仙传：三卷 /
[题](宋)隐夫玉简撰 . 江淮异人录：一卷 / (宋)吴
淑撰**
明(1368-1644)抄本
1988年摄制. -- 1盘卷片(5米60拍)：1:10，
2B；35mm银盐
收藏馆：缩微中心，国图

000O029960
仙苑编珠：三卷 / (唐)王松年撰
清初(1644-1722)抄本
2001年摄制. -- 1盘卷片(7米99拍)：1:10，
2B；35mm银盐
收藏馆：缩微中心，国图

000O000965
仙苑编珠：□□卷 / (唐)王松年撰
明万历四十三年(1615)朱国盛刻本
1985年摄制. -- 1盘卷片(5.5米93拍)：
1:10，2B；35mm银盐
收藏馆：缩微中心，国图

000O004079
墉城集仙录：六卷 / (五代)杜光庭撰
明(1368-1644)抄本
1986年摄制. -- 1盘卷片(7米125拍)：1:10，
2B；35mm银盐
收藏馆：缩微中心，国图

000O003806
三洞群仙录：二十卷 / (宋)陈葆光撰
清(1644-1911)抄本
1985年摄制. -- 1盘卷片(18米390拍)：
1:10，2B；35mm银盐
收藏馆：缩微中心，国图

000O013903
群仙集：三卷 / (明)宪宗朱见深辑
明(1368-1644)抄彩绘本
1991年摄制. -- 1盘卷片(8米130拍)：1:10，
2B；35mm银盐
收藏馆：缩微中心，国图

000O031944
群仙集：三卷 / (明)宪宗朱见深辑
明(1368-1644)抄彩绘本
2010年摄制. -- 1盘卷片(11米175拍)：
1:11，2B；35mm银盐
收藏馆：缩微中心，国图

000O003386
有象列仙全传：九卷 / (明)王世贞撰
明(1368-1644)刻清初(1644-1722)德让堂重修
本
1986年摄制. -- 1盘卷片(17米351拍)：
1:10，2B；35mm银盐
收藏馆：缩微中心，国图

000O023236
**有象列仙全传：九卷 / (明)王世贞撰；(明)汪云
鹏补**
明万历二十八年(1600)汪云鹏玩虎轩刻本
1995年摄制. -- 1盘卷片(17米322拍)：
1:10，2B；35mm银盐
收藏馆：缩微中心，国图

000O021680
月旦堂新镌绣像列仙传：四卷 / (明)洪应明辑
明万历(1573-1620)刻本
1995年摄制. -- 1盘卷片(16米289拍)：
1:10，2B；35mm银盐
收藏馆：缩微中心，国图

000O024270
栖真志：四卷 / (明)夏树芳辑

明万历(1573-1620)刻本
1996年摄制. -- 1盘卷片(9米164拍) : 1:10,
2B ; 35mm银盐
收藏馆：缩微中心，安徽

000O028169
徐仙真录：五卷 / (明)方文照撰
明正统八年(1443)孙景康刻成化(1465-1487)
重修本. --(清)丁丙跋。
1996年摄制. -- 1盘卷片(12米266拍) :
1:10, 2B ; 35mm银盐
收藏馆：缩微中心，南京

000O018038
**历朝忠义稿编：二十二卷 / (明)郭良翰辑；(明)
黄吉士[等]订正**
明万历三十九年(1611)刻本
1993年摄制. -- 1盘卷片(4米36拍) : 1:10,
2B ; 35mm银盐
收藏馆：缩微中心，天津

000O022766
古今义烈传：八卷 / (明)张岱撰
清(1644-1911)稿本
1994年摄制. -- 1盘卷片(26米517拍) :
1:10, 2B ; 35mm银盐
收藏馆：缩微中心，浙江

000O021577
古今义烈传：八卷 / (明)张岱撰
明崇祯(1628-1644)刻本
1995年摄制. -- 1盘卷片(21米389拍) :
1:10, 2B ; 35mm银盐
收藏馆：缩微中心，国图

000O012239
孝友传：二十四卷 / (明)郭凝之撰
明崇祯(1628-1644)刻本
1990年摄制. -- 1盘卷片(18米434拍) :
1:10, 2B ; 35mm银盐
收藏馆：缩微中心，南京

000O012194
国朝孝子传：九卷
清(1644-1911)毋自欺室抄本
1990年摄制. -- 1盘卷片(14米323拍) :
1:10, 2B ; 35mm银盐
收藏馆：缩微中心，南京

000O018851
小隐书：不分卷 / [题](明)敬虚子辑
明万历(1573-1620)刻蓝印本
1994年摄制. -- 1盘卷片(4米48拍) : 1:10,

2B ; 35mm银盐
收藏馆：缩微中心，国图

000O022473
遁世编：十四卷 / (明)钱一本辑
明万历(1573-1620)刻本
1995年摄制. -- 1盘卷片(20米429拍) :
1:10, 2B ; 35mm银盐
收藏馆：缩微中心，南京

000O003212
衡门晤语：六卷 / (明)潘京南辑
明(1368-1644)刻本
1986年摄制. -- 1盘卷片(14米296拍) :
1:10, 2B ; 35mm银盐
收藏馆：缩微中心，国图

000O020416
逸民史：二十二卷 / (明)陈继儒辑
明万历(1573-1620)刻本
1994年摄制. -- 2盘卷片(38米764拍) :
1:10, 2B ; 35mm银盐
收藏馆：缩微中心，国图

000O031205
西汉儒林传经表：二卷 / (清)周廷寀撰
清乾隆五十六年(1791)周氏营道堂刻本
2004年摄制. -- 1盘卷片(5米70拍) : 1:9,
2B ; 35mm银盐
收藏馆：缩微中心，国图

000O025038
两汉五经博士考：三卷 / (清)张金吾撰
清道光(1821-1850)刻本. -- 王国维校注并
跋。
1996年摄制. -- 1盘卷片(5米59拍) : 1:10,
2B ; 35mm银盐
收藏馆：缩微中心，国图

000O004888
汉西京博士考：二卷 / (清)胡秉虔撰
清(1644-1911)德清戴氏长留阁抄本. -- (清)
戴望校。
1986年摄制. -- 1盘卷片(4米56拍) : 1:10,
2B ; 35mm银盐
收藏馆：缩微中心，国图

000O010094
季汉五志：十二卷 / (清)王复礼撰
清康熙四十一年(1702)尊行斋刻本
1989年摄制. -- 1盘卷片(32.3米704拍) :
1:10, 2B ; 35mm银盐
收藏馆：缩微中心，祁县

000O018211
五胡指掌编：一卷 / (明)高阳,(明)李国普撰
明末(1621-1644)刻本
1993年摄制. -- 1盘卷片(5米77拍) ：1:10,
2B ；35mm银盐
收藏馆：缩微中心，山东

000O016822
**唐才子传：十卷 / (元)辛文房撰．考异：一卷 /
(清)陆芝荣撰**
清嘉庆十年(1805)陆氏三间草堂刻本
1993年摄制. -- 1盘卷片(12米213拍) ：
1:10, 2B ；35mm银盐
收藏馆：缩微中心，国图

000O015349
**唐才子传：十卷 / (元)辛文房撰．考异：一卷 /
(清)陆芝荣撰**
清嘉庆十年(1805)陆氏三间草堂刻本. -- (清)
陈鳣校并跋。
1992年摄制. -- 1盘卷片(12米215拍) ：
1:10, 2B ；35mm银盐
收藏馆：缩微中心，国图

000O025123
唐才子传：十卷 / (元)辛文房撰
清嘉庆十年(1805)陆氏三间草堂刻本
1996年摄制. -- 1盘卷片(12米213拍) ：
1:10, 2B ；35mm银盐
收藏馆：缩微中心，国图

000O008590
唐才子传校勘记：一卷 / (清)陈鳣撰
清道光二十五年(1845)管庭芬抄本. -- (清)
管庭芬跋。
1988年摄制. -- 1盘卷片(3米28拍) ：1:10,
2B ；35mm银盐
收藏馆：缩微中心，国图

000O012217
昭忠录：五卷附录一卷 / (明)周景辑
明弘治八年(1495)刻本
1990年摄制. -- 1盘卷片(9米196拍) ：1:10,
2B ；35mm银盐
收藏馆：缩微中心，南京

000O002922
唐忠臣录：三卷 / (明)郑瑄辑
明正统十四年(1449)卫庸刻本
1986年摄制. -- 1盘卷片(5米80拍) ：1:10,
2B ；35mm银盐
收藏馆：缩微中心，国图

000O005697
唐忠臣录：三卷 / (明)郑瑄辑
明正德四年(1509)归德州刻本
1987年摄制. -- 1盘卷片(5米83拍) ：1:10,
2B ；35mm银盐
收藏馆：缩微中心，国图

000O002826
**协忠录：三卷 / (清)许南金增订；(清)许以
政,(清)许奎章重辑**
清康熙十年(1671)许秉衡[等]刻本
1986年摄制. -- 1盘卷片(7米130拍) ：1:10,
2B ；35mm银盐
收藏馆：缩微中心，国图

000O007606
**五朝名臣言行录：二十四卷 / (宋)朱熹辑．续
集：八卷别集二十六卷外集十七卷 / (宋)李幼
武辑**
明万历三十五年(1607)刻本
1987年摄制. -- 2盘卷片(57米1249拍) ：
1:10, 2B ；35mm银盐
收藏馆：缩微中心，山东

000O024007
**五朝名臣言行录：二十四卷 / (宋)朱熹辑．续
集：八卷别集二十六卷外集十七卷 / (宋)李幼
武辑**
明(1368-1644)张鳌山刻本
1996年摄制. -- 2盘卷片(53米1064拍) ：
1:10, 2B ；35mm银盐
收藏馆：缩微中心，南京

000O013586
**五朝名臣言行录：二十四卷 / (宋)朱熹辑．续
集：八卷别集二十六卷外集十七卷 / (宋)李幼
武辑**
明(1368-1644)张鳌山刻本
1991年摄制. -- 2盘卷片(58米1188拍) ：
1:10, 2B ；35mm银盐
收藏馆：缩微中心，浙江

000O018667
**皇朝名臣言行续录：八卷别集三卷 / (宋)李幼武
辑**
明初(1368-1424)刻本
1994年摄制. -- 1盘卷片(12米214拍) ：
1:10, 2B ；35mm银盐
收藏馆：缩微中心，国图

000O001602
皇朝道学名臣言行外录：十七卷 / (宋)李幼武辑
明初(1368-1424)刻本

1986年摄制. -- 1盘卷片（13米282拍）：
1:10，2B；35mm银盐
收藏馆：缩微中心，国图

000O018690
皇朝道学名臣言行外录：十七卷 / (宋)李幼武辑
明初(1368-1424)刻本
1994年摄制. -- 1盘卷片（14米256拍）：
1:10，2B；35mm银盐
收藏馆：缩微中心，国图

000O011917
宋朝道学名臣言行录外集：十七卷 / (宋)李幼武辑
明万历三十五年(1607)刻本. -- (清)张谦宜批校，(清)周菊伍跋。
1990年摄制. -- 1盘卷片（14米283拍）：
1:10，2B；35mm银盐
收藏馆：缩微中心，山东

000O012742
四朝名臣言行别录：□□卷
元(1271-1368)刻本. -- 存一卷：卷四。
1990年摄制. -- 1盘卷片（3米32拍）：1:10，
2B；35mm银盐
收藏馆：缩微中心，南京

000O012781
皇朝名臣言行别录：□□卷
元(1271-1368)刻本. -- 存一卷：卷三。
1990年摄制. -- 1盘卷片（3米64拍）：1:10，
2B；35mm银盐
收藏馆：缩微中心，南京

000O025562
新刊名臣碑传琬琰之集：一百七卷 / (宋)杜大珪辑
宋(960-1279)刻本. -- (清)俞樾题款。
1996年摄制. -- 2盘卷片（49米968拍）：
1:10，2B；35mm银盐
收藏馆：缩微中心，浙江

000O009260
新刊名臣碑传琬琰之集：一百七卷 / (宋)杜大珪辑
宋(960-1279)刻元明(1271-1644)递修本
1988年摄制. -- 2盘卷片（44米920拍）：
1:10，2B；35mm银盐
收藏馆：缩微中心，湖南

000O003682
新刊名臣碑传琬琰之集：一百七卷 / (宋)杜大珪辑

宋(960-1279)刻元明(1271-1644)递修本
1985年摄制. -- 2盘卷片（42米921拍）：
1:10，2B；35mm银盐
收藏馆：缩微中心，国图

000O019817
[新刊]名臣碑传琬琰之集：一百七卷 / (宋)杜大珪编
明(1368-1644)抄本
1994年摄制. -- 2盘卷片（62米1255拍）：
1:10，2B；35mm银盐
收藏馆：缩微中心，天津

000O022965
新刊名臣碑传琬琰之集：一百七卷 / (宋)杜大珪辑
清(1644-1911)经鉏堂抄本
1995年摄制. -- 2盘卷片（42米837拍）：
1:10，2B；35mm银盐
收藏馆：缩微中心，国图

000O016493
皇朝名臣续录：八卷 / (宋)杜大珪撰
明(1368-1644)刻本. -- 存六卷：卷一至卷六。
1993年摄制. -- 1盘卷片（6米78拍）：1:10，
2B；35mm银盐
收藏馆：缩微中心，国图

000O022753
伊洛渊源录：十四卷 / (宋)朱熹撰
明成化九年(1473)张瓒刻本
1994年摄制. -- 1盘卷片（12米232拍）：
1:10，2B；35mm银盐
收藏馆：缩微中心，浙江

000O019463
伊洛渊源录：十四卷 / (宋)朱熹撰
明(1368-1644)刻本
1994年摄制. -- 1盘卷片（11米174拍）：
1:10，2B；35mm银盐
收藏馆：缩微中心，国图

000O027425
伊洛渊源录：十四卷 / (宋)朱熹撰
清康熙(1662-1722)刻本. -- (清)丁丙跋。
1996年摄制. -- 1盘卷片（9米165拍）：1:10，
2B；35mm银盐
收藏馆：缩微中心，南京

000O006195
伊洛渊源录：十四卷 / (宋)朱熹撰. 续录：六卷 / (明)谢铎撰

明嘉靖八年(1529)刻本
1987年摄制. -- 1盘卷片(17米324拍)：
1:10, 2B ；35mm银盐
收藏馆：缩微中心，四川

000O012163
伊洛渊源续录：二十卷 / (清)张伯行撰
清(1644-1911)张氏正谊堂抄本
1990年摄制. -- 1盘卷片(18米435拍)：
1:10, 2B ；35mm银盐
收藏馆：缩微中心，南京

000O015438
道命录：十卷 / (宋)李心传撰
明(1368-1644)刻本
1992年摄制. 1盘卷片(7米109拍)：1:10,
2B ；35mm银盐
收藏馆：缩微中心，国图

000O022248
元祐党籍录：一卷
明(1368-1644)抄本
1995年摄制. -- 1盘卷片(2米6拍)：1:10,
2B ；35mm银盐
收藏馆：缩微中心，国图

000O026827
宋中兴四将传：四卷 / (宋)章颖撰 . 种太尉传：
一卷 / (宋)赵起撰 . 韩世忠传：一卷
清(1644-1911)抄本
1996年摄制. -- 1盘卷片(9米167拍)：1:10,
2B ；35mm银盐
收藏馆：缩微中心，南京

000O002914
经进皇宋中兴四将传：四卷 / (宋)章颖撰 . 种太
尉传：一卷 / (宋)赵起撰 . 韩世忠传：一卷
清(1644-1911)抄本
1986年摄制. -- 1盘卷片(12米249拍)：
1:10, 2B ；35mm银盐
收藏馆：缩微中心，国图

000O012220
名臣经世辑要：四卷 / (元)李好文撰
清(1644-1911)抄本. -- (清)丁丙跋。
1990年摄制. -- 1盘卷片(11米219拍)：
1:10, 2B ；35mm银盐
收藏馆：缩微中心，南京

000O009810
考亭渊源录：二十四卷 / (明)宋端仪撰；(明) 薛
应旂重辑
明隆庆(1567-1572)刻本

1989年摄制. -- 1盘卷片(27米558拍)：
1:10, 2B ；35mm银盐
收藏馆：缩微中心，浙江

000O007830
宋名臣言行略：十二卷 / (明)刘廷元辑
明万历三十六年(1608)刻本
1988年摄制. -- 1盘卷片(23.9米523拍)：
1:11, 2B ；35mm银盐
收藏馆：缩微中心，重庆

000O020332
苏米志林：三卷 / (明)毛晋辑
明天启五年(1625)毛氏绿君亭刻本
1994年摄制. -- 1盘卷片(11米190拍)：
1:10, 2B ；35mm银盐
收藏馆：缩微中心，国图

000O020323
苏米志林：三卷 / (明)毛晋辑
明天启五年(1625)毛氏绿君亭刻文粹堂印本
1994年摄制. -- 1盘卷片(10米169拍)：
1:10, 2B ；35mm银盐
收藏馆：缩微中心，国图

000O021683
苏米志林：三卷 / (明)毛晋辑
明天启五年(1625)毛氏绿君亭刻文粹堂印本
1995年摄制. -- 1盘卷片(11米187拍)：
1:10, 2B ；35mm银盐
收藏馆：缩微中心，国图

000O017042
宋遗民录：十五卷 / (明)程敏政辑
明嘉靖二年至四年(1523-1525)程威[等]刻本
1993年摄制. -- 1盘卷片(13米232拍)：
1:10, 2B ；35mm银盐
收藏馆：缩微中心，国图

000O018813
宋遗民录：十五卷 / (明)程敏政辑
清康熙三十三年(1694)抄本
1994年摄制. -- 1盘卷片(12米232拍)：
1:10, 2B ；35mm银盐
收藏馆：缩微中心，国图

000O017330
宋遗民录：十五卷 / (明)程敏政辑
清(1644-1911)张德荣抄本. -- 存六卷：卷一
至卷六。
1993年摄制. -- 1盘卷片(7米97拍)：1:10,
2B ；35mm银盐
收藏馆：缩微中心，国图

000O012114
宋遗民录：不分卷；广宋遗民录：不分卷 / (明)
程敏政,(明)李长科辑
清嘉庆五年(1800)谭学敏抄本
1990年摄制. -- 1盘卷片(8米139拍) ：1:10,
2B ；35mm银盐
收藏馆：缩微中心，山东

000O005700
宋季忠义录：十六卷 / (清)万斯同辑
清(1644-1911)抄本
1987年摄制. -- 1盘卷片(21米475拍) ：
1:10, 2B ；35mm银盐
收藏馆：缩微中心，国图

000O021985
景德传灯录：三十卷 / (宋)释道原撰
元延祐三年(1316)释苾刍刻本. -- 卷十六至
卷十七配元至正二十五(1365)年释宝生刻本。
存八卷：卷二至卷四、卷十至卷十一、卷十六
至卷十八。
1995年摄制. -- 1盘卷片(9米154拍) ：1:10,
2B ；35mm银盐
收藏馆：缩微中心，国图

000O001282
景德传灯录：三十卷 / (宋)释道原撰
明(1368-1644)抄本. -- 存二卷：卷一至卷二。
1985年摄制. -- 1盘卷片(3.8米54拍) ：
1:10, 2B ；35mm银盐
收藏馆：缩微中心，国图

000O009655
五灯会元：二十卷 / (宋)释普济撰
明嘉靖(1522-1566)径山寺刻本
1988年摄制. -- 3盘卷片(79米1691拍) ：
1:10, 2B ；35mm银盐
收藏馆：缩微中心，甘肃

000O004997
五灯会元：二十卷 / (宋)释普济撰
明(1368-1644)刻本. -- 存十八卷：卷一至卷
九、卷十一至卷二十。
1987年摄制. -- 2盘卷片(45米998拍) ：
1:10, 2B ；35mm银盐
收藏馆：缩微中心，国图

000O022309
五灯会元：二十卷 / (宋)释普济撰
明(1368-1644)刻本. -- 存十六卷：卷五至卷
二十。
1995年摄制. -- 2盘卷片(43米841拍) ：
1:10, 2B ；35mm银盐

收藏馆：缩微中心，国图

000O022307
五灯会元：二十卷 / (宋)释普济撰
明(1368-1644)抄本. -- 存六卷：卷一、卷三
至卷五、卷九、卷二十。
1995年摄制. -- 1盘卷片(29米526拍) ：
1:10, 2B ；35mm银盐
收藏馆：缩微中心，国图

000O021056
五灯会元：二十卷目录二卷 / (宋)释普济撰
明万历三十八年至四十年(1610-1612)刻本
1994年摄制. -- 3盘卷片(80米1597拍) ：
1:10, 2B ；35mm银盐
收藏馆：缩微中心，国图

000O012937
五灯会元缵续：五卷 / (清)释海宽撰
清顺治十三年(1656)善果禅寺刻本
1991年摄制. -- 1盘卷片(22米459拍) ：
1:10, 2B ；35mm银盐
收藏馆：缩微中心，南京

000O018168
禅林僧宝传：三十卷临济宗旨一卷 / (宋)释惠洪
撰
明万历(1573-1620)刻本
1993年摄制. -- 1盘卷片(15米291拍) ：
1:10, 2B ；35mm银盐
收藏馆：缩微中心，山东

000O004362
国朝名臣事略：十五卷 / (元)苏天爵辑
清(1644-1911)影元抄本
1986年摄制. -- 1盘卷片(13米261拍) ：
1:10, 2B ；35mm银盐
收藏馆：缩微中心，国图

000O032040
元朝名臣事略：十五卷 / (元)苏天爵辑
清乾隆(1736-1795)武英殿聚珍版丛书活字印
本. -- 九行二十一字小字双行同白口四周单
边。(清)陈揆校。
2011年摄制. -- 1盘卷片(20米361拍) ：
1:12, 2B ；35mm银盐
收藏馆：缩微中心，国图

000O005137
元朝名臣事略：十五卷 / (元)苏天爵辑
清乾隆(1736-1795)武英殿聚珍版丛书活字印
本. -- (清)陈揆校。
1986年摄制. -- 1盘卷片(17米355拍) ：

1:10，2B；35mm银盐
收藏馆：缩微中心，国图

00O028402
元朝名臣事略：十五卷 / (元)苏天爵撰
清(1644-1911)刻本. -- (清)邵恩多校并跋，
(清)丁丙跋。
1996年摄制. -- 1盘卷片(18米390拍)：
1:10，2B；35mm银盐
收藏馆：缩微中心，南京

00O025127
元朝名臣事略：十五卷 / (元)苏天爵撰
清光绪五年(1879)谦德堂刻畿辅丛书二编本
. -- 王国维校并跋。
1996年摄制. -- 1盘卷片(16米302拍)：
1:10，2B；35mm银盐
收藏馆：缩微中心，国图

00O017536
元朝名臣事略：十五卷 / (元)苏天爵辑
清(1644-1911)抄本. -- (清)陈鳣校跋并录
(清)黄丕烈题识，邓邦述跋。
1993年摄制. -- 1盘卷片(16米308拍)：
1:10，2B；35mm银盐
收藏馆：缩微中心，国图

00O020345
国朝名臣事略：十五卷 / (元)苏天爵辑
清(1644-1911)抄本. -- (清)李文田校并跋。
1994年摄制. -- 1盘卷片(13米252拍)：
1:10，2B；35mm银盐
收藏馆：缩微中心，国图

00O013523
元儒考略：四卷 / (明)冯从吾撰
明万历(1573-1620)刻本
1991年摄制. -- 1盘卷片(6米75拍)：1:10，
2B；35mm银盐
收藏馆：缩微中心，国图

00O027815
元儒考略：四卷 / (明)冯从吾撰
清道光十七年(1837)毛岳生抄本. -- (清)丁
丙跋。
1996年摄制. -- 1盘卷片(5米65拍)：1:10，
2B；35mm银盐
收藏馆：缩微中心，南京

00O032034
草莽私乘：一卷 / (明)陶宗仪辑
清光绪十五年(1889)赵元益刻本. -- 八行
二十一字白口左右双边。傅增湘校并跋。

2011年摄制. -- 1盘卷片(5米61拍)：1:12，
2B；35mm银盐
收藏馆：缩微中心，国图

00O012229
草莽私乘：一卷 / (明)陶宗仪辑
清(1644-1911)抄本. -- (清)丁丙跋。
1990年摄制. -- 1盘卷片(3米59拍)：1:10，
2B；35mm银盐
收藏馆：缩微中心，南京

00O002356
草莽私乘：一卷 / (明)陶宗仪辑
清(1644-1911)抄本. -- (清)周星诒校。
1986年摄制. -- 1盘卷片(4米46拍)：1:10，
2B；35mm银盐
收藏馆：缩微中心，国图

00O005472
草莽私乘：一卷 / (明)陶宗仪辑
清(1644-1911)抄本. -- (清)周星诒校。
1986年摄制. -- 1盘卷片(4米52拍)：1:10，
2B；35mm银盐
收藏馆：缩微中心，国图

00O003146
草莽私乘：一卷 / (明)陶宗仪辑
清(1644-1911)抄本
1986年摄制. -- 1盘卷片(4米55拍)：1:10，
2B；35mm银盐
收藏馆：缩微中心，国图

00O023804
宋儒学案：一百卷备览十九卷 / (清)黄百家撰；(清)黄宗羲辑；(清)全祖望修补；(清)王梓材重校
清(1644-1911)稿本
1995年摄制. -- 6盘卷片(182米3762拍)：
1:10，2B；35mm银盐
收藏馆：缩微中心，浙江

00O005811
元儒学案：四卷 / (清)黄宗羲撰；(清)黄百家辑；(清)全祖望续修
清(1644-1911)姚江施氏修五凤楼抄本. -- (清)王梓材、张寿镛校。
1987年摄制. -- 1盘卷片(8米158拍)：1:10，
2B；35mm银盐
收藏馆：缩微中心，国图

00O000547
七姬咏林：三卷 / (清)贝墉辑
清嘉庆二十五年(1820)贝氏千墨庵刻道光

(1821-1850)补刻本
1985年摄制. -- 1盘卷片(5米73拍) : 1:10,
2B ; 35mm银盐
收藏馆：缩微中心，国图

000O027373
皇明昆山人物传：十卷 / (明)张大复撰
明(1368-1644)刻梅花草堂集本
1996年摄制. -- 1盘卷片(19米408拍) :
1:10, 2B ; 35mm银盐
收藏馆：缩微中心，南京

000O020260
忠义传：一卷 / (明)黄绂辑
明(1368-1644)刻本
1994年摄制. -- 1盘卷片(5米55拍) : 1:10,
2B ; 35mm银盐
收藏馆：缩微中心，国图

000O024993
皇明名臣录赞：一卷 / (明)彭韶撰
明成化十四年(1478)刻本
1996年摄制. -- 1盘卷片(6米106拍) : 1:10,
2B ; 35mm银盐
收藏馆：缩微中心，福建

000O015885
新刊皇明名臣言行录：四卷 / (明)杨廉,(明)徐咸撰
明嘉靖二十年(1541)魏有本刻本
1993年摄制. -- 1盘卷片(21米423拍) :
1:10, 2B ; 35mm银盐
收藏馆：缩微中心，国图

000O007183
皇明名臣言行录新编：三十四卷 / (明)沈应魁辑
明嘉靖三十二年(1553)刻本
1987年摄制. -- 1盘卷片(21米454拍) :
1:10, 2B ; 35mm银盐
收藏馆：缩微中心，山东

000O022762
近代名臣言行录：十卷 / (明)徐咸撰
明万历十六年(1588)张程刻本
1994年摄制. -- 1盘卷片(14米258拍) :
1:10, 2B ; 35mm银盐
收藏馆：缩微中心，浙江

000O028405
皇明臣言行录：三十二卷 / (明)徐咸辑
明嘉靖二十八年(1549)施渐刻本. -- (清)丁丙跋。
1996年摄制. -- 1盘卷片(22米468拍) :

1:10, 2B ; 35mm银盐
收藏馆：缩微中心，南京

000O008311
皇明名臣言行录新编：四十四卷 / (明)汪国楠辑
明万历四十年(1612)刻本
1988年摄制. -- 1盘卷片(31米676拍) :
1:10, 2B ; 35mm银盐
收藏馆：缩微中心，山东

000O010636
国朝名臣言行略：四卷 / (明)刘廷元辑
明万历(1573-1620)刻本
1989年摄制. -- 1盘卷片(18米390拍) :
1:10, 2B ; 35mm银盐
收藏馆：缩微中心，浙江

000O006880
国朝名世类苑：四十六卷 / (明)凌迪知辑
明万历四年(1576)刻本. -- (明)秦嘉楫校。
1987年摄制. -- 3盘卷片(83.9米1850拍) :
1:10, 2B ; 35mm银盐
收藏馆：缩微中心，重庆

000O002198
皇明开国功臣录：三十一卷续编一卷 / (明)黄金撰
明弘治正德(1488-1521)马金[等]刻本
1986年摄制. -- 2盘卷片(40米873拍) :
1:10, 2B ; 35mm银盐
收藏馆：缩微中心，国图

000O012270
皇明开国功臣录：三十一卷续编一卷 / (明)黄金撰
明正德元年至嘉靖三十六年(1506-1557)马金[等]刻本. -- (清)丁丙跋。
1990年摄制. -- 2盘卷片(38米892拍) :
1:10, 2B ; 35mm银盐
收藏馆：缩微中心，南京

000O020970
皇明名臣琬琰录：二十四卷后集二十二卷 / (明)徐纮辑
明弘治(1488-1505)刻本. -- 卷十九至卷二十四配清抄本。
1994年摄制. -- 2盘卷片(45.5米993拍) :
1:10, 2B ; 35mm银盐
收藏馆：缩微中心，南京

000O007723
皇明名臣琬琰录：二十四卷 / (明)徐纮辑；(明)王世贞续增

清初(1644-1722)抄本
1987年摄制. -- 1盘卷片(29米540拍) :
1:10, 2B ; 35mm银盐
收藏馆：缩微中心，湖南

000O022963
琬琰广录：不分卷
明(1368-1644)抄本
1995年摄制. -- 11盘卷片(325米6806拍) :
1:10, 2B ; 35mm银盐
收藏馆：缩微中心，国图

000O010122
殿阁词林记：二十二卷 / (明)廖道南撰
明嘉靖(1522-1566)刻本. -- 存十三卷：卷一
至卷十三。(清)汪文柏批校。
1989年摄制. -- 1盘卷片(17米364拍) :
1:10, 2B ; 35mm银盐
收藏馆：缩微中心，山东

000O005793
殿阁词林记：二十二卷 / (明)廖道南撰
明嘉靖(1522-1566)刻本. -- 卷二至卷五、卷
十三至卷十八配抄本。
1987年摄制. -- 1盘卷片(26米589拍) :
1:10, 2B ; 35mm银盐
收藏馆：缩微中心，国图

000O014242
殿阁词林记：二十二卷 / (明)廖道南撰
明嘉靖(1522-1566)刻本
1992年摄制. -- 1盘卷片(27米533拍) :
1:10, 2B ; 35mm银盐
收藏馆：缩微中心，国图

000O014300
殿阁词林记：二十二卷 / (明)廖道南撰
明(1368-1644)书林詹氏就正斋刻本
1992年摄制. -- 1盘卷片(26米541拍) :
1:10, 2B ; 35mm银盐
收藏馆：缩微中心，国图

000O023076
殿阁词林记：二十二卷 / (明)廖道南撰
明(1368-1644)书林詹氏就正斋刻本. -- 存
十八卷：卷一至卷十八。
1995年摄制. -- 1盘卷片(23米454拍) :
1:10, 2B ; 35mm银盐
收藏馆：缩微中心，国图

000O013769
皇明献实：不分卷 / (明)袁褧撰
明(1368-1644)抄本. -- (清)施震铨校补并

跋。
1991年摄制. -- 1盘卷片(19米382拍) :
1:10, 2B ; 35mm银盐
收藏馆：缩微中心，国图

000O000065
皇明献实：三十九卷 / (明)袁褧撰
明(1368-1644)叠翠山房抄本
1985年摄制. -- 1盘卷片(18米382拍) :
1:10, 2B ; 35mm银盐
收藏馆：缩微中心，国图

000O016420
畜德录：一卷 / (明)陈沂撰 . 使琉球：一卷 /
(明)陈侃,(明)高澄撰
清(1644-1911)徐氏烟屿楼抄本. -- (清)徐时
栋跋。
1993年摄制. -- 1盘卷片(3米8拍) : 1:10,
2B ; 35mm银盐
收藏馆：缩微中心，国图

000O025125
明臣列传：一卷
清(1644-1911)抄本
1996年摄制. -- 1盘卷片(5米57拍) : 1:10,
2B ; 35mm银盐
收藏馆：缩微中心，国图

000O003897
今献备遗：四十二卷 / (明)项笃寿撰
明万历十一年(1583)项氏万卷堂刻本
1986年摄制. -- 1盘卷片(21.2米470拍) :
1:10, 2B ; 35mm银盐
收藏馆：缩微中心，国图

000O015536
先进遗风：二卷 / (明)耿定向撰 ; (明)毛在增辑
明万历十八年(1590)毛在刻本
1993年摄制. -- 1盘卷片(7米99拍) : 1:10,
2B ; 35mm银盐
收藏馆：缩微中心，国图

000O008546
皇明辅世编：六卷 / (明)唐鹤征纂
明末(1621-1644)刻本
1988年摄制. -- 2盘卷片(37米724拍) :
1:10, 2B ; 35mm银盐
收藏馆：缩微中心，国图

000O008522
掖垣人鉴：十七卷附录一卷 / (明)萧彦[等]撰
明(1368-1644)刻本. -- 撰者还有：(明)王
致祥等。存八卷：卷六至卷九、卷十四至卷

十七。
1988年摄制. -- 1盘卷片(14米293拍)：
1:10, 2B ; 35mm银盐
收藏馆：缩微中心，国图

00O018214
皇明阁臣录：四卷 / (明)李廷机撰
明万历(1573-1620)刻本
1993年摄制. -- 1盘卷片(13米251拍)：
1:10, 2B ; 35mm银盐
收藏馆：缩微中心，山东

00O012115
皇明阁臣录：四卷 / (明)李廷机撰
明万历(1573-1620)刻本
1990年摄制. -- 1盘卷片(11米221拍)：
1:10, 2B ; 35mm银盐
收藏馆：缩微中心，山东

00O015041
皇明名臣言行录：四卷 / (明)李廷机撰
明(1368-1644)刻本
1992年摄制. -- 1盘卷片(12米230拍)：
1:10, 2B ; 35mm银盐
收藏馆：缩微中心，国图

00O008394
兰台法鉴录：二十八卷 / (明)何出光[等]撰；(明)
喻思恂续
明万历二十五年(1597)刻崇祯四年(1631)续刻
本. -- 撰者还有：(明)陈登云[等]。
1988年摄制. -- 2盘卷片(58米1294拍)：
1:10, 2B ; 35mm银盐
收藏馆：缩微中心，国图

00O006915
焦太师编辑国朝献征录：一百二十卷 / (明)焦竑
辑
明万历四十四年(1616)徐象橒刻本. -- 卷
十三、卷一百七配清抄本。
1987年摄制. -- 19盘卷片(513米11272拍)：
1:10, 2B ; 35mm银盐
收藏馆：缩微中心，国图

00O009473
锲两状元编次皇明要考：六卷附一二考一卷 /
(明)张复撰
明(1368-1644)刻本
1988年摄制. -- 1盘卷片(15.6米327拍)：
1:10, 2B ; 35mm银盐
收藏馆：缩微中心，重庆

00O023072
昭代明良录：二十卷 / (明)童时明撰
明万历(1573-1620)刻本. -- 存十七卷：卷一
至卷十、卷十四至卷二十。
1995年摄制. -- 3盘卷片(72米1493拍)：
1:10, 2B ; 35mm银盐
收藏馆：缩微中心，国图

00O007240
国朝内阁名臣事略：十六卷 / (明)吴伯与撰
明崇祯五年(1632)魏光绪刻本
1987年摄制. -- 2盘卷片(59米1277拍)：
1:10, 2B ; 35mm银盐
收藏馆：缩微中心，国图

00O031670
皇明卓异记：□□卷 / (明)罗弘运撰
明(1368-1644)刻本. -- 存五卷：卷三至卷
七。
2005年摄制. -- 1盘卷片(8米150拍)：1:10,
2B ; 35mm银盐
收藏馆：缩微中心，国图

00O014773
皇明卓异记：□□卷 / (明)罗弘运撰
明(1368-1644)刻本. -- 存五卷：卷一至卷
五。
1992年摄制. -- 1盘卷片(9米149拍)：1:10,
2B ; 35mm银盐
收藏馆：缩微中心，国图

00O008912
本朝京省人物考：一百十五卷 / (明)过庭训撰
明天启二年(1622)熊膏刻本
1988年摄制. -- 8盘卷片(241米5348拍)：
1:10, 2B ; 35mm银盐
收藏馆：缩微中心，湖北

00O021563
可恨人：五卷人义二卷不义人一卷 / (明)贺仲轼
辑
明崇祯(1628-1644)刻本
1995年摄制. -- 1盘卷片(15米271拍)：
1:10, 2B ; 35mm银盐
收藏馆：缩微中心，国图

00O007457
皇明理学名臣言行录：二卷续一卷 / (明)杨
廉,(明)刘泾辑
明万历十八年(1590)崔士荣刻本
1987年摄制. -- 1盘卷片(7.2米134拍)：
1:10, 2B ; 35mm银盐
收藏馆：缩微中心，国图

00O008113
明儒学案：六十二卷师说一卷 / (清)黄宗羲撰
清康熙三十二年(1693)贾润刻本
1988年摄制. -- 3盘卷片(73米1584拍) :
1:10, 2B ; 35mm银盐
收藏馆：缩微中心，湖北

00O021748
明儒学案：六十二卷师说一卷 / (清)黄宗羲撰
清康熙三十二年(1693)贾润刻本
1995年摄制. -- 3盘卷片(72米1492拍) :
1:10, 2B ; 35mm银盐
收藏馆：缩微中心，国图

00O004376
明儒学案：六十二卷师说一卷 / (清)黄宗羲撰
清道光元年(1821)莫晋莫阶刻本. -- 存七
卷：卷一至卷六、师说一卷。(清)陈澧批
点。
1986年摄制. -- 1盘卷片(7米130拍) : 1:10,
2B ; 35mm银盐
收藏馆：缩微中心，国图

00O029848
明儒学案小传：不分卷师说一卷 / (清)黄宗羲撰
清(1644-1911)抄本. -- (清)陈讦批校并跋。
2001年摄制. -- 1盘卷片(19米388拍) :
1:10, 2B ; 35mm银盐
收藏馆：缩微中心，国图

00O026829
雒闽源流录：十八卷 / (清)张夏撰
清康熙二十一年(1682)黄昌衢彝叙堂刻本
1996年摄制. -- 1盘卷片(28米615拍) :
1:10, 2B ; 35mm银盐
收藏馆：缩微中心，南京

00O000511
雒闽源流录：十九卷 / (清)张夏撰
清康熙二十一年(1682)黄昌衢彝叙堂刻本
1985年摄制. -- 1盘卷片(30米634拍) :
1:10, 2B ; 35mm银盐
收藏馆：缩微中心，国图

00O005699
皇明词林人物考 / (明)王兆云撰
明万历(1573-1620)刻本
1987年摄制. -- 2盘卷片(37米767拍) :
1:10, 2B ; 35mm银盐
收藏馆：缩微中心，国图

00O008959
钱牧斋先生列朝诗集小传：十卷 / (清)钱谦益撰

清康熙三十七年(1698)诵芬堂刻本
1988年摄制. -- 2盘卷片(42.5米892拍) :
1:10, 2B ; 35mm银盐
收藏馆：缩微中心，湖北

00O006712
无声诗史：七卷 / (清)姜绍书撰
清康熙五十九年(1720)刻本. -- 版框高十四
厘米宽十厘米。(清)伍铨萃朱笔圈点。
1987年摄制. -- 1盘卷片(12米242拍) :
1:10, 2B ; 35mm银盐
收藏馆：缩微中心，广东

00O016965
无声诗史：七卷 / (明)姜绍书撰
清康熙五十九年(1720)李光暎刻本. -- 郑振
铎跋。
1993年摄制. -- 1盘卷片(11米198拍) :
1:10, 2B ; 35mm银盐
收藏馆：缩微中心，国图

00O016976
无声诗史：七卷 / (明)姜绍书撰
清康熙五十九年(1720)李光暎刻本
1993年摄制. -- 1盘卷片(11米199拍) :
1:10, 2B ; 35mm银盐
收藏馆：缩微中心，国图

00O019449
无声诗史：七卷 / (明)姜绍书撰
清康熙五十九年(1720)李光暎刻本
1994年摄制. -- 1盘卷片(12米199拍) :
1:10, 2B ; 35mm银盐
收藏馆：缩微中心，国图

00O022752
明女史：八卷 / (清)万言撰
清(1644-1911)稿本
1994年摄制. -- 1盘卷片(18米344拍) :
1:10, 2B ; 35mm银盐
收藏馆：缩微中心，浙江

00O022614
十八指挥考：不分卷 / (清)陈景沛撰
清(1644-1911)稿本
1995年摄制. -- 1盘卷片(7米115拍) : 1:10,
2B ; 35mm银盐
收藏馆：缩微中心，天津

00O000013
史外：三十二卷 / (清)汪有典撰
清乾隆十三年(1748)刻本
1986年摄制. -- 1盘卷片(32.2米700拍) :

1:10, 2B；35mm银盐
收藏馆：缩微中心，山西

000O024867
史外：三十二卷 / (清)汪有典撰
清(1644-1911)黄廷鉴抄本. -- (清)黄廷鉴校并跋。
1996年摄制. -- 2盘卷片(36米746拍)：
1:10, 2B；35mm银盐
收藏馆：缩微中心，南京

000O003356
备遗录：一卷 / (明)张芹撰
清(1644-1911)曹氏倦圃抄本
1986年摄制. -- 1盘卷片(4米49拍)：1:10,
2B；35mm银盐
收藏馆：缩微中心，国图

000O025001
表忠录：九卷 / (明)汪宗伊撰
明万历(1573-1620)刻本
1996年摄制. -- 1盘卷片(7米113拍)：1:10,
2B；35mm银盐
收藏馆：缩微中心，福建

000O000122
南都新建关中表忠祠录：一卷 / (明)张邦俊[等]辑
明万历(1573-1620)刻本
1985年摄制. -- 1盘卷片(3.8米51拍)：
1:10, 2B；35mm银盐
收藏馆：缩微中心，国图

000O019740
皇明表忠纪：十卷首一卷 / (明)钱士升撰. 附录：一卷
明崇祯(1628-1644)胡氏十竹斋刻本
1994年摄制. -- 1盘卷片(17米306拍)：
1:10, 2B；35mm银盐
收藏馆：缩微中心，国图

000O009828
皇明表忠纪：十卷附录一卷 / (明)钱士升撰
明崇祯六年(1633)刻本
1989年摄制. -- 1盘卷片(14米283拍)：
1:10, 2B；35mm银盐
收藏馆：缩微中心，浙江

000O004314
皇明表忠纪：十卷 / (明)钱士升撰
明末(1621-1644)刻本
1986年摄制. -- 1盘卷片(10.7米217拍)：
1:10, 2B；35mm银盐

收藏馆：缩微中心，国图

000O019232
逊国神会录：二卷 / (明)黄士良撰
清康熙(1662-1722)刻本
1994年摄制. -- 1盘卷片(8米137拍)：1:10,
2B；35mm银盐
收藏馆：缩微中心，国图

000O024131
明三异人记略：四卷
清(1644-1911)抄本. -- (清)谢章铤跋。
1996年摄制. -- 1盘卷片(6米110拍)：1:10,
2B；35mm银盐
收藏馆：缩微中心，湖北

000O008015
嘉靖以来首辅传：八卷 / (明)王世贞撰
明万历四十五年(1617)茅元仪刻本
1988年摄制. -- 1盘卷片(13米247拍)：
1:10, 2B；35mm银盐
收藏馆：缩微中心，山东

000O021118
嘉靖以来首辅传：八卷 / (明)王世贞撰
明万历四十五年(1617)茅元仪刻本
1994年摄制. -- 1盘卷片(15米272拍)：
1:10, 2B；35mm银盐
收藏馆：缩微中心，国图

000O005571
嘉靖以来内阁首辅传：八卷 / (明)王世贞撰
明万历(1573-1620)刻本
1987年摄制. -- 1盘卷片(12米257拍)：
1:10, 2B；35mm银盐
收藏馆：缩微中心，吉林

000O028253
安危注：四卷 / (明)吴甡辑
清初(1644-1722)吴元复刻本
1997年摄制. -- 1盘卷片(19米402拍)：
1:10, 2B；35mm银盐
收藏馆：缩微中心，无为

000O020208
伙坏封疆录：一卷 / (明)魏应嘉撰
清(1644-1911)李文田抄本. -- (清)李文田注。
1994年摄制. -- 1盘卷片(2米6拍)：1:10,
2B；35mm银盐
收藏馆：缩微中心，国图

00O021100
东林点将录：一卷 / (明)王绍徽撰
清(1644-1911)李文田抄本. -- (清)李文校注。
1994年摄制. -- 1盘卷片(4米36拍)：1:10，2B；35mm银盐
收藏馆：缩微中心，国图

000O020641
东林籍贯：一卷
清(1644-1911)李文田抄本. -- (清)李文田注。
1994年摄制. -- 1盘卷片(4米36拍)：1:10，2B；35mm银盐
收藏馆：缩微中心，国图

000O020284
天鉴录：一卷
清(1644-1911)李文田抄本. -- (清)李文田注。
1994年摄制. -- 1盘卷片(3米9拍)：1:10，2B；35mm银盐
收藏馆：缩微中心，国图

000O020676
盗柄东林伙：一卷
清(1644-1911)李文田抄本. -- (清)李文田注。
1994年摄制. -- 1盘卷片(3米22拍)：1:10，2B；35mm银盐
收藏馆：缩微中心，国图

000O019494
媚珰分款全录：一卷
明崇祯(1628-1644)刻本
1994年摄制. -- 1盘卷片(4米44拍)：1:10，2B；35mm银盐
收藏馆：缩微中心，国图

000O001580
东林同难录：一卷 / (明)杨坤[等]辑 . 列传：一卷；附录：一卷 / (清)缪敬持辑
清同治十年(1871)周氏书钞阁抄本. -- (清)周星诒校并跋。
1986年摄制. -- 1盘卷片(7.2米133拍)：1:10，2B；35mm银盐
收藏馆：缩微中心，国图

000O002070
东林列传：二十四卷末二卷 / (清)陈鼎撰
清初(1644-1722)刻本. -- (清)傅以礼批注，(清)蒋凤藻、(清)周星诒批注并跋。
1986年摄制. -- 2盘卷片(35米748拍)：

1:10，2B；35mm银盐
收藏馆：缩微中心，国图

000O008121
东林列传：二十四卷末二卷 / (清)陈鼎辑
清康熙五十年(1711)售山山寿堂刻本
1988年摄制. -- 2盘卷片(36.5米788拍)：1:10，2B；35mm银盐
收藏馆：缩微中心，湖北

000O024000
碧血：不分卷 / (明)黄煜辑
明末(1621-1644)刻本
1996年摄制. -- 1盘卷片(8米141拍)：1:10，2B；35mm银盐
收藏馆：缩微中心，南京

000O008600
复社姓氏目录前卷：一卷 / (明)吴应箕撰
清(1644-1911)惠氏红豆斋抄本
1988年摄制. -- 1盘卷片(7米113拍)：1:10，2B；35mm银盐
收藏馆：缩微中心，国图

000O019252
复社姓氏录：不分卷 / (清)吴翻撰 . 传略：十卷首一卷 / (清)吴山嘉辑
清道光十一年(1831)吴氏南陔堂刻本
1994年摄制. -- 1盘卷片(16米315拍)：1:10，2B；35mm银盐
收藏馆：缩微中心，国图

000O031197
复社姓氏录：一卷 / (明)吴翻辑 . 南都防乱公揭：一卷
清道光十一年(1831)南陔堂刻本
2004年摄制. -- 1盘卷片(5米64拍)：1:9，2B；35mm银盐
收藏馆：缩微中心，国图

000O028906
启祯臣节录：二卷 / (明)孙承宗,(明)茅元仪撰；(清)严琮辑
清康熙(1662-1722)刻本
1989年摄制. -- 1盘卷片(4米59拍)：1:10，2B；35mm银盐
收藏馆：缩微中心，南京

000O023986
启祯野乘一集：十六卷 / (清)邹漪撰
明崇祯十七年(1644)柳围草堂刻本
1995年摄制. -- 2盘卷片(42米949拍)：1:10，2B；35mm银盐

收藏馆：缩微中心，南京

000O020184
启祯野乘：十六卷 / (清)邹漪撰
明崇祯十七年(1644)柳围草堂刻清康熙五年(1666)书林存仁堂素政堂重修本
1994年摄制. -- 2盘卷片(42米816拍) : 1:10, 2B ; 35mm银盐
收藏馆：缩微中心，国图

000O031111
启祯野乘一集：十六卷 / (清)邹漪撰
明崇祯十七年(1644)柳围草堂刻清康熙五年(1666)重修本
2004年摄制. -- 2盘卷片(42米837拍) : 1:9, 2B ; 35mm银盐
收藏馆：缩微中心，国图

000O004264
启祯野乘一集：十六卷 / (清)邹漪撰
明崇祯(1628-1644)刻清康熙(1662-1722)补刻本
1986年摄制. -- 2盘卷片(40米857拍) : 1:10, 2B ; 35mm银盐
收藏馆：缩微中心，国图

000O000196
启祯野乘二集：八卷 / (清)邹漪撰
清康熙十八年(1679)书林存仁堂素政堂刻本. -- (清)李文田校。
1985年摄制. -- 1盘卷片(18.7米408拍) : 1:10, 2B ; 35mm银盐
收藏馆：缩微中心，国图

000O017530
启祯野乘二集：八卷 / (清)邹漪撰
清康熙十八年(1679)书林存仁堂素政堂刻本
1993年摄制. -- 1盘卷片(19米376拍) : 1:10, 2B ; 35mm银盐
收藏馆：缩微中心，国图

000O026883
崇祯内阁行略：一卷 / (明)陈盟撰
清嘉庆二十年(1815)抄本
1996年摄制. -- 1盘卷片(4米58拍) : 1:10, 2B ; 35mm银盐
收藏馆：缩微中心，南京

000O005306
崇祯五十宰相传：一卷 / (清)曹溶撰
清(1644-1911)抄本
1986年摄制. -- 1盘卷片(5米80拍) : 1:10, 2B ; 35mm银盐

000O012199
崇祯五十宰相传：一卷 / (清)曹溶撰
清(1644-1911)研古楼抄本. -- (清)丁丙跋。
1990年摄制. -- 1盘卷片(3米47拍) : 1:10, 2B ; 35mm银盐
收藏馆：缩微中心，南京

000O013782
崇祯五十辅臣传：一卷 / (清)曹溶撰．阁臣年表：一卷内阁行略一卷 / (明)陈盟撰
清(1644-1911)抄本
1991年摄制. -- 1盘卷片(4米52拍) : 1:10, 2B ; 35mm银盐
收藏馆：缩微中心，国图

000O024483
恤忠全典：一卷 / (明)段暄辑
清初(1644-1722)刻本
1996年摄制. -- 1盘卷片(3米12拍) : 1:10, 2B ; 35mm银盐
收藏馆：缩微中心，国图

000O019834
节义录：二卷补遗一卷 / (明)谢杲撰
明(1368-1644)稿本
1994年摄制. -- 1盘卷片(8米131拍) : 1:10, 2B ; 35mm银盐
收藏馆：缩微中心，天津

000O004889
天问阁明季杂稿：三卷 / (明)李长祥撰
清(1644-1911)抄本
1986年摄制. -- 1盘卷片(5米78拍) : 1:10, 2B ; 35mm银盐
收藏馆：缩微中心，国图

000O013779
明末殉难诸臣备考：四卷
清(1644-1911)抄本
1991年摄制. -- 1盘卷片(6米79拍) : 1:10, 2B ; 35mm银盐
收藏馆：缩微中心，国图

000O025112
明末殉难诸臣请恤疏：一卷
明末(1621-1644)刻本
1996年摄制. -- 1盘卷片(3米27拍) : 1:10, 2B ; 35mm银盐
收藏馆：缩微中心，国图

00O009732
崇祯忠节录：三十二卷 / (清)高承埏撰
清(1644-1911)抄本
1989年摄制. -- 2盘卷片(57米1228拍) ：
1:10, 2B ；35mm银盐
收藏馆：缩微中心，山东

00O000132
忠烈考：二卷 / (清)王业隆撰
清(1644-1911)抄本
1985年摄制. -- 1盘卷片(4.2米60拍) ：
1:10, 2B ；35mm银盐
收藏馆：缩微中心，国图

00O018052
南忠记：一卷 / (清)钱肃润辑
清(1644-1911)抄本. -- 记明末死于抗清者百
余人。
1993年摄制. -- 1盘卷片(5米70拍) ：1:10,
2B ；35mm银盐
收藏馆：缩微中心，天津

00O025454
甲申后亡臣表：一卷 / (明)彭孙贻撰
清道光三年(1823)棣华馆抄本. -- 费寅跋。
1996年摄制. -- 1盘卷片(4米31拍) ：1:10,
2B ；35mm银盐
收藏馆：缩微中心，国图

00O008122
续表忠记：八卷 / (清)赵吉士撰；(清)卢宜辑
清康熙三十七年(1698)赵吉士刻本
1988年摄制. -- 1盘卷片(24.5米541拍) ：
1:10, 2B ；35mm银盐
收藏馆：缩微中心，湖北

00O025130
**续表忠记：八卷 / (清)赵吉士撰；(清)卢宜辑 .
春晖楼十三君子表忠诗：一卷 / (清)汪芳藻撰**
清康熙三十七年(1698)赵吉士刻本
1996年摄制. -- 1盘卷片(26米531拍) ：
1:10, 2B ；35mm银盐
收藏馆：缩微中心，国图

00O005301
明末忠烈纪实：二十卷 / (清)徐秉义撰
清(1644-1911)抄本
1986年摄制. -- 2盘卷片(37米768拍) ：
1:10, 2B ；35mm银盐
收藏馆：缩微中心，国图

00O020193
明末忠烈纪实：二十卷 / (清)徐秉义撰

清(1644-1911)抄本
1994年摄制. -- 1盘卷片(27米551拍) ：
1:10, 2B ；35mm银盐
收藏馆：缩微中心，国图

00O022746
明末忠烈纪实：二十卷 / (清)徐秉义撰
清(1644-1911)书福楼抄本
1994年摄制. -- 1盘卷片(28米562拍) ：
1:10, 2B ；35mm银盐
收藏馆：缩微中心，浙江

00O006499
明末忠烈纪实：五卷 / (清)徐秉义撰
清(1644-1911)抄本
1987年摄制. -- 1盘卷片(6米97拍) ：1:10,
2B ；35mm银盐
收藏馆：缩微中心，国图

00O022770
忠义录：不分卷 / (清)朱溶撰
清(1644-1911)抄本
1994年摄制. -- 1盘卷片(12米230拍) ：
1:10, 2B ；35mm银盐
收藏馆：缩微中心，浙江

00O025137
殷顽录：六卷 / (清)杨陆荣撰
清康熙(1662-1722)刻本
1996年摄制. -- 1盘卷片(8米123拍) ：1:10,
2B ；35mm银盐
收藏馆：缩微中心，国图

00O022773
胜国遗献小传：不分卷 / (清)沈冰壶撰
清(1644-1911)稿本. -- (清)傅以礼题，(清)
余绍宋跋。
1994年摄制. -- 1盘卷片(6米100拍) ：1:10,
2B ；35mm银盐
收藏馆：缩微中心，浙江

00O012938
重麟玉册：六卷 / (清)沈冰壶撰
清(1644-1911)沈氏鸣野山房抄本
1991年摄制. -- 1盘卷片(25米530拍) ：
1:10, 2B ；35mm银盐
收藏馆：缩微中心，南京

00O016710
古风行素两禅师传赞：一卷 / (明)沈澹思[等]撰
明崇祯(1628-1644)刻本
1993年摄制. -- 1盘卷片(3米19拍) ：1:10,
2B ；35mm银盐

收藏馆：缩微中心，国图

000○015125
山阳录：一卷 / (清)陈贞慧撰
清(1644-1911)抄本. -- (清)吴骞跋。
1992年摄制. -- 1盘卷片(3米16拍)：1:10,
2B；35mm银盐
收藏馆：缩微中心，国图

000○025144
查氏七烈编：三卷词一卷 / (清)查日乾辑
清乾隆(1736-1795)刻本
1996年摄制. -- 1盘卷片(6米85拍)：1:10,
2B；35mm银盐
收藏馆：缩微中心，国图

000○025185
贾孙两妇贞烈双传：一卷诗一卷 / (清)王铎撰
清初(1644-1722)刻本
1996年摄制. -- 1盘卷片(3米28拍)：1:10,
2B；35mm银盐
收藏馆：缩微中心，国图

000○025147
孝贞录：□□卷
清顺治(1644-1661)刻本. -- 存四卷：卷五至
卷八。
1996年摄制. -- 1盘卷片(7米113拍)：1:10,
2B；35mm银盐
收藏馆：缩微中心，国图

000○025156
八旗满洲氏族通谱：八十卷凡例一卷
稿本
1996年摄制. -- 4盘卷片(109米1987拍)：
1:10, 2B；35mm银盐
收藏馆：缩微中心，国图

000○025153
八旗满洲氏族通谱：八十卷凡例一卷
稿本. -- 存八十卷：卷一至卷三十五、卷
三十七至卷八十，凡例一卷。
1996年摄制. -- 4盘卷片(104米1885拍)：
1:10, 2B；35mm银盐
收藏馆：缩微中心，国图

000○001629
敬修堂诸子出处偶记：一卷 / (清)查继佐撰
清(1644-1911)抄本. --(清)吴骞校。
1986年摄制. -- 1盘卷片(5米73拍)：1:10,
2B；35mm银盐
收藏馆：缩微中心，国图

000○014725
圣谕像解：二十卷 / (清)梁延年撰
清康熙二十年(1681)梁氏承宣堂刻本
1992年摄制. -- 1盘卷片(31米623拍)：
1:10, 2B；35mm银盐
收藏馆：缩微中心，国图

000○013917
国朝名家小传：不分卷
清(1644-1911)抄本. -- 钱协和跋。
1992年摄制. -- 1盘卷片(15米289拍)：
1:10, 2B；35mm银盐
收藏馆：缩微中心，国图

000○019436
昭代名人尺牍小传：二十四卷 / (清)吴修撰
清嘉庆十九年至道光六年(1814-1826)吴修刻
本
1994年摄制. -- 1盘卷片(7米106拍)：1:10,
2B；35mm银盐
收藏馆：缩微中心，国图

000○009560
功臣传：不分卷
清初(1644-1722)抄本
1988年摄制. -- 1盘卷片(4米60拍)：1:10,
2B；35mm银盐
收藏馆：缩微中心，吉林市

000○026770
大清名臣言行录：不分卷 / (清)留保撰
清(1644-1911)抄本
1996年摄制. -- 1盘卷片(6米95拍)：1:10,
2B；35mm银盐
收藏馆：缩微中心，南京

000○025563
闻见录：不分卷 / (清)顾自俊撰
清(1644-1911)稿本
1996年摄制. -- 1盘卷片(13米239拍)：
1:10, 2B；35mm银盐
收藏馆：缩微中心，浙江

000○012250
皇朝大臣谥迹录：四卷 / (清)邵晋涵撰
清(1644-1911)沈氏鸣野山房抄本. -- (清)丁
丙跋。
1990年摄制. -- 1盘卷片(11米255拍)：
1:10, 2B；35mm银盐
收藏馆：缩微中心，南京

000○004396
道光三十年至咸丰六年兵部汇题忠义录：不分

卷
清(1644-1911)抄本
1986年摄制. -- 1盘卷片(6米93拍) : 1:10,
2B ; 35mm银盐
收藏馆：缩微中心，国图

000O003880
咸丰三年至五年吏部议恤忠义录：不分卷
清(1644-1911)抄本
1985年摄制. -- 1盘卷片(5米59拍) : 1:10,
2B ; 35mm银盐
收藏馆：缩微中心，国图

000O010123
本朝名家诗钞小传：二卷 / (清)郑方坤撰
清(1644-1911)稿本
1989年摄制. -- 1盘卷片(10米179拍) :
1:10, 2B ; 35mm银盐
收藏馆：缩微中心，山东

000O015217
汉学师承续记：不分卷 / (清)赵之谦撰
清(1644-1911)稿本
1992年摄制. -- 1盘卷片(7米110拍) : 1:10,
2B ; 35mm银盐
收藏馆：缩微中心，国图

000O018213
舆居录：一卷 / (清)王祖昌撰
清(1644-1911)稿本. -- （清)刘韶音批校并
跋。
1993年摄制. -- 1盘卷片(4米45拍) : 1:10,
2B ; 35mm银盐
收藏馆：缩微中心，山东

000O024997
黄梨洲先生思旧录：一卷 / (清)黄宗羲撰
明隆庆(1567-1572)刻本
1996年摄制. -- 1盘卷片(4米55拍) : 1:10,
2B ; 35mm银盐
收藏馆：缩微中心，福建

000O012227
思旧录：一卷 / (清)黄宗羲撰
清(1644-1911)抄本. -- (清)罗以智校。
1990年摄制. -- 1盘卷片(3米59拍) : 1:10,
2B ; 35mm银盐
收藏馆：缩微中心，南京

000O028992
重游泮水纪盛录：一卷 / (清)鲁燮光撰
清(1644-1911)稿本
1989年摄制. -- 1盘卷片(4米52拍) : 1:10,

2B ; 35mm银盐
收藏馆：缩微中心，南京

000O017174
国朝书法名家考略：一卷；孔谷元书法论：一
卷 / (清)晏棣辑
清同治(1862-1874)抄本
1993年摄制. -- 1盘卷片(4米44拍) : 1:10,
2B ; 35mm银盐
收藏馆：缩微中心，山东

000O004284
读画录：四卷 / (清)周亮工撰
清康熙十二年(1673)周氏烟云过眼堂刻本
1986年摄制. -- 1盘卷片(6米106拍) : 1:10,
2B ; 35mm银盐
收藏馆：缩微中心，国图

000O016980
读画录：四卷 / (清)周亮工撰
清康熙十二年(1673)周氏烟云过眼堂刻本
1993年摄制. -- 1盘卷片(7米89拍) : 1:10,
2B ; 35mm银盐
收藏馆：缩微中心，国图

000O007331
读画录：四卷 / (清)周亮工撰
清乾隆六年(1741)鱼元傅抄本. -- （清)鱼元
傅跋，(清)王继良批点并跋。
1987年摄制. -- 1盘卷片(5.3米90拍) :
1:10, 2B ; 35mm银盐
收藏馆：缩微中心，国图

000O025467
日下看花记：四卷 / [题](清)小铁篴道人撰
清嘉庆八年(1803)刻本
1996年摄制. -- 1盘卷片(7米90拍) : 1:10,
2B ; 35mm银盐
收藏馆：缩微中心，国图

000O000502
众香国：一卷 / [题](清)众香主人撰
清嘉庆(1796-1820)刻本
1985年摄制. -- 1盘卷片(4.2米60拍) :
1:10, 2B ; 35mm银盐
收藏馆：缩微中心，国图

000O016429
畿辅人物考：不分卷
稿本
1993年摄制. -- 1盘卷片(14米251拍) :
1:10, 2B ; 35mm银盐
收藏馆：缩微中心，国图

00O001271
畿辅人物略：不分卷 / (清)孙承泽撰
清(1644-1911)稿本
1985年摄制. -- 1盘卷片(21米468拍)：
1:10，2B；35mm银盐
收藏馆：缩微中心，国图

00O025145
畿辅人物志：二十卷 / (清)孙承泽撰
清初(1644-1722)刻本
1996年摄制. -- 1盘卷片(16米287拍)：
1:10，2B；35mm银盐
收藏馆：缩微中心，国图

00O022238
真定梁氏直誉集：□□卷 / (清)梁维枢辑
明末(1621-1644)抄本. -- 存十卷：卷一至卷
五、卷八至卷十二。
1995年摄制. -- 1盘卷片(22米419拍)：
1:10，2B；35mm银盐
收藏馆：缩微中心，国图

00O000323
苕询录：□□卷 / (清)刘思敬撰
清康熙六年(1667)周亮工刻本. -- (清)夏仁
虎跋。
1985年摄制. -- 1盘卷片(14米293拍)：
1:10，2B；35mm银盐
收藏馆：缩微中心，国图

00O023186
纪善录：一卷 / (明)杜琼撰. 山房随笔：一卷 /
(元)蒋正子撰
明(1368-1644)抄本
1995年摄制. -- 1盘卷片(2米14拍)：1:10,
2B；35mm银盐
收藏馆：缩微中心，国图

00O001291
纪善录：一卷 / (明)杜琼撰
清(1644-1911)吴氏金竹山房抄本
1985年摄制. -- 1盘卷片(2.8米30拍)：
1:10，2B；35mm银盐
收藏馆：缩微中心，国图

00O019408
练川名人画象：四卷附二卷 / (清)程祖庆撰
清道光二十九年(1849)程祖庆刻本
1994年摄制. -- 1盘卷片(8米128拍)：1:10,
2B；35mm银盐
收藏馆：缩微中心，国图

00O000608
帝里明代人文略：二十二卷附后一卷 / (清)路鸿
休撰
清道光三十年(1850)甘煦津逮楼活字印本. --
(清)甘炳跋。
1985年摄制. -- 3盘卷片(73.3米1631拍)：
1:10，2B；35mm银盐
收藏馆：缩微中心，国图

00O023070
王谢世家：三十卷 / (明)韩昌箕撰；(明)夏仪评
明天启(1621-1627)刻本
1995年摄制. -- 1盘卷片(27米555拍)：
1:10,2B；35mm银盐
收藏馆：缩微中心，国图

00O023077
淮郡文献志：二十六卷补遗一卷 / (明)潘埙辑
明嘉靖三十四年(1555)淮安府刻本
1995年摄制. -- 2盘卷片(56米1174拍)：
1:10，2B；35mm银盐
收藏馆：缩微中心，国图

00O012223
江上孤忠录：二卷后录一卷 / (清)祝纯嘏撰
清(1644-1911)抄本
1990年摄制. -- 1盘卷片(6米127拍)：1:10,
2B；35mm银盐
收藏馆：缩微中心，南京

00O012262
京口耆旧传：九卷
清(1644-1911)抄本. -- (清)丁丙跋。
1990年摄制. -- 1盘卷片(8米166拍)：1:10,
2B；35mm银盐
收藏馆：缩微中心，南京

00O028409
润州先贤录：六卷 / (明)姚堂,(明)刘文徽辑
明天顺七年(1463)刻本
1996年摄制. -- 1盘卷片(10米175拍)：
1:10，2B；35mm银盐
收藏馆：缩微中心，南京

00O011285
顺存佚记：不分卷 / (明)钱受益编
清(1644-1911)抄本
1989年摄制. -- 1盘卷片(12米224拍)：
1:10，2B；35mm银盐
收藏馆：缩微中心，甘肃

00O026788
吴越顺存集：三卷附一卷 / (清)吴允嘉辑

清(1644-1911)稿本
1996年摄制. -- 1盘卷片(6米99拍) : 1:10,
2B ; 35mm银盐
收藏馆：缩微中心，南京

000O018565
吴越顺存集：三卷外集一卷 / (清)吴允嘉辑
清(1644-1911)抄本
1993年摄制. -- 1盘卷片(10米182拍) :
1:10, 2B ; 35mm银盐
收藏馆：缩微中心，国图

000O015192
万柳溪边旧话：一卷 / (元)尤玘撰．河汾诸老诗
集：八卷 / (元)房祺辑
清(1644-1911)抄本
1992年摄制. -- 1盘卷片(3米21拍) : 1:10,
2B ; 35mm银盐
收藏馆：缩微中心，国图

000O016196
万柳溪边旧话：一卷 / (元)尤玘撰
清(1644-1911)抄本
1993年摄制. -- 1盘卷片(3米28拍) : 1:10,
2B ; 35mm银盐
收藏馆：缩微中心，国图

000O028875
万柳溪边旧话：一卷 / (元)尤玘撰
清(1644-1911)抄本. -- (清)朱文藻跋。
1995年摄制. -- 1盘卷片(3米20拍) : 1:10,
2B ; 35mm银盐
收藏馆：缩微中心，苏州

000O028528
宜兴县乡评备考：□□卷 / (清)杨怀远辑
清(1644-1911)抄本. -- 存五卷：卷二至卷
三、卷六至卷八。
1996年摄制. -- 1盘卷片(20米423拍) :
1:10, 2B ; 35mm银盐
收藏馆：缩微中心，南京

000O007285
吴中往哲记：一卷补遗三卷 / (明)杨循吉撰
明(1368-1644)刻本
1987年摄制. -- 1盘卷片(6米95拍) : 1:10,
2B ; 35mm银盐
收藏馆：缩微中心，国图

000O012260
续吴中故实记：一卷 / (明)黄鲁曾撰
明(1368-1644)徐执菴刻本
1990年摄制. -- 1盘卷片(3米50拍) : 1:10,

2B ; 35mm银盐
收藏馆：缩微中心，南京

000O004090
成化间苏材小纂：四卷 / (明)祝允明撰
明(1368-1644)抄本. -- (清)翁同龢跋。
1986年摄制. -- 1盘卷片(4米51拍) : 1:10,
2B ; 35mm银盐
收藏馆：缩微中心，国图

000O016397
续吴先贤赞：十五卷 / (明)刘凤撰
明万历(1573-1620)刻本
1993年摄制. -- 1盘卷片(16米299拍) :
1:10, 2B ; 35mm银盐
收藏馆：缩微中心，国图

000O005701
续吴先贤赞：十五卷 / (明)刘凤撰
明万历(1573-1620)刻本
1987年摄制. -- 1盘卷片(16米340拍) :
1:10, 2B ; 35mm银盐
收藏馆：缩微中心，国图

000O018983
续吴录：二卷 / (明)刘凤撰
清(1644-1911)抄本. -- 钤"徐维则读书记"
"会稽徐氏铸学斋藏书印"等印。
1994年摄制. -- 1盘卷片(5米75拍) : 1:10,
2B ; 35mm银盐
收藏馆：缩微中心，天津

000O008876
吴中人物志：十三卷 / (明)张昶撰
明隆庆(1567-1572)张凤翼张燕翼刻本
1988年摄制. -- 1盘卷片(15米313拍) :
1:10, 2B ; 35mm银盐
收藏馆：缩微中心，浙江

000O007921
周元公世系遗芳集：十五卷 / (明)周与爵辑
明万历(1573-1620)刻本. -- 存五卷：卷十一
至卷十五。
1988年摄制. -- 1盘卷片(6.8米121拍) :
1:10, 2B ; 35mm银盐
收藏馆：缩微中心，湖南

000O001997
姑苏名贤小纪：二卷 / (明)文震孟撰
明万历四十二年(1614)文氏竺坞刻清顺治九年
(1652)文然重修本
1986年摄制. -- 1盘卷片(6米93拍) : 1:10,
2B ; 35mm银盐

收藏馆：缩微中心，国图

000O014005
姑苏名贤小纪：二卷 / (明)文震孟撰
明万历四十二年(1614)文氏竺坞刻清顺治九年
(1652)文然重修本
1991年摄制. -- 1盘卷片(6米78拍)：1:10,
2B；35mm银盐
收藏馆：缩微中心，国图

000O014006
姑苏名贤续记：一卷 / (明)文秉撰
清初(1644-1722)文然刻本
1991年摄制. -- 1盘卷片(4米31拍)：1:10,
2B；35mm银盐
收藏馆：缩微中心，国图

000O025158
**武陵小史初编：一卷汇编一卷 / (明)顾叶墅[等]
纂修**
清(1644-1911)抄本. -- 纂修者还有：(明)顾
起隆等。
1996年摄制. -- 1盘卷片(10米166拍)：
1:10, 2B；35mm银盐
收藏馆：缩微中心，国图

000O025146
苏州府微显志：八卷 / (清)萧翀撰
清雍正(1723-1735)刻本
1996年摄制. -- 1盘卷片(9米154拍)：1:10,
2B；35mm银盐
收藏馆：缩微中心，国图

000O027488
吴门表隐：二十卷附集一卷 / (清)顾震涛撰
清道光(1821-1850)刻本
1996年摄制. -- 1盘卷片(30米667拍)：
1:10, 2B；35mm银盐
收藏馆：缩微中心，南京

000O007572
**吴门表隐：二十卷补录一卷附集一卷 / (清)顾震
涛撰**
清(1644-1911)抄本
1987年摄制. -- 1盘卷片(28米639拍)：
1:10, 2B；35mm银盐
收藏馆：缩微中心，国图

000O000843
吴都法乘：十二卷 / (清)周永年辑
清(1644-1911)抄本
1985年摄制. -- 2盘卷片(42.6米936拍)：
1:10, 2B；35mm银盐

收藏馆：缩微中心，国图

000O008264
**梅花草堂集：十卷；昆山名宦传：一卷 / (明)张
大复撰；(清)汪中鹏补订**
明崇祯(1628-1644)刻清雍正三年(1725)补修
本
1988年摄制. -- 1盘卷片(21米438拍)：
1:10, 2B；35mm银盐
收藏馆：缩微中心，山东

000O001084
世恩录：一卷 / (明)吴岩辑
明正德十六年(1521)吴岩刻本
1985年摄制. -- 1盘卷片(3.4米44拍)：
1:10, 2B；35mm银盐
收藏馆：缩微中心，国图

000O013034
松陵文献：十五卷 / (清)潘柽章撰
清康熙三十二年(1693)潘耒刻本
1991年摄制. -- 1盘卷片(15米287拍)：
1:10, 2B；35mm银盐
收藏馆：缩微中心，国图

000O018484
松陵文献：十五卷 / (清)潘柽章撰
清康熙三十二年(1693)潘耒刻本
1993年摄制. -- 1盘卷片(15米287拍)：
1:10, 2B；35mm银盐
收藏馆：缩微中心，国图

000O012176
**昆山名贤墓志铭：十二卷 / (清)潘道根,(清)杜彝
增辑**
清(1644-1911)抄本. -- 存六卷：卷一至卷
二、卷七至卷八、卷十、卷十二。
1990年摄制. -- 1盘卷片(17米413拍)：
1:10, 2B；35mm银盐
收藏馆：缩微中心，南京

000O012231
娄东耆旧传：九卷 / (清)程穆衡撰
清光绪(1875-1908)王祖余抄本. -- (清)王祖
余跋。
1990年摄制. -- 1盘卷片(16米318拍)：
1:10, 2B；35mm银盐
收藏馆：缩微中心，南京

000O023979
娄东耆旧传：九卷 / (清)程穆衡撰
清光绪三十二年(1906)王晋元抄本
1995年摄制. -- 1盘卷片(15米313拍)：

1:10，2B；35mm银盐
收藏馆：缩微中心，南京

000O025093
明常熟先贤事略：十六卷 / (明)冯复京撰
清(1644-1911)大树堂刻本
1996年摄制. -- 1盘卷片(6米93拍) : 1:10,
2B；35mm银盐
收藏馆：缩微中心，国图

000O012228
镜墀轩肉谱：□□卷 / (清)龚缙熙撰
清(1644-1911)稿本
1990年摄制. -- 1盘卷片(3米52拍) : 1:10,
2B；35mm银盐
收藏馆：缩微中心，南京

000O000134
两浙名贤录：五十四卷外录八卷 / (明)徐象梅撰
明天启元年(1621)徐氏光碧堂刻本
1985年摄制. -- 6盘卷片(163.2米3647拍) :
1:10，2B；35mm银盐
收藏馆：缩微中心，国图

000O024807
两浙耆献传略：不分卷
稿本
1995年摄制. -- 3盘卷片(81米1619拍) :
1:10，2B；35mm银盐
收藏馆：缩微中心，浙江

000O000539
尺五堂述祖汇略：一卷 / (清)严我斯,(清)严允斯撰
清康熙三十五年(1696)严我斯严允斯刻本
1985年摄制. -- 1盘卷片(4米58拍) : 1:10,
2B；35mm银盐
收藏馆：缩微中心，国图

000O013637
湖州氏族考：六卷；本朝湖州府县官考：一卷；
本朝科名盛事录：一卷 / (清)沈树本撰
清(1644-1911)稿本
1991年摄制. -- 1盘卷片(7米99拍) : 1:10,
2B；35mm银盐
收藏馆：缩微中心，国图

000O025149
诵芬录：四卷 / (清)郑佶撰
清嘉庆二十四年(1819)刻本
1996年摄制. -- 1盘卷片(10米175拍) :
1:10，2B；35mm银盐
收藏馆：缩微中心，国图

000O019827
嘉禾征献录：三十卷外纪六卷 / (清)盛枫撰
清(1644-1911)抄本
1994年摄制. -- 1盘卷片(21米447拍) :
1:10，2B；35mm银盐
收藏馆：缩微中心，天津

000O012760
嘉禾征献录：五十卷外纪八卷 / (清)盛枫撰
清(1644-1911)抄本
1990年摄制. -- 2盘卷片(42米970拍) :
1:10，2B；35mm银盐
收藏馆：缩微中心，南京

000O025208
海昌五臣殉节轶事：一卷 / (清)周广业辑
清(1644-1911)周氏种松书塾抄本. -- (清)崔
以学校，(清)周勋懋跋。
1996年摄制. -- 1盘卷片(6米77拍) : 1:10,
2B；35mm银盐
收藏馆：缩微中心，国图

000O014059
盐官名德录：二卷 / (清)释真照撰
清康熙十七年(1678)广寿悟心堂刻本
1992年摄制. -- 1盘卷片(6米79拍) : 1:10,
2B；35mm银盐
收藏馆：缩微中心，国图

000O019245
嘉庆道光魏塘人物记：六卷 / (清)汪能肃撰
清道光(1821-1850)刻本
1994年摄制. -- 1盘卷片(5米71拍) : 1:10,
2B；35mm银盐
收藏馆：缩微中心，国图

000O024808
蛟川耆旧传：不分卷 / (清)姚燮撰
清(1644-1911)稿本
1995年摄制. -- 1盘卷片(12米220拍) :
1:10，2B；35mm银盐
收藏馆：缩微中心，浙江

000O025074
于越有明一代三不朽图赞：一卷 / (明)张岱撰
清(1644-1911)凤嬉堂刻乾隆六十年(1795)
南涧佑启楼重修本. -- (清)李慈铭校注并
跋。
1996年摄制. -- 1盘卷片(7米120拍) : 1:10,
2B；35mm银盐
收藏馆：缩微中心，国图

00O003637
越殉义传：六卷 / (清)陶亦鲁,(清)俞忠孙撰
清乾隆三年(1738)刻本
1986年摄制. -- 1盘卷片(6米88拍) ： 1：10,
2B ；35mm银盐
收藏馆：缩微中心，国图

00O025094
诸暨贤达传：八卷 / (清)郭世勋撰
清(1644-1911)抄本. -- 存四卷：卷五至卷
八。
1996年摄制. -- 1盘卷片(6米81拍) ： 1：10,
2B ；35mm银盐
收藏馆：缩微中心，国图

00O010355
金华贤达传：十二卷 / (清)郑柏撰
清康熙四十七年(1708)郑璧刻本
1989年摄制. -- 1盘卷片(10.5米206拍) ：
1：10, 2B ；35mm银盐
收藏馆：缩微中心，湖北

00O012218
金华先民传：十卷 / (明)应廷育撰
清(1644-1911)抄本. -- (清)丁丙跋。
1990年摄制. -- 1盘卷片(8米177拍) ： 1：10,
2B ；35mm银盐
收藏馆：缩微中心，南京

00O021766
婺书：八卷 / (明)吴之器撰
明崇祯十四年(1641)刻本
1995年摄制. -- 1盘卷片(15米278拍) ：
1：10, 2B ；35mm银盐
收藏馆：缩微中心，国图

00O009844
婺学志：二卷 / (清)张祖年撰
清康熙五十五年(1716)刻本
1989年摄制. -- 1盘卷片(5米69拍) ： 1：10,
2B ；35mm银盐
收藏馆：缩微中心，浙江

00O015455
义乌人物记：二卷 / (明)金江撰
明嘉靖(1522-1566)刻本
1993年摄制. -- 1盘卷片(4米51拍) ： 1：10,
2B ；35mm银盐
收藏馆：缩微中心，国图

00O001900
浦阳人物记：二卷附录一卷 / (明)宋濂撰
明(1368-1644)刻本
1986年摄制. -- 1盘卷片(4米60拍) ： 1：10,
2B ；35mm银盐
收藏馆：缩微中心，国图

00O012193
敬乡录：十四卷 / (元)吴师道撰
清(1644-1911)抄本. -- 存十卷：卷一至卷
六、卷十、卷十二至卷十四。(清)徐时栋校
跋。
1990年摄制. -- 1盘卷片(11米245拍) ：
1：10, 2B ；35mm银盐
收藏馆：缩微中心，南京

00O003145
敬乡录：十四卷 / (元)吴师道撰
李小雅抄本. -- 缪荃孙、瞿熙邦校并跋。
1986年摄制. -- 1盘卷片(16米331拍) ：
1：10, 2B ；35mm银盐
收藏馆：缩微中心，国图

00O019297
南陵无双谱：一卷 / (清)金古良撰
清康熙(1662-1722)刻本. -- 郑振铎跋。
1994年摄制. -- 1盘卷片(4米46拍) ： 1：10,
2B ；35mm银盐
收藏馆：缩微中心，国图

00O019183
南陵无双谱：一卷 / (清)金古良撰
清乾隆四十八年(1783)沈懋发刻本
1994年摄制. -- 1盘卷片(6米48拍) ： 1：10,
2B ；35mm银盐
收藏馆：缩微中心，国图

00O013770
桐彝：三卷续二卷 / (明)方学渐撰
清(1644-1911)抄本. -- (明)刘之泗跋。
1991年摄制. -- 1盘卷片(5米69拍) ： 1：10,
2B ；35mm银盐
收藏馆：缩微中心，国图

00O001652
新安学系录：十六卷 / (明)程曈辑
明正德(1506-1521)程启刻明(1368-1644)绿荫
园重修本
1986年摄制. -- 1盘卷片(12米235拍) ：
1：10, 2B ；35mm银盐
收藏馆：缩微中心，国图

00O010343
斗山文会录：五卷 / (清)江德中[等]纂
清康熙二十年(1681)刻本
1989年摄制. -- 1盘卷片(10.5米193拍) ：

1:10, 2B ; 35mm银盐
收藏馆：缩微中心，湖北

00O028703
程氏人物志：八卷 / (清)程之康辑
清康熙(1662-1722)程氏延庆堂刻本
1989年摄制. -- 1盘卷片(23米493拍) :
1:10, 2B ; 35mm银盐
收藏馆：缩微中心，南京

00O012219
陵阳献征录：十二卷 / (清)陆锡熊撰
清(1644-1911)稿本. -- 存七卷：卷一至卷
六、卷八。
1990年摄制. -- 1盘卷片(5米105拍) : 1:10,
2B ; 35mm银盐
收藏馆：缩微中心，南京

00O023710
闽学宗传：四卷；浙学宗传：五卷；推豪别录：
一卷 / (明)刘廷焜,(明)刘麟长编撰
明崇祯十一年(1638)刘麟长刻本
1995年摄制. -- 1盘卷片(32米695拍) :
1:10, 2B ; 35mm银盐
收藏馆：缩微中心，浙江

00O012143
闽中理学渊源考：九十二卷 / (清)李清馥撰
清(1644-1911)相氏竹书堂抄本
1990年摄制. -- 2盘卷片(37米810拍) :
1:10, 2B ; 35mm银盐
收藏馆：缩微中心，南京

00O028497
八闽理学源流：四卷 / (清)蒋垣撰
清(1644-1911)抄本
1997年摄制. -- 1盘卷片(5.4米87拍) :
1:10, 2B ; 35mm银盐
收藏馆：缩微中心，福建

00O012197
榕阴新检：十六卷 / (明)徐勃辑
明万历三十四年(1606)刻本
1990年摄制. -- 1盘卷片(11米244拍) :
1:10, 2B ; 35mm银盐
收藏馆：缩微中心，南京

00O026417
东越文苑：六卷 / (明)陈鸣鹤撰
明(1368-1644)稿本. -- (明)赵世显订正。
1997年摄制. -- 1盘卷片(10米180拍) :
1:10, 2B ; 35mm银盐
收藏馆：缩微中心，湖北

00O012544
建宁人物传：四卷 / (明)李默撰
明嘉靖十七年(1538)李东光刻本
1990年摄制. -- 1盘卷片(9.7米196拍) :
1:10, 2B ; 35mm银盐
收藏馆：缩微中心，辽宁

00O017989
莆阳文献：十三卷列传七十四卷 / (明)郑岳辑
明嘉靖(1522-1566)刻本. -- 存七十九卷：文
献十三卷、列传卷九至卷七十四。
1993年摄制. -- 1盘卷片(31米648拍) :
1:10, 2B ; 35mm银盐
收藏馆：缩微中心，国图

00O006793
莆阳文献：十三卷列传七十五卷 / (明)郑岳辑
明万历四十四年(1616)黄起龙刻本
1987年摄制. -- 2盘卷片(35米746拍) :
1:10, 2B ; 35mm银盐
收藏馆：缩微中心，国图

00O028018
莆阳文献：十三卷列传七十五卷 / (明)郑岳辑
明万历四十四年(1616)黄起龙刻本
1996年摄制. -- 1盘卷片(30米729拍) :
1:10, 2B ; 35mm银盐
收藏馆：缩微中心，南京

00O000152
闽漳先贤列传：四卷 / (清)高维桧撰
清康熙(1662-1722)高氏宝山堂刻本
1985年摄制. -- 1盘卷片(6.1米105拍) :
1:10, 2B ; 35mm银盐
收藏馆：缩微中心，国图

00O024998
庐山莲社高贤传：七卷 / (明)袁懋贞辑
明万历四十八年(1620)刻本
1996年摄制. -- 1盘卷片(13米253拍) :
1:10, 2B ; 35mm银盐
收藏馆：缩微中心，福建

00O001449
庐山太平兴国宫采访真君事实：八卷 / (宋)叶义
问辑;(明)周洪宪增补
明(1368-1644)刻本
1985年摄制. -- 1盘卷片(7.8米149拍) :
1:10, 2B ; 35mm银盐
收藏馆：缩微中心，国图

00O024496
吉州人文纪略：二十六卷 / (清)郭景昌,(清)赖良

鸣辑
清康熙(1662-1722)冰玉堂刻本
1996年摄制. -- 2盘卷片(55米1122拍)：
1:10，2B ；35mm银盐
收藏馆：缩微中心，国图

00O000197
东雍士女志：二卷 / (明)黄希声撰
清康熙四十四年(1705)段洁然刻本
1985年摄制. -- 1盘卷片(3.7米50拍)：
1:10，2B ；35mm银盐
收藏馆：缩微中心，国图

00O005198
东雍耆旧传：三卷后集一卷 / (清)谢丕振撰
清康熙(1662-1722)刻本
1986年摄制. -- 1盘卷片(5米75拍)：1:10,
2B ；35mm银盐
收藏馆：缩微中心，国图

00O000455
余泽录：四卷 / (清)蓝润辑
清顺治十六年(1659)蓝润刻本
1985年摄制. -- 1盘卷片(18.2米395拍)：
1:10，2B ；35mm银盐
收藏馆：缩微中心，国图

00O019031
襄阳耆旧传：一卷 / (晋)习凿齿撰
明嘉靖(1522-1566)刻广四十家小说本
1994年摄制. -- 1盘卷片(6米87拍)：1:10,
2B ；35mm银盐
收藏馆：缩微中心，天津

00O002355
重校襄阳耆旧传：二卷
清(1644-1911)抄本
1986年摄制. -- 1盘卷片(4米65拍)：1:10,
2B ；35mm银盐
收藏馆：缩微中心，国图

00O016845
荆门耆旧纪略：三卷；烈女纪略：一卷 / (清)胡
作柄撰
清康熙(1662-1722)刻本
1993年摄制. -- 1盘卷片(5米55拍)：1:10,
2B ；35mm银盐
收藏馆：缩微中心，国图

00O018525
广信先贤事实录：六卷 / (明)姚堂辑
明景泰七年(1456)广信府刻本. -- 存二卷：
卷一至卷二。

1993年摄制. -- 1盘卷片(6米80拍)：1:10,
2B ；35mm银盐
收藏馆：缩微中心，国图

00O010127
北海耆旧传：十二卷 / (清)张昭潜撰
清(1644-1911)稿本
1989年摄制. -- 1盘卷片(18米357拍)：
1:10，2B ；35mm银盐
收藏馆：缩微中心，山东

00O006743
蜀僧记：三卷 / (清)释含澈辑
清(1644-1911)稿本
1987年摄制. -- 1盘卷片(8米141拍)：1:10,
2B ；35mm银盐
收藏馆：缩微中心，四川

00O003538
三台文献录：二十三卷 / (明)李时渐辑
明万历五年(1577)李时渐刻本
1985年摄制. -- 2盘卷片(37.3米796拍)：
1:10，2B ；35mm银盐
收藏馆：缩微中心，国图

00O023260
终南山祖庭仙真内传：二卷 / (元)李道谦撰. 终
南山说经台历代真仙碑记：一卷 / (元)朱象先撰
清(1644-1911)抄本
1995年摄制. -- 1盘卷片(5米65拍)：1:10,
2B ；35mm银盐
收藏馆：缩微中心，国图

00O025138
甘州明季成仁录：四卷 / (清)胡秉虔撰
清道光(1821-1850)刻本
1996年摄制. -- 1盘卷片(4米43拍)：1:10,
2B ；35mm银盐
收藏馆：缩微中心，国图

00O013941
东国续修簪献宝鉴：七卷 / (朝鲜)李儁,(朝鲜)尹
衡逵撰
朝鲜活字印本
1991年摄制. -- 1盘卷片(24米483拍)：
1:10，2B ；35mm银盐
收藏馆：缩微中心，国图

00O017481
祭皋陶：一卷 / (清)宋琬撰；(清)随缘居士评
清康熙(1662-1722)刻本
1993年摄制. -- 1盘卷片(4米35拍)：1:10,
2B ；35mm银盐

收藏馆：缩微中心，国图

00O000143
殷太师忠烈录：十卷 / (明)曹安辑；(明)暴孟奇重订
明万历五年(1577)暴孟奇刻本
1985年摄制. -- 1盘卷片（11米221拍）：
1:10，2B；35mm银盐
收藏馆：缩微中心，国图

00O010167
聪圣志：四卷附录一卷 / (明)范弘嗣辑
明崇祯(1628-1644)刻本
1989年摄制. -- 1盘卷片（6米90拍）：1:10，
2B；35mm银盐
收藏馆：缩微中心，山东

00O003598
晏子春秋：八卷
明(1368-1644)刻本
1985年摄制. -- 1盘卷片（10米200拍）：
1:10，2B；35mm银盐
收藏馆：缩微中心，国图

00O005576
晏子春秋：八卷
明(1368-1644)刻本
1987年摄制. -- 1盘卷片（10米200拍）：
1:10，2B；35mm银盐
收藏馆：缩微中心，国图

00O007467
晏子春秋：八卷
明(1368-1644)刻本
1987年摄制. -- 1盘卷片（11米218拍）：
1:10，2B；35mm银盐
收藏馆：缩微中心，国图

00O014570
晏子春秋：八卷
明(1368-1644)刻本
1992年摄制. -- 1盘卷片（10米183拍）：
1:10，2B；35mm银盐
收藏馆：缩微中心，国图

00O024889
晏子春秋：八卷
明(1368-1644)刻本. -- (清)王懿荣跋。
1996年摄制. -- 1盘卷片（11米204拍）：
1:10，2B；35mm银盐
收藏馆：缩微中心，南京

00O026842
晏子春秋：八卷
明(1368-1644)活字印本. -- (清)丁丙跋。
1996年摄制. -- 1盘卷片（13米245拍）：
1:10，2B；35mm银盐
收藏馆：缩微中心，南京

00O019438
晏子春秋：八卷
清嘉庆二十一年(1816)吴鼒刻本. -- (清)王念孙校，(清)盛昱校并跋。
1994年摄制. -- 1盘卷片（11米188拍）：
1:10，2B；35mm银盐
收藏馆：缩微中心，国图

00O018861
晏子春秋：八卷
清嘉庆二十一年(1816)吴鼒刻本
1994年摄制. -- 1盘卷片（10米185拍）：
1:10，2B；35mm银盐
收藏馆：缩微中心，国图

00O019800
晏子春秋：八卷
清嘉庆二十一年(1816)吴鼒刻本
1994年摄制. -- 1盘卷片（11米185拍）：
1:10，2B；35mm银盐
收藏馆：缩微中心，国图

00O003648
晏子春秋：八卷
清(1644-1911)抄本. -- (清)顾广圻校并序跋。
1985年摄制. -- 1盘卷片（10米200拍）：
1:10，2B；35mm银盐
收藏馆：缩微中心，国图

00O015601
晏子春秋：六卷
明(1368-1644)刻本
1993年摄制. -- 1盘卷片（8米122拍）：1:10，
2B；35mm银盐
收藏馆：缩微中心，国图

00O016908
晏子春秋：六卷
明(1368-1644)凌澄初刻朱墨套印本
1993年摄制. -- 1盘卷片（10米158拍）：
1:10，2B；35mm银盐
收藏馆：缩微中心，国图

00O031953
晏子春秋：六卷

明(1368-1644)凌澄初刻朱墨套印本
2010年摄制. -- 1盘卷片(12米196拍)：
1：11, 2B；35mm银盐
收藏馆：缩微中心，国图

000O020168
晏子春秋：六卷
明(1368-1644)凌澄初刻套印本
1994年摄制. -- 1盘卷片(10米158拍)：
1：10, 2B；35mm银盐
收藏馆：缩微中心，国图

000O031972
晏子春秋：六卷
明(1368-1644)凌澄初刻套印本
2010年摄制. -- 1盘卷片(12米196拍)：
1：11, 2B；35mm银盐
收藏馆：缩微中心，国图

000O001351
晏子春秋：四卷
明万历十六年(1588)吴怀保刻本
1985年摄制. -- 1盘卷片(9米168拍)：1：10,
2B；35mm银盐
收藏馆：缩微中心，国图

000O017892
晏子春秋：四卷
明万历十六年(1588)吴怀保刻本
1993年摄制. -- 1盘卷片(9米145拍)：1：10,
2B；35mm银盐
收藏馆：缩微中心，国图

000O026304
晏子春秋：四卷 / (春秋)晏婴撰
明(1368-1644)黄之寀刻本
1996年摄制. -- 1盘卷片(8米145拍)：1：10,
2B；35mm银盐
收藏馆：缩微中心，福建

000O012154
晏子春秋：七卷音义二卷 / (清)孙星衍撰
清乾隆(1736-1795)毕沅刻经训堂丛书本. --
(清)戴望录(清)洪贤煊校。
1990年摄制. -- 1盘卷片(8米169拍)：1：10,
2B；35mm银盐
收藏馆：缩微中心，南京

000O022294
释迦如来成道记：一卷 / (唐)王勃撰
明成化十六年(1480)释昭海募刻本
1995年摄制. -- 1盘卷片(5米54拍)：1：10,
2B；35mm银盐

收藏馆：缩微中心，国图

000O027526
佛祖历代通载：二十二卷 / (元)释念常撰
元至正七年(1347)释念常募刻本
1997年摄制. -- 2盘卷片(46米938拍)：
1：10, 2B；35mm银盐
收藏馆：缩微中心，国图

000O023222
佛祖历代通载：二十二卷 / (元)释念常撰
元至正七年(1347)释念常募刻本. -- 存五
卷：卷十四至卷十八。
1995年摄制. -- 1盘卷片(13米243拍)：
1：10, 2B；35mm银盐
收藏馆：缩微中心，国图

000O018134
佛祖历代通载：二十二卷 / (元)释念常撰
元(1271-1368)刻本. -- 存五卷：卷四至卷
六、卷十四、卷十九。王献唐跋。
1993年摄制. -- 1盘卷片(12米232拍)：
1：10, 2B；35mm银盐
收藏馆：缩微中心，山东

000O004537
佛祖历代通载：二十二卷 / (元)释念常撰
明宣德五年(1430)大慈恩寺刻本. -- 存十九
卷：卷一、卷四至卷二十一。
1987年摄制. -- 2盘卷片(40米872拍)：
1：10, 2B；35mm银盐
收藏馆：缩微中心，国图

000O003065
佛祖历代通载：二十二卷 / (元)释念常撰
明隆庆四年至万历六年(1570-1578)释性月募
刻本
1986年摄制. -- 2盘卷片(59米1007拍)：
1：10, 2B；35mm银盐
收藏馆：缩微中心，国图

000O031002
佛像：一卷
明初(1368-1424)刻本
2004年摄制. -- 1盘卷片(3米36拍)：1：10,
2B；35mm银盐
收藏馆：缩微中心，国图

000O002920
东家杂记：二卷 / (宋)孔传撰
清(1644-1911)影宋抄本
1986年摄制. -- 1盘卷片(6米95拍)：1：10,
2B；35mm银盐

收藏馆：缩微中心，国图

00O004844
东家杂记：二卷 / (宋)孔传撰．孔圣生年月日考异：一卷 / (宋)赵去疾撰
清(1644-1911)抄本
1986年摄制． -- 1盘卷片(5米82拍) ：1:10，
2B ；35mm银盐
收藏馆：缩微中心，国图

00O002901
东家杂记：二卷 / (宋)孔传撰．孔圣生年月日考异：一卷 / (宋)赵去疾撰
明(1368-1644)刻本
1986年摄制． -- 1盘卷片(5米75拍) ：1:10，
2B ；35mm银盐
收藏馆：缩微中心，国图

00O014146
孔子通纪：八卷 / (明)潘府撰
日本活字印本
1992年摄制． -- 1盘卷片(11米192拍) ：
1:10，2B ；35mm银盐
收藏馆：缩微中心，国图

00O006387
至圣先师孔子刊定世家：七卷 / (明)冯烶撰
明万历三十九年(1611)冯烶刻本
1987年摄制． -- 1盘卷片(27米592拍) ：
1:10，2B ；35mm银盐
收藏馆：缩微中心，国图

00O002208
新锲孔圣宗师出身全传：四卷
明(1368-1644)刻本
1986年摄制． -- 1盘卷片(7米133拍) ：
1:10，2B ；35mm银盐
收藏馆：缩微中心，国图

00O028043
孔志：四卷 / (清)龚景瀚撰
清(1644-1911)稿本
1996年摄制． -- 1盘卷片(8.3米150拍) ：
1:10，2B ；35mm银盐
收藏馆：缩微中心，福建

00O024828
曾志：四卷首一卷末一卷 / (明)李天植辑
明万历二十六年(1598)曾承业刻本
1995年摄制． -- 1盘卷片(12米224拍) ：
1:10，2B ；35mm银盐
收藏馆：缩微中心，浙江

00O010599
宗圣志：十二卷 / (明)吕兆祥撰
明崇祯(1628-1644)刻清康熙(1662-1722)增刻本
1989年摄制． -- 1盘卷片(16.9米354拍) ：
1:10，2B ；35mm银盐
收藏馆：缩微中心，山西

00O024835
会稽朱太守事实：一卷 / (清)沈复粲辑
清(1644-1911)稿本
1995年摄制． -- 1盘卷片(4米47拍) ：1:10，
2B ；35mm银盐
收藏馆：缩微中心，浙江

00O004483
汉天师世家：不分卷 / (明)张国祥辑
明万历(1573-1620)刻本
1986年摄制． -- 1盘卷片(7米119拍) ：1:10，
2B ；35mm银盐
收藏馆：缩微中心，国图

00O026773
郑玄列传：一卷 / (南朝宋)范晔撰
清(1644-1911)郑文烺抄本． -- (清)郑文焯校补并跋。
1996年摄制． -- 1盘卷片(3米20拍) ：1:10，
2B ；35mm银盐
收藏馆：缩微中心，南京

00O001216
北海三考：三卷 / (清)胡元仪撰
清(1644-1911)抄本． -- (清)柯劭忞等批识。
1985年摄制． -- 1盘卷片(7米119拍) ：1:10，
2B ；35mm银盐
收藏馆：缩微中心，国图

00O022112
关王事迹：五卷 / (元)胡琦撰
明成化七年(1471)张宁刻本
1995年摄制． -- 1盘卷片(8米124拍) ：1:10，
2B ；35mm银盐
收藏馆：缩微中心，国图

00O004356
义勇武安王集：八卷 / (明)顾问辑
明嘉靖四十三年(1564)顾梦羽刻本
1986年摄制． -- 1盘卷片(6米96拍) ：1:10，
2B ；35mm银盐
收藏馆：缩微中心，国图

00O008543
重编义勇武安王集：八卷 / (清)钱谦益辑

清(1644-1911)稿本. -- (清)陈奐、(清)吴毓
芬、(清)毛怀、(清)曹元忠跋，(清)魏源题
诗。
1988年摄制. -- 1盘卷片(7米122拍) : 1:10,
2B ; 35mm银盐
收藏馆：缩微中心，国图

00O012191
汉前将军汉寿亭侯关公志：十二卷 / (明)丁矿辑
明崇祯五年(1632)刻本
1990年摄制. -- 1盘卷片(17米381拍) :
1:10, 2B ; 35mm银盐
收藏馆：缩微中心，南京

00O023703
关圣类编：六卷补编一卷 / (明)黄希声辑
清顺治十三年(1656)稷山葛氏刻本
1995年摄制. -- 1盘卷片(16米301拍) :
1:10, 2B ; 35mm银盐
收藏馆：缩微中心，浙江

00O010861
宋衢州本蜀志诸葛忠武侯传 / (晋)陈寿撰；(南
朝宋)裴松之注
宋(960-1279)衢州刻本
1988年摄制. -- 1盘卷片(3米36拍) : 1:10,
2B ; 35mm银盐
收藏馆：缩微中心，甘肃

00O005713
忠武录：五卷 / (明)沈津辑
明嘉靖十九年(1540)唐藩刻本
1987年摄制. -- 1盘卷片(7米166拍) : 1:10,
2B ; 35mm银盐
收藏馆：缩微中心，国图

00O006737
诸葛忠武书：十卷 / (明)杨时伟辑
明万历四十七年(1619)杨时伟刻本
1987年摄制. -- 1盘卷片(12米223拍) :
1:10, 2B ; 35mm银盐
收藏馆：缩微中心，四川

00O023241
许旌阳事迹图：一卷
明(1368-1644)刻本
1995年摄制. -- 1盘卷片(5米54拍) : 1:10,
2B ; 35mm银盐
收藏馆：缩微中心，国图

00O003581
绍陶录：二卷 / (宋)王质撰
清康熙三十年(1691)翁炳翁揆抄本. -- (清)

翁杖校并跋。
1985年摄制. -- 1盘卷片(4米64拍) : 1:10,
2B ; 35mm银盐
收藏馆：缩微中心，国图

00O002255
绍陶录：二卷 / (宋)王质撰
清(1644-1911)抄本. -- (清)吴骞、(清)鲍廷
博校。
1986年摄制. -- 1盘卷片(4米64拍) : 1:10,
2B ; 35mm银盐
收藏馆：缩微中心，国图

00O002902
绍陶录：二卷 / (宋)王质撰
清乾隆四十一年(1776)孔继涵抄本. -- (清)
孔继涵校并跋。
1986年摄制. -- 1盘卷片(5米75拍) : 1:10,
2B ; 35mm银盐
收藏馆：缩微中心，国图

00O016641
绍陶录：二卷 / (宋)王质撰
清(1644-1911)王氏十万卷楼抄本
1993年摄制. -- 1盘卷片(5米54拍) : 1:10,
2B ; 35mm银盐
收藏馆：缩微中心，国图

00O004849
魏郑公谏录：五卷 / (唐)王方庆撰
明正德二年(1507)曾大有刻本
1987年摄制. -- 1盘卷片(7米116拍) : 1:10,
2B ; 35mm银盐
收藏馆：缩微中心，国图

00O003670
魏郑公谏录：五卷 / (唐)王方庆撰
清(1644-1911)抄本. -- (清)季锡畴校并跋。
1985年摄制. -- 1盘卷片(5.7米101拍) :
1:10, 2B ; 35mm银盐
收藏馆：缩微中心，国图

00O019632
新安忠烈庙神纪实：十五卷乾集一卷 / (元)郑弘
祖辑
明天顺四年(1460)汪仪凤刻本. -- 存四卷：
卷一至卷四上。
1994年摄制. -- 1盘卷片(8米143拍) : 1:10,
2B ; 35mm银盐
收藏馆：缩微中心，国图

00O008725
大慈恩寺三藏法师传：十卷 / (唐)释慧立撰；

(唐)释彦悰笺
明万历(1573-1620)吴仲虚西爽堂刻本
1988年摄制. -- 1盘卷片(11.7米237拍)：
1:10，2B；35mm银盐
收藏馆：缩微中心，重庆

00O028648
崔府君神异录：不分卷 / (明)杨贵诚辑
明成化(1465-1487)刻明清(1368-1911)递修本
1996年摄制. -- 1盘卷片(6米90拍)：1:10，
2B；35mm银盐
收藏馆：缩微中心，南京

00O003330
寒山赵氏三世志传：不分卷 / (清)赵元复辑
清康熙(1662-1722)赵氏小宛堂刻本
1986年摄制. -- 1盘卷片(4米47拍)：1:10，
2B；35mm银盐
收藏馆：缩微中心，国图

00O012195
谪仙外纪：二十卷 / (明)王豐撰
清(1644-1911)抄本
1990年摄制. -- 1盘卷片(9米200拍)：1:10，
2B；35mm银盐
收藏馆：缩微中心，南京

00O016251
安禄山事迹：三卷 / (唐)姚汝能撰
清(1644-1911)抄本. -- (清)丁敬跋。
1993年摄制. -- 1盘卷片(5米60拍)：1:10，
2B；35mm银盐
收藏馆：缩微中心，国图

00O013406
安禄山事迹：三卷 / (唐)姚汝能撰. 刘豫事迹：
一卷
清(1644-1911)抄本. -- (清)谢宝树跋，(清)
翁曾源校并跋。
1991年摄制. -- 1盘卷片(4米46拍)：1:10，
2B；35mm银盐
收藏馆：缩微中心，国图

00O016640
安禄山事迹：三卷 / (唐)姚汝能撰
清道光十九年(1839)劳权抄本. -- (清)劳权
校并跋。
1993年摄制. -- 1盘卷片(5米60拍)：1:10，
2B；35mm银盐
收藏馆：缩微中心，国图

00O007736
安禄山事迹：三卷 / (唐)姚汝能撰

清(1644-1911)陈氏阙慎室抄本
1987年摄制. -- 1盘卷片(5米70拍)：1:10，
2B；35mm银盐
收藏馆：缩微中心，湖南

00O013713
安禄山事迹：三卷 / (唐)姚汝能撰
清(1644-1911)洗桐斋抄本
1991年摄制. -- 1盘卷片(5米58拍)：1:10，
2B；35mm银盐
收藏馆：缩微中心，国图

00O015741
唐贵妃杨太真全史：□□卷 / (明)西湖梅道人辑
明(1368-1644)刻本. -- 存五卷：卷一至卷
三、卷五至卷六。
1993年摄制. -- 1盘卷片(13米227拍)：
1:10，2B；35mm银盐
收藏馆：缩微中心，国图

00O003540
李深之文集：六卷又一卷 / (唐)李绛撰；(唐)蒋
偕辑
明(1368-1644)抄本. -- 又一卷配抄本。
1985年摄制. -- 1盘卷片(6米94拍)：1:10，
2B；35mm银盐
收藏馆：缩微中心，国图

00O015098
李深之文集：六卷又一卷 / (唐)李绛撰；(唐)蒋
偕辑
清(1644-1911)抄本
1992年摄制. -- 1盘卷片(6米82拍)：1:10，
2B；35mm银盐
收藏馆：缩微中心，国图

00O027862
李深之文集：六卷补一卷 / (唐)李绛撰
清(1644-1911)抄本. -- (清)丁丙跋。
1996年摄制. -- 1盘卷片(7米97拍)：1:10，
2B；35mm银盐
收藏馆：缩微中心，南京

00O028976
吕祖全传：一卷后卷一卷 / (唐)吕岩撰；(清)汪
象旭重订
清光绪十一年(1885)沪上重刻本
1998年摄制. -- 1盘卷片(10米176拍)：
1:10，2B；35mm银盐
收藏馆：缩微中心，天津

00O016727
寂音尊者智证传：十卷 / (宋)释惠洪撰；(宋)释

觉慈辑 . 灵岩宝镜三昧 : 一卷
明万历十三年(1585)于中甫刻本
1993年摄制. -- 1盘卷片(7米153拍) : 1:10,
2B ; 35mm银盐
收藏馆: 缩微中心, 国图

000O002292
罗江东外纪 : 三卷 / (明)闵元衢辑 . 天地间集 :
一卷 ; 晞发道人近稿 : 一卷 / (宋)谢翱辑
明崇祯(1628-1644)刻本
1986年摄制. -- 1盘卷片(5.9米102拍) :
1:10, 2B ; 35mm银盐
收藏馆: 缩微中心, 国图

000O017574
陈观察遗事 : 一卷 / (清)郑杰辑
清乾隆六十年(1795)刘永树刻本
1993年摄制. -- 1盘卷片(4米38拍) : 1:10,
2B ; 35mm银盐
收藏馆: 缩微中心, 国图

000O027360
文正王公遗事 : 一卷 / (宋)王素撰
宋(960-1279)刻百川学海本. -- (清)丁丙
跋。
1996年摄制. -- 1盘卷片(4米38拍) : 1:10,
2B ; 35mm银盐
收藏馆: 缩微中心, 南京

000O013682
文正王公遗事 : 一卷 / (宋)王素撰
清(1644-1911)谭宫桥抄本. -- (清)吴翌凤校
并跋。
1991年摄制. -- 1盘卷片(3米27拍) : 1:10,
2B ; 35mm银盐
收藏馆: 缩微中心, 国图

000O023277
翊圣保德传 : 三卷 / (宋)王钦若撰
清(1644-1911)抄本
1995年摄制. -- 1盘卷片(4米35拍) : 1:10,
2B ; 35mm银盐
收藏馆: 缩微中心, 国图

000O018486
宋范文正公流寓长山事迹考 : 一卷 / (清)刘孔怀
撰
清康熙(1662-1722)刻本
1993年摄制. -- 1盘卷片(4米38拍) : 1:10,
2B ; 35mm银盐
收藏馆: 缩微中心, 国图

000O012699
范文正公言行拾遗事录 : 一卷义庄规矩一卷 /
(明)范惟一辑
明嘉靖三十九年(1560)范惟一刻本
1990年摄制. -- 1盘卷片(5.3米91拍) :
1:10, 2B ; 35mm银盐
收藏馆: 缩微中心, 辽宁

000O014278
文正书院传谱 : 不分卷 / (清)范承祚纂修
清(1644-1911)抄本
1992年摄制. -- 1盘卷片(20米389拍) :
1:10, 2B ; 35mm银盐
收藏馆: 缩微中心, 国图

000O012206
乐全先生张公行状 : 不分卷 / (宋)王声撰
清(1644-1911)小辋川抄本
1990年摄制. -- 1盘卷片(3米46拍) : 1:10,
2B ; 35mm银盐
收藏馆: 缩微中心, 南京

000O004884
忠献韩魏王家传 : 十卷 / (宋)韩忠彦撰 . 别录 :
三卷 / (宋)王岩叟撰 . 遗事 : 一卷 / (宋)强至撰
明正德九年(1514)张士隆刻本
1987年摄制. -- 1盘卷片(11米213拍) :
1:10, 2B ; 35mm银盐
收藏馆: 缩微中心, 国图

000O000484
忠献韩魏王君臣相遇别录 : 三卷 / (宋)王岩叟撰 .
遗事 : 一卷 ; 传 : 十卷 / (宋)强至撰
明万历四十二年(1614)徐缙芳刻本
1985年摄制. -- 1盘卷片(12.7米265拍) :
1:10, 2B ; 35mm银盐
收藏馆: 缩微中心, 国图

000O005574
蔡端明别纪 : 十二卷 / (明)徐熥编纂
明万历(1573-1620)刻本
1987年摄制. -- 1盘卷片(8米168拍) : 1:10,
2B ; 35mm银盐
收藏馆: 缩微中心, 吉林

000O027758
濂溪志 : 九卷 / (明)李桢撰
明万历二十五年(1597)刻本. -- 书口含卷首
分为九卷、书端题名下分四卷。卷一含书口
所题的卷二至卷三;卷二含书口所题卷八至
卷九;卷三含书口所题的卷七;卷四含书口
所题的卷四至卷六。本书按书口卷次装订成
四册, 其中第三册页码顺序不规则, 但内容连贯。
1996年摄制. -- 1盘卷片(11.1米214拍)：
1:10, 2B ; 35mm银盐
收藏馆：缩微中心, 福建

00O005216
种太尉传：一卷 / (宋)赵起撰
明(1368-1644)抄本
1986年摄制. -- 1盘卷片(3米19拍) : 1:10,
2B ; 35mm银盐
收藏馆：缩微中心, 国图

00O014435
丰清敏公遗事：一卷 / (宋)李朴撰 . 附录：一卷 / (明)丰庆辑
明(1368-1644)刻本
1992年摄制. -- 1盘卷片(4米49拍) : 1:10,
2B ; 35mm银盐
收藏馆：缩微中心, 国图

00O014329
东坡乌台诗案：一卷
明(1368-1644)刻本
1992年摄制. -- 1盘卷片(4米46拍) : 1:10,
2B ; 35mm银盐
收藏馆：缩微中心, 国图

00O003066
乌台诗案：一卷
明(1368-1644)秦氏玄览中枢抄本
1986年摄制. -- 1盘卷片(5米67拍) : 1:10,
2B ; 35mm银盐
收藏馆：缩微中心, 国图

00O019402
乌台诗案：一卷
清(1644-1911)抄本
1994年摄制. -- 1盘卷片(5米50拍) : 1:10,
2B ; 35mm银盐
收藏馆：缩微中心, 国图

00O005133
苏长公外纪：十二卷 / (明)王世贞辑；(明)璩之璞校补
明万历二十二年(1594)璩氏燕石斋刻万历二十三年(1595)重修本
1986年摄制. -- 1盘卷片(20米445拍) : 1:10, 2B ; 35mm银盐
收藏馆：缩微中心, 国图

00O020148
苏长公外纪：十二卷 / (明)王世贞辑；(明)璩之璞校补
明万历二十二年(1594)璩氏燕石斋刻万历二十三年(1595)重修本
1994年摄制. -- 1盘卷片(21米413拍) : 1:10, 2B ; 35mm银盐
收藏馆：缩微中心, 国图

00O013387
苏长公外纪：十二卷 / (明)王世贞辑；(明)璩之璞校补
明万历二十三年(1595)璩氏燕石斋刻万历二十三年(1595)重修本
1991年摄制. -- 1盘卷片(21米414拍) : 1:10, 2B ; 35mm银盐
收藏馆：缩微中心, 国图

00O024953
苏长公外纪：十六卷 / (明)王世贞辑
明(1368-1644)刻本
1996年摄制. -- 1盘卷片(17米342拍) : 1:10, 2B ; 35mm银盐
收藏馆：缩微中心, 南京

00O018154
苏文忠公外纪：二卷；逸编：一卷 / (明)王世贞,(明)璩之璞辑
明末(1621-1644)刻本
1993年摄制. -- 1盘卷片(7米109拍) : 1:10, 2B ; 35mm银盐
收藏馆：缩微中心, 山东

00O013347
东坡先生遗事：十二卷 / (明)顾道洪辑
明万历二十一年(1593)梁源山人刻本
1991年摄制. -- 1盘卷片(18米325拍) : 1:10, 2B ; 35mm银盐
收藏馆：缩微中心, 国图

00O019578
刻宋郑一拂先生祠录：一卷 / (明)焦竑辑
明万历三十四年(1606)邓镳刻本
1994年摄制. -- 1盘卷片(6米96拍) : 1:10, 2B ; 35mm银盐
收藏馆：缩微中心, 国图

00O006260
米襄阳志林：十七卷 / (明)范明泰辑
明万历(1573-1620)刻本
1987年摄制. -- 1盘卷片(15米306拍) : 1:10, 2B ; 35mm银盐
收藏馆：缩微中心, 吉林

00O001776
米襄阳志林：十三卷 / (明)范明泰辑

明万历三十二年(1604)秀州范氏舞蛟轩刻本
1986年摄制. -- 1盘卷片(15米311拍) :
1:10, 2B ; 35mm银盐
收藏馆：缩微中心，国图

000018487
米襄阳志林：十三卷 / (明)范明泰辑 . 米襄阳遗
集：一卷 . 研史：一卷 / (宋)米芾撰
明万历三十二年(1604)范氏舞蛟轩刻本. --
还有合刻著作：海岳名言一卷 / (宋)米芾撰，
宝章待访录一卷 / (宋)米芾撰。
1993年摄制. -- 1盘卷片(15米277拍) :
1:10, 2B ; 35mm银盐
收藏馆：缩微中心，国图

000000973
米襄阳志林：十三卷 / (明)范明泰辑 . 海岳名言：
一卷；宝章待访录：一卷 / (宋)米芾撰
明万历三十二年(1604)范氏舞蛟轩刻本. --
还有合刻著作：研史一卷 / (宋)米芾撰，米襄
阳遗集一卷 / (宋)米芾撰。
1985年摄制. -- 1盘卷片(14米302拍) :
1:10, 2B ; 35mm银盐
收藏馆：缩微中心，国图

000019559
米襄阳志林：十三卷 / (明)范明泰辑 . 海岳名言：
一卷；宝章待访录：一卷 / (宋)米芾撰
明万历三十二年(1604)范氏舞蛟轩刻本. --
还有合刻著作：研史一卷 / (宋)米芾撰，米襄
阳遗集一卷 / (宋)米芾撰。
1994年摄制. -- 1盘卷片(15米283拍) :
1:10, 2B ; 35mm银盐
收藏馆：缩微中心，国图

000028924
米襄阳志林：十三卷 / (明)范明泰辑 . 海岳名言：
一卷；宝章待访录：一卷 / (宋)米芾撰
明万历三十二年(1604)刻清(1644-1911)宛堂
重修本. -- 还有合刻著作：研史一卷 / (宋)米
芾撰，米襄阳遗集一卷 / (宋)米芾撰。
1998年摄制. -- 1盘卷片(16米275拍) :
1:10, 2B ; 35mm银盐
收藏馆：缩微中心，苏州

000006904
米襄阳外纪：十二卷 / (明)范明泰辑
明(1368-1644)刻本
1987年摄制. -- 1盘卷片(9.2米178拍) :
1:9, 2B ; 35mm银盐
收藏馆：缩微中心，重庆

000013263
宋儒龟山先生通纪：二卷 / (明)林兆兰,(明)蔡文
琳辑
明崇祯十六年(1643)杨氏刻本
1991年摄制. -- 1盘卷片(6.5米111拍) :
1:10, 2B ; 35mm银盐
收藏馆：缩微中心，湖北

000027998
宋陈忠肃公言行录：六卷
清(1644-1911)抄本
1996年摄制. -- 1盘卷片(8.3米149拍) :
1:10, 2B ; 35mm银盐
收藏馆：缩微中心，福建

000008381
忠简宗公遗事：三卷
清初(1644-1722)抄本. -- (清)孙潜、(清)□
杏窗校并跋。
1988年摄制. -- 1盘卷片(8米152拍) : 1:10,
2B ; 35mm银盐
收藏馆：缩微中心，国图

000015294
吕忠穆公年谱：一卷勤王记一卷遗事一卷逢辰
记一卷
清乾隆四十二年(1777)孔继涵抄本. -- (清)
孔继涵校并跋。
1992年摄制. -- 1盘卷片(6米99拍) : 1:10,
2B ; 35mm银盐
收藏馆：缩微中心，国图

000013407
刘豫事迹：一卷 . 安禄山事迹：三卷 / (唐)姚汝
能撰
清(1644-1911)抄本
1991年摄制. -- 1盘卷片(4米34拍) : 1:10,
2B ; 35mm银盐
收藏馆：缩微中心，国图

000001612
宋陈少阳先生尽忠录：八卷补录二卷 / (明)陈沂
辑
清(1644-1911)彭氏知圣道斋抄本. -- (清)彭
元瑞、(清)谢宝树校并跋。
1986年摄制. -- 1盘卷片(7米129拍) : 1:10,
2B ; 35mm银盐
收藏馆：缩微中心，国图

000032072
宋陈少阳先生尽忠录：八卷补录二卷 / (明)陈沂
辑
清(1644-1911)彭氏知圣道斋抄本. -- 十行

二十四字白口四周单边。(清)彭元瑞、(清)谢宝树校并跋。
2011年摄制. -- 1盘卷片(9米134拍) : 1:13, 2B ; 35mm银盐
收藏馆：缩微中心，国图

000O005425
宋陈少阳先生尽忠录：八卷补录二卷 / (明)陈沂辑
清道光七年(1827)东武李氏爱吾鼎斋抄本. -- (清)李璋煜跋。
1986年摄制. -- 1盘卷片(9米167拍) : 1:10, 2B ; 35mm银盐
收藏馆：缩微中心，国图

000O024492
有宋故和众辅国功臣太傅护国镇安保静军节度使扬国公致仕赠太师谥武僖追封鄜王刘公家传：□□卷
瞿氏铁琴铜剑楼抄本. -- 存三卷：卷一至卷三。
1996年摄制. -- 1盘卷片(4米45拍) : 1:10, 2B ; 35mm银盐
收藏馆：缩微中心，国图

000O003820
鄜王刘公家传：□□卷
清(1644-1911)抄本. — 存三卷：卷一至卷三。
1985年摄制. -- 1盘卷片(4米59拍) : 1:10, 2B ; 35mm银盐
收藏馆：缩微中心，国图

000O015802
董令升遗事：不分卷 / (清)吴骞辑
清(1644-1911)稿本
1993年摄制. -- 1盘卷片(3米10拍) : 1:10, 2B ; 35mm银盐
收藏馆：缩微中心，国图

000O019030
泗洲大圣明觉普照国师(僧伽)传：不分卷 / (宋)蒋之奇撰
明万历十九年(1591)泗洲李元嗣刻本
1994年摄制. -- 1盘卷片(5米80拍) : 1:10, 2B ; 35mm银盐
收藏馆：缩微中心，天津

000O005004
辩诬笔录：一卷 / (宋)赵鼎撰
清(1644-1911)抄本
1986年摄制. -- 1盘卷片(3米33拍) : 1:10, 2B ; 35mm银盐
收藏馆：缩微中心，国图

000O004519
鄂国金佗粹编：二十八卷 / (宋)岳珂辑
元至正二十三年(1363)朱元佑刻明(1368-1644)重修本
1986年摄制. -- 1盘卷片(24米531拍) : 1:10, 2B ; 35mm银盐
收藏馆：缩微中心，国图

000O003678
鄂国金佗粹编：二十八卷 / (宋)岳珂辑
明嘉靖二十一年(1542)洪富刻嘉靖三十七年(1558)黄日敬重修本. -- 卷一至卷四配抄本。
1985年摄制. -- 1盘卷片(25米547拍) : 1:10, 2B ; 35mm银盐
收藏馆：缩微中心，国图

000O025917
鄂国金佗粹编：二十八卷续编三十卷 / (宋)岳珂辑
明嘉靖二十一年(1542)洪富刻本. -- (清)丁丙跋。
1996年摄制. -- 2盘卷片(56米1255拍) : 1:10, 2B ; 35mm银盐
收藏馆：缩微中心，南京

000O019418
鄂国金佗粹编：二十八卷续编三十卷 / (宋)岳珂辑
明嘉靖二十一年(1542)洪富刻嘉靖三十七年(1558)黄日敬重修本
1994年摄制. -- 2盘卷片(50米1040拍) : 1:10, 2B ; 35mm银盐
收藏馆：缩微中心，国图

000O003680
鄂国金佗续编：三十卷 / (宋)岳珂辑
元至正二十三年(1363)朱元佑刻明(1368-1644)重修本
1985年摄制. -- 1盘卷片(27米588拍) : 1:10, 2B ; 35mm银盐
收藏馆：缩微中心，国图

000O024221
精忠录：三卷图一卷 / (明)袁纯辑
明(1368-1644)景泰刻本
1996年摄制. -- 1盘卷片(6米139拍) : 1:10, 2B ; 35mm银盐
收藏馆：缩微中心，安徽

000O002887
会纂宋岳鄂武穆王精忠录：六卷图一卷
朝鲜英祖四十五年(1769)铜活字印本

1986年摄制. -- 1盘卷片（12米247拍）：
1:10, 2B ；35mm银盐
收藏馆：缩微中心，国图

00O000160
明良庆会：四卷
明(1368-1644)刻本
1985年摄制. -- 1盘卷片（7.2米126拍）：
1:10, 2B ；35mm银盐
收藏馆：缩微中心，国图

00O017811
朱子实纪：十二卷 / (明)戴铣辑
明正德八年(1513)鲍雄刻本
1993年摄制. -- 1盘卷片（19米363拍）：
1:10, 2B ；35mm银盐
收藏馆：缩微中心，国图

00O024458
子朱子为学次第考：三卷 / (清)童能灵撰
清(1644-1911)刻本. -- 存二卷：卷二至卷
三。
1996年摄制. -- 1盘卷片（6米81拍）： 1:10,
2B ；35mm银盐
收藏馆：缩微中心，国图

00O028538
宋东莱吕成公外录：四卷 / (明)戴应鳌,(明)王宗启辑
明崇祯五年(1632)吕光祖[等]刻本
1996年摄制. -- 1盘卷片（6.5米108拍）：
1:10, 2B ；35mm银盐
收藏馆：缩微中心，南京

00O016115
龙洲词：一卷 / (宋)刘过撰
清光绪十四年(1888)汪□刻宋名家词本. --
章钰校补并跋。
1993年摄制. -- 1盘卷片（3米30拍）： 1:10,
2B ；35mm银盐
收藏馆：缩微中心，国图

00O026067
宋丞相崔清献公全录：十卷 / (明)崔子璲,(明)崔晓增辑
明嘉靖十三年(1534)唐胄邵炼刻本. -- (清)
丁丙跋。
1993年摄制. -- 1盘卷片（11米199拍）：
1:10, 2B ；35mm银盐
收藏馆：缩微中心，南京

00O002196
宋丞相崔清献公全录：十卷 / (明)崔子璲,(明)崔
晓增辑
明嘉靖十三年(1534)唐胄邵炼刻本
1986年摄制. -- 1盘卷片（10米184拍）：
1:10, 2B ；35mm银盐
收藏馆：缩微中心，国图

00O015102
宋丞相崔清献公全录：十卷 / (明)崔子璲,(明)崔晓增辑
明嘉靖十三年(1534)唐胄邵炼刻本
1992年摄制. -- 1盘卷片（10米162拍）：
1:10, 2B ；35mm银盐
收藏馆：缩微中心，国图

00O022375
宋丞相崔清献公全录：十卷 / (宋)崔与之撰；(明)崔子璲,(明)崔晓增辑
明嘉靖十三年(1534)唐胄邵炼刻本
1995年摄制. -- 1盘卷片（9米163拍）： 1:10,
2B ；35mm银盐
收藏馆：缩微中心，国图

00O007321
宋丞相崔清献公全录：十卷 / (明)崔子璲,(明)崔晓增辑
明嘉靖十三年(1534)唐胄邵炼刻本. -- 存九
卷：卷一至卷九。
1987年摄制. -- 1盘卷片（8米155拍）： 1:10,
2B ；35mm银盐
收藏馆：缩微中心，国图

00O019851
宋丞相崔清献公全录：十卷 / (明)崔子璲,(明)崔晓增辑
明嘉靖十三年(1534)唐胄邵炼刻本. -- 存三
卷：卷一至卷三。
1994年摄制. -- 1盘卷片（4米48拍）： 1:10,
2B ；35mm银盐
收藏馆：缩微中心，国图

00O012659
宋丞相崔清献公全录：十卷 / (宋)崔与之撰
明嘉靖三十二年(1553)刻本
1990年摄制. -- 1盘卷片（9.7米199拍）：
1:10, 2B ；35mm银盐
收藏馆：缩微中心，辽宁

00O026877
宋丞相崔清献公言行录：内集二卷外集三卷 / (明)崔子璲,(明)崔爌增辑
明嘉靖十五年(1536)崔爌刻万历(1573-1620)
增修本. -- (清)丁丙跋。
1996年摄制. -- 1盘卷片（10米193拍）：

1:10, 2B ；35mm银盐
收藏馆：缩微中心，南京

000O010114
宋丞相崔清献公言行录：内集二卷外集三卷 /
(明)崔子璲,(明)崔爌增辑
明嘉靖十五年(1536)崔爌刻万历(1573-1620)
增修本
1989年摄制. -- 1盘卷片(11米210拍) ：
1:10, 2B ；35mm银盐
收藏馆：缩微中心，山东

000O012254
宋待制徐文清公家传：一卷 / (宋)朱元龙撰；毅
斋诗集别录：一卷 / (明)徐兴辑
清(1644-1911)抄本. -- (清)丁丙跋。
1990年摄制. -- 1盘卷片(4米77拍) ：1:10,
2B ；35mm银盐
收藏馆：缩微中心，南京

000O009692
鹤山述闻：十二卷 / (清)陈家镇辑
清同治八年(1869)稿本. -- 存十卷：卷一至
卷十。
1988年摄制. -- 1盘卷片(14米289拍) ：
1:10, 2B ；35mm银盐
收藏馆：缩微中心，四川

000O012196
象台首末：五卷 / (宋)胡知柔辑. 附录：一卷 /
(明)胡录辑
清(1644-1911)抄本. -- (清)丁丙跋。
1990年摄制. -- 1盘卷片(5米113拍) ：1:10,
2B ；35mm银盐
收藏馆：缩微中心，南京

000O028153
陆右丞蹈海录：一卷 / (明)丁元吉辑
清康熙(1662-1722)龚氏玉玲珑阁抄本. --
(清)龚翔麟、(清)张载华、(清)丁丙跋。
1996年摄制. -- 1盘卷片(3.5米39拍) ：
1:10, 2B ；35mm银盐
收藏馆：缩微中心，南京

000O002924
运使复斋郭公言行录：一卷敏行录一卷 / (元)徐
东撰
清(1644-1911)张蓉镜影元抄本. -- (清)单学
传、缪荃孙跋。
1986年摄制. -- 1盘卷片(7米135拍) ：1:10,
2B ；35mm银盐
收藏馆：缩微中心，国图

000O016942
倪云林：一卷 / (明)毛晋辑；题画诗：一卷 /
(元)倪瓒撰；(明)毛晋辑
明末(1621-1644)毛氏绿君亭刻本. -- 郑振铎
跋。
1993年摄制. -- 1盘卷片(5米60拍) ：1:10,
2B ；35mm银盐
收藏馆：缩微中心，国图

000O003230
迂翁志林：十二卷
清(1644-1911)抄本
1986年摄制. -- 1盘卷片(9.7米193拍) ：
1:10, 2B ；35mm银盐
收藏馆：缩微中心，国图

000O015493
荣氏二奇女传：一卷 / [题](元)申继贤撰
清(1644-1911)抄本. -- (清)陈鳣、(清)吴骞
跋。
1993年摄制. -- 1盘卷片(2米40拍) ：1:10,
2B ；35mm银盐
收藏馆：缩微中心，国图

000O015789
明良世翰：不分卷
明万历三十六年(1608)詹文中刻本
1993年摄制. -- 1盘卷片(6米92拍) ：1:10,
2B ；35mm银盐
收藏馆：缩微中心，国图

000O006804
金姬传：一卷 / (明)杨仪撰
清(1644-1911)抄本. -- 邓邦述跋。
1987年摄制. -- 1盘卷片(3米35拍) ：1:10,
2B ；35mm银盐
收藏馆：缩微中心，国图

000O028943
逸史三传：一卷 / (清)赵士喆撰
清(1644-1911)抄本
1998年摄制. -- 1盘卷片(2米36拍) ：1:10,
2B ；35mm银盐
收藏馆：缩微中心，苏州

000O027391
大明太祖高皇帝御制周颠仙人传：一卷 / (明)太
祖朱元璋撰
明嘉靖十八年(1539)秦汴绣石书堂抄本. --
本书还装订有：天潢玉牒一卷。
1996年摄制. -- 1盘卷片(3米20拍) ：1:10,
2B ；35mm银盐
收藏馆：缩微中心，南京

00O012933
天潢玉牒：一卷；明太祖高皇帝御制周颠仙人传：一卷 / (明)太祖朱元璋制
明嘉靖十八年(1539)秦汴绣石书堂抄本. -- 天潢玉牒的作者不详。(明)秦汴校跋。
1991年摄制. -- 1盘卷片(4米48拍)：1:10, 2B；35mm银盐
收藏馆：缩微中心，南京

00O013224
尚书严公流芳录：三卷 / (明)闵珪辑. 续：一卷 / (清)闵景贤辑
明(1368-1644)严绩刻清康熙二十六年(1687)闵景贤增修本
1991年摄制. -- 1盘卷片(10米171拍)：1:10, 2B；35mm银盐
收藏馆：缩微中心，南京

00O020197
黔宁集：一卷 / (明)李文秀辑
明(1368-1644)刻本
1994年摄制. -- 1盘卷片(4米44拍)：1:10, 2B；35mm银盐
收藏馆：缩微中心，国图

00O026911
忠贞录：三卷附录一卷 / (明)李维樾,(明)林增志辑
清(1644-1911)抄本. -- (清)丁丙跋。
1996年摄制. -- 1盘卷片(7米115拍)：1:10, 2B；35mm银盐
收藏馆：缩微中心，南京

00O027548
卓氏忠烈遗事：一卷 / (清)卓尔堪编
清康熙(1662-1722)刻本
1997年摄制. -- 1盘卷片(5米62拍)：1:10, 2B；35mm银盐
收藏馆：缩微中心，国图

00O016007
史氏鸣冤略：一卷
清(1644-1911)抄本
1993年摄制. -- 1盘卷片(3米14拍)：1:10, 2B；35mm银盐
收藏馆：缩微中心，国图

00O001750
明忠肃王公行状神道碑：一卷 / (明)姚夔,(明)彭时撰
明崇祯(1628-1644)刻本
1986年摄制. -- 1盘卷片(3.2米38拍)：1:10, 2B；35mm银盐

收藏馆：缩微中心，国图

00O021886
薛文清公行实录：五卷 / (明)王鸿辑
明万历十六年(1588)吴达可重刻本. -- 据河津正学书院刻本重刻。
1995年摄制. -- 1盘卷片(7.8米145拍)：1:10, 2B；35mm银盐
收藏馆：缩微中心，山西

00O001275
皇明天全先生遗事：一卷 / (明)徐子阳辑
明(1368-1644)刻顾氏文房四十家小说本
1985年摄制. -- 1盘卷片(3.2米39拍)：1:10, 2B；35mm银盐
收藏馆：缩微中心，国图

00O023009
陈选传：一卷 / (明)田汝成撰
明嘉靖二十一年(1542)陈光哲刻本
1995年摄制. -- 1盘卷片(3米8拍)：1:10, 2B；35mm银盐
收藏馆：缩微中心，国图

00O012721
韩忠定公墓志铭：一卷 / (明)杨一清撰
明嘉靖五年(1526)韩廷伟刻本
1990年摄制. -- 1盘卷片(2.4米22拍)：1:10, 2B；35mm银盐
收藏馆：缩微中心，辽宁

00O019736
荣哀录：六卷 / (明)洪伊辑
明正德(1506-1521)刻本. -- 存五卷：卷一至卷五。
1994年摄制. -- 1盘卷片(10米180拍)：1:10, 2B；35mm银盐
收藏馆：缩微中心，国图

00O013672
尚书洪公遗芳录：六卷 / (明)洪伊[等]辑
明嘉靖十二年(1533)洪侹刻本. -- 辑者还有：(明)洪侹等。存三卷：卷四至卷六。
1991年摄制. -- 1盘卷片(6米89拍)：1:10, 2B；35mm银盐
收藏馆：缩微中心，国图

00O001070
垂休录：不分卷 / (明)陶治辑
明隆庆(1567-1572)刻本
1985年摄制. -- 1盘卷片(3.8米52拍)：1:10, 2B；35mm银盐
收藏馆：缩微中心，国图

00O015230
王源春谷录：一卷 / (明)谢德辑
明万历三年(1575)谢德刻本
1992年摄制. -- 1盘卷片(4米35拍) : 1:10,
2B ; 35mm银盐
收藏馆：缩微中心，国图

00O020365
褒忠录：一卷
明隆庆(1567-1572)刻本
1994年摄制. -- 1盘卷片(5米64拍) : 1:10,
2B ; 35mm银盐
收藏馆：缩微中心，国图

00O003436
褒忠录：一卷
明崇祯(1628-1644)刻本
1986年摄制. -- 1盘卷片(3.4米45拍) :
1:10, 2B ; 35mm银盐
收藏馆：缩微中心，国图

00O015572
金沙魏公将军壮烈志：二卷
清顺治十七年(1660)侯绍岐刻本
1993年摄制. -- 1盘卷片(8米118拍) : 1:10,
2B ; 35mm银盐
收藏馆：缩微中心，国图

00O010359
伍忠襄公事迹钞略：一卷 / (清)伍鹭辑
清康熙二十六年(1687)伍氏刻本
1989年摄制. -- 1盘卷片(6米106拍) : 1:10,
2B ; 35mm银盐
收藏馆：缩微中心，湖北

00O013136
陈槐建入祠文移碑传：一卷 / (明)魏良贵[等]撰
明嘉靖(1522-1566)抄本
1991年摄制. -- 1盘卷片(2.6米28拍) :
1:10, 2B ; 35mm银盐
收藏馆：缩微中心，辽宁

00O012611
重恩录：三卷 / (明)严嵩辑
明嘉靖三十三年(1554)严氏刻本
1990年摄制. -- 1盘卷片(6米108拍) : 1:10,
2B ; 35mm银盐
收藏馆：缩微中心，辽宁

00O028264
恭简欧阳公哀荣录：二卷 / (明)欧阳献编
明嘉靖二十七年(1548)刻本
1997年摄制. -- 1盘卷片(6米96拍) : 1:10,

2B ; 35mm银盐
收藏馆：缩微中心，辽宁

00O012713
明欧阳德传集：三卷
明嘉靖(1522-1566)刻本
1990年摄制. -- 1盘卷片(3.3米45拍) :
1:10, 2B ; 35mm银盐
收藏馆：缩微中心，辽宁

00O012668
恩庆集：二卷 / (明)廖道南辑
明嘉靖(1522-1566)刻本
1990年摄制. -- 1盘卷片(4.3米68拍) :
1:10, 2B ; 35mm银盐
收藏馆：缩微中心，辽宁

00O015086
竹泉集：一卷 / (明)张元涣撰
明嘉靖(1522-1566)刻本
1992年摄制. -- 1盘卷片(4米47拍) : 1:10,
2B ; 35mm银盐
收藏馆：缩微中心，国图

00O016844
归养录：九卷 / (明)黄阶辑
明嘉靖(1522-1566)黄阶刻本
1993年摄制. -- 1盘卷片(6米88拍) : 1:10,
2B ; 35mm银盐
收藏馆：缩微中心，国图

00O003443
孤愤集：一卷 / (明)沈明臣[等]撰
明隆庆(1567-1572)刻本
1986年摄制. -- 1盘卷片(3米33拍) : 1:10,
2B ; 35mm银盐
收藏馆：缩微中心，国图

00O031247
少司徒王公传：一卷 / (明)郭正域撰
明(1368-1644)刻本
2004年摄制. -- 1盘卷片(3米20拍) : 1:10,
2B ; 35mm银盐
收藏馆：缩微中心，国图

00O016177
少司徒王公重光忠勤录：三卷
明万历二十年(1592)雷思忠刻本
1993年摄制. -- 1盘卷片(6米88拍) : 1:10,
2B ; 35mm银盐
收藏馆：缩微中心，国图

00○023065
忠勤录：□□卷 / (明)王象乾,(明)王象蒙辑
明万历(1573-1620)王象乾王象蒙刻本. -- 存
二卷：卷一至卷二。
1995年摄制. -- 1盘卷片(11米197拍)：
1:10, 2B ; 35mm银盐
收藏馆：缩微中心, 国图

00○020012
明前太仆寺少卿泺川王公配刘氏合葬墓志铭：
一卷 / (明)杨巍撰
明(1368-1644)刻本
1994年摄制. -- 1盘卷片(4米12拍)：1:10,
2B ; 35mm银盐
收藏馆：缩微中心, 国图

00○014887
受庵功行谱：一卷 / (明)陈昌积撰
明(1368-1644)刻本
1992年摄制. -- 1盘卷片(3.2米59拍)：
1:10, 2B ; 35mm银盐
收藏馆：缩微中心, 辽宁

00○022958
明故嘉靖大夫南京光禄寺卿前都察院右副都御
史象冈胡公(胡植)行状：一卷 / (明)罗崇奎撰.
墓志：一卷 / (明)尹台撰
明隆庆(1567-1572)刻本
1995年摄制. -- 1盘卷片(3米27拍)：1:10,
2B ; 35mm银盐
收藏馆：缩微中心, 国图

00○023922
芮城刘氏家传：不分卷 / (明)刘良臣撰
清康熙五十四年(1715)刘士锡刻本
1996年摄制. -- 1盘卷片(5米118拍)：1:10,
2B ; 35mm银盐
收藏馆：缩微中心, 河南

00○021897
壮游记：二卷 / (明)刘良臣撰
明(1368-1644)稿本
1995年摄制. -- 1盘卷片(4.7米75拍)：
1:10, 2B ; 35mm银盐
收藏馆：缩微中心, 芮城

00○023066
劳母荣哀录：一卷
明万历(1573-1620)刻本
1995年摄制. -- 1盘卷片(4米19拍)：1:10,
2B ; 35mm银盐
收藏馆：缩微中心, 国图

00○004074
范运吉传：一卷 / (明)徐养正撰
明嘉靖(1522-1566)刻本
1985年摄制. -- 1盘卷片(2.5米22拍)：
1:10, 2B ; 35mm银盐
收藏馆：缩微中心, 国图

00○016839
渐江先生江公传行状墓志铭：一卷 / (明)汪道昆
[等]撰
明万历(1573-1620)刻本
1993年摄制. -- 1盘卷片(3米7拍)：1:10,
2B ; 35mm银盐
收藏馆：缩微中心, 国图

00○023055
胡公行实：不分卷 / (明)胡桂奇,(明)胡松奇撰
清(1644-1911)抄本
1995年摄制. -- 1盘卷片(8米138拍)：1:10,
2B ; 35mm银盐
收藏馆：缩微中心, 国图

00○007529
幻迹自警：一卷 / (明)殷迈撰
明(1368-1644)见独山房抄本. -- 黄裳跋。
1987年摄制. -- 1盘卷片(3米28拍)：1:10,
2B ; 35mm银盐
收藏馆：缩微中心, 国图

00○024819
瀛海长春录：六卷
明万历(1573-1620)刻本
1995年摄制. -- 1盘卷片(14米260拍)：
1:10, 2B ; 35mm银盐
收藏馆：缩微中心, 浙江

00○000199
大廷尉张公辉懿编：二卷
明万历(1573-1620)刻本
1985年摄制. -- 1盘卷片(9.3米181拍)：
1:10, 2B ; 35mm银盐
收藏馆：缩微中心, 国图

00○020852
明中奉大夫四川布政使司右布政使充庵潘公墓
志铭行状行实敕谕碑记：不分卷 / (明)申时行
[等]撰
明万历(1573-1620)刻本
1994年摄制. -- 1盘卷片(6米81拍)：1:10,
2B ; 35mm银盐
收藏馆：缩微中心, 国图

00O010115
历仕录：一卷 / (明)王之垣撰
清康熙四十一年(1702)王氏家塾刻本
1989年摄制. -- 1盘卷片(3米34拍) ： 1:10,
2B ; 35mm银盐
收藏馆：缩微中心，山东

00O024831
游一川行传：一卷 / (明)焦竑,(明)韩仲雍,(明)游元润撰
明万历(1573-1620)刻本
1995年摄制. -- 1盘卷片(5米67拍) ： 1:10,
2B ; 35mm银盐
收藏馆：缩微中心，浙江

00O023725
见田公行述：一卷 / (明)余同光撰
清(1644-1911)抄本
1995年摄制. -- 1盘卷片(3米31拍) ： 1:10,
2B ; 35mm银盐
收藏馆：缩微中心，浙江

00O012244
观我图册汇编：五卷首一卷 / (明)朱勋辑
清(1644-1911)抄本
1990年摄制. -- 1盘卷片(7米166拍) ： 1:10,
2B ; 35mm银盐
收藏馆：缩微中心，南京

00O015236
生平纪略：一卷 / (明)王基撰
明(1368-1644)稿本
1992年摄制. -- 1盘卷片(4米40拍) ： 1:10,
2B ; 35mm银盐
收藏馆：缩微中心，国图

00O029079
哈望喷儿剌敕命一道
明万历八年(1580)写本
1999年摄制. -- 1盘卷片(2米14拍) ： 1:10,
2B ; 35mm银盐
收藏馆：缩微中心，国图

00O022977
明都察院右佥都御史张公(张九一)暨元配王恭人墓志铭：行状一卷 / (明)李维桢撰；(明)阎调羹撰
明万历(1573-1620)刻本
1995年摄制. -- 1盘卷片(4米49拍) ： 1:10,
2B ; 35mm银盐
收藏馆：缩微中心，国图

00O023707
林氏杂记：不分卷 / (明)林烃撰
清初(1644-1722)抄本. -- (清)赵在翰识,
(清)高兆、(清)林侗跋。
1995年摄制. -- 1盘卷片(4米49拍) ： 1:10,
2B ; 35mm银盐
收藏馆：缩微中心，浙江

00O018076
王道增行状 / (清)王鹭撰
清顺治(1644-1661)刻本
1993年摄制. -- 1盘卷片(3米30拍) ： 1:10,
2B ; 35mm银盐
收藏馆：缩微中心，天津

00O023727
薛恭敏公青雷行传墓志奠文：不分卷 / (明)方象瑛,(明)贺逢孙,(明)胡三省撰
清(1644-1911)抄本
1995年摄制. -- 1盘卷片(11米202拍) ：
1:10, 2B ; 35mm银盐
收藏馆：缩微中心，浙江

00O027251
冯文敏公墓志铭：一卷 / (清)王崇简撰
清(1644-1911)抄本
1997年摄制. -- 1盘卷片(3米16拍) ： 1:10,
2B ; 35mm银盐
收藏馆：缩微中心，国图

00O023233
明敕累封太安人毕母刘氏墓志铭：一卷 / (明)高举撰 . 行状：一卷 / (明)王泽永撰 . 行实：一卷 / (明)毕自严撰
明万历(1573-1620)刻本
1995年摄制. -- 1盘卷片(4米30拍) ： 1:10,
2B ; 35mm银盐
收藏馆：缩微中心，国图

00O019988
诚信录：一卷 / (明)乔应甲撰
明万历(1573-1620)刻本
1994年摄制. -- 1盘卷片(5米56拍) ： 1:10,
2B ; 35mm银盐
收藏馆：缩微中心，国图

00O001668
正气录：不分卷 / (朝鲜)高由厚,(朝鲜)高用厚辑
朝鲜刻本
1986年摄制. -- 1盘卷片(7米131拍) ： 1:10,
2B ; 35mm银盐
收藏馆：缩微中心，国图

000O017756
厚铭日记：四卷 / (明)谢朝元撰
明天启(1621-1627)刻本
1993年摄制. -- 1盘卷片(7米92拍) ： 1:10,
2B ；35mm银盐
收藏馆：缩微中心，国图

000O023059
汪公(汪应蛟)哀终录：一卷
明崇祯(1628-1644)刻本
1995年摄制. -- 1盘卷片(5米60拍) ： 1:10,
2B ；35mm银盐
收藏馆：缩微中心，国图

000O012183
直道编：三卷 / (明)倪涑撰；(明)邹德泳辑
明(1368-1644)刻本
1990年摄制. -- 1盘卷片(5米115拍) ： 1:10,
2B ；35mm银盐
收藏馆：缩微中心，南京

000O003439
荣贲录：一卷
明万历(1573-1620)刻本
1986年摄制. -- 1盘卷片(3.8米56拍) ：
1:10, 2B ；35mm银盐
收藏馆：缩微中心，国图

000O000294
皇明后军都督府署都同知高策行状：一卷 / (明)高维岳[等]撰
明万历四十八年(1620)高维岳刻本
1985年摄制. -- 1盘卷片(3米34拍) ： 1:10,
2B ；35mm银盐
收藏馆：缩微中心，国图

000O016001
赵凡夫传叙行实：三卷
明(1368-1644)刻本. -- 章钰跋。
1993年摄制. -- 1盘卷片(4米32拍) ： 1:10,
2B ；35mm银盐
收藏馆：缩微中心，国图

000O003240
衍庆录：十二卷又二卷 / (清)爱必达辑
清乾隆(1736-1795)刻本
1986年摄制. -- 1盘卷片(7米136拍) ： 1:10,
2B ；35mm银盐
收藏馆：缩微中心，国图

000O027250
朱少师公事实：不分卷 / (清)朱世卫纂辑
清乾隆(1736-1795)朱氏刻本. -- (清)李慈铭

跋。
1997年摄制. -- 1盘卷片(7米106拍) ： 1:10,
2B ；35mm银盐
收藏馆：缩微中心，国图

000O027087
冯母范氏墓志铭：一卷 / (清)金之俊撰
清乾隆二十九年(1764)抄本
1997年摄制. -- 1盘卷片(2米6拍) ： 1:10,
2B ；35mm银盐
收藏馆：缩微中心，国图

000O007313
性气先生熊廷弼传：不分卷
清(1644-1911)抄本
1987年摄制. -- 1盘卷片(3.8米55拍) ：
1:10, 2B ；35mm银盐
收藏馆：缩微中心，国图

000O031884
毕氏恩纶录：三卷
明万历至天启(1573-1627)刻本
2010年摄制. -- 1盘卷片(9米111拍) ： 1:10,
2B ；35mm银盐
收藏馆：缩微中心，国图

000O026807
毕氏恩纶录：一卷
明天启(1621-1627)刻本
1996年摄制. -- 1盘卷片(5米58拍) ： 1:10,
2B ；35mm银盐
收藏馆：缩微中心，南京

000O023003
毕氏四代恩纶录：一卷
明崇祯(1628-1644)刻本
1995年摄制. -- 1盘卷片(7米98拍) ： 1:10,
2B ；35mm银盐
收藏馆：缩微中心，国图

000O018069
四世恩纶：不分卷 / (明)毕自严辑
明末(1621-1644)刻朱印本. -- 毕自严曾祖父
母自身诰命。
1993年摄制. -- 1盘卷片(6米112拍) ： 1:10,
2B ；35mm银盐
收藏馆：缩微中心，天津

000O015225
毕公生祠记：一卷
明天启(1621-1627)刻本
1992年摄制. -- 1盘卷片(3米22拍) ： 1:10,
2B ；35mm银盐

收藏馆：缩微中心，国图

00O016138
陕西右布政使备兵靖边道毕自严生祠记：一卷 /
(明)张廷玉[等]撰
明天启(1621-1627)刻本
1993年摄制. -- 1盘卷片(3米22拍) ：1:10,
2B ；35mm银盐
收藏馆：缩微中心，国图

00O017516
陕西右布政使备兵靖边道毕自严生祠记：一卷 /
(明)张廷玉[等]撰
明天启(1621-1627)刻本
1993年摄制. -- 1盘卷片(3米23拍) ：1:10,
2B ；35mm银盐
收藏馆：缩微中心，国图

00O023060
淄西毕氏世德家传：一卷 / (明)毕自严撰
明崇祯(1628-1644)刻本
1995年摄制. -- 1盘卷片(4米47拍) ：1:10,
2B ；35mm银盐
收藏馆：缩微中心，国图

00O017315
洮岷边备知参政事毕自严生祠志：一卷 / (明)杨
恩[等]撰
明天启(1621-1627)刻本
1993年摄制. -- 1盘卷片(3米14拍) ：1:10,
2B ；35mm银盐
收藏馆：缩微中心，国图

00O017527
洮岷边备知参政事毕自严生祠志：一卷 / (明)杨
恩[等]撰
明天启(1621-1627)刻本
1993年摄制. -- 1盘卷片(3米15拍) ：1:10,
2B ；35mm银盐
收藏馆：缩微中心，国图

00O024470
毕少保公传：一卷 / (明)蒋平阶撰．毕公墓碑：
一卷 / (清)孙廷铨撰
清(1644-1911)刻本
1996年摄制. -- 1盘卷片(4米39拍) ：1:10,
2B ；35mm银盐
收藏馆：缩微中心，国图

00O019961
攀舆去思录：一卷
明(1368-1644)抄本
1994年摄制. -- 1盘卷片(3米27拍) ：1:10,

2B ；35mm银盐
收藏馆：缩微中心，国图

00O013612
明太子少保资政大夫都察院左都御史中湛先生
事述：不分卷
清初(1644-1722)抄本. -- (清)侯方域修订。
1991年摄制. -- 1盘卷片(3米16拍) ：1:10,
2B ；35mm银盐
收藏馆：缩微中心，国图

00O018575
留计东归赠言：八卷 / (明)毕自寅辑
明崇祯(1628-1644)刻本
1993年摄制. -- 1盘卷片(4米49拍) ：1:10,
2B ；35mm银盐
收藏馆：缩微中心，国图

00O023004
四代恩荣事略：一卷 / (明)毕自寅辑
明崇祯六年(1633)刻本
1995年摄制. -- 1盘卷片(3米24拍) ：1:10,
2B ；35mm银盐
收藏馆：缩微中心，国图

00O022543
鹿太常传：一卷 / (明)卢象升撰．鹿忠节公传：
一卷 / (明)方象瑛撰．鹿解元传：一卷 / (明)范
士楫撰
清乾隆(1736-1795)刻本
1995年摄制. -- 1盘卷片(3米33拍) ：1:10,
2B ；35mm银盐
收藏馆：缩微中心，湖北

00O014626
桐乡盛延祐夫妇志铭行略挽诗汇刻：不分卷
明崇祯(1628-1644)刻本
1992年摄制. -- 1盘卷片(11米181拍) ：
1:10, 2B ；35mm银盐
收藏馆：缩微中心，国图

00O016676
禹园悼往录：不分卷 / (清)吴骞辑
清(1644-1911)稿本
1993年摄制. -- 1盘卷片(3米25拍) ：1:10,
2B ；35mm银盐
收藏馆：缩微中心，国图

00O020524
张晓行宝墓志铭：一卷 / (明)钟羽正[等]撰
明崇祯十年(1637)刻本
1994年摄制. -- 1盘卷片(7米114拍) ：1:10,
2B ；35mm银盐

收藏馆：缩微中心，淄博

000○001075
谕祭葬忠烈徐同卿祔葬戴恭人合录：不分卷 /
(明)徐石麒[等]辑
明末(1621-1644)刻本
1985年摄制. -- 1盘卷片(8.2米155拍)：
1:10, 2B；35mm银盐
收藏馆：缩微中心，国图

000○002037
州乘资钞：一卷 / (明)邵潜辑
清(1644-1911)抄本. -- (清)王士禛校。
1986年摄制. -- 1盘卷片(3米26拍)：1:10,
2B；35mm银盐
收藏馆：缩微中心，国图

000○000927
暗然编：四卷 / (明)李承赐[等]辑
明崇祯(1628-1644)刻本
1985年摄制. -- 1盘卷片(5米68拍)：1:10,
2B；35mm银盐
收藏馆：缩微中心，国图

000○019544
憨纶录：一卷附历仕政绩一卷
明(1368-1644)汪岐昌刻本
1994年摄制. -- 1盘卷片(3米19拍)：1:10,
2B；35mm银盐
收藏馆：缩微中心，国图

000○023358
太常磊斋吴公殉节实录：一卷 / (明)祝渊撰. 吴
太常殉节遗书：一卷 / (明)吴繁昌[等]辑
明末(1621-1644)刻本
1995年摄制. -- 1盘卷片(4米37拍)：1:10,
2B；35mm银盐
收藏馆：缩微中心，国图

000○023714
尚书倪文正公传：一卷 / (明)蒋平阶撰
清康熙(1662-1722)刻本
1995年摄制. -- 1盘卷片(3米41拍)：1:10,
2B；35mm银盐
收藏馆：缩微中心，浙江

000○023897
维杨棠荫纪：二卷 / (明)黄光斗辑
明崇祯(1628-1644)黄毛詢刻清康熙(1662-1722)
补印本
1995年摄制. -- 1盘卷片(8米166拍)：1:10,
2B；35mm银盐
收藏馆：缩微中心，河南

000○031123
吴鼎吾行实：一卷 / (清)吴源起撰
清康熙(1662-1722)刻本
2004年摄制. -- 1盘卷片(3米20拍)：1:10,
2B；35mm银盐
收藏馆：缩微中心，国图

000○024419
吴鼎吾行实：一卷 / (清)吴源起撰. 墓志铭：一
卷 / (清)郝惟讷撰. 行状：一卷 / (清)杜臻撰
清康熙(1662-1722)刻本
1996年摄制. -- 1盘卷片(3米27拍)：1:10,
2B；35mm银盐
收藏馆：缩微中心，国图

000○018991
沈华阳传：一卷 / (清)范文艾撰. 蜀难叙略：一
卷 / (清)沈荀蔚撰
清(1644-1911)抄本. -- 钤"林下经楼藏书
印""千元十驾家人藏本"等印。
1993年摄制. -- 1盘卷片(4米65拍)：1:10,
2B；35mm银盐
收藏馆：缩微中心，天津

000○025142
平母冯孺人传：一卷 / (清)王自超[等]撰
清顺治(1644-1661)刻本
1996年摄制. -- 1盘卷片(3米29拍)：1:10,
2B；35mm银盐
收藏馆：缩微中心，国图

000○027601
懒斋别集自传：一卷传余一卷 / (明)释通门撰
清初(1644-1722)刻本
1997年摄制. -- 1盘卷片(5米59拍)：1:10,
2B；35mm银盐
收藏馆：缩微中心，国图

000○008476
右金都御史巡抚祁公传：一卷 / (明)谢晋撰
清初(1644-1722)自灌园刻成仁集本
1988年摄制. -- 1盘卷片(2米22拍)：1:10,
2B；35mm银盐
收藏馆：缩微中心，国图

000○007218
先大夫世培府君殉节述：一卷 / (清)祁理孙撰
明(1368-1644)祁理孙刻本
1987年摄制. -- 1盘卷片(2米24拍)：1:10,
2B；35mm银盐
收藏馆：缩微中心，国图

00O001393
平南敬亲王尚可喜事实册：不分卷
清(1644-1911)抄本
1985年摄制. -- 1盘卷片(3.6米48拍)：
1:10, 2B；35mm银盐
收藏馆：缩微中心，国图

00O000888
平南王元功垂范：二卷 / (清)释今释撰. 续：一
卷 / (清)张允格撰
清康熙(1662-1722)刻乾隆(1736-1795)续刻本
1985年摄制. -- 1盘卷片(9米160拍)：1:10,
2B；35mm银盐
收藏馆：缩微中心，国图

00O001073
平南王元功垂范：二卷 / (清)释今释撰. 续：一
卷 / (清)张允格撰
清康熙(1662-1722)刻乾隆(1736-1795)续刻本
1985年摄制. -- 1盘卷片(8米154拍)：1:10,
2B；35mm银盐
收藏馆：缩微中心，国图

00O004262
姜贞毅先生挽章：不分卷 / (清)姜安节,(清)姜实
节辑
清康熙十九年(1680)姜安节姜实节刻本
1986年摄制. -- 1盘卷片(10.1米205拍)：
1:10, 2B；35mm银盐
收藏馆：缩微中心，国图

00O024449
董正先行述：一卷 / (清)董德岗撰
清康熙(1662-1722)刻本
1996年摄制. -- 1盘卷片(4米35拍)：1:10,
2B；35mm银盐
收藏馆：缩微中心，国图

00O013174
睿亲王多尔衮传
清(1644-1911)道重阴堂抄本
1991年摄制. -- 1盘卷片(4.1米63拍)：
1:10, 2B；35mm银盐
收藏馆：缩微中心，辽宁

00O027557
奉天辽阳州千山剩禅师塔碑铭：一卷 / (清)华掌
道人撰
清康熙(1662-1722)刻本
1997年摄制. -- 1盘卷片(2米7拍)：1:10,
2B；35mm银盐
收藏馆：缩微中心，国图

00O024488
何道林传：一卷 / (清)陈瑚撰
清(1644-1911)抄本
1996年摄制. -- 1盘卷片(2米1拍)：1:10,
2B；35mm银盐
收藏馆：缩微中心，国图

00O023057
白按台宗师柏荫录：十卷 / (明)张星耀辑
明崇祯(1628-1644)刻本
1995年摄制. -- 1盘卷片(15米276拍)：
1:10, 2B；35mm银盐
收藏馆：缩微中心，国图

00O004263
宁海将军固山贝子功绩录：五卷
清康熙(1662-1722)刻本
1986年摄制. -- 1盘卷片(5米81拍)：1:10,
2B；35mm银盐
收藏馆：缩微中心，国图

00O004259
惠献贝子功绩录：六卷 / (清)黄任,(清)陈绳撰
清乾隆(1736-1795)刻本
1986年摄制. -- 1盘卷片(17米369拍)：
1:10, 2B；35mm银盐
收藏馆：缩微中心，国图

00O012177
至谊堂实纪：二卷 / (清)李钟宁辑
清康熙五十七年(1718)刻本
1990年摄制. -- 1盘卷片(5米113拍)：1:10,
2B；35mm银盐
收藏馆：缩微中心，南京

00O024329
张湘晓行述：一卷 / (清)张玉书撰
清康熙(1662-1722)刻蓝印本
1996年摄制. -- 1盘卷片(2米4拍)：1:10,
2B；35mm银盐
收藏馆：缩微中心，国图

00O024477
李澹岩行实：一卷 / (清)李含淑撰
清康熙(1662-1722)刻蓝印本
1996年摄制. -- 1盘卷片(3米8拍)：1:10,
2B；35mm银盐
收藏馆：缩微中心，国图

00O027734
崇祀录：一卷
清顺治(1644-1661)刻本
1997年摄制. -- 1盘卷片(3米16拍)：1:10,

2B ；35mm银盐
收藏馆：缩微中心，国图

000O000315
复阳府君行实略：一卷 / (清)郝相[等]撰
清康熙(1662-1722)刻蓝印本
1985年摄制. -- 1盘卷片(3.1米35拍) ：
1:10，2B ；35mm银盐
收藏馆：缩微中心，国图

000O027263
郝复阳行实略：一卷 / (清)郝相撰
清康熙(1662-1722)刻蓝印本
1997年摄制. -- 1盘卷片(3米26拍) ： 1:10，
2B ；35mm银盐
收藏馆：缩微中心，国图

000O027564
郝公崇祀名宦录：一卷
清康熙(1662-1722)刻本
1997年摄制. -- 1盘卷片(4米40拍) ： 1:10，
2B ；35mm银盐
收藏馆：缩微中心，国图

000O004224
闽颂汇编：四十卷
清康熙(1662-1722)刻本
1986年摄制. -- 3盘卷片(85米1901拍) ：
1:10，2B ；35mm银盐
收藏馆：缩微中心，国图

000O024466
周季珍行述：一卷 / (清)周蔚撰
清康熙(1662-1722)刻蓝印本
1996年摄制. -- 1盘卷片(3米19拍) ： 1:10，
2B ；35mm银盐
收藏馆：缩微中心，国图

000O027549
蜀粤名宦录：一卷
清康熙(1662-1722)刻本
1997年摄制. -- 1盘卷片(3米14拍) ： 1:10，
2B ；35mm银盐
收藏馆：缩微中心，国图

000O024467
石埭学博张汉章传：一卷 / (清)徐乾学撰
清(1644-1911)抄本
1996年摄制. -- 1盘卷片(2米2拍) ： 1:10，
2B ；35mm银盐
收藏馆：缩微中心，国图

000O000309
陈光龙行略：一卷
清(1644-1911)抄本
1985年摄制. -- 1盘卷片(2.3米16拍) ：
1:10，2B ；35mm银盐
收藏馆：缩微中心，国图

000O025059
沈孺人行实：一卷
清康熙(1662-1722)刻本
1996年摄制. -- 1盘卷片(3米6拍) ： 1:10，
2B ；35mm银盐
收藏馆：缩微中心，国图

000O025124
褒忠录：八卷；崇祀录：八卷；崇祀名宦录：一卷 / (清)王毓贤辑
清康熙(1662-1722)刻本
1996年摄制. -- 1盘卷片(11米195拍) ：
1:10，2B ；35mm银盐
收藏馆：缩微中心，国图

000O025126
天念录：一卷二集一卷 / (清)柳同春撰
清初(1644-1722)刻本
1996年摄制. -- 1盘卷片(4米37拍) ： 1:10，
2B ；35mm银盐
收藏馆：缩微中心，国图

000O024472
王良夫行状：一卷 / (清)王彩撰
清康熙(1662-1722)刻本
1996年摄制. -- 1盘卷片(3米9拍) ： 1:10，
2B ；35mm银盐
收藏馆：缩微中心，国图

000O008486
先考奕庆府君行略稿：一卷附一卷 / (清)祁昌征撰
清(1644-1911)稿本
1988年摄制. -- 1盘卷片(2米23拍) ： 1:10，
2B ；35mm银盐
收藏馆：缩微中心，国图

000O024420
袁若遗行述：一卷 / (清)袁燫撰
清康熙(1662-1722)刻蓝印本
1996年摄制. -- 1盘卷片(3米13拍) ： 1:10，
2B ；35mm银盐
收藏馆：缩微中心，国图

000O001122
孙思克行述：不分卷 / (清)俞益谟撰

清(1644-1911)抄本
1985年摄制. -- 1盘卷片(3.9米46拍) :
1:10, 2B ; 35mm银盐
收藏馆：缩微中心，国图

000O002869
蒿里录：二卷
清康熙(1662-1722)刻本
1986年摄制. -- 1盘卷片(6米100拍) : 1:10,
2B ; 35mm银盐
收藏馆：缩微中心，国图

000O024837
吕晚村先生行略：一卷
清(1644-1911)抄本
1995年摄制. -- 1盘卷片(3米28拍) : 1:10,
2B ; 35mm银盐
收藏馆：缩微中心，浙江

000O016183
声冤录：五卷
清康熙(1662-1722)刻本
1993年摄制. -- 1盘卷片(14米262拍) :
1:10, 2B ; 35mm银盐
收藏馆：缩微中心，国图

000O000302
吴庆伯先生行状：一卷 / (清)章抚功撰
清(1644-1911)劳氏丹铅精舍抄本. -- (清)劳
权校。
1985年摄制. -- 1盘卷片(2.3米19拍) :
1:10, 2B ; 35mm银盐
收藏馆：缩微中心，国图

000O024475
薛总戎墓志铭：一卷 / (清)徐树庸撰
清(1644-1911)抄本
1996年摄制. -- 1盘卷片(3米8拍) : 1:10,
2B ; 35mm银盐
收藏馆：缩微中心，国图

000O027248
雪谷府君行述：一卷 / (清)孔衍注[等]撰
清康熙三十六年(1697)刻蓝印本
1997年摄制. -- 1盘卷片(2米6拍) : 1:10,
2B ; 35mm银盐
收藏馆：缩微中心，国图

000O018206
厚斋子著年谱：一卷 / (清)张笃庆撰
清(1644-1911)稿本
1993年摄制. -- 1盘卷片(4米42拍) : 1:10,
2B ; 35mm银盐

收藏馆：缩微中心，山东

000O024486
理学邵念鲁先生传：一卷 / (清)万经撰 . 念鲁先
生本传：一卷 / (清)叔国麟撰
清康熙(1662-1722)刻本
1996年摄制. -- 1盘卷片(3米13拍) : 1:10,
2B ; 35mm银盐
收藏馆：缩微中心，国图

000O024413
曙峰陈公行状：一卷 / (清)陈传华撰
清康熙六十一年(1722)刻本
1996年摄制. -- 1盘卷片(3米18拍) : 1:10,
2B ; 35mm银盐
收藏馆：缩微中心，国图

000O001211
温文简公遗像题词：六卷
清康熙五十六年(1717)刻本
1985年摄制. -- 1盘卷片(9.1米178拍) :
1:10, 2B ; 35mm银盐
收藏馆：缩微中心，国图

000O025071
盛应蛟妻张氏事略：一卷
清(1644-1911)抄本
1996年摄制. -- 1盘卷片(3米5拍) : 1:10,
2B ; 35mm银盐
收藏馆：缩微中心，国图

000O024820
太仓王公传略：一卷 / (清)杨绳武撰
清(1644-1911)抄本. -- (清)迟武跋。
1995年摄制. -- 1盘卷片(3米38拍) : 1:10,
2B ; 35mm银盐
收藏馆：缩微中心，浙江

000O024487
西亭王公行状：一卷 / (清)黄叔琳撰
清(1644-1911)抄本
1996年摄制. -- 1盘卷片(3米10拍) : 1:10,
2B ; 35mm银盐
收藏馆：缩微中心，国图

000O025176
寄游八景：八卷 / (清)骆俨撰
清康熙(1662-1722)刻本
1996年摄制. -- 1盘卷片(18米340拍) :
1:10, 2B ; 35mm银盐
收藏馆：缩微中心，国图

000O025132
王素岩行述：一卷 / (清)王景献撰
清雍正(1723-1735)刻蓝印本
1996年摄制. -- 1盘卷片(3米23拍) ：1:10,
2B ；35mm银盐
收藏馆：缩微中心，国图

000O024476
张清恪公墓志铭：一卷 / (清)张廷玉撰
清(1644-1911)抄本
1996年摄制. -- 1盘卷片(2米5拍) ：1:10,
2B ；35mm银盐
收藏馆：缩微中心，国图

000O024494
孝洁黄先生墓志铭：一卷 / (清)徐元肃撰
清(1644-1911)抄本
1996年摄制. -- 1盘卷片(2米4拍) ：1:10,
2B ；35mm银盐
收藏馆：缩微中心，国图

000O006838
遗爱集：四卷 / (清)程端[等]撰
清康熙十一年(1672)上寿堂百一堂刻本
1987年摄制. -- 1盘卷片(6米87拍) ：1:10,
2B ；35mm银盐
收藏馆：缩微中心，国图

000O025062
□孺人行实：一卷 / (清)□士矿撰
清康熙(1662-1722)刻本
1996年摄制. -- 1盘卷片(3米7拍) ：1:10,
2B ；35mm银盐
收藏馆：缩微中心，国图

000O025113
孝子盛建极事实：一卷
清(1644-1911)抄本
1996年摄制. -- 1盘卷片(3米22拍) ：1:10,
2B ；35mm银盐
收藏馆：缩微中心，国图

000O024435
徐元植行状：一卷 / (清)包尔纯撰 . 传赞：一卷 /
(清)顾成天撰 . 墓表：一卷 / (清)曹一士撰
清(1644-1911)抄本
1996年摄制. -- 1盘卷片(3米12拍) ：1:10,
2B ；35mm银盐
收藏馆：缩微中心，国图

000O024433
节孝录：一卷 / (清)李培辑
清康熙(1662-1722)刻本

1996年摄制. -- 1盘卷片(3米26拍) ：1:10,
2B ；35mm银盐
收藏馆：缩微中心，国图

000O025131
屠退斋行述：一卷袁太君行述一卷 / (清)屠用中
撰
清乾隆(1736-1795)刻蓝印本
1996年摄制. -- 1盘卷片(3米24拍) ：1:10,
2B ；35mm银盐
收藏馆：缩微中心，国图

000O005191
张翀汉行状：一卷 / (清)张显祖[等]撰
清雍正(1723-1735)刻蓝印本
1986年摄制. -- 1盘卷片(2.3米19拍) ：
1:10, 2B ；35mm银盐
收藏馆：缩微中心，国图

000O005299
黄廷瑗妻胡氏行状：一卷 / (清)黄焕采[等]撰
清雍正(1723-1735)刻蓝印本
1986年摄制. -- 1盘卷片(3米21拍) ：1:10,
2B ；35mm银盐
收藏馆：缩微中心，国图

000O031666
恪勤陈公墓志铭：一卷 / (清)郑任钥撰 . 家传：
一卷 / (清)李果撰 . 行述：一卷 / (清)陈树芝[等]
撰
清(1644-1911)抄本
2004年摄制. -- 1盘卷片(5米85拍) ：1:10,
2B ；35mm银盐
收藏馆：缩微中心，国图

000O012696
钱文端公行述：一卷 / (清)钱汝诚[等]撰
清乾隆(1736-1795)钱氏稿本
1990年摄制. -- 1盘卷片(4.7米76拍) ：
1:10, 2B ；35mm银盐
收藏馆：缩微中心，辽宁

000O025058
屠畏庵行述：一卷 / (清)屠近智撰
清乾隆(1736-1795)刻本
1996年摄制. -- 1盘卷片(3米22拍) ：1:10,
2B ；35mm银盐
收藏馆：缩微中心，国图

000O001301
兵部右侍郎邵基诰敕志铭行状：一卷
清(1644-1911)抄本
1985年摄制. -- 1盘卷片(3.1米27拍) ：

1:10，2B；35mm银盐
收藏馆：缩微中心，国图

000O001774
纯良祠碑记：一卷 / (清)杨锡绂撰．圭田记：一卷 / (清)尹嘉铨撰
清乾隆(1736-1795)秦大士抄本
1986年摄制．-- 1盘卷片(3米25拍)：1:10，2B；35mm银盐
收藏馆：缩微中心，国图

000O017535
桧门府君行状：一卷 / (清)金忠泽[等]撰
清乾隆二十七年(1762)刻蓝印本
1993年摄制．-- 1盘卷片(3米28拍)：1:10，2B；35mm银盐
收藏馆：缩微中心，国图

000O003387
巡宪杨公保台实绩录：不分卷
清康熙(1662-1722)刻本
1986年摄制．-- 1盘卷片(5.7米100拍)：1:10，2B；35mm银盐
收藏馆：缩微中心，国图

000O025239
周吾堂行略：一卷夏太孺人行述一卷遗事一卷 / (清)周广业撰
清(1644-1911)稿本
1996年摄制．-- 1盘卷片(3米16拍)：1:10，2B；35mm银盐
收藏馆：缩微中心，国图

000O027550
佟府四辈公太夫人传：一卷 / (清)稚心撰
清乾隆(1736-1795)刻本
1997年摄制．-- 1盘卷片(2米5拍)：1:10，2B；35mm银盐
收藏馆：缩微中心，国图

000O000277
壶溪府君黄可润行述：一卷 / (清)黄宗度[等]撰
清乾隆(1736-1795)刻蓝印本
1985年摄制．-- 1盘卷片(2.8米26拍)：1:10，2B；35mm银盐
收藏馆：缩微中心，国图

000O027722
浚川府君行述：一卷 / (清)魏玑[等]撰
清乾隆四十六年(1781)刻本
1997年摄制．-- 1盘卷片(3米15拍)：1:10，2B；35mm银盐
收藏馆：缩微中心，国图

000O025134
阿桂列传：一卷
清(1644-1911)抄本
1996年摄制．-- 1盘卷片(4米34拍)：1:10，2B；35mm银盐
收藏馆：缩微中心，国图

000O025063
周存斋行略：一卷 / (清)周广业撰
清(1644-1911)稿本
1996年摄制．-- 1盘卷片(3米7拍)：1:10，2B；35mm银盐
收藏馆：缩微中心，国图

000O017945
竹汀府君行述：一卷 / (清)钱东壁,(清)钱东塾撰
清(1644-1911)姚氏师石山房抄本
1993年摄制．-- 1盘卷片(4米42拍)：1:10，2B；35mm银盐
收藏馆：缩微中心，国图

000O000212
周两塍先生行状：一卷 / (清)杨峒撰．墓志铭：一卷
清(1644-1911)劳氏丹铅精舍抄本．-- (清)劳权校。
1985年摄制．-- 1盘卷片(2.4米21拍)：1:10，2B；35mm银盐
收藏馆：缩微中心，国图

000O008598
陈石甫师述：一卷 / (清)陈奂撰
清道光九年(1829)许瀚抄本．-- (清)许瀚校并跋。
1988年摄制．-- 1盘卷片(2米20拍)：1:10，2B；35mm银盐
收藏馆：缩微中心，国图

000O005414
耕厓先生传：一卷 / (清)吴骞撰．听松图题辞：一卷 / (清)董襄[等]撰
清(1644-1911)周氏种松书塾抄本
1986年摄制．-- 1盘卷片(2.8米28拍)：1:10，2B；35mm银盐
收藏馆：缩微中心，国图

000O025114
吴兔床行述：一卷 / (清)吴寿照,(清)吴寿旸撰
清嘉庆(1796-1820)刻本
1996年摄制．-- 1盘卷片(3米15拍)：1:10，2B；35mm银盐
收藏馆：缩微中心，国图

000○000716

翁潜虚祀海州名宦记：一卷 / (清)翁心存辑

清(1644-1911)抄本

1985年摄制. -- 1盘卷片(3.2米38拍) ：
1:10, 2B ; 35mm银盐

收藏馆：缩微中心，国图

000○020893

经见录：不分卷 / (清)罗思举撰

清(1644-1911)抄本. -- 存：清嘉庆二十五年
(1820)。

1994年摄制. -- 1盘卷片(6米82拍) ： 1:10,
2B ; 35mm银盐

收藏馆：缩微中心，国图

000○015519

从父润斋中丞行述：一卷 / (清)钱泰吉撰

清(1644-1911)稿本

1993年摄制. -- 1盘卷片(4米52拍) ： 1:10,
2B ; 35mm银盐

收藏馆：缩微中心，国图

000○028487

陈卿贤鳌峰载笔图纪事辑录：一卷 / (清)谢章铤
辑

清(1644-1911)稿本

1997年摄制. -- 1盘卷片(2.8米28拍) ：
1:10, 2B ; 35mm银盐

收藏馆：缩微中心，福建

000○019764

张月霄遗像 / (清)胡骏声绘

清(1644-1911)绘本. -- (清)孙原湘、(清)郭
麐、(清)屈轶、(清)周彬赞、(清)黄廷鉴、
(清)钱泳、(清)黄丕烈、(清)唐冕、(清)王
鼎、(清)褚逢椿、(清)吴宪澄、(清)郭忠谐、
(清)丁荫题诗。

1994年摄制. -- 1盘卷片(3米19拍) ： 1:10,
2B ; 35mm银盐

收藏馆：缩微中心，国图

000○008553

伟堂笔记：一卷 / (清)陈官俊撰 . 列传碑文：一
卷 / (清)吴重台辑

清(1644-1911)稿本. -- (清)吴保锴跋。

1988年摄制. -- 1盘卷片(4米46拍) ： 1:10,
2B ; 35mm银盐

收藏馆：缩微中心，国图

000○007557

宝素室金石书画编年录：二卷 / (清)释达受撰

清(1644-1911)抄本

1987年摄制. -- 1盘卷片(7米135拍) ： 1:10,

2B ; 35mm银盐

收藏馆：缩微中心，国图

000○000668

翁文端公行述：一卷年谱一卷 / (清)翁同书,(清)
翁同爵,(清)翁同龢撰

清(1644-1911)稿本

1985年摄制. -- 1盘卷片(5米76拍) ： 1:10,
2B ; 35mm银盐

收藏馆：缩微中心，国图

000○017468

兰絮话腴：四卷 / (清)管庭芬辑

清(1644-1911)稿本

1993年摄制. -- 1盘卷片(5米54拍) ： 1:10,
2B ; 35mm银盐

收藏馆：缩微中心，国图

000○014668

黄母左淑人家传：一卷 / (清)莫友芝撰

清(1644-1911)稿本

1992年摄制. -- 1盘卷片(2米4拍) ： 1:10,
2B ; 35mm银盐

收藏馆：缩微中心，国图

000○026800

吕贤基列传：一卷

清(1644-1911)国史馆抄本

1996年摄制. -- 1盘卷片(3米23拍) ： 1:10,
2B ; 35mm银盐

收藏馆：缩微中心，南京

000○026881

倭仁列传：一卷

清(1644-1911)国史馆抄本

1996年摄制. -- 1盘卷片(4米41拍) ： 1:10,
2B ; 35mm银盐

收藏馆：缩微中心，南京

000○007751

冯给事中年谱：一卷 / (清)冯士傑撰

清(1644-1911)稿本

1987年摄制. -- 1盘卷片(8米130拍) ： 1:10,
2B ; 35mm银盐

收藏馆：缩微中心，湖南

000○029261

求阙斋弟子记：不分卷 / (清)王定安编辑；(清)
李鸿章审定

清(1644-1911)稿本

1999年摄制. -- 2盘卷片(56米1195拍) ：
1:10, 2B ; 35mm银盐

收藏馆：缩微中心，湖南

00O028315
陈兰甫先生履历及著述：不分卷
稿本
1998年摄制. -- 1盘卷片(3米31拍)：1:10,
2B ；35mm银盐
收藏馆：缩微中心，广东

00O019637
香厓府君行述：一卷 / (清)史履晋撰
清(1644-1911)稿本
1994年摄制. -- 1盘卷片(3米9拍)：1:10,
2B ；35mm银盐
收藏馆：缩微中心，国图

00O019900
香厓府君行述：一卷 / (清)史履晋撰
清(1644-1911)抄本
1994年摄制. -- 1盘卷片(3米20拍)：1:10,
2B ；35mm银盐
收藏馆：缩微中心，国图

00O020497
香厓府君行述：一卷挽联一卷 / (清)史履晋撰
清(1644-1911)稿本
1994年摄制. -- 1盘卷片(3米16拍)：1:10,
2B ；35mm银盐
收藏馆：缩微中心，国图

00O026803
何桂珍列传：一卷
清(1644-1911)国史馆抄本
1996年摄制. -- 1盘卷片(2.5米18拍)：
1:10, 2B ；35mm银盐
收藏馆：缩微中心，南京

00O028546
杨勇悫公事略：一卷 / (清)杨正仪撰
清(1644-1911)稿本
1996年摄制. -- 1盘卷片(4米44拍)：1:10,
2B ；35mm银盐
收藏馆：缩微中心，南京

00O000781
费念慈盛昱王懿荣汪鸣銮江标端方手札
稿本
1985年摄制. -- 1盘卷片(2.5米22拍)：
1:10, 2B ；35mm银盐
收藏馆：缩微中心，国图

00O012771
钱民鉴自述：不分卷 / (清)钱民鉴撰
清(1644-1911)稿本
1990年摄制. -- 1盘卷片(3米46拍)：1:10,
2B ；35mm银盐
收藏馆：缩微中心，南京

00O025135
韩先生传：一卷 / (清)冯文炌撰
清(1644-1911)抄本
1996年摄制. -- 1盘卷片(3米3拍)：1:10,
2B ；35mm银盐
收藏馆：缩微中心，国图

00O024490
韩柳二先生年谱：八卷 . 韩文类谱：七卷 / (宋)吕大防[等]撰 . 柳先生年谱：一卷 / (清)马曰琯编
清雍正七年(1729)马氏小玲珑山馆刻本
1996年摄制. -- 1盘卷片(8米126拍)：1:10,
2B ；35mm银盐
收藏馆：缩微中心，国图

00O016489
韩柳二先生年谱：八卷 / (清)马曰琯编
清雍正七年(1729)马氏小玲珑山馆刻本
1993年摄制. -- 1盘卷片(8米125拍)：1:10,
2B ；35mm银盐
收藏馆：缩微中心，国图

00O007738
韩柳二先生年谱：八卷 / (清)马曰琯辑
清雍正七年(1729)马氏小玲珑山馆刻本
1987年摄制. -- 1盘卷片(8.5米140拍)：
1:10, 2B ；35mm银盐
收藏馆：缩微中心，湖南

00O014889
蒋氏年谱：五卷自序六卷 / (清)蒋庆第撰
清(1644-1911)稿本
1992年摄制. -- 1盘卷片(9.8米180拍)：
1:10, 2B ；35mm银盐
收藏馆：缩微中心，辽宁

00O010326
孟子时事考征：四卷 / (清)陈宝泉撰
清嘉庆五年(1800)粹经堂刻本
1989年摄制. -- 1盘卷片(7米120拍)：1:10,
2B ；35mm银盐
收藏馆：缩微中心，湖北

00O017321
孟子年谱：一卷 / (清)管同撰
清(1644-1911)宝芸斋抄本
1993年摄制. -- 1盘卷片(3米22拍)：1:10,
2B ；35mm银盐
收藏馆：缩微中心，国图

000O008372
许君年表：一卷 / (清)陶方琦撰
清(1644-1911)抄本. -- (清)谭献批注。
1988年摄制. -- 1盘卷片(3米35拍)：1:10,
2B；35mm银盐
收藏馆：缩微中心，国图

000O024832
许君年表：一卷；淮南参正残草：一卷；说文古
读考：二卷 / (清)陶方琦撰
清(1644-1911)稿本. -- (清)谭献批校，(清)
袁天庚题识。
1995年摄制. -- 1盘卷片(5米64拍)：1:10,
2B；35mm银盐
收藏馆：缩微中心，浙江

000O024137
郑司农年谱：一卷 / (清)戴采孙撰
清咸丰元年至清末(1851-1911)抄本
1996年摄制. -- 1盘卷片(3米45拍)：1:10,
2B；35mm银盐
收藏馆：缩微中心，湖北

000O027511
郑大司农蔡中郎年谱合表：一卷 / (清)林春溥撰
清(1644-1911)稿本
1996年摄制. -- 1盘卷片(2.5米24拍)：
1:10, 2B；35mm银盐
收藏馆：缩微中心，福建

000O002242
颜鲁公年谱：一卷 / (宋)留元刚撰
明嘉靖(1522-1566)锡山安国安氏馆颜鲁公文
集铜活字印本. -- (清)翁同龢跋。
1986年摄制. -- 1盘卷片(3米29拍)：1:10,
2B；35mm银盐
收藏馆：缩微中心，国图

000O004850
白氏文公年谱：一卷 / (宋)陈振孙撰
明(1368-1644)抄本. -- 周叔弢跋。
1987年摄制. -- 1盘卷片(4米48拍)：1:10,
2B；35mm银盐
收藏馆：缩微中心，国图

000O025994
范文正公年谱：一卷 / (宋)楼钥撰
明正德十二年(1517)刻本
1996年摄制. -- 1盘卷片(5.5米86拍)：
1:10, 2B；35mm银盐
收藏馆：缩微中心，福建

000O013225
赵清献年谱：一卷 / (清)罗以智撰
清(1644-1911)抄本. -- (清)王芬校。
1991年摄制. -- 1盘卷片(3米46拍)：1:10,
2B；35mm银盐
收藏馆：缩微中心，南京

000O010912
宋孙莘老先生年谱：一卷 / (清)茆泮林撰
清道光二十五年(1845)高邮甘雨亭刻本
1989年摄制. -- 1盘卷片(5.5米87拍)：
1:10, 2B；35mm银盐
收藏馆：缩微中心，湖北

000O025626
程子年谱：二卷 / (清)池生春,(清)诸星杓辑
清(1644-1911)稿本
1996年摄制. -- 1盘卷片(8米131拍)：1:10,
2B；35mm银盐
收藏馆：缩微中心，浙江

000O023704
伊川程子年谱：七卷 / (清)池生春,(清)诸星杓辑
清(1644-1911)稿本
1995年摄制. -- 1盘卷片(11米200拍)：
1:10, 2B；35mm银盐
收藏馆：缩微中心，浙江

000O024217
太师徽国文公年谱：不分卷
明(1368-1644)刻本
1996年摄制. -- 1盘卷片(7米144拍)：1:10,
2B；35mm银盐
收藏馆：缩微中心，安徽

000O003421
紫阳文公先生年谱：五卷 / (明)李默,(明)朱河重
订
明嘉靖(1522-1566)刻本
1986年摄制. -- 1盘卷片(9.3米184拍)：
1:10, 2B；35mm银盐
收藏馆：缩微中心，国图

000O018212
紫阳文公先生年谱：五卷 / (明)朱吾弼重编
明万历(1573-1620)朱崇沐刻本. -- 残本。
1993年摄制. -- 1盘卷片(9米152拍)：1:10,
2B；35mm银盐
收藏馆：缩微中心，山东

000O021037
象山陆先生年谱：二卷 / (宋)袁燮,(宋)李子
愿,(宋)傅子云撰

明嘉靖三十八年(1559)张乔相刻本
1994年摄制. -- 1盘卷片(7米111拍) : 1:10,
2B ; 35mm银盐
收藏馆：缩微中心，国图

000O008063
象山先生年谱：三卷 / (宋)李子愿撰；(清)李绂
增订
清雍正十年(1732)严有俊刻本
1988年摄制. -- 1盘卷片(6米101拍) : 1:10,
2B ; 35mm银盐
收藏馆：缩微中心，湖北

000O007085
元遗山先生年谱：一卷 / (清)翁方纲撰
清(1644-1911)读书山房刻本
1987年摄制. -- 1盘卷片(4.7米76拍) :
1:10, 2B ; 35mm银盐
收藏馆：缩微中心，临猗

000O024459
元遗山先生年谱：二卷 / (清)凌廷堪撰
清道光(1821-1850)刻本
1996年摄制. -- 1盘卷片(5米70拍) : 1:10,
2B ; 35mm银盐
收藏馆：缩微中心，国图

000O024836
赵松雪年谱：一卷 / (清)徐元抢撰
清(1644-1911)稿本
1995年摄制. -- 1盘卷片(3米34拍) : 1:10,
2B ; 35mm银盐
收藏馆：缩微中心，浙江

000O009161
杨文定公年谱：一卷 / (清)杨敦厚撰
清(1644-1911)稿本
1988年摄制. -- 1盘卷片(5米58拍) : 1:10,
2B ; 35mm银盐
收藏馆：缩微中心，湖南

000O005681
建文年谱：二卷后事一卷辨疑一卷 / (明)赵士喆
撰
明初(1368-1424)刻本
1987年摄制. -- 1盘卷片(9米175拍) : 1:10,
2B ; 35mm银盐
收藏馆：缩微中心，国图

000O012152
周襄公年谱：二卷附录一卷 / (明)顾清撰
清(1644-1911)抄本
1990年摄制. -- 1盘卷片(4米82拍) : 1:10,

2B ; 35mm银盐
收藏馆：缩微中心，南京

000O014261
薛文清公年谱：一卷 / (明)杨鹤,(明)杨嗣昌撰
明万历(1573-1620)张铨刻本
1992年摄制. -- 1盘卷片(7米94拍) : 1:10,
2B ; 35mm银盐
收藏馆：缩微中心，国图

000O007087
薛文清公年谱：一卷 / (明)杨鹤,(明)杨嗣昌撰
清康熙五十二年(1713)薛氏刻本
1987年摄制. -- 1盘卷片(4米60拍) : 1:10,
2B ; 35mm银盐
收藏馆：缩微中心，临猗

000O000569
明三元太傅商文毅公年谱：四卷 / (明)商振伦撰
明万历四十四年(1616)元始堂商振伦刻本
1985年摄制. -- 1盘卷片(10.3米206拍) :
1:10, 2B ; 35mm银盐
收藏馆：缩微中心，国图

000O018035
项襄毅公年谱：五卷实纪四卷遗稿一卷 / (明)项
德祯编
明万历二十四年(1596)项皋谟校刻本
1993年摄制. -- 1盘卷片(22米492拍) :
1:10, 2B ; 35mm银盐
收藏馆：缩微中心，天津

000O028543
项襄毅公年谱：五卷实纪四卷 / (明)项德祯辑 .
遗稿：一卷 / (明)项忠撰 . 项襄毅公实纪续补：
四卷 / (明)项华芳辑
明万历(1573-1620)刻本. -- 项襄毅公实纪续
补为明天启刻本。存九卷：年谱卷一至卷五、
实纪续补卷一至卷四。
1996年摄制. -- 1盘卷片(21米442拍) :
1:10, 2B ; 35mm银盐
收藏馆：缩微中心，南京

000O004361
秦襄毅公年谱：一卷 / (明)秦纮撰
明嘉靖十七年(1538)秦学书刻隆庆三年(1569)
秦秉淳递刻本. -- (清)王士祯跋。
1986年摄制. -- 1盘卷片(4米57拍) : 1:10,
2B ; 35mm银盐
收藏馆：缩微中心，国图

000O026836
枫山章文懿公年谱：二卷 / (明)阮鹗撰

明嘉靖三十三年(1554)唐钺刻本. -- 卷下配清抄本。
1996年摄制. -- 1盘卷片(7米130拍) : 1:10, 2B ; 35mm银盐
收藏馆：缩微中心，南京

000O014012
明南京工部尚书进阶荣禄大夫简庵陈公年谱：一卷 / (明)陈垲[等]撰
明万历(1573-1620)刻本. -- 撰者还有：(明)陈孟庄等。
1992年摄制. -- 1盘卷片(4米44拍) : 1:10, 2B ; 35mm银盐
收藏馆：缩微中心，国图

000O016105
明南京工部尚书进阶荣禄大夫简庵陈公年谱：一卷 / (明)陈垲[等]撰
明万历(1573-1620)刻本. -- 撰者还有：(明)陈孟庄等。
1993年摄制. -- 1盘卷片(4米43拍) : 1:10, 2B ; 35mm银盐
收藏馆：缩微中心，国图

000O000370
阳明先生年谱：三卷 / (明)钱德洪撰
明嘉靖四十三年(1564)毛汝麒刻本
1985年摄制. -- 1盘卷片(9.1米178拍) : 1:10, 2B ; 35mm银盐
收藏馆：缩微中心，国图

000O019497
阳明先生年谱：二卷 / (明)李贽撰
明(1368-1644)刻本
1994年摄制. -- 1盘卷片(8米128拍) : 1:10, 2B ; 35mm银盐
收藏馆：缩微中心，国图

000O026434
明水陈先生年谱：二卷 / (明)江治辑
明(1368-1644)抄本. -- (清)郭麐跋。
1992年摄制. -- 1盘卷片(13米259拍) : 1:10, 2B ; 35mm银盐
收藏馆：缩微中心，重庆

000O017000
吴太宰公年谱：二卷 / (明)吴惟贞撰
明万历(1573-1620)刻本
1993年摄制. -- 1盘卷片(9米160拍) : 1:10, 2B ; 35mm银盐
收藏馆：缩微中心，国图

000O019983
太师项襄毅公年谱：□□卷 / (明)项德桢撰
明(1368-1644)刻本. -- 存二卷：卷三、卷九。
1994年摄制. -- 1盘卷片(11米210拍) : 1:10, 2B ; 35mm银盐
收藏馆：缩微中心，国图

000O015742
弇州山人年谱：一卷 / (清)钱大昕撰
清嘉庆八年至十二年(1803-1807)李赓芸刻本
1993年摄制. -- 1盘卷片(6米94拍) : 1:10, 2B ; 35mm银盐
收藏馆：缩微中心，国图

000O015111
琅琊凤麟两公年谱合编：一卷 / (清)王瑞国撰
清康熙五十二年(1713)王良毅抄本
1992年摄制. -- 1盘卷片(4米40拍) : 1:10, 2B ; 35mm银盐
收藏馆：缩微中心，国图

000O027508
戚少保年谱耆编：十卷 / (明)戚祚国[等]撰
清道光(1821-1850)抄本
1996年摄制. -- 2盘卷片(33.9米687拍) : 1:10, 2B ; 35mm银盐
收藏馆：缩微中心，福建

000O024834
大司徒一川游公年谱：一卷 / (明)游悦易撰
明万历三十九年(1611)聚顺堂刻本
1995年摄制. -- 1盘卷片(4米58拍) : 1:10, 2B ; 35mm银盐
收藏馆：缩微中心，浙江

000O013140
朱文懿公茶史：一卷；行状：一卷 / (明)朱赓[等]撰
明(1368-1644)抄本
1991年摄制. -- 1盘卷片(4.4米71拍) : 1:10, 2B ; 35mm银盐
收藏馆：缩微中心，辽宁

000O011888
东阿于文定公年谱：二卷 / (明)邢侗撰
明末(1621-1644)抄本
1990年摄制. -- 1盘卷片(6米104拍) : 1:10, 2B ; 35mm银盐
收藏馆：缩微中心，山东

000O018177
东阿于文定公年谱：二卷 / (明)邢侗撰

明末(1621-1644)抄本
1993年摄制. -- 1盘卷片(7米106拍)：1:10,
2B；35mm银盐
收藏馆：缩微中心，山东

00O017141
高阳太傅孙文正公年谱：五卷 / (明)孙铨辑
清康熙六年(1667)孙尔然刻本
1993年摄制. -- 1盘卷片(11米217拍)：
1:10, 2B；35mm银盐
收藏馆：缩微中心，辽宁

00O023359
淄川毕少保公年谱：二卷 / (清)毕□□撰
清初(1644-1722)抄本
1995年摄制. -- 1盘卷片(4米37拍)：1:10,
2B；35mm银盐
收藏馆：缩微中心，国图

00O003919
毕司徒东郊先生年谱：不分卷 / (明)胡博文撰
清(1644-1911)抄本
1986年摄制. -- 1盘卷片(6米91拍)：1:10,
2B；35mm银盐
收藏馆：缩微中心，国图

00O028359
忠定公履历：不分卷 / (明)李□□撰
清(1644-1911)抄本
1998年摄制. -- 1盘卷片(8米133拍)：1:10,
2B；35mm银盐
收藏馆：缩微中心，广东

00O010362
左忠毅公年谱：二卷 / (清)左宰撰
清乾隆四年(1739)啖树堂刻本
1989年摄制. -- 1盘卷片(10米188拍)：
1:10, 2B；35mm银盐
收藏馆：缩微中心，湖北

00O004309
王季重先生自叙年谱：一卷 / (明)王思任撰
清初(1644-1722)王充锡[等]刻本
1986年摄制. -- 1盘卷片(5.5米94拍)：
1:10, 2B；35mm银盐
收藏馆：缩微中心，国图

00O018042
先君子忠正公年谱：二卷录遗一卷行状一卷 /
(清)刘汋撰
清(1644-1911)抄本
1993年摄制. -- 1盘卷片(10米194拍)：
1:10, 2B；35mm银盐

收藏馆：缩微中心，天津

00O013922
岁寒居年谱：不分卷 / (明)孙奇逢撰
明(1368-1644)稿本
1991年摄制. -- 1盘卷片(9米153拍)：1:10,
2B；35mm银盐
收藏馆：缩微中心，国图

00O010356
征君孙先生年谱稿：四卷 / (清)汤斌[等]撰
清康熙十四年(1675)刻本
1989年摄制. -- 1盘卷片(8.5米165拍)：
1:10, 2B；35mm银盐
收藏馆：缩微中心，湖北

00O015992
堵文襄公年谱：一卷
清(1644-1911)抄本. -- (清)吴骞校并跋。
1993年摄制. -- 1盘卷片(5米64拍)：1:10,
2B；35mm银盐
收藏馆：缩微中心，国图

00O007564
祁忠敏公年谱：一卷 / (明)王思任撰
明(1368-1644)稿本
1987年摄制. -- 1盘卷片(6米100拍)：1:10,
2B；35mm银盐
收藏馆：缩微中心，国图

00O025592
祁忠敏公年谱：一卷 / (清)祁理孙撰
清(1644-1911)稿本. -- (清)祁易佳批注并
跋。
1996年摄制. -- 1盘卷片(6米87拍)：1:10,
2B；35mm银盐
收藏馆：缩微中心，浙江

00O015903
陈乾初先生年谱：二卷 / (清)吴骞撰；(清)陈敬
璋订补
清(1644-1911)抄本. -- (清)吴骞订补。
1993年摄制. -- 1盘卷片(5米70拍)：1:10,
2B；35mm银盐
收藏馆：缩微中心，国图

00O010339
杨园张先生年谱：一卷 / (清)姚夏撰
清乾隆十八年(1753)雷铉刻本
1989年摄制. -- 1盘卷片(3.5米44拍)：
1:10, 2B；35mm银盐
收藏馆：缩微中心，湖北

00O023728
杨园张先生年谱：四卷 / (清)崔德华,(清)崔以学辑
清光绪二十三年(1897)翠微山房抄本. -- 费寅校并跋。
1995年摄制. -- 1盘卷片(9米168拍) ：1:10,
2B ；35mm银盐
收藏馆：缩微中心，浙江

00O026809
顾亭林先生年谱：一卷 / (清)吴映奎撰
清(1644-1911)稿本. -- (清)潘道根校补。
1996年摄制. -- 1盘卷片(6米95拍) ：1:10,
2B ；35mm银盐
收藏馆：缩微中心，南京

00O000259
顾亭林先生年谱：一卷 / (清)吴映奎辑；(清)车持谦增补
清(1644-1911)抄本. -- 周岷源跋。
1985年摄制. -- 1盘卷片(5.2米85拍) ：
1:10, 2B ；35mm银盐
收藏馆：缩微中心，国图

00O005500
顾亭林先生年谱：一卷；阎潜丘先生年谱：一卷 / (清)张穆撰
清道光(1821-1850)刻本
1987年摄制. -- 1盘卷片(13.3米272拍) ：
1:10, 2B ；35mm银盐
收藏馆：缩微中心，山西

00O024482
顾亭林先生年谱：一卷 / (清)张穆撰
清道光二十四年(1844)刻本. -- 王国维校注，罗振玉题款。
1996年摄制. -- 1盘卷片(8米126拍) ：1:10,
2B ；35mm银盐
收藏馆：缩微中心，国图

00O007755
亭林先生年谱：二卷 / (清)钱邦彦撰；(清)马光楣补录
清(1644-1911)抄本
1987年摄制. -- 1盘卷片(11米160拍) ：
1:10, 2B ；35mm银盐
收藏馆：缩微中心，湖南

00O007695
朱少司农先生年谱：不分卷 / (清)柴鼎铉撰
清康熙二十六年(1687)刻本
1988年摄制. -- 1盘卷片(4.4米69拍) ：
1:10, 2B ；35mm银盐

收藏馆：缩微中心，山西

00O024456
施侍读年谱：一卷矩斋先生外传一卷；寄云楼书目：一卷 / (清)施琮撰
清(1644-1911)稿本
1996年摄制. -- 1盘卷片(8米127拍) ：1:10,
2B ；35mm银盐
收藏馆：缩微中心，国图

00O015925
上浦经历笔记：二卷 / (清)姚廷遴撰
清(1644-1911)抄本
1993年摄制. -- 1盘卷片(10米186拍) ：
1:10, 2B ；35mm银盐
收藏馆：缩微中心，国图

00O018376
长泖陆子年谱：一卷 / (清)陆礼微[等]撰
清乾隆(1736-1795)抄本
1991年摄制. -- 1盘卷片(5.7米101拍) ：
1:10, 2B ；35mm银盐
收藏馆：缩微中心，辽宁

00O008140
陆稼书先生年谱：一卷 / (清)陆宸征,(清)李铉辑；(清)吴光西编次
清康熙五十七年(1718)三鱼堂刻本
1988年摄制. -- 1盘卷片(4米63拍) ：1:10,
2B ；35mm银盐
收藏馆：缩微中心，湖北

00O020932
陆稼书先生年谱定本：二卷附录一卷 / (清)吴光西重辑
清乾隆六年(1741)重刻本. -- 据清雍正三年(1725)清风堂藏版重刻。
1994年摄制. -- 1盘卷片(10.9米216拍) ：
1:10, 2B ；35mm银盐
收藏馆：缩微中心，山西

00O017807
王考功士禄年谱：一卷 / (清)王士祯撰
清康熙(1662-1722)刻本
1993年摄制. -- 1盘卷片(4米52拍) ：1:10,
2B ；35mm银盐
收藏馆：缩微中心，天津

00O026902
渔洋山人自撰年谱注补：二卷 / (清)惠栋撰
清(1644-1911)稿本
1996年摄制. -- 1盘卷片(6米87拍) ：1:10,
2B ；35mm银盐

收藏馆：缩微中心，南京

000O004266
渔洋山人自撰年谱注补：一卷 / (清)惠栋撰
清(1644-1911)惠氏红豆斋刻本
1986年摄制. -- 1盘卷片(5米78拍)：1:10,
2B；35mm银盐
收藏馆：缩微中心，国图

000O025128
漫堂年谱：四卷 / (清)宋荦撰
清(1644-1911)宋氏漫堂抄本
1996年摄制. -- 1盘卷片(10米171拍)：
1:10, 2B；35mm银盐
收藏馆：缩微中心，国图

000O008116
张清恪公年谱：二卷 / (清)张师栻,(清)张师载撰
清乾隆四年(1739)刻本
1988年摄制. -- 1盘卷片(7.5米145拍)：
1:10, 2B；35mm银盐
收藏馆：缩微中心，湖北

000O027561
贤母年谱：一卷 / (清)尹会一撰
清乾隆(1736-1795)刻本
1997年摄制. -- 1盘卷片(4米44拍)：1:10,
2B；35mm银盐
收藏馆：缩微中心，国图

000O001999
尹太夫人李氏年谱：一卷 / (清)尹会一撰
清乾隆十年(1745)尹会一刻本
1986年摄制. -- 1盘卷片(4米58拍)：1:10,
2B；35mm银盐
收藏馆：缩微中心，国图

000O010396
阿文成公年谱：三十四卷 / (清)那彦成撰
清嘉庆十八年(1813)刻本
1989年摄制. -- 3盘卷片(91.5米1962拍)：
1:10, 2B；35mm银盐
收藏馆：缩微中心，湖北

000O015169
翁氏家事略记：一卷 / (清)翁方纲撰
清(1644-1911)抄本
1992年摄制. -- 1盘卷片(5米58拍)：1:10,
2B；35mm银盐
收藏馆：缩微中心，国图

000O014890
容甫先生年谱：一卷；先君年表：一卷；寿母小

记：一卷 / (清)汪喜孙[等]撰
清(1644-1911)汪氏抄本. -- 撰者还有：(清)
郭尚先等。
1992年摄制. -- 1盘卷片(3.6米70拍)：
1:10, 2B；35mm银盐
收藏馆：缩微中心，辽宁

000O029315
汪氏学行记：六卷 / (清)汪喜孙辑
清道光六年(1826)刻本
1999年摄制. -- 1盘卷片(8米148拍)：1:10,
2B；35mm银盐
收藏馆：缩微中心，湖南

000O000675
孙渊如先生年谱：二卷 / (清)张绍南撰
清(1644-1911)海虞顾氏抄本
1985年摄制. -- 1盘卷片(3.4米44拍)：
1:10, 2B；35mm银盐
收藏馆：缩微中心，国图

000O019782
孙渊如先生年谱：二卷 / (清)张绍南撰
缪氏艺风堂抄本. -- 缪荃孙校。
1994年摄制. -- 1盘卷片(4米38拍)：1:10,
2B；35mm银盐
收藏馆：缩微中心，国图

000O013896
梅溪先生年谱：一卷 / (清)钱泳撰
清(1644-1911)钱氏述祖德堂抄本. -- (清)钱
泳校订。
1992年摄制. -- 1盘卷片(3米19拍)：1:10,
2B；35mm银盐
收藏馆：缩微中心，国图

000O015776
丁俭卿年谱：一卷 / (清)丁寿恒[等]撰
清(1644-1911)抄本
1992年摄制. - 1盘卷片(5米72拍)：1:10,
2B；35mm银盐
收藏馆：缩微中心，国图

000O007767
曾文正公年谱：不分卷 / (清)曾耀湘辑
清(1644-1911)稿本
1987年摄制. -- 1盘卷片(15米306拍)：
1:10, 2B；35mm银盐
收藏馆：缩微中心，湖南

000O003886
主善堂主人年谱：一卷 / (清)成琦撰
清(1644-1911)抄本

1986年摄制. -- 1盘卷片(8米141拍) : 1:10,
2B ; 35mm银盐
收藏馆：缩微中心，国图

00O004064
海珊自叙年谱：一卷 / (清)翁曾翰撰
清(1644-1911)稿本
1985年摄制. -- 1盘卷片(2.5米24拍) :
1:10, 2B ; 35mm银盐
收藏馆：缩微中心，国图

00O023087
郭天锡日记：一卷 / (元)郭畀撰
清嘉庆四年(1799)赵之玉抄本. -- (清)赵辑
宁跋，(清)鲍廷博校。
1995年摄制. -- 1盘卷片(7米110拍) : 1:10,
2B ; 35mm银盐
收藏馆：缩微中心，国图

00O012149
**元郭天锡手书日记真迹：不分卷 / (元)郭畀撰.
附录：一卷 / (清)劳权辑**
清(1644-1911)劳权抄本. -- (清)劳权校并录
(清)丁丙跋。
1990年摄制. -- 1盘卷片(6米135拍) : 1:10,
2B ; 35mm银盐
收藏馆：缩微中心，南京

00O010631
云山日记：一卷 / (元)郭畀撰
清(1644-1911)抄本. -- 记元至大元年(1308)
八月至元至大二年(1309)十月。佚名校并录
(清)鲍廷博、(清)周伦、(清)赵魏跋。
1989年摄制. -- 1盘卷片(6米102拍) : 1:10,
2B ; 35mm银盐
收藏馆：缩微中心，浙江

00O012996
使西日记：二卷 / (明)都穆撰
明(1368-1644)刻本
1991年摄制. -- 1盘卷片(4米35拍) : 1:10,
2B ; 35mm银盐
收藏馆：缩微中心，国图

00O013083
西巡录：一卷 / (明)陈尧撰
明嘉靖(1522-1566)刻本
1991年摄制. -- 1盘卷片(3米20拍) : 1:10,
2B ; 35mm银盐
收藏馆：缩微中心，国图

00O020465
礼白岳纪：一卷；篷栊夜话：一卷 / (明)李日华

撰
明(1368-1644)刻本
1994年摄制. -- 1盘卷片(4米33拍) : 1:10,
2B ; 35mm银盐
收藏馆：缩微中心，国图

00O016356
味水轩日记：八卷 / (明)李日华撰
清(1644-1911)抄本. -- (清)戴光曾校并跋。
1993年摄制. -- 2盘卷片(37米756拍) :
1:10, 2B ; 35mm银盐
收藏馆：缩微中心，国图

00O023726
味水轩日记：八卷 / (明)李日华撰
清(1644-1911)抄本. -- 记明万历三十七年
至四十四年(1609-1616)事。(清)戴光曾校并
跋。
1995年摄制. -- 2盘卷片(41米809拍) :
1:10, 2B ; 35mm银盐
收藏馆：缩微中心，浙江

00O006334
味水轩日记：八卷 / (明)李日华撰
清(1644-1911)抄本
1987年摄制. -- 2盘卷片(41米806拍) :
1:10, 2B ; 35mm银盐
收藏馆：缩微中心，国图

00O013073
司徒恩遇日纪：二卷 / (明)毕自严撰
清康熙五十七年(1718)毕盛鉴抄本
1991年摄制. -- 1盘卷片(5米56拍) : 1:10,
2B ; 35mm银盐
收藏馆：缩微中心，国图

00O003244
呼桓日记：五卷 / (明)项鼎铉撰
清(1644-1911)抄本
1986年摄制. -- 1盘卷片(11米209拍) :
1:10, 2B ; 35mm银盐
收藏馆：缩微中心，国图

00O012980
**文文肃公日记：二卷并北征纪行一卷 / (明)文震
孟撰**
明(1368-1644)稿本. -- (清)文点跋。
1991年摄制. -- 1盘卷片(5米52拍) : 1:10,
2B ; 35mm银盐
收藏馆：缩微中心，国图

00O019796
丙寅北行日谱：一卷 / (明)朱祖文撰

明崇祯二年(1629)张世伟[等]刻本
1994年摄制. -- 1盘卷片(5米68拍) ： 1:10,
2B ； 35mm银盐
收藏馆：缩微中心，国图

__000O012969__
孙夏峰先生日谱残稿：不分卷 / (明)孙奇逢撰
明(1368-1644)稿本. -- 徐炳昶跋。
1991年摄制. -- 1盘卷片(3米18拍) ： 1:10,
2B ； 35mm银盐
收藏馆：缩微中心，国图

__000O024830__
孙征君日谱录存：□□卷 / (清)孙奇逢撰
清(1644-1911)抄本. -- 记清顺治六年至康熙
十四年(1649-1675)事。
1995年摄制. -- 4盘卷片(101米2091拍) ：
1:10, 2B ； 35mm银盐
收藏馆：缩微中心，浙江

__000O004294__
春浮园别集：五种六卷 / (明)萧士玮撰
清初(1644-1722)刻本
1986年摄制. -- 1盘卷片(13.5米285拍) ：
1:10, 2B ； 35mm银盐
收藏馆：缩微中心，国图

__000O007559__
祁忠敏公日记：十五卷 / (明)祁彪佳撰
明末(1621-1644)祁氏远山堂抄本
1987年摄制. -- 2盘卷片(51米1125拍) ：
1:10, 2B ； 35mm银盐
收藏馆：缩微中心，国图

__000O023711__
摄政睿忠亲王起居注：一卷 / (清)李若琳记
刘启瑞抄本. -- 食旧德斋录。
1995年摄制. -- 1盘卷片(3米36拍) ： 1:10,
2B ； 35mm银盐
收藏馆：缩微中心，浙江

__000O018178__
[崇祯]归围日记：一卷 / (清)张忻撰
清初(1644-1722)刻本
1993年摄制. -- 1盘卷片(5米78拍) ： 1:10,
2B ； 35mm银盐
收藏馆：缩微中心，山东

__000O000977__
丙子西征记：一卷 / (清)顾栋撰
清(1644-1911)抄本
1985年摄制. -- 1盘卷片(2.8米26拍) ：
1:10, 2B ； 35mm银盐

收藏馆：缩微中心，国图

__000O013223__
**东石涧日记：一卷；瀑雪记：一卷 / (清)释南潜
(董说)撰**
清康熙十四年至十五年(1675-1676)稿本. --
(清)周星诒、(清)李蕙跋。
1991年摄制. -- 1盘卷片(3米54拍) ： 1:10,
2B ； 35mm银盐
收藏馆：缩微中心，南京

__000O023705__
北游日记：一卷 / (清)陆嘉淑撰
清(1644-1911)管庭芬抄本. -- 记清顺治十年
(1653)四月至六月事。
1995年摄制. -- 1盘卷片(4米40拍) ： 1:10,
2B ； 35mm银盐
收藏馆：缩微中心，浙江

__000O018310__
行间日记：不分卷 / (清)李之芳撰
清(1644-1911)抄本
1993年摄制. -- 1盘卷片(9米182拍) ： 1:10,
2B ； 35mm银盐
收藏馆：缩微中心，天津

__000O024833__
霍邱日记：不分卷 / (清)庄冏生撰
清(1644-1911)稿本. -- 记清顺治十三年
(1656)十月至十一月事。(清)庄国桢跋。
1995年摄制. -- 1盘卷片(4米55拍) ： 1:10,
2B ； 35mm银盐
收藏馆：缩微中心，浙江

__000O016448__
三鱼堂日记：二卷 / (清)陆陇其撰
清(1644-1911)抄本. -- (清)李应机圈点并
跋。
1993年摄制. -- 1盘卷片(11米180拍) ：
1:10, 2B ； 35mm银盐
收藏馆：缩微中心，国图

__000O007275__
迎銮日纪：一卷二纪一卷三纪一卷 / (清)宋荦撰
清(1644-1911)稿本
1987年摄制. -- 1盘卷片(7米133拍) ： 1:10,
2B ； 35mm银盐
收藏馆：缩微中心，国图

__000O013010__
颜修来日记：不分卷 / (清)颜光敏撰
清(1644-1911)稿本
1991年摄制. -- 1盘卷片(4米29拍) ： 1:10,

2B ；35mm银盐
收藏馆：缩微中心，国图

000O012530
寻乐堂：二十五卷 / (清)窦克勤撰
清康熙六十一年(1722)朱阳书院刻本
1990年摄制. -- 2盘卷片(58.4米1297拍) :
1:10, 2B ；35mm银盐
收藏馆：缩微中心，辽宁

000O017182
[康熙]西征记：一卷 / (清)张寅撰
清康熙五十四年(1715)稿本
1993年摄制. -- 1盘卷片(4米44拍) : 1:10,
2B ；35mm银盐
收藏馆：缩微中心，山东

000O025161
东归纪略：二卷 / (清)杜致远撰
清(1644-1911)刻本
1996年摄制. -- 1盘卷片(5米55拍) : 1:10,
2B ；35mm银盐
收藏馆：缩微中心，国图

000O028492
粤游诗话日记：一卷 / (清)林沅撰
清康熙五十三年(1714)稿本. -- 记康熙
五十三年(1714)二月至六月。(清)郭白阳跋。
1997年摄制. -- 1盘卷片(3.8米52拍) :
1:10, 2B ；35mm银盐
收藏馆：缩微中心，福建

000O025600
西征日记：一卷 / (清)杜昌丁撰
清(1644-1911)抄本
1996年摄制. -- 1盘卷片(3米33拍) : 1:10,
2B ；35mm银盐
收藏馆：缩微中心，浙江

000O001383
果亲王西藏日记：不分卷 / (清)允礼撰
清(1644-1911)稿本
1985年摄制. -- 1盘卷片(5.3米86拍) :
1:10, 2B ；35mm银盐
收藏馆：缩微中心，国图

000O002909
兔床日记：不分卷 / (清)吴骞撰
清(1644-1911)稿本
1986年摄制. -- 1盘卷片(3米26拍) : 1:10,
2B ；35mm银盐
收藏馆：缩微中心，国图

000O025162
理堂日记：一卷 / (清)焦循撰
清(1644-1911)姚氏咫进斋抄本
1996年摄制. -- 1盘卷片(4米41拍) : 1:10,
2B ；35mm银盐
收藏馆：缩微中心，国图

000O014385
注易日记：三卷 / (清)焦循撰
清(1644-1911)稿本
1992年摄制. -- 1盘卷片(6米76拍) : 1:10,
2B ；35mm银盐
收藏馆：缩微中心，国图

000O028351
还京日记：三卷；澄怀园日记：一卷；南归日记：
二卷 / (清)吴锡麟撰
清乾隆五十八年至六十年(1793-1795)稿本
. -- 还京日记记清乾隆五十八年至六十年
(1793-1795)事，澄怀园日记记清嘉庆元年
(1796)五月至八月事，南归日记记清嘉庆二年
(1797)二月至六月事。
1998年摄制. -- 1盘卷片(7米124拍) : 1:10,
2B ；35mm银盐
收藏馆：缩微中心，广东

000O018588
壶中日记：不分卷 / (清)叶钧撰
清(1644-1911)稿本
1993年摄制. -- 1盘卷片(4米40拍) : 1:10,
2B ；35mm银盐
收藏馆：缩微中心，国图

000O027999
秋坪老人日记：不分卷 / (清)陈登龙撰
清嘉庆(1796-1820)稿本
1996年摄制. -- 1盘卷片(22.9米478拍) :
1:10, 2B ；35mm银盐
收藏馆：缩微中心，福建

000O000111
常惺惺斋日记：不分卷 / (清)谢兰生撰
清(1644-1911)稿本
1985年摄制. -- 1盘卷片(31.7米718拍) :
1:10, 2B ；35mm银盐
收藏馆：缩微中心，国图

000O001574
张叔未日记：不分卷 / (清)张廷济撰
清(1644-1911)稿本
1986年摄制. -- 1盘卷片(13米279拍) :
1:10, 2B ；35mm银盐
收藏馆：缩微中心，国图

00O004256
观妙居日记：不分卷 / (清)李锐撰
清(1644-1911)稿本
1986年摄制. -- 1盘卷片(6米97拍) ： 1:10,
2B ； 35mm银盐
收藏馆：缩微中心，国图

00O020635
奉使陕甘日记：一卷 / (清)英和撰
清(1644-1911)稿本
1994年摄制. -- 1盘卷片(4米51拍) ： 1:10,
2B ； 35mm银盐
收藏馆：缩微中心，国图

00O012747
闽轺日记：一卷 / (清)陈嵩庆撰
清嘉庆十三年(1808)稿本. -- (清)季厚陶跋。
跋。
1990年摄制. -- 1盘卷片(2米23拍) ： 1:10,
2B ； 35mm银盐
收藏馆：缩微中心，南京

00O012754
退庵日记：一卷 / (清)梁章钜撰
清(1644-1911)稿本
1990年摄制. -- 1盘卷片(3米31拍) ： 1:10,
2B ； 35mm银盐
收藏馆：缩微中心，南京

00O007746
陶文毅公使蜀日记：不分卷 / (清)陶澍撰
清(1644-1911)稿本
1987年摄制. -- 1盘卷片(5米125拍) ： 1:10,
2B ； 35mm银盐
收藏馆：缩微中心，湖南

00O027569
澹静斋巡轺百日记：一卷 / (清)吴杰撰
清道光三十年(1850)刻本
1997年摄制. -- 1盘卷片(4米31拍) ： 1:10,
2B ； 35mm银盐
收藏馆：缩微中心，国图

00O028938
雪烦山房日记：不分卷 / (清)徐僖撰
清(1644-1911)稿本. -- 日记年限为：清咸丰
四年至八年(1854-1858)。
1998年摄制. -- 1盘卷片(14米227拍) ：
1:10, 2B ； 35mm银盐
收藏馆：缩微中心，苏州

00O010124
宦游杂记：不分卷 / (清)马秀儒撰

清道光二十九年至咸丰八年(1849-1858)稿本
1989年摄制. -- 2盘卷片(54米1160拍) ：
1:10, 2B ； 35mm银盐
收藏馆：缩微中心，山东

00O025672
季文敏公日记：不分卷 / (清)季芝昌撰
清道光二十九年至咸丰十年(1849-1860)稿本. --
记清道光二十九年(1849)四月至咸丰十年
(1860)十一月事。
1996年摄制. -- 1盘卷片(22米474拍) ：
1:10, 2B ； 35mm银盐
收藏馆：缩微中心，南京

00O004223
知止斋日记：不分卷 / (清)翁心存撰
清道光五年至同治元年(1825-1862)稿本
1986年摄制. -- 4盘卷片(112.8米2525拍) ：
1:10, 2B ； 35mm银盐
收藏馆：缩微中心，国图

00O012232
隐梅庵日记：一卷 / (清)顾春福撰
清同治元年(1862)稿本
1990年摄制. -- 1盘卷片(3米66拍) ： 1:10,
2B ； 35mm银盐
收藏馆：缩微中心，南京

00O012935
叶调生日记：一卷 / (清)叶廷琯撰
清同治八年至九年(1869-1870)稿本
1991年摄制. -- 1盘卷片(6米94拍) ： 1:10,
2B ； 35mm银盐
收藏馆：缩微中心，南京

00O024827
越岘山人日记：不分卷 / (清)宗稷辰撰
清(1644-1911)稿本. -- 记清道光六年至同治
二年(1826-1863)事。
1995年摄制. -- 2盘卷片(44米866拍) ：
1:10, 2B ； 35mm银盐
收藏馆：缩微中心，浙江

00O007931
常大淳日记：不分卷 / (清)常大淳撰
清(1644-1911)抄本
1988年摄制. -- 1盘卷片(6米97拍) ： 1:10,
2B ； 35mm银盐
收藏馆：缩微中心，湖南

00O015172
观我斋日记：不分卷 / (清)祁寯藻撰
清(1644-1911)稿本

1992年摄制. -- 1盘卷片(5米69拍) ： 1:10, 2B ；35mm银盐
收藏馆：缩微中心，国图

000O002023
枢廷载笔：不分卷 / (清)祁寯藻撰
清(1644-1911)稿本
1986年摄制. -- 1盘卷片(3.6米47拍) ： 1:10, 2B ；35mm银盐
收藏馆：缩微中心，国图

000O010126
般阳高中谋先生日记：不分卷 / (清)高中谋撰
清道光二十九年至三十年(1849-1850)稿本
1989年摄制. -- 1盘卷片(13米250拍) ： 1:10, 2B ；35mm银盐
收藏馆：缩微中心，山东

000O025575
日谱：不分卷 / (清)管庭芬撰
清(1644-1911)稿本
1996年摄制. -- 5盘卷片(158米3194拍) ： 1:10, 2B ；35mm银盐
收藏馆：缩微中心，浙江

000O020156
王庆云日记：不分卷 / (清)王庆云撰
清(1644-1911)稿本
1994年摄制. -- 4盘卷片(122米2440拍) ： 1:10, 2B ；35mm银盐
收藏馆：缩微中心，国图

000O028065
谢硕甫日记：不分卷；公车用费日记：不分卷 / (清)谢宗本撰；(清)谢叔元修订
清(1644-1911)稿本. -- 本书为咸丰元年(1851)日记。
1997年摄制. -- 1盘卷片(6.2米104拍) ： 1:10, 2B ；35mm银盐
收藏馆：缩微中心，福建

000O015272
周尔墉日记：不分卷 / (清)周尔墉撰
清(1644-1911)稿本
1992年摄制. -- 1盘卷片(4米31拍) ： 1:10, 2B ；35mm银盐
收藏馆：缩微中心，国图

000O023666
何竟山日记：不分卷 / (清)何澂撰
清(1644-1911)稿本. -- 记事：清咸丰二年至十一年(1852-1861)、同治五年(1866)十月至六年(1867)二月、同治六年(1867)三月至七月。

1996年摄制. -- 1盘卷片(10米187拍) ： 1:10, 2B ；35mm银盐
收藏馆：缩微中心，浙江

000O005437
东洲草堂日记：不分卷 / (清)何绍基撰
清(1644-1911)稿本
1986年摄制. -- 1盘卷片(6米94拍) ： 1:10, 2B ；35mm银盐
收藏馆：缩微中心，国图

000O007753
何绍基日记：不分卷 / (清)何绍基撰
清(1644-1911)稿本
1987年摄制. -- 1盘卷片(9米188拍) ： 1:10, 2B ；35mm银盐
收藏馆：缩微中心，湖南

000O003157
旆蒙作鄂游申日杂作：一卷 / (清)姚燮撰
清(1644-1911)稿本
1986年摄制. -- 1盘卷片(3米28拍) ： 1:10, 2B ；35mm银盐
收藏馆：缩微中心，国图

000O019008
潘黻廷先生日记：□□卷 / (清)潘会莹撰
清(1644-1911)稿本. -- 存：清道光十四年至十六年(1834-1836)、道光二十四年至二十五年(1844-1845)，咸丰八年至十年(1858-1860)。梁鸿志、王式通、(清)唐晏题识。
1994年摄制. -- 1盘卷片(14米284拍) ： 1:10, 2B ；35mm银盐
收藏馆：缩微中心，天津

000O018049
沪上从戎日记 / (清)顾仲迁撰
清(1644-1911)稿本
1993年摄制. -- 1盘卷片(5米83拍) ： 1:10, 2B ；35mm银盐
收藏馆：缩微中心，天津

000O015569
郘亭日记：不分卷 / (清)莫友芝撰
清(1644-1911)稿本
1993年摄制. -- 1盘卷片(8米135拍) ： 1:10, 2B ；35mm银盐
收藏馆：缩微中心，国图

000O018761
郘亭日记：不分卷 / (清)莫友芝撰
稿本

1994年摄制. -- 1盘卷片(4米45拍) : 1:10,
2B ; 35mm银盐
收藏馆：缩微中心，国图

00O007757
求阙斋日记类抄：二卷 / (清)曾国藩撰；(清)王启原辑
清(1644-1911)稿本
1987年摄制. -- 1盘卷片(10米193拍) :
1:10, 2B ; 35mm银盐
收藏馆：缩微中心，湖南

00O012240
求阙斋日记类钞：二卷 / (清)曾国藩撰；(清)王启原辑
清光绪二年(1876)传忠书局刻本. -- (清)赵烈文跋。
1990年摄制. -- 1盘卷片(8米173拍) : 1:10,
2B ; 35mm银盐
收藏馆：缩微中心，南京

00O024505
星烈日记：□□卷 / (清)方玉润撰
清(1644-1911)稿本. -- 存五十卷：卷八、卷十至卷十三、卷二十至卷二十一、卷二十三、卷二十五至卷二十六、卷六十一至卷一百。
1996年摄制. -- 3盘卷片(79米1592拍) :
1:10, 2B ; 35mm银盐
收藏馆：缩微中心，国图

00O025170
心烈日记：二十四卷 / (清)方玉润撰
清(1644-1911)稿本
1996年摄制. -- 1盘卷片(23米461拍) :
1:10, 2B ; 35mm银盐
收藏馆：缩微中心，国图

00O023679
谭宗庚日记：一卷 / (清)谭宗庚撰
清(1644-1911)稿本. -- 记清同治十年至光绪三年(1871-1877)事。
1995年摄制. -- 1盘卷片(6米90拍) : 1:10,
2B ; 35mm银盐
收藏馆：缩微中心，浙江

00O023721
同治三年甲子京师日记：一卷 / (清)周寿昌撰
清(1644-1911)稿本. -- 记清同治三年(1864)九月至十二月事。(清)何维朴、(清)李瑞奇跋。
1995年摄制. -- 1盘卷片(4米50拍) : 1:10,
2B ; 35mm银盐

收藏馆：缩微中心，浙江

00O027774
餐苟花馆日记：不分卷 / (清)周腾虎撰
清咸丰二年至十年(1852-1860)稿本. -- (清)赵烈文跋。
1997年摄制. -- 1盘卷片(30米538拍) :
1:10, 2B ; 35mm银盐
收藏馆：缩微中心，苏州

00O007720
养知书屋日记：不分卷 / (清)郭嵩焘撰
清咸丰五年至光绪十七年(1855-1891)稿本
1987年摄制. -- 7盘卷片(201米4227拍) :
1:10, 2B ; 35mm银盐
收藏馆：缩微中心，湖南

00O024825
寄园子日记：一卷 / (清)钱□锷撰
清(1644-1911)稿本. -- 记清咸丰八年(1858)四月至十年(1860)八月事。
1995年摄制. -- 1盘卷片(6米101拍) : 1:10,
2B ; 35mm银盐
收藏馆：缩微中心，浙江

00O000440
黄陶楼日记：不分卷杂抄不分卷 / (清)黄彭年撰
清(1644-1911)稿本. -- (清)黄襄成跋。
1985年摄制. -- 4盘卷片(111米2488拍) :
1:10, 2B ; 35mm银盐
收藏馆：缩微中心，国图

00O023720
姚觐元日记：不分卷 / (清)姚觐元撰
清(1644-1911)稿本
1995年摄制. -- 1盘卷片(5米77拍) : 1:10,
2B ; 35mm银盐
收藏馆：缩微中心，浙江

00O007286
旧山楼日记：一卷 / (清)赵宗建撰
清光绪三十一年(1905)赵仲举抄本. -- (清)张继良、(清)赵仲举跋。
1987年摄制. -- 1盘卷片(3米33拍) : 1:10,
2B ; 35mm银盐
收藏馆：缩微中心，国图

00O026913
梦鸥笔记：一卷 / (清)赵宗建撰
清(1644-1911)稿本
1996年摄制. -- 1盘卷片(3米30拍) : 1:10,
2B ; 35mm银盐

收藏馆：缩微中心，南京

000O006664

非昔居士日记：不分卷 / (清)赵宗建撰
清(1644-1911)稿本
1987年摄制. -- 1盘卷片(10米193拍) ：
1:10, 2B ；35mm银盐
收藏馆：缩微中心，国图

000O001379

庚子非昔日记：一卷补录书目一卷 / (清)赵宗建撰
清(1644-1911)稿本
1985年摄制. -- 1盘卷片(3.6米48拍) ：
1:10, 2B ；35mm银盐
收藏馆：缩微中心，国图

000O028363

杨雪沧日记：不分卷 / (清)杨浚撰
清(1644-1911)稿本
1997年摄制. -- 1盘卷片(5米77拍) ：1:10,
2B ；35mm银盐
收藏馆：缩微中心，福建

000O023649

西征日记：二卷 / (清)潘敦田撰
清(1644-1911)稿本. -- 记清同治六年至七年
(1867-1868)事。
1995年摄制. -- 1盘卷片(4米58拍) ：1:10,
2B ；35mm银盐
收藏馆：缩微中心，浙江

000O019007

李兴锐日记：不分卷附畿南赈次禀稿一卷 / (清)李兴锐撰
清(1644-1911)稿本. -- 存：清同治八年至九
年(1869-1870)、清光绪十一年(1885)十月至
十三年(1888)五月。
1994年摄制. -- 1盘卷片(16米335拍) ：
1:10, 2B ；35mm银盐
收藏馆：缩微中心，天津

000O017634

弢园日记：不分卷 / (清)王韬撰
稿本
1993年摄制. -- 1盘卷片(6米91拍) ：1:10,
2B ；35mm银盐
收藏馆：缩微中心，国图

000O026906

淞隐庐杂识：不分卷 / (清)王韬撰
清(1644-1911)稿本. -- 记清光绪十二年
(1886)三月至十一月事。

1996年摄制. -- 1盘卷片(4米61拍) ：1:10,
2B ；35mm银盐
收藏馆：缩微中心，南京

000O023675

李笙鱼日记：不分卷 / (清)李嘉福撰
清(1644-1911)稿本
1995年摄制. -- 1盘卷片(6米97拍) ：1:10,
2B ；35mm银盐
收藏馆：缩微中心，浙江

000O023648

缦雅堂日记：不分卷 / (清)王诒寿撰
清(1644-1911)稿本
1995年摄制. -- 1盘卷片(29米577拍) ：
1:10, 2B ；35mm银盐
收藏馆：缩微中心，浙江

000O018055

越缦堂日记：不分卷 / (清)李慈铭撰
清(1644-1911)抄本. -- 钤"仲怿""海丰吴
氏藏书""直隶等处承宣布政使司之印""仲
怿手校"等印。(清)吴重熹校并跋。
1993年摄制. -- 1盘卷片(22米494拍) ：
1:10, 2B ；35mm银盐
收藏馆：缩微中心，天津

000O012927

奉使日记：不分卷 / (清)张阴桓撰
清(1644-1911)张氏钱书楼抄本. -- 记光绪
十二年至十五年(1886-1889)事。
1991年摄制. -- 2盘卷片(47.5米1066拍) ：
1:10, 2B ；35mm银盐
收藏馆：缩微中心，南京

000O000515

栋山日记：不分卷 / (清)平步青撰
清(1644-1911)稿本
1985年摄制. -- 2盘卷片(54.6米1221拍) ：
1:10, 2B ；35mm银盐
收藏馆：缩微中心，国图

000O023708

南辖纪程：二卷 / (清)平步青撰
清(1644-1911)稿本. -- 记清同治三年(1864)
九月二十三日至四年(1865)三月初五日事。
1995年摄制. -- 1盘卷片(6米95拍) ：1:10,
2B ；35mm银盐
收藏馆：缩微中心，浙江

000O016544

[同治]研樵山房日记：不分卷 / (清)董文焕撰
清同治(1862-1874)稿本

1993年摄制. -- 3盘卷片(71米1524拍)：1:10, 2B；35mm银盐
收藏馆：缩微中心，山西

00O029259
云山读书记：不分卷 / (清)邓绎撰
清同治五年至光绪二十二年(1866-1896)稿本
1997年摄制. -- 23盘卷片(651米13915拍)：
1:10, 2B；35mm银盐
收藏馆：缩微中心，湖南

00O023716
窳盦日札：不分卷 / (清)周星诒撰
清(1644-1911)稿本. -- 记清光绪二十一年(1895)事。
1995年摄制. -- 1盘卷片(15米282拍)：
1:10, 2B；35mm银盐
收藏馆：缩微中心，浙江

00O012245
北征日记：三卷 / (清)宗源瀚撰
清(1644-1911)宗氏抄本
1990年摄制. -- 1盘卷片(7米122拍)：1:10, 2B；35mm银盐
收藏馆：缩微中心，南京

00O028107
芝祥随笔：三种三卷 / (清)翁曾纯撰
清(1644-1911)稿本
1996年摄制. -- 1盘卷片(5米66拍)：1:10, 2B；35mm银盐
收藏馆：缩微中心，南京

00O023718
佩韦室日记：不分卷 / (清)高心夔撰
清(1644-1911)稿本. -- 记清咸丰十年至同治二年(1860-1863)事。
1995年摄制. -- 1盘卷片(14米255拍)：
1:10, 2B；35mm银盐
收藏馆：缩微中心，浙江

00O005218
海珊日记：不分卷 / (清)翁曾翰撰
清(1644-1911)稿本. -- 存：清同治二年(1863)正月至四年(1865)五月、同治六年(1867)七月至七年(1868)正月、同治八年(1869)六月至九年(1870)八月、同治十一年(1872)正月至光绪三年(1877)二月。
1986年摄制. -- 2盘卷片(35.4米753拍)：
1:10, 2B；35mm银盐
收藏馆：缩微中心，国图

00O021191
笞誃日记：不分卷 / (清)江标撰
清(1644-1911)稿本
1995年摄制. -- 2盘卷片(64米1289拍)：
1:10, 2B；35mm银盐
收藏馆：缩微中心，国图

00O014487
兰泉居士日记：不分卷 / (清)沈翼撰
清同治元年至十三年(1862-1874)稿本
1992年摄制. -- 1盘卷片(16.8米356拍)：
1:10, 2B；35mm银盐
收藏馆：缩微中心，重庆

00O027504
鳌斋日记：不分卷 / (清)陈则诚撰
清(1644-1911)稿本
1996年摄制. -- 1盘卷片(15.6米311拍)：
1:10, 2B；35mm银盐
收藏馆：缩微中心，福建

00O030178
请缨日记：十卷 / (清)唐景崧撰
清光绪十九年(1893)台湾布政使署刻本. -- 记光绪八年(1882)七月至十二年(1886)九月事。(清)朱和钧跋。
2001年摄制. -- 1盘卷片(20.8米413拍)：
1:10, 2B；35mm银盐
收藏馆：缩微中心，厦门

00O028931
顾肇熙日记：不分卷 / (清)顾肇熙撰
清(1644-1911)稿本. -- 日记时间为：清同治三年至光绪二十五年(1864-1898)。
1998年摄制. -- 2盘卷片(51米896拍)：
1:10, 2B；35mm银盐
收藏馆：缩微中心，苏州

00O004157
王子献先生日记：不分卷函稿不分卷 / (清)王继香撰
清(1644-1911)稿本. -- 记清光绪二年(1876)正月至光绪三十一年(1905)五月事。
1986年摄制. -- 9盘卷片(239.7米4767拍)：
1:10, 2B；35mm银盐
收藏馆：缩微中心，国图

00O027505
叶恂予日记：不分卷 / (清)叶大坪撰
清(1644-1911)稿本
1996年摄制. -- 1盘卷片(9.3米170拍)：
1:10, 2B；35mm银盐
收藏馆：缩微中心，福建

00O023719

寄龛日记：不分卷 / (清)孙德祖撰
清(1644-1911)稿本. -- 记清光绪二十一年至
二十三年(1895-1897)事.
1995年摄制. -- 1盘卷片(10米178拍)：
1:10, 2B ; 35mm银盐
收藏馆：缩微中心，浙江

00O012941

惜分阴室日记：一卷 / (清)季邦桢撰
清同治(1862-1874)稿本. -- 记清同治六年
(1867)十一月至七年(1868)四月事。
1991年摄制. -- 1盘卷片(5米64拍)：1:10,
2B ; 35mm银盐
收藏馆：缩微中心，南京

00O030172

使闽杂志：不分卷 / (清)贵恒撰
清光绪十六年(1890)抄本
2001年摄制. -- 1盘卷片(4.4米52拍)：
1:10, 2B ; 35mm银盐
收藏馆：缩微中心，厦门

00O026822

甲戌日录：一卷；乙亥日录：一卷；丙子日录：
一卷 / (清)袁昶撰
清(1644-1911)稿本. -- 记清同治十三年至光
绪二年(1874-1876)事。
1996年摄制. -- 1盘卷片(10米212拍)：
1:10, 2B ; 35mm银盐
收藏馆：缩微中心，南京

00O027777

缘督庐日记：不分卷 / 叶昌炽撰
清同治九年至光绪二十六年(1870-1900)稿本
. -- (清)王季烈校跋。
1997年摄制. -- 8盘卷片(207米4063拍)：
1:10, 2B ; 35mm银盐
收藏馆：缩微中心，苏州

00O015673

师竹庐主人记年编：不分卷 / (清)邹存淦撰
清(1644-1911)稿本
1993年摄制. -- 1盘卷片(7米101拍)：1:10,
2B ; 35mm银盐
收藏馆：缩微中心，国图

00O018039

顾森书日记：不分卷 / (清)顾森书撰
清(1644-1911)稿本
1993年摄制. -- 3盘卷片(84米1805拍)：
1:10, 2B ; 35mm银盐
收藏馆：缩微中心，天津

00O026319

师伏堂日记：不分卷 / (清)皮锡瑞撰
清光绪十八年至三十四年(1892-1908)稿本
1996年摄制. -- 3盘卷片(80米1670拍)：
1:10, 2B ; 35mm银盐
收藏馆：缩微中心，湖北

00O027514

林子庄日记：一卷 / (清)林钧泽撰
清(1644-1911)稿本
1996年摄制. -- 1盘卷片(4.3米61拍)：
1:10, 2B ; 35mm银盐
收藏馆：缩微中心，福建

00O012947

琴梦盦日记：不分卷 / (清)程秉钊撰
清同治九年(1870)稿本
1991年摄制. -- 1盘卷片(4米41拍)：1:10,
2B ; 35mm银盐
收藏馆：缩微中心，南京

00O028991

[光绪]豫章行记：不分卷 / (清)程秉钊撰
清(1644-1911)稿本. -- 记清光绪十一年
(1885)十月至十二月事。
1989年摄制. -- 1盘卷片(4米51拍)：1:10,
2B ; 35mm银盐
收藏馆：缩微中心，南京

00O013222

知一斋日记：一卷 / (清)程秉钊撰
清光绪十二年(1886)稿本
1991年摄制. -- 1盘卷片(3米58拍)：1:10,
2B ; 35mm银盐
收藏馆：缩微中心，南京

00O013987

热河日记：□□卷 / (朝鲜)朴趾源撰
朝鲜抄本. -- 存八卷：卷二至卷五、卷七至
卷十。
1992年摄制. -- 1盘卷片(19米437拍)：
1:10, 2B ; 35mm银盐
收藏馆：缩微中心，国图

00O025466

元和姓纂：十卷 / (唐)林宝撰；(清)孙星衍,(清)
洪莹校补
清(1644-1911)洪莹刻本. -- (清)李慈铭校补
并跋。
1996年摄制. -- 1盘卷片(16米312拍)：
1:10, 2B ; 35mm银盐
收藏馆：缩微中心，国图

00O006863
万姓统谱：一百六十卷 / (明)凌迪知编辑
明万历(1573-1620)刻本. -- 存一百四十卷：
卷一至卷一百四十。
1987年摄制. -- 6盘卷片(165米3683拍)：
1:10，2B；35mm银盐
收藏馆：缩微中心，吉林

00O003236
奇姓通：十四卷 / (明)夏树芳撰
明天启三年(1623)夏氏宛委堂刻本
1986年摄制. -- 1盘卷片(30米679拍)：
1:10，2B；35mm银盐
收藏馆：缩微中心，国图

00O016933
奇姓通：十四卷 / (明)夏树芳撰
明天启三年(1623)夏氏宛委堂刻本. -- 存
十二卷：卷一至卷十二。
1993年摄制. -- 1盘卷片(31米653拍)：
1:10，2B；35mm银盐
收藏馆：缩微中心，国图

00O025676
奇姓通：十四卷 / (明)夏树芳撰
明(1368-1644)刻本. -- (清)丁丙跋。
1996年摄制. -- 1盘卷片(30米676拍)：
1:10，2B；35mm银盐
收藏馆：缩微中心，南京

00O016899
姓氏谱纂：四卷 / (明)李日华辑；(明)鲁重民补
明崇祯(1628-1644)刻本
1993年摄制. -- 1盘卷片(12米216拍)：
1:10，2B；35mm银盐
收藏馆：缩微中心，国图

00O018138
千家姓增补注释：一卷 / (清)崔冕撰
清康熙(1662-1722)抄本
1993年摄制. -- 1盘卷片(3米32拍)：1:10，
2B；35mm银盐
收藏馆：缩微中心，山东

00O027105
姓韵：一百卷 / (清)张澍辑
清(1644-1911)抄本. -- 存九十八卷：卷二至
卷九十九。
1997年摄制. -- 4盘卷片(110米2230拍)：
1:10，2B；35mm银盐
收藏馆：缩微中心，国图

00O020627
古今姓汇：二卷 / (清)锁冯普撰
清乾隆十年(1745)花韵轩刻本
1994年摄制. -- 1盘卷片(8米124拍)：1:10，
2B；35mm银盐
收藏馆：缩微中心，国图

00O006548
识姓便蒙：三十四卷 / (清)单恩兰撰
清(1644-1911)稿本
1987年摄制. -- 1盘卷片(29米648拍)：
1:10，2B；35mm银盐
收藏馆：缩微中心，国图

00O003366
姓氏考：一卷附增补姓氏一卷
清(1644-1911)抄本
1986年摄制. -- 1盘卷片(8米136拍)：1:10，
2B；35mm银盐
收藏馆：缩微中心，国图

00O007761
代北姓谱：二卷 / (清)周春撰
清乾隆(1736-1795)刻本
1987年摄制. -- 1盘卷片(4米57拍)：1:10，
2B；35mm银盐
收藏馆：缩微中心，湖南

00O025455
同姓名谱：二十四卷补遗四卷目录二卷 / (清)陈
棻撰
清(1644-1911)稿本. -- (清)李慈铭校注并
跋。
1996年摄制. -- 2盘卷片(47米662拍)：
1:10，2B；35mm银盐
收藏馆：缩微中心，国图

00O003095
小名录：二卷 / (唐)陆龟蒙撰
明(1368-1644)抄本. -- (明)张廷璋跋，(清)
何煌校。
1986年摄制. -- 1盘卷片(4米63拍)：1:10，
2B；35mm银盐
收藏馆：缩微中心，国图

00O004956
古贤小字录：一卷 / (宋)陈思辑
明弘治十七年(1504)吴大有刻本
1987年摄制. -- 1盘卷片(5米72拍)：1:10，
2B；35mm银盐
收藏馆：缩微中心，国图

000O005350
小字录：一卷 / (宋)陈思辑．补：六卷 / (明)沈
弘正辑
明万历四十七年(1619)沈弘正畅阁刻本
1986年摄制． -- 1盘卷片(12米251拍)：
1:10，2B；35mm银盐
收藏馆：缩微中心，国图

000O009242
小字录：一卷 / (宋)陈思辑．补：六卷 / (明)沈
弘正辑
明万历四十七年(1619)沈弘正畅阁刻本
1988年摄制． -- 1盘卷片(15米310拍)：
1:10，2B；35mm银盐
收藏馆：缩微中心，湖南

000O000492
小字录：一卷 / (宋)陈思辑．补：六卷 / (明)沈
弘正辑
明万历四十七年(1619)沈弘正畅阁刻本
1985年摄制． -- 1盘卷片(12米246拍)：
1:10，2B；35mm银盐
收藏馆：缩微中心，国图

000O021969
小字录补：六卷 / (明)沈弘正辑
明万历四十七年(1619)沈弘正畅阁刻本
1995年摄制． -- 1盘卷片(9米165拍)：1:10，
2B；35mm银盐
收藏馆：缩微中心，国图

000O019645
小名录：不分卷 / (清)史梦兰撰
清(1644-1911)稿本
1994年摄制． -- 1盘卷片(7米117拍)：1:10，
2B；35mm银盐
收藏馆：缩微中心，国图

000O019889
青衣小名录：二卷 / (清)史梦兰撰
清(1644-1911)抄本． -- (清)史梦兰订补。
1994年摄制． -- 1盘卷片(3米14拍)：1:10，
2B；35mm银盐
收藏馆：缩微中心，国图

000O024727
新编排韵增广事类氏族大全：十集
元(1271-1368)刻本． -- 存三集：甲、乙、
丙。邵瑞彭跋。
1996年摄制． -- 1盘卷片(9.5米170拍)：
1:10，2B；35mm银盐
收藏馆：缩微中心，浙江

000O027912
新编排韵增广事类氏族大全：十卷
明(1368-1644)刻本． -- (明)缪云凤跋。
1996年摄制． -- 1盘卷片(16米341拍)：
1:10，2B；35mm银盐
收藏馆：缩微中心，南京

000O005821
新编排韵增广事类氏族大全十集：十卷
日本刻本． -- 丁集配日本抄本。
1987年摄制． -- 1盘卷片(23米499拍)：
1:10，2B；35mm银盐
收藏馆：缩微中心，国图

000O013363
新安名族志：二卷 / (明)程尚宽撰
明嘉靖(1522-1566)刻本
1991年摄制． -- 1盘卷片(15米279拍)：
1:10，2B；35mm银盐
收藏馆：缩微中心，国图

000O015766
新安名族志：二卷 / (明)汪孟汃[等]撰
明嘉靖(1522-1566)刻本． -- 撰者还有：(明)
戴廷明等。
1993年摄制． -- 1盘卷片(12米212拍)：
1:10，2B；35mm银盐
收藏馆：缩微中心，国图

000O000622
新安名族志：□□卷
明(1368-1644)刻本． -- 存二卷：休宁卷一至
卷二。
1985年摄制． -- 1盘卷片(13.7米287拍)：
1:10，2B；35mm银盐
收藏馆：缩微中心，国图

000O003976
宋元科举题名录：七卷
清(1644-1911)抄本
1985年摄制． -- 1盘卷片(4米57拍)：1:10，
2B；35mm银盐
收藏馆：缩微中心，国图

000O026745
宋历科状元录：八卷 / (明)朱希召辑
明嘉靖四十年(1561)朱景元刻本
1996年摄制． -- 1盘卷片(12米230拍)：
1:10，2B；35mm银盐
收藏馆：缩微中心，南京

000O012971
宋历科状元录：八卷 / (明)朱希召撰

明(1368-1644)刻本
1991年摄制. -- 1盘卷片(11米198拍)：
1:10, 2B；35mm银盐
收藏馆：缩微中心，国图

000O013016
皇明历科状元录：四卷 / (明)陈鎏撰
明隆庆(1567-1572)刻本
1991年摄制. -- 1盘卷片(11米197拍)：
1:10, 2B；35mm银盐
收藏馆：缩微中心，国图

000O015737
明状元图考：五卷 / (明)顾鼎臣撰
明万历三十五年(1607)吴承恩黄文德刻本
1993年摄制. -- 1盘卷片(13米227拍)：
1:10, 2B；35mm银盐
收藏馆：缩微中心，国图

000O020152
明状元图考：五卷 / (明)顾祖训撰；(明)吴承恩,(明)程一桢补
明(1368-1644)刻本. -- 存四卷：卷一至卷四。
1994年摄制. -- 1盘卷片(11米182拍)：
1:10, 2B；35mm银盐
收藏馆：缩微中心，国图

000O019154
明状元图考：五卷 / (明)顾祖训撰；(明)吴承恩,(明)程一桢补
明(1368-1644)刻本. -- 存二卷：卷一、卷四。
1994年摄制. -- 1盘卷片(6米84拍)：1:10,
2B；35mm银盐
收藏馆：缩微中心，国图

000O009073
历科状元图考全书：六卷 / (明)顾鼎臣编；(清)陈枚增订
清康熙(1662-1722)武林文治堂书坊重刻本
. -- 存五卷：卷一至卷四、卷六。
1988年摄制. -- 1盘卷片(12米242拍)：
1:10, 2B；35mm银盐
收藏馆：缩微中心，湖南

000O017684
状元图考：六卷 / (明)顾祖训撰；(明)吴承恩,(明)程一桢补;(清)陈枚增订
明万历三十五年(1607)吴承恩黄文德刻清初
(1644-1722)陈氏文治堂增刻本
1993年摄制. -- 1盘卷片(14米252拍)：
1:10, 2B；35mm银盐

收藏馆：缩微中心，国图

000O026920
皇明三元考：十四卷 / (明)张弘道,(明)张凝道辑
明(1368-1644)刻本. -- (清)丁丙跋。
1996年摄制. -- 1盘卷片(18米364拍)：
1:10, 2B；35mm银盐
收藏馆：缩微中心，南京

000O012954
皇明三元考：十四卷科名盛事录一卷 / (明)张弘道,(明)张凝道撰
明(1368-1644)书林何敬塘刻本
1991年摄制. -- 1盘卷片(21米415拍)：
1:10, 2B；35mm银盐
收藏馆：缩微中心，国图

000O009526
皇明三元考：十四卷 / (明)张弘道,(明)张凝道辑
明(1368-1644)奎楼刻本
1988年摄制. -- 1盘卷片(17.2米366拍)：
1:11, 2B；35mm银盐
收藏馆：缩微中心，重庆

000O000878
科名盛事录：七卷 / (明)张弘道,(明)张凝道撰
明(1368-1644)刻本
1985年摄制. -- 1盘卷片(7.2米133拍)：
1:10, 2B；35mm银盐
收藏馆：缩微中心，国图

000O012249
皇明程世录：□□卷
明(1368-1644)抄本. -- 存九卷：明成化五年(1469)已丑科会试录一卷、明成化十一年(1475)乙未科会试录一卷、明成化十四年(1478)戊戌科会试录一卷、明成化十七年(1481)辛丑科会试录一卷、明成化二十年(1484)甲辰科会试录一卷、明成化二十三年(1487)丁未科会试录一卷、明弘治三年(1490)庚戌科会试录一卷、明弘治九年(1496)丙辰科会试录一卷、明弘治十二年(1499)乙未科会试录一卷。(清)丁丙跋。
1990年摄制. -- 1盘卷片(22米440拍)：
1:10, 2B；35mm银盐
收藏馆：缩微中心，南京

000O020038
万历戊戌至康熙壬戌进士履历跋尾：一卷 / (清)邵懿辰,(清)项傅霖撰
清(1644-1911)抄本
1994年摄制. -- 1盘卷片(4米36拍)：1:10,
2B；35mm银盐

收藏馆：缩微中心，国图

000O024823
南国贤书：五卷 / (明)张朝瑞辑
明万历(1573-1620)应天府刻本
1995年摄制. -- 1盘卷片(15米288拍)：
1:10, 2B；35mm银盐
收藏馆：缩微中心，浙江

000O029314
南国贤书：六卷 / (明)张朝瑞辑
明崇祯五年(1632)刻本. -- (明)陆问礼重
校。
1999年摄制. -- 1盘卷片(18米377拍)：
1:10, 2B；35mm银盐
收藏馆：缩微中心，湖南

000O014225
崇祯壬午科京省题名录：一卷
明崇祯(1628-1644)刻本
1992年摄制. -- 1盘卷片(4米33拍)：1:10,
2B；35mm银盐
收藏馆：缩微中心，国图

000O010125
历科甲第录：不分卷
清咸丰(1851-1861)杨氏海源阁抄本. -- 记道
光壬午恩科至丁未科。
1989年摄制. -- 1盘卷片(17米365拍)：
1:10, 2B；35mm银盐
收藏馆：缩微中心，山东

000O018933
鼎甲征信录：二卷 / (清)闾湘蕙辑
清(1644-1911)抄本
1993年摄制. -- 1盘卷片(6米107拍)：1:10,
2B；35mm银盐
收藏馆：缩微中心，山东

000O013059
**国朝历科题名碑录初集：不分卷；明洪武至崇
祯各科题名录：不分卷 / (清)李周望辑**
清雍正(1723-1735)刻本
1991年摄制. -- 2盘卷片(48米876拍)：
1:10, 2B；35mm银盐
收藏馆：缩微中心，国图

000O012211
明类性登科考：□□卷 / (清)盛子邺辑
清(1644-1911)抄本. -- (清)盛支焯跋。
1990年摄制. -- 1盘卷片(10米233拍)：
1:10, 2B；35mm银盐
收藏馆：缩微中心，南京

000O024120
类姓登科考：不分卷 / (清)盛子邺辑
清(1644-1911)抄本
1996年摄制. -- 2盘卷片(38米770拍)：
1:10, 2B；35mm银盐
收藏馆：缩微中心，湖北

000O019671
同光两朝草题名录：不分卷
清同治(1862-1874)刻本. -- 章钰、夏孙桐、
傅增湘、袁毓麐跋，邵章题诗。
1994年摄制. -- 1盘卷片(4米37拍)：1:10,
2B；35mm银盐
收藏馆：缩微中心，国图

000O014933
绍兴十八年进士登科录：一卷
明(1368-1644)刻本. -- (清)何桂清跋。
1992年摄制. -- 1盘卷片(6米96拍)：1:10,
2B；35mm银盐
收藏馆：缩微中心，国图

000O016281
绍兴十八年同年小录：一卷
明(1368-1644)刻本
1993年摄制. -- 1盘卷片(5米72拍)：1:10,
2B；35mm银盐
收藏馆：缩微中心，国图

000O020138
绍兴十八年同年小录：一卷
明(1368-1644)刻本
1996年摄制. -- 1盘卷片(5米68拍)：1:10,
2B；35mm银盐
收藏馆：缩微中心，国图

000O003561
绍兴十八年同年小录：一卷
清(1644-1911)抄本
1986年摄制. -- 1盘卷片(5.4米79拍)：
1:10, 2B；35mm银盐
收藏馆：缩微中心，国图

000O004860
绍兴十八年同年小录：一卷
清(1644-1911)抄本. -- (清)翁方纲、(清)丁
锦鸿校注，(清)吴孝显校。
1986年摄制. -- 1盘卷片(7米122拍)：1:10,
2B；35mm银盐
收藏馆：缩微中心，国图

000O015819
绍兴十八年同年小录：一卷

清(1644-1911)抄本. -- (清)傅以礼跋。
1993年摄制. -- 1盘卷片(5米68拍) : 1:10,
2B ; 35mm银盐
收藏馆：缩微中心，国图

00O000096
绍兴十八年同年小录：一卷附录一卷
清乾隆(1736-1795)孔氏青榑书房抄本. --
(清)孔继涵跋。
1985年摄制. -- 1盘卷片(6.1米108拍) :
1:10, 2B ; 35mm银盐
收藏馆：缩微中心，国图

00O015759
绍兴十八年同年小录：一卷附录一卷
清(1644-1911)存古山房抄本
1993年摄制. -- 1盘卷片(6米81拍) : 1:10,
2B ; 35mm银盐
收藏馆：缩微中心，国图

00O003744
绍兴十八年同年小录：一卷附录一卷
清(1644-1911)抄本
1985年摄制. -- 1盘卷片(5.1米86拍) :
1:10, 2B ; 35mm银盐
收藏馆：缩微中心，国图

00O003996
宝祐四年登科录：一卷
清(1644-1911)抄本
1985年摄制. -- 1盘卷片(7.6米146拍) :
1:10, 2B ; 35mm银盐
收藏馆：缩微中心，国图

00O004861
宝祐四年登科录：一卷
清(1644-1911)抄本. -- (清)翁方纲、(清)丁
锦鸿校注, (清)吴孝显校并跋。
1986年摄制. -- 1盘卷片(8米160拍) : 1:10,
2B ; 35mm银盐
收藏馆：缩微中心，国图

00O001117
宝祐四年登科录：一卷附一卷
清乾隆四十一年(1776)孔氏青榑书房抄本. --
(清)孔继涵跋。
1985年摄制. -- 1盘卷片(9米165拍) : 1:10,
2B ; 35mm银盐
收藏馆：缩微中心，国图

00O026755
元统元年进士题名录：一卷
清(1644-1911)影印本. -- 据元抄本影印。

(清)钱大昕、(清)丁丙跋。
1996年摄制. -- 1盘卷片(7米103拍) : 1:10,
2B ; 35mm银盐
收藏馆：缩微中心，南京

00O003981
元统元年进士题名录：一卷
清(1644-1911)影元抄本
1985年摄制. -- 1盘卷片(5.7米101拍) :
1:10, 2B ; 35mm银盐
收藏馆：缩微中心，国图

00O013793
宣德八年进士登科录：一卷
明宣德(1426-1435)刻本. -- (清)黄宗彝跋。
1991年摄制. -- 1盘卷片(4米33拍) : 1:10,
2B ; 35mm银盐
收藏馆：缩微中心，国图

00O003432
成化十一年会试录：一卷
明成化(1465-1487)刻本
1986年摄制. -- 1盘卷片(7.2米134拍) :
1:10, 2B ; 35mm银盐
收藏馆：缩微中心，国图

00O003444
成化十一年进士登科录：一卷
明成化(1465-1487)刻本
1986年摄制. -- 1盘卷片(7米126拍) : 1:10,
2B ; 35mm银盐
收藏馆：缩微中心，国图

00O021067
正德三年会试录：一卷
明正德(1506-1521)刻本
1994年摄制. -- 1盘卷片(7米104拍) : 1:10,
2B ; 35mm银盐
收藏馆：缩微中心，国图

00O021462
正德三年进士登科录：一卷
明正德(1506-1521)刻本
1995年摄制. -- 1盘卷片(8米109拍) : 1:10,
2B ; 35mm银盐
收藏馆：缩微中心，国图

00O001138
正德十二年丁丑同年增注会录：一卷
明嘉靖(1522-1566)刻本. -- 罗振常跋。
1985年摄制. -- 1盘卷片(7.2米126拍) :
1:10, 2B ; 35mm银盐
收藏馆：缩微中心，国图

000O014653
正德十五年会试录：一卷
明正德(1506-1521)刻本
1992年摄制. -- 1盘卷片(8米124拍) ： 1:10,
2B ；35mm银盐
收藏馆：缩微中心，国图

000O020015
嘉靖三十二年进士登科录：一卷
明嘉靖(1522-1566)刻本
1994年摄制. -- 1盘卷片(5米61拍) ： 1:10,
2B ；35mm银盐
收藏馆：缩微中心，国图

000O023062
嘉靖三十二年癸丑科进士同年便览录：一卷 /(明)陈珊辑
明嘉靖三十九年(1560)陈珊[等]刻本
1995年摄制. -- 1盘卷片(7米120拍) ： 1:10,
2B ；35mm银盐
收藏馆：缩微中心，国图

000O023082
嘉靖四十一年进士登科录：一卷
明嘉靖(1522-1566)刻本
1995年摄制. -- 1盘卷片(8米129拍) ： 1:10,
2B ；35mm银盐
收藏馆：缩微中心，国图

000O023484
嘉靖四十四年进士登科录：一卷
明嘉靖(1522-1566)刻本
1995年摄制. -- 1盘卷片(5米65拍) ： 1:10,
2B ；35mm银盐
收藏馆：缩微中心，国图

000O023483
嘉靖四十四年乙丑科进士履历便览：一卷
明嘉靖(1522-1566)刻本
1995年摄制. -- 1盘卷片(4米45拍) ： 1:10,
2B ；35mm银盐
收藏馆：缩微中心，国图

000O023081
嘉靖乙丑科进士同年乡籍：一卷
明万历二十九年(1601)祝梓寿刻本
1995年摄制. -- 1盘卷片(7米109拍) ： 1:10,
2B ；35mm银盐
收藏馆：缩微中心，国图

000O025875
万历二年甲戌科会试小录：一卷
清(1644-1911)抄本

1996年摄制. -- 1盘卷片(3米34拍) ： 1:10,
2B ；35mm银盐
收藏馆：缩微中心，浙江

000O024824
万历二十九年进士登科录：一卷
清(1644-1911)抄本
1995年摄制. -- 1盘卷片(7米109拍) ： 1:10,
2B ；35mm银盐
收藏馆：缩微中心，浙江

000O020154
万历三十五年进士登科录：一卷
明万历(1573-1620)刻本. -- (清)潘祖荫跋。
1994年摄制. -- 1盘卷片(7米115拍) ： 1:10,
2B ；35mm银盐
收藏馆：缩微中心，国图

000O023029
天启二年壬戌科进士履历：一卷
明天启(1621-1627)刻本
1995年摄制. -- 1盘卷片(4米44拍) ： 1:10,
2B ；35mm银盐
收藏馆：缩微中心，国图

000O018825
顺治康熙雍正三朝会乡试题名录：不分卷
清(1644-1911)抄本. -- 傅增湘跋。
1994年摄制. -- 1盘卷片(6米87拍) ： 1:10,
2B ；35mm银盐
收藏馆：缩微中心，国图

000O025190
顺治六年己丑科登科录：一卷
清顺治(1644-1661)刻本
1996年摄制. -- 1盘卷片(4米41拍) ： 1:10,
2B ；35mm银盐
收藏馆：缩微中心，国图

000O000822
顺治六年己丑科会试四百名进士三代履历便览：一卷
清顺治(1644-1661)刻本
1985年摄制. -- 1盘卷片(3.4米41拍) ： 1:10, 2B ；35mm银盐
收藏馆：缩微中心，国图

000O001069
顺治十五年会试录：一卷
清顺治(1644-1661)刻本
1985年摄制. -- 1盘卷片(7.6米142拍) ： 1:10, 2B ；35mm银盐
收藏馆：缩微中心，国图

000O031221
顺治十六年己亥科会试进士三代履历便览：一卷
清顺治(1644-1661)刻本
2004年摄制. -- 1盘卷片(5米60拍) : 1:9, 2B ; 35mm银盐
收藏馆：缩微中心，国图

000O000322
康熙十五年丙辰科会试二百九名进士三代履历便览：一卷
清康熙(1662-1722)刻本
1985年摄制. -- 1盘卷片(3.4米41拍) : 1:10, 2B ; 35mm银盐
收藏馆：缩微中心，国图

000O027546
康熙二十一年壬戌科同年序齿录：一卷
清康熙(1662-1722)刻本
1997年摄制. -- 1盘卷片(7米103拍) : 1:10, 2B ; 35mm银盐
收藏馆：缩微中心，国图

000O013685
康熙五十一年登科录：一卷
清康熙(1662-1722)刻本
1991年摄制. -- 1盘卷片(6米84拍) : 1:10, 2B ; 35mm银盐
收藏馆：缩微中心，国图

000O024821
乾嘉道咸四朝乡会试题名录：不分卷
清(1644-1911)抄本
1995年摄制. -- 1盘卷片(29米591拍) : 1:10, 2B ; 35mm银盐
收藏馆：缩微中心，浙江

000O024822
乾隆十九年甲戌科会试录：一卷
王氏仁寿堂抄本
1995年摄制. -- 1盘卷片(3米40拍) : 1:10, 2B ; 35mm银盐
收藏馆：缩微中心，浙江

000O000296
重订嘉庆七年壬戌科会试齿录：二卷
清嘉庆十九年(1814)刻本. -- 邵章跋。
1985年摄制. -- 1盘卷片(9.1米176拍) : 1:10, 2B ; 35mm银盐
收藏馆：缩微中心，国图

000O004072
重订道光二年壬午恩科同年齿录：不分卷 / (清)

周含万辑
清道光十三年(1833)刻本. -- (清)翁心存批。
1985年摄制. -- 1盘卷片(13米271拍) : 1:10, 2B ; 35mm银盐
收藏馆：缩微中心，国图

000O001251
道光二十年庚子科会试同年齿录：一卷
清(1644-1911)翁同书抄本
1985年摄制. -- 1盘卷片(2.5米21拍) : 1:10, 2B ; 35mm银盐
收藏馆：缩微中心，国图

000O023683
道光二十四年甲辰科进士同年录：一卷
清(1644-1911)抄本
1995年摄制. -- 1盘卷片(3米42拍) : 1:10, 2B ; 35mm银盐
收藏馆：缩微中心，浙江

000O005215
咸丰六年丙辰科会试同年齿录：不分卷
清咸丰(1851-1861)刻本. -- (清)翁同龢批注。
1986年摄制. -- 1盘卷片(19米403拍) : 1:10, 2B ; 35mm银盐
收藏馆：缩微中心，国图

000O004399
同治二年癸亥恩科进士题名录：一卷
清同治(1862-1874)刻本. -- (清)翁曾源批注。
1986年摄制. -- 1盘卷片(7米118拍) : 1:10, 2B ; 35mm银盐
收藏馆：缩微中心，国图

000O005222
光绪六年庚辰科会试同年齿录：不分卷
清光绪(1875-1908)会文斋[等]刻本. -- (清)翁同龢批注。
1986年摄制. -- 2盘卷片(44.8米896拍) : 1:10, 2B ; 35mm银盐
收藏馆：缩微中心，国图

000O004206
光绪十六年庚寅科会试录：一卷金榜题名录一卷
清光绪(1875-1908)刻本. -- (清)翁同龢批注并跋。
1985年摄制. -- 1盘卷片(4米48拍) : 1:10, 2B ; 35mm银盐
收藏馆：缩微中心，国图

000O012173

乾隆己亥恩科各省乡试齿录：不分卷 / (清)法式
善辑

清乾隆(1736-1795)刻本

1990年摄制. -- 1盘卷片(7米140拍) : 1:10,
2B ; 35mm银盐

收藏馆：缩微中心，南京

000O003873

乾隆四十八年癸卯科乡试齿录：一卷

清咸丰二年(1852)钮楠生抄本. -- (清)翁同
书跋。

1985年摄制. -- 1盘卷片(5米76拍) : 1:10,
2B ; 35mm银盐

收藏馆：缩微中心，国图

000O001254

道光十二年壬辰科直省乡试同年齿录：一卷

清(1644-1911)翁同书抄本

1985年摄制. -- 1盘卷片(3米38拍) : 1:10,
2B ; 35mm银盐

收藏馆：缩微中心，国图

000O025460

道光十四年甲午科翻译乡试录：一卷

清道光(1821-1850)抄本

1996年摄制. -- 1盘卷片(2米7拍) : 1:10,
2B ; 35mm银盐

收藏馆：缩微中心，国图

000O025481

道光十五年乙未恩科翻译乡试录：一卷

清道光(1821-1850)抄本

1996年摄制. -- 1盘卷片(3米8拍) : 1:10,
2B ; 35mm银盐

收藏馆：缩微中心，国图

000O023717

道光二十六年丙午科直省乡试题名全录：一卷

清(1644-1911)抄本. -- (清)徐时栋跋。

1995年摄制. -- 1盘卷片(6米95拍) : 1:10,
2B ; 35mm银盐

收藏馆：缩微中心，浙江

000O023063

[嘉靖三十一年]北畿壬子同年录：一卷

明嘉靖(1522-1566)刻本

1995年摄制. -- 1盘卷片(4米34拍) : 1:10,
2B ; 35mm银盐

收藏馆：缩微中心，国图

000O027629

康熙三十二年癸酉科顺天乡试录：一卷

清康熙(1662-1722)刻本

1997年摄制. -- 1盘卷片(3米16拍) : 1:10,
2B ; 35mm银盐

收藏馆：缩微中心，国图

000O002894

乾隆三年戊午科顺天乡试录履历：不分卷

清(1644-1911)抄本

1986年摄制. -- 1盘卷片(14米293拍) :
1:10, 2B ; 35mm银盐

收藏馆：缩微中心，国图

000O027547

乾隆三十三年戊子科顺天乡试录：一卷

清乾隆(1736-1795)刻本

1997年摄制. -- 1盘卷片(6米90拍) : 1:10,
2B ; 35mm银盐

收藏馆：缩微中心，国图

000O004405

光绪十四年戊子科顺天乡试录：一卷 / (清)翁同
龢撰

清(1644-1911)稿本

1986年摄制. -- 1盘卷片(3米29拍) : 1:10,
2B ; 35mm银盐

收藏馆：缩微中心，国图

000O017278

天启元年山西乡试录：一卷

明天启(1621-1627)刻本

1993年摄制. -- 1盘卷片(6米79拍) : 1:10,
2B ; 35mm银盐

收藏馆：缩微中心，国图

000O025089

道光二十三年癸卯科山西乡试题名录：一卷

清道光(1821-1850)抄本

1996年摄制. -- 1盘卷片(3米18拍) : 1:10,
2B ; 35mm银盐

收藏馆：缩微中心，国图

000O025193

咸丰玖年己未恩科山西乡试题名录：一卷

清咸丰(1851-1861)抄本

1996年摄制. -- 1盘卷片(3米18拍) : 1:10,
2B ; 35mm银盐

收藏馆：缩微中心，国图

000O004326

同治元年壬戌恩科山西乡试同年齿录：不分卷

清同治(1862-1874)刻本. -- (清)翁同龢批
注。

1986年摄制. -- 1盘卷片(8米156拍) : 1:10,

2B ；35mm银盐
收藏馆：缩微中心，国图

00O003445
嘉靖二十八年应天府乡试录：一卷
明嘉靖(1522-1566)刻本
1986年摄制. -- 1盘卷片(7米118拍) ：1:10,
2B ；35mm银盐
收藏馆：缩微中心，国图

000O012645
嘉靖三十一年应天府乡试录
明嘉靖三十一年至四十四年(1552-1565)刻本
1990年摄制. -- 1盘卷片(8.2米159拍) ：
1:10, 2B ；35mm银盐
收藏馆：缩微中心，辽宁

000O031119
乾隆玖年甲子科江南乡试录：一卷
清乾隆(1736-1795)刻本
2004年摄制. -- 1盘卷片(6米90拍) ：1:8,
2B ；35mm银盐
收藏馆：缩微中心，国图

000O031268
乾隆玖年甲子科江南乡试录：一卷
清乾隆(1736-1795)刻本
2004年摄制. -- 1盘卷片(6米95拍) ：1:9,
2B ；35mm银盐
收藏馆：缩微中心，国图

000O003857
乾隆四十八年癸卯科江南乡试同年齿录：一卷
清(1644-1911)乾隆刻本. -- (清)翁同龢跋。
1985年摄制. -- 1盘卷片(8米140拍) ：1:10,
2B ；35mm银盐
收藏馆：缩微中心，国图

000O005213
同治三年甲子科江南乡试录：一卷
清(1644-1911)翁同龢抄本
1986年摄制. -- 1盘卷片(2.5米13拍) ：
1:10, 2B ；35mm银盐
收藏馆：缩微中心，国图

000O025204
同治六年丁卯科并补行辛酉科江南乡试题名录：一卷
清同治(1862-1874)抄本
1996年摄制. -- 1盘卷片(4米35拍) ：1:10,
2B ；35mm银盐
收藏馆：缩微中心，国图

00O025220
同治九年庚午科补带戊午江南武乡试题名录：一卷
清同治(1862-1874)抄本
1996年摄制. -- 1盘卷片(3米20拍) ：1:10,
2B ；35mm银盐
收藏馆：缩微中心，国图

000O001724
成化四年浙江乡试录：一卷
明成化(1465-1487)刻本. -- 邵章、姚华跋。
1986年摄制. -- 1盘卷片(6米92拍) ：1:10,
2B ；35mm银盐
收藏馆：缩微中心，国图

000O000439
正德二年浙江乡试录：一卷
明(1368-1644)抄本
1985年摄制. -- 1盘卷片(7米113拍) ：1:10,
2B ；35mm银盐
收藏馆：缩微中心，国图

000O005369
嘉靖四年浙江乡试录：一卷
明嘉靖(1522-1566)刻本
1986年摄制. -- 1盘卷片(6米112拍) ：1:10,
2B ；35mm银盐
收藏馆：缩微中心，国图

000O011463
嘉靖十六年浙江乡试录
明嘉靖(1522-1566)刻本
1989年摄制. -- 1盘卷片(6.5米128拍) ：
1:10, 2B ；35mm银盐
收藏馆：缩微中心，辽宁

000O005668
嘉靖二十五年浙江乡试录：一卷
明嘉靖(1522-1566)刻本
1987年摄制. -- 1盘卷片(6.1米109拍) ：
1:10, 2B ；35mm银盐
收藏馆：缩微中心，国图

000O001790
万历二十二年浙江乡试录：一卷
明万历(1573-1620)刻本. -- (清)丁丙、邵章跋。
1986年摄制. -- 1盘卷片(7米136拍) ：1:10,
2B ；35mm银盐
收藏馆：缩微中心，国图

000O017279
乾隆二十七年浙江乡试录：一卷

清乾隆(1736-1795)刻本
1993年摄制. -- 1盘卷片(5米70拍) : 1:10,
2B ; 35mm银盐
收藏馆：缩微中心，国图

00O025211
同治四年补行己未恩科并辛酉正科浙江武乡试录：一卷
清同治(1862-1874)刻本
1996年摄制. -- 1盘卷片(4米33拍) : 1:10,
2B ; 35mm银盐
收藏馆：缩微中心，国图

00O012263
康熙五十年福建乡试录：一卷
清康熙(1662-1722)刻本
1990年摄制. -- 1盘卷片(9米94拍) : 1:10,
2B ; 35mm银盐
收藏馆：缩微中心，南京

00O024507
康熙五十年辛卯科福建乡试武举录：一卷
清康熙五十年(1711)刻本
1996年摄制. -- 1盘卷片(4米33拍) : 1:10,
2B ; 35mm银盐
收藏馆：缩微中心，国图

00O002059
乾隆三十五年庚寅恩科福建乡试录：一卷
清乾隆(1736-1795)刻本
1986年摄制. -- 1盘卷片(4米63拍) : 1:10,
2B ; 35mm银盐
收藏馆：缩微中心，国图

00O002072
乾隆三十九年甲午科福建乡试录：一卷
清乾隆(1736-1795)刻本
1986年摄制. -- 1盘卷片(4米57拍) : 1:10,
2B ; 35mm银盐
收藏馆：缩微中心，国图

00O025075
乾隆四十二年丁酉科福建武闱乡试录：一卷
清乾隆(1736-1795)刻本
1996年摄制. -- 1盘卷片(3米22拍) : 1:10,
2B ; 35mm银盐
收藏馆：缩微中心，国图

00O025214
同治九年庚午科福建省武闱乡试题名录：一卷
清同治(1862-1874)抄本
1996年摄制. -- 1盘卷片(3米18拍) : 1:10,
2B ; 35mm银盐

收藏馆：缩微中心，国图

00O000282
康熙十一年江西乡试录：一卷
清康熙(1662-1722)刻本
1985年摄制. -- 1盘卷片(5.5米92拍) : 1:10, 2B ; 35mm银盐
收藏馆：缩微中心，国图

00O025216
乾隆二十七年江西乡试题名录：一卷
清(1644-1911)抄本
1996年摄制. -- 1盘卷片(3米25拍) : 1:10,
2B ; 35mm银盐
收藏馆：缩微中心，国图

00O025219
道光十四年甲午科江西乡试题名录：一卷
清道光(1821-1850)抄本
1996年摄制. -- 1盘卷片(3米22拍) : 1:10,
2B ; 35mm银盐
收藏馆：缩微中心，国图

00O025217
同治六年丁卯科江西乡试题名录：一卷
清同治(1862-1874)抄本
1996年摄制. -- 1盘卷片(3米24拍) : 1:10,
2B ; 35mm银盐
收藏馆：缩微中心，国图

00O025218
同治六年丁卯科江西乡试题名录：一卷
清同治(1862-1874)抄本
1996年摄制. -- 1盘卷片(3米24拍) : 1:10,
2B ; 35mm银盐
收藏馆：缩微中心，国图

00O025279
同治九年庚午科江西武乡试题名录：一卷
清同治(1862-1874)抄本
1996年摄制. -- 1盘卷片(3米9拍) : 1:10,
2B ; 35mm银盐
收藏馆：缩微中心，国图

00O021481
隆庆元年山东乡试录：一卷
明隆庆(1567-1572)刻本
1995年摄制. -- 1盘卷片(8米110拍) : 1:10,
2B ; 35mm银盐
收藏馆：缩微中心，国图

00O023482
[崇祯十二年]山东己卯乡试录：一卷

明崇祯(1628-1644)刻本
1995年摄制. -- 1盘卷片(4米53拍) : 1:10,
2B ; 35mm银盐
收藏馆：缩微中心，国图

000O027541
前明山东历科乡试录：一卷；国朝山东历科乡
试录：一卷
清(1644-1911)抄本
1997年摄制. -- 1盘卷片(11米200拍) :
1:10, 2B ; 35mm银盐
收藏馆：缩微中心，国图

000O001072
顺治十一年山东乡试录：一卷
清顺治(1644-1661)刻本
1985年摄制. -- 1盘卷片(5.5米92拍) :
1:10, 2B ; 35mm银盐
收藏馆：缩微中心，国图

000O007260
康熙三十五年山东乡试录：一卷
清康熙(1662-1722)刻本
1987年摄制. -- 1盘卷片(5米91拍) : 1:10,
2B ; 35mm银盐
收藏馆：缩微中心，国图

000O008510
康熙四十一年山东乡试录：一卷
清康熙(1662-1722)刻本
1988年摄制. -- 1盘卷片(6米95拍) : 1:10,
2B ; 35mm银盐
收藏馆：缩微中心，国图

000O027542
康熙四十一年山东乡试录：一卷
清康熙(1662-1722)刻本
1997年摄制. -- 1盘卷片(6米79拍) : 1:10,
2B ; 35mm银盐
收藏馆：缩微中心，国图

000O015045
万历四十六年河南乡试录：一卷
明万历(1573-1620)刻本
1992年摄制. -- 1盘卷片(5米75拍) : 1:10,
2B ; 35mm银盐
收藏馆：缩微中心，国图

000O025179
嘉庆陆年辛酉科河南乡试题名录：一卷
清嘉庆(1796-1820)抄本
1996年摄制. -- 1盘卷片(3米18拍) : 1:10,
2B ; 35mm银盐

收藏馆：缩微中心，国图

000O025209
雍正十三年湖广湖北乡试录：一卷
清雍正(1723-1735)刻本
1996年摄制. -- 1盘卷片(5米73拍) : 1:10,
2B ; 35mm银盐
收藏馆：缩微中心，国图

000O025150
同治九年庚午科湖北武乡试题名录：一卷
清同治(1862-1874)抄本
1996年摄制. -- 1盘卷片(3米7拍) : 1:10,
2B ; 35mm银盐
收藏馆：缩微中心，国图

000O025152
乾隆六年辛酉科湖南乡试录：一卷
清乾隆(1736-1795)刻本
1996年摄制. -- 1盘卷片(5米69拍) : 1:10,
2B ; 35mm银盐
收藏馆：缩微中心，国图

000O025222
道光十四年甲午科湖南乡试题名录：一卷
清道光(1821-1850)抄本
1996年摄制. -- 1盘卷片(3米17拍) : 1:10,
2B ; 35mm银盐
收藏馆：缩微中心，国图

000O025300
同治九年庚午科湖南武乡试题名录：一卷
清同治(1862-1874)抄本
1996年摄制. -- 1盘卷片(2米7拍) : 1:10,
2B ; 35mm银盐
收藏馆：缩微中心，国图

000O025175
乾隆三十三年广东乡试武举录：一卷
清乾隆(1736-1795)刻本
1996年摄制. -- 1盘卷片(3米19拍) : 1:10,
2B ; 35mm银盐
收藏馆：缩微中心，国图

000O029117
道光八年戊子科广东乡试题名录：一卷
清道光(1821-1850)刻本
1999年摄制. -- 1盘卷片(3米62拍) : 1:10,
2B ; 35mm银盐
收藏馆：缩微中心，国图

000O024512
道光十五年乙未恩科广东乡试录：一卷

清道光十五年(1835)抄本
1996年摄制. -- 1盘卷片(3米21拍) ： 1:10,
2B ； 35mm银盐
收藏馆：缩微中心，国图

00O024504
同治三年甲子科广东乡试题名录：一卷
清同治(1862-1874)抄本
1996年摄制. -- 1盘卷片(3米20拍) ： 1:10,
2B ； 35mm银盐
收藏馆：缩微中心，国图

00O024511
同治六年丁卯科广东乡试录：一卷
清同治六年(1867)抄本
1996年摄制. -- 1盘卷片(3米25拍) ： 1:10,
2B ； 35mm银盐
收藏馆：缩微中心，国图

00O025155
同治六年丁卯科广东乡试武举录：一卷
清同治(1862-1874)抄本
1996年摄制. -- 1盘卷片(3米12拍) ： 1:10,
2B ； 35mm银盐
收藏馆：缩微中心，国图

00O025201
同治九年庚午科广东乡试录：一卷
清同治(1862-1874)刻本
1996年摄制. -- 1盘卷片(5米64拍) ： 1:10,
2B ； 35mm银盐
收藏馆：缩微中心，国图

00O025165
同治九年庚午科广东乡试武举录：一卷
清同治(1862-1874)抄本
1996年摄制. -- 1盘卷片(3米12拍) ： 1:10,
2B ； 35mm银盐
收藏馆：缩微中心，国图

00O025213
雍正二年广西乡试录：一卷
清雍正(1723-1735)刻本
1996年摄制. -- 1盘卷片(5米68拍) ： 1:10,
2B ； 35mm银盐
收藏馆：缩微中心，国图

00O025202
嘉庆九年广西乡试题名录：一卷
清嘉庆(1796-1820)刻本
1996年摄制. -- 1盘卷片(4米48拍) ： 1:10,
2B ； 35mm银盐
收藏馆：缩微中心，国图

00O025186
嘉庆拾贰年广西乡试题名录：一卷
清嘉庆(1796-1820)抄本
1996年摄制. -- 1盘卷片(3米16拍) ： 1:10,
2B ； 35mm银盐
收藏馆：缩微中心，国图

00O001399
嘉庆拾伍年广西乡试题名录：一卷
清嘉庆(1796-1820)刻本
1985年摄制. -- 1盘卷片(2.8米28拍) ：
1:10, 2B ； 35mm银盐
收藏馆：缩微中心，国图

00O025206
同治六年丁卯科广西乡试题名录：一卷
清同治(1862-1874)抄本
1996年摄制. -- 1盘卷片(3米16拍) ： 1:10,
2B ； 35mm银盐
收藏馆：缩微中心，国图

00O011244
崇祯六年四川乡试录：一卷
明崇祯(1628-1644)刻本
1989年摄制. -- 1盘卷片(7米119拍) ： 1:10,
2B ； 35mm银盐
收藏馆：缩微中心，四川

00O025095
雍正十年壬子科四川乡试录：一卷
清雍正(1723-1735)刻本
1996年摄制. -- 1盘卷片(5米74拍) ： 1:10,
2B ； 35mm银盐
收藏馆：缩微中心，国图

00O027543
嘉庆二十一年丙子科四川乡试题名录：一卷
清嘉庆(1796-1820)刻本
1997年摄制. -- 1盘卷片(5米57拍) ： 1:10,
2B ； 35mm银盐
收藏馆：缩微中心，国图

00O004075
道光十二年壬辰科四川乡试题名录：一卷
清道光(1821-1850)刻本
1985年摄制. -- 1盘卷片(5米50拍) ： 1:10,
2B ； 35mm银盐
收藏馆：缩微中心，国图

00O025253
同治九年庚午正科并补行咸丰己未恩科贵州武
乡试题名录：一卷
清同治(1862-1874)抄本

1996年摄制. -- 1盘卷片(3米10拍)：1:10，
2B；35mm银盐
收藏馆：缩微中心，国图

00O017277
天启四年云南乡试录：一卷
明天启(1621-1627)刻本
1993年摄制. -- 1盘卷片(9米109拍)：1:10，
2B；35mm银盐
收藏馆：缩微中心，国图

000O027544
乾隆五十九年甲寅恩科云南乡试录：一卷
清乾隆(1736-1795)刻本
1997年摄制. -- 1盘卷片(4米50拍)：1:10，
2B；35mm银盐
收藏馆：缩微中心，国图

000O025180
同治十年补行庚午科带补戊午正科己未恩科云南武乡试题名录：一卷
清同治(1862-1874)抄本
1996年摄制. -- 1盘卷片(3米15拍)：1:10，
2B；35mm银盐
收藏馆：缩微中心，国图

000O020435
嘉靖四十三年陕西乡试录：一卷
明(1368-1644)刻本
1994年摄制. -- 1盘卷片(5米67拍)：1:10，
2B；35mm银盐
收藏馆：缩微中心，国图

000O025171
雍正二年陕西甘肃两河武举乡试录：一卷
清雍正(1723-1735)刻本
1996年摄制. -- 1盘卷片(3米28拍)：1:10，
2B；35mm银盐
收藏馆：缩微中心，国图

000O012198
康熙十八年鸿博履历：一卷
清(1644-1911)抄本
1990年摄制. -- 1盘卷片(5米90拍)：1:10，
2B；35mm银盐
收藏馆：缩微中心，南京

000O003765
康熙十八年博学鸿词姓氏录：一卷
清(1644-1911)抄本
1985年摄制. -- 1盘卷片(5米91拍)：1:10，
2B；35mm银盐
收藏馆：缩微中心，国图

000000332
雍正十二十三年寅卯拔贡同年序齿录：一卷
清雍正(1723-1735)刻本
1985年摄制. -- 1盘卷片(7.2米134拍)：
1:10，2B；35mm银盐
收藏馆：缩微中心，国图

000O025699
荐举同年姓氏：不分卷 / (清)张全嘉辑
清乾隆元年(1736)刻本
1996年摄制. -- 1盘卷片(9米179拍)：1:10，
2B；35mm银盐
收藏馆：缩微中心，河南

000O003878
嘉庆二十五年庚辰科钦取汉教习同年齿录：一卷
清嘉庆(1796-1820)刻本. -- (清)翁心存批注，(清)翁同龢跋。
1985年摄制. -- 1盘卷片(7米83拍)：1:10，
2B；35mm银盐
收藏馆：缩微中心，国图

000O004076
道光三十年庚戌科拔贡朝考同年齿录：不分卷
清道光(1821-1850)韫宝斋刻本. -- (清)翁同龢批注。
1985年摄制. -- 1盘卷片(10.3米207拍)：
1:10，2B；35mm银盐
收藏馆：缩微中心，国图

000O012238
京闱小录：一卷
清(1644-1911)抄本. -- (清)丁丙跋。
1990年摄制. -- 1盘卷片(4米74拍)：1:10，
2B；35mm银盐
收藏馆：缩微中心，南京

000O009896
毗陵科第考：八卷 / (清)赵熙鸿辑
清乾隆十九年(1754)刻本
1988年摄制. -- 1盘卷片(10.2米198拍)：
1:10，2B；35mm银盐
收藏馆：缩微中心，湖南

000O003807
传衣录：不分卷 / (清)翁心存，(清)翁同龢辑
清(1644-1911)稿本
1985年摄制. -- 1盘卷片(7米125拍)：1:10，
2B；35mm银盐
收藏馆：缩微中心，国图

000O013618
皇明浙士登科考：十卷首一卷 / (明)陈士元撰
明万历三十一年(1603)陈士元刻万历(1573-1620)
补刻本
1991年摄制. -- 1盘卷片(20米406拍)：
1:10, 2B；35mm银盐
收藏馆：缩微中心，国图

000O025164
闽省贤书：七卷续一卷 / (明)邵捷春辑；(清)邵
明伟续辑
清康熙(1662-1722)刻本
1996年摄制. -- 1盘卷片(22米436拍)：
1:10, 2B；35mm银盐
收藏馆：缩微中心，国图

000O004398
西江校士录：不分卷 / (清)翁心存辑
清(1644-1911)稿本
1986年摄制. -- 1盘卷片(7.3米119拍)：
1:10, 2B；35mm银盐
收藏馆：缩微中心，国图

000O027556
顺治八年辛卯科山东同贡序齿录：一卷
清顺治(1644-1661)刻本
1997年摄制. -- 1盘卷片(4米32拍)：1:10,
2B；35mm银盐
收藏馆：缩微中心，国图

000O004397
粤东校士录：不分卷 / (清)翁心存辑
清(1644-1911)稿本
1986年摄制. -- 1盘卷片(15.3米292拍)：
1:10, 2B；35mm银盐
收藏馆：缩微中心，国图

000O001407
粤东校士日录：不分卷 / (清)翁心存撰
清(1644-1911)稿本
1985年摄制. -- 1盘卷片(5.1米83拍)：
1:10, 2B；35mm银盐
收藏馆：缩微中心，国图

000O001288
学海堂丁亥课士录：不分卷 / (清)翁心存撰
清(1644-1911)稿本
1985年摄制. -- 1盘卷片(3米34拍)：1:10,
2B；35mm银盐
收藏馆：缩微中心，国图

000O003720
道光二十九年己酉科贵州选拔同年录：一卷

清道光(1821-1850)刻本. -- (清)翁同书批
注。
1985年摄制. -- 1盘卷片(7米112拍)：1:10,
2B；35mm银盐
收藏馆：缩微中心，国图

000O020683
皇清陕西历科进士录：一卷
清康熙(1662-1722)刻雍正至咸丰(1723-1861)
续刻本
1994年摄制. -- 1盘卷片(6米95拍)：1:10,
2B；35mm银盐
收藏馆：缩微中心，国图

000O005322
崇祯纪元后三丁酉增广司马榜目：一卷
朝鲜纯祖七年(1807)岭营刻本
1986年摄制. -- 1盘卷片(3.8米52拍)：
1:10, 2B；35mm银盐
收藏馆：缩微中心，国图

000O002885
崇祯三癸卯增广别试文武科殿试榜目：一卷
朝鲜芸阁铜活字印本
1986年摄制. -- 1盘卷片(3.2米40拍)：
1:10, 2B；35mm银盐
收藏馆：缩微中心，国图

000O002886
崇祯纪元后四甲子式司马榜目：一卷附录一卷
朝鲜李熙三年(1865)芸阁铜活字印本
1986年摄制. -- 1盘卷片(5米77拍)：1:10,
2B；35mm银盐
收藏馆：缩微中心，国图

000O003723
宋中兴百官题名：一卷 / (宋)何异撰
清(1644-1911)抄本
1985年摄制. -- 1盘卷片(3米21拍)：1:10,
2B；35mm银盐
收藏馆：缩微中心，国图

000O003797
宋宰辅编年录：二十卷 / (宋)徐自明撰
明万历四十六年(1618)吕邦燿刻本
1985年摄制. -- 3盘卷片(61.6米1319拍)：
1:10, 2B；35mm银盐
收藏馆：缩微中心，国图

000O023110
宋宰辅编年录：二十卷 / (宋)徐自明撰
明万历四十六年(1618)吕邦燿刻本. -- 卷
十七至卷二十配抄本。

1995年摄制. -- 2盘卷片(60米1279拍) :
1:10, 2B ; 35mm银盐
收藏馆：缩微中心，国图

00O025916
宋宰辅编年录：二十卷 / (宋)徐自明撰
清嘉庆二年(1797)王氏十万卷楼抄本. -- 卷
一至卷二配清抄本。(清)王宗炎校并跋，(清)
丁丙跋。
1996年摄制. -- 2盘卷片(60米1241拍) :
1:10, 2B ; 35mm银盐
收藏馆：缩微中心，南京

00O012607
国朝列卿年表：一百三十九卷 / (明)雷礼撰
明万历十一年(1583)刻本
1990年摄制. -- 1盘卷片(31.7米718拍) :
1:10, 2B ; 35mm银盐
收藏馆：缩微中心，辽宁

00O009795
国朝列卿年表：一百三十九卷 / (明)雷礼撰
明(1368-1644)查志隆刻本
1988年摄制. -- 2盘卷片(39米803拍) :
1:10, 2B ; 35mm银盐
收藏馆：缩微中心，四川

00O018041
**国朝列卿表：一百四十五卷 / (明)雷礼撰；(明)
徐鉴补**
明万历四十六年(1618)刻本
1993年摄制. -- 2盘卷片(45米983拍) :
1:10, 2B ; 35mm银盐
收藏馆：缩微中心，天津

00O016276
**国朝殿阁部院大臣年表：十七卷附录一卷 / (明)
许重熙撰**
明(1368-1644)刻本
1993年摄制. -- 1盘卷片(9米144拍) : 1:10,
2B ; 35mm银盐
收藏馆：缩微中心，国图

00O012670
明内阁部院大臣年表：十八卷
清顺治(1644-1661)刻本
1990年摄制. -- 1盘卷片(8.6米170拍) :
1:10, 2B ; 35mm银盐
收藏馆：缩微中心，辽宁

00O008399
户部题名：一卷 / (明)毕自严撰
明崇祯(1628-1644)刻本

1988年摄制. -- 1盘卷片(3米45拍) : 1:10,
2B ; 35mm银盐
收藏馆：缩微中心，国图

00O008044
土官底簿：二卷
清(1644-1911)天尺楼抄本
1988年摄制. -- 1盘卷片(9米153拍) : 1:10,
2B ; 35mm银盐
收藏馆：缩微中心，湖南

00O026420
宗室王公世职章京爵秩册：不分卷附现任职官
清(1644-1911)稿本
1997年摄制. -- 1盘卷片(7米120拍) : 1:10,
2B ; 35mm银盐
收藏馆：缩微中心，湖北

00O001318
内翰林弘文院各官履历文册：不分卷
清顺治(1644-1661)抄本
1985年摄制. -- 1盘卷片(4.5米62拍) :
1:10, 2B ; 35mm银盐
收藏馆：缩微中心，国图

00O024826
顺治九年司道职名册：一卷
刘启瑞抄本. -- 食旧德斋录。
1995年摄制. -- 1盘卷片(3米40拍) : 1:10,
2B ; 35mm银盐
收藏馆：缩微中心，浙江

00O027244
同咨录：一卷
清顺治(1644-1661)刻本
1997年摄制. -- 1盘卷片(4米47拍) : 1:10,
2B ; 35mm银盐
收藏馆：缩微中心，国图

00O000486
神机营官兵衔名数目：一卷
清(1644-1911)抄本
1985年摄制. -- 1盘卷片(2.8米29拍) :
1:10, 2B ; 35mm银盐
收藏馆：缩微中心，国图

00O004330
内阁汉票签中书舍人题名：一卷续编一卷
清咸丰十一年(1861)直房刻同治(1862-1874)
续刻本. -- (清)翁同龢批注。
1986年摄制. -- 1盘卷片(9.5米189拍) :
1:10, 2B ; 35mm银盐
收藏馆：缩微中心，国图

00O020289

清光绪王公侯伯文武大臣生日住址考：一卷
清光绪(1875-1908)抄本
1994年摄制. -- 1盘卷片(3米13拍) : 1:10,
2B ; 35mm银盐
收藏馆：缩微中心，国图

00O029045

光绪十七年京察满汉司员履历册：不分卷
清(1644-1911)抄本. -- (清)翁同龢批注。
1999年摄制. -- 1盘卷片(8米173拍) : 1:10,
2B ; 35mm银盐
收藏馆：缩微中心，国图

00O004325

光绪二十年京察满汉司员履历册：不分卷
清(1644-1911)抄本. -- (清)翁同龢批注。
1986年摄制. -- 1盘卷片(7.4米139拍) :
1:10, 2B ; 35mm银盐
收藏馆：缩微中心，国图

00O001250

京外武职大臣名单：不分卷
清(1644-1911)抄本
1985年摄制. -- 1盘卷片(4米61拍) : 1:10,
2B ; 35mm银盐
收藏馆：缩微中心，国图

00O020765

道光二十九年滇黔同官录：不分卷
清道光(1821-1850)文裕堂刻本. -- 存云南。
1994年摄制. -- 1盘卷片(8米134拍) : 1:10,
2B ; 35mm银盐
收藏馆：缩微中心，国图

00O000336

新刊真楷大字全号缙绅便览：一卷
明万历十二年(1584)北京铁匠胡同叶铺刻蓝印
本. -- 缪荃孙、鲍毓东、曹元忠跋，李详、
金蓉镜等题诗。
1985年摄制. -- 1盘卷片(3.8米52拍) :
1:10, 2B ; 35mm银盐
收藏馆：缩微中心，国图

00O000473

**新刊南北直隶十三省府州县正佐首领全号宦林
备览：二卷**
明万历十二年(1584)北京铁匠胡同刻本. --
陶葆廉跋。
1985年摄制. -- 1盘卷片(5米79拍) : 1:10,
2B ; 35mm银盐
收藏馆：缩微中心，国图

00O017059

新刊详注缙绅便览：不分卷
明崇祯(1628-1644)洪氏剞劂斋刻本
1993年摄制. -- 1盘卷片(8米143拍) : 1:10,
2B ; 35mm银盐
收藏馆：缩微中心，国图

00O007032

顺治十八年缙绅册：不分卷
清顺治(1644-1661)洪氏剞劂斋刻本. -- (清)
翁方纲、(清)法式善、(清)阮元、(清)丁嘉
葆、(清)潘祖颐跋，(清)朱珪、(清)邵懿辰、
(清)吴存义题诗，(清)伊秉绶、(清)叶志诜、
(清)沈涛、(清)李文田、(清)李鸿裔题款。
1987年摄制. -- 1盘卷片(8米151拍) : 1:10,
2B ; 35mm银盐
收藏馆：缩微中心，国图

00O016741

康熙缙绅册：不分卷
清康熙(1662-1722)洪氏剞劂斋刻本
1993年摄制. -- 1盘卷片(8米127拍) : 1:10,
2B ; 35mm银盐
收藏馆：缩微中心，国图

00O015249

缙绅全本：不分卷
清乾隆(1736-1795)刻本
1992年摄制. -- 1盘卷片(15米289拍) :
1:10, 2B ; 35mm银盐
收藏馆：缩微中心，国图

00O008470

乾隆缙绅全书：不分卷
清乾隆(1736-1795)刻本
1988年摄制. -- 1盘卷片(14米298拍) :
1:10, 2B ; 35mm银盐
收藏馆：缩微中心，国图

00O017705

乾隆缙绅全书：不分卷
清乾隆(1736-1795)刻本. -- 郑振铎跋。
1993年摄制. -- 1盘卷片(18米348拍) :
1:10, 2B ; 35mm银盐
收藏馆：缩微中心，国图

00O007542

乾隆十年满汉爵秩新本：不分卷
清乾隆十年(1745)京都荣锦堂书坊刻本
1987年摄制. -- 1盘卷片(15米315拍) :
1:10, 2B ; 35mm银盐
收藏馆：缩微中心，国图

000O000447
缙绅全本：不分卷
清乾隆十三年(1748)同升阁书坊刻本
1985年摄制. -- 1盘卷片(16.3米350拍)：
1:10，2B；35mm银盐
收藏馆：缩微中心，国图

000O000085
新刻乾隆十八年爵秩全览：不分卷
清乾隆(1736-1795)荣锦堂书坊刻本
1985年摄制. -- 1盘卷片(16.5米310拍)：
1:10，2B；35mm银盐
收藏馆：缩微中心，国图

000O007451
乾隆二十二年缙绅全本：不分卷
清乾隆(1736-1795)刻本. -- 傅增湘跋。
1987年摄制. -- 1盘卷片(8米146拍)：1:10，
2B；35mm银盐
收藏馆：缩微中心，国图

000O027237
新刻乾隆二十二年爵秩全览：不分卷
清乾隆(1736-1795)荣锦堂书坊刻本
1997年摄制. -- 1盘卷片(15米292拍)：
1:10，2B；35mm银盐
收藏馆：缩微中心，国图

000O005587
乾隆三十一年丙戌仕籍全编：不分卷
清乾隆三十一年(1766)琉璃厂观光阁刻本
1987年摄制. -- 1盘卷片(20米437拍)：
1:10，2B；35mm银盐
收藏馆：缩微中心，国图

000O024497
乾隆三十五年爵秩新本：不分卷
清乾隆三十五年(1770)刻本
1996年摄制. -- 1盘卷片(8米144拍)：1:10，
2B；35mm银盐
收藏馆：缩微中心，国图

000O005040
乾隆三十六年职官迁除录：不分卷
清乾隆三十六年(1771)崇寿堂刻本
1986年摄制. -- 1盘卷片(21米450拍)：
1:10，2B；35mm银盐
收藏馆：缩微中心，国图

000O025148
乾隆三十六年职官迁除题名录：不分卷
清乾隆三十六年(1771)崇寿堂刻本
1996年摄制. -- 1盘卷片(20米406拍)：

1:10，2B；35mm银盐
收藏馆：缩微中心，国图

000O007540
乾隆三十九年缙绅全书：四卷
清乾隆三十九年(1774)五本堂刻本
1987年摄制. -- 1盘卷片(17米362拍)：
1:10，2B；35mm银盐
收藏馆：缩微中心，国图

000O018287
大清缙绅全书：不分卷 / (清)宝名堂主人编
清乾隆五十七年(1792)京都宝名堂刻本
1993年摄制. -- 1盘卷片(20米425拍)：
1:10，2B；35mm银盐
收藏馆：缩微中心，天津

000O000740
乾隆五十九年爵秩全览：四卷
清乾隆(1736-1795)刻本
1985年摄制. -- 1盘卷片(15.1米324拍)：
1:10，2B；35mm银盐
收藏馆：缩微中心，国图

000O025197
大清武职迁除题名录：不分卷
清乾隆(1736-1795)崇寿堂刻本
1996年摄制. -- 1盘卷片(7米113拍)：1:10，
2B；35mm银盐
收藏馆：缩微中心，国图

000O013996
新安王氏墓谱记略：不分卷
明嘉靖(1522-1566)刻本
1991年摄制. -- 1盘卷片(6米76拍)：1:10，
2B；35mm银盐
收藏馆：缩微中心，国图

000O014954
西溪汪氏先茔便览：不分卷定例一卷 / (明)汪仲
淯撰
明(1368-1644)抄本
1992年摄制. -- 1盘卷片(6米79拍)：1:10，
2B；35mm银盐
收藏馆：缩微中心，国图

000O015997
商山吴氏宗法规条：一卷
明(1368-1644)抄本
1993年摄制. -- 1盘卷片(4米33拍)：1:10，
2B；35mm银盐
收藏馆：缩微中心，国图

00O010388
茗洲吴氏家典：八卷 / (清)吴翟撰
清雍正十三年(1735)紫阳书院刻本
1989年摄制. -- 1盘卷片(15.5米307拍)：
1:10, 2B ; 35mm银盐
收藏馆：缩微中心，湖北

00O015574
竹溪陈氏墓祀录：四卷 / (明)陈光撰
明嘉靖十年至十三年(1531-1534)刻本
1993年摄制. -- 1盘卷片(11米191拍)：
1:10, 2B ; 35mm银盐
收藏馆：缩微中心，国图

00O025018
文堂乡约家法：不分卷 / (明)陈昭祥辑
明隆庆六年(1572)刻本
1996年摄制. -- 1盘卷片(4米56拍)：1:10,
2B ; 35mm银盐
收藏馆：缩微中心，安徽

00O028625
陈氏家乘旧谱序跋：不分卷 / (清)陈澧辑
清(1644-1911)稿本
1998年摄制. -- 1盘卷片(4米55拍)：1:10,
2B ; 35mm银盐
收藏馆：缩微中心，广东

00O015023
窦山公家议：七卷附录一卷 / (明)程昌撰；(明)

程钫增补
明万历三年(1575)刻本
1992年摄制. -- 1盘卷片(9米152拍)：1:10,
2B ; 35mm银盐
收藏馆：缩微中心，国图

00O017846
窦山公家议：七卷附录一卷 / (明)程昌撰；(明)程钫增补
明万历三年(1575)刻本
1993年摄制. -- 1盘卷片(10米158拍)：
1:10, 2B ; 35mm银盐
收藏馆：缩微中心，国图

00O017287
程氏家乘文献：不分卷
明(1368-1644)刻本
1992年摄制. -- 1盘卷片(6米90拍)：1:10,
2B ; 35mm银盐
收藏馆：缩微中心，国图

00O027241
复始编：一卷；冯氏祠堂规条：一卷 / (清)冯埏撰
清(1644-1911)稿本
1997年摄制. -- 1盘卷片(4米45拍)：1:10,
2B ; 35mm银盐
收藏馆：缩微中心，国图